OECD-WIRTSCHAFTS-AUSBLICK

97

JUNI 2015

OECD

BESSERE POLITIK FÜR EIN BESSERES LEBEN

Das vorliegende Dokument wird unter der Verantwortung des Generalsekretärs der OECD veröffentlicht. Die darin zum Ausdruck gebrachten Meinungen und Argumente spiegeln nicht zwangsläufig die offizielle Einstellung der OECD-Mitgliedstaaten wider.

Dieses Dokument und die darin enthaltenen Karten berühren weder den völkerrechtlichen Status von Territorien noch die Souveränität über Territorien, den Verlauf internationaler Grenzen und Grenzlinien sowie den Namen von Territorien, Städten oder Gebieten..

Bitte zitieren Sie diese Publikation wie folgt:
OECD (2015), *OECD-Wirtschaftsausblick, Ausgabe 2015/1*, OECD Publishing, Paris.
http://dx.doi.org/10.1787/eco_outlook-v2015-1-de

ISBN 978-92-64-23554-0 (Print)
ISBN 978-92-64-23555-7 (PDF)

Series: OECD Wirtschaftsausblick
ISSN 1562-6369 (print)
ISSN 1999-0901 (online)

Die statistischen Daten für Israel wurden von den zuständigen israelischen Stellen bereitgestellt, die für sie verantwortlich zeichnen. Die Verwendung dieser Daten durch die OECD erfolgt unbeschadet des Status der Golanhöhen, von Ost-Jerusalem und der israelischen Siedlungen im Westjordanland gemäß internationalem Recht.

Originaltitel: *OECD Economic Outlook, Volume 2015, Issue 1*
Übersetzung durch den Deutschen Übersetzungsdienst der OECD.

Korrigenda zu OECD-Veröffentlichungen sind verfügbar unter: *www.oecd.org/publishing/corrigenda*.

Inhaltsverzeichnis

Kästen

Tabellen

Abbildungen

Folgen Sie OECD-Veröffentlichungen auf:

http://twitter.com/OECD_Pubs

http://www.facebook.com/OECDPublications

http://www.linkedin.com/groups/OECD-Publications-4645871

http://www.youtube.com/oecdilibrary

OECD Alerts http://www.oecd.org/oecddirect/

Dieser Bericht enthält...

StatLinks

Ein Service für OECD-Veröffentlichungen, der es ermöglicht, Dateien im Excel-Format herunterzuladen

Suchen Sie die StatLinks rechts unter den in diesem Bericht wiedergegebenen Tabellen oder Abbildungen. Um die entsprechende Datei im Excel-Format herunterzuladen, genügt es, den jeweiligen Link, beginnend mit *http://dx.doi.org*, in den Internetbrowser einzugeben.

Verwendete Zeichen

$	US-Dollar	.	Dezimalstelle
¥	Japanischer Yen	I, II	Kalenderhalbjahre
£	Pfund Sterling	Q1, Q4	Quartale
mb/d	Millionen Barrel/Tag	Billion	Milliarden
..	Keine Angaben verfügbar	Trillion	Billionen
0	Null oder nahe null	s.a.a.r.	Saisonbereinigte Jahresraten
–	Nicht zutreffend	n.s.a.	Nicht saisonbereinigt

Summary of projections

	2014	2015	2016	2014		2015				2016				2014	2015	2016
				Q3	Q4	Q1	Q2	Q3	Q4	Q1	Q2	Q3	Q4		Q4 / Q4	
								Per cent								
Real GDP growth																
United States	2.4	2.0	2.8	5.0	2.2	-0.7	2.0	2.8	2.8	2.9	2.8	2.8	2.7	2.4	1.7	2.8
Euro area	0.9	1.4	2.1	0.7	1.4	1.6	1.7	1.8	2.0	2.1	2.2	2.2	2.3	0.8	1.8	2.2
Japan	-0.1	0.7	1.4	-2.1	1.1	2.4	1.8	1.7	1.5	1.3	1.1	1.3	1.6	-0.8	1.9	1.3
Total OECD	1.8	1.9	2.5	2.5	2.0	1.0	2.1	2.5	2.6	2.6	2.5	2.6	2.6	1.8	2.1	2.6
China	7.4	6.8	6.7											7.2	6.7	6.6
Inflation[1]								year-on-year								
United States	1.3	0.3	1.6	1.5	1.1	0.3	0.1	0.2	0.6	1.5	1.5	1.6	1.7			
Euro area	0.4	0.0	1.3	0.3	0.1	-0.3	-0.1	0.0	0.5	1.2	1.3	1.4	1.4			
Japan	2.7	0.7	1.1	3.3	2.5	2.3	0.1	-0.1	0.3	0.7	0.9	1.2	1.4			
Total OECD	1.5	0.7	1.7	1.5	1.3	0.8	0.5	0.7	0.9	1.5	1.6	1.7	1.8			
China	2.1	1.6	2.0	2.1	1.6	1.4	1.4	1.6	2.1	2.4	2.2	1.9	1.5			
Unemployment rate[2]																
United States	6.2	5.5	5.2	6.1	5.7	5.6	5.6	5.5	5.4	5.3	5.2	5.1	5.1			
Euro area	11.5	11.1	10.5	11.5	11.4	11.3	11.2	11.0	10.8	10.7	10.6	10.4	10.3			
Japan	3.6	3.5	3.3	3.6	3.5	3.5	3.5	3.5	3.5	3.4	3.3	3.3	3.3			
Total OECD	7.3	6.9	6.6	7.3	7.1	7.0	7.0	6.9	6.8	6.7	6.7	6.6	6.5			
World trade growth	3.2	3.9	5.3	5.3	5.0	2.7	3.5	4.4	5.1	5.6	5.8	6.0	6.1	3.6	3.9	5.9
Current account balance[3]																
United States	-2.4	-2.6	-3.0													
Euro area	3.4	3.9	4.1													
Japan	0.5	2.8	3.0													
Total OECD	0.0	0.1	0.1													
China	2.1	2.4	2.1													
Fiscal balance[3]																
United States	-5.0	-4.0	-3.6													
Euro area	-2.4	-2.1	-1.4													
Japan	-7.7	-6.8	-5.8													
Total OECD	-3.7	-3.1	-2.5													
China	-0.3	-1.2	-1.5													
Policy interest rate																
United States	0.3	0.3	1.2	0.3	0.3	0.3	0.3	0.3	0.5	0.7	1.0	1.5	1.8			
Euro area	0.2	0.1	0.1	0.1	0.1	0.1	0.1	0.1	0.1	0.1	0.1	0.1	0.1			
Japan	0.1	0.1	0.1	0.1	0.1	0.1	0.1	0.1	0.1	0.1	0.1	0.1	0.1			

Note: Real GDP growth and world trade growth (the arithmetic average of world merchandise import and export volumes) are seasonally and working-day adjusted annualised rates. The "fourth quarter" columns are expressed in year-on-year growth rates where appropriate and in levels otherwise. Interest rates are for the United States: the upper bound of the target Federal Funds rate; Japan: the Bank of Japan uncollateralised overnight call rate; euro area: the ECB main refinancing rate.

The cut-off date for information used in the compilation of the projections is 29 May 2015.

1. United States: price index for personal consumption expenditure; Japan and China: consumer price index; the euro area: harmonised index of consumer prices; and the total OECD: private consumption deflator.
2. Per cent of the labour force.
3. Per cent of GDP.

Source: OECD Economic Outlook 97 database.

StatLink http://dx.doi.org/10.1787/888933221671

Einführung: Nur ein „Ausreichend“ für die Weltwirtschaft – Investitionen sind der Schlüssel zu höheren Leistungen

Die Konjunkturerholung nach der weltweiten Finanz- und Wirtschaftskrise, die 2008 begonnen hatte, war ungewöhnlich schwach. Das Wachstum der Weltwirtschaft verlief durchgehend langsamer als im Durchschnitt der rund zehn Jahre vor der weltweiten Krise. Dass es nicht gelang, einen stärkeren Konjunkturaufschwung anzustoßen, war mit sehr realen Kosten verbunden: Beschäftigungsverluste, Stagnation des Lebensstandards in den fortgeschrittenen Volkswirtschaften, weniger dynamische Entwicklung in einigen aufstrebenden Volkswirtschaften und fast überall wachsende Ungleichheit.

In diesem Wirtschaftsausblick gehen wir davon aus, dass das Wachstum der Weltwirtschaft allmählich anzieht und sich Ende 2016 wieder den Durchschnittswerten der Vergangenheit nähern wird. Das Wachstum wird sich dabei voraussichtlich gleichmäßiger auf die verschiedenen Weltregionen verteilen, so dass die außenwirtschaftlichen Ungleichgewichte in der Regel geringer sein werden als im Vorfeld der weltweiten Krise. Die Lage an den Arbeitsmärkten der fortgeschrittenen Volkswirtschaften verbessert sich nach und nach. Die Deflationsrisiken haben abgenommen. Und doch können wir der Weltwirtschaft gerade einmal ein „Ausreichend“ geben.

Was ist der Grund für diese schlechte Benotung? Zunächst einmal die ungünstige Ausgangslage: Im ersten Quartal 2015 wurde die geringste Weltwachstumsrate seit der Krise verzeichnet. In den Vereinigten Staaten war ein besonders drastischer Einbruch festzustellen, in einer Reihe anderer fortgeschrittener Volkswirtschaften kam es im ersten Quartal jedoch zu einer Kontraktion, und in China verlangsamte sich das Wachstum stärker als erwartet. Wir führen diese Konjunkturschwäche zu Jahresbeginn großenteils auf vorübergehende Faktoren zurück. Der von den gesunkenen Ölpreisen ausgehende Konsumschub wird in den erdölimportierenden Ländern wohl noch zum Tragen kommen. Zudem wird die Nachfrage dort durch die – häufig mit Währungsabwertungen einhergehende – Lockerung der Geldpolitik angekurbelt, die sich auf einen Kreis von Ländern erstreckt, auf den über 50% des weltweiten BIP entfallen. In den meisten großen Volkswirtschaften wird ein insgesamt neutraler Kurs in der Fiskalpolitik verfolgt, von dem nicht mehr wie in den Vorjahren ein Bremseffekt auf das Wachstum ausgeht.

Doch selbst wenn wir recht haben und die jüngste Wachstumsschwäche tatsächlich vorübergehender Art ist, bleibt die Situation unbefriedigend. Trotz günstiger Hintergrundfaktoren und staatlicher Maßnahmen verläuft das Investitionswachstum schleppend, und das Produktivitätswachstum enttäuscht. Die Unternehmen waren großenteils nicht bereit, ihre Ausgaben für Bauten, Ausrüstungen, Technologie und Dienstleistungen so energisch zu erhöhen, wie sie dies während früherer Konjunkturerholungen getan haben. Zudem haben viele Regierungen wegen der Haushaltskonsolidierung Infrastrukturinvestitionen aufgeschoben.

Dieser Wirtschaftsausblick befasst sich eingehender mit der Frage der Investitionen und kommt zu dem Schluss, dass sich die niedrige Wachstumsrate der privaten Investitionstätigkeit großenteils aus einer gedämpften (tatsächlichen und erwarteten) Nachfrage sowohl innerhalb der einzelnen Länder als auch weltweit erklärt. Diese Nachfrageschwäche bremst das Investitionswachstum, was wiederum die Beschäftigung, die Lohnentwicklung und den Verbrauch beeinträchtigt. Auf der Angebotsseite behindert die schleppende Investitionstätigkeit das Wachstum des Produktionspotenzials – d.h. der Kapazität der Volkswirtschaften zur Anhebung des Lebensstandards, zur Erfüllung ihrer künftigen Verpflichtungen gegenüber ihrer Bevölkerung und zur Rückzahlung ihrer Schulden –, denn sie bremst die Expansion des Kapitalstocks und die Verbreitung und Umsetzung technischer Neuerungen. Die Weltwirtschaft ist in einer Situation gefangen, in der sich das Gleichgewicht von Angebot und Nachfrage auf niedrigem Niveau eingependelt hat.

Um die Leistung der Weltwirtschaft zu steigern, muss der Sprung zu einem höheren Wachstumsgleichgewicht mit mehr Investitionen geschafft werden, das zu mehr Beschäftigung, Arbeitsplätzen und Konsumnachfrage führt, was dann die höhere Investitionsrate rechtfertigt, von der der positive angebotsseitige Effekt ausgeht. Zumindest ein Teil dessen, was wir als Voraussetzung dafür betrachten, dass dieser Sprung gelingt, scheint sich angesichts der makroökonomischen Politik und der ausgewogenen globalen Nachfragestruktur bereits anzukündigen. Unseren Projektionen zufolge wird das Wachstum der Anlageinvestitionen im OECD-Raum nächstes Jahr auf 4% ansteigen, den höchsten Wert seit der Krise. Doch genau das ist das große Fragezeichen bei den günstigeren Aussichten, die wir hier unterstellen: Wird sich das Produktionswachstum tatsächlich entsprechend unseren Projektionen beschleunigen? Außerdem würde das nicht einmal ausreichen, um das starke weltwirtschaftliche Wachstum herbeizuführen, das auf kurze Sicht nötig ist, um die Beschäftigung zu erhöhen und die Ungleichheit zu verringern. Das Wachstum des Produktionspotenzials fiele immer noch schwach aus im Vergleich zu früheren Jahrzehnten.

Es bedarf also mehr als nur nachfrageorientierten Maßnahmen, um einen starken und nachhaltigen Investitionsschub zu sichern. Hilfreich wäre eine Verringerung der politischen Unsicherheit, z.B. durch ein Ende des Vabanquespiels über die Schuldenobergrenze in den Vereinigten Staaten, eine Klärung der Frage der Stellung Griechenlands gegenüber dem Euroraum, einen realistischen mittelfristigen Fiskalplan für Japan oder mehr Transparenz in den Finanzsystemen der aufstrebenden Volkswirtschaften. Durch Maßnahmen zur Lösung des Problems der notleidenden Kredite im Euroraum könnten dort die Finanzierungsengpässe verringert werden, womit sich das Geschäftsklima nachhaltiger verbessern würde. Und mit klaren Signalen für koordinierte internationale Maßnahmen zur Bekämpfung des Klimawandels bei der diesjährigen 21. Weltklimakonferenz könnten wichtige Anreize zur Erhöhung der Investitionen gesetzt werden, was sich positiv auf Nachfrage, Innovationstätigkeit und ökologische Nachhaltigkeit auswirken würde.

Strukturreformen kommt eine zentrale Rolle bei der Erzielung eines zufriedenstellenderen und dauerhafteren Investitionswachstums zu. Eine restriktive Produktmarktregulierung behindert das Wachstum des Kapitalstocks im OECD-Raum. Beschränkungen für ausländische Direktinvestitionen (und Korruption) beeinträchtigen Qualität und Quantität der grenzüberschreitenden Investitionstätigkeit. In der Europäischen Union sollte den Diskrepanzen und der Vielschichtigkeit der Regulierung der Netzindustrien begegnet werden, wie dies die Investitionsoffensive für Europa vorsieht, da dadurch Investitionen zur Vollendung des Binnenmarkts gefördert werden könnten. In einigen aufstrebenden Volkswirtschaften könnte mit Kosten-Nutzen-Analysen die Rendite der Investitionen gesteigert werden, womit sie zu einer tragfähigeren Wachstumsstütze würden.

In diesem Wirtschaftsausblick werden die Länder aufgefordert, ausgewogene Maßnahmenpakete zu verabschieden, in denen sich geld-, fiskal- und strukturpolitische Maßnahmen gegenseitig verstärken. Durch kollektives Handeln, von dem positive Ausstrahlungseffekte ausgehen, kann die Weltwirtschaft das höhere Wachstumsgleichgewicht erreichen, bei dem eine stärkere Investitionstätigkeit, mehr Beschäftigung und größere Kapazitäten zur Verbesserung der Lebensbedingungen aller Menschen gewährleistet sind. Ein kräftigeres Weltwirtschaftswachstum macht die einzelnen Länder und die Weltwirtschaft insgesamt widerstandsfähiger gegenüber akuten Risiken, wie z.B. Finanzmarktinstabilität. Mehr Beschäftigung und tragfähigere öffentliche Finanzen schaffen die Voraussetzungen für Chancengleichheit. Derzeit kommt die Weltwirtschaft gerade so durch. Wenn wir jedoch unsere Hausaufgaben nicht machen und das Glück uns nicht zur Seite steht, könnte aus dem „Ausreichend" auch ein „Ungenügend" werden. Es ginge aber auch ganz anders: Was getan werden muss, um Spitzenleistungen zu erzielen, ist bekannt – und es ist machbar.

3. Juni 2015

Catherine L. Mann
OECD-Chefökonomin

OECD-Wirtschaftsausblick
Ausgabe 2015/1

Kapitel 1

Gesamtbeurteilung der Wirtschaftslage

Einführung

Das Wachstum der Weltwirtschaft wird 2015 und 2016 an Dynamik gewinnen, im Vergleich zur Zeit vor der Krise aber verhalten bleiben; zudem wird sich seine Verteilung auf die verschiedenen Weltregionen gegenüber den letzten Jahren verändern. Die Konjunkturbeschleunigung wird von sehr günstigen monetären Bedingungen, einer langsameren Konsolidierung der öffentlichen Haushalte, einer verbesserten Finanzlage und gesunkenen Ölpreisen getragen. Die Investitionen – ein entscheidendes Element dieses Ausblicks – müssen jedoch noch an Fahrt gewinnen. Die Aufwertung des US-Dollar gegenüber den meisten anderen Währungen führte seit Mitte 2014 zu einer deutlichen Wechselkurskorrektur. Wegen der daraus resultierenden relativen Preiseffekte verlagert sich die weltweite Nachfrage stärker in Richtung von Europa, Japan und einigen aufstrebenden Volkswirtschaften. In der Gruppe der aufstrebenden Volkswirtschaften verlangsamt sich das Wachstum auf Grund spezifischer Faktoren in China, Brasilien und Russland, und ohne Strukturreformen zur Behebung von Engpässen könnte es dort schwach bleiben.

Bei dieser Erholung halten sich die gewöhnlichen Risiken, die die zentralen Projektionen umgeben, im Großen und Ganzen die Waage; einige außergewöhnliche negative Risiken, die die weitere Entwicklung erheblich verändern könnten, wurden jedoch nicht berücksichtigt. Die erwartete Belebung der Investitionen könnte eine unsichere Zukunftsaussicht bleiben, allerdings könnte die Investitionstätigkeit infolge eines Anstiegs der Ausgaben, einer geringeren Unsicherheit sowie der jüngsten Strukturreformen auch über Erwarten stark anspringen, vor allem in Anbetracht der geringen Finanzierungskosten (was in Kapitel 3 erörtert wird). Auch die Arbeitsentgelte könnten angesichts der sich kontinuierlich verbessernden Arbeitsmarktlage in den meisten großen OECD-Regionen stärker anziehen als erwartet, womit der Verbrauch kräftiger expandieren würde als in den Projektionen unterstellt. In der Vergangenheit hat sich diese Hoffnung jedoch nicht erfüllt, und das könnte auch diesmal so sein. Die anhaltende quantitative Lockerung im Euroraum und in Japan ist möglicherweise weniger wirksam im Hinblick auf die Ankurbelung der Nachfrage als angenommen. Die im ersten Quartal in den Vereinigten Staaten sowie in vielen aufstrebenden Volkswirtschaften zu beobachtenden Schwächezeichen könnten auf größere strukturelle Schwachstellen hindeuten als in den Projektionen unterstellt. Und Ölpreisschwankungen könnten die jüngsten realen Einkommenszuwächse, die der Weltnachfrage Auftrieb geben, genauso gut schmälern wie verstärken.

Zu den außergewöhnlichen Risiken gehören geopolitische Verwerfungen und eine Situation schwerer finanzieller Instabilität, die sich einstellen könnte, falls der Ausstieg aus der Nullzinspolitik in den Vereinigten Staaten nicht in geordneter Weise erfolgt, falls es nicht gelingt, zu einer befriedigenden Einigung zwischen Griechenland und seinen Gläubigern zu gelangen, oder falls es zu einer harten Landung der chinesischen Wirtschaft kommt. Um diese Risiken zu umgehen und die Weltwirtschaft auf einen kräftigeren und stabileren Wachstumskurs zu steuern, sind sich gegenseitig verstärkende geld-, fiskal- und strukturpolitische Maßnahmen notwendig.

Der Ausblick in Kürze

Bei Zugrundelegung der Annahmen der OECD (Kasten 1.1) wird das Wachstum in den OECD- ebenso wie den Nicht-OECD-Ländern nach einem sehr schwachen Jahresbeginn im weiteren Verlauf von 2015 anziehen (Tabelle 1.1 und Abb 1.1). 2016 dürfte das Wachstum im OECD-Raum nur leicht zunehmen, außerhalb des OECD-Raums aber kräftiger expandieren (Abb. 1.2 und 1.3). In den Vereinigten Staaten wird sich das Wachstum, das Anfang 2015 leicht in den negativen Bereich geraten war, dank günstiger – wenn auch allmählich weniger akkommodierender – monetärer Bedingungen, dem Abklingen der von der Haushaltskonsolidierung ausgehenden Bremswirkung, niedrigeren Energiepreisen und dem kontinuierlichen Anstieg des Vermögens der privaten Haushalte voraussichtlich erholen. Dieser Aufschwung wird allerdings durch den stärkeren Dollar und die rückläufigen Investitionen im Energiesektor gedämpft. Im Euroraum und in Japan wirken die niedrigeren Ölpreise, die Währungsabwertung und die geldpolitischen Impulse konjunkturstützend. Die Anstrengungen zur Haushaltsanpassung werden in Japan voraussichtlich verlangsamt und in Europa unterbrochen, was das Wachstum ebenfalls stützen dürfte. In China dürfte sich das Wachstum zunehmend abschwächen, je mehr der Prozess der wirtschaftlichen Umstrukturierung voranschreitet und der Dienstleistungssektor die Investitionen und den Immobiliensektor als wichtigster Wachstumsmotor ablöst. In den anderen großen aufstrebenden Volkswirtschaften dürfte sich das Wachstum hingegen beleben: In Russland und Brasilien wird die Rezession 2016 wohl einem schwachen, aber positiven Wachstum weichen, in Indien dürfte das Wachstum 2015 und 2016 im Großen und Ganzen stabil bleiben, und in Indonesien wird es den Projektionen zufolge im weiteren Jahresverlauf von 2015 wie auch 2016 steigen.

Table 1.1. **The global recovery will gain momentum only slowly**

OECD area, unless noted otherwise

	Average 2002-2011	2012	2013	2014	2015	2016	2014	2015 Q4 / Q4	2016
					Per cent				
Real GDP growth[1]									
World[2]	3.9	3.3	3.3	3.3	3.1	3.8	3.3	3.2	3.9
OECD[2]	1.7	1.3	1.4	1.8	1.9	2.5	1.8	2.1	2.6
United States	1.7	2.3	2.2	2.4	2.0	2.8	2.4	1.7	2.8
Euro area	1.1	-0.8	-0.3	0.9	1.4	2.1	0.8	1.8	2.2
Japan	0.7	1.7	1.6	-0.1	0.7	1.4	-0.8	1.9	1.3
Non-OECD[2]	6.7	5.2	5.1	4.7	4.2	4.9	4.6	4.3	5.0
China	10.6	7.7	7.7	7.4	6.8	6.7	7.2	6.7	6.6
Output gap[3]	0.1	-2.1	-2.2	-2.0	-1.9	-1.2			
Unemployment rate[4]	6.9	7.9	7.9	7.3	6.9	6.6	7.1	6.8	6.5
Inflation[5]	2.1	1.9	1.3	1.5	0.7	1.7	1.3	0.9	1.8
Fiscal balance[6]	-4.4	-5.8	-4.2	-3.7	-3.1	-2.5			
Memorandum Items									
World real trade growth	5.6	3.1	3.3	3.2	3.9	5.3	3.6	3.9	5.9

1. Year-on-year increase; last three columns show the increase over a year earlier.
2. Moving nominal GDP weights, using purchasing power parities.
3. Per cent of potential GDP.
4. Per cent of labour force.
5. Private consumption deflator. Year-on-year increase; last 3 columns show the increase over a year earlier.
6. Per cent of GDP.

Source: OECD Economic Outlook 97 database.

StatLink http://dx.doi.org/10.1787/888933221687

Kasten 1.1 **Wirtschaftspolitische und sonstige Annahmen für die Projektionen**

Die fiskalpolitischen Hypothesen für 2015 und 2016 basieren soweit wie möglich auf den gesetzlich verankerten Steuer- und Ausgabenbeschlüssen. Wo Pläne der Regierungen angekündigt, aber noch nicht gesetzlich beschlossen sind, wurden sie in die Projektionen einbezogen, sofern davon ausgegangen wird, dass sie in einer Form umgesetzt werden, die der angekündigten sehr nahe kommt. Wo nicht genügend Informationen vorliegen, um die Verteilung von Haushaltskürzungen ermitteln zu können, wird davon ausgegangen, dass sie im gleichen Maße auf der Ausgaben- wie auf der Einnahmenseite erfolgen und sich proportional auf die einzelnen Posten verteilen werden.

Was die Vereinigten Staaten betrifft, so gehen die Projektionen davon aus, dass sich der strukturelle Primärsaldo der öffentlichen Haushalte im Zeitraum 2015-2016 um rd. ½% des BIP verbessern wird, wie es der derzeitige Gesetzesrahmen einschließlich des Bipartisan Budget Act und des Budget Control Act in etwa vorsieht.

Für Japan wird die vorgesehene weitere Senkung des effektiven Unternehmensteuersatzes, der 2014 bereits von 37% auf unter 35% herabgesetzt wurde, um 2 Prozentpunkte im Jahr 2015 berücksichtigt. Der Nachtragshaushalt für das Finanzjahr 2014 ist ebenfalls berücksichtigt. Insgesamt wird davon ausgegangen, dass sich der strukturelle Primärsaldo sowohl 2015 als auch 2016 um ½-1% des BIP verbessern wird.

Was die Länder des Euroraums anbelangt, beruht die für die Jahre 2015 und 2016 unterstellte Haushaltspolitik (gemessen an der Veränderung des strukturellen Primärsaldos) auf den Haushaltsentwürfen oder, wenn diese nicht verfügbar sind, auf den in den Stabilitätsprogrammen aufgeführten Zielen.

Die unterstellten Leitzinsen entsprechen der als am wahrscheinlichsten erachteten Entwicklung, wobei die Projektionen der OECD bezüglich Wirtschaftstätigkeit und Inflation zu Grunde gelegt werden, die von denen der Währungsbehörden abweichen können.

- Für die Vereinigten Staaten wird davon ausgegangen, dass die obere Grenze des Richtsatzes für Tagesgeld der Federal Reserve zwischen September 2015 und Dezember 2016 allmählich vom gegenwärtigen Niveau von 0,25% auf 2% angehoben wird.
- Für den Euroraum wird unterstellt, dass der Hauptrefinanzierungssatz während des gesamten Projektionszeitraums bei 0,05% belassen wird.
- Für Japan wird davon ausgegangen, dass der kurzfristige Leitzins im ganzen Projektionszeitraum bei 0,1% belassen wird.
- Für das Vereinigte Königreich wird davon ausgegangen, dass der Diskontsatz zwischen Februar 2016 und Dezember 2016 nach und nach vom gegenwärtigen Niveau von 0,5% auf 1,5% angehoben wird.

Auch wenn sich ihr Effekt nur schwer beurteilen lässt, wird unterstellt, dass im Projektionszeitraum die folgenden Maßnahmen der quantitativen Lockerung ergriffen werden, die sich implizit auf das Tempo der Konvergenz der langfristigen Zinssätze gegen ihren Referenzsatz auswirken: Für die Vereinigten Staaten und das Vereinigte Königreich wird davon ausgegangen, dass der Bestand der aufgekauften Wertpapiere bis zum Ende des Projektionszeitraums unverändert bleibt. Für Japan wird erwartet, dass der Ankauf von Wertpapieren entsprechend dem erklärten Ziel der Währungsbehörden, die Inflationsvorgabe zu erfüllen, fortgesetzt wird; es wird davon ausgegangen, dass die langfristigen Zinssätze dadurch bis Ende 2016 konstant bleiben. Für den Euroraum wird unterstellt, dass das derzeitige Programm der gezielten längerfristigen Refinanzierungsgeschäfte (GLRG) ebenso wie die Ankäufe von privaten Schuldverschreibungen und Staatsanleihen bis Ende 2016 fortgesetzt werden, so dass der langfristige Zinssatz konstant bleibt.

Für die Vereinigten Staaten und das Vereinigte Königreich wird davon ausgegangen, dass die Renditen für Staatsanleihen mit 10-jähriger Laufzeit langsam gegen einen Referenzsatz konvergieren werden (der erst deutlich nach Ablauf des Projektionszeitraums

(Fortsetzung nächste Seite)

(Fortsetzung)

erreicht wird); dieser wird durch die projizierten künftigen kurzfristigen Zinssätze, einen laufzeitabhängigen Aufschlag und einen zusätzlichen an die Haushaltslage geknüpften Risikoaufschlag bestimmt. Es wird unterstellt, dass der letztgenannte Aufschlag 2 Basispunkte je Prozentpunkt der Bruttoschuldenquote über 75% beträgt. Die Renditen für Staatsanleihen mit 10-jähriger Laufzeit verharren den Annahmen zufolge während des gesamten Projektionszeitraums in Japan und Deutschland bei 0,36%. Die Renditespreads der Staatsanleihen der anderen Euroländer gegenüber deutschen Staatsanleihen werden auf dem in jüngster Zeit beobachteten Niveau verharren, nur für Griechenland wird von einem allmählichen Rückgang im Verlauf des Projektionszeitraums ausgegangen.

Bereits umgesetzte bzw. für den Projektionszeitraum angekündigte Strukturreformen wurden berücksichtigt, weitere Reformen werden in den Projektionen jedoch nicht unterstellt.

Die Projektionen gehen von unveränderten Wechselkursen gegenüber ihrem Stand vom 12. Mai 2015 aus, d.h. einem US-Dollar-Wechselkurs von 120,03 Yen, 0,89 Euro (bzw. einem Euro-Kurs von 1,12 US-$) und 6,21 Renminbi.

Es wird davon ausgegangen, dass der Preis für die Rohölsorte Brent während des gesamten Projektionszeitraums konstant bei 65 $ pro Barrel liegt. Für die Preise anderer Rohstoffe wird unterstellt, dass sie im Projektionszeitraum konstant auf ihrem Durchschnittsniveau von April 2015 liegen werden.

Redaktionsschluss für die in den Projektionen zu Grunde gelegten Daten war der 29. Mai 2015.

Dass die Erholung voraussichtlich schwach ausfallen wird, ist u.a. der weiterhin gedämpften Investitionstätigkeit zuzuschreiben. 2015 werden die Bruttoanlageinvestitionen den Projektionen zufolge nur um 2⅓% steigen, bevor sich ihr Wachstum 2016 dann auf 4% beschleunigen dürfte. Der Hauptgrund für diese Investitionsschwäche ist in der Schwäche der Erholung selbst sowie in den Zweifeln an den Chancen auf ein höheres Wachstum zu sehen. Dabei kommen besondere länderspezifische Gründe hinzu. In Teilen Europas sind dies die weiterhin restriktiven Kreditbedingungen, in Nordamerika die gesunkenen Ölpreise, in China die Übertreibungen der Vergangenheit bei den Investitionen und in den meisten OECD-Ländern die anhaltenden Korrekturen an den Wohnimmobilienmärkten. In Kapitel 3 werden die Bestimmungsfaktoren der Investitionsausgaben untersucht.

Figure 1.1. **Global growth is set to recover**

Quarter-on-quarter percentage changes at annual rates

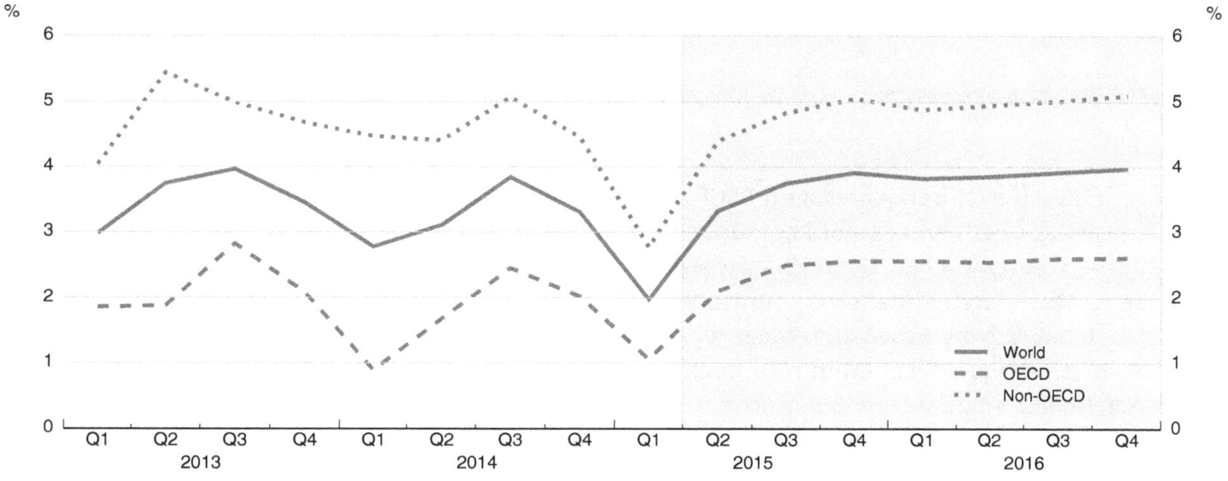

Source: OECD Economic Outlook 97 database.

StatLink http://dx.doi.org/10.1787/888933220579

Figure 1.2. **Main OECD economies: macroeconomic projections**

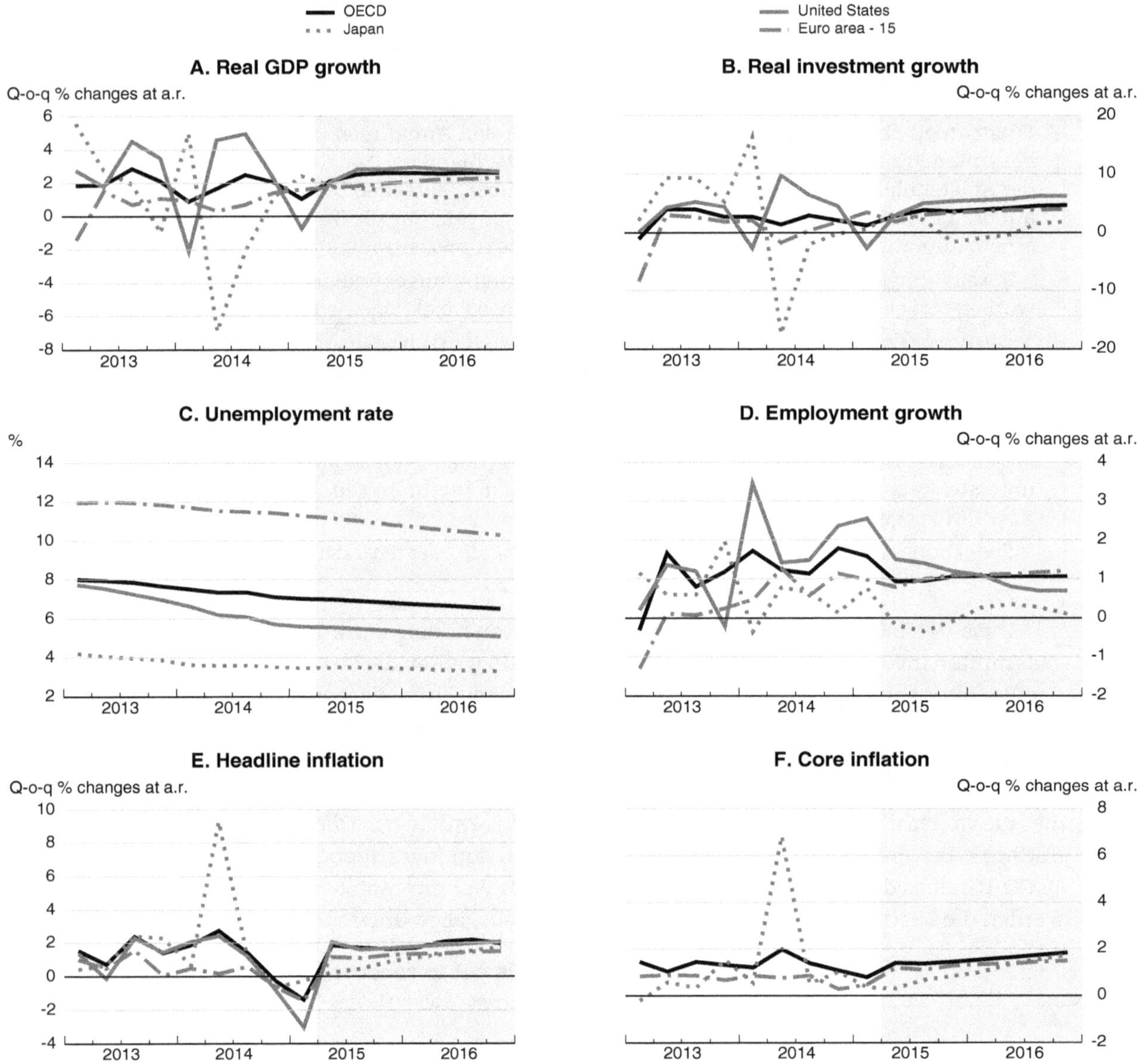

Source: *OECD Economic Outlook 97 database.*

StatLink http://dx.doi.org/10.1787/888933220580

Die Arbeitslosenquote ist im OECD-Raum gegenüber dem 2010 erreichten Höchststand um etwas über 1 Prozentpunkt gesunken. Bis Ende 2016 wird sie sich voraussichtlich weiter auf 6½% abschwächen. Dennoch werden dann immer noch 40 Millionen Menschen arbeitslos sein, 7½ Millionen mehr als unmittelbar vor der Krise. In den Vereinigten Staaten und Japan hat sich die Arbeitsmarktlage wesentlich stärker verbessert als im Euroraum, wo die Arbeitslosenquote weiterhin sehr hoch ist. In Deutschland ist die Arbeitsmarktlage zwar gut, im Euroraum indessen beläuft sich die Arbeitslosenquote insgesamt auf 11,2% und bei Ausklammerung Deutschlands auf 13,5%.

Die Inflation wird infolge des stärkeren Wachstums und zunehmender Arbeitsmarktengpässe allmählich anziehen (unter der Annahme sich stabilisierender Wechselkurse

Figure 1.3. **Growth will differ markedly across the BRICs**

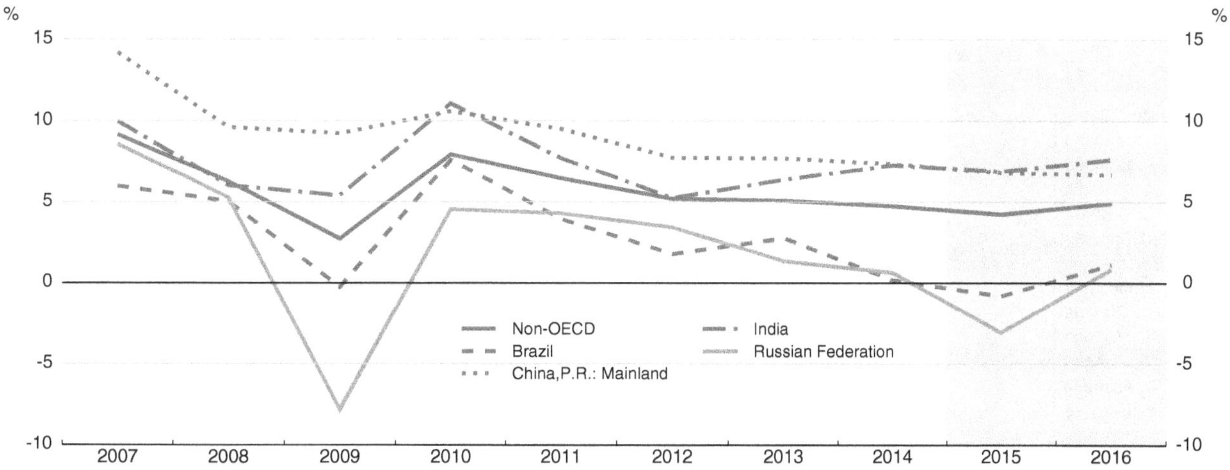

Source: OECD Economic Outlook 97 database.

StatLink http://dx.doi.org/10.1787/888933220590

und Ölpreise sowie weiterhin gut verankerter Inflationserwartungen). Der Effekt des Ölpreisrückgangs der letzten Zeit wurde inzwischen weitgehend an die Preise weitergegeben, und in den meisten Ländern sind die Quartalsinflationsraten bereits wieder positiv. Im OECD-Raum insgesamt wird die Inflation den Projektionen zufolge gegenüber dem im ersten Quartal 2015 verzeichneten Tiefstand von -1,4% bis Ende 2016 auf 2% ansteigen. In den Vereinigten Staaten dürfte sie sich Ende 2016 dem mittelfristigen Zielwert von 2% nähern, im Euroraum und Japan dürfte sie jedoch deutlich unter den Zielvorgaben verharren.

Wesentliche Bestimmungsfaktoren der wirtschaftlichen Aussichten

Umfangreiche Wechselkurskorrekturen verändern das makroökonomische Umfeld

Die Währungen vieler fortgeschrittener sowie großer aufstrebender Volkswirtschaften haben seit Mitte 2014 gegenüber dem US-Dollar deutlich abgewertet, in ungefähr gleichem Umfang wie im Zeitraum 2008-2009, auch wenn seit Mitte April 2015 wieder eine gewisse Aufwertung zu beobachten ist (Abb. 1.4). In einigen Ländern überstieg die Abwertung gegenüber dem US-Dollar 15%. Die effektive Korrektur fiel nominal ebenso wie real jedoch weniger stark aus, und die Währungen einiger Länder haben effektiv sogar aufgewertet. Der reale effektive Wechselkurs des US-Dollar ist dabei seit Mitte 2014 um fast 10% gestiegen; nominal fiel diese Aufwertung etwas stärker aus. Dass die effektiven Wechselkurskorrekturen schwächer waren als die bilateralen, könnte auf geringere Handelseffekte im Vergleich zu den finanzwirtschaftlichen Effekten schließen lassen.

Diese Wechselkursbewegungen erklären sich daraus, dass in den verschiedenen Ländern ein unterschiedlicher Kurs in der Geldpolitik verfolgt wird. Die Märkte rechnen mit einer allmählichen Straffung der Geldpolitik in den Vereinigten Staaten bei gleichzeitiger Lockerung im Euroraum und in Japan, was zu einem wachsenden Zinsgefälle führt (Abb. 1.5). Infolge der Entscheidung der japanischen Zentralbank, die quantitative und qualitative Lockerung auszuweiten, sowie einer Reihe von Maßnahmen der Europäischen Zentralbank – darunter die Entscheidung für den Aufkauf von Staatsanleihen – hat die Bilanzsumme der großen

Figure 1.4. **Many currencies have depreciated against the US dollar**

Per cent depreciation between July 2014 and May 2015

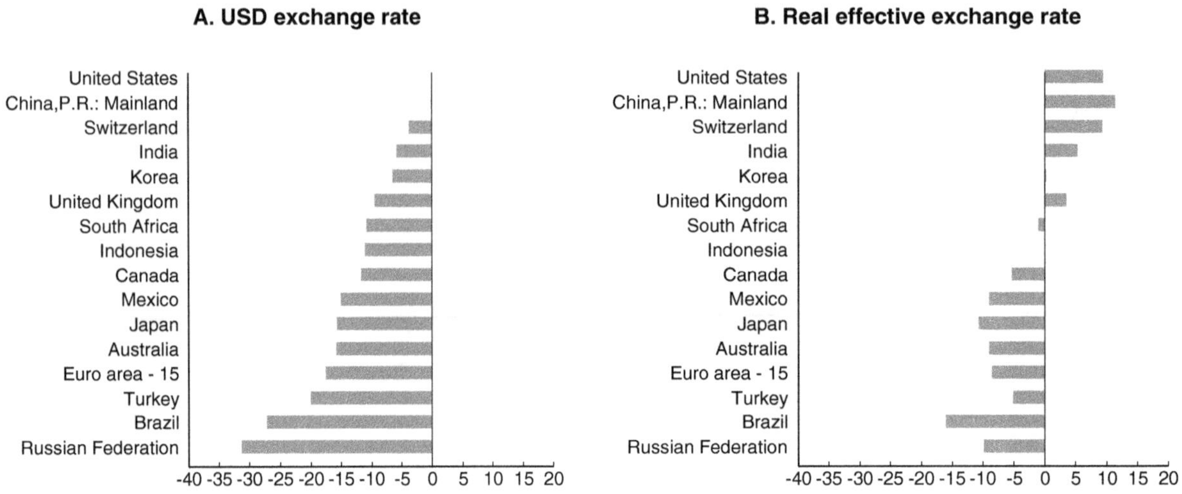

Note: A negative number implies a depreciation of the indicated country's currency against the US dollar (USD) and against a trade-weighted basket of currencies deflected with consumer prices (real effective exchange rate).

Source: *OECD Economic Outlook 97 database*; Datastream; and OECD calculations.

StatLink *http://dx.doi.org/10.1787/888933220606*

Figure 1.5. **Divergence in monetary policy stances has increased**

Differences in 1 and 2-year ahead expected overnight interest rates *vis-à-vis* the United States

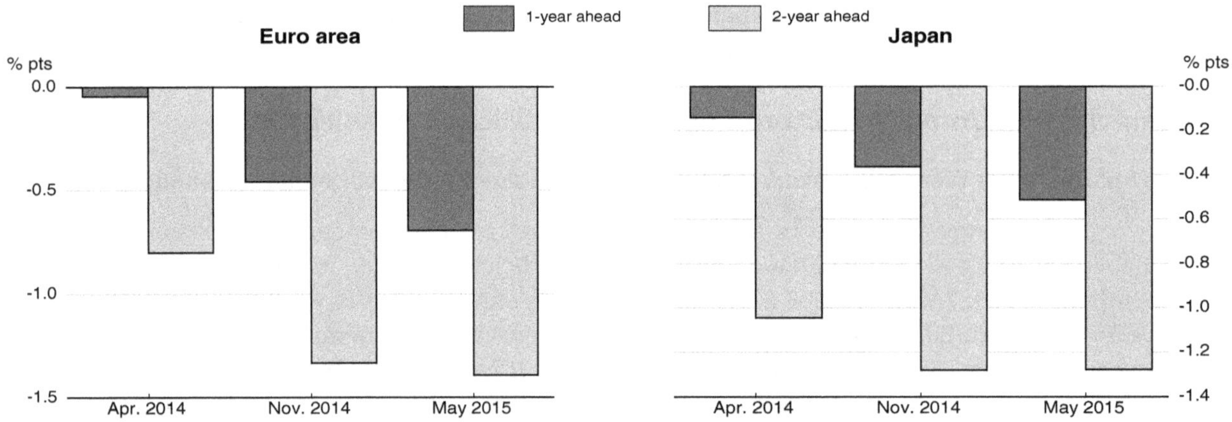

Note: Average differences for the months indicated.

Source: Bloomberg; and OECD calculations.

StatLink *http://dx.doi.org/10.1787/888933220614*

Zentralbanken des OECD-Raums weiter rasch expandiert. Außerdem sahen sich mehrere Zentralbanken auf Grund von nachlassendem Inflationsdruck und einer sich abschwächenden Konjunktur veranlasst, ihre Leitzinsen zu senken.

Die Wechselkursänderungen hatten Auswirkungen auf das finanzwirtschaftliche Umfeld. In den Vereinigten Staaten wurde es unter dem Einfluss der Aufwertung des US-Dollar restriktiver, während im Euroraum und in Japan das Gegenteil der Fall war (Abb. 1.6). In allen drei Wirtschaftsräumen zogen die Anleihe- und Aktienkurse an – wozu auch die

Figure 1.6. **Financial conditions and corporate debt flows have been diverging**

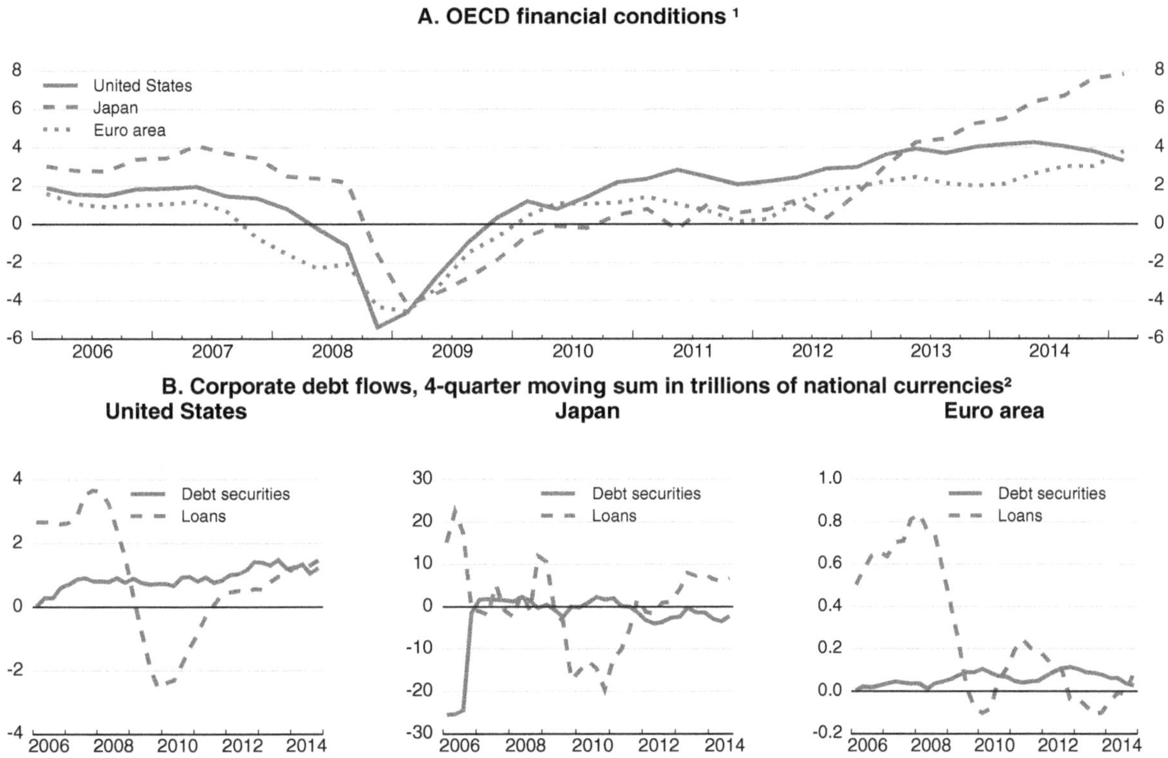

1. A unit increase (decline) in the index implies an easing (tightening) in financial conditions sufficient to produce an average increase (reduction) in the level of GDP of ½ to 1% after four to six quarters. See details in Guichard et al. (2009). Based on available information up to 29 May 2015.
2. Non-financial corporations.

Source: OECD Economic Outlook 97 database; OECD Quarterly National Accounts Database; Datastream; and OECD calculations.

StatLink *http://dx.doi.org/10.1787/888933220628*

akkommodierende Geldpolitik beitrug –, so dass das Vermögen der privaten Haushalte stieg und die Finanzierungskosten der Unternehmen sanken. Die Anleihekurse erreichten im Euroraum Mitte April ein Rekordhoch, sanken dann aber abrupt, was mit einem entsprechenden Anstieg der Renditen verbunden war (um rd. 50 Basispunkte). Die Anleihekurse bewegen sich aber immer noch auf hohem Niveau. Dennoch blieb die Entwicklung bei den Unternehmensschuldtiteln im Euroraum und in Japan in allen Branchen verhalten, wobei sich im Euroraum allerdings inzwischen eine Belebung der Kreditvergabe abzuzeichnen scheint. In den Vereinigten Staaten hat die Kreditdynamik hingegen zugenommen.

Die seit Mitte 2014 zu beobachtenden Wechselkursbewegungen hatten einen deutlichen Effekt auf die binnenwirtschaftliche Inflation. Dies gilt insbesondere für den Euroraum, wo sich Wechselkursbewegungen Schätzungen zufolge stärker in der Inflation niederschlagen als in den Vereinigten Staaten und Japan (Morin und Schwellnus, 2014). Bei Zugrundelegung dieser Schätzungen und unter Berücksichtigung der Importintensität der Nachfrage könnte die effektive nominale Abwertung des Euro seit Mitte 2014 direkt für den Großteil des seitdem verzeichneten Anstiegs des Kernverbraucherpreisniveaus im Euroraum verantwortlich sein (Tabelle 1.2). Auch in Japan könnte die im gleichen Zeitraum verzeichnete Abwertung des Yen etwas zum Wachstum der Kernverbraucherpreise beigetragen haben. In den Vereinigten Staaten könnte die Aufwertung des US-Dollar demgegenüber schon für sich genommen den Inflationsanstieg gebremst haben.

Table 1.2. **Exchange rate and price developments since mid-2014 in the United States, the euro area and Japan**

	Nominal effective exchange rate	Core CPI	Exchange rate contribution
	Per cent chamge between 2014Q2 and 2015Q2		(pcp)
United States	12.2	1.1	-0.3
Euro area	-8.2	0.7	0.6
Japan	-8.6	0.3	0.2

Note: The exchange rate contribution is derived by using estimated exchange rate pass-trough to import prices (Morin and Schwellnus, 2015) and the quarterly evolution of exchange rates, together with the import intensity of household consumption. The import intensity for the United States and Japan is based on the OECD Intercountry Input-Output Database and refers to 2009 (OECD, 2013). In the absence of import intensity excluding intra-area imports for the euro area, the average for the United States and Japan has been used.

Source: OECD calculations.

StatLink http://dx.doi.org/10.1787/888933221693

Die Wechselkurskorrekturen der jüngsten Zeit werden Auswirkungen auf das Volumen der Ein- und Ausfuhren haben und zu einer Nachfrageverschiebung von den Vereinigten Staaten hin zum Euroraum und nach Japan führen. Der Umfang dieses Effekts hängt davon ab, wie stark sich die Wechselkursänderungen in den Ein- und Ausfuhrpreisen niederschlagen und wie preiselastisch die Importe und Exporte sind. In den Vereinigten Staaten schlagen sich Wechselkursänderungen Schätzungen zufolge im Vergleich zum Euroraum nur in sehr geringem Umfang in den Ein- und Ausfuhren nieder. Die Preiselastizität von Importen und Exporten schwankt stark von Land zu Land. Für die Vereinigten Staaten dürfte die Aufwertung des US-Dollar dazu führen, dass die heimische Exportwirtschaft Marktanteile verliert, während die Importpenetration zunimmt. Daher wird damit gerechnet, dass die Nettoexporte dort 2015 und 2016 einen kumulierten negativen Wachstumsbeitrag in Höhe von etwa 1¼ Prozentpunkt leisten werden. Für den Euroraum und Japan ist das Gegenteil zu erwarten. Dort dürften die Nettoexporte einen kumulierten positiven Beitrag zum Wachstum im Umfang von rd. ½ Prozentpunkt leisten. In den Nicht-OECD-Ländern wird der Wachstumsbeitrag der Nettoexporte den Projektionen zufolge knapp unter ½ Prozentpunkt liegen (Abb. 1.7).

Wechselkursbewegungen haben auch finanzwirtschaftliche Effekte, die mit dem Fremdwährungsengagement zusammenhängen.

- In den aufstrebenden Volkswirtschaften führt die Abwertung der heimischen Währungen zu einem Anstieg der Schuldendienstkosten für in Fremdwährung denominierte Kredite. Die auf Fremdwährung lautende Verschuldung ist in mehreren großen aufstrebenden Volkswirtschaften in den letzten Jahren gestiegen, auch wenn sie im Verhältnis zum BIP offenbar noch niedriger ist als vor der Asienkrise 1997 (Abb. 1.8; Ollivaud et al., 2015). Vor allem im Unternehmenssektor war in vielen aufstrebenden Volkswirtschaften eine Ausweitung der Fremdwährungsverschuldung festzustellen (Chui et al., 2014). Der Effekt der Aufwertung des US-Dollar auf die Unternehmensbilanzen hängt nun davon ab, wie groß der Anteil der auf US-Dollar lautenden Kredite ist und ob die entsprechenden Wechselkursrisiken abgesichert sind. Da es an umfassenden Daten mangelt, können dazu keine eindeutigen Aussagen getroffen werden. In mehreren aufstrebenden Volkswirtschaften Asiens sind die Auslandsverbindlichkeiten jedoch hauptsächlich in US-Dollar denominiert.

Figure 1.7. **Net exports are projected to contribute negatively to growth in the United States in contrast with other areas**

Sum of contribution of net exports to annual GDP growth for indicated periods

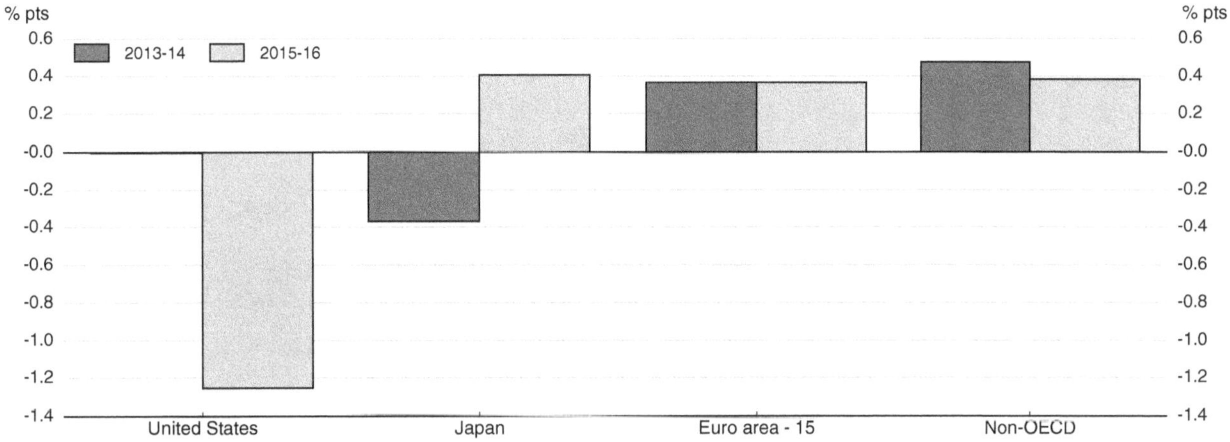

Source: OECD Economic Outlook 97 database.

StatLink http://dx.doi.org/10.1787/888933220634

Unternehmen, deren Einnahmen ebenfalls hauptsächlich auf Fremdwährung lauten – was bei vielen Rohstoffexporteuren der Fall ist –, werden u.U. keine Probleme mit erhöhten Schuldendienstkosten haben. Der in jüngster Zeit verzeichnete Rückgang der Rohstoffpreise auf den Weltmärkten hat die Einnahmen vieler Rohstoffproduzenten jedoch gedrückt. Der Schuldendienst würde zu einer noch größeren Belastung, wenn die Anleger eine übertriebene Risikoaversion an den Tag legen würden, was zur Folge hätte, dass verstärkt Kapital abgezogen würde. Bis April floss jedoch weiter Portfoliokapital in die aufstrebenden Volkswirtschaften (IIF, 2015) – auch wenn im Mai eine leicht gegenläufige Tendenz zu beobachten war –, und in den wichtigsten aufstrebenden Volkswirtschaften waren keine nennenswerten Korrekturen an den Aktien- und Anleihemärkten festzustellen[1]. In China hat der Aktienmarkt trotz Zeichen von Schwäche in der Volkswirtschaft seit Jahresbeginn sogar um mehr als 30% angezogen, nachdem im zweiten Halbjahr 2014 bereits Zuwächse um 60% verzeichnet worden waren.

- Der stärkere US-Dollar verringert die Rendite der Auslandsanlagen von US-Investoren, da die meisten dieser Anlagen auf Fremdwährung lauten. Im April war die Rendite der Auslandsanlagen in lokaler Währung z.B. etwa 8 Prozentpunkte höher als in US-Dollar. Die Aufwertung des US-Dollar schmälert auch die Gewinne von US-Firmen, die stark im Ausland tätig sind, was Auswirkungen auf deren Aktienkurse hat. Fast 40% des Gesamtgewinns der 500 größten börsennotierten US-Unternehmen (S&P500) stammen aus dem Ausland.
- Anleger aus dem Euroraum und Japan konnten in heimischer Währung demgegenüber höhere Gewinne auf ihre Auslandsanlagen erzielen. Im April war die jährliche Rendite der Auslandsanlagen von Investoren aus dem Euroraum und Japan in der eigenen Währung z.B. um rd. 20 bzw. 10 Prozentpunkte höher als in lokaler Währung.
- Die Aufwertung des US-Dollar führt zu erheblichen Bewertungsgewinnen bzw. -verlusten beim Nettoauslandsvermögen. Ausmaß und Vorzeichen dieser Bewertungseffekte hängen vom relativen Umfang der Forderungen und Verbindlichkeiten gegenüber dem

Figure 1.8. **Foreign currency borrowing has increased in several EMEs**

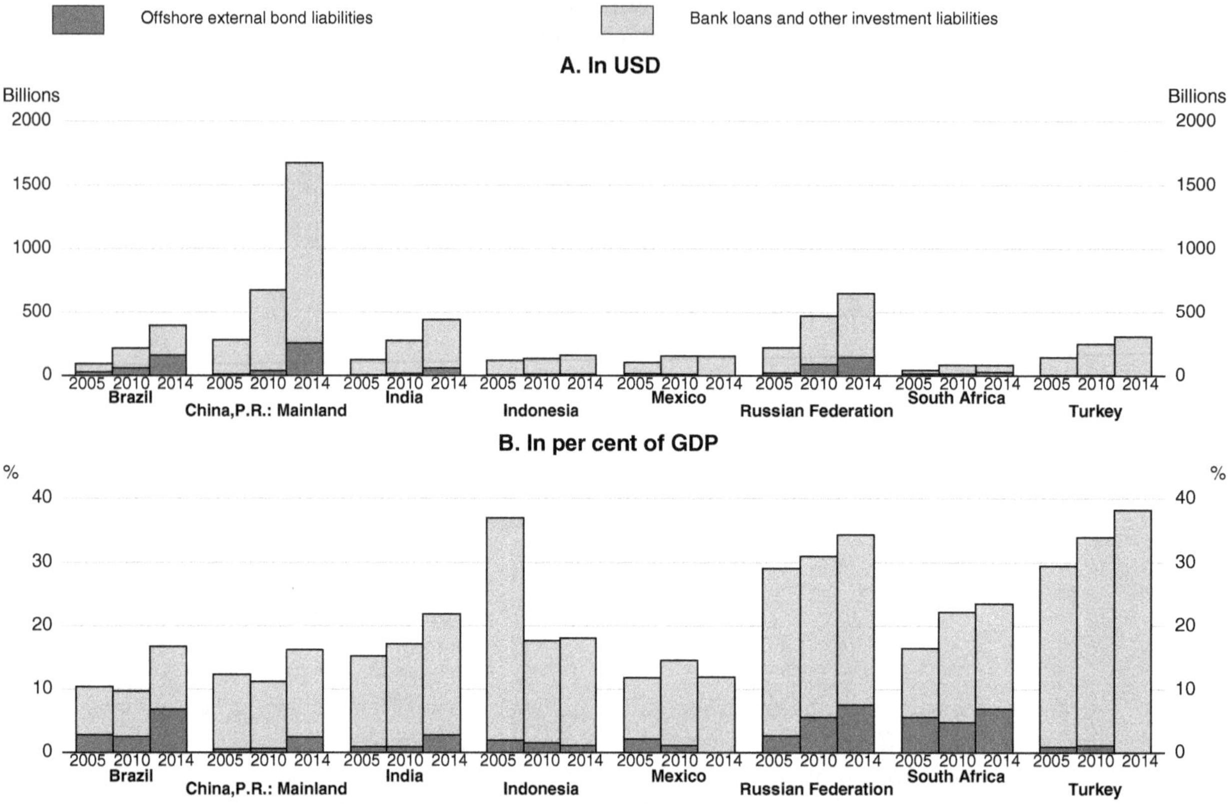

Note: Offshore liabilities are computed as the difference between debt securities by nationality of the issuer and by residence of the issuer and are set to zero when the difference is negative (Mexico and Turkey in 2014). 2014 denotes 2013 for South Africa.

Source: OECD Economic Outlook 97 database; BIS, *Debt Securities Statistics*; and IMF, *Balance of Payment Database* (for bank loans and other investment liabilities).

StatLink http://dx.doi.org/10.1787/888933220641

Ausland sowie von deren Währungsstruktur ab. Diese Effekte lassen sich anhand einer Schätzung der Wertänderungen des Nettoauslandsvermögens (ohne Derivatepositionen) verdeutlichen, zu denen es im Fall einer 10%igen Aufwertung des US-Dollar gegenüber allen anderen Währungen kommt, wobei eine Währungsstruktur der Auslandsforderungen und -verbindlichkeiten gemäß den Schätzungen von Bénétrix et al. (2014) unterstellt wird (Abb. 1.9). In den Vereinigten Staaten würde der Wert des Nettoauslandsvermögens um fast 7% des BIP schrumpfen, da die Auslandsforderungen überwiegend in lokalen Währungen denominiert sind. In der Türkei und Indonesien, Ländern mit hohen auf US-Dollar lautenden Nettoauslandsverbindlichkeiten, würde der Wert des Nettoauslandsvermögens um 2% bzw. 1% des BIP sinken, womit die Anfälligkeit gegenüber externen Schocks zunehmen würde. In mehreren anderen Volkswirtschaften, vor allem solchen mit Nettoauslandsforderungen, würde der Wert des Nettoauslandsvermögens um 2-6% des BIP steigen, was positive Vermögens- und Einkommenseffekte für die inländischen Unternehmen und Privathaushalte hätte.

Der Rückgang der Ölpreise gibt dem Wachstum der Weltwirtschaft Auftrieb und wirkt nicht mehr inflationsdämpfend

Nachdem die Ölpreise vier Jahre lang weitgehend konstant bei rd. 105 $ pro Barrel gelegen hatten, sind sie seit Juni 2014 drastisch gesunken; seit Anfang 2015 bewegen sie sich im Bereich

Figure 1.9. **Net foreign asset valuation effects from a 10% US dollar appreciation**

In per cent of GDP

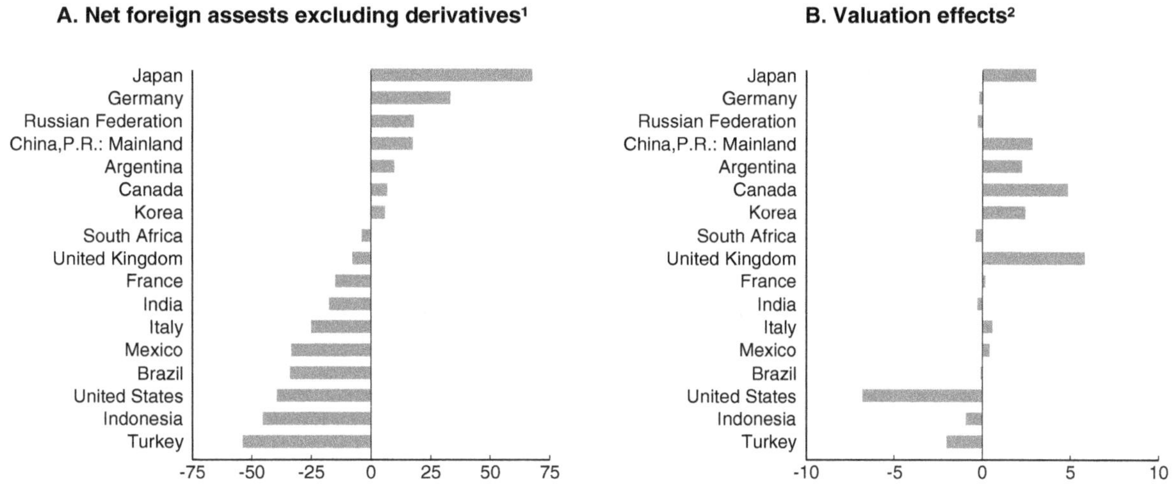

1. Latest available.
2. After a 10% appreciation of the US dollar based on the currency composition of assets and liabilities estimated by Bénétrix et al. (2014).

Source: International Monetary Fund; Bénétrix et al. (2014); and OECD calculations.

StatLink http://dx.doi.org/10.1787/888933220652

von 50-70 $ pro Barrel (Abb. 1.10). Zwar scheint ein Großteil des jüngsten Preisrückgangs auf angebotsseitige Faktoren zurückzuführen zu sein, der gleichzeitige – wenn auch verglichen mit den Ölpreisen im Allgemeinen weniger starke – Rückgang der Preise zahlreicher anderer Rohstoffe lässt jedoch darauf schließen, dass nachfrageseitige Faktoren ebenfalls eine Rolle gespielt haben. 2014 sanken die globalen Nahrungsmittelpreise auf ihren niedrigsten Stand seit vier Jahren, und auch die Preise für Agrarrohstoffe sowie für Metalle und Mineralien sind seit vergangenem Juni um über 15% gesunken.

Der Rückgang der Ölpreise führt zu einer Einkommensreallokation zwischen Ölförderern und Ölverbrauchern, sowohl innerhalb der Ölförderländer als auch zwischen Nettoölexport-

Figure 1.10. **Commodity prices have fallen**

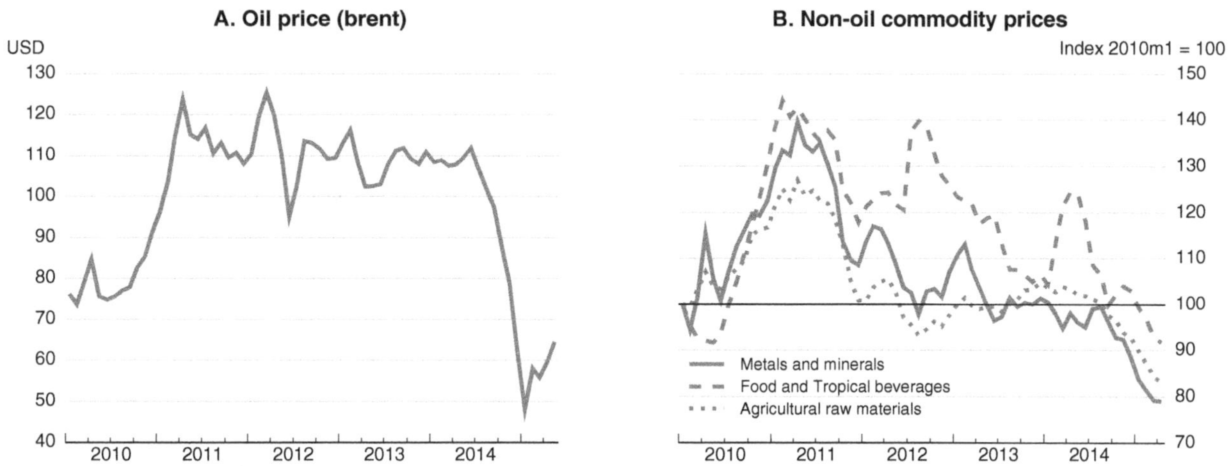

Source: OECD Economic Outlook 97 database; and Datastream.

StatLink http://dx.doi.org/10.1787/888933220664

ländern und Nettoölimportländern. Dies schlägt sich in erheblichen Veränderungen der Leistungsbilanzsalden nieder (Tabelle 1.3). Der Nettoeffekt dieser Umschichtungen auf die weltweite Wirtschaftstätigkeit dürfte für sich genommen positiv sein, da Verbraucher in der Regel eine höhere Ausgabenneigung haben als Erzeuger. Der daraus resultierende Anstieg der weltweiten Nachfrage ist eine positive Entwicklung im Kontext der allgemeinen Nachfrageschwäche. Die positiven Wachstumseffekte, die sich dadurch für die Nettoölimportländer ergeben, werden z.T. durch einen Rückgang der Ausfuhren in die Ölförderländer aufgewogen, da diese Länder geringere Einnahmen erzielen[2]. Bei einem Ölpreis von 65 $ pro Barrel wird in den Projektionen für das laufende Jahr von Einbußen bei den Exporteinnahmen der zehn größten Nettoölexportländer in Höhe von rd. 450 Mrd. US-$ im Vergleich zum Jahr 2014 ausgegangen. Der Ausgabenanstieg kommt möglicherweise erst nach einiger Zeit zum Tragen, wohingegen die Reaktion der Erzeuger in Form geringerer Investitionsausgaben rascher erfolgt ist, so dass der Nettoeffekt des Ölpreisrückgangs auf kurze Sicht etwas gedämpft bleibt.

Die niedrigeren Ölpreise werden 2015 und 2016 sowohl weltweit als auch im OECD-Raum jeweils rd. ¼ Prozentpunkt zum Wachstum beitragen. Der Effekt wird in Japan

Table 1.3. **World trade will strengthen gradually**

Goods and services trade

	2012	2013	2014	2015	2016
	Percentage change from previous period				
World trade[1]	3.1	3.3	3.2	3.9	5.3
OECD exports	2.8	2.7	3.7	3.8	5.3
OECD imports	1.3	1.9	3.5	4.6	5.3
Trade prices[2]					
OECD exports	-3.6	0.3	-1.2	-11.6	1.2
OECD imports	-2.7	-0.6	-1.5	-12.7	1.0
Non-OECD exports	0.3	-2.0	-2.7	-7.4	2.5
Non-OECD imports	-0.7	-0.9	-1.9	-3.7	2.9
Current account balances	Per cent of GDP				
United States	-2.9	-2.4	-2.4	-2.6	-3.0
Japan	1.0	0.8	0.5	2.8	3.0
Euro area	2.2	2.8	3.4	3.9	4.1
OECD	-0.4	-0.1	0.0	0.1	0.1
China	2.5	1.6	2.1	2.4	2.1
	$ billion				
OECD	-213	-55	-18	40	44
United States	-461	-400	-411	-475	-557
Japan	62	40	23	116	130
Euro area	274	362	445	451	489
Non-OECD	548	373	408	281	310
China	215	148	220	267	250
Major oil producers	566	440	332	121	153
Rest of the world	-233	-215	-144	-106	-93
World	335	319	390	322	354

Note: Regional aggregates include intra-regional trade.

1. Growth rates of the arithmetic average of import volumes and export volumes.
2. Average unit values in dollars.

Source: OECD Economic Outlook 97 database.

StatLink http://dx.doi.org/10.1787/888933221702

(rd. 0,6 Prozentpunkte pro Jahr) und in den Vereinigten Staaten (rd. 0,4 Prozentpunkte pro Jahr einschließlich Investitionseffekte) voraussichtlich größer ausfallen als im Euroraum (rd. 0,2 Prozentpunkte pro Jahr). Trotz des insgesamt positiven Effekts wirken sich die jüngsten Entwicklungen auf Grund der Unterschiede bei der Ölintensität, den Salden der Ölhandelsbilanz und den Handelsbeziehungen zu den Energieförderländern sehr unterschiedlich auf die einzelnen Länder aus (Abb. 1.11).

- Die erdölimportierenden Volkswirtschaften des OECD-Raums, die wenig oder überhaupt kein Erdöl fördern, z.B. der Euroraum und Japan, verzeichnen einen realen Einkommenszuwachs, der in seinen Auswirkungen einer Steuersenkung gleicht.
- In den Vereinigten Staaten, die nach wie vor Nettoölimporteur sind, werden die positiven Wachstumseffekte im laufenden und im kommenden Jahr nach und nach zum Tragen kommen, kurzfristig jedoch durch einen Rückgang der Investitionen im Ölsektor gedämpft werden.
- In Nettoölexportländern des OECD-Raums, z.B. Kanada, Norwegen und Mexiko, wird das Wachstum durch die niedrigeren Ölpreise belastet, da sie mit erheblichen Einbußen

Figure 1.11. **The oil price decline has different effects across country groups**

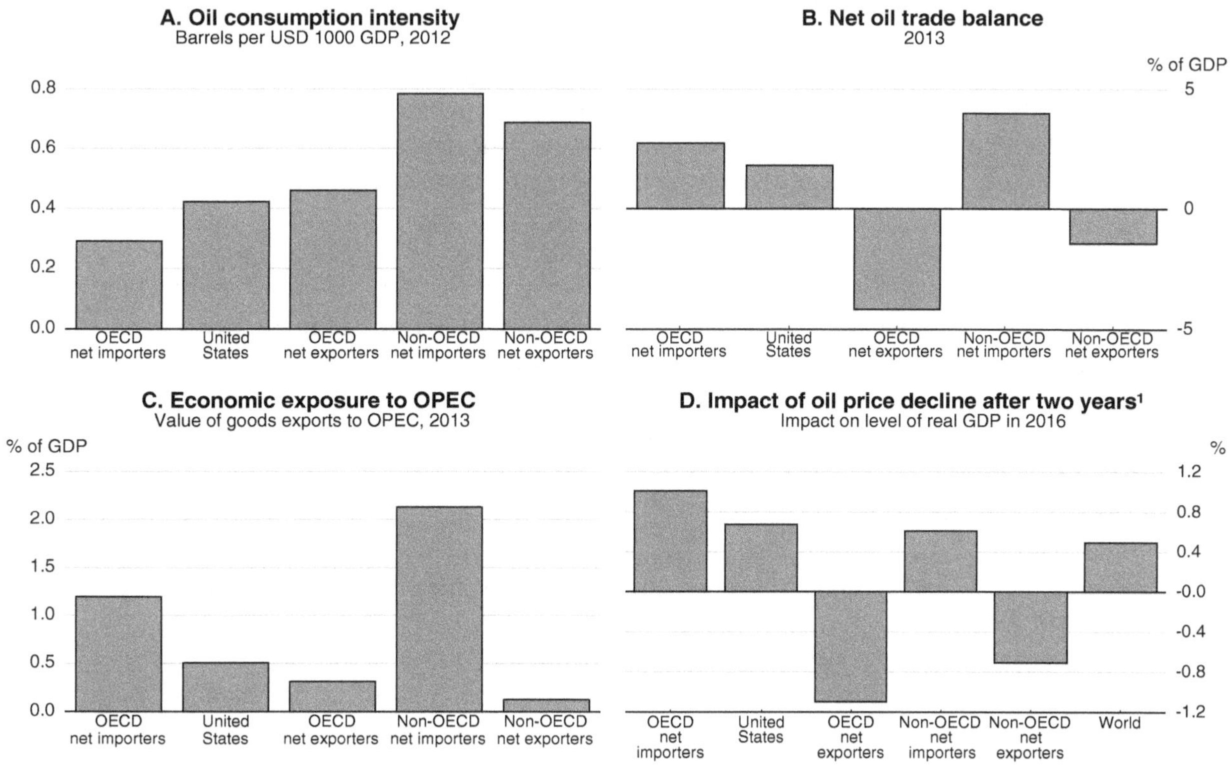

Note: The OECD net importers group includes the Euro area, Australia, Czech Republic, Hungary, Japan, Korea, New Zealand, Poland, Sweden, Switzerland and United Kingdom. The OECD net exporters group includes Canada, Denmark, Mexico and Norway. The non-OECD net importers group includes China, India, Indonesia, Singapore, South Africa, Taiwan and a few other small countries depending on the panel, mostly in East Asia. The non-OECD net exporters group includes Russia as well as African and Middle Eastern producer countries, the precise list varying slightly between panels.

1. The results are from simulations on the National Institute of Economic and Social Research's NiGEM model, except OECD net exporters and the United States which are OECD estimates. The simulations use the observed oil price up to the end of 2015 Q1 and assume USD 65 per barrel as of 2015 Q2. The world effect is a weighted average of the five other groups.

Source: International Energy Agency; International Monetary Fund; and OECD calculations.

StatLink http://dx.doi.org/10.1787/888933220675

bei den Export- und den Haushaltseinnahmen sowie einem Rückgang der Investitionen verbunden sind. Für einen teilweisen Ausgleich sorgen jedoch Währungsabwertungen und Energiekosteneinsparungen für die Verbraucher.

- In Nettoölexportländern, die nicht dem OECD-Raum angehören – insbesondere in Russland, aber auch in einigen lateinamerikanischen Ländern –, übt der Rückgang der Ölpreise eine erhebliche Bremswirkung auf das Wachstum aus, womit eine Währungsschwäche einhergeht. Die rückläufige Importnachfrage hat einen gewissen ausgleichenden Effekt auf das Wachstum, was auch für die Einkommenszuwächse der Energieverbraucher gilt, da diese Länder in der Regel eine relativ hohe Ölintensität aufweisen.
- Die nicht dem OECD-Raum angehörenden Nettoölimportländer, insbesondere diejenigen in Asien, beispielsweise Indien und Indonesien, sind u.U. die größten Nutznießer der niedrigeren Ölpreise, da Energie dort einen größeren Anteil am Warenkorb ausmacht und die Produktionsmethoden energieintensiver sind, weshalb die Ölhandelsbilanzen einen relativ großen negativen Saldo aufweisen. Dies trifft auch auf China zu, das sich stärker auf Kohle stützt, wo die Preise ebenfalls gesunken sind.

Mit Blick auf die Zukunft lassen die von der Internationalen Energie-Agentur erstellten Projektionen der Entwicklung von Angebot und Nachfrage darauf schließen, dass die Ölpreise, selbst wenn sie auf kurze Sicht möglicherweise erneut unter Abwärtsdruck geraten, längerfristig wahrscheinlich steigen, aber unter 100 $ pro Barrel verharren (Kasten 1.2).

Bei den unmittelbaren Auswirkungen der Ölpreisschwankungen auf die weltweite Inflation handelt es sich Schätzungen zufolge um einen Einmaleffekt, dessen Höhepunkt nach drei bis fünf Monaten erreicht ist und der danach allmählich abklingt. Der im zweiten Halbjahr 2014 und Anfang 2015 verzeichnete sehr starke Rückgang der Rohstoffpreise hat geendet, und die Ölpreise haben sich seit März partiell wieder erholt, was darauf schließen lässt, dass

Kasten 1.2 **Mögliche Ölpreisentwicklung auf mittlere und längere Sicht**[1]

Der Ölpreisrückgang um 60% im zweiten Halbjahr 2014 ist nicht beispiellos, da 1986, 1998 und 2008 ähnliche Einbrüche verzeichnet wurden (Abbildung unten). Der jüngste Rückgang war sowohl angebots- als auch nachfrageinduziert und erfolgte zu einem Zeitpunkt, als sich an den Energiemärkten grundlegende Veränderungen vollzogen. Die Internationale Energie-Agentur (IEA) geht davon aus, dass der Marktausgleichsprozess relativ rasch vonstatten gehen wird, sein Umfang aber begrenzt bleiben wird. Unter der Annahme, dass es nicht zu unerwarteten Angebotsstörungen oder wesentlichen Richtungsänderungen in der Politik kommt, wird eine Stabilisierung der Ölpreise oberhalb des gegenwärtigen Niveaus, aber deutlich unter dem in den drei Jahren vor dem Preisrückgang verzeichneten Durchschnittsniveau von 110 $ pro Barrel erwartet.

Diese Erwartungen für die Preisentwicklung beruhen in erster Linie auf folgenden Faktoren:

- Die Expansion der Nachfrage wird die Ausweitung des Angebots im Lauf der kommenden sechs Jahre voraussichtlich übersteigen (Abbildung unten). Es wird erwartet, dass der Ölverbrauch bis 2020 um 1,1 mb/d pro Jahr zunimmt (was einem Anstieg um rd. 1,1% jährlich entspricht), womit er jedoch deutlich – um 0,2 Prozentpunkte – langsamer steigt als in der Zeit vor der Krise, da sich die Ölintensität der Weltwirtschaft nach und nach verringert. Dieser Trend macht sich auch in den aufstrebenden Volkswirtschaften bemerkbar, wobei die Ölintensität Chinas den Projektionen zufolge bis 2020 um 20% sinken wird. Chinas Ölverbrauch wird sich in ähnlichem Tempo erhöhen wie der der Nicht-OECD-Volkswirtschaften insgesamt (2,4% jährlich). In Indien wird der Ölverbrauch mit 3,4% jährlich stärker expandieren, was auf sein rasches Bevölkerungs- und Wirtschaftswachstum zurückzuführen ist.

(Fortsetzung nächste Seite)

(Fortsetzung)

Dennoch wird der Gesamtverbrauchsanstieg der aufstrebenden Volkswirtschaften den projizierten Rückgang der Nachfrage der OECD-Volkswirtschaften (um rd. 0,2% jährlich) nicht mehr in gleichem Umfang ausgleichen wie dies vor der Krise der Fall war. Unter den OECD-Volkswirtschaften sind die Vereinigten Staaten das einzige Land, für das ein Verbrauchswachstum projiziert wird (um 0,3% jährlich) wohingegen der Verbrauch Japans den Projektionen zufolge mittelfristig um 1,4% jährlich und der der europäischen OECD-Länder um 0,7% jährlich sinken wird. Auf Grund der in allen Volkswirtschaften zu beobachtenden Umstellung auf Erdgas, Kernkraft, Kohle und erneuerbare Energieträger wird mit einem Rückgang des weltweiten Ölverbrauchs um rd. 2% bis zum Jahr 2020 gerechnet.

- Die Angebotskapazitäten werden bis 2020 voraussichtlich um 0,86 mb/d (rd. 0,9% jährlich) steigen, was im Vergleich zu den in der Vergangenheit verzeichneten Werten und dem Verbrauch eine Verlangsamung darstellt, die in erster Linie durch die Verringerung der Investitionen bedingt ist, zu der es infolge des Preisrückgangs kam. Trotz der Entscheidung der OPEC, ihren Marktanteil zu verteidigen, wird voraussichtlich fast die gesamte Ausweitung der OPEC-Fördermenge bis 2020 (0,5% jährlich) ungeachtet der Sicherheitsrisiken auf den Irak entfallen, was auf seine großen Erdölvorkommen zurückzuführen ist. Die Kapazitäten der Vereinigten Arabischen Emirate und Libyens werden den Projektionen zufolge ebenfalls um rd. 2% jährlich steigen, die der anderen OPEC-Länder werden auf Grund von höheren Kosten, geringeren finanziellen Reserven sowie sozialem Druck und Haushaltszwängen jedoch stagnieren oder sogar sinken. Unter den nicht der OPEC angehörenden Ländern wird die weltweit stärkste Ausweitung des Ölangebots in Barrel weiterhin auf die Vereinigten Staaten entfallen. Das Angebot wird den Projektionen zufolge in den Vereinigten Staaten und Kanada um rd. 3% jährlich und in Brasilien um 5% jährlich wachsen. Die Fördermenge Russlands wird bis 2020 voraussichtlich um rd. 0,9% jährlich sinken, da die niedrigen Preise, die internationalen Sanktionen und die Währungsabwertung den Effekt der natürlichen Erschöpfung der erschlossenen Ölfelder verstärken. Auch in mehreren kleineren Förderländern, u.a. Norwegen, Ägypten, Kolumbien und Indonesien, werden die Fördermengen mittelfristig voraussichtlich zurückgehen.
- Auf kürzere Sicht wird der Zeitpunkt der Aufhebung der Sanktionen gegen den Iran Auswirkungen auf die Neuordnung des Erdölmarkts haben. Der Iran wäre in der Lage, seine volle Förderkapazität rasch wiederherzustellen und dann von gegenwärtig 2,8 mb/d auf rd. 4 mb/d im Jahr 2020 zu erhöhen. Darüber hinaus könnten auch andere Förderländer ihr Angebot ausweiten, um zu versuchen, ihren Marktanteil aufrechtzuerhalten. Dies würde die Lage am Erdölmarkt deutlich entspannen, was wahrscheinlich zu einer Neuaustarierung auf einem noch niedrigeren Preisniveau führen würde.

Zusätzlich könnten sich die folgenden Faktoren kurz- bis mittelfristig auf die Volatilität des Ölpreises auswirken:

- Die Preiselastizität des Nicht-OPEC-Ölangebots hat sich erhöht. Auf das nordamerikanische Light Tight Oil (LTO) entfällt inzwischen der größte Anteil der Ausweitung des weltweiten Ölangebots: Seine Produktion wird den Projektionen zufolge bis 2020 um rd. 0,3 mb/d (6%) jährlich expandieren. Die im November 2014 getroffene Entscheidung der OPEC, die Fördermenge nicht zu senken, macht LTO zu einem entscheidenden Faktor für das Gleichgewicht am Ölmarkt. LTO reagiert auf Grund von kurzen Vorlaufzeiten sowie vergleichsweise geringen Amortisationszeiten und niedrigen Investitionskosten stärker auf höhere wie niedrigere Preise und wird daher dafür sorgen, dass die Unter- und Übertreibungen bei den Marktkorrekturen insgesamt begrenzt bleiben.
- Andererseits bedeutet das steigende Angebot aus Nordamerika, dass ein zunehmender Anteil seines Verbrauchs mit der eigenen Förderung gedeckt wird. Dies wird zu einem Rückgang des internationalen Rohölhandels beitragen, insbesondere des überregionalen Handels, der zudem dadurch beeinflusst wird, dass immer größere Volumen von Rohöl vor dem Export vor Ort raffiniert werden. Der weltweite Ölhandel wird sich somit von Rohöl auf Mineralölprodukte verlagern, wobei der Kontraktion und Fragmentierung der Rohölmärkte eine Expansion und Globalisierung der Märkte für Mineralölprodukte gegenübersteht. Dies könnte die Volatilität der Rohölpreise auf kurze bis mittlere Sicht erhöhen.

1. Dieser Kasten beruht auf IEA (2015) und den monatlichen Oil Market Reports der IEA von 2015.

(Fortsetzung nächste Seite)

(Fortsetzung)

Past and projected developments in the oil market

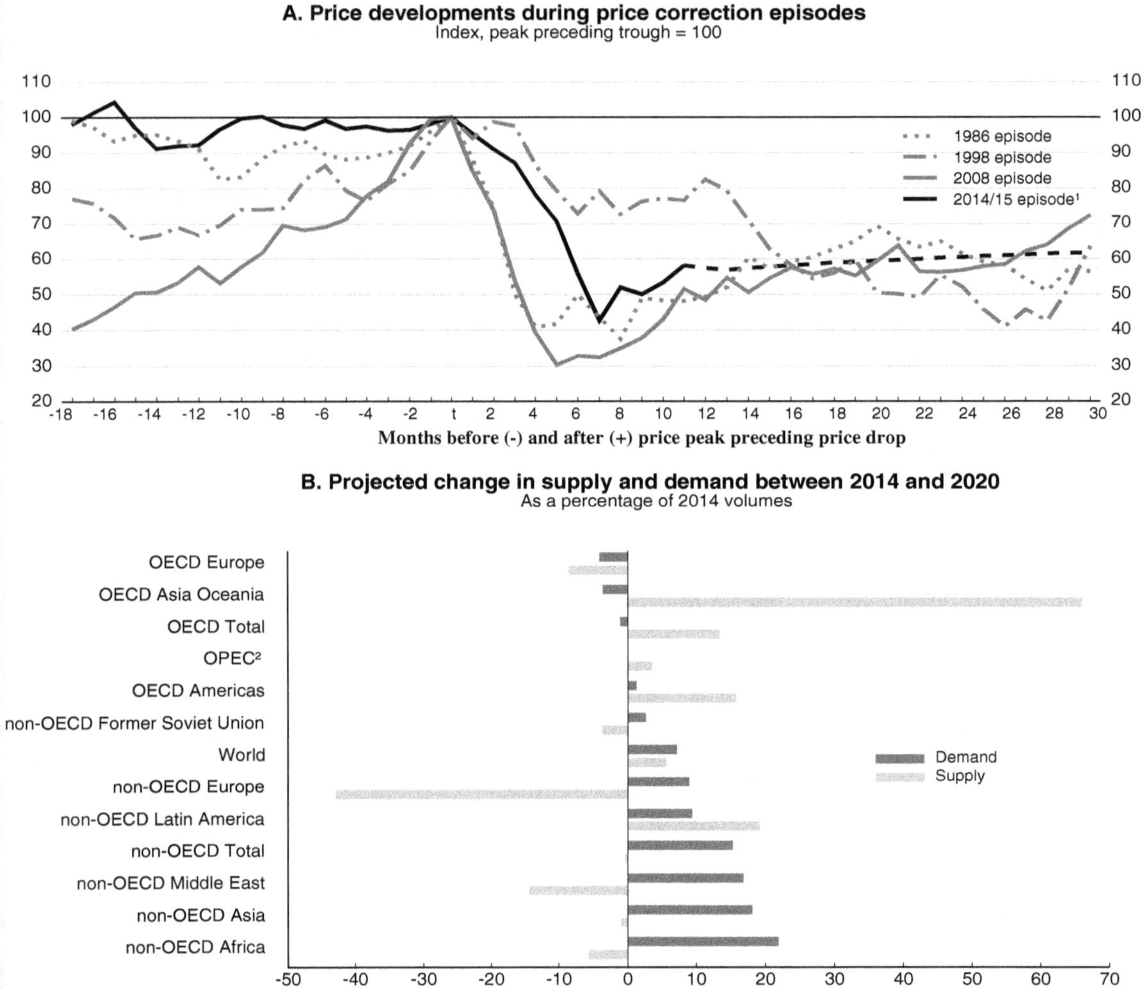

1. Values for 2014 episode from June 2015 onwards are Brent futures as of 27 May 2015. Futures prices are not price projections.
2. OPEC is not included in the non-OECD supply aggregate.

Source: OECD *National Accounts Database*; International Energy Agency; Wall Street Journal Markets Data Center; and OECD calculations.

StatLink http://dx.doi.org/10.1787/888933220794

die Gesamtinflationsraten die Talsohle bereits durchschritten haben. Tatsächlich hat sich der monatliche Verbraucherpreisauftrieb in den vergangenen Monaten auf 0,2-0,3% erhöht. Die Zweitrundeneffekte des Ölpreisrückgangs, die über die Entwicklung der Löhne bzw. des Ölverbrauchs als Vorleistung für die Produktion anderer Waren und Dienstleistungen zum Tragen kommen, blieben bislang offenbar begrenzt. Die mittelfristigen Inflationserwartungen wurden entweder kaum beeinflusst (insbesondere im Fall von Messgrößen, die auf Umfragen beruhen) oder verzeichneten zu Beginn der Ölpreisbaisse zunächst einen Rückgang, der sich seither jedoch teilweise umgekehrt hat (was vor allem für die Messgrößen gilt, die auf den Kursen von Finanzinstrumenten in Japan beruhen) (Abb. 1.12).

Figure 1.12. **Inflation expectations have picked up**

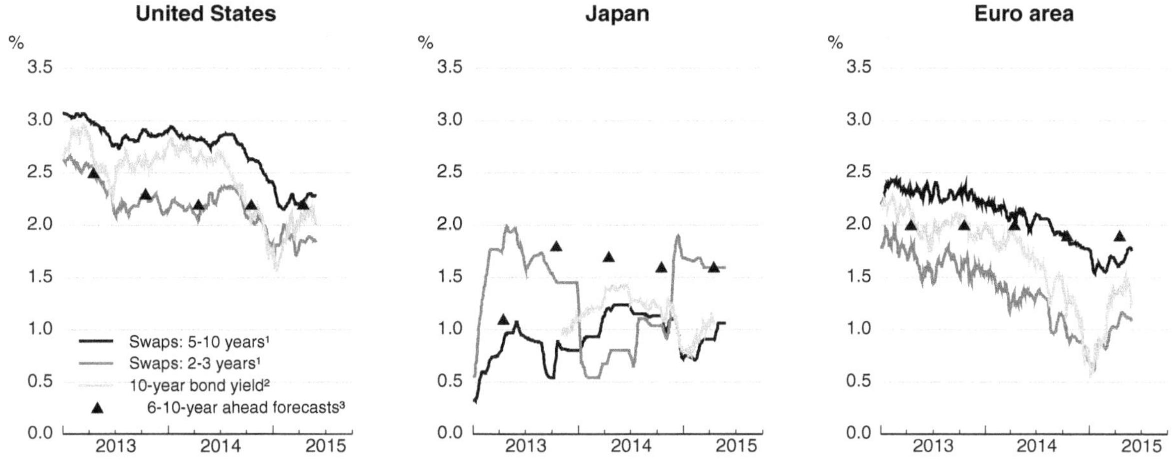

1. Expected average annual inflation based on inflation swaps. For instance, for 5-10 years ahead, this is the difference between 5-year and 10-year inflation swaps.
2. Expected inflation implied by the yield differential between 10-year government benchmark bonds and 10-year inflation-indexed bonds.
3. Average of 6-10-year ahead inflation forecast by professional forecasters from Consensus Economics.

Source: Datastream; FactSet; and Consensus Economics.

StatLink http://dx.doi.org/10.1787/888933220680

Die Arbeitsmärkte erholen sich allmählich

Die konventionellen Indikatoren deuten darauf hin, dass der Arbeitskräfteüberhang in den fortgeschrittenen Volkswirtschaften abnimmt (Tabelle 1.4 und Abb. 1.13). Im OECD-Raum insgesamt ist die Arbeitslosenquote auf 7% gesunken – das niedrigste Niveau seit 2008 – und liegt damit nahe an der geschätzten strukturellen Quote. Dies trifft insbesondere auf die Vereinigten Staaten und Japan zu, wenngleich in den Vereinigten Staaten der Anteil unfreiwilliger Teilzeitbeschäftigung nach wie vor hoch ist und einige der nicht mehr zur Erwerbsbevölkerung zählenden Personen möglicherweise auf den Arbeitsmarkt zurückkehren werden, wenn sich die Beschäftigungsaussichten verbessern. Im Euroraum dagegen ist die Arbeitslosigkeit, außer in Deutschland, nach wie vor recht hoch, und unfreiwillige Teilzeitarbeit ist weit verbreitet. Die in zahlreichen Ländern zu beobachtende Verringerung des Abstands zwischen der tatsächlichen Erwerbsquote und der Trenderwerbsquote, die z.T. durch eine die Trenderwerbsquote drückende Bevölkerungsalterung bedingt ist, ist ein weiteres Indiz für die geringeren Überhänge am Arbeitsmarkt[3].

Bislang ist die Verbesserung der Arbeitsmarktlage nicht mit einer nennenswerten Belebung des Lohnwachstums einhergegangen (Abb. 1.14). Der geringe Lohnauftrieb ermutigte die Produzenten, mehr Arbeitskräfte einzusetzen, führte jedoch in einigen Volkswirtschaften, u.a. in den Vereinigten Staaten, auch zu einem Anstieg der Gewinnquote. Mit der Anspannung der Arbeitsmärkte dürfte sich das Gleichgewicht allmählich stärker zu Gunsten der Löhne verschieben. In den Vereinigten Staaten wird das Lohnwachstum den Projektionen zufolge – von derzeit etwa 2½% auf 3⅓% Ende 2016 – steigen. Erhebungen zeigen, dass mit einem Anstieg der Arbeitsentgelte gerechnet wird. Einige hochkarätige bzw. große Unternehmen haben Lohnerhöhungen angekündigt, und in manchen Bundesstaaten wurden die Mindestlöhne angehoben. In Japan deuten die alljährlich im Frühjahr stattfindenden

Figure 1.13. **Labour market slack indicators**

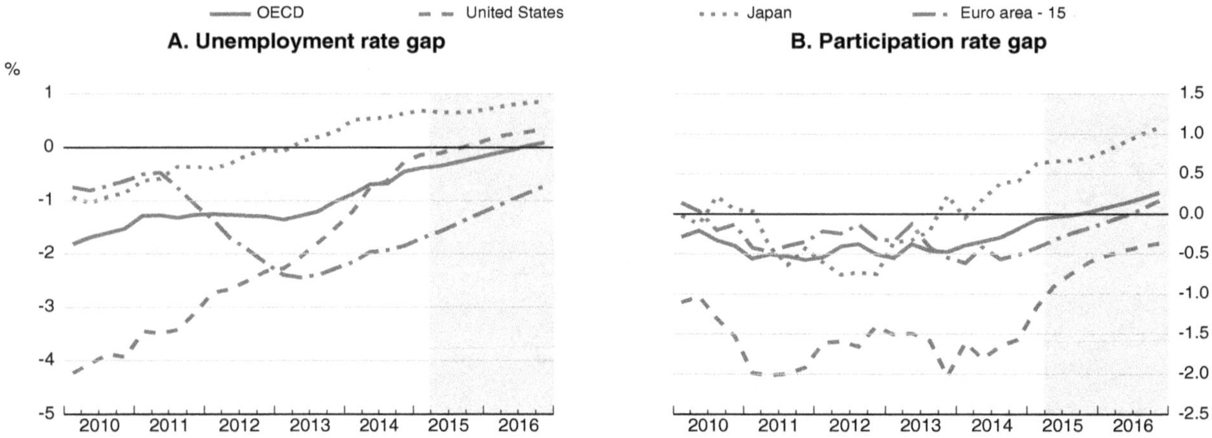

Note: The unemployment rate gap is the difference between the actual and estimates structural unemployment rates. The participation rate gap is the difference between actual and estimated trend participation rates.
Source: OECD Economic Outlook 97 database.

StatLink http://dx.doi.org/10.1787/888933220691

Tarifverhandlungen auf eine Erhöhung des Grundlohns hin. Den Projektionen zufolge werden die Löhne bis Ende 2016 einen – nach japanischen Maßstäben hohen – Zuwachs von 2¾% verzeichnen. In Europa hingegen wird die anhaltend hohe Arbeitslosigkeit ein deutliches Lohnwachstum verhindern. Eine Ausnahme bildet Deutschland, wo die Löhne bereits in angemessenem Tempo steigen und die jüngsten Tarifverhandlungen auf einen weiteren Anstieg hindeuten.

Table 1.4. **OECD labour market conditions are likely to improve slowly**

	2011	2012	2013	2014	2015	2016
	Percentage change from previous period					
Employment						
United States	0.6	1.8	1.0	1.6	1.9	1.0
Euro area	0.2	-0.6	-0.6	0.6	0.9	1.1
Japan	-0.1	-0.3	0.7	0.6	0.3	0.1
OECD	1.0	1.0	0.7	1.3	1.3	1.0
Labour force						
United States	-0.2	0.9	0.3	0.3	1.2	0.7
Euro area	0.3	0.7	0.2	0.1	0.4	0.4
Japan	-0.6	-0.6	0.3	0.2	0.1	0.0
OECD	0.6	1.0	0.6	0.7	0.9	0.7
Unemployment rate	Per cent of labour force					
United States	8.9	8.1	7.4	6.2	5.5	5.2
Euro area	10.1	11.3	11.9	11.5	11.1	10.5
Japan	4.6	4.3	4.0	3.6	3.5	3.3
OECD	7.9	7.9	7.9	7.3	6.9	6.6

Source: OECD Economic Outlook 97 database.

StatLink http://dx.doi.org/10.1787/888933221711

Figure 1.14. **Labour compensation**

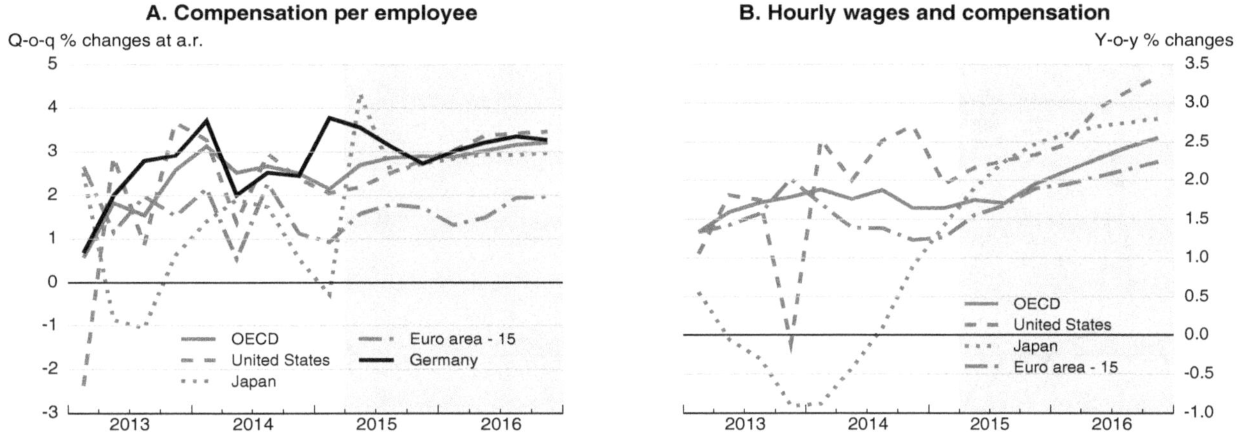

Source: OECD Economic Outlook 97 database.

StatLink http://dx.doi.org/10.1787/888933220706

Der Anstieg des verfügbaren Realeinkommens hatte nur begrenzte Auswirkungen auf den privaten Konsum

Trotz des bislang schleppenden nominalen Lohnwachstums ist das verfügbare Realeinkommen durch den Einbruch der Öl- und sonstigen Rohstoffpreise, der in der Weltwirtschaft für einen starken, wenngleich nur vorübergehenden disinflationären Impuls sorgte, gestiegen. Zwischen Juli 2014 und Januar 2015 lag die monatliche Veränderung des globalen Verbraucherpreisindex im Schnitt bei null Prozent. In den fortgeschrittenen Ländern waren die Verbraucherpreise im November und Dezember 2014 sowie im Januar 2015 sogar rückläufig (Abb. 1.15). Dieser negative Preisimpuls führte zusammen mit der allmählichen Besserung der Arbeitsmarktlage zu einem Anstieg der Reallöhne und der verfügbaren Realeinkommen. In den Vereinigten Staaten schlug sich das moderate und konstante Wachstum der Stundenlöhne, das sich zur Jahreswende auf etwa 2% belief, in einem Anstieg der Reallöhne nieder. Im März 2015 war das verfügbare Realeinkommen der privaten Haushalte gegenüber dem Vorjahr um 3,3% gestiegen. Der Nutzeffekt der niedrigeren Energiepreise für US-amerikanische Verbraucher entspricht Schätzungen zufolge einer Steuersenkung von mehr als 500 US-$ pro Haushalt, wobei sich die Effekte auf einkommensschwächere Haushalte konzentrieren, die eine höhere marginale Konsumneigung aufweisen. Angesichts der Schwäche des Euro und des Yen sowie der geringeren Ölintensität fällt die Kaufkraftsteigerung im Euroraum bzw. bei japanischen Haushalten zwar bescheidener aus als in den Vereinigten Staaten, ist aber dennoch beträchtlich.

Der Kaufkraftanstieg schlug sich auf unterschiedliche Art und Weise im Verbraucherverhalten nieder. Im letzten Quartal 2014 zeichnete sich eine starke verbraucherseitige Reaktion ab, als das Einzelhandelsvolumen in den drei Monaten bis Dezember global mit einer Jahresrate von 6,6% anstieg und sich im Euroraum um mehr als 3% erhöhte (Abb. 1.16). Im Euroraum wurden die hohen Verbraucherausgaben außerdem durch eine rasche Verbesserung des Konsumklimas, niedrigere Bankkreditzinsen für private Haushalte und eine Lockerung der Kreditbedingungen gestützt. Auch in den Vereinigten Staaten beschleunigte sich das Wachstum der realen Konsumausgaben im zweiten Halbjahr 2014 stark auf eine Jahresrate von mehr als 4%. Doch während die Einzelhandelsumsätze im Euroraum im ersten Quartal

Figure 1.15. **Monthly inflation rates**

Month-on-month percentage changes at annual rates

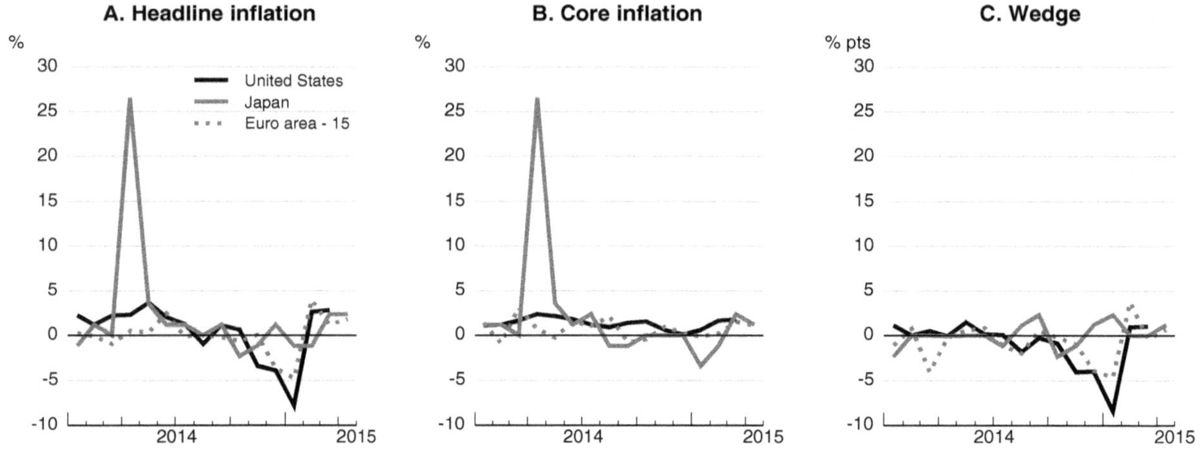

Source: *OECD Economic Outlook 97 database*; Statistics Bureau of Japan; and OECD calculations.

StatLink http://dx.doi.org/10.1787/888933220714

2015 einen vergleichbaren annualisierten Zuwachs von 3% verzeichnen dürften, sind sie global drastisch zurückgegangen, so dass im ersten Quartal 2015 kaum mit Wachstum gerechnet wird. In den Vereinigten Staaten erhöhten sich die realen Konsumausgaben im ersten Quartal trotz eines 5,3%igen Anstiegs der verfügbaren Realeinkommen auf Jahresbasis lediglich um 1,8%. Diese zu Jahresbeginn in den Vereinigten Staaten beobachtete Abschwächung lässt sich zum Teil wahrscheinlich eher auf ungünstige Witterungsverhältnisse als auf eine dauerhaft höhere Sparquote zurückführen. In den kommenden Monaten dürften die Verbraucherausgaben daher wieder anziehen, was durch die robusten Arbeitseinkommen, die niedrigen Zinssätze, das gute Konsumklima und das allmähliche Durchschlagen des stärkeren US-Dollar auf die Verbraucherpreise gestützt wird. Die zu Jahresbeginn in anderen

Figure 1.16. **Retail sales**

Index June 2014 = 100

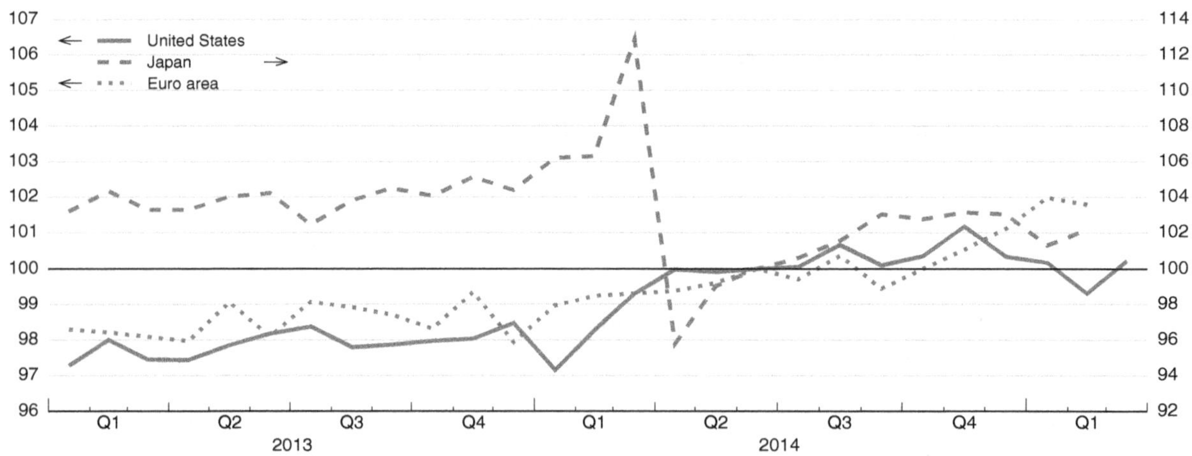

Source: OECD, *Main Economic Indicators Database.*

StatLink http://dx.doi.org/10.1787/888933220720

Teilen der Welt beobachtete Verlangsamung der Konsumausgaben ist schwieriger zu erklären, doch auch dort dürften sie auf Grund der relativ guten Fundamentaldaten in Bezug auf die Arbeitsmärkte, die Vermögenseffekte, die Kaufkraft und das Konsumklima wieder anziehen.

Ein nachhaltiges Konsumwachstum setzt steigende Löhne voraus. Daher ist die Aussicht auf einen konjunkturell bedingten Anstieg der Reallöhne zu begrüßen. Die Löhne bilden, insbesondere bei einkommensschwachen Haushalten mit hoher Konsumneigung, den Hauptbestandteil des Haushaltseinkommens, und andere Einkommensarten wie Renten sind an die Lohndynamik gekoppelt. Durch höhere Löhne würden sich die Umsätze, die Zahl der Einstellungen und die Investitionen erhöhen und eine positive Wirkungsspirale in Gang gesetzt werden, die wiederum Beschäftigungs- und Einkommenszuwächse zur Folge hätte. Doch damit das höhere Lohnwachstum nachhaltig ist und nicht von der Inflation aufgezehrt wird, ist auch ein stärkeres Wachstum der Arbeitsproduktivität erforderlich.

Es bedarf einer Beschleunigung des Produktivitätswachstums

Bliebe das Produktivitätswachstum schwach, wenn eine Volkswirtschaft zur Vollbeschäftigung zurückkehrt, wäre dies besorgniserregend. Zwischen dem Ende der Rezession in den fortgeschrittenen Ländern Anfang der 1980er Jahre und der 2007 einsetzenden globalen Wirtschafts- und Finanzkrise lag das gesamtwirtschaftliche Arbeitsproduktivitätswachstum im OECD-Raum im Schnitt bei knapp 2% (Abb. 1.17). Zwischen 2011 und 2014 betrug es im Schnitt jedoch nur 0,7% pro Jahr und lag im Vereinigten Königreich, in Japan, den Vereinigten Staaten und im Euroraum, einschließlich Deutschlands und Frankreichs, darunter. Während oder unmittelbar nach einer Rezession, wenn Unternehmen die Hortung von Arbeitskräften und den Rückgriff auf Teilzeit- und Schichtarbeit einem Personalabbau vorziehen, kann der Arbeitsproduktivitätszuwachs ungewöhnlich schwach ausfallen. Wenn die Erholung an Dynamik gewinnt und entlassene Arbeitskräfte wieder eingestellt werden müssen, ist dagegen häufig ein starkes Beschäftigungswachstum zu beobachten.

Um ein rascheres Wachstum der Arbeitsproduktivität zu erreichen, wird es einer Erhöhung der Investitionen bedürfen, denn das enttäuschende Produktivitätswachstum der letzten Jahre ist zum großen Teil auf die schwachen Investitionsausgaben und nicht auf eine Verlangsamung des technischen Fortschritts zurückzuführen (Kasten 1.3). Diese

Figure 1.17. **Labour productivity and investment**

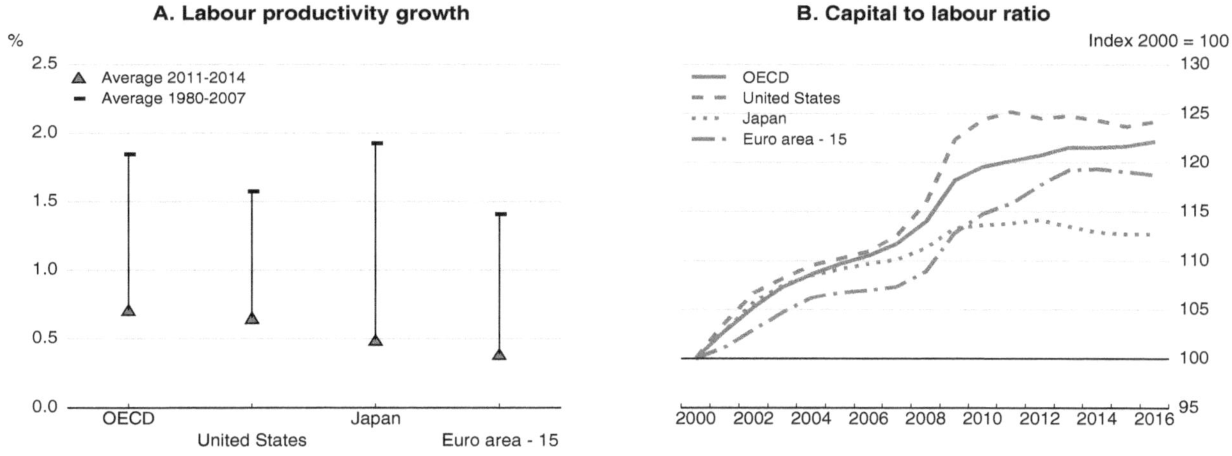

Source: OECD Economic Outlook 97 database.

StatLink http://dx.doi.org/10.1787/888933220736

Kasten 1.3 **Der Beitrag rückläufiger Investitionen zur Verlangsamung des Potenzialwachstums**

Die Wachstumsrate des Pro-Kopf-Produktionspotenzials im OECD-Raum, die als Hilfsvariable für die Trendwachstumsrate des Lebensstandards dient, verlangsamte sich von knapp 1½% jährlich in den Jahren vor der Krise auf weniger als 1% in den Jahren unmittelbar nach der Krise, bevor sie zuletzt wieder rd. 1% erreichte (Abb. unten). Diese Verlangsamung lässt sich in den Beitrag der potenziellen Beschäftigung und den Beitrag der Trendproduktivität unterteilen. Der Wachstumsbeitrag der potenziellen Beschäftigung nahm durch den Effekt der Bevölkerungsalterung zunächst schrittweise und in den Jahren nach der Krise, als die strukturelle Arbeitslosenquote in einigen Ländern stieg, abrupter ab. Die Verlangsamung der Trendproduktivität hingegen trug wesentlich stärker zum Rückgang des Potenzialwachstums bei, wobei die anhaltende Investitionsschwäche eine zentrale Rolle spielte.

Der Rückgang des Wachstums der Trendproduktivität lässt sich in den Beitrag der Gesamtfaktorproduktivität und den Beitrag des Kapitals pro Arbeitskraft unterteilen, wobei für das Produktionspotenzial eine Cobb-Douglas-Produktionsfunktion zu Grunde gelegt wird. Auf dieser Basis verlangsamte sich das Wachstum der Gesamtfaktorproduktivität im OECD-Raum im Anschluss an die Krise, inzwischen wurden jedoch wieder die in der Vorkrisenzeit verzeichneten Wachstumsraten erreicht. Der Beitrag des Kapitals je Arbeitskraft dagegen verringerte sich während der Krise und blieb wegen der anhaltenden Investitionsschwäche gedämpft. Tatsächlich geht die Hälfte des Rückgangs des Trendwachstums des Lebensstandards, der in den letzten Jahren im Vergleich zu den Durchschnittswerten vor der Krise festzustellen war, bzw. rd. 0,3% pro Jahr, auf das langsamere Wachstum des Kapitals je Arbeitskraft zurück. Dieser Beitrag des rückläufigen Kapitaleinsatzes trat durch die jüngste Revision der Daten zum Kapitalstock, die zur Abstimmung der Daten auf das neue System der Volkswirtschaftlichen Gesamtrechnungen vorgenommen wurde, und die damit zusammenhängende Revision der Definition des Investitionsbegriffs, der nunmehr auch FuE-Ausgaben umfasst, offener zu Tage.

Decomposition of the growth rate of OECD potential output per capita

Contribution to potential per capita growth

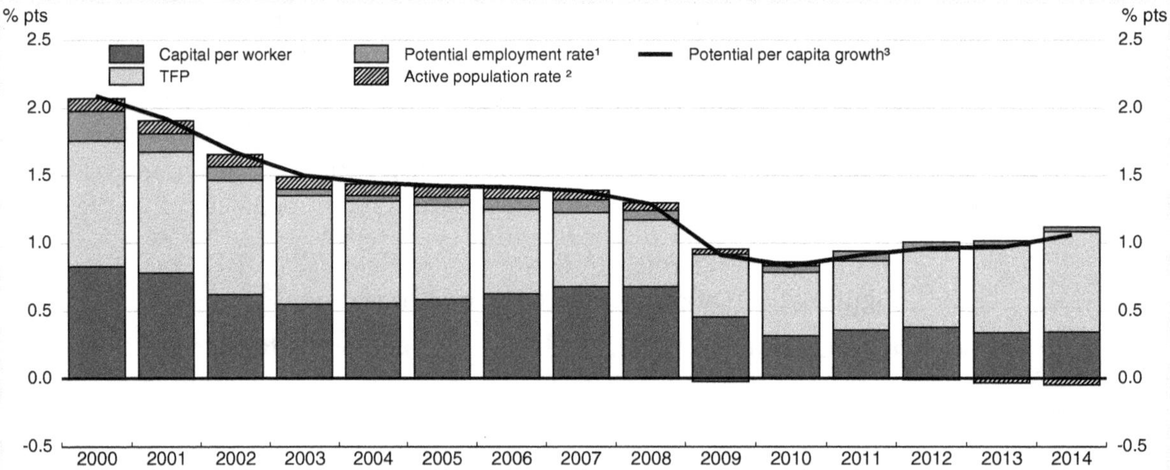

Note: Assuming potential output (Y*) can be represented by a Cobb-Douglas production function in terms of potential employment (N*), the capital stock (K) and labour-augmenting technical progress (E*) then $y^* = a\,(n^* + e^*) + (1 - a)\,k$, where lower case letters denote logs and a is the wage share. If P is the total population and PWA the population of working age (here taken to be aged 15-74), then the growth rate of potential GDP per capita (where growth rates are denoted by the first difference, d(), of logged variables) can be decomposed into the five components depicted in the figure: $d(y^* - p) = a\,d(e)^* + (1 - a)\,d(k - n^*) + d(n^* - pwa) + d(pwa - p)$.

1. Potential employment rate refers to potential employment as a share of the working-age population (aged 15-74).
2. Active population rate refers to the share of the population of working age in the total population.
3. Percentage changes.

Source: OECD Economic Outlook 97 database.

StatLink http://dx.doi.org/10.1787/888933220800

(Fortsetzung nächste Seite)

(Fortsetzung)

Die vorstehende Analyse bezieht sich auf den OECD-Raum insgesamt, doch in fast allen OECD-Ländern war der Beitrag des Kapitals je Arbeitskraft zum Wachstum der Trendproduktivität nach der Krise längerfristig rückläufig. Eine Ausnahme bildeten lediglich Australien, Kanada und Chile, wo in Anbetracht der boomenden Rohstoffpreise erhebliche Investitionen im Bereich der Bergbauindustrie getätigt wurden.

- Der Rückgang des Kapitals je Arbeitskraft war in den von der Krise am stärksten getroffenen Ländern am größten. Im Fall Estlands, Griechenlands, Islands und Portugals trug der Rückgang des Kapitals je Arbeitskraft nach der Krise zu einer Verlangsamung des Potenzialwachstums um im Schnitt ½-1% bei.
- In Dänemark, Italien, Japan, Korea, Luxemburg, Österreich, der Schweiz, Slowenien, Ungarn, dem Vereinigten Königreich und den Vereinigten Staaten belief sich der Beitrag des rückläufigen Kapitals je Arbeitskraft zur Verringerung des Potenzialwachstums nach der Krise auf ¼-½% pro Jahr.

jüngste Investitionsschwäche ist zum Teil konjunkturbedingt und erklärt sich u.a. aus dem drastischen Rückgang materieller Investitionen während der Finanzkrise. Im Vergleich zu früheren Rezessionen verlief die anschließende Erholung der Investitionstätigkeit allerdings schleppend, wenngleich dies Akzelerator-Modellen zufolge mit der Produktionsschwäche in Einklang stand (Abb. 1.18; Kapitel 3; IWF, 2015a). Die schwache Investitionstätigkeit ist jedoch kein neuer Trend. Außer in Ländern wie Kanada und Australien, die in den 2000er Jahren angesichts des Anstiegs der Rohstoffpreise die Investitionen in der Bergbauindustrie erhöht hatten, hatte der Rückgang des Beitrags der Kapitalvertiefung zur Produktivität und zum BIP-Wachstum in den Vereinigten Staaten, in Europa, Korea und Japan bereits viele Jahre vor der Finanz- und Wirtschaftskrise eingesetzt.

Im Vergleich zu früheren Konjunkturerholungen dürften die privaten Investitionsausgaben (ohne Wohnungsbau) bis Ende 2016 generell nur leicht steigen. Dies steht in Einklang mit der erwarteten bescheidenen Beschleunigung der inländischen und globalen Wirtschaftstätigkeit, der anhaltenden Ungewissheit, den nach wie vor in vielen Bereichen bestehenden

Figure 1.18. **Real business investment growth has been weak compared with previous cycles**

Peak in OECD real investment = 100

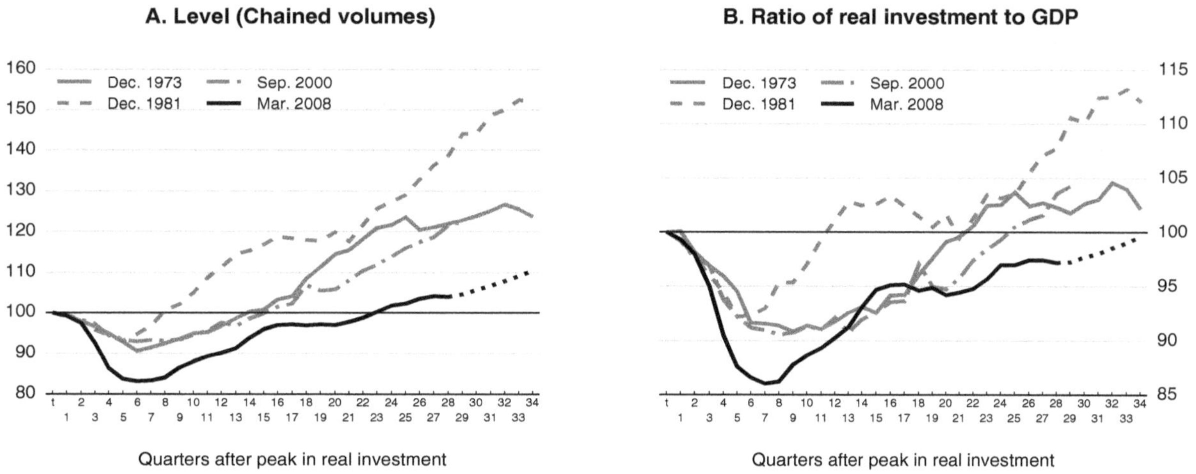

Note: Data are for OECD countries for which the breakdown of investment is available. For the March 2008 series, the dotted line is based on projections.

Source: *OECD Economic Outlook 97 database*; and OECD calculations.

StatLink http://dx.doi.org/10.1787/888933220744

Kapazitätsüberhängen und der in einigen großen Volkswirtschaften wie den Vereinigten Staaten und Kanada durch die niedrigeren Ölpreise bedingten Verlangsamung der Investitionstätigkeit. Insofern sich die Erholung der Volkswirtschaften fortsetzt, sich das Konsumwachstum parallel zum Anstieg der Löhne und Einkommen beschleunigt und das Vertrauen in die weiteren wirtschaftlichen Aussichten wächst, ist zu erwarten, dass die Unternehmen ihre Investitionstätigkeit verstärken werden. Eine Reihe von OECD-Ländern hat im Anschluss an die Wirtschaftskrise zudem umfassende Strukturreformen umgesetzt. Im Durchschnitt der OECD-Länder wurden bei der Abschaffung der Preiskontrollen bzw. der Verbesserung ihrer Gestaltung, der Straffung von Verwaltungsverfahren für Unternehmensgründungen, der Vereinfachung von Vorschriften und Verfahren sowie der Verbesserung des Zugangs zu Informationen über Vorschriften Fortschritte erzielt. Sobald diese Reformen Früchte tragen, werden die Produktion und die Investitionen voraussichtlich anziehen. Darüber hinaus haben die Investitions- und Wachstumsimpulse eines Landes Ausstrahlungseffekte und fördern die Investitionstätigkeit und das Wachstum in anderen Ländern. Folglich könnten von einer Verbesserung der Wachstumsaussichten, insbesondere im Euroraum und in Japan, im Vergleich zu den letzten Jahren, als sich diese Regionen weniger gut entwickelten, überproportional starke Impulse für das globale Wachstum ausgehen. Eine derartige kollektive Reaktion könnte das derzeit niedrige Niveau des Wachstumsgleichgewichts langfristig anheben.

Um einen Anstieg des Potenzialwachstums zu gewährleisten, der allen in gleichem Maße zugute kommt, sind in einer Reihe von Bereichen strukturpolitische Maßnahmen unerlässlich. In diesem Zusammenhang hat sich das Tempo der Strukturreformen im OECD-Raum, insbesondere im Bereich der Produktmarktregulierung, in den vergangenen beiden Jahren verlangsamt, während es in großen Nicht-OECD-Volkswirtschaften zugenommen hat (Koske et al., 2015; OECD, 2015a). Trotz der jüngsten Erfolge bestehen in einer Reihe von Volkswirtschaften nach wie vor strukturelle Hindernisse, so dass sie von weiteren Politikmaßnahmen profitieren würden:

- Im Euroraum würde eine Vollendung des Binnenmarkts bei den Netzinfrastrukturen in den Bereichen Telekommunikation, Energietransport und digitale Technologien der Investitionstätigkeit und dem Wachstum neue Impulse verleihen. Gleiches gilt für Fortschritte im Hinblick auf die Banken- und Kapitalmarktunion.
- Die Förderung von Wettbewerb und Innovation und die Erleichterung des Marktzugangs neuer Unternehmen würde die Reallokation von Arbeit und Kapital zwischen Unternehmen und Sektoren erleichtern und zu einer Steigerung des Produktivitätswachstums beitragen. In den Peripherieländern des Euroraums sind, insbesondere im Dienstleistungsbereich, Produktmarktreformen erforderlich, um die Nutzeffekte der in den letzten Jahren angestoßenen Arbeitsmarktreformen voll auszuschöpfen.
- Eine bessere Verzahnung von sozialer Sicherung und aktiven arbeitsmarktpolitischen Maßnahmen würde die Arbeitsplatzschaffung und das Matching von Arbeitsangebot und Arbeitsnachfrage erleichtern und damit den Abbau des Arbeitskräfteüberhangs und die Belebung des Lohnwachstums beschleunigen. Zudem würde es die Zweiteilung des Arbeitsmarkts und die informelle Beschäftigung reduzieren.
- In aufstrebenden Volkswirtschaften kann eine bessere physische und rechtliche Infrastruktur helfen, Wachstumsengpässen zu begegnen, die Risiken des Finanzsektors zu reduzieren und die Ressourcenallokation zu verbessern, und damit letztlich dazu beitragen, den in Bezug auf den materiellen Lebensstandard bestehenden Abstand zu fortgeschrittenen Volkswirtschaften zu verringern.
- In den fortgeschrittenen ebenso wie in den aufstrebenden Volkswirtschaften sind Kompetenzen und wissensbasiertes Humankapital die stärksten Antriebskräfte für

Produktivitätssteigerungen, was zeigt, wie wichtig es ist, die Qualität und Inklusivität der Bildungssysteme zu stärken.

Die mit dem Ausblick verbundenen Risiken

Die derzeitigen Projektionen im Hinblick auf moderate Konjunkturaufschwünge im OECD-Raum und in der Weltwirtschaft beschreiben ein sehr wahrscheinliches Szenario, das mit weitgehend symmetrischen Risiken verbunden ist, darunter:

- Die projizierte Belebung der Investitionen in den fortgeschrittenen Ländern kann ausbleiben. Sollte das Investitionswachstum im OECD-Raum auf dem Niveau von 2014 (2,7%) verharren, anstatt wie projiziert bis Ende 2016 allmählich auf 4,7% anzusteigen, würde das Wachstum im OECD-Raum 2015 rd. 0,2 Prozentpunkte hinter den Projektionen zurückbleiben und 2016 0,6 Prozentpunkte niedriger ausfallen[4]. Andererseits könnten die Privatinvestitionen stärker als erwartet zulegen. Das Akzelerator-Modell besagt, dass sich die Investitionen rasch ändern können, und zwar um ein Vielfaches schneller als die gesamtwirtschaftliche Produktion, da die Unternehmen versuchen, den künftigen Kapitalbedarf zu antizipieren und die Kapazitäten entsprechend anzupassen. Die positive Reaktion der Investitionen auf das allmähliche Schließen der Produktionslücken und auf die jüngsten Strukturreformen im OECD-Raum könnte stärker als erwartet ausfallen, insbesondere weil die Finanzierungskosten im historischen Vergleich sehr niedrig sind. Dies könnte trotz des relativ geringen Anteils der Privatinvestitionen an der gesamtwirtschaftlichen Produktion einen spürbaren Effekt auf das Wachstum haben.
- Auch die projizierte Belebung des Lohnwachstums und der damit verbundene Anstieg des Konsumwachstums können ausbleiben. Das Wachstum des Arbeitsentgelts je Beschäftigten lag im OECD-Raum Anfang 2015 bei rd. 2¼% und wird den Projektionen zufolge 2016 auf 2,7% ansteigen. In einem Szenario, in dem die Arbeitsentgelte stattdessen bis Ende 2016 weiter um rd. 2¼% wachsen, könnte das Wachstum des privaten Konsums sowohl 2015 als auch 2016 je nach Land um 0,1-0,3 Prozentpunkte niedriger ausfallen als projiziert, was im OECD-Raum insgesamt in beiden Jahren ebenfalls einen Rückgang des Wachstums um rd. 0,2 Prozentpunkte zur Folge hätte. Andererseits könnte das Lohnwachstum angesichts der zunehmend angespannten Arbeitsmarktlage in den meisten großen OECD-Ländern – in Japan machen sich sogar Arbeitskräfteengpässe bemerkbar – stärker als erwartet anziehen, was den privaten Verbrauch beleben würde. Analog zu den oben aufgeführten Simulationsergebnissen könnte ein Anstieg des Lohnwachstums um einen weiteren ½ Prozentpunkt bis Ende 2016 das Wachstum im OECD-Raum sowohl 2015 als auch 2016 um 0,2 Prozentpunkte steigen lassen.
- Alternativ dazu könnte der projizierte Anstieg der Arbeitsentgelte derart erfolgen, dass er zum großen Teil in Ersparnisse an Stelle von Ausgaben fließt. Ein Teil des mit niedrigeren Ölpreisen einhergehenden Kaufkraftanstiegs scheint sich in Ersparnissen an Stelle von Ausgaben niedergeschlagen zu haben, insbesondere in den Vereinigten Staaten, was sich in der Sparquote der privaten Haushalte im OECD-Raum insgesamt zeigt, die zwischen Anfang 2014 und Anfang 2015 von 4,6% auf 5,4% anstieg. Folglich ist der private Konsum im OECD-Raum im ersten Quartal 2015 trotz kräftiger realer Einkommenszuwächse auf Jahresbasis nur um 1,9% gestiegen. Wenn die Sparquoten der privaten Haushalte nicht wie erwartet zurückgehen, kann das Konsumwachstum hinter den Projektionen zurückbleiben. Sollte sich andererseits das Vertrauen der privaten Haushalte stärker als erwartet aufhellen, kann das Vorsorgesparen abklingen und die Sparquote stärker als projiziert sinken.

- Die quantitative Lockerung kann sich im Euroraum und in Japan als ineffektiv herausstellen. Die EZB und die Bank von Japan sind bei der Ankurbelung der Nachfrage mit Herausforderungen konfrontiert, da die Wirkung der anhaltenden Wertpapierkäufe nachlassen kann, wodurch die bereits niedrigen Zinssätze nur geringfügig gesenkt würden (Rawdanowicz et al., 2013). Darüber hinaus könnten die Maßnahmen der quantitativen Lockerung auf Grund der Zusammensetzung und der ungleichen Verteilung des Finanzvermögens ein relativ unwirksames Instrument für die Ankurbelung des Verbrauchs der privaten Haushalte sein (Kasten 1.4).
- Die im ersten Quartal in einigen Volkswirtschaften zu beobachtende und großenteils auf das Zusammentreffen von Sonderfaktoren zurückgeführte Konjunkturschwäche könnte in Wirklichkeit eine sich verfestigende strukturelle Schwäche signalisieren. Die globale Wirtschaftstätigkeit hat sich unter dem Einfluss der von den Vereinigten Staaten und einigen aufstrebenden Volkswirtschaften ausgehenden Bremswirkung

Kasten 1.4 **Quantitative Lockerung und das Vermögen der privaten Haushalte**

Die quantitative Lockerung kann die Konsum- und Investitionsentscheidungen der privaten Haushalte durch eine Erhöhung der Vermögen beeinflussen. Die Bedeutung dieses Kanals hängt jedoch von der Höhe der Finanzaktiva, der Art der Vermögenswerte und der Frage ab, wie gleich sie innerhalb eines Landes verteilt sind. In diesem Kasten wird analysiert, wie diese Merkmale in ausgewählten OECD-Ländern variieren, und es werden erste Schlussfolgerungen über die relative Wirksamkeit der quantitativen Lockerung gezogen.

Im Rahmen der quantitativen Lockerung kaufen Zentralbanken Finanzaktiva mit dem Ziel, den Kurs dieser Wertpapiere zu erhöhen und folglich ihre Rendite zu senken. Die Zentralbanken des OECD-Raums konzentrieren sich dabei hauptsächlich auf Staatsanleihen und staatlich garantierte Anleihen. Die quantitative Lockerung führt über Portfolioeffekte jedoch auch zu einem Anstieg der Kurse von Unternehmensanleihen und Aktien. Zusätzlich zu dem direkten Anleihe- und Aktienbesitz können private Haushalte jedoch auch über ihre Ersparnisse bei institutionellen Anlegern, wie beispielsweise Pensionsfonds, an den Finanzmärkten engagiert sein. Darüber hinaus sind die privaten Haushalte über Bankeinlagen und Verbindlichkeiten wie Bankkredite den Risiken des Finanzsystems ausgesetzt. Die quantitative Lockerung und andere geldpolitische Stimulierungsmaßnahmen haben zwar keinen Einfluss auf den Nominalwert dieser Forderungen und Verbindlichkeiten, sie können jedoch die Höhe der Zinsen beeinflussen, die die privaten Haushalte erhalten oder bezahlen.

Da Vermögenspreissteigerungen den privaten Haushalten das Gefühl vermitteln, wohlhabender zu sein, können sie die Haushalte dazu bewegen, mehr zu konsumieren, insbesondere wenn diese Steigerungen als dauerhaft wahrgenommen werden. Ein Anstieg der Vermögenspreise kann den Wert der Kreditsicherheiten eines Haushalts erhöhen und den Zugang zu Krediten über Bilanzeffekte erleichtern (Bernanke und Gertler, 1995), was es den Haushalten ermöglicht, in Wohnimmobilien oder Kleinunternehmen zu investieren. Der Effekt von Veränderungen des von institutionellen Anlegern (wie Pensionsfonds) verwalteten Haushaltsvermögens auf das Verhalten der privaten Haushalte hängt vom regulatorischen Umfeld ab, das eine Inanspruchnahme des Vermögens vor dem Eintritt in den Ruhestand untersagen kann. Da reichere Haushalte eine niedrigere marginale Konsumneigung aufweisen (Carroll et al., 2014), ist die quantitative Lockerung in Ländern mit einer sehr ungleichen Vermögensverteilung u.U. weniger effektiv.

Die Höhe, Zusammensetzung und Verteilung der von privaten Haushalten gehaltenen Finanzaktiva variieren in sechs großen OECD-Volkswirtschaften erheblich (Tabelle unten):

- Der Betrag der gesamten (und direkt gehaltenen) finanziellen Vermögenswerte ist im Verhältnis zum BIP in den Vereinigten Staaten und Japan am höchsten und in den europäischen Ländern deutlich niedriger. Die Stärke der Vermögenseffekte kann von der Höhe der Finanzanlagen abhängen.
- Die Art der Finanzaktiva variiert erheblich. Die privaten Haushalte in Japan halten etwa die Hälfte ihrer finanziellen Vermögenswerte in Bargeld und Einlagen. Sie werden durch die von der quantitativen

(Fortsetzung nächste Seite)

(Fortsetzung)

Lockerung verursachten Vermögenseffekte folglich weniger stark beeinflusst. Im Gegensatz dazu haben die privaten Haushalte in den Vereinigten Staaten das größte direkte Engagement in Finanzmarktinstrumenten, was sie anfälliger gegenüber Veränderungen der Vermögenswertpreise macht und die Wirksamkeit der quantitativen Lockerung folglich erhöht. In den EU-Ländern sind die privaten Haushalte zum großen Teil indirekt über institutionelle Anleger engagiert, wodurch der Effekt der quantitativen Lockerung auf ihren Konsum begrenzt wird.

- In jedem analysierten Land besitzen die 20% der wohlhabendsten Haushalte die meisten Finanzaktiva, wobei die Konzentration in den Vereinigten Staaten besonders hoch ist, was die Wirksamkeit der quantitativen Lockerung reduziert (Abbildung unten)[1]. In den Ländern, für die Daten verfügbar sind, ist die Verteilung der Einlagen weniger verzerrt. Mit Ausnahme von Italien ist der direkte Aktienbesitz bei den privaten Haushalten stärker verbreitet als der direkte Anleihebesitz. Insgesamt fließen die Vermögenszuwächse mit der größten Wahrscheinlichkeit an die Haushalte, bei denen die Wahrscheinlichkeit, den Konsum zu erhöhen, am geringsten ist.
- Das indirekte Engagement an den Finanzmärkten über institutionelle Anleger ist weiter verbreitet als das direkte Engagement. Dadurch werden die Effekte der quantitativen Lockerung auf die Haushalte verringert. Pensionsfonds und Versicherungen investieren tendenziell stärker in Anleihen als in Aktien – mit Ausnahme der Vereinigten Staaten, wo ihre Investitionen ausgewogener sind.

Insgesamt sind die am wenigsten gehaltenen Vermögenswerte (Anleihen) direkt von der quantitativen Lockerung betroffen, während der Nominalwert der am häufigsten gehaltenen Vermögenswerte (Einlagen) nicht betroffen ist. Dadurch werden die Möglichkeiten, die Ausgaben der privaten Haushalte durch die quantitative Lockerung zu beeinflussen, begrenzt. Die Effekte der im Rahmen der quantitativen Lockerung getätigten Anleihekäufe machen sich bei den Haushalten in einem Land wie Italien, wo die privaten Haushalte häufiger und in größerem Umfang Anleihen halten, wahrscheinlich stärker bemerkbar.

Die Wirkung der Vermögenseffekte auf den Konsum und die Investitionen der privaten Haushalte hängt auch von der Passivseite der Bilanzen der privaten Haushalte ab. Der BIP-Anteil der finanziellen Verbindlichkeiten weist im Ländervergleich weniger Unterschiede auf. Dies ist darauf zurückzuführen, dass die privaten Haushalte im Vereinigten Königreich und in den Vereinigten Staaten ihre Verschuldung seit Beginn der Krise im Gegensatz zu den Haushalten im Euroraum und in Japan, wo die Verschuldung nahezu historische Höchststände erreicht hat, verringert haben. In allen Ländern entfällt der weitaus größte Teil der finanziellen Verbindlichkeiten auf Kredite (wobei Hypotheken 50-85% der Kredite ausmachen). Die verfügbaren Belege deuten darauf hin, dass die Verschuldung der privaten Haushalte zwar konzentriert ist, aber weniger stark als die Vermögenswerte der privaten Haushalte. In den Vereinigten Staaten sind fast drei Viertel der Haushalte verschuldet, im Vergleich zu etwa der Hälfte in Frankreich, Deutschland und dem Vereinigten Königreich und lediglich einem Viertel in Italien. Für viele verschuldete Haushalte wird sich der Nutzen der quantitativen Lockerung deshalb nur über die Effekte auf die Zinssätze auswirken, da sich ihre Finanzaktiva auf Einlagenkonten beschränken. Diese Effekte wiederum hängen davon ab, wie problemlos die Haushalte eine Senkung der Zinssätze für ihre Bankkredite erreichen können – Hypothekenkredite mit variablem Zinssatz herrschen in Italien vor und machen im Vereinigten Königreich (EZB, 2009) und in Japan (Ministry of Land, Infrastructure, Transport and Tourism, 2015) etwa die Hälfte der Hypotheken aus.

Insgesamt dürfte die Bedeutung der Ausgaben der privaten Haushalte als Kanal für die quantitative Lockerung in den Vereinigten Staaten größer sein als in anderen Ländern, da der Besitz von Finanzinstrumenten ein höheres Volumen aufweist und auf mehr Haushalte verteilt ist, wenngleich er nach wie vor stark konzentriert ist. Die Bedeutung der privaten Haushalte als Kanal für die quantitative Lockerung könnte im Vereinigten Königreich wegen des fehlenden direkten Engagements gegenüber Finanzaktiva am schwächsten sein, wenngleich dies die Wirksamkeit anderer Kanäle nicht ausschließt. Japan und die Euroländer liegen in der Mitte, wobei die Effekte in Italien etwas stärker sein dürften.

1. US Survey of Consumer Finances, 2013; UK Wealth and Assets survey, 2010/2012 und The Eurosystem Household Finance and Consumption Survey. Die demnächst erscheinende OECD Wealth Database (*In It together: Why Less Inequality Benefits All* – OECD, 2015d) enthält ausführliche Daten über die Verteilung finanzieller Vermögenswerte in vielen OECD-Ländern. Diese Daten können genutzt werden, um die wirtschaftlichen Konsequenzen von Wohlstandsunterschieden zu untersuchen.
2. Abgesichert, in Dollar denominiert.

(Fortsetzung nächste Seite)

(Fortsetzung)

Characteristics of household financial balance sheets in 2013

	France	Germany	Italy	Japan	United Kingdom	United States
	Per cent of GDP					
Financial assets	202.2	179.6	230.2	352.3	285.3	396.6
Financial liabilities	66.7	57.0	57.6	82.3	90.6	82.1
Composition of financial assets	Per cent of total financial assets					
Currency and deposits	30.1	40.8	31.7	52.9	27.8	12.7
Securities other than shares, except financial derivatives	1.6	4.8	18.7	2.5	0.7	7.9
Shares and other equity, except mutual funds shares	16.7	9.2	20.5	9.7	9.7	33.2
Mutual funds shares	7.1	8.5	7.2	4.7	2.1	12.1
Net equity of households in life insurance and pension funds reserves	34.7	34.5	17.6	26.0	55.5	31.3
Other financial assets	9.8	2.2	4.3	4.2	4.2	2.8

Note: 2012 used for France, Germany and Italy. Non-consolidated data is used to better demonstrate household exposures.
Source: OECD Financial Balance Sheet Accounts.

StatLink http://dx.doi.org/10.1787/888933221783

The cumulative distribution of total financial assets

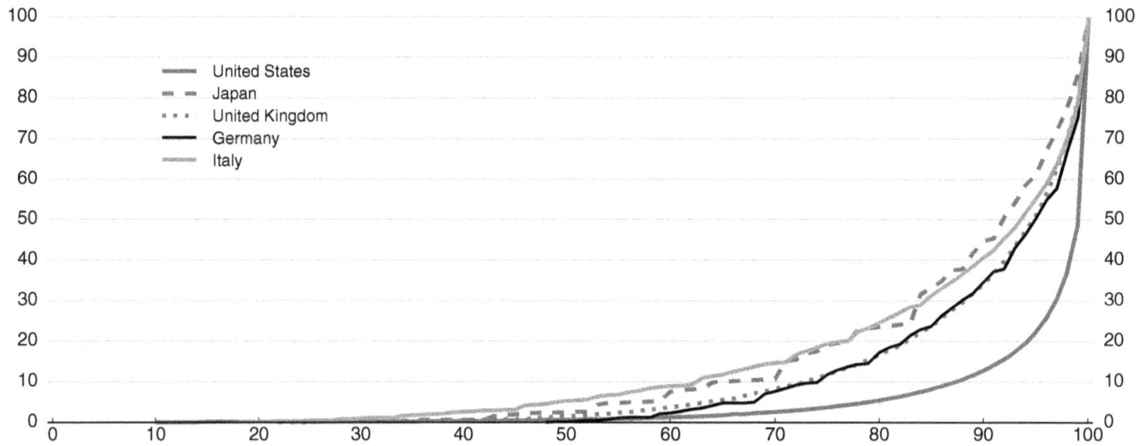

Note: The dataset is based on household survey data from different years: Germany (2006), Italy (2004), Japan (2003), United Kingdom (2000) and the United States (2006). The different countries have different starting percentile (on the horizontal axis) from which onwards the distribution is computed.
Source: Luxembourg Wealth Study Database.

StatLink http://dx.doi.org/10.1787/888933220817

Schätzungen zufolge im ersten Quartal in dem langsamsten Tempo entwickelt, das seit fast 20 Jahren außerhalb einer Rezession verzeichnet wurde. Die überraschende Entwicklung in den Vereinigten Staaten lässt sich zum großen Teil auf eine Kombination von Effekten zurückführen, die sich aus ungünstigen Witterungsverhältnissen, Störungen in den Häfen, rückläufigen Energiebohrungen und einer möglichen residuellen Saisonabhängigkeit ergeben. Einige schwer zu erklärende Entwicklungen, insbesondere die schwache Reaktion der globalen Umsatzvolumen auf die realen Einkommenszuwächse und die Tatsache, dass im Euroraum im ersten Quartal trotz einer Währungsabwertung von den Nettoexporten eine Bremswirkung ausging, lassen indessen darauf schließen, dass die Inlandsnachfrage in einem Großteil der Welt schwächer sein könnte als erwartet. Diese alternative Interpretation deutet darauf hin, dass die Beschleunigung der globalen Wirtschaftstätigkeit später eintreten oder schwächer ausfallen könnte als projiziert.

- Die Ölpreise könnten über das erwartete stabile Niveau von 65 US-$ hinaus ansteigen. Dafür könnte es viele Gründe geben, von einer Verschärfung der geopolitischen Spannungen in den ölfördernden Regionen bis zu einem Produktionsrückgang, falls die OPEC ihre Strategie revidieren sollte. In den Vereinigten Staaten könnte die Förderung in der Folge der aggressiven Kürzungen der Investitionsausgaben von Seiten der Schieferölproduzenten auch bald zu fallen beginnen. Andererseits könnten die Ölpreise kurzfristig noch weiter nachgeben. Der Ölmarkt ist derzeit gut versorgt, und es ist davon auszugehen, dass die Lagerkapazitäten in den Vereinigten Staaten in den nächsten Monaten an ihre Grenzen stoßen werden. Dies kann ebenso wie der erwartete Anstieg der Öllieferungen aus dem Iran gegen Ende dieses Jahres zu einem weiteren Rückgang der Ölpreise führen.
- Berichte über eine Verstärkung des El-Niño-Phänomens erhöhen die Wahrscheinlichkeit ungewöhnlicher oder extremer Wetterereignisse in bestimmten Teilen der Welt, was je nach Region erhebliche wirtschaftliche Auswirkungen haben und außerdem die Rohstoffpreise beeinflussen kann. Dieses Phänomen führt normalerweise zu einer starken Erwärmung im Westpazifik, zu Regenfällen an der Äquatorküste Südamerikas und zu konvektiven Stürmen und Hurrikanen im Zentralpazifik. Die Auswirkungen sind in Asien und im pazifischen Raum normalerweise am stärksten, und zu den Folgen gehören beispielsweise heiße und trockene Sommer in Südostaustralien sowie ein schwacher Monsun und steigende Temperaturen in Indien, was negative Auswirkungen auf die Agrarproduktion hat und Aufwärtsdruck auf die Preise ausübt. Andererseits bringt El Niño normalerweise feuchtes Wetter in den Südwesten der Vereinigten Staaten, was angesichts der andauernden schweren Dürre in Kalifornien ein großer Vorteil wäre. Insgesamt legen die früheren Erfahrungen den Schluss nahe, dass El Niño in Australien, Chile, Indonesien, Indien, Japan, Neuseeland und Südafrika zu einem vorübergehenden Rückgang der Wirtschaftstätigkeit führen könnte (Cashin et al., 2014). Andere Länder könnten dagegen entweder direkt oder indirekt von positiven Ausstrahlungseffekten profitieren, die von wichtigen Handelspartnern ausgehen, beispielsweise Argentinien, Kanada, Mexiko und die Vereinigten Staaten. Darüber hinaus würden die meisten Länder im Anschluss an einen El-Niño-Schock im Zuge von weltweit anziehenden Rohstoffpreisen wahrscheinlich kurzfristig inflationären Spannungen ausgesetzt sein.

Es gibt außerdem einige außergewöhnliche Risiken, die in diesen Projektionen nicht berücksichtigt werden, aber große Auswirkungen haben könnten. Viele davon ergeben sich aus den Nebenwirkungen der ultraexpansiven Geldpolitik, die darauf abzielt, schwache Konjunkturaufschwünge zu beleben, was in den fortgeschrittenen Volkswirtschaften zu einer Suche nach Rendite und einem starken Anstieg der Vermögenspreise führt. Es gibt bereits einige Anzeichen für Übertreibungen:

- Immer mehr Staatsanleihen werden selbst nach dem jüngsten Ausverkauf an den Anleihemärkten mit negativen Renditen gehandelt, was sowohl für die Länder, als auch für die Laufzeiten gilt (Tabelle 1.5). Die Regierungen mehrerer europäischer Länder und Japans konnten Anleihen mit mittlerer Laufzeit zu negativen Zinsen begeben[5]. Dies deutet auf eine äußerst ungewöhnliche Preisbildung dieser Anlageklasse mit steigender

Table 1.5. **Negative sovereign bond yields have become increasingly common**

Average sovereign benchmark bond yields for April and May 2015

	1Y	2Y	3Y	5Y	7Y	10Y	15Y
Switzerland	..	-0.83	-0.78	-0.42	-0.21	-0.03	..
Denmark	..	-0.45	-0.34	-0.13	..	0.48	..
Sweden	..	-0.31	-0.14	0.09	0.28	0.52	..
Germany	-0.24	-0.23	-0.19	-0.03	0.09	0.36	0.55
Finland	-0.04	-0.19	-0.10	0.07	0.28	0.48	..
Netherlands	-0.23	-0.19	-0.14	0.03	0.22	0.49	0.62
Austria	-0.19	-0.15	-0.08	0.07	0.30	0.48	..
Belgium	-0.18	-0.17	-0.10	0.09	0.30	0.60	0.81
France	-0.15	-0.16	-0.10	0.10	0.26	0.65	0.96
Ireland	-0.04	-0.07	0.02	0.31	..	0.96	1.27
Japan	-0.01	0.00	0.00	0.08	0.15	0.35	0.68
Italy	0.04	0.14	0.27	0.66	1.12	1.56	2.03
United Kingdom	0.44	0.65	0.89	1.33	1.42	1.79	2.14
Canada	0.68	0.63	0.63	0.94	1.25	1.57	..
United States	0.22	0.56	0.91	1.43	1.80	2.05	..
Australia	1.92	1.91	1.91	2.08	2.35	2.63	2.88

Note: The shading/colour gradient reflects the range of yields from the most negative to most positive ones.
Source: FactSet and OECD calculations.

StatLink http://dx.doi.org/10.1787/888933221727

Verlustwahrscheinlichkeit für die Anleger hin, wenngleich dies im Kontext negativer Einlagensätze der Zentralbanken in den europäischen Ländern gesehen werden sollte. Selbst wenn die Renditen der Staatsanleihen noch positiv sind, wie in den Vereinigten Staaten, dürfte die Laufzeitprämie negativ sein (BIZ, 2015), was wahrscheinlich auf die Politik der quantitativen Lockerung zurückzuführen ist.

- Im Euroraum und in den Vereinigten Staaten sind die Renditeabstände zwischen Staats- und hochverzinslichen Unternehmensanleihen gegenüber den Mitte 2014 verzeichneten Niveaus in der Nähe der langjährigen Tiefstände gestiegen. Sie sind jedoch immer noch relativ niedrig, was auf eine anhaltende Risikobereitschaft der Anleger schließen lässt. Darüber hinaus sind die Gläubiger dazu bereit, die Sicherungsklauseln in riskanten Unternehmensanleihen zu lockern, wobei Anleihen mit erleichterten Auflagen (covenant light) an Bedeutung zunehmen (Çelik et al., 2015). Außerdem hat das Repackaging von Darlehen, die an private Kapitalbeteiligungsgesellschaften und andere Kreditnehmer mit geringer Bonität vergeben wurden, in forderungsbesicherte Schuldverschreibungen (Collateralised Loan Obligations) wieder Vorkrisenniveaus erreicht.
- Die Aktienkurse haben in vielen OECD-Ländern Rekordstände erreicht. Die Beurteilung der Wertermittlung stellt von Natur aus eine Herausforderung dar. So sind beispielsweise die konjunkturbereinigten Kurs-Gewinn-Verhältnisse in vielen Ländern gestiegen, verharren jedoch – mit Ausnahme der Vereinigten Staaten, wo sie im historischen Vergleich hoch sind – unter ihren langjährigen Durchschnittswerten (Abb. 1.19; Berg, 2015). Im Hinblick auf die Zukunft stellt sich eine wichtige Frage, nämlich ob sich das hohe Gewinnwachstum der jüngsten Zeit fortsetzen lässt. Diese Frage ist in den Vereinigten Staaten besonders relevant. Der jüngste Anstieg der Aktienkurse wurde in den Vereinigten Staaten teilweise durch Aktienrückkäufe angetrieben (OECD, 2015c). Diese Tatsache und die Festigung des Dollar werden die künftigen Gewinne wahrscheinlich sinken lassen. Außerdem ist in den Vereinigten Staaten mit steigenden Zinssätzen und Löhnen zu rechnen.

Figure 1.19. **Equity prices have increased**

Normalised cyclically adjusted price-to-earnings ratios in standard deviations

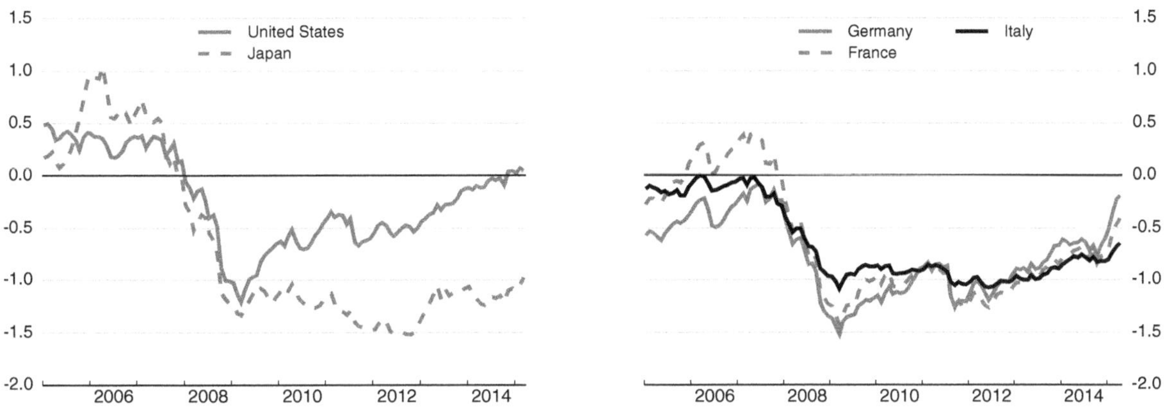

Note: The cyclically adjusted PE ratio (CAPE ratio) is computed as the current price divided by the average inflation-adjusted earnings from the previous 10 years. The measure attempts to smooth the impact of the business cycle on earnings. Normalisation is based on the average since the early 1980s.

Source: Datastream; OECD, *Main Economic Indicators Database*; and OECD calculations.

StatLink http://dx.doi.org/10.1787/888933220754

Eine abrupte und gleichzeitige Bereinigung dieser Übertreibungen könnte zu schweren Verwerfungen an den Finanzmärkten führen und erhebliche negative Auswirkungen auf die Realwirtschaft haben, wenn sie mit hohen Verlusten für Anleger, einer verminderten Risikotoleranz und höherer Unsicherheit einhergeht. Derartige Effekte werden in diesen Projektionen nicht berücksichtigt.

Diese Anzeichen von Übertreibungen an den Finanzmärkten und die daraus folgenden Korrekturrisiken sind besonders besorgniserregend, da die andauernden Veränderungen in der Struktur der Finanzmärkte Schocks noch verstärken könnten. Auf einigen Märkten hat das Ausmaß der Preisschwankungen in jüngster Zeit tatsächlich zugenommen (Abb. 1.20). Die höhere Volatilität an den Anleihemärkten kann auf längerfristige Trends im Zusammenhang mit der Automatisierung und Verbreitung des Hochfrequenzhandels zurückzuführen sein (IWF, 2015b). Außerdem ist festzuhalten, dass die fortdauernden Änderungen in der Bankenregulierung zur Verringerung der Risikobereitschaft die Banken davon abhalten könnten, als Marktmacher aufzutreten, wodurch die Volatilität erhöht würde (BIZ, 2014). In den Vereinigten Staaten ist der monatliche Umsatz im Handel mit amerikanischen Staatsanleihen bei den Primärhändlern, seit jeher wichtige Marktmacher, von 10-12% der gesamten ausstehenden Staatsanleihen vor der Krise auf nur 4% in jüngster Zeit zurückgegangen. Die hohen Wertpapierbestände der Zentralbanken können ebenfalls zum Rückgang der Liquidität des Markts beitragen, wenngleich die vorliegenden Befunde über diesen Effekt für die Vereinigten Staaten und Japan nicht eindeutig sind (FRBNY, 2014; Kurosaki et al., 2015).

In diesem Kontext – und angesichts des begrenzten geld- und fiskalpolitischen Spielraums – könnten vier adverse Szenarien erhebliche Auswirkungen auf die Realwirtschaft haben, wobei mit starken internationalen Ausstrahlungseffekten zu rechnen ist.

- Die für die Erreichung der Inflations- und Beschäftigungsziele in den Vereinigten Staaten erforderliche Normalisierung der Geldpolitik kann Finanzmarktturbulenzen zur Folge haben, mit negativen Auswirkungen auf das nationale und globale BIP. Der

Figure 1.20. **Volatility in bond markets has increased**

Daily difference in 10-year government bond yields over their level

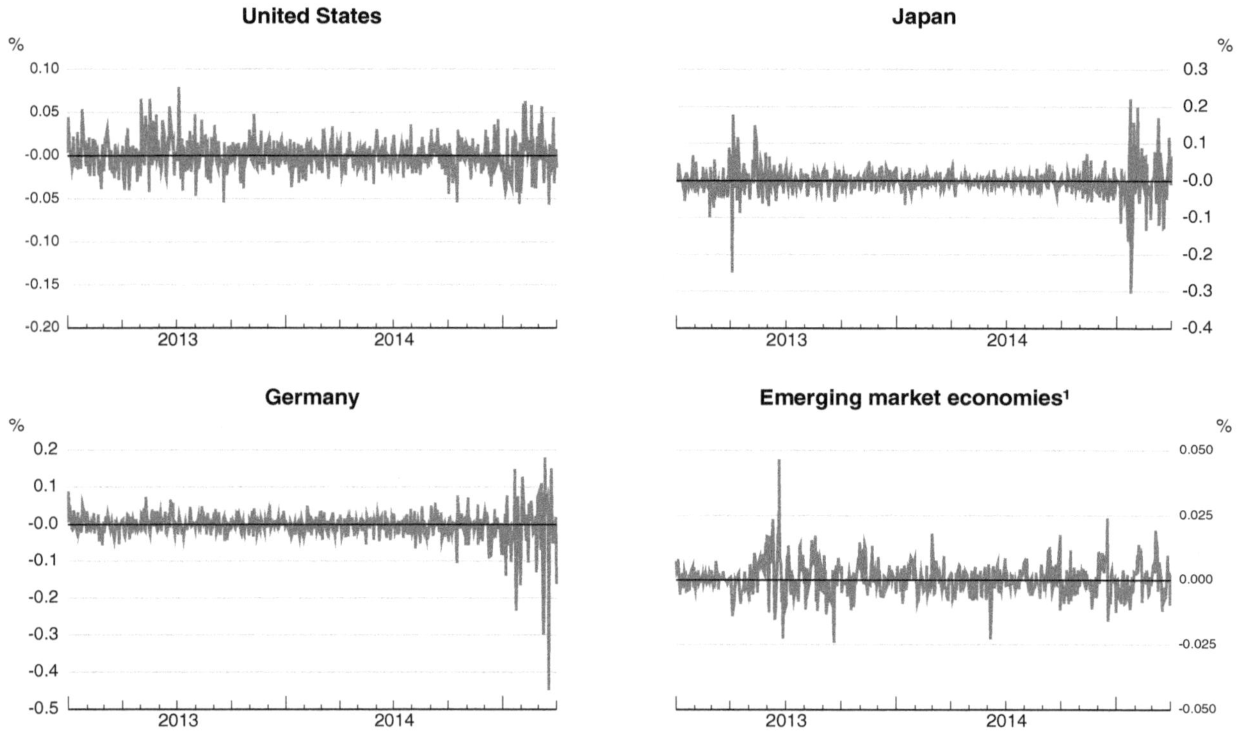

1. Based on the JP Morgan Emerging Markets Global Composite Index. Bond yields refer to different maturities.

Source: Datastream; and OECD calculations.

StatLink http://dx.doi.org/10.1787/888933220760

Beginn der Leitzinserhöhung kann in den Vereinigten Staaten mit einem starken Anstieg der langfristigen Zinsen einhergehen und angesichts der extrem hohen Bewertungen vieler Anlageklassen allgemeine Vermögenspreisrückgänge zur Folge haben. Bereits die Konvergenz der Erwartungen der Finanzmarktteilnehmer gegen die Median-Erwartung der Mitglieder des Offenmarktausschusses (FOMC) vom März würde einen Anstieg der Rendite von Staatsanleihen mit 10-jähriger Laufzeit um 1¼ Prozentpunkte auf rd. 3¼% bedeuten. Der Anstieg wäre noch viel größer, wenn die Rückgänge der Vermögenswertpreise zu Notverkäufen, einer Austrocknung der Liquidität und einer weitverbreiteten Risikoaversion führen. In diesem Fall würde das Wachstum in den Vereinigten Staaten zurückgehen, falls keine politischen Gegenmaßnahmen ergriffen werden. Angesichts der Bedeutung der Vereinigten Staaten für die Weltwirtschaft würden andere Volkswirtschaften durch eine Abschwächung des Wachstums in den Vereinigten Staaten beeinträchtigt werden. Makroökonomische Modellsimulationen unter Berücksichtigung der Ausstrahlungseffekte über den Handel und die Finanzmärkte deuten darauf hin, dass ein stilisierter Anstieg der Renditen von Staatsanleihen mit 10-jähriger Laufzeit um 200 Basispunkte in Kombination mit einem 25%igen Rückgang der Aktienkurse in den Vereinigten Staaten und mehreren anderen großen Volkswirtschaften im Lauf eines Jahres das BIP-Wachstum im OECD-Raum gegenüber dem Basisszenario um mehr als 1 Prozentpunkt sinken lassen würden (Rawdanowicz et al., 2014a)[6]. Die Auswirkungen würden noch verschärft, wenn der Anstieg der Renditen in den Vereinigten Staaten mit einer starken Aufwertung des Dollar und destabilisierenden Kapitalabflüssen aus den aufstrebenden Volkswirtschaften, wo die Verbindlichkeiten gegenüber ausländischen Banken überwiegend kurze Laufzeiten aufweisen, einhergeht (Anhang 1.1). Da die Banken und Unternehmen in den aufstrebenden Volkswirtschaften verstärkt Kredite in Dollar aufgenommen haben (vgl. oben), könnte eine starke Aufwertung des Dollar finanzielle Instabilität verursachen, die durch Kapitalabflüsse noch verschärft werden könnte.

- Sollte keine zufriedenstellende Einigung zwischen Griechenland und seinen öffentlichen Gläubigern erzielt werden, hätte dies zur Folge, dass die mit einer Währungsumstellung verbundenen Risiken höher eingeschätzt werden und dass die Unsicherheit zunimmt. Die Auswirkungen eines solchen außergewöhnlichen Ereignisses lassen sich zwar unmöglich vorhersagen, die Folge wäre jedoch wahrscheinlich eine erneute Verschärfung der Fragmentierung der Finanzmärkte im Euroraum, was die reale Wirtschaftstätigkeit dämpfen und in den anfälligen Ländern des Euroraums erneut zu negativen Rückkopplungseffekten zwischen der Realwirtschaft, dem Bankensektor und den öffentlichen Finanzen führen würde. Turbulenzen im Euroraum hätten auf Grund der starken Handels- und Finanzverbindungen in erster Linie negative Auswirkungen auf die Nachbarländer. Darüber hinaus wären auch globale negative Ausstrahlungseffekte wahrscheinlich, insbesondere über Vertrauenseffekte und Finanzverbindungen, was zu höheren Risikoprämien und einem starken Rückgang der Kurse für Finanzaktiva führen würde. Bislang scheint ein solches Szenario in den Risikoprämien verschiedener Finanzinstrumente nicht berücksichtigt zu werden. So sind die Renditeabstände der Staatsanleihen gegenüber deutschen Bundesanleihen und die Spreads der Kreditausfallswaps auf Staatsanleihen in den letzten Monaten für alle Volkswirtschaften des Euroraums zurückgegangen oder haben sich auf niedrigen Niveaus stabilisiert – mit Ausnahme von Griechenland, wo sie erheblich gestiegen sind (Abb. 1.21). Analog dazu haben sich die Target2-Salden der anfälligen Länder mit Ausnahme von Griechenland stabilisiert oder sind zurückgegangen. Die trotz der zunehmenden Ungewissheit an den Finanzmärkten zu beobachtende Ruhe kann auf das niedrige Engagement der Privatanleger gegenüber Griechenland zurückzuführen sein. So betragen die in US-Dollar denominierten Forderungen der Banken im Berichtsgebiet der Bank für Internationalen Zahlungsausgleich gegenüber Griechenland nur noch ein Viertel des Volumens, das vor vier Jahren verzeichnet wurde, und die Staatsschulden werden heute hauptsächlich von öffentlichen Gläubigern gehalten. Die Ruhe an den Märkten könnte auch auf die Einschätzung zurückzuführen sein, dass die Maßnahmen der EZB und das verstärkte institutionelle Regelwerk des Euroraums schwerwiegende Ausstrahlungseffekte eindämmen würden. Die Stimmung an den Märkten könnte sich jedoch abrupt ändern, falls Griechenland und seine Gläubiger keine Einigung erzielen.

- Das chinesische BIP-Wachstum hat sich in jüngster Zeit abgeschwächt, und die Korrektur auf dem Immobilienmarkt des Landes dauert an, wobei die Wohnimmobilienpreise zurückgehen und die Umsätze sich stabilisieren. Vor dem Hintergrund des in den letzten Jahren zu beobachtenden raschen Kreditwachstums, insbesondere außerhalb des traditionellen Bankensektors (selbst wenn sich dieser Trend in letzter Zeit leicht umgekehrt hat), könnte eine weitere Konjunkturabschwächung zu weitverbreiteten Unternehmensinsolvenzen führen (OECD, 2015b). Dies würde negative Rückkopplungseffekte zwischen der Realwirtschaft, einschließlich des Wohnimmobilienmarkts, und dem Finanzsektor verursachen. Der Finanzsektor scheint zwar über Puffer zu verfügen, um eine solche Eventualität abzufedern, und es ist politischer Spielraum vorhanden, um Problemen im Bankensektor zu begegnen, Finanzmarktturbulenzen und

Figure 1.21. **Financial conditions have converged among euro area members**

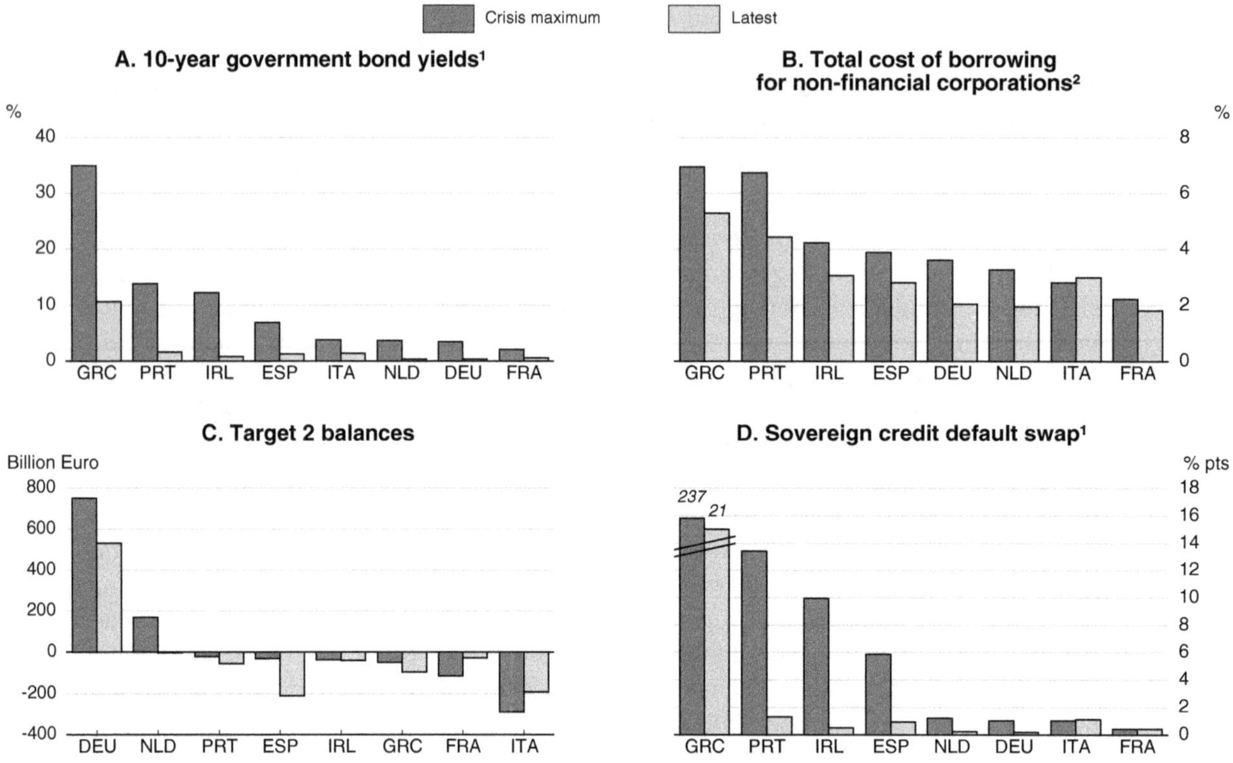

Note: Crisis maximum is the highest (and for countries with Target 2 deficits the lowest) value between January 2010 and December 2012.
1. Monthly averages of daily 10-year government bond yields and 5-years sovereign credit default swaps.
2. Three-month moving average of the total cost of borrowing from banks.

Source: European Central Bank; Datastream; FactSet; and OECD calculations.

StatLink http://dx.doi.org/10.1787/888933220778

ein Konjunktureinbruch können jedoch nicht ausgeschlossen werden. Wie im *OECD-Wirtschaftsausblick* von November 2014 erörtert wurde, könnte dies wiederum erhebliche globale Auswirkungen haben, die über die in vereinfachten Modellsimulationen dargelegten Folgen hinausgehen[7]. Die Handelsverflechtungen und die direkten Finanzkanäle sind zwar nicht mit großen Auswirkungen auf das globale BIP verbunden, die negativen Vertrauens- und Finanzeffekte könnten jedoch deutlich stärker sein. In diesem Szenario werden Rohstoffpreisrückgänge unterstellt, da China der größte Verbraucher vieler Rohstoffe ist, wodurch Einkommen von den Rohstoffexporteuren zu den Rohstoffimporteuren umverteilt wird (OECD, 2015b).

- Eine Eskalation des Konflikts zwischen Russland und der Ukraine könnte negative Vertrauenseffekte und Unterbrechungen der Energieversorgung zur Folge haben, was eine dämpfende Wirkung auf das Wirtschaftswachstum in den Volkswirtschaften der EU hätte (OECD, 2014b). Vertrauenseffekte könnten neue Investitionen verhindern, insbesondere in Deutschland, den baltischen Staaten und mehreren mittel- und osteuropäischen Volkswirtschaften. Länger anhaltende Gasversorgungsstörungen würden die Energiepreise wegen der Umstellung auf teurere alternative Quellen erheblich steigen lassen. Darüber hinaus könnte das BIP-Wachstum durch rückläufige Exporte nach Russland und in die Ukraine gedämpft werden, selbst wenn nur ein geringer Anteil der Exporte des Euroraums insgesamt auf diese Länder entfällt[8].

Politikerfordernisse

In dem gegebenen Kontext sind sich gegenseitig verstärkende geld-, fiskal- und strukturpolitische Maßnahmen erforderlich, wobei jedoch bedeutende länderspezifische Unterschiede bestehen. Der Verlass auf ein einziges Politikinstrument zur Steigerung der Nachfrage ist mit Einschränkungen verbunden – sowohl hinsichtlich des politischen Handlungsspielraums als auch im Hinblick darauf, wie wirksam ein einzelnes Instrument sein kann, ohne zukünftige Ungleichgewichte zu schaffen. In Verbindung mit Unsicherheiten bezüglich der Wirksamkeit makroökonomischer Politikmaßnahmen lässt dies den Schluss zu, dass der Einsatz einer breiten Palette an Stimulationsmaßnahmen erforderlich ist. Dadurch würde es auch ermöglicht, positive Synergien zwischen verschiedenen Politikbereichen auszuschöpfen. Beispielsweise könnten strukturpolitische Maßnahmen zur Förderung der Investitionstätigkeit (Kapitel 3) nicht nur die laufende Nachfrage, sondern auch das zukünftige Potenzialwachstum steigern. Dies könnte wiederum die neutralen Realzinsen in die Höhe treiben und die Wirksamkeit der Geldpolitik verstärken (Rawdanowicz et al., 2014b). Eine Steigerung der Wirtschaftstätigkeit könnte zudem der Fiskalpolitik mehr Spielraum für eine bessere Anpassung an das wirtschaftliche Umfeld verschaffen.

Geldpolitik

Die Geldpolitik ist zwar weiterhin konjunkturstützend ausgerichtet, die führenden Volkswirtschaften dürften jedoch zu Recht einen zunehmend divergierenden geldpolitischen Kurs einschlagen. Die schwindenden Kapazitätsüberhänge in den Vereinigten Staaten und die damit verbundenen Aussichten auf eine Annäherung der Inflation an ihren Zielwert sprechen für eine allmähliche Anhebung der Leitzinsen. Wann und wie schnell der Volkswirtschaft diese geldpolitischen Impulse entzogen werden, hängt von den Inflationsaussichten ab, die wiederum von der Konjunkturdynamik bestimmt werden. Im Euroraum und in Japan rechtfertigt die sehr niedrige Inflation eine planmäßige Fortsetzung der konjunkturstützenden Geldpolitik.

Die geldpolitische Weichenstellung wird gegenwärtig durch die starken Rohstoffpreis- und Wechselkursbewegungen erschwert, da die bleibenden Effekte dieser Entwicklungen auf die Inflation und die gesamtwirtschaftliche Produktion unsicher sind. Da kaum Anzeichen für Zweitrundeneffekte des Ölpreisverfalls oder für eine Lockerung der Verankerung der mittelfristigen Inflationsaussichten vorliegen und die Gesamtinflation bereits aufwärts tendiert, sollte die Geldpolitik über diese Entwicklungen hinausblicken und muss nicht reagieren. Falls sich jedoch signifikante Zweitrundeneffekte einstellen, werden zusätzliche Maßnahmen nötig. Dies wäre insbesondere im Euroraum und in Japan der Fall, wo nach wie vor nicht unerhebliche Deflationsrisiken bestehen und Zweitrundeneffekte in der Vergangenheit eine wichtige Rolle für die Inflationsentwicklung gespielt haben[9]. Die Geldpolitik sollte außerdem über den direkten vorübergehenden Effekt einer Währungsaufwertung auf die Inflation hinausblicken und nur reagieren, wenn auf Grund von Zweitrundeneffekten eine länger anhaltende Unterschreitung des Inflationsziels droht. Analog dazu sollte in Ländern mit bereits sehr niedriger Inflation eine Währungsabwertung keine Abschwächung der geldpolitischen Impulse nach sich ziehen, wenn die Inflation nach Abklingen der Erstrundeneffekte immer noch unter dem Zielwert liegen würde.

Für den Fall, dass die Finanzmärkte die Auswirkungen einer zukünftigen geldpolitischen Straffung in den Vereinigten Staaten möglicherweise nicht korrekt eingepreist haben, könnte es bei Eintreten der geldpolitischen Straffung zu Volatilität an den Finanzmärkten und Spillover-Effekten auf die globalen Anleiherenditen kommen (siehe weiter oben). Die Notwendigkeit einer Politikreaktion würde überwiegend von den relativen Effekten der dadurch entstehenden Währungsturbulenzen und der höheren Zinssätze sowie von der jeweiligen Inflationslage und geldpolitischen Ausrichtung abhängen.

- In Regionen, in denen die Inflation unter dem Zielwert liegt und das BIP-Wachstum schwach ist, wäre eine weitere geldpolitische Lockerung wünschenswert, wenn die negativen Effekte höherer Anleiherenditen schneller eintreten und stärker ausfallen als die positiven Effekte einer Währungsabwertung. Im Euroraum und in Japan, wo die Zinssätze sehr niedrig sind und bereits umfangreiche Ankäufe von Vermögenswerten durchgeführt werden, ist der Spielraum für eine weitere geldpolitische Akkommodierung jedoch begrenzt. Eine Ausweitung der Wertpapierkäufe ist zwar möglich, könnte aber noch stärkere Marktverzerrungen bewirken und in der Praxis durch die Verfügbarkeit von Anleihen beschränkt sein[10]. Auch eine weitere Senkung der Leitzinsen in einen deutlich negativen Bereich könnte kostspielige Marktverzerrungen mit sich bringen.
- In Ländern mit hoher Inflation und schlecht verankerten Inflationserwartungen sollte die Geldpolitik restriktiver ausgerichtet werden, um die Kapitalabflüsse zu begrenzen. In Brasilien und Russland ist dies bereits geschehen. In einigen Ländern haben Bedenken über Wechselkurseffekte eine geldpolitische Lockerung veranlasst, obwohl die Inflation nach wie vor über der Zielmarke liegt (Indien). Falls vorübergehende Fremdwährungsliquiditätsprobleme auftreten, die eine Gefahr für die systemweite Finanzstabilität darstellen, könnten die Länder multilaterale Fazilitäten beantragen, sofern sie über solide politische Rahmenbedingungen und nachweisliche wirtschaftliche Leistungsfähigkeit verfügen. Transparent gehandhabte und vorübergehende Wechselkursinterventionen könnten zur Bewältigung kurzfristiger Volatilität ebenfalls in Betracht gezogen werden, wenn ausreichend Devisenreserven zur Verfügung stehen. Die Einführung von Einschränkungen für Kapitalflüsse wäre wahrscheinlich kontraproduktiv.

Fiskalpolitik

Die Fiskalpolitik dürfte in den Vereinigten Staaten und im Euroraum weitgehend neutral und in Japan geringfügig restriktiv sein (Tabelle 1.6). In Anbetracht des zur Erfüllung von Schuldendienstverpflichtungen erforderlichen Wachstums ist eine Berücksichtigung der kurzfristigen Effekte der Fiskalpolitik von entscheidender Bedeutung. Bei einer mittelfristigen Verpflichtung zur Haushaltskonsolidierung scheint ein angemessenes Gleichgewicht zwischen kurz- und langfristigen Zielen zu bestehen. Die Staatsschuldenquoten werden sich den Projektionen zufolge bis 2016 im OECD-Raum insgesamt stabilisieren, wobei ein Rückgang der Schuldenquote im Euroraum einen Anstieg in Japan und den Vereinigten Staaten (nur 2015) kompensieren wird. Allerdings ist die Staatsverschuldung im Verhältnis zum BIP in den meisten OECD-Ländern immer noch sehr hoch.

Die Entwicklung der Staatsverschuldung wird im Wesentlichen vom Wirtschaftswachstum und den künftigen Zinssätzen, dem steigenden Ausgabendruck im Zusammenhang mit der Bevölkerungsalterung und der Gestaltung der Fiskalpolitik bestimmt, wodurch wiederum die Wirtschaftstätigkeit erheblich beeinflusst werden kann.

- In den meisten OECD-Ländern werden die Kosten für den Schuldendienst gegenwärtig durch außergewöhnlich niedrige Zinssätze eingedämmt (Abb. 1.22). Die Zinssätze für 10-jährige Staatsanleihen und die impliziten Zinssätze für die gesamte Staatsverschuldung sind in 75% bzw. 40% der OECD-Länder niedriger als die BIP-Wachstumsraten; eine Ausnahme bilden vor allem die von der Krise am stärksten betroffenen Euroländer. Mittelfristig dürften sich die Zinsen unter dem Einfluss einer konjunkturellen Belebung und einer Normalisierung der Leitzinsen erhöhen. Zudem könnte die verbesserte Risikodifferenzierung an den Kapitalmärkten seit der Krise dazu führen, dass

Table 1.6. **Fiscal positions will continue to improve**

Per cent of GDP / potential GDP

	2012	2013	2014	2015	2016
United States					
Actual balance	-9.0	-5.7	-5.0	-4.0	-3.6
Underlying balance	-7.5	-4.6	-4.2	-3.3	-3.1
Underlying primary balance	-4.5	-2.4	-1.5	-1.1	-1.0
Gross financial liabilities	110.5	109.2	110.1	111.4	111.1
Euro area					
Actual balance	-3.6	-2.9	-2.4	-2.1	-1.4
Underlying balance	-2.3	-1.4	-1.0	-0.9	-0.7
Underlying primary balance	0.3	1.0	1.3	1.2	1.2
Gross financial liabilities	103.9	104.9	111.5	110.9	109.5
Japan					
Actual balance	-8.7	-8.5	-7.7	-6.8	-5.8
Underlying balance	-8.0	-8.1	-7.2	-6.6	-5.7
Underlying primary balance	-7.2	-7.4	-6.2	-5.6	-4.9
Gross financial liabilities	215.4	220.3	226.0	229.2	231.7
OECD[1]					
Actual balance[1]	-5.8	-4.2	-3.7	-3.1	-2.5
Underlying balance[2]	-5.0	-3.5	-3.1	-2.7	-2.3
Underlying primary balance[2]	-2.7	-1.7	-1.1	-0.9	-0.7
Gross financial liabilities[2]	110.3	110.3	113.8	114.6	114.2

Note: Actual balances and liabilities are in per cent of nominal GDP. Underlying balances are in per cent of potential GDP and they refer to fiscal balances adjusted for the cycle and for one-offs. Underlying primary balance is the underlying balance excluding net debt interest payments.

1. Excludes Chile and Mexico.
2. Excludes Chile, Mexico and Turkey.

Source: OECD Economic Outlook 97 database.

StatLink http://dx.doi.org/10.1787/888933221734

Kapitalgeber für die Finanzierung einer hohen Staatsverschuldung höhere Risikoprämien verlangen als in früheren Jahren. Dementsprechend ist es jetzt besonders wichtig, die nachhaltigen Wachstumsraten zu steigern.

- Bei einer Fortführung der derzeitigen Politik dürfte sich der Ausgabendruck für die öffentlichen Haushalte auf Grund der Bevölkerungsalterung und der steigenden Kosten für die Gesundheitsversorgung rapide erhöhen. Die öffentlichen Ausgaben für Gesundheitsversorgung, Langzeitpflege und Altersrenten dürften Schätzungen zufolge zwischen 2015 und 2030 im OECD-Durchschnitt um 2½% des BIP steigen, wobei die Belastung der Staatshaushalte von Land zu Land sehr unterschiedlich ausfällt (Kapitel 3). Die Zunahme des Ausgabendrucks würde sogar noch stärker ausfallen, wenn der Anstieg der Gesundheitskosten nicht eingedämmt wird. Folglich sind sowohl Politikreformen als auch nachhaltiges Wachstum erforderlich.

Wenn man in einem vereinfachten Szenario davon ausgeht, dass die automatischen Stabilisatoren unter dem Einfluss sich schließender Produktionslücken die Staatsfinanzen verbessern und der geschätzte Ausgabendruck auf Grund von Gesundheitsversorgung, Langzeitpflege und Altersrenten ohne weitere Haushaltskonsolidierung eintritt, würden die Schuldenquoten in ungefähr zwei Dritteln der OECD-Länder weiter steigen, wenn die Zinssätze ab 2020 gleichauf mit den BIP-Wachstumsraten liegen (Abb. 1.22). Noch negativer wäre

Figure 1.22. **Government debt dynamics**

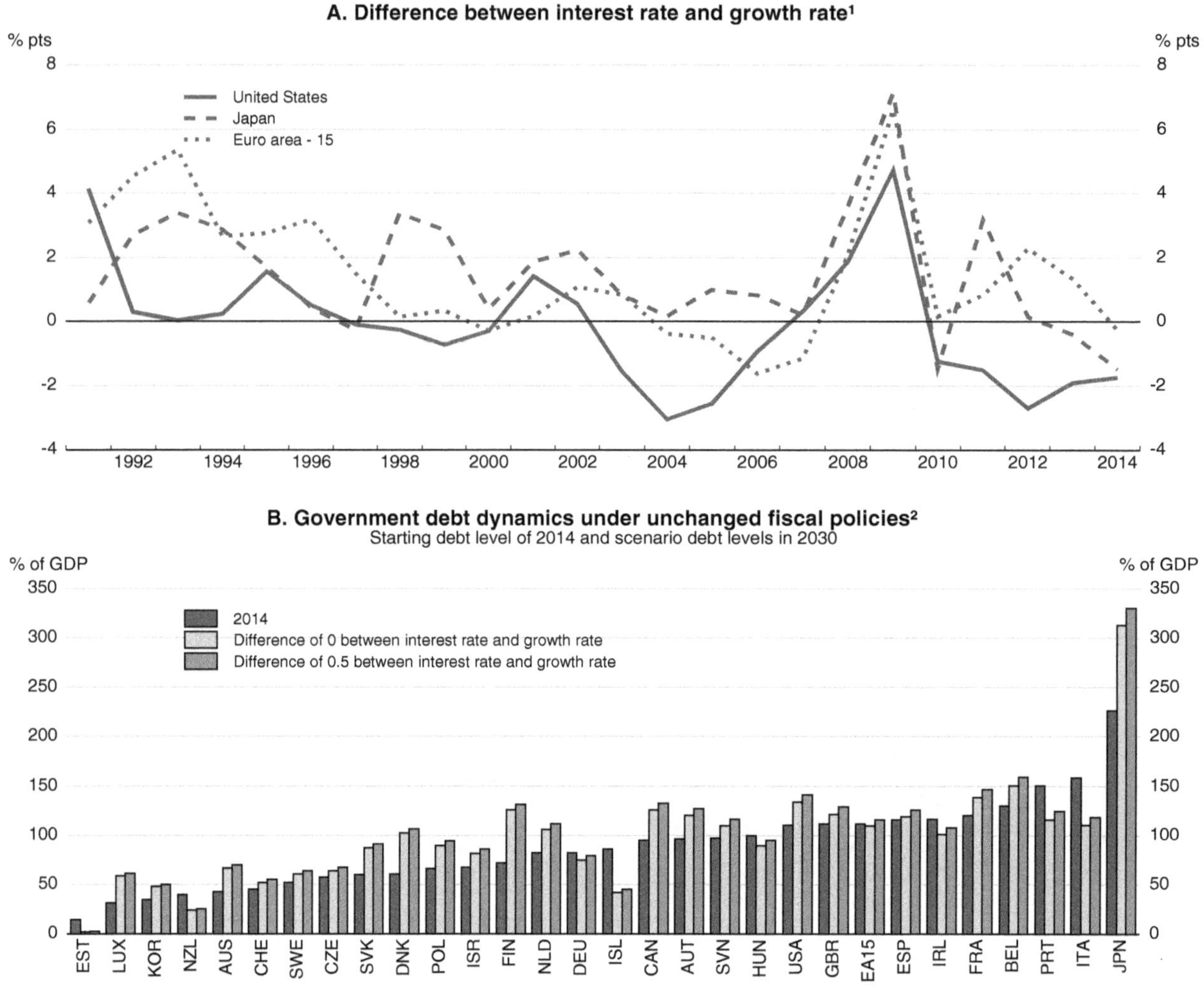

1. The interest rate is a weighted sum (0.25*IRS + 0.75*IRL). IRS is the 3-month market interest rate and IRL is the 10-year government bond rate.
2. In the scenario the following assumptions are made: Output gaps close until 2020, with the speed of the closing depending on the size of the gap at the end of the short-term projection period (2016) according to the relationship diff(GAP(t)) = 0.2*diff(GAP(t-1)) – 0.4*GAP(t-1), where diff() denotes year-on-year difference and GAP denotes the output gap. Primary balances improve in line with the closing output gaps using fiscal elasticities as estimated in Mourre et al. (2014) for the EU countries and Girouard and André (2005) for all the other countries. In addition, primary balances incorporate the estimated (linearised) increase in spending on health care, long-term care and pensions as reported in Table 4.5 in *OECD Economic Outlook 96*. Greece and Norway are not shown.

Source: OECD Economic Outlook 97 database; and OECD calculations.

StatLink http://dx.doi.org/10.1787/888933220782

die Schuldendynamik, wenn die Zinssätze höher wären als die Wachstumsraten. Es steht außer Frage, dass sowohl eine Steigerung der Potenzialwachstumsraten als auch Maßnahmen zur Eindämmung des Aufwärtsdrucks auf die Sozialausgaben erforderlich sind. Andernfalls wäre die Tragfähigkeit der Staatsfinanzen zumindest in einigen Ländern gefährdet.

Eine wirksame mittelfristige Haushaltsanpassung erfordert glaubwürdige mehrjährige Haushaltspläne, um einen Entwicklungspfad in Richtung nachhaltiger, durch Wachstum getragener Staatsfinanzen vorzuzeichnen und das Risiko einer durch Unsicherheit bedingten Beeinträchtigung der Ausgabentätigkeit des privaten Sektors zu minimieren. Einfache Pläne dürften dabei höhere Glaubwürdigkeit besitzen, da sie sich auf wesentliche mittelfristige Herausforderungen für die Staatsfinanzen konzentrieren (Kasten 1.5).

Kasten 1.5 **Herausforderungen einer mittelfristigen Verankerung der Staatsfinanzen mit den Fiskalregeln des Euroraums**

Eine mittelfristige Verankerung der Staatsfinanzen mit dem Ziel, sowohl für die Verschuldung als auch für das Volksvermögen ein vernünftiges und tragfähiges Niveau zu erreichen, kann durch zweckmäßig gestaltete Haushaltsregeln unterstützt werden (Fall et al., 2015). Diese können als Richtschnur für haushaltspolitische Entscheidungen dienen und dazu beitragen, die Regierungen bei kurzfristigen Belastungen zu einer soliden Haushaltspolitik zu verpflichten. In einer Währungsunion sind Fiskalregeln besonders wichtig, um sicherzustellen, dass die Haushaltspolitik für die erforderliche antizyklische Stabilisierung sorgt, da keine anderweitigen Mechanismen auf nationaler Ebene zur Verfügung stehen und die Kreditwürdigkeit der Staaten am Markt fragil sein kann.

Der Stabilitäts- und Wachstumspakt (SWP) des EU-Vertrags bildet den Grundstein der haushaltspolitischen Steuerung der EU. Zwischen 2011 und 2013 wurden die Fiskalregeln des Euroraums durch die „Six Pack"- und „Two Pack"-Rechtsakte und den neuen Fiskalvertrag umfassend reformiert. Mit diesen Regelungen sollen übermäßige Haushaltsungleichgewichte vermieden und Regeln für die mittelfristigen Haushaltssalden und die Schuldenstandsquoten vorgegeben werden.

Obwohl man sich bei der Anwendung der neuen Regeln noch in der Anfangsphase befindet (Europäische Kommission, 2014), stellt sich angesichts der Erfahrungen der letzten Jahre mit der Anwendung des neuen Regelwerks die Frage, ob die Wirksamkeit der Regelungen zur mittelfristigen Verankerung der Haushaltspolitik nicht in verschiedener Hinsicht verstärkt werden könnte. Gegenwärtig bieten die Fiskalregeln der EU vor allem in drei Bereichen Anlass zu Bedenken.

Erstens überschreiten viele Länder immer noch die im „korrektiven Arm" des SWP vorgeschriebene Defizitgrenze von 3% des BIP. Seit 2009 wurden insgesamt 12 Fristverlängerungen gewährt. Dies ist zum Teil der Tatsache geschuldet, dass eine am BIP orientierte nominale Defizitgrenze während eines Konjunkturabschwungs unerwünschte prozyklische Maßnahmen zur Folge haben könnte. Es war daher angemessen, gewisse Überschreitungen zuzulassen. Die Ungewissheit darüber, ob solche Spielräume gewährt werden, sowie die damit verbundenen Auflagen könnten jedoch für Unsicherheit in der Politikgestaltung sorgen und drohen einige der positiven Nachfrageeffekte zu untergraben, die erzielt werden können, wenn eine Kompensation negativer wirtschaftlicher Schocks durch die Haushaltspolitik zugelassen wird.

Zweitens lassen die im „präventiven Arm" des SWP verankerten Mittelfristziele (*Medium-Term Objectives* – MTO) für einen strukturell ausgeglichenen Haushalt Schwierigkeiten auf Grund von Messproblemen erkennen, die bei konjunkturbedingten Anpassungen im Allgemeinen und bei der vereinbarten Methodik der EU zur Schätzung des Produktionspotenzials und der Produktionslücken im Besonderen auftreten. So sollte zwar durch die Fokussierung auf strukturelle Haushaltssalden im Prinzip ein stabilerer mittelfristiger Fixpunkt für die Haushaltspolitik verankert werden, es gibt aber Fälle, in denen die Messprobleme zu prozyklischen und instabilen Politikerfordernissen führen könnten.

Beispielsweise wurden die Schätzungen der Europäischen Kommission für das Potenzialwachstum in Italien und Spanien im Verlauf des vergangenen Jahres erheblich revidiert (Abbildung). Diese Effekte sind groß genug, um politikrelevante Auswirkungen auf den jährlich erforderlichen Umfang der Haushaltskonsolidierung zum Erreichen der mittelfristigen Haushaltsziele (MTO) zu haben. Im vergangenen Jahr wurden zwar mehrere methodische Veränderungen, darunter verschiedene Optionen für die Länder, eingeführt, diese Probleme erfordern jedoch einen umfassenderen Ansatz zur Bewältigung der seit langem bestehenden Messprobleme (OECD, 2010).

Drittens können sich durch die Gestaltung der numerischen Schuldenregel und der Ausgabenregel Anomalien ergeben, die einer mittelfristigen haushaltspolitischen Orientierung zuwiderlaufen. Wenn beispielsweise die Schuldenregel zu greifen beginnt, kann sie u.U. sehr starke Veränderungen der Haushaltssalden erfordern, falls der Haushaltssaldo und das BIP-Wachstum eines Landes zunächst deutlich von den erforderlichen Werten abweichen, um den von einer höheren Anfangsbelastung gekennzeichneten Anpassungsanforderungen an hochverschuldete Länder zu entsprechen (Barnes

(Fortsetzung nächste Seite)

(Fortsetzung)

Potential growth output estimates

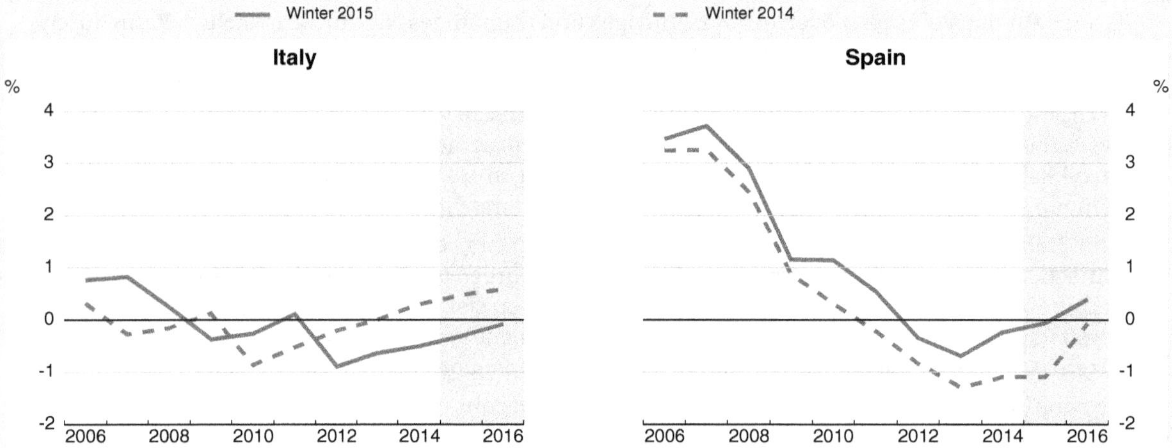

Source: European Commission, Winter forecast 2014 and Winter forecast 2015.

StatLink http://dx.doi.org/10.1787/888933220824

et al., 2012). Obwohl der Zweck der Ausgabenregel darin besteht, die MTO zu erreichen, beruht sie auf einem langjährigen Durchschnittswert für das Produktionspotenzial, was zu Signalen führen kann, die nicht mit den MTO in Einklang stehen. Eine Aktualisierung der Ausgabenregel auf jährlicher Basis und die Umrechnung von den realen Größen der Ausgabenregel in für die Haushaltsplanung erforderliche nominale Größen könnten die mehrjährige Haushaltsplanung erschweren.

Die Erfahrungen der jüngsten Zeit deuten darauf hin, dass die mittelfristige Orientierung der EU-Fiskalregeln durch Schwächen bei der Ausgestaltung (Komplexität) und Umsetzung der Regeln (Fristverlängerungen, ungünstige Haushaltskonsolidierungsstrategien, bloße Erfüllung von Minimalanforderungen und/oder Auslegung von Regeln zum eigenen Vorteil) untergraben werden könnte. Erhebliche Abweichungen von den Regeln dürften die Wirksamkeit des gesamten Regelwerks und die politische Unterstützung dafür schwächen. Die haushaltspolitische Überwachung sollte sich daher stärker auf die mittelfristigen Aussichten für beobachtbare Variablen wie den Haushaltssaldo und die Schuldenquote auf der Grundlage solider makroökonomischer Prognosen und realistischer Haushaltsprojektionen konzentrieren. Die numerischen Schulden- und Ausgabenregeln sollten eine weniger zentrale Rolle spielen; dagegen sollte sich die Überwachung stärker auf die treibenden Faktoren für die mittelfristige Schuldenquote und die Staatsausgaben konzentrieren.

Darüber hinaus ist auch die Zusammensetzung der Fiskalpolitik von Bedeutung. Die Haushaltskonsolidierung nach der Krise beruhte zu einem großen Anteil auf der Kürzung öffentlicher Investitionen (rund ein Viertel des Konsolidierungsvolumens seit 2010). Dies hat sich im Hinblick auf die Nachfragestabilisierung als kostspielig erwiesen, da staatliche Investitionsausgaben mit höheren fiskalischen Multiplikatoren verbunden sind als andere fiskalische Instrumente (Kapitel 3). Empirische Analysen deuten zudem darauf hin, dass Kürzungen der öffentlichen Infrastrukturausgaben das Potenzialwachstum verringern können (z.B. Barbiero und Cournède, 2013). Eine haushaltsneutrale Reallokation von Staatsausgaben zu Gunsten der Investitionstätigkeit würde demnach das Wachstumspotenzial der Volkswirtschaft stärken – sofern die Projekte sorgfältig ausgewählt werden – und eine günstigere Entwicklung der Schuldendynamik fördern.

Staatliche Investitionen wären vor allem dann besonders wirkungsvoll, wenn sie als Wegbereiter für private Investitionen fungieren. In der Europäischen Union bietet die Investitionsoffensive für Europa („Juncker-Plan") Gelegenheit zu einer entsprechenden Anpassung der öffentlichen Ausgaben (Kasten 3.7 in Kapitel 3). Zu den ergänzenden Haushaltsmaßnahmen, mit denen das Vorziehen privater Investitionen gefördert werden könnte, zählen beispielsweise die Einführung zeitlich befristeter Steuererleichterungen oder eine beschleunigte steuerliche Abschreibung von Investitionsgütern.

Zusätzlich sollte die strukturelle Finanzpolitik angepasst werden, um den Druck auf die öffentlichen Haushalte zu mindern und das Wachstum der gesamtwirtschaftlichen Produktion zu stärken. Eine Erhöhung des effektiven Rentenalters kann dazu beitragen, den durch die Bevölkerungsalterung bedingten Ausgabendruck zu bewältigen, und würde zugleich dem Produktionspotenzial der Volkswirtschaft zugute kommen. Zudem lassen OECD-Analysen den Schluss zu, dass bedeutende Spielräume für Effizienzsteigerungen im Gesundheits- und Bildungswesen bestehen, die die Qualität der Leistungen nicht beeinträchtigen würden (Joumard et al., 2008; Sutherland et al., 2009).

Umfassende Maßnahmenpakete sollten Fiskal-, Geld- und nachfrageorientierte Strukturpolitik vereinen

Geld- und fiskalpolitische Maßnahmen sollten durch strukturpolitische Veränderungen unterstützt werden, die nicht bruchstückhaft, sondern im Rahmen eines integrierten Ansatzes umzusetzen sind. Dabei ist es im Bereich der Strukturpolitik zunächst wichtig, das Arbeitsmarkt- und Geschäftsumfeld zu berücksichtigen. Beispielsweise sind bei Produktmarktreformen, die in einem starren Arbeitsmarktumfeld ergriffen werden, die Möglichkeiten neuer Unternehmen, die benötigten Arbeitskräfte einzustellen, tendenziell begrenzt. Dagegen werden bei Arbeitsmarktreformen, die in einem rigiden Geschäftsumfeld mit großen marktbeherrschenden Unternehmen durchgeführt werden, in der Regel alle Anpassungen dem Faktor Arbeit aufgebürdet. Insgesamt können strukturpolitische Maßnahmen erheblich zur fiskalischen Tragfähigkeit beitragen und Zielkonflikte entschärfen, die zwischen Haushaltskonsolidierungs-, Wachstums- und Gerechtigkeitszielen auftreten. Während aber solche Maßnahmen oft ergriffen werden, um eine angebotsseitige Stärkung des langfristigen Wachstums zu erreichen, sind ihre kurzfristigen Auswirkungen auf die Nachfrage mit mehr Unsicherheit behaftet und müssen ebenfalls berücksichtigt werden.

Wenn wachstumsfreundliche strukturpolitische Maßnahmen unter normalen Bedingungen und flankiert durch andere makroökonomische Maßnahmen eingeführt werden, lassen empirische Befunde im Allgemeinen auf höhere kurzfristige Gewinne als Verluste schließen. Unter ungünstigen Bedingungen aber – und insbesondere dann, wenn die Fiskal- und Geldpolitik nicht zur Kompensation kurzfristiger negativer Effekte eingesetzt werden – lässt sich die negative Anpassungsdynamik, die mit strukturellen Veränderungen einhergeht, nicht so leicht ausgleichen. In solchen Situationen sollten strukturpolitische Maßnahmen Priorität erhalten, die die kurzfristige Nachfrage steigern. Dazu zählen Maßnahmen zur Senkung der Marktzutrittsschranken in Sektoren mit Nachfragestau, Maßnahmen zur Verringerung des Verwaltungsaufwands für Unternehmen sowie Maßnahmen, die die gesamtwirtschaftliche Nachfrage direkt ankurbeln, wie z.B. öffentliche Infrastrukturinvestitionen. Für die größten kurzfristigen Impulse könnten Maßnahmen zur Stärkung des Vertrauens oder Verringerung der Unsicherheit im Hinblick auf das künftige Wirtschaftsumfeld sorgen, da sie über Vermögenseffekte und verbesserte Erwartungen eine rasche Steigerung des Konsums und der Investitionen bewirken können. Dazu zählen beispielsweise glaubwürdige Reformen der Renten- und Gesundheitssysteme, die die Tragfähigkeit der öffentlichen

Finanzen verbessern, die Notwendigkeit des Vorsorgesparens verringern und fiskalische Spielräume für Stimulationsmaßnahmen schaffen. Diese Fragen werden in einer demnächst erscheinenden OECD-Studie zu den kurzfristigen Effekten von Strukturreformen näher erörtert (Caldera Sanchez et al., 2015).

Anmerkungen

1. Die Schuldendienstbelastung ist auch in ost- und mitteleuropäischen Ländern gestiegen. Deren Währung hat stark gegenüber dem Schweizer Franken abgewertet, nachdem die Schweizerische Nationalbank Mitte Januar beschlossen hatte, den Mindestwechselkurs gegenüber dem Euro aufzugeben. Banken und Privathaushalte sind immer noch in nicht unerheblichem Umfang in Schweizer Franken verschuldet, und im Fall der privaten Haushalte ist es eher unwahrscheinlich, dass sie gegen das Wechselkursrisiko abgesichert sind.
2. Schätzungen zufolge wurden die höheren Erdöleinnahmen der Ölexportländer im Zeitraum 2002-2008 bezogen auf den OECD-Raum insgesamt zu rd. 40% wieder ausgegeben (Wurzel et al., 2009). Hierbei bestanden indessen erhebliche Unterschiede zwischen den einzelnen Ländern, wobei der Anteil für die Vereinigten Staaten und Japan relativ niedrig und für die Länder des Euroraums relativ hoch war (bis zu 80% für Deutschland).
3. In einer Reihe von Ländern können die Auswirkungen der Bevölkerungsalterung auf die Trenderwerbsquote bis zu einem gewissen Grad durch Rentenreformen ausgeglichen werden. Bereits verabschiedete Reformen werden in den langfristigen OECD-Projektionen zur Erwerbsquote berücksichtigt (vgl. Kasten 4.6 in OECD, 2014a), allerdings könnten die Effekte stärker ausfallen als in den Projektionen unterstellt, und es könnten auch weitere Reformen umgesetzt werden.
4. Die Schätzungen in diesem und im nächsten Absatz beruhen auf Simulationen auf der Basis des NiGEM-Modells des National Institute of Economic and Social Research.
5. Dies war in Deutschland, Finnland, Frankreich, Japan, Österreich, der Schweiz und Spanien der Fall. Die Laufzeit der Anleihen war von Land zu Land unterschiedlich und reichte im Allgemeinen von 2 bis zu 10 Jahren.
6. In diesen Simulationen wird unterstellt, dass der Anstieg der Staatsanleiherenditen in den Vereinigten Staaten und den anderen Volkswirtschaften gleich groß ist. Dies ist eine unrealistische Annahme. Die Korrelationen der Veränderungen der Renditen von Staatsanleihen mit 10-jähriger Laufzeit waren in letzter Zeit in vielen OECD-Ländern zwar sehr hoch (sie reichten in Deutschland, Frankreich, Kanada und im Vereinigten Königreich von rd. 0,75 bis 0,95), lagen jedoch immer noch unter 1, und in einigen Ländern erreichten sie einen Wert von lediglich 0,5 (Italien und Japan). Die Korrelationen der Vergangenheit können jedoch ein schlechter Prädiktor für künftige Parallelentwicklungen sein.
7. Ein Rückgang der Wachstumsrate der Inlandsnachfrage in China um 2 Prozentpunkte in Kombination mit einem 10%igen Rückgang der globalen Aktienkurse und einem Anstieg der Risikoprämie auf Aktien um 20 Basispunkte würde das globale BIP im zweiten Jahr um rd. ¾% sinken lassen, wobei die Auswirkungen in Japan etwas stärker (rd. 1%), im Euroraum und in den Vereinigten Staaten dagegen schwächer (rd. ½%) ausfallen (OECD, 2014b).
8. Mit dem NiGEM-Modell durchgeführte Simulationen ergeben, dass ein 10%iger Rückgang der russischen Importe das BIP-Wachstum im OECD-Raum und im Euroraum bei konstanten Wechselkursen geringfügig reduzieren könnte, während der Rückgang in den Nachbarländern Russlands deutlich stärker ausfallen könnte. Sollte dies mit einer Safe-Haven-Nachfrage nach Euro und einer Aufwertung des nominalen effektiven Wechselkurses des Euro einhergehen, würden die negativen Ausstrahlungseffekte verschärft. Jede Aufwertung um 5% könnte das BIP-Wachstum im Euroraum um 0,2 Prozentpunkte reduzieren.
9. Die indirekten und Zweitrundeneffekte früherer Ölpreisschocks machten im Durchschnitt ungefähr ein Drittel der Gesamtveränderung der Inflationsraten aus (EZB, 2010).
10. Insbesondere im Euroraum dürfte das selbstauferlegte Emissionslimit von 25% und Emittentenlimit von 33% die Ankäufe von Vermögenswerten für einige Länder einschränken und bis September 2016 zu einem insgesamt rd. 40 Mrd. Euro niedrigeren Ankaufsvolumen als geplant führen (Claeys et al., 2015). Diese Einschränkungen würden im Fall einer Ausweitung der Wertpapierkäufe noch stärker zum Tragen kommen.

Literaturverzeichnis

Barbiero, O. und B. Cournède (2013), "New Econometric Estimates of Long-term Growth Effects of Different Areas of Public Spending", *OECD Economics Department Working Papers*, No. 1100, OECD Publishing, Paris.

Barnes, S., D. Davidsson und Ł. Rawdanowicz (2012), "Europe's New Fiscal Rules", *OECD Economics Department Working Papers*, No. 972, OECD Publishing, Paris.

Bénétrix, A. S., P. R. Lane und J. C. Shambaugh (2014), "International Currency Exposures, Valuation Effects and the Global Financial Crisis", *Mimeo*.

Berg, T. (2015), "Quicksilver Markets", *OFR Brief Series*, No. 15-02, Office of Financial Research, 17. März.

Bernanke, B. S. und M. Gertler (1995), "Inside the Black Box: The Credit Channel of Monetary Policy Transmission", *The Journal of Economic Perspectives*, Vol. 9(4), S. 27-48.

BIZ (2014), "Market-making and Proprietary Trading: Industry Trends, Drivers and Policy Implications", *CGFS Papers*, No. 52, Bank für Internationalen Zahlungsausgleich.

BIZ (2015), *BIS Quarterly Review*, März, Bank für Internationalen Zahlungsausgleich.

Caldera Sanchez, A., A. De Serres und N. Yashiro (2015), "The Short-Run Impact of Structural Reforms", *OECD Economics Department Working Papers*, OECD Publishing, Paris (erscheint demnächst).

Carroll, C. D., J. Slacalek und K. Tokuoka (2014), "The Distribution of wealth and the MPC: implications of new European data", *ECB Working Paper Series*, No. 1648.

Cashin, P., K. Mohaddes und M. Raissi (2014), "Fair Weather or Foul? The Macroeconomic Effects of El Niño", *Cambridge Working Paper in Economics*, No. 1418, Universität Cambridge.

Çelik, S., G. Demirta und M. Isaksson (2015), "Corporate Bonds, Bondholders and Corporate Governance", *OECD Corporate Governance Working Papers*, No. 16, OECD Publishing, Paris.

Clayes, G., A. Leandro und A. Mandra (2015), "European Central Bank Quantitative Easing: The Detailed Manual", *Bruegel Policy Contribution*, Issue 2015/02, März.

Europäische Kommission (2014), "Überprüfung der wirtschaftlichen Steuerung – Bericht über die Anwendung der Verordnungen (EU) Nr. 1173/2011, 1174/2011, 1175/2011, 1176/2011, 1177/2011, 472/2013 und473/2013", COM(2014)905 final.

EZB (2009), "Housing Finance in the Euro Area", *ECB Occasional Paper Series*, No. 101.

EZB (2010), *Structural Issues Report*, Juni 2010, Kapitel 3.

Fall, F., D. Bloch, J.-M. Fournier und P. Hoeller (2015), „Government Debt and Fiscal Frameworks", *OECD Economic Policy Paper*, erscheint demnächst.

FRBNY (2014), "Domestic Open Market Operations during 2013", Federal Reserve Bank of New York, April.

Girouard, N. und C. André (2005), "Measuring Cyclically-adjusted Budget Balances for OECD Countries", *OECD Economics Department Working Papers*, No. 434, OECD Publishing, Paris.

Guichard, S., D. Haugh und D. Turner (2009), "Quantifying the Effect of Financial Conditions in the Euro Area, Japan, United Kingdom and the United States", *OECD Economics Department Working Papers*, No. 677, OECD Publishing, Paris.

IEA (2015), "Medium-Term Oil Market Report 2015", IEA, Paris.

IIF (2015), "March 2015 EM Portfolio Flows Tracker", Institute of International Finance, 26. März.

IWF (2015a), "Private Investment: What's the Holdup?", *World Economic Outlook*, April.

IWF (2015b), *Global Financial Stability Report*, April.

Joumard, I., C. André, C. Nicq und O. Chatal (2008), "Health Status Determinants: Lifestyle, Environment, Health Care Resources and Efficiency", *OECD Economics Department Working Papers*, No. 627, OECD Publishing, Paris.

Koske, I., I. Wanner, R. Bitetti und O. Barbiero (2015), "The 2013 update of the OECD's database on product market regulation: Policy insights for OECD and non-OECD countries", *OECD Economics Department Working Papers*, No. 1200, OECD Publishing, Paris.

Kurosaki, T., Y. Kumano, K. Okabe und T. Nagano (2015), "Liquidity in JGB Markets: An Evaluation from Transaction Data", *Bank of Japan Working Paper Series*, No. 15-E-2.

Ministry of Land, Infrastructure, Transport and Tourism (2015), "Bericht zur Erhebung über private Immobiliendarlehen im Finanzjahr 2014", Housing Bureau, Ministry of Land, Infrastructure, Transport and Tourism, Japanische Regierung.

Morin, M. und C. Schwellnus (2014), "An Update of the OECD International Trade Equations", *OECD Economics Department Working Papers*, No. 1129, OECD Publishing, Paris.

Mourre, G., C. Astarita und S. Princen (2014), "Adjusting the budget balance for the business cycle: the EU methodology", *European Economy, Economic Papers*, No.536, Europäische Kommission.

OECD (2009), *OECD Economic Outlook Interim Report* , OECD Publishing, Paris.

OECD (2010), *OECD Economic Surveys: Euro Area 2010,* OECD Publishing.

OECD (2013), *Science, Technology and Industry Scoreboard 2013*, OECD Publishing, Paris.

OECD (2014a), *OECD-Wirtschaftsausblick*, Ausgabe 2014/1, OECD Publishing, Paris.

OECD (2014b), *OECD-Wirtschaftsausblick*, Ausgabe 2014/2, OECD Publishing, Paris.

OECD (2015a), *Economic Policy Reforms 2015: Going for Growth*, OECD Publishing, Paris.

OECD (2015b), *OECD Economic Survey – China*, OECD Publishing, Paris.

OECD (2015c), *OECD Business and Finance Outlook*, OECD Publishing, Paris (erscheint demnächst).

OECD (2015d), *In It Together: Why Less Inequality Benefits All*, OECD Publishing, Paris.

Ollivaud, P. und D. Turner (2015), "The effect of the global financial crisis on OECD potential output", *OECD Journal: Economic Studies*, Vol. 2014/1, OECD Publishing, Paris.

Ollivaud, P., E. Rusticelli und C. Schwellnus (2015), "The Changing Role of the Exchange Rate for Macroeconomic Adjustment", *OECD Economics Department Working Papers*, No. 1190, OECD Publishing, Paris.

Rawdanowicz, Ł., R. Bouis und S. Watanabe (2013), "The Benefits and Costs of Highly Expansionary Monetary Policy", *OECD Economics Department Working Papers*, No. 1082, OECD Publishing, Paris.

Rawdanowicz, Ł., R. Bouis, J. Brezillon, A. K. Christensen und K. Inaba (2014a), "Spillover Effects from Exiting Highly Expansionary Monetary Policies", *OECD Economics Department Working Papers*, No. 1116, OECD Publishing, Paris.

Rawdanowicz, Ł., R. Bouis, J. Brezillon, K. Inaba und A. K. Christensen (2014b), "Secular Stagnation: Evidence and Implications for Economic Policy", *OECD Economics Department Working Papers*, No. 1169, OECD Publishing, Paris.

Robertson, J. (2015), "What Seems to Be Holding Back Labor Productivity Growth, and Why It Matters", Atlanta Fed Macroblog, Federal Reserve Bank of Atlanta.

Sutherland, D., R. Price und F. Gonand (2009), "Improving public spending efficiency in primary and secondary education," *OECD Journal: Economic Studies*, Vol. 2009(1), S. 1-30, OECD Publishing, Paris.

Turner, D. und F. Spinelli (2013), "The Effect of Government Debt, External Debt and their Interaction on OECD Interest Rates", *OECD Economics Department Working Papers*, No. 1103, OECD Publishing, Paris.

Wurzel, E., L. Willard und P. Ollivaud (2009), "Recent Oil Price Movements: Forces and Policy Issues", *OECD Economics Department Working Papers*, No. 737, OECD Publishing, Paris.

ANHANG 1.1

Indikatoren der potenziellen Finanzmarktrisiken

In den nachfolgenden Tabellen ist die Position der OECD-Länder sowie ausgewählter Nicht-OECD-Länder anhand einer Reihe von Indikatoren dargestellt, die Aufschluss über die potenzielle Gefährdung im Fall von Finanzmarktturbulenzen geben können. Das Hauptaugenmerk von Tabelle 1.A1 liegt auf den binnenwirtschaftlichen Schwächen der OECD-Länder und der BRIICS, während in Tabelle 1.A2 die Risiken in den Finanzierungsrechnungen der OECD-Länder und der G20-Länder, die nicht Mitglied der OECD sind, im Mittelpunkt stehen.

In Tabelle 1.A1 sind Indikatoren dargestellt, die gewöhnlich mit Finanzmarktrisiken in Verbindung gebracht werden, und die in erster Linie in vier großen Unterbereichen in der Inlandswirtschaft entstehen: in der Realwirtschaft, im Nichtfinanzsektor, im Finanzsektor und im Bereich der Staatsfinanzen (IWF, 2012; Europäische Kommission, 2012). Mögliche Schwächen der Realwirtschaft werden an der Differenz zwischen der Potenzialrate des BIP-Wachstums und dem tatsächlichen BIP-Wachstum, am Abstand zwischen der tatsächlichen Arbeitslosenquote und der natürlichen Arbeitslosenquote (bzw. NAIRU), am Leistungsbilanzdefizit und an der Entwicklung der relativen Lohnstückkosten gemessen. Indikatoren für Übertreibungen auf den Finanzmärkten im Zusammenhang mit dem Nichtfinanzsektor sind die Verschuldung der privaten Haushalte, die Verschuldung der Nichtfinanzunternehmen und der Anstieg der Wohnimmobilienpreise. Zur Berücksichtigung der unmittelbaren Risikoexposition des Finanzsektors wurden ferner das aggregierte Verhältnis zwischen dem harten Kernkapital (Core Tier 1) und der Bilanzsumme (d.h. die Leverage Ratio) für ausgewählte Banken in jedem Land[1], die notleidenden Kredite und die Verschuldung der Finanzunternehmen aufgenommen. Die vom Staatssektor ausgehenden Risiken werden anhand von drei Elementen quantifiziert: der staatlichen Nettokreditaufnahme, der Bruttostaatsverschuldung sowie der Differenz zwischen den realen Renditen von Staatsanleihen mit 10-jähriger Laufzeit und der Potenzialrate des realen BIP-Wachstums. Höhere Werte lassen mit Ausnahme der Leverage Ratio auf eine stärkere Gefährdung schließen. Tabelle 1.A1 enthält darüber hinaus die derzeitigen Kreditratings der Länder laut Standards and Poor's.

In Tabelle 1.A2 sind die Risikofaktoren für die Finanzstabilität in den OECD- und den nicht der OECD angehörenden G20-Ländern dargestellt. Die Grundlage hierfür bilden frühere empirische Untersuchungen der OECD (Ahrend und Goujard, 2012a, 2012b). Diese zeigen, dass:

- eine stärkere (kurzfristige) Kreditaufnahme bei ausländischen Banken oder ein höherer Anteil der Verschuldung an den Bruttoauslandsverbindlichkeiten das Risiko von

Finanzkrisen beträchtlich erhöht (wobei Verbindlichkeiten gegenüber ausländischen Banken als Schulden bei einer ausländischen Bank definiert sind);

- ein höherer Anteil von Direktinvestitionen an den Bruttoauslandsverbindlichkeiten die Möglichkeit des Ausbruchs einer Finanzkrise verringert;
- kürzere Laufzeiten der Bankschulden das Krisenrisiko erhöhen, hauptsächlich weil sie die Gefahren einer Ansteckung über die Finanzmärkte vergrößern;
- hohe Fremdwährungsguthaben die Wahrscheinlichkeit von Krisen verringern;
- weder die Summe der Auslandsaktiva (ohne Reserven) noch die Verbindlichkeiten sich als Faktoren erwiesen haben, die das Krisenrisiko in Ländern mit geringem und mäßigem Niveau an Forderungen und Verbindlichkeiten beeinflussen. Sind die Auslandsforderungen bzw. -verbindlichkeiten hingegen hoch, mindern bzw. erhöhen sie das Krisenrisiko.

Tabelle 1.A2 zeigt für jeden der acht ausgewählten Indikatoren: *a)* die Position der einzelnen Länder im dritten Quartal 2014 (oder im letzten verfügbaren Zeitraum) nach verschiedenen Aspekten der Struktur ihrer Finanzierungsrechnungen und *b)* die länderspezifische Veränderung bei jedem dieser Aspekte von 2007 bis zum dritten Quartal 2014. In Bezug auf einige der Variablen ist bei der Interpretation der Zahlen Vorsicht geboten, da die Relevanz der jeweiligen Variable in den einzelnen Ländern unterschiedlich sein kann. Beispielsweise weisen die Devisenreserven der Vereinigten Staaten im Verhältnis zum BIP den niedrigsten Wert im OECD-Raum auf, ohne eine Schwäche zu signalisieren, da der US-Dollar eine Reservewährung ist, und das Gleiche gilt für niedrige Devisenreserven in einzelnen Ländern des Euroraums.

Anmerkungen

1. Die Berechnungen der Schuldenquoten der Länder stützen sich auf über 1 200 Geschäftsbanken, darunter 915 in den Vereinigten Staaten, 197 in den OECD-Ländern, die dem Euroraum angehören, 23 im Vereinigten Königreich, 11 in Kanada und 7 in Japan.

Literaturverzeichnis

Ahrend, R. und A. Goujard (2012a), "International Capital Mobility and Financial Fragility – Part 1: Drivers of Systemic Banking Crises: the Role of Bank-Balance-Sheet Contagion and Financial Account Structure", *OECD Economics Department Working Papers*, No. 902, OECD Publishing, Paris.

Ahrend, R. und A. Goujard (2012b), "International Capital Mobility and Financial Fragility – Part 3: How Do Structural Policies Affect Financial Crisis Risk? Evidence from Past Crises across OECD and Emerging Economies", *OECD Economics Department Working Papers*, No. 966, OECD Publishing, Paris.

Europäische Kommission (2012), *Warnmechanismus-Bericht – 2013*, Brüssel.

IWF (Internationaler Wähungsfonds) (2012), *Global Financial Stability Report October 2012*, Washington, DC.

Table 1.A1. **Indicators of potential financial vulnerabilities**

	Real economy				Non-financial sector		
	Potential GDP growth rate-actual GDP growth rate differential	Actual unemployment rate-NAIRU differential	Current account deficit[1]	Relative unit labour cost	Household gross debt[2,3]	Non-financial corporation gross debt[1,3]	Real house prices
	2015	2014Q4	2014	% change 2000Q1-15Q1	2013 or latest available	2013 or latest available	% change 2000Q1-15Q1
United States	-0.1	0.3	2.4	-13.8	110.1	114.4	19.3
Japan	-0.2	-0.6	-0.5	-50.1	132.6	160.9	-22.0
Germany	-0.5	-0.6	-7.8	-12.5	94.8	70.5	5.8
France	0.2	0.8	1.0	1.5	108.1	103.4	73.2
Italy	-0.5	3.9	-1.8	10.7	79.6	91.7	12.9
United Kingdom	-0.3	-0.5	5.5	-11.6	146.6	87.3	80.4
Canada	0.3	0.2	2.2	26.3	167.7	139.0	95.9
Australia	0.3	0.4	2.8	38.0	193.3	80.1	96.0
Austria	0.6	1.3	-0.8	-1.8	90.8	97.7	21.2
Belgium	0.0	0.5	-1.8	5.8	101.9	94.7	62.7
Chile	0.7	-0.2	1.1	20.6	74.1	139.4	..
Czech Republic	-1.0	-0.5	-0.6	31.8	64.6	61.6	..
Denmark	-1.2	0.1	-6.3	10.7	320.5	102.4	27.3
Estonia	0.5	-1.7	0.1	46.7	89.6	102.6	..
Finland	0.4	1.7	1.9	0.5	122.8	98.0	25.6
Greece	0.1	8.7	-0.9	7.1	104.0	76.3	-9.4
Hungary	-1.2	-2.4	-4.1	25.0	55.4	102.4	..
Iceland	-1.8	0.6	-3.6	-22.8	..	322.9	..
Ireland	-1.8	-0.5	-6.2	14.9	223.0	235.9	8.0
Israel	-0.2	-0.4	-3.0	-15.5	..	75.1	35.2
Korea	0.6	0.0	-6.4	9.6	160.0	151.3	27.1
Luxembourg	-0.1	0.7	-5.7	28.5	153.4	312.4	..
Mexico	0.0	-0.4	2.1	-7.3	..	..	..
Netherlands	-0.9	1.2	-10.3	-0.6	288.7	100.5	1.2
New Zealand	-0.6	-0.1	3.3	63.9	..	..	106.6
Norway[7]	1.1	0.3	-8.5	39.3	215.5	105.1	89.2
Poland	-0.4	-0.1	1.4	-9.4	58.8	52.8	..
Portugal	-1.3	1.5	-0.6	-3.4	144.1	153.0	-31.7
Slovak Republic	-0.2	0.3	-0.1	32.0	54.9	76.6	..
Slovenia	-0.8	1.9	-5.9	-5.0	56.9	94.5	..
Spain	-2.5	5.2	-0.8	2.6	140.1	122.5	20.9
Sweden	-0.6	0.4	-6.3	-6.7	171.0	142.1	101.5
Switzerland	1.3	0.2	-7.0	36.0	197.3	..	49.1
Turkey	1.1	1.0	5.8	-29.7	..	105.4	..
Brazil	2.1	..	3.9	17.2	..	..	..
China	0.4	..	-2.1	99.3	..	..	..
Colombia	1.1	-0.4	5.3	24.0	..	38.1	..
India	0.2	..	1.4	-40.7	..	..	..
Indonesia	0.9	..	3.0	-10.6	..	..	..
Latvia	0.3	0.3	3.1	15.5	..	..	..
Russian Federation	5.0	..	-3.3	152.9	..	..	..
South Africa	0.8	..	5.4	0.7	..	..	111.9

1. In per cent of GDP.
2. In per cent of gross household disposable income.
3. Gross debt is defined as liabilities less financial derivatives and shares and other equity. Based on consolidated data for most countries.
4. In per cent of total (unweighted) assets.
5. Rating for sovereign debt in foreign currency.
6. OECD Economic Outlook 97 database estimates.
7. Mainland (potential) GDP is used instead of total (potential) GDP where applicable.

Source: OECD National Accounts database; IMF Financial Soundness Indicators database; European Central Bank; European Commission; OECD Housnig Prices database; Standards & Poors; and OECD calculations; OECD Economic Outlook 97 database.

StatLink http://dx.doi.org/10.1787/888933221746

Table 1.A1. **Indicators of potential financial vulnerabilities** *(cont.)*

Financial sector			Public finance				
Core Tier-1 leverage ratio[4]	Non-performing loans to total loans	Financial corporation gross debt[1,3]	Headline government budget deficit[1,6]	Gross government debt[1,6]	Real 10-year sovereign bond yield-potential GDP growth rate differential	Sovereign credit rating S&P[5]	
Latest available	Latest available	2013 or latest available	2014	2014	2014Q4 or latest available	Latest	
5.6	1.9	346.4	5.0	110.1	-1.1	AA+	United States
4.7	1.7	582.8	7.7	226.0	-0.5	AA-	Japan
4.1	2.7	321.0	-0.6	82.3	-2.1	AAA	Germany
3.3	4.5	278.6	4.0	120.4	-0.9	AA	France
5.4	17.3	207.9	3.0	158.5	1.1	BBB-	Italy
4.0	2.7	659.4	5.3	111.3	-1.8	AAA	United Kingdom
3.7	0.5	332.3	1.6	94.8	-1.2	AAA	Canada
4.0	1.1	337.0	2.2	42.5	-0.1	AAA	Australia
5.8	3.5	240.1	2.4	96.3	-1.9	AA+	Austria
4.9	4.1	295.4	3.2	129.8	-1.4	AA	Belgium
..	2.2	201.8	..	..	-2.3	AA-	Chile
..	5.7	120.7	2.0	57.1	-2.9	AA-	Czech Republic
4.4	4.4	450.2	-1.2	60.4	-1.2	AAA	Denmark
..	1.4	117.5	-0.6	14.3	..	NA	Estonia
3.6	..	241.0	3.2	71.4	-1.9	AA+	Finland
8.0	34.3	194.2	3.6	184.1	10.2	NA	Greece
..	15.6	95.4	2.5	99.8	-0.6	NA	Hungary
..	..	990.4	0.2	85.4	0.2	BBB-	Iceland
6.5	18.7	959.1	4.1	116.5	-2.0	A	Ireland
..	2.2	206.7	3.7	67.5	-3.4	A+	Israel
..	..	353.9	-1.6	34.5	-1.3	A+	Korea
..	0.2	5047.5	-0.6	31.3	-3.9	AAA	Luxembourg
..	3.1	..	0.3	1.0	1.0	BBB+	Mexico
4.2	3.1	658.6	2.3	81.8	-1.0	AA+	Netherlands
..	..	..	-1.4	39.2	-0.8	AA	New Zealand
6.2	1.3	207.9	-9.1	32.6	-2.0	AAA	Norway[7]
..	4.9	99.2	3.2	65.8	-1.1	NA	Poland
6.0	11.2	254.7	4.5	150.4	1.7	BB	Portugal
..	5.3	118.5	2.9	60.0	-1.8	A	Slovak Republic
..	11.7	121.6	4.9	97.6	0.7	A-	Slovenia
5.5	8.5	239.6	5.8	115.8	1.5	BBB	Spain
3.6	0.6	285.9	1.9	52.1	-2.3	AAA	Sweden
4.3	0.8	..	-0.2	45.3	-1.6	NA	Switzerland
..	2.8	119.0	..	..	-1.1	NA	Turkey
..	2.9	..	6.2	..	9.4	..	Brazil
..	..	..	0.3	..	-3.6	..	China
..	3.0	75.7	..	..	1.2	..	Colombia
..	4.3	..	6.2	..	0.6	..	India
..	2.1	..	2.2	..	1.2	..	Indonesia
..	4.9	..	1.4	46.2	-2.4	..	Latvia
..	6.7	..	-0.4	..	6.2	..	Russian Federation
..	3.4	..	4.1	..	4.4	..	South Africa

1. In per cent of GDP.
2. In per cent of gross household disposable income.
3. Gross debt is defined as liabilities less financial derivatives and shares and other equity. Based on consolidated data for most countries.
4. In per cent of total (unweighted) assets.
5. Rating for sovereign debt in foreign currency.
6. OECD Economic Outlook 97 database estimates.
7. Mainland (potential) GDP is used instead of total (potential) GDP where applicable.

Source: OECD National Accounts database; IMF Financial Soundness Indicators database; European Central Bank; European Commission; OECD Housnig Prices database; Standards & Poors; and OECD calculations; OECD Economic Outlook 97 database.

StatLink http://dx.doi.org/10.1787/888933221746

Table 1.A2. **Financial-accounts-related risk factors to financial stability**

Latest available (in per cent)

	External debt[1]	External bank debt[2]	Short-term external bank debt[2]	Short-term external bank debt[3]	External liabilities[2]	External assets[2]	Foreign exchange reserves[2]	FDI liabilities[1]
	Higher values indicate higher financial stability risk					Higher values indicate lower financial stability risk		
United States	49.3	14.6	5.7	39.3	178.5	139.5	0.7	19.8
Japan	56.9	19.3	16.3	84.2	111.8	184.9	28.9	3.6
Germany	60.2	30.2	14.4	47.7	217.4	252.3	1.8	17.8
France	60.0	53.9	29.3	54.3	308.2	292.3	2.0	12.7
Italy	70.4	25.9	9.7	37.5	159.0	132.1	2.6	15.2
United Kingdom	56.0	71.3	46.2	64.7	539.4	534.2	3.4	10.5
Canada	48.5	24.8	14.3	57.6	156.2	163.4	4.3	34.2
Australia	51.1	21.8	7.3	33.5	168.6	116.8	3.7	25.7
Austria	64.8	141.7	12.5	8.8	253.3	255.7	3.5	29.0
Belgium	40.3	42.8	19.4	45.3	405.1	446.7	3.4	53.2
Chile	28.9	18.0	8.1	45.0	142.6	128.5	16.0	62.3
Czech Republic	37.7	20.1	5.1	25.5	127.1	92.9	27.8	57.7
Denmark	61.1	57.3	34.5	60.2	237.7	276.9	21.7	17.5
Finland	59.3	45.0	15.3	34.1	318.8	327.3	3.4	15.6
Greece	91.9	27.8	14.4	51.9	233.0	116.0	0.9	4.0
Hungary	27.2	35.1	10.4	29.5	303.9	231.5	32.7	69.8
Iceland	83.2	38.6	11.9	30.7	601.1	242.0	23.9	16.1
Ireland	38.1	152.2	61.8	40.6	1961.6	1862.7	0.6	16.7
Israel	32.3	5.6	3.0	53.2	89.4	106.3	27.8	35.7
Korea	41.0	13.6	8.5	62.6	72.6	78.5	26.1	18.2
Luxembourg	25.2	920.6	368.3	40.0	14069.8	14277.4	1.3	33.0
Mexico	49.6	10.7	4.1	38.6	77.7	43.7	15.2	34.7
Netherlands	57.0	104.5	37.0	35.4	434.1	480.6	2.6	19.2
New Zealand	55.8	17.0	6.7	39.4	136.7	77.6	8.9	30.9
Norway	62.5	27.6	9.9	35.8	181.7	305.1	11.2	26.9
Poland	47.1	23.2	6.3	27.0	108.5	43.1	17.8	43.9
Portugal	70.6	30.6	8.5	27.6	288.3	172.0	1.5	21.7
Slovak Republic	50.2	31.5	11.1	35.4	137.4	69.3	1.0	49.0
Slovenia	76.1	22.6	5.3	23.3	145.3	101.9	1.9	21.7
Spain	61.4	32.3	13.0	40.2	229.5	132.4	2.5	24.4
Sweden	52.9	48.6	21.7	44.7	291.1	281.9	10.4	28.2
Switzerland	33.5	61.5	41.0	66.6	511.3	633.1	74.8	31.9
Turkey	65.1	21.4	11.6	54.0	82.4	28.7	13.4	25.6
Argentina	44.4	2.5	1.5	60.5	34.6	42.0	4.5	51.1
Brazil	33.1	65.5	4.6	7.0	66.0	32.3	15.3	46.2
China	36.1	10.3	8.2	79.3	43.1	60.4	37.5	56.7
India	53.9	10.2	5.5	53.9	41.6	24.0	14.8	29.6
Indonesia	41.3	10.8	5.8	53.9	61.3	20.6	10.6	44.8
Russian Federation	47.4	8.4	3.3	38.8	51.7	69.6	18.2	39.0
Saudi Arabia	15.7	8.7	5.1	58.2	35.6	138.1	97.5	78.6
South Africa	27.0	8.8	3.5	40.1	111.5	107.5	12.3	37.2

1. As per cent of external liabilities.
2. As per cent of GDP.
3. As per cent of external bank debt.
Source: BIS; IMF; World Bank and OECD calculations.

StatLink http://dx.doi.org/10.1787/888933221760

Table 1.A2. **Financial-accounts-related risk factors to financial stability** *(cont.)*

Change from 2007 (in percentage points)

External debt[1]	External bank debt[2]	Short-term external bank debt[2]	Short-term external bank debt[3]	External liabilities[2]	External assets[2]	Foreign exchange reserves[2]	FDI liabilities[1]	
Positive values indicate an increase in the financial stability risk					Positive values indicate a decrease in the financial stability risk			
-5.8	-5.9	-3.0	-3.5	24.1	-6.0	0.2	1.0	United States
1.9	6.3	7.2	14.4	38.2	60.4	6.7	-0.8	Japan
-7.5	-20.0	-13.5	-7.8	11.8	17.7	0.3	-0.9	Germany
0.0	-13.5	-14.3	-10.4	5.8	-0.6	0.0	-0.4	France
-1.2	-25.4	-8.7	1.6	0.0	0.1	1.0	0.4	Italy
-8.8	-44.8	-40.6	-10.0	-30.2	-12.5	1.6	2.9	United Kingdom
13.8	1.4	-0.4	-5.4	-13.4	6.9	1.1	-12.3	Canada
2.3	-10.1	-4.8	-4.6	-5.4	7.5	0.8	0.2	Australia
1.3	69.6	-14.3	-28.3	-70.8	-57.2	0.4	2.4	Austria
-21.6	-72.1	-69.4	-32.0	-111.6	-101.8	1.0	19.2	Belgium
-3.6	-0.2	-1.5	-7.6	41.2	26.6	5.6	1.7	Chile
4.1	-2.5	-3.7	-13.6	16.1	26.4	8.2	0.2	Czech Republic
-6.7	-13.8	-2.3	8.4	-14.4	31.2	10.8	-3.8	Denmark
20.0	5.0	2.7	2.5	35.9	75.6	0.4	-3.3	Finland
16.5	-31.3	-2.5	23.2	33.1	22.1	0.6	-4.9	Greece
-4.3	-28.8	-7.5	1.6	-8.9	18.6	14.5	5.7	Hungary
3.8	-252.5	-114.1	-12.5	-133.9	-369.2	10.2	1.1	Iceland
-15.4	-117.3	-88.9	-15.3	534.8	456.7	0.3	2.2	Ireland
-12.5	-2.9	-0.9	7.2	-30.0	-12.6	10.7	10.6	Israel
-1.8	-3.3	-1.9	0.8	-0.1	23.3	1.8	2.6	Korea
-3.8	-236.9	-139.7	-3.9	703.7	790.7	1.0	8.5	Luxembourg
15.9	2.8	1.7	8.3	9.3	12.6	6.5	-9.0	Mexico
-1.8	-32.3	-31.0	-14.3	-61.3	-8.2	1.1	-1.7	Netherlands
-2.6	-8.5	-6.2	-11.4	-43.7	-17.2	-5.1	-1.6	New Zealand
-1.5	-33.9	-30.6	-30.0	-43.3	17.9	-5.6	7.1	Norway
1.8	-1.2	0.2	2.1	2.6	-0.2	1.4	-2.3	Poland
0.8	-44.4	-19.4	-9.5	-9.7	-28.4	0.6	3.0	Portugal
9.1	-0.3	-1.1	-3.2	17.9	10.1	-25.2	-8.4	Slovak Republic
4.5	-25.8	-7.8	-3.7	2.4	-15.8	-0.3	-3.3	Slovenia
-2.6	-27.2	-6.0	8.3	-6.3	-15.8	1.6	4.0	Spain
3.2	-5.5	-10.7	-15.2	9.2	1.6	4.5	-3.7	Sweden
-16.1	-111.0	-84.3	-6.0	-69.8	-100.6	64.6	11.0	Switzerland
10.4	2.5	3.2	9.8	-0.8	-0.6	0.8	-6.5	Turkey
-9.7	-4.3	-1.9	10.2	-22.9	-26.8	-10.4	11.8	Argentina
6.9	57.8	1.0	-40.2	-7.8	1.3	0.8	12.4	Brazil
3.9	4.3	4.9	24.1	4.6	-15.5	-10.5	-0.6	China
4.3	-1.2	-0.4	1.9	1.0	-9.2	-11.6	3.9	India
-11.9	0.2	0.2	0.8	-0.1	-2.7	-1.8	13.1	Indonesia
11.8	-5.6	-3.4	-8.9	-57.9	-26.7	-23.0	-0.5	Russian Federation
-20.7	-0.3	-0.6	-4.2	5.0	7.0	16.6	15.0	Saudi Arabia
7.3	-2.7	-1.7	-5.0	-2.3	27.3	1.7	-4.2	South Africa

1. As per cent of external liabilities.
2. As per cent of GDP.
3. As per cent of external bank debt.

Source: BIS; IMF; World Bank and OECD calculations.

StatLink http://dx.doi.org/10.1787/888933221760

OECD-Wirtschaftsausblick
Ausgabe 2015/1

Kapitel 2

Entwicklung in den einzelnen OECD-Mitgliedsländern und in ausgewählten Nicht-OECD-Volkswirtschaften

AUSTRALIEN

Das Wachstum wird 2015 voraussichtlich auf 2¼% zurückgehen, 2016 aber wieder auf fast 3% ansteigen. Eine zunehmend dynamische Entwicklung bei Verbrauch, Investitionen (ohne Rohstoffsektor) und Exporten hilft der Wirtschaft, sich an die geänderten Umstände anzupassen und sich vom Rückgang der Rohstoffpreise und der Abschwächung der Investitionstätigkeit im Rohstoffsektor zu erholen. Der Verbraucherpreisauftrieb wurde durch die gesunkenen Ölpreise gedämpft und dürfte auf Grund von Kapazitätsüberhängen verhalten bleiben.

Angesichts der unsicheren Wirtschaftsaussichten und der negativen Auswirkungen, die Zinssenkungen auf die florierenden Wohnimmobilien- und Kreditmärkte haben, sollte mit der geldpolitischen Munition sparsam umgegangen werden. Die Fiskalpolitik sollte die Konjunktur nötigenfalls weiter durch das Wirken der automatischen Stabilisatoren stützen. Der Anpassungsprozess nach dem Rohstoffboom sollte durch Strukturreformen erleichtert werden, insbesondere durch eine weitere Verlagerung hin zur indirekten Besteuerung.

Die Abschwächung der Investitionstätigkeit im Rohstoffsektor erklärt sich aus der Beendigung einiger Großprojekte sowie aus Abstrichen bei den Investitionsvorhaben, die durch die rückläufigen Rohstoffpreise motiviert sind. Um das Investitionsklima für Unternehmen in den anderen Sektoren zu verbessern, bedarf es einer soliden makroökonomischen Politik, weiterer Steuerreformen, Anstrengungen zum Bürokratieabbau und wettbewerbsfördernder Maßnahmen. Die Pläne zur Erhöhung der Investitionen in die öffentliche Infrastruktur sind zu begrüßen, die Auswahl der Projekte sollte sich jedoch auf eine gründliche Kosten-Nutzen-Analyse stützen.

Die Neuausrichtung der Wirtschaft setzt sich fort

Die Schwäche der internationalen Rohstoffmärkte, insbesondere für Eisenerz und Kohle, und der daraus resultierende Rückgang der Investitionen im Rohstoffsektor führten zu Arbeitsplatzverlusten und Produktionseinbußen, auch wenn die Rohstoffförderung selbst nicht wesentlich gesenkt wurde. In den anderen Wirtschaftszweigen vollzieht sich ein positiv wirkender Anpassungsprozess, und die Währungsabwertung lässt Exporte und

Australia

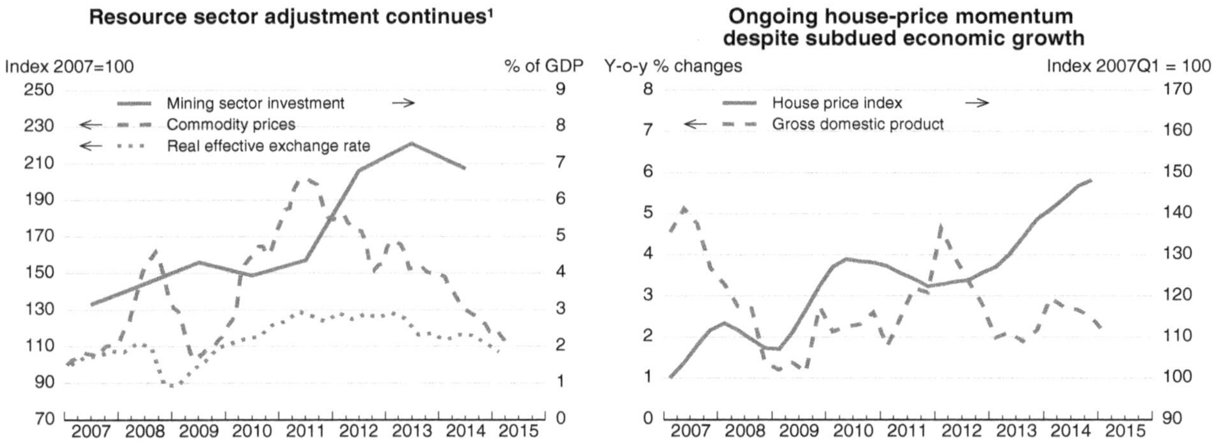

1. Mining sector investment refers to financial years. For commodity prices, index 2007Jan=100. Real effective exchange rate is based on constant trade weights.

Source: *OECD Economic Outlook 97 database*; OECD, *Housing Prices Database*; Australian Bureau of Statistics, Cat. No. 5204.0 and 5206.0; and Reserve Bank of Australia.

StatLink http://dx.doi.org/10.1787/888933220831

Australia: **Demand, output and prices**

	2011	2012	2013	2014	2015	2016
	Current prices AUD billion	Percentage changes, volume (2012/2013 prices)				
GDP at market prices	1 454.7	3.7	2.0	2.7	2.3	2.9
Private consumption	780.4	2.5	1.7	2.5	2.7	3.0
Government consumption	256.9	2.3	0.8	2.0	1.3	1.6
Gross fixed capital formation	395.2	9.0	-2.2	-2.0	-1.3	0.7
Final domestic demand	1 432.5	4.2	0.4	1.2	1.4	2.1
Stockbuilding[1]	9.7	-0.1	-0.4	0.0	0.0	0.0
Total domestic demand	1 442.2	4.1	0.0	1.2	1.4	2.1
Exports of goods and services	314.3	6.5	6.2	6.7	5.7	6.2
Imports of goods and services	301.7	6.3	-1.9	-1.8	-0.3	2.7
Net exports[1]	12.6	0.1	1.6	1.8	1.2	0.7
Memorandum items						
GDP deflator	_	-0.4	1.2	0.4	-0.4	1.9
Consumer price index	_	1.7	2.4	2.5	1.6	2.4
Private consumption deflator	_	2.5	2.6	2.3	1.5	2.3
Unemployment rate	_	5.2	5.7	6.1	6.0	5.8
Household saving ratio, net[2]	_	10.4	10.4	9.4	8.8	8.1
General government financial balance[3]	_	-2.6	-1.4	-2.2	-1.9	-1.5
General government gross debt[3]	_	37.3	38.3	42.5	44.6	46.8
Current account balance[3]	_	-4.3	-3.3	-2.8	-3.1	-2.5

1. Contributions to changes in real GDP, actual amount in the first column.
2. As a percentage of disposable income.
3. As a percentage of GDP at market value.

Source: OECD Economic Outlook 97 database.

StatLink http://dx.doi.org/10.1787/888933222086

Beschäftigung steigen. So kam es beispielsweise zu einem Aufschwung im Fremdenverkehr. Unterdessen setzt sich der Anstieg der Wohnungspreise und des Kreditwachstums fort, vor allem in den größten Städten des Landes – eine Entwicklung, die zunehmend von Investoren ausgeht. Die Daten zu den Baugenehmigungen zeigen, dass das Angebot deutlich auf die steigende Nachfrage reagiert. Der Verbraucherpreisauftrieb bleibt verhalten. Die jüngsten Zahlen wurden durch die Währungsabwertung zwar etwas erhöht, der Rückgang der Ölpreise wirkte jedoch inflationsdämpfend.

Die makroökonomische Politik federt die Auswirkungen des Abschwungs an den Rohstoffmärkten ab

Besorgnis über die realwirtschaftliche Entwicklung und fehlender Inflationsdruck veranlassten die Zentralbank dazu, den Leitzins im Februar um 25 Basispunkte auf 2,25% und im Mai nochmals auf 2% herabzusetzen. Dies waren die ersten Leitzinssenkungen seit August 2013. Der Nettonutzen einer weiteren geldpolitischen Lockerung ist auf kurze Sicht indessen begrenzt. Angesichts der Dynamik des Wohnimmobilienmarkts und der unsicheren makroökonomischen Aussichten, die eine weitere geldpolitische Expansion erforderlich machen könnten, ist Vorsicht geboten. Es wird davon ausgegangen, dass die Zentralbank Anfang 2016 vor dem Hintergrund verbesserter Konjunkturbedingungen wieder mit der Anhebung der Leitzinsen beginnen wird.

Mit den im Mai veröffentlichten Haushaltsentwürfen wird nicht versucht, das über Erwarten hoch ausgefallene Haushaltsdefizit auszugleichen. Effektiv ist das Tempo der Konsolidierung sogar etwas geringer als im letzten Haushalt. Angesichts der durch den Rückgang der Rohstoffpreise bedingten Verschlechterung der Einnahmensituation und der makroökonomischen Bedingungen erscheint diese Vorgehensweise sinnvoll. Das gesamtstaatliche Defizit wird 2015 voraussichtlich auf 1,9% des BIP und 2016 auf 1,5% des BIP zurückgehen.

Strukturreformen sollten den wirtschaftlichen Anpassungsprozess unterstützen und ein inklusives Wachstum fördern

Es wurden Strukturreformen angestrengt, um die Diversifizierung der Wirtschaft weg vom Rohstoffsektor zu unterstützen. Im Einzelnen wurden Initiativen zur Verbesserung der Infrastruktur sowie erste Steuerreformschritte eingeleitet. Der Haushaltsentwurf für 2015/2016 konzentriert sich im Vergleich zum Vorjahreshaushalt auf einen kleineren Katalog von Strukturreformen, in denen Kostensenkungsmaßnahmen weniger Gewicht haben. Vorgeschlagen wird namentlich ein Maßnahmenpaket zur Förderung kleiner und mittlerer Unternehmen, u.a. mit einem ermäßigten Körperschaftsteuersatz und höheren Freibeträgen. Erwähnenswert sind ferner Maßnahmen zur Erhöhung der Leistungen für die Kinderbetreuung sowie Vorschläge zur Bekämpfung von Gewinnverkürzung und Gewinnverlagerung. Dazu gehören neue Gesetzesbestimmungen gegen Steuervermeidung sowie die Ausweitung der Mehrwertsteuer (*Goods and Services Tax*) auf grenzüberschreitende Lieferungen digitaler Dienstleistungen und Produkte. Bei künftigen Strukturreformen sollten weitere Steueränderungen im Vordergrund stehen, darunter eine Entwicklung weg von der direkten hin zur indirekten Besteuerung, u.a. durch eine Verringerung der Bedeutung der Einkommen- und Körperschaftsteuer sowie Maßnahmen zur stärkeren Nutzung der *Goods and Services Tax* und der Grundsteuern. Zur Erhöhung des gesellschaftlichen Wohlergehens tragen auch die Vorschläge zur Anhebung der Kinderbetreuungsbeihilfen bei, die über ihre positiven Auswirkungen auf die Erwerbsbeteiligung der Frauen die Inklusion fördern. Im Bereich der Umweltpolitik ist es weiterhin wichtig, die Effizienz des Emission Reduction Funds zu sichern. Dazu bedarf es belastbarer Mess- und Prüfmethoden sowie eines Sicherheitsmechanismus, der verhindert, dass Emissionsminderungen in einem Bereich durch höhere Emissionen in anderen Bereichen zunichte gemacht werden.

Das Produktionswachstum wird sich 2016 beleben, während Risiken vor allem von außenwirtschaftlichen Unsicherheitsfaktoren ausgehen

Die Belebung des privaten Verbrauchs wird erheblich zum Anstieg der gesamtwirtschaftlichen Produktion beitragen, wobei Wohnungsbau und Exporte aber ebenfalls eine Rolle spielen werden. Die Arbeitslosenquote wird im Zuge der Anpassung der Beschäftigung an die Nachfrageverschiebung, zu der es mit der Neuausrichtung der Wirtschaft kommt, voraussichtlich zurückgehen. Die Inflation wird auf Grund andauernder Kapazitätsüberhänge während des gesamten Projektionszeitraums verhalten bleiben.

Es bestehen nach wie vor bedeutende außenwirtschaftliche Risiken. Es ist durchaus denkbar, dass die Rohstoffpreise gegenüber ihrem derzeitigen Niveau anziehen, womit sich die finanzielle Situation der Unternehmen und die Haushaltslage verbessern würden. Sollten die Rohstoffpreise jedoch auf ihrem derzeitigen Niveau verharren oder weiter sinken, würde sich die Einnahmensituation stärker verschlechtern und könnte mit erheblichen Produktionseinbußen zu rechnen sein. Auf binnenwirtschaftlicher Seite erhöht die anhaltende Dynamik am Immobilienmarkt das Risiko einer abrupten Korrektur. Zudem bestehen erhebliche Abwärts- und Aufwärtsrisiken beim Wachstum der Ausgaben der privaten Haushalte.

BELGIEN

Die Erholung wird den Projektionen zufolge allmählich an Fahrt gewinnen. Das Wirtschaftswachstum wird sich unter dem Einfluss steigender Exporte und Unternehmensinvestitionen, die ihrerseits günstigen Finanzierungsbedingungen und einer höheren Auslandsnachfrage zu verdanken sind, auf breiterer Basis vollziehen. Die Zunahme des Verbrauchs der privaten Haushalte dürfte durch die Haushaltskonsolidierung und Lohnmäßigung gebremst werden. 2016 wird die Inflation voraussichtlich leicht anziehen, da die Effekte der sinkenden Ölpreise abklingen.

Es wird mit einer Rückkehr zur Haushaltskonsolidierung gerechnet, vor allem auf der Ausgabenseite. Weitere Strukturreformen zur Sicherung der fiskalischen Tragfähigkeit und Förderung von Beschäftigung und Wettbewerbsfähigkeit sollten umgesetzt werden, wie beispielswiese eine Anhebung des effektiven Rentenalters, eine Reform des Lohnfindungsprozesses sowie eine Verlagerung der Steuerbelastung vom Faktor Arbeit auf weniger wachstumsverzerrende Steuern, wie Verbrauchs- und Umweltsteuern.

Nach der Krise war die Investitionstätigkeit in Belgien dynamischer als in anderen Ländern des Euroraums. Obgleich mit einer anhaltenden Erholung der Unternehmensinvestitionen gerechnet wird, bleiben die öffentlichen Investitionen gedämpft und im internationalen Vergleich niedrig, was auf die notwendige Konsolidierung der öffentlichen Finanzen zurückzuführen ist. Weitere Kürzungen bei den Infrastrukturausgaben könnten das Wachstum in Zukunft jedoch beeinträchtigen.

Die Konjunktur belebt sich langsam

Die Wirtschaft hat sich weiter erholt, da der Konsum der privaten Haushalte und die Unternehmensinvestitionen etwas zugenommen haben, das Wachstum blieb aber schwach. Das Geschäftsklima hat sich aufgehellt, und das Verbrauchervertrauen ist zu seinem langfristigen Durchschnitt zurückgekehrt. Günstige Kreditbedingungen und steigende Gewinnspannen

Belgium

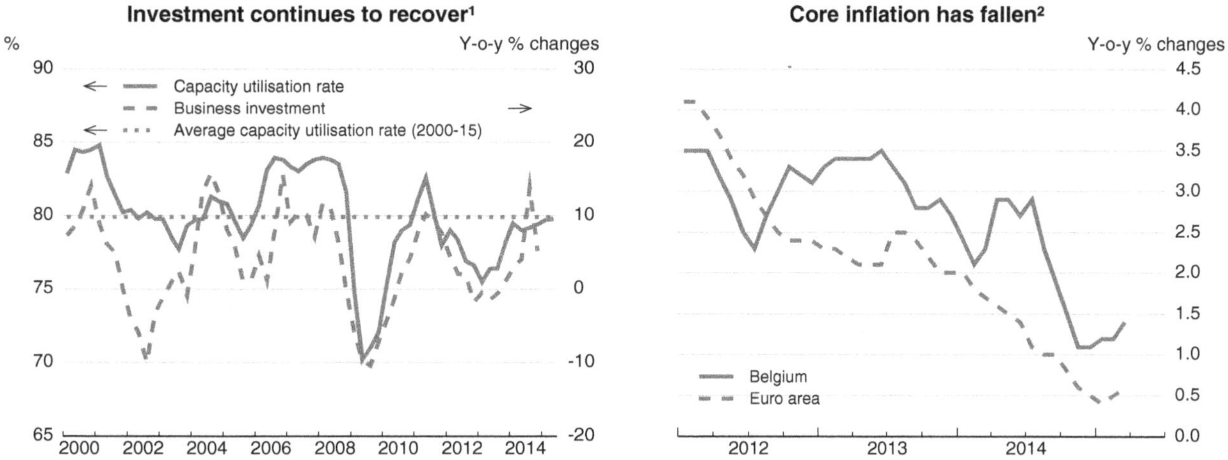

1. Capacity utilisation rate in the manufacturing sector, seasonally adjusted. Investment is nominal private non-residential gross fixed capital formation.
2. Harmonised consumer price index excluding food and energy.

Source: European Commission; National Bank of Belgium; and *OECD Economic Outlook 97 database.*

StatLink http://dx.doi.org/10.1787/888933220854

Belgium: **Demand, output and prices**

	2011	2012	2013	2014	2015	2016
	Current prices € billion	Percentage changes, volume (2012 prices)				
GDP at market prices	379.9	0.1	0.3	1.1	1.3	1.8
Private consumption	195.1	0.8	0.3	0.9	1.5	1.3
Government consumption	90.4	1.5	1.1	1.0	-0.3	-0.1
Gross fixed capital formation	87.4	0.0	-2.1	5.1	1.2	3.1
Final domestic demand	372.9	0.8	0.0	1.9	1.0	1.4
Stockbuilding[1]	5.1	-0.9	-0.8	-1.0	0.1	0.0
Total domestic demand	378.1	-0.1	-0.9	0.9	1.1	1.4
Exports of goods and services	309.3	1.9	2.9	3.8	3.4	5.3
Imports of goods and services	307.4	1.8	1.7	3.6	2.9	5.0
Net exports[1]	1.9	0.1	1.0	0.2	0.5	0.5
Memorandum items						
GDP deflator	_	2.1	1.5	0.6	0.6	1.3
Harmonised index of consumer prices	_	2.6	1.2	0.5	0.0	1.3
Private consumption deflator	_	2.2	1.2	0.7	0.2	1.3
Unemployment rate	_	7.7	8.4	8.5	8.5	8.1
Household saving ratio, net[2]	_	7.5	6.9	6.2	5.6	5.1
General government financial balance[3]	_	-4.1	-2.9	-3.2	-2.5	-1.6
General government gross debt[3]	_	120.3	117.6	129.8	130.4	128.9
General government debt, Maastricht definition[3]	_	103.9	104.4	106.6	107.2	105.7
Current account balance[3]	_	-0.7	-0.2	1.8	2.7	2.7

1. Contributions to changes in real GDP, actual amount in the first column.
2. As a percentage of disposable income.
3. As a percentage of GDP at market value.

Source: OECD Economic Outlook 97 database.

StatLink http://dx.doi.org/10.1787/888933222101

haben die Unternehmensinvestitionen erhöht. Auch die Kapazitätsauslastung ist zu ihrem langfristigen Durchschnitt zurückgekehrt, wodurch ein günstiges Umfeld für weitere Investitionsausgaben geschaffen wurde. Jedoch verharrt die Arbeitslosenquote mit etwa 8,5% weiterhin auf hohem Niveau. Obwohl der Rückgang der Kerninflation in Belgien weitgehend der im Euroraum festzustellenden Abnahme entspricht, ist sie immer noch relativ hoch.

Haushaltskonsolidierung und moderate Lohnentwicklung werden die Binnennachfrage belasten

Nach einer Pause im Jahr 2014 wird die Haushaltskonsolidierung den Plänen zufolge mit jährlichen Anpassungen im strukturellen Primärsaldo von 0,7% des BIP 2015 und 2016 wieder aufgenommen, und voraussichtlich bei den Ausgaben ansetzen. Weitere Konsolidierungsbemühungen sind ein begrüßenswerter Schritt auf dem Weg zur Sicherung der finanziellen Tragfähigkeit, da die staatliche Verschuldung nach wie vor hoch ist, und die Schwerpunktsetzung auf Ausgabeneindämmung ist zu begrüßen. Der Erfolg der Maßnahmen setzt aber koordinierte Bemühungen auf allen Verwaltungsebenen voraus. Die Bremswirkung, die von diesen Maßnahmen auf die Inlandsnachfrage ausgeht, dürfte durch die akkommodierende Geldpolitik im Euroraum und die günstigeren Finanzierungsbedingungen z.T. wettgemacht werden, da die Kreditstandards für Nichtfinanzunternehmen weiter gelockert wurden.

Die Behörden setzen die Politik der Lohnmoderation fort, indem sie den maximalen Reallohnanstieg in den Tarifverhandlungen niedrig halten. Das lässt 2015 ein reales Nullwachstum für die Tariflöhne und 2016 einen moderaten Zuwachs um 0,5% erwarten. Darüber hinaus hat das Parlament jüngst eine vorübergehende Aussetzung der nominalen Indexierung der Löhne und Gehälter sowie der Erwerbsersatzeinkommen (bekannt als „Indexsprung") beschlossen. Auch wenn ein längerer Zeitraum geringen Lohnwachstums zur Wiedergewinnung der externen Wettbewerbsfähigkeit beitragen dürfte, macht die Situation deutlich, dass der Lohnfindungsprozess einer breiteren Reform bedarf, um das Lohnwachstum enger an die landesweite Produktivitätsentwicklung zu koppeln. Im Rahmen dieser Reform sollten die Sozialpartner aufgefordert werden, den Mechanismus der automatischen Lohnindexierung aufzugeben und die erneute Einführung eines niedrigeren Mindestlohns für junge Arbeitskräfte in Erwägung zu ziehen. Das Wachstumspotenzial könnte durch Investitionen in die Kompetenzentwicklung und eine Verbesserung der Integrationspolitik erhöht und inklusiver gestaltet werden, da die Erwerbsbevölkerung altert und der große Anteil der im Ausland geborenen Bevölkerung nur trübe Arbeitsmarktaussichten hat. Dies erfordert insbesondere die Schaffung eines gerechteren Bildungs- und Ausbildungssystems.

Die Erholung wird sich allmählich fortsetzen

Den Projektionen zufolge wird sich das Wachstum auf breiterer Basis vollziehen und sich im Zuge der Erholung im Euroraum nach und nach festigen. Die höhere Auslandsnachfrage und die Wechselkursabwertung dürften die Exporte stützen, und der Leistungsbilanzüberschuss wird sich voraussichtlich weiter vergrößern. Die akkommodierende Geldpolitik und das sich aufhellende Konsumklima dürften das Investitionswachstum weiter beflügeln. Jedoch werden Haushaltskonsolidierung und moderate Lohnentwicklung wahrscheinlich dafür sorgen, dass sich die Stärke der Erholung der Binnennachfrage in Grenzen hält. Den Projektionen zufolge wird die Arbeitslosigkeit sinken, und mit dem Abklingen des durch die niedrigen Energiepreise bedingten erheblichen Abwärtsdrucks wird die Gesamtinflation allmählich anziehen.

Die Wohnimmobilienpreise steigen derzeit erneut und verharren auf einem historischen Hoch. Eine Korrektur würde die Vermögensposition und den Konsum der privaten Haushalte senken. Die belgische Wirtschaft ist sehr stark von der Dynamik der Erholung im Euroraum und daher auch von der Entwicklung der geopolitischen Spannungen sowie der Verhandlungen mit Griechenland abhängig. Verbesserte Unternehmensgewinne und anhaltend stützende Finanzierungsbedingungen könnten für eine raschere Erholung der Unternehmensinvestitionen sorgen als in den Projektionen unterstellt.

BRASILIEN

Die Wirtschaftstätigkeit wird dieses Jahr voraussichtlich schrumpfen, ab Ende 2015 dürfte sich jedoch eine langsame Erholung einstellen, die durch die Exporte angestoßen wird, denen die Abwertung des Real Auftrieb gibt.

Die Haushaltsergebnisse haben sich verschlechtert, und die Inflation ist deutlich gestiegen. Daher muss die Wiederherstellung des Vertrauens in die makroökomische Politik weiterhin Priorität haben. Kontinuierliche Wachsamkeit ist geboten, um dafür zu sorgen, dass die Inflation wieder ihren Zielwert erreicht. Die von der Regierung jüngst zugesagten Haushaltsanpassungen sind zu begrüßen und schaffen zugleich die Basis für ein kräftigeres Wachstum. Mit den jüngsten Anpassungen der Sozialleistungen, den geringeren Beihilfen für öffentliche Kreditinstitute und der Einführung kostendeckender Stromtarife – bei denen es sich um wichtige angebotsseitige Initiativen handelt – werden im Einzelnen frühere Verzerrungen korrigiert. Der geplante Start einer neuen Konzessionsvergaberunde, insbesondere im Verkehrssektor, ist von grundlegender Bedeutung für die Beseitigung von Engpässen und die Förderung eines höheren Wachstums. Zu begrüßen sind auch die vor kurzem getroffene Entscheidung, die Handelsverhandlungen mit der EU wiederaufzunehmen, sowie das Inkrafttreten eines weitreichenden Freihandelsabkommens mit Mexiko. Fortschritte bei einer umfassenden Reform der indirekten Besteuerung, beim Abbau der Handelshemmnisse und bei der Verringerung des Verwaltungsaufwands könnten den Wettbewerb beleben und die Erholung deutlich beschleunigen. Die Anstrengungen zu Gunsten eines inklusiven Wachstums – u.a. durch weitere Verbesserungen im Bildungsbereich und gezielte Sozialleistungen – sollten fortgesetzt werden.

Mit weniger als 20% des BIP ist das Investitionsniveau in Brasilien traditionell niedrig im internationalen wie auch im Vergleich zu anderen lateinamerikanischen Ländern. Dies erklärt sich z.T. aus Brasiliens relativ geringer Inlandsersparnis. In den vergangenen vier Jahren war jedoch ein tendenzieller Rückgang der Investitionen zu verzeichnen, der politischer Unsicherheit und mangelndem Vertrauen zuzuschreiben war. Diese Faktoren wurden in jüngster Zeit durch die Korruptionsvorwürfe im Zusammenhang mit der nationalen

Brazil

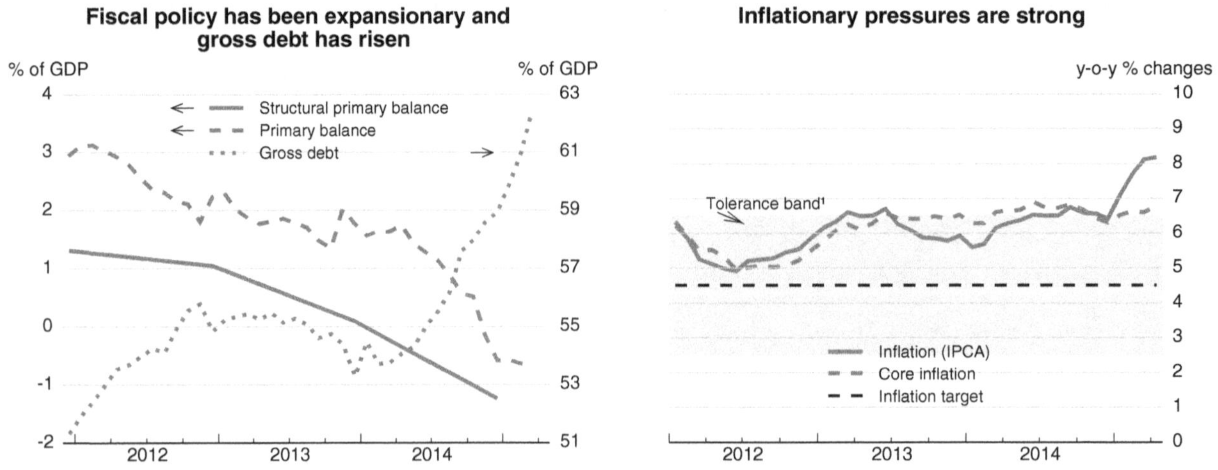

1. The inflation target is met whenever the accumulated inflation during the period January-December of each year falls within the tolerance band.

Source: Central Bank of Brazil; and IBGE.

StatLink http://dx.doi.org/10.1787/888933220867

Brazil: **Demand, output and prices**

	2011	2012	2013	2014	2015	2016
	Current prices Brazilian Real billions	Percentage changes, volume (2000 prices)				
GDP at market prices	4 374.8	1.8	2.7	0.2	-0.8	1.1
Private consumption	2 637.0	3.9	2.9	0.9	0.6	1.2
Government consumption	817.4	3.2	2.2	1.4	-1.5	-0.5
Gross fixed capital formation	902.9	-0.6	6.0	-4.3	-3.7	0.9
Final domestic demand	4 357.3	2.9	3.4	-0.1	-0.7	0.8
Stockbuilding[1]	51.2	-1.1	0.2	0.2	0.0	0.0
Total domestic demand	4 408.4	1.8	3.5	0.1	-0.7	0.8
Exports of goods and services	501.8	0.1	2.2	-1.0	-6.3	5.9
Imports of goods and services	535.5	0.2	7.2	-1.0	-3.3	2.4
Net exports[1]	- 33.7	0.0	-0.7	0.0	-0.3	0.3
Memorandum items						
GDP deflator	_	5.9	6.5	6.9	7.1	5.9
Consumer price index	_	5.4	6.2	6.3	8.3	5.2
Private consumption deflator	_	6.1	7.0	6.8	8.1	6.3
General government financial balance[2]	_	-2.3	-3.1	-6.2	-4.9	-4.1
Current account balance[2]	_	-2.3	-3.4	-3.9	-3.6	-3.1

1. Contributions to changes in real GDP, actual amount in the first column.
2. As a percentage of GDP at market value.
Source: OECD Economic Outlook 97 database.

StatLink http://dx.doi.org/10.1787/888933222357

Ölgesellschaft Petrobras verstärkt. Mit der Beschleunigung der Wirtschaftstätigkeit dürften die Unternehmensinvestitionen 2016 wieder steigen.

Das Wachstum kam zum Erlahmen, und das Vertrauen sank

Vor dem Hintergrund sich verschlechternder Terms of Trade, binnenwirtschaftlicher Engpässe und politischer Unsicherheit stagnierte die Wirtschaftstätigkeit 2014. Während die Geldpolitik gestrafft wurde, sorgte die Fiskalpolitik für erhebliche Konjunkturimpulse.

Brazil

Investment is low and has declined over the last years

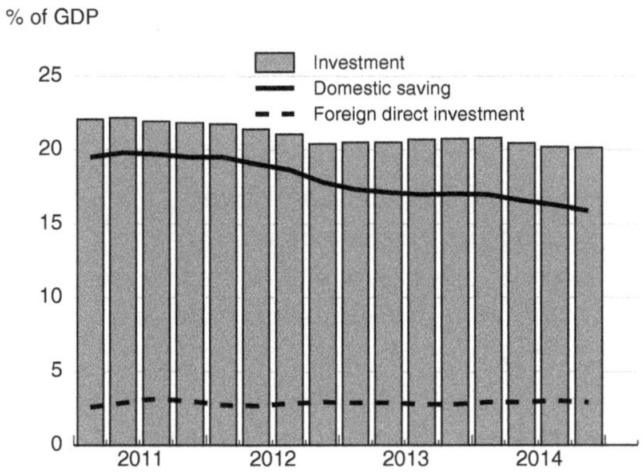

Labour costs have outpaced productivity

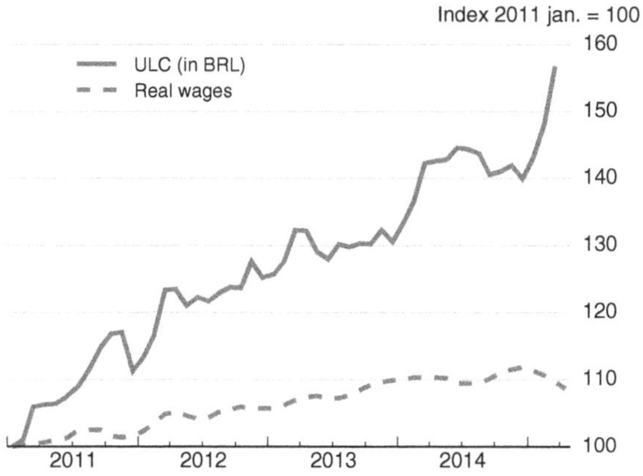

Source: Central Bank of Brazil; and IBGE.

StatLink http://dx.doi.org/10.1787/888933220871

Tatsächlich scheiterten einige dieser Konjunkturmaßnahmen beim Versuch, das Wachstum effektiv zu fördern, und verstärkten bereits bestehende Verzerrungen. Die Haushaltsergebnisse verschlechterten sich, und der seit 1999 bestehende Überschuss im Primärhaushalt, mit dem der Rückgang der öffentlichen Verschuldung gesichert werden sollte, verwandelte sich in ein Defizit. Damit erhöhte sich die Bruttoverschuldung um fast 7 Prozentpunkte des BIP. Gesamt- und Kerninflation lagen deutlich über dem Zielwert von 4,5%, und Anfang 2015 sind sie infolge von Anpassungen bei den administrierten Preisen über die Obergrenze des Toleranzbands hinaus angestiegen. Kurzfristige Indikatoren, u.a. zur Geschäftslage der Unternehmen und zu den Umsätzen im Einzelhandel, lassen auf eine Kontraktion der Wirtschaftstätigkeit Anfang 2015 schließen.

Das Geschäfts- und Konsumklima hat sich deutlich eingetrübt. Verantwortlich dafür waren neben dem geringen Wachstum in Kombination mit einer hohen Inflation auch die Korruptionsermittlungen sowie die Diskussionen über eine mögliche Herabstufung der brasilianischen Staatsanleihen. Die Verschlechterung der internationalen Wettbewerbsfähigkeit und große politische Unsicherheit infolge einer Reihe von Ad-hoc-Politikänderungen, die das unternehmerische Umfeld beeinträchtigten, führten zu einem zusätzlichen Vertrauensschwund auf Seiten der Investoren und damit zu einer Kontraktion der Investitionen.

Der Spielraum der makroökonomischen Politik ist begrenzt, mit Strukturreformen kann das Wachstum jedoch angekurbelt werden

Der Spielraum der makroökonomischen Politik ist durch die Notwendigkeit, das Vertrauen wiederherzustellen und Brasiliens Rating als „Investment Grade“ zu sichern, stark eingeschränkt. Die neue Regierung kündigte im Januar 2015 eine umfangreiche Haushaltsanpassung mit dem Ziel an, 2015 einen Primärüberschuss von 1,2% und 2016 von 2% des BIP zu erwirtschaften. Die neuen Zielvorgaben werden durch konkrete Maßnahmen zur Verringerung der Ausgaben sowie – in geringerem Umfang – zur Erhöhung der Einnahmen abgestützt. Dies verleiht den Konsolidierungsplänen Glaubwürdigkeit. Zugleich entschied sich die Zentralbank für eine ehrgeizigere Strategie, um dafür zu sorgen, dass die Inflation Ende 2016 wieder bei ihrem Zielwert von 4,5% liegt. Sie hat daher den Leitzins weiter angehoben. Trotz Erhöhungen der administrierten Preise, die zusammen mit einer Währungsabwertung dazu führten, dass die Gesamtinflation Anfang 2015 im Jahresvergleich deutlich oberhalb des Zielkorridors lag, haben sich die Inflationserwartungen verringert, was wahrscheinlich dieser resoluteren Fiskal- und Geldpolitik zuzuschreiben ist. Außerdem sollen mit den Preisanpassungen, z.B. im Energiesektor, die richtigen Signale für gut funktionierende Märkte gesetzt werden.

Ein erhebliches Potenzial zur Steigerung des Wachstums bieten Strukturreformen. Eine Verringerung der Befolgungskosten und der Verzerrungen, die mit Brasiliens fragmentiertem System der indirekten Besteuerung einhergehen, könnte sich für die Unternehmen in einer fast unmittelbaren Kostensenkung niederschlagen. Erreicht werden könnte dies durch die Zusammenlegung der verschiedenen indirekten Steuern zu einer einzigen Mehrwertsteuer mit breiter Bemessungsgrundlage, vollem Vorsteuerabzug für Vorleistungen und einer Befreiung der Exporte. Dies würde die Wettbewerbsfähigkeit verbessern, womit die Effekte des gesunkenen Wechselkurses verstärkt würden. Ein Abbau der Hindernisse für den internationalen Handel würde zudem die Kosten importierter Vorleistungen verringern und die Anreize für Produktivitätssteigerungen erhöhen, weil die brasilianischen Unternehmen dann stärker dem internationalen Wettbewerb ausgesetzt wären. Durch eine Verringerung der binnenwirtschaftlichen Marktzutrittsschranken könnte der geringe Wettbewerbsdruck unter den brasilianischen Unternehmen ebenfalls gesteigert werden, was letztlich zu einer höheren Produktivität führen würde. Infrastrukturverbesserungen könnten außerdem die Transportkosten reduzieren, insbesondere für Exporteure. Konzessionsvergaben spielen in Brasilien im Infrastruktursektor zwar bereits eine wichtige Rolle, durch Verbesserungen des Regulierungsumfelds wäre es jedoch möglich, die Planungssicherheit zu erhöhen und neue, massive Investitionen des privaten Sektors zu mobilisieren. Öffentlich-private Partnerschaften sollen bei den bevorstehenden Konzessionsvergaben eine größere Rolle spielen, während die Beteiligung öffentlicher Banken, insbesondere der BNDES, zugleich abnehmen soll.

Brasilien hat erhebliche Erfolge bei der Verringerung von Armut und Ungleichheit erzielt, so dass eine neue Mittelschicht entstehen konnte. Anstrengungen der Politik, insbesondere im Bildungsbereich und bei den Sozialleistungen, spielten dabei eine entscheidende Rolle. Diese Dynamik gilt es nun zu wahren, um ein inklusiveres Wachstum zu erreichen.

Die Wirtschaft wird 2015 schrumpfen, ehe sie sich 2016 allmählich wieder erholt

Die Wirtschaftstätigkeit wird 2015 durch das schwache Vertrauen, den Investitionsrückgang in der Ölwirtschaft sowie die von der Straffung der makroökonomischen Politik ausgehenden Belastungen beeinträchtigt. Im Jahresverlauf dürften sich verbessernde makroökonomische Bedingungen und einige angekündigte Strukturreformen das Vertrauen allerdings wieder erhöhen. Der private Verbrauch wird voraussichtlich wieder in Fahrt kommen – mit etwas Verspätung gefolgt von den Investitionen – und so eine Wachstumserholung anstoßen. Die Exporte erhalten durch den günstigeren Wechselkurs Auftrieb, der ihre Wettbewerbsfähigkeit erhöht, so dass sich das Leistungsbilanzdefizit verringern dürfte.

Die Arbeitslosigkeit, die auf Grund der Abnahme der Erwerbsbeteiligung unter den jüngeren Kohorten bislang nicht durch die schwache Konjunktur beeinflusst wurde, dürfte im Verlauf von 2015 steigen, ab 2016 aber langsam wieder zurückgehen. Mit dem Abklingen der Effekte der administrierten Preiserhöhungen und der Währungsabwertung dürfte die Inflation im Projektionszeitraum sinken und Ende 2016 gegen den Zielwert konvergieren.

Eines der Risiken bei diesem Ausblick ist, dass es nicht gelingen könnte, die Haushaltsanpassung vorzunehmen, die als Lackmustest für eine verbesserte makroökonomische Politik gilt. Dies könnte nicht nur zu einem Rückgang der Investitionstätigkeit, sondern auch zu einer Herabstufung der brasilianischen Staatsanleihen führen. Die negativen Auswirkungen der Entwicklungen bei Petrobras könnten stärker sein als hier angenommen, vor allem wenn die Ermittlungen eine größere Zahl von Insolvenzen in den nachgelagerten Branchen nach sich ziehen. Die Wasservorräte sind nach einer längeren Dürreperiode zwar jüngst wieder gestiegen, die Möglichkeit einer Energie- oder Wasserrationierung bleibt jedoch bestehen. Anfang der 2000er Jahre hatte eine solche Rationierung das Wachstum erheblich beeinträchtigt. Die Möglichkeit einer positiveren Entwicklung als in den Projektionen unterstellt besteht vor allem im Zusammenhang mit der Strukturreformagenda. Angesichts des erheblichen Spielraums für Verbesserungen des Geschäftsklimas könnten einige entscheidende Reformen Produktivität und Wachstum deutlich steigern.

CHILE

Nach einem Konjunktureinbruch im Jahr 2014 wird sich die Wirtschaft 2015 und 2016 den Projektionen zufolge allmählich wieder erholen. Die Konjunkturbelebung wird ihre Impulse zunächst aus höheren öffentlichen Ausgaben beziehen, dann jedoch zunehmend durch eine stärkere außenwirtschaftliche Nachfrage nach Industrieerzeugnissen aus den Vereinigten Staaten und Europa gestützt werden.

Da sich der Wechselkurs stabilisiert hat, geht die Inflation zurück, wenngleich sie noch über dem Zielkorridor der Zentralbank verharrt. Da die Inflationserwartungen gut verankert bleiben, kann die Geldpolitik das Wachstum kurzfristig weiter stützen, bevor sie im Zuge des anziehenden Wachstums einen neutraleren Kurs einschlägt. Es ist damit zu rechnen, dass die Fiskalpolitik 2015 in der Grundtendenz expansiv ausgerichtet bleibt, 2016 jedoch neutral wird, da die Regierung an dem Ziel festhält, bis 2018 einen ausgeglichenen strukturellen Haushaltssaldo zu erreichen.

Der starke Rückgang der Kupferpreise im Anschluss an den Rohstoff-Superzyklus beeinträchtigt die Investitionspläne der Bergbauunternehmen, die die Investitionen seit 2012 beträchtlich reduziert haben. Dieser Rückgang wird zum großen Teil als dauerhaft wahrgenommen, und die Bergbauinvestitionen werden sich deshalb voraussichtlich auch mittelfristig nicht sehr stark erholen. Deshalb sind Fortschritte bei der *Produktivitätsagenda*, die die Basis der Volkswirtschaft ausweiten soll, von entscheidender Bedeutung. Strukturreformen zur weiteren Öffnung des Marktes für den Wettbewerb sind besonders wichtig, um die Investitionen außerhalb der Bergbausektoren zu beleben und das Wachstum zu erhöhen und inklusiver zu gestalten.

Die Wirtschaft befindet sich in einer Übergangsphase

Die durch den Boom im Bergbausektor angetriebene lange Phase kräftigen Wirtschaftswachstums ist beendet. Die rückläufigen Kupferpreise und die geringere Nachfrage aus China haben zu einer Verschlechterung der Terms of Trade, des Geschäftsklimas und der Investitionstätigkeit geführt. Während des Rohstoff-Superzyklus – als die Bergbauinvestitionen von rd. 2% des BIP auf fast 7% des BIP anstiegen – kam es im Bergbausektor zu überhöhten

Chile

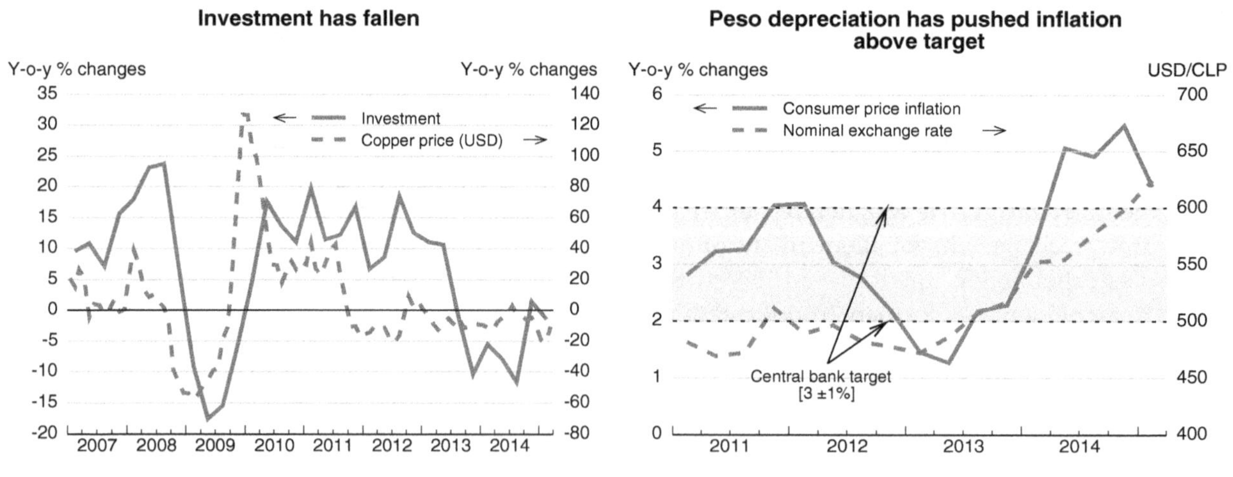

Source: OECD Economic Outlook 97 *database*; Datastream; and Central Bank of Chile.

StatLink http://dx.doi.org/10.1787/888933220903

Chile: **Demand, output and prices**

	2011	2012	2013	2014	2015	2016
	Current prices CLP billion	Percentage changes, volume (2008 prices)				
GDP at market prices	121 319.5	5.5	4.3	1.8	2.9	3.7
Private consumption	74 017.8	6.1	5.9	2.2	2.2	3.3
Government consumption	14 690.6	3.5	3.4	4.4	7.0	5.1
Gross fixed capital formation	27 132.0	11.6	2.1	-6.1	1.2	1.2
Final domestic demand	115 840.4	7.0	4.6	0.5	2.6	3.1
Stockbuilding[1]	1 652.6	0.4	-0.9	-1.1	2.0	0.0
Total domestic demand	117 493.0	7.5	3.9	-0.5	4.8	3.1
Exports of goods and services	46 162.8	0.1	3.4	0.7	3.0	6.1
Imports of goods and services	42 336.3	4.8	1.7	-7.0	1.9	4.3
Net exports[1]	3 826.5	-1.6	0.6	2.5	0.4	0.7
Memorandum items						
GDP deflator	_	0.8	1.8	5.5	4.9	3.3
Consumer price index	_	3.0	1.8	4.7	3.3	2.6
Private consumption deflator	_	2.7	2.5	5.6	4.7	3.5
Unemployment rate	_	6.4	6.0	6.3	6.2	6.3
Central government financial balance[2]	_	0.6	-0.6	-1.8	-2.4	-1.7
Current account balance[2]	_	-3.6	-3.6	-1.1	-0.8	0.0

1. Contributions to changes in real GDP, actual amount in the first column.
2. As a percentage of GDP at market value.
Source: OECD Economic Outlook 97 database.

StatLink http://dx.doi.org/10.1787/888933222118

Investitionen, was große Kapazitätsüberhänge zur Folge hatte. Infolgedessen sind die Bergbauinvestitionen seit 2012 um ein Drittel zurückgegangen, und sie dürften mittelfristig niedrig bleiben. Darüber hinaus führte die Verschlechterung der Terms of Trade zu einem Rückgang der Einkommen und des Verbrauchs der privaten Haushalte.

Geld- und Fiskalpolitik stützen die Erholung

Um die Inlandsnachfrage anzukurbeln, hat die Zentralbank die Leitzinsen um 200 Basispunkte gesenkt und sie seit Oktober 2014 nahe bei ihren historischen Tiefständen belassen. Diese geldpolitischen Impulse haben seit Anfang 2013 in realer Rechnung zu einer Wechselkursabwertung von rd. 15% geführt, was zur Folge hatte, dass die Auswirkungen der sich verschlechternden Terms of Trade auf die Konjunktur durch eine Ankurbelung der Exporte und der Investitionen in Nichtbergbausektoren abgefedert wurden. Das Leistungsbilanzdefizit ist bereits zurückgegangen und dürfte 2015 einen Wert von ¾% des BIP erreichen, gegenüber 3½% im Jahr 2013.

Die Fiskalpolitik stützt die Konjunktur ebenfalls. Die Regierung hat die robuste Haushaltslage genutzt – die Nettoverschuldung ist äußerst gering –, um der Konjunkturabschwächung 2015 durch einen kräftigen fiskalischen Impuls zu begegnen. Die staatlichen Ausgaben werden 2015 um rd. 10% steigen, was jedoch teilweise durch Steuererhöhungen ausgeglichen wird. Da die Ausgabenerhöhungen zum großen Teil für öffentliche Investitionen und Infrastrukturinvestitionen vorgesehen sind, kann der fiskalische Impuls zeitlich begrenzt werden, so dass die Regierung ihr Ziel, bis 2018 einen ausgeglichenen strukturellen Haushalt vorzulegen, erreichen kann.

Die Konjunktur dürfte sich erholen, für dauerhaftes Wachstum sind jedoch Strukturreformen unerlässlich

Die Wirtschaftstätigkeit hat sich in den ersten Monaten des Jahres leicht belebt, und die Industriegüterexporte dürften durch die Wechselkursabwertung und das stärkere Wachstum bei den Handelspartnern in der zweiten Hälfte von 2015 und im Jahr 2016 angekurbelt werden. Ebenso wird der private Verbrauch infolge der positiven Wirkung der niedrigeren Ölpreise auf die Familieneinkommen zunehmend einen Beitrag zum Wachstum leisten.

Die wirtschaftlichen Folgen des starken Rückgangs der Kupferpreise zeigen, wie stark Chile von externen Schocks betroffen ist. Das Wachstum hängt jedoch von der Umsetzung der ehrgeizigen Reformagenda der Regierung ab. Unsicherheiten in Bezug auf diese Frage oder die Auswirkungen der Reform könnten das Vertrauen eintrüben und die Erholung der Investitionstätigkeit dadurch beeinträchtigen. Im Gegensatz dazu könnten spürbare Reformfortschritte – insbesondere Maßnahmen zur Förderung des Wettbewerbs, zum Abbau von Diskrepanzen zwischen angebotenen und nachgefragten Qualifikationen, zur Steigerung der wirtschaftlichen Diversifizierung und zur Erhöhung der Erwerbsbeteiligung der Frauen – das wirtschaftliche Potenzial stärker als erwartet erhöhen und dazu beitragen, Ungleichheiten zu verringern.

CHINA

Das Wachstum wird den Projektionen zufolge weiter bis auf 6,7% im Jahr 2016 nachlassen. Die Verlangsamung der Immobilien- und Unternehmensinvestitionen wird z.T. durch eine Erhöhung der Infrastrukturinvestitionen ausgeglichen werden. Der Konsum dürfte stabil bleiben. Die Urbanisierung und die rasche Expansion der Dienstleistungsbranchen werden für Beschäftigung sorgen und die Arbeitslosigkeit niedrig halten. Die nach wie vor bestehenden Überkapazitäten in bestimmten Schwerindustrien dürften die Preissteigerungsrate auf der Erzeugerstufe im negativen Bereich und den Verbraucherpreisauftrieb gering halten.

Die Geldpolitik sollte weiter gelockert werden, um das Wachstum zu stabilisieren und den Deflationsdruck einzudämmen. Die Finanzierungskosten müssen gesenkt werden, da die realen Zinssätze hoch sind und die Wachstumsverlangsamung die Kreditrisiken erhöht. Auch die Fiskalpolitik sollte wie geplant gelockert werden, um die Wirtschaftstätigkeit zu stützen. Die Beschleunigung der Umwandlung von Forderungen in Anleihen (Debt-for-Bond-Swaps) auf den nachgeordneten Verwaltungsebenen würde die Haushaltsrisiken verringern, die an keinerlei Bedingungen geknüpfte Refinanzierung der Schulden wirkt jedoch in die entgegengesetzte Richtung. Die Rentenreform sollte beschleunigt werden, um die Tragfähigkeit der öffentlichen Finanzen langfristig zu sichern.

Die Investitionstätigkeit verlangsamt sich seit einigen Jahren und macht nunmehr einen geringeren Anteil am BIP aus als der Konsum. Die Investitionseffizienz ist vor dem Hintergrund der zunehmenden Kapazitätsüberhänge bei den Immobilien und in verschiedenen Sektoren des Verarbeitenden Gewerbes in den vergangenen Jahren gesunken. Den Marktkräften sollte bei der Allokation der Ressourcen – insbesondere des Kapitals – eine größere Bedeutung zugestanden werden. Zu diesem Zweck müssen gleiche Rahmenbedingungen für alle Unternehmen geschaffen werden, indem die impliziten Garantien für staatseigene Unternehmen allmählich beseitigt werden. Im Zuge einer Bodenreform sollten die Möglichkeiten des Grundeigentums erweitert und die Flurbereinigung gefördert werden. Die Urbanisierung wird die Investitionen und das Wachstum weiter antreiben, ebenso wie die Expansion des Dienstleistungssektors, die von Liberalisierungsmaßnahmen getragen wird.

China

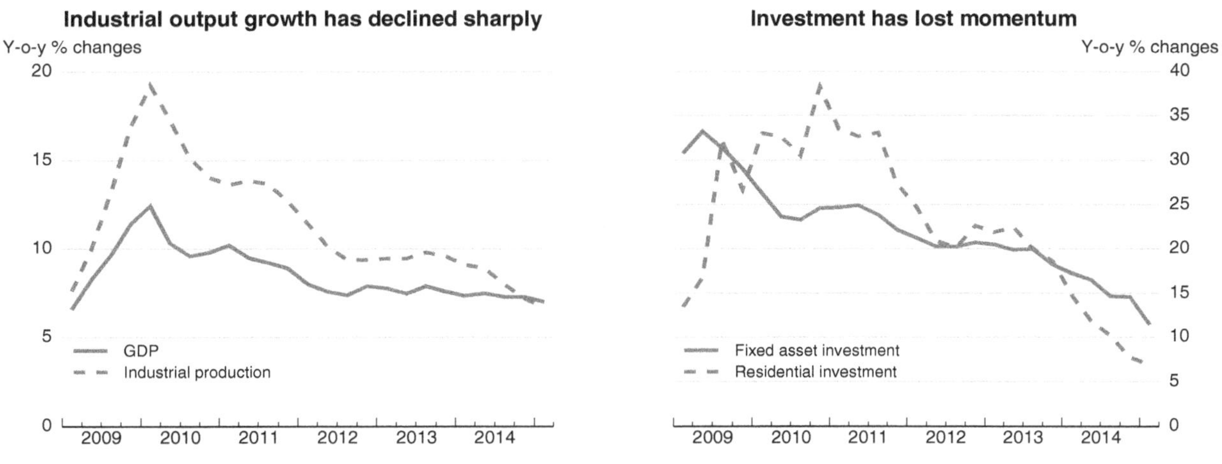

Note: Fixed asset investment and residential investment refer to nominal values and do not include investment by rural households.
Source: CEIC.

StatLink http://dx.doi.org/10.1787/888933220919

China: **Demand, output and prices**

	2011	2012	2013	2014	2015	2016
	Current prices Renminbi trillions	Percentage changes, volume (2005 prices)				
GDP at market prices	48.4	7.7	7.7	7.4	6.8	6.7
Total domestic demand	47.2	8.3	8.3	7.9	7.2	7.0
Exports of goods and services	13.5	5.3	8.6	5.7	6.1	5.5
Imports of goods and services	12.3	6.3	10.7	6.9	7.0	6.2
Net exports[1]	1.2	0.1	0.0	0.0	0.1	0.1
Memorandum items						
GDP deflator	_	2.4	2.2	0.8	-0.1	0.8
Consumer price index	_	2.6	2.6	2.1	1.6	2.0
General government financial balance[2,3]	_	0.0	-0.2	-0.3	-1.2	-1.5
Headline government financial balance[2,4]	_	-1.6	-1.8	-1.8	-2.3	-2.2
Current account balance[2]	_	2.5	1.6	2.1	2.4	2.1

1. Contributions to changes in real GDP, actual amount in the first column.
2. As a percentage of GDP at market value.
3. Encompasses the balances of all four budget accounts (general account, government managed funds, social security funds and the state-owned capital management account).
4. Balance of the general budget account.

Source: OECD Economic Outlook 97 database.

StatLink http://dx.doi.org/10.1787/888933222361

Eine geordnete Korrektur in Richtung einer „neuen normalen" Wachstumsrate ist im Gang

Das Wachstum der gesamtwirtschaftlichen Produktion in China gab Anfang 2015 weiter nach, wobei die Kapazitätsüberhänge die Unternehmensinvestitionen belasten, was insbesondere für staatseigene Unternehmen gilt, deren Verschuldung hoch ist und deren

China

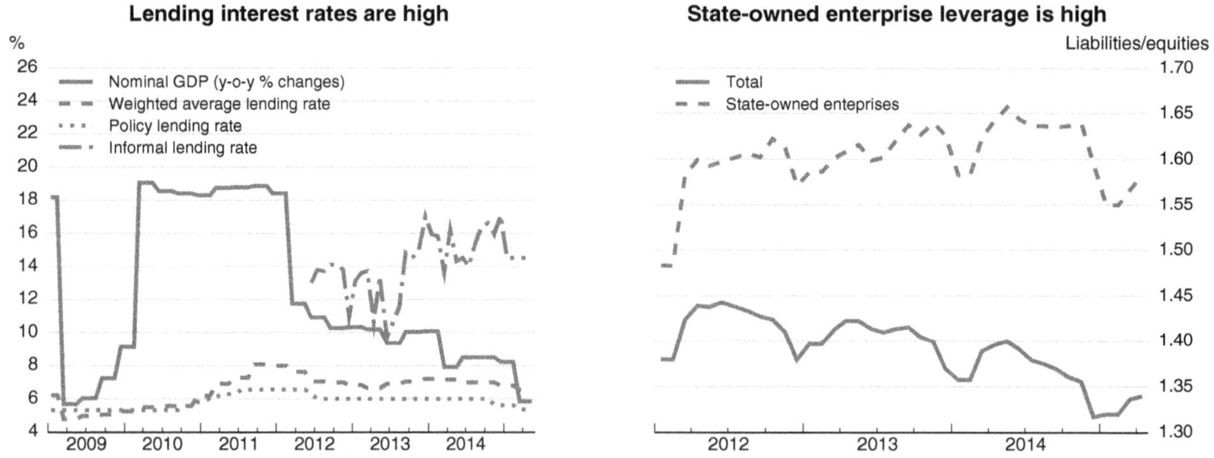

Note: In Panel A, the informal lending rate refers to lending by private informal institutions in Wenzhou. In Panel B, total refers to industrial enterprises. By the same token, state-owned enterprises also only include industrial enterprises.

Source: CEIC.

StatLink http://dx.doi.org/10.1787/888933220927

Gewinne rückläufig sind. Auch bei den Immobilieninvestitionen setzte sich die schwache Entwicklung im Kontext der laufenden Immobilienmarktkorrektur fort. Die niedrigeren Zinssätze und die jüngste Lockerung im Hinblick auf den Mindesteigenkapitalanteil für Zweitimmobilienkäufer werden die Wohnimmobiliennachfrage kurzfristig jedoch stützen. Unterdessen sind die Investitionen im Infrastrukturbereich und im sozialen Wohnungsbau erhöht worden.

Dank der lebhaften Einkommensentwicklung der privaten Haushalte entwickelt sich das Konsumwachstum kräftig. Trotz der Aufwertung des Wechselkurses haben die Ausfuhren weiter zugelegt, und die Einfuhren haben sich unter dem Einfluss der Wachstums- und insbesondere der Investitionsverlangsamung schwächer entwickelt. Diese Faktoren haben zusammen mit dem Rückgang der Preise für Rohstoffimporte zu einer Ausweitung des Handelsbilanzüberschusses geführt.

Die Lockerung der makroökonomischen Politik wird von Strukturreformen begleitet

Vor dem Hintergrund der sich abkühlenden Wirtschaft sind die Zinssätze und der Mindestreservesatz in den vergangenen Monaten schrittweise reduziert worden, was die Finanzierungskosten leicht ermäßigt hat. Die chinesische Zentralbank hat darüber hinaus kurzfristige Instrumente genutzt, um die Interbankensätze zu senken. Gleichzeitig dämmte sie die Tätigkeit der Schattenbanken ein, wodurch die Kreditstrukturen verbessert wurden. Die Bankkreditvergabe ist auf produktivere Verwendungszwecke ausgerichtet worden, da Unternehmen, die implizite Garantien genießen, nunmehr eingeschränkteren Zugang zu Krediten haben. Tatsächlich signalisiert der kürzlich erfolgte Zahlungsausfall eines Privatunternehmens bei der Rückzahlung einer Anleihe, dass implizite Staatsgarantien nicht mehr vorausgesetzt werden können, was eine bessere Berücksichtigung der Risiken im Preis fördern wird. Entsprechend wird der Verdrängungseffekt für kleinere und privatwirtschaftliche Unternehmen auf dem Kreditmarkt geringer werden, auch wenn ihre Finanzierungskosten selbst bei wirtschaftlich tragfähigen Projekten nach wie vor hoch sind. Eine Verbesserung der Berichts- und Offenlegungsauflagen würde ihnen den Zugang zu Finanzierungen ebenfalls erleichtern.

Der effektive Wechselkurs hat parallel zur Festigung des US-Dollar, an den der Renminbi eng gekoppelt ist, und vor dem Hintergrund geringerer Wechselkursinterventionen durch die chinesische Zentralbank drastisch aufgewertet. Die Verringerung des Zinsgefälles gegenüber den Vereinigten Staaten wird den Aufwertungsdruck etwas mindern. Eine größere Wechselkursflexibilität ist Voraussetzung für eine vollständige Liberalisierung der Zinsen sowie die Konvertibilität der aus laufenden Transaktionen erworbenen Fremdwährungsbeträge und wird der Wirtschaft helfen, Schocks zu absorbieren. Im Zuge des Übergangs zu einem marktorientierten Wechselkurssystem könnte die Anbindung an einen handelsgewichteten Warenkorb dazu beitragen, die Erwartungen zu verankern und Produktionsschwankungen einzudämmen.

Die Fiskalpolitik wird voraussichtlich gelockert werden, wobei das nominale Defizitziel für 2015 2,3% des BIP (2,7% nach Berücksichtigung von Überträgen und Debt Swaps) beträgt, gegenüber 1,8% im Jahr 2014 (nach einer breiter gefassten Haushaltsdefinition wird das Defizit voraussichtlich von 0,3% des BIP im Jahr 2014 auf 1,2% des BIP im Jahr 2015 steigen). Gegenwärtig werden große Infrastrukturvorhaben umgesetzt, u.a. in den Bereichen Schienenverkehr, Wasser und Umweltschutz, wo es nach wie vor großen Bedarf gibt. Auch die Urbanisierung wird maßgeblich für Investitionsausgaben im Infrastrukturbereich sein. Für Kleinst- und Kleinunternehmen wurden Steuersenkungen vorgenommen, und die

Obergrenze für die Inanspruchnahme der niedrigeren Steuersätze wurde angehoben. Zudem wurden die Zölle auf verschiedene Verbrauchsgüter gesenkt. Hingegen besteht ein hoher Ausgabendruck in Bereichen, die für ein langfristiges Wachstum von ganz wesentlicher Bedeutung sind, z.B. Bildung, Innovation, Gesundheit und soziale Sicherung. Debt Swaps auf den nachgeordneten Verwaltungsebenen dürften zur Senkung der Schuldendienstkosten und zur Verringerung der Haushaltsrisiken beitragen, die an keinerlei Bedingungen geknüpfte Refinanzierung der Schulden der nachgeordneten Verwaltungsebenen durch die Gläubiger könnte die Bereinigung der Bilanzen auf subnationaler Ebene jedoch gefährden. Die jüngsten Maßnahmen zur Reform des Rentensystems für Staatsbedienstete werden die längerfristige Tragfähigkeit der öffentlichen Finanzen stärken.

Das Wachstum wird sich weiter verlangsamen

Die stimulierenderen makroökonomischen Maßnahmen und die niedrigeren Rohstoffpreise werden das Wachstum den Projektionen zufolge im Rahmen der amtlichen Zielvorgabe von „rund 7%" halten. Der Verbrauch wird vor dem Hintergrund der steigenden Realeinkommen voraussichtlich stabil bleiben. Die Infrastrukturinvestitionen werden die Verlangsamung der Immobilien- und Ausrüstungsinvestitionen in manchen Sektoren des Verarbeitenden Gewerbes z.T. ausgleichen. Der Preisauftrieb wird u.a. auf Grund der Kapazitätsüberhänge sehr niedrig bleiben. Der Leistungsbilanzüberschuss wird sich im laufenden Jahr auf Grund der niedrigeren Rohstoffpreise voraussichtlich auf 2,4% des BIP erhöhen.

Eine raschere Anpassung in von Kapazitätsüberhängen betroffenen Branchen würde die Investitionstätigkeit kurzfristig weiter verlangsamen, ist jedoch erforderlich, um die Ungleichgewichte zu verringern. Die Erhöhung der Wohnimmobiliennachfrage durch die Lockerung der für den Eigenheimerwerb geltenden Beschränkungen würde das kurzfristige Wachstum zum Preis steigender Ungleichgewichte stützen. Eine starke Aufwertung des effektiven Wechselkurses würde die internationale Wettbewerbsfähigkeit schwächen. Eine unerwartet kräftige Erholung der Weltwirtschaft, eine Beschleunigung der Infrastrukturinvestitionen und der effektive Start des Projekts der neuen Seidenstraße könnten das Wachstum durch eine stärkere Investitions- und Exporttätigkeit erhöhen. Die Beschleunigung der Strukturreformen, um die Regulierung der Unternehmenstätigkeit zu straffen und die Kosten der Geschäftstätigkeit zu senken, könnte dem Wachstum ebenfalls Impulse verleihen.

DÄNEMARK

Das Wirtschaftswachstum wird den Projektionen zufolge dank der besseren Aussichten für den Handel, des schwächeren effektiven Wechselkurses, der niedrigeren Energiepreise und der Lockerung der Finanzierungsbedingungen im laufenden Jahr auf 1,9% und 2016 auf 2,3% steigen. Das gestärkte Vertrauen, die Erholung der Wohnimmobilienpreise und die Ersparnisüberschüsse im privaten Sektor werden die zunehmende Dynamik der Unternehmensinvestitionen und des privaten Verbrauchs unterstützen.

Die sehr akkommodierende Geldpolitik erleichtert die Kreditaufnahme weiterhin, könnte jedoch auch zu Wohnimmobilienpreisen führen, die über den Fundamentalwerten liegen. Um die makroökonomische Stabilität zu wahren, sollten die zuständigen Stellen die geplante Wiederherstellung des Zusammenhangs zwischen dem Immobilienwert und der Besteuerung vorziehen, die derzeit für 2020 vorgesehen ist. Wie geplant, muss die gegenwärtige konjunkturstützende Fiskalpolitik im Zuge der wirtschaftlichen Erholung auf einen neutralen Kurs einschwenken.

Die öffentlichen Investitionen, die das Wachstum während des Abschwungs unterstützten, werden allmählich auf das Vorkrisenniveau zurückgehen. Der sich festigende allgemeine Ausblick, die hohen Ersparnisse der inländischen Unternehmen, die günstigen Finanzierungsbedingungen und die steigende Kapazitätsauslastung dürften das Wachstum der Unternehmensinvestitionen stützen. Die Investitionsmöglichkeiten könnten durch weitere Strukturreformen, z.B. Maßnahmen zur Erhöhung des Wettbewerbs bei den inländischen Dienstleistungen, verbessert werden.

Die Erholung hat an Boden gewonnen

Die Erholung der dänischen Wirtschaft hat im vergangenen Jahr Tritt gefasst. Der Außenhandel gewann an Kraft, und die Ausfuhr von Seefrachtdienstleistungen belebt sich. Die Wohnungsbauinvestitionen haben sich deutlich erhöht, was mit der Erholung auf dem Wohnimmobilienmarkt, entsprechenden Steueranreizen und dem historisch niedrigen Zinsniveau zusammenhängt. Vor dem Hintergrund der sinkenden Arbeitslosigkeit und der steigenden Beschäftigung hat sich auch der Verbrauch der privaten Haushalte gefestigt. Der Preis-

Denmark

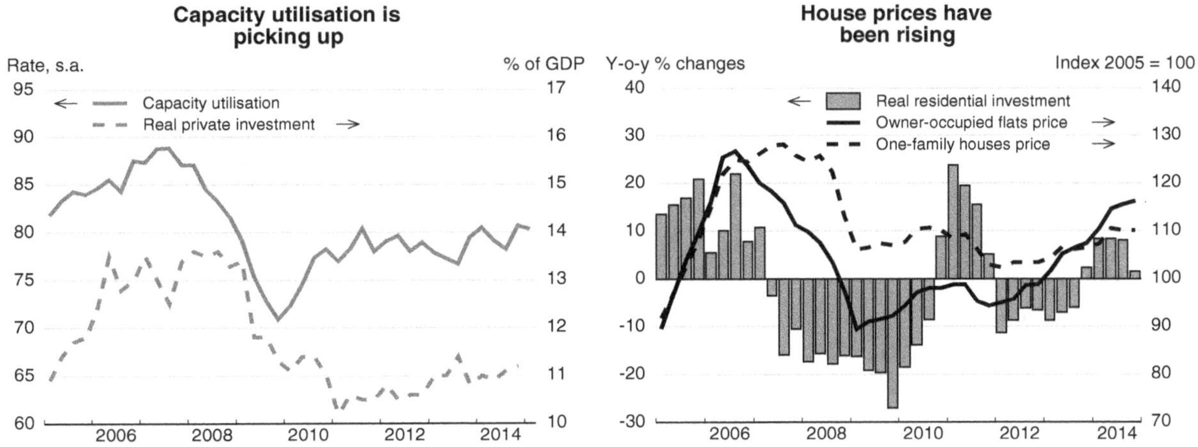

Source: OECD Economic Outlook 97 database; OECD Monthly Economic Indicators Database; and Statistics Denmark.

StatLink http://dx.doi.org/10.1787/888933220958

Denmark: **Demand, output and prices**

	2011	2012	2013	2014	2015	2016
	Current prices DKK billion	Percentage changes, volume (2010 prices)				
GDP at market prices	1 833.4	-0.7	-0.5	1.1	1.9	2.3
Private consumption	884.3	0.4	0.0	0.5	1.9	2.2
Government consumption	490.6	-0.2	-0.5	1.4	0.9	0.6
Gross fixed capital formation	335.6	0.6	1.0	3.7	3.4	3.2
Final domestic demand	1 710.5	0.3	0.0	1.4	1.9	1.9
Stockbuilding[1]	21.2	-0.6	-0.2	0.3	0.0	0.0
Total domestic demand	1 731.7	-0.3	-0.2	1.7	1.9	1.9
Exports of goods and services	970.7	0.1	0.8	2.6	3.0	4.9
Imports of goods and services	868.9	0.9	1.5	3.8	3.1	4.4
Net exports[1]	101.7	-0.4	-0.3	-0.5	0.1	0.5
Memorandum items						
GDP deflator	_	2.5	1.5	0.6	1.3	1.3
Consumer price index	_	2.4	0.8	0.6	0.5	1.2
Private consumption deflator	_	2.6	1.0	0.7	1.0	1.3
Unemployment rate[2]	_	7.5	7.0	6.5	6.2	6.2
Household saving ratio, net[3]	_	0.0	-0.4	-6.3	-0.9	0.7
General government financial balance[4]	_	-3.7	-1.1	1.2	-1.7	-2.6
General government gross debt[4]	_	60.2	57.3	60.4	55.9	55.0
General government debt, Maastricht definition[4]	_	45.6	45.0	45.2	40.7	39.8
Current account balance[4]	_	5.6	7.2	6.3	7.0	7.2

1. Contributions to changes in real GDP, actual amount in the first column.
2. The unemployment rate is based on the Labour Force Survey and differs from the registered unemployment rate.
3. As a percentage of disposable income, net of household consumption of fixed capital.
4. As a percentage of GDP at market value.

Source: OECD Economic Outlook 97 database.

StatLink http://dx.doi.org/10.1787/888933222134

auftrieb auf der Verbraucherstufe beträgt in etwa null, die Kerninflation und das Lohnwachstum liegen jedoch im positiven Bereich. Das Verbrauchervertrauen hat ein Rekordniveau erreicht, und die Einzelhandelsumsätze haben einen Aufwärtstrend verzeichnet und deuten auf einen weiteren Anstieg der Ausgaben der privaten Haushalte in der näheren Zukunft hin.

Die konjunkturstützenden inländischen Maßnahmen verleihen zusammen mit dem besseren außenwirtschaftlichen Umfeld Impulse

Der private Verbrauch wird durch die günstigen Finanzierungsbedingungen, den Lohnanstieg und die Erholung der Wohnimmobilienpreise gestützt. Der sich festigende Ausblick für die inländische Wirtschaft und die Weltwirtschaft, die steigende Kapazitätsauslastung und der hohe Ersparnisüberschuss im Unternehmenssektor dürften zu einer Erholung der Unternehmensinvestitionen führen, auch wenn es auf Grund der andauernden Schwäche der Investitionstätigkeit in zahlreichen fortgeschrittenen Volkswirtschaften diesbezüglich einige Ungewissheit gibt. Ein stärkerer Wettbewerb in den nach wie vor stark regulierten inländischen Dienstleistungssektoren könnte dabei helfen, die Investitionsmöglichkeiten ebenso wie das Produktivitätswachstum zu verbessern. Zugleich werden sich die hohen öffentlichen Investitionen allmählich verlangsamen, wenn die zuständigen Stellen auf einen im Großen und Ganzen neutralen fiskalpolitischen Kurs einschwenken. Die jüngsten Entwicklungen der Lohnstückkosten, die schwächer als in der Vergangenheit ansteigen, sowie die besseren Aussichten für den Handel dürften den Ausfuhren Auftrieb geben.

Die Struktur- und Fiskalpolitik sollte dem Konjunkturzyklus entgegenwirken

Um die Anbindung der Krone an den Euro zu verteidigen, senkte die Zentralbank den wichtigsten Einlagesatz Anfang des Jahres noch weiter in den negativen Bereich, so dass eine weitere Lockerung der bereits sehr günstigen Finanzierungsbedingungen erfolgte. Es wird damit gerechnet, dass die Geldpolitik diesen Kurs während des gesamten Projektionszeitraums beibehält. Diese Entwicklung wirkt sich insbesondere auf den Wohnimmobilienmarkt aus, und in der Hauptstadt und einigen anderen städtischen Räumen treten bereits kräftige Preissteigerungen bei den Wohnimmobilien zu Tage. Da diese Spannungen anhalten dürften, sollten die Behörden die für 2020 geplante Wiederherstellung des Zusammenhangs zwischen dem Immobilienwert und der Besteuerung vorziehen (wobei die Immobilienwerte seit 2002 nicht mehr aktualisiert wurden).

Die in den vergangenen Jahren genutzten umfangreichen einmaligen Staatseinnahmen, die im Zusammenhang mit der steuerlichen Behandlung der Renten erzielt wurden, sind inzwischen aufgebraucht worden, was zusammen mit den geringeren Einnahmen aus der Nordseeölförderung zu einer Ausweitung des Defizits im Staatshaushalt führen wird. Die zuständigen Stellen haben das mittelfristige Ziel eines „mindestens" ausgeglichenen strukturellen Saldos bis 2020 festgelegt. Die Fiskalpolitik sollte im Zuge der weiteren wirtschaftlichen Erholung früher auf einen neutralen Kurs einschwenken, um dieses Ziel zu erreichen. Ein umsichtiger fiskalpolitischer Kurs ist wichtig, um den künftigen alterungsbezogenen Ausgabendruck zu bewältigen und zugleich das gegenwärtige Sozialleistungssystem sowie das niedrige Niveau der Ungleichheit zu bewahren.

Die kräftigere Nachfrage stützt den Aufschwung

Die gesamtwirtschaftliche Produktion wird sich den Projektionen zufolge im Jahr 2015 auf 1,9% und 2016 auf 2,3% beschleunigen. Die Erholung ist auf die Belebung des privaten Verbrauchs, die Investitionen des privaten Sektors und den Außenhandel zurückzuführen. Die Teuerung dürfte gegen Ende des Projektionszeitraums leicht steigen. Die öffentlichen Investitionen werden voraussichtlich langsam sinken, wohingegen mit einer Belebung der Unternehmensinvestitionen, sowohl ohne Wohnungsbau als auch im gewerblichen Wohnungsbau, gerechnet wird. Wenn das Wachstum steigt und die jüngste Reform des Sozialleistungssystems zu greifen beginnt, werden sowohl die Beschäftigung als auch die Erwerbsbevölkerung den Projektionen zufolge wachsen, so dass die Arbeitslosenquote weitgehend unverändert bleibt.

Es besteht eine gewisse Unsicherheit bezüglich der projizierten Belebung der Investitionen und des privaten Verbrauchs. Die Investitionsquote der dänischen Unternehmen ist schon seit einigen Jahren niedrig. Die Ermöglichung eines stärkeren Wettbewerbs im inländischen Dienstleistungssektor, insbesondere im Einzelhandel sowie bei den Apotheken, den Taxiunternehmen und den freien Berufen, würde die Investitionsmöglichkeiten verbessern. Der Verbrauch der privaten Haushalte wird durch den Umfang des Schuldenabbaus sowie der Entwicklung der Wohnimmobilienpreise und der Zinssätze bedingt. Dänemark ist eine Handelsnation, und die Aussichten des Landes hängen daher von der Entwicklung seiner Exportmärkte ab. Eine umfangreichere Weitergabe der konjunkturstützenden inländischen Finanzierungsbedingungen könnte das Wachstum der Inlandsnachfrage stärker anheben als in den Projektionen unterstellt.

DEUTSCHLAND

Den Projektionen zufolge wird sich das Wirtschaftswachstum unter dem Einfluss sowohl der Inlands- als auch der Auslandsnachfrage erhöhen. Der robuste Arbeitsmarkt, das niedrige Zinsniveau und die Ölpreisbaisse werden die Ausgaben der privaten Haushalte stützen, zugleich werden die Erholung im Euroraum und die Abwertung des Euro die Exporte steigen lassen. Die Unternehmensinvestitionen werden sich voraussichtlich in dem Maße beleben, wie die Kapazitätsauslastung steigt. Die bereits niedrige Arbeitslosenquote wird weiter sinken, wohingegen der Verbraucherpreisauftrieb den Projektionen zufolge 2016 steigen wird. Der Leistungsbilanzüberschuss dürfte hoch bleiben.

Auf kurze Sicht könnte der strukturelle Haushaltsüberschuss zur Steigerung langfristiger wachstumsfördernder Staatsausgaben verringert werden, insbesondere um die Kinderbetreuungsleistungen zu verbessern und die Fördermaßnahmen im Bildungswesen für Jugendliche mit sozioökonomisch benachteiligtem Hintergrund auszuweiten. Maßnahmen zur Verringerung der hohen Steuerbelastung für Zweitverdiener würden ein Hindernis für Frauen beseitigen, die Vollzeit arbeiten wollen, und dazu beitragen, die negativen Auswirkungen der Bevölkerungsalterung auf die mittel- und langfristigen Wachstumsaussichten auszugleichen.

Die Wohnungsbauinvestitionen haben seit Ausbruch der weltweiten Finanzkrise zwar kräftig expandiert, die Anlageinvestitionen ohne Wohnungsbau und die Ausgaben für wissensbasiertes Kapital sind trotz der ungewöhnlich günstigen Finanzierungsbedingungen jedoch verhalten geblieben. Strukturreformen zur Stärkung des Wettbewerbs im Dienstleistungssektor würden das Wachstums- und Investitionspotenzial anheben. Im Staatssektor sind die Investitionen in den vergangenen zehn Jahren unter den Abschreibungen geblieben. Die Investitionen in die Verkehrsinfrastruktur müssen erhöht werden.

Die Nachfrage der privaten Haushalte hat das Wirtschaftswachstum gestützt

Die Industrieproduktion ist im ersten Quartal schwach ausgefallen, da sie durch die verhaltene Nachfrage bei wichtigen Handelspartnern gebremst wurde, insbesondere im Euroraum sowie in China und Russland. Unter dem Einfluss der Nachfrage der privaten

Germany

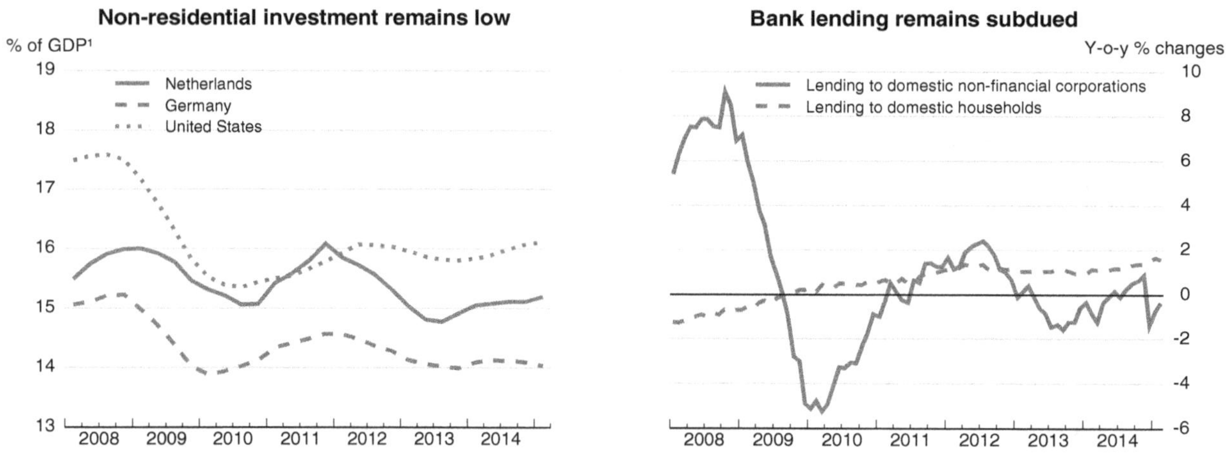

1. Four-quarter moving average. Based on nominal series.
Source: *OECD Economic Outlook 97 database*; and Deutsche Bundesbank.

StatLink http://dx.doi.org/10.1787/888933221025

Germany: **Employment, income and inflation**

Percentage changes

	2012	2013	2014	2015	2016
Employment	1.0	0.9	0.9	0.9	0.7
Unemployment rate[1]	5.4	5.2	5.0	4.7	4.5
Compensation per employee[2]	2.5	1.9	2.5	3.2	3.3
Unit labour cost	3.2	2.6	2.1	2.4	1.4
Household disposable income	2.0	1.8	2.4	2.7	3.1
GDP deflator	1.5	2.1	1.7	1.8	1.5
Harmonised index of consumer prices	2.1	1.6	0.8	0.2	1.8
Core harmonised index of consumer prices[3]	1.3	1.2	1.1	1.1	1.8
Private consumption deflator	1.5	1.2	0.9	0.4	1.5

1. As a percentage of labour force, based on national accounts.
2. In the total economy.
3. Harmonised index of consumer prices excluding food, energy, alcohol and tobacco.

Source: OECD Economic Outlook 97 database.

StatLink http://dx.doi.org/10.1787/888933221878

Haushalte, die vor dem Hintergrund der Reallohnzuwächse und der Ölpreisbaisse gegenwärtig steigt, expandierte die Wirtschaftstätigkeit im Dienstleistungssektor kräftig. Das Lohnwachstum hat sich in der jüngsten Zeit erhöht, da sich die Lage am Arbeitsmarkt anspannt. Der Mindestlohn von 8,50 Euro pro Stunde dürfte die Löhne um rd. ½ Prozentpunkt anheben, was wohl weitgehend im Jahr 2015 erfolgen wird. Die Zahl der Minijobs (geringfügige Beschäftigungsverhältnisse mit eingeschränktem Sozialversicherungsschutz und niedrigerer Besteuerung) ist seit der Einführung des Mindestlohns zurückgegangen, da mehr Minijobber in reguläre Beschäftigungsverhältnisse gewechselt sind. Die Beschäftigung

Germany

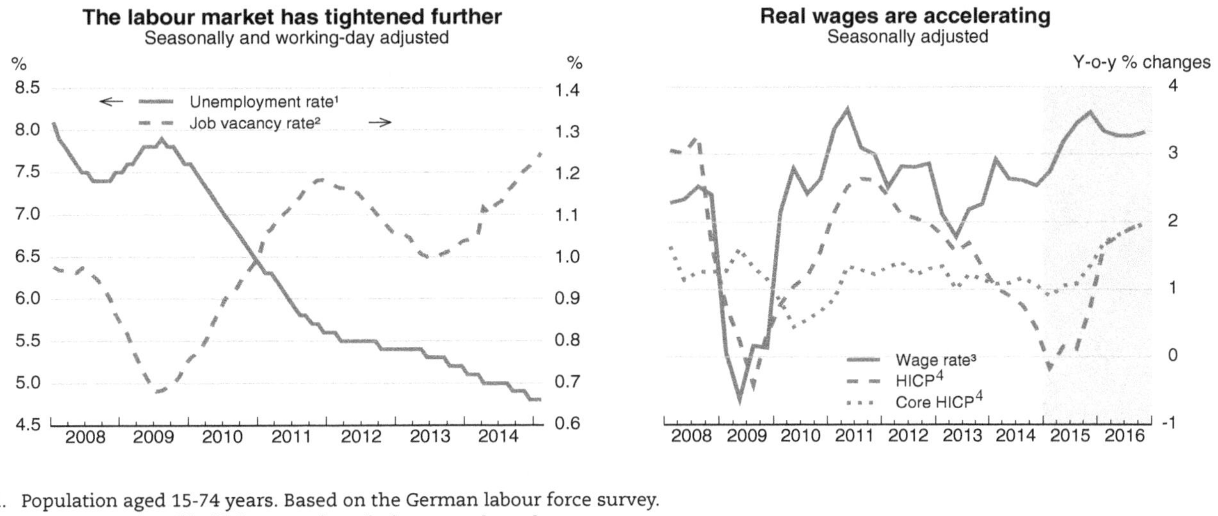

1. Population aged 15-74 years. Based on the German labour force survey.
2. Percentage of unfilled job vacancies relative to total employment.
3. Average nominal wage per employee.
4. Harmonised consumer price index. Core HICP excludes energy, food, alcohol and tobacco.

Source: OECD Economic Outlook 97 database; and Statistisches Bundesamt.

StatLink http://dx.doi.org/10.1787/888933221039

Germany: **Financial indicators**

	2012	2013	2014	2015	2016
Household saving ratio, net[1]	9.4	9.1	9.4	9.3	9.0
General government financial balance[2]	0.1	0.1	0.6	0.5	1.1
General government gross debt[2]	86.3	81.6	82.3	78.7	74.9
General government debt, Maastricht definition[2]	79.2	77.0	74.6	71.0	67.2
Current account balance[2]	6.9	6.6	7.8	8.5	8.3
Short-term interest rate[3]	0.6	0.2	0.2	0.0	0.0
Long-term interest rate[4]	1.5	1.6	1.2	0.3	0.4

1. As a percentage of disposable income.
2. As a percentage of GDP at market value.
3. 3-month interbank rate.
4. 10-year government bonds.

Source: OECD Economic Outlook 97 database.

StatLink http://dx.doi.org/10.1787/888933221884

hat weiter expandiert, so dass die zahlreichen Zuwanderer vom Arbeitsmarkt absorbiert wurden. Die bereits niedrige Arbeitslosenquote ist noch etwas weiter gesunken.

Das historisch niedrige Zinsniveau hat die Wohnungsbauinvestitionen gestärkt, die 2014 um 4% stiegen. Das Wachstum der Kreditvergabe ist dennoch begrenzt ausgefallen. Die Wohnimmobilienpreise steigen langsamer und entsprechen im Durchschnitt nach

Germany: **Demand and output**

	2013	2014	2015	2016	Fourth quarter 2014	Fourth quarter 2015	Fourth quarter 2016
	Current prices € billion	Percentage changes from previous year, volume (2010 prices)					
GDP at market prices	2 814.1	1.6	1.6	2.3	1.5	1.8	2.5
Private consumption	1 572.0	1.2	2.3	2.0	2.2	2.2	1.9
Government consumption	541.2	1.2	2.2	1.8	1.7	2.2	1.7
Gross fixed investment	558.1	3.3	2.5	4.3	0.9	4.4	4.5
Public	63.0	-2.0	0.5	3.0	-4.0	0.9	3.1
Residential	164.5	3.8	1.4	3.5	0.6	3.6	3.7
Non-residential	330.6	4.0	3.4	4.9	2.1	5.5	5.1
Final domestic demand	2 671.3	1.6	2.3	2.4	1.8	2.6	2.4
Stockbuilding[1]	- 22.4	-0.3	-0.3	0.0			
Total domestic demand	2 648.9	1.3	2.0	2.5	1.3	2.4	2.4
Exports of goods and services	1 285.0	3.7	3.9	5.2	3.5	3.8	5.9
Imports of goods and services	1 119.8	3.4	5.4	6.0	3.6	5.5	6.4
Net exports[1]	165.2	0.3	-0.3	0.0			
Memorandum items							
GDP without working day adjustments	2 809.5	1.6	1.8	2.4			

Note: Detailed quarterly projections are reported for the major seven countries, the euro area and the total OECD in the Statistical Annex.

1. Contributions to changes in real GDP, actual amount in the first column.

Source: OECD Economic Outlook 97 database.

StatLink http://dx.doi.org/10.1787/888933221895

wie vor weitgehend den Fundamentaldaten. Die Investitionen des Unternehmenssektors haben sich dank der hohen Rentabilität und der robusten Finanzlage der Unternehmen in jüngster Zeit leicht belebt. Der Anteil der Anlageinvestitionen am BIP verharrt jedoch noch immer in der Nähe seiner langjährigen Tiefstände, und die Ausgaben für wissensbasiertes Kapital liegen nach wie vor deutlich unter dem in führenden OECD-Volkswirtschaften verzeichneten Niveau. Diese beiden Faktoren haben die Produktivitätszuwächse verringert.

Die Wechselkursabwertung verleiht der Konjunktur Impulse, die Unsicherheit über die strukturpolitischen Maßnahmen zur Bewältigung der langfristigen Herausforderungen sowie Infrastrukturlücken bremsen jedoch die Investitionstätigkeit

Die jüngste Wechselkursabwertung hat die Wettbewerbsfähigkeit der deutschen Ausfuhren in Volkswirtschaften außerhalb des Euroraums verbessert, die 65% der deutschen Exporte abnehmen. Der Effekt auf die Wettbewerbsfähigkeit insgesamt wird nur teilweise durch den kräftigen Lohnanstieg wettgemacht, der die Lohnstückkosten in Deutschland rascher als in den anderen Ländern des Euroraums zunehmen lässt. Es wird mit einer allmählichen Erholung der Nachfrage der Exportmärkte im Euroraum gerechnet, auch wenn diese durch das langsamere Wachstum der Nachfrage in den Schwellenländern, insbesondere in China und Russland, teilweise ausgeglichen wird. Die relativ verhaltene Erholung der Auslandsnachfrage nach Investitionsgütern, auf die die deutsche Industrie spezialisiert ist, könnte das Wachstum der Auslandsnachfrage ebenfalls niedriger halten als in früheren Phasen der weltwirtschaftlichen Erholung.

Die geplanten fiskalpolitischen Maßnahmen, hauptsächlich Transferleistungen an die privaten Haushalte, werden den gesamtstaatlichen Haushaltsüberschuss voraussichtlich um 0,6 Prozentpunkte des BIP verringern, was zum überwiegenden Teil im Jahr 2015 erfolgen wird. Die Ausgaben für die Anhebung der Rentenansprüche für einige Versichertengruppen, die Erhöhung der Mittel für die Pflegeversicherungsleistungen, die Kindergelderhöhung sowie die Anhebung des Kinderfreibetrags betragen rd. 0,3% des BIP. Die staatlichen Investitionen in die Verkehrsinfrastruktur, Kinderbetreuungseinrichtungen, Hochschulen und andere Forschungseinrichtungen werden um 0,1 Prozentpunkte des BIP erhöht. Die weitere – auch qualitative – Verbesserung der Kinderbetreuung sowie zusätzliche Investitionen in die Verkehrsinfrastruktur hätten positive Effekte in Form eines höheren langfristigen inklusiven Wachstums. Die jüngsten Rentenreformen haben zudem Anreize für Arbeitskräfte mit langer Versicherungszeit geschaffen, vor dem gesetzlichen Renteneintrittsalter in den Ruhestand zu gehen, was den Fachkräftemangel verstärkt.

Auf Grund der niedrigeren Ölpreise, der steigenden Kapazitätsauslastung, der besseren Exportaussichten und der aufgestauten Investitionsnachfrage sind die Bedingungen für Unternehmensinvestitionen günstig. Indessen lassen Erhebungsdaten darauf schließen, dass der Anteil der deutschen Unternehmen, die Investitionen im Ausland planen, gestiegen ist, insbesondere in Regionen mit dynamischen Wachstumsaussichten wie Vereinigte Staaten und Asien. Die politische Unsicherheit ist indessen nach wie vor hoch, was die Investitionstätigkeit dämpft. Die Unsicherheit über die makroökonomischen und finanzpolitischen Maßnahmen im Euroraum dürfte eine große Rolle spielen. Die Ungewissheit über die Politikmaßnahmen, mit denen die langfristigen Herausforderungen im Inland bewältigt werden sollen, könnte die Investitionstätigkeit ebenfalls bremsen. Hierzu zählen die Erreichung langfristiger CO_2-Emissionsreduktionsziele und die Bewältigung der wirtschaftlichen Herausforderungen im Zusammenhang mit der Bevölkerungsalterung. Infrastrukturengpässe im Inland, insbesondere im Telekommunikations- und Verkehrsbereich, dämpfen die Unternehmensinvestitionen in Sach- und wissensbasiertes Kapital, beispielsweise in Informations- und Kommunikationstechnologie.

Das Wachstum wird unter dem Einfluss des robusten Arbeitsmarkts und der Belebung des Exportgeschäfts voraussichtlich weiter an Dynamik gewinnen

Den Projektionen zufolge wird das Wachstum 2015 und 2016 anziehen, wofür zunächst insbesondere der kräftige private Verbrauch ausschlaggebend sein wird. Die Ausfuhren und die Investitionen des Unternehmenssektors werden allmählich an Dynamik gewinnen. Auf Grund der niedrigeren Ölpreise wird der Preisauftrieb auf der Verbraucherstufe den Projektionen zufolge 2015 bei nahe null verharren, 2016 wird er jedoch zunehmen. Die Arbeitslosenquote, die bereits die niedrigste in der Europäischen Union ist, dürfte noch etwas weiter sinken. Dank des starken Anstiegs der Steuereinnahmen vergrößert sich der Haushaltsüberschuss. Die niedrigeren Ölpreise sowie die kräftigeren Ausfuhren und die Nettoauslandskapitalzuflüsse werden den Leistungsbilanzüberschuss vergrößern.

Erneute Finanzmarktturbulenzen im Euroraum würden die Exporttätigkeit sowie die Inlandsinvestitionen schwächen. Deutschland ist in erheblichem Maß anfällig für geopolitische Spannungen, insbesondere in Osteuropa. Hingegen könnten die jüngsten Politikmaßnahmen der Europäischen Zentralbank die Unsicherheit bezüglich der makroökonomischen Aussichten im Euroraum wesentlich verringern, was die Ausfuhren ankurbeln und die Attraktivität Deutschlands als Investitionsstandort erhöhen würde.

ESTLAND

Das Wirtschaftswachstum wird den Projektionen zufolge allmählich an Stärke gewinnen. Das kräftige Lohnwachstum wird den privaten Verbrauch ankurbeln, und die Investitionen werden eine leichte Erholung verzeichnen. Das Exportwachstum wird sich jedoch auf Grund des schwachen Wirtschaftswachstums einiger der wichtigsten Handelspartner des Landes nur langsam beschleunigen.

Die Haushaltspolitik der Regierung ist expansiv ausgerichtet, die Staatsverschuldung ist aber weiterhin sehr niedrig. Es wäre angemessen, den hohen strukturellen Haushaltsüberschuss zu reduzieren, um mittelfristige haushaltspolitische Prioritäten, wie z.B. Bildungs- und Infrastrukturausgaben, zu finanzieren. Eine niedrigere Besteuerung der Erwerbseinkommen, insbesondere bei Geringverdienern, würde durch Beschäftigungsimpulse das Wachstum erhöhen. Um die Produktivität zu steigern, müssen Strukturreformen vor allem auf eine Stärkung der Kompetenzen und einen besseren Wissenstransfer an estnische Firmen ausgerichtet sein.

Trotz eines robusten BIP-Wachstums hat die Investitionsquote in den letzten Jahren abgenommen. Die Unternehmensinvestitionen werden durch Unsicherheit gebremst, die zum Teil auf die erhöhten geopolitischen Spannungen zurückzuführen ist. Die Investitionstätigkeit der öffentlichen Hand hat ebenfalls nachgelassen, da die Transferzahlungen der Europäischen Union vorübergehend zurückgegangen sind und Projekte, die über frühere Verkäufe von Kyoto-Emissionsrechten finanziert wurden, nach und nach beendet werden. Mehr Investitionen in eine bessere Anbindung an europäische Verkehrsnetze und Energieversorgungskapazitäten würden die mittelfristigen Aussichten für das Wirtschaftswachstum verbessern.

Die Wirtschaftstätigkeit wird durch das schwache Investitions- und Exportwachstum gebremst

Anfang 2015 war das Wirtschaftswachstum verhalten, da die Konjunkturschwäche einiger der wichtigsten Handelspartner des Landes, darunter Finnland und Russland (auf die 15% bzw. 10% der estnischen Exporte entfallen), das Exportwachstum bremste. Die

Estonia

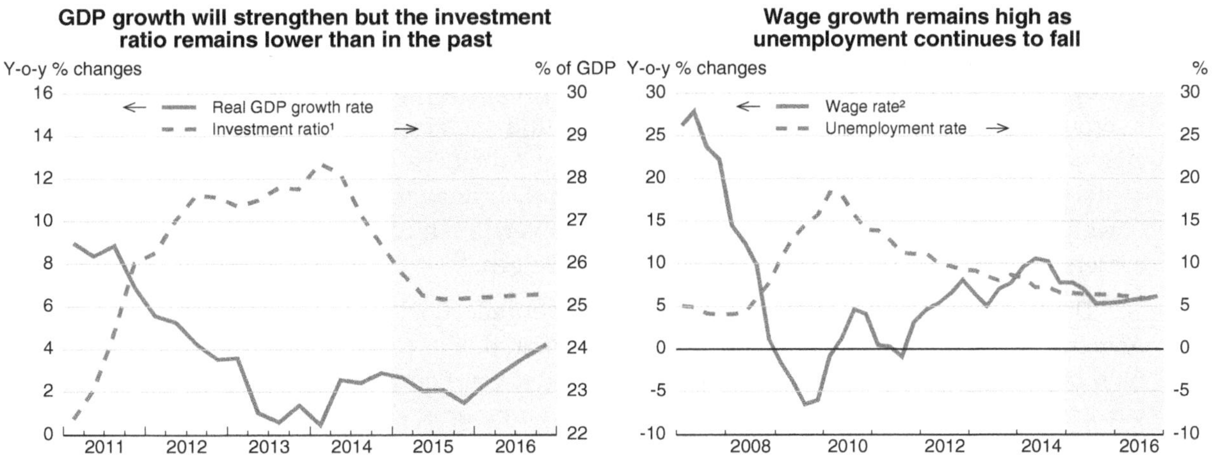

1. Real gross fixed capital formation. Four-quarter moving average.
2. Average nominal wage per employee, seasonally adjusted.

Source: OECD Economic Outlook 97 database.

StatLink http://dx.doi.org/10.1787/888933220960

Estonia: **Demand, output and prices**

	2011	2012	2013	2014	2015	2016
	Current prices € billion	Percentage changes, volume (2010 prices)				
GDP at market prices	16.4	4.7	1.6	2.1	2.1	3.3
Private consumption	8.3	5.1	3.8	4.6	4.3	4.3
Government consumption	3.1	3.3	2.8	2.3	3.2	1.7
Gross fixed capital formation	4.2	10.9	2.3	-2.8	-2.7	3.7
Final domestic demand	15.6	6.3	3.2	2.1	2.2	3.7
Stockbuilding[1]	- 0.1	-1.5	-2.2	2.7	0.7	0.0
Total domestic demand	15.4	5.5	1.2	4.9	2.9	3.6
Exports of goods and services	14.4	6.2	2.4	2.6	1.8	4.5
Imports of goods and services	13.5	11.8	3.3	2.7	2.2	4.9
Net exports[1]	1.0	-4.2	-0.7	0.0	-0.3	-0.2
Memorandum items						
GDP deflator	_	2.7	4.5	2.1	1.1	2.0
Harmonised index of consumer prices	_	4.2	3.2	0.5	0.1	1.8
Private consumption deflator	_	3.4	3.1	0.7	-0.1	1.6
Unemployment rate	_	10.0	8.6	7.3	6.5	6.1
General government financial balance[2]	_	-0.2	-0.2	0.6	0.4	0.6
General government gross debt[2]	_	13.2	13.5	14.3	12.9	11.4
General government debt, Maastricht definition[2]	_	9.7	10.1	10.6	9.2	7.7
Current account balance[2]	_	-2.5	-1.1	-0.1	0.8	0.6

1. Contributions to changes in real GDP, actual amount in the first column.
2. As a percentage of GDP at market value.
Source: OECD Economic Outlook 97 database.

StatLink http://dx.doi.org/10.1787/888933222146

Unternehmensinvestitionen werden durch das getrübte Vertrauensklima, das zum Teil auf die erhöhten geopolitischen Spannungen zurückzuführen ist, sowie die geringe Kapazitätsauslastung gehemmt. Die öffentliche Investitionstätigkeit hat ebenfalls nachgelassen: Einerseits fallen die Transferzahlungen der EU in diesem und im nächsten Jahr niedriger aus, da die Auswahl von Projekten für die neue mehrjährige Haushaltsperiode der EU gerade erst begonnen hat; andererseits werden Investitionsprojekte, die über frühere Verkäufe von Kyoto-Emissionsrechten finanziert wurden, nach und nach beendet. Der private Konsum zieht jedoch dank Reallohnzuwächsen, rückläufiger Arbeitslosigkeit und niedriger Zinsen weiter kräftig an. Die Kreditvergabe an den privaten Nichtfinanzsektor hielt sich in Grenzen, obwohl die internationalen Finanzmärkte großes Vertrauen in die estnische Wirtschaft setzen, wie die niedrigen langfristigen Zinssätze zeigen.

Die Wettbewerbsfähigkeit ist weitgehend unverändert. Die Auswirkungen der Euro-Abwertung auf die estnischen Exporte sind begrenzt, da der Großteil des Handels innerhalb des Euroraums stattfindet und die Währungen von Schweden und Russland, zwei wichtigen Handelspartnern Estlands außerhalb des Euroraums, ebenfalls abgewertet haben. Die Effekte der Abwertung auf die Wettbewerbsfähigkeit werden durch das anhaltend hohe Lohnwachstum aufgewogen, das vor allem auf Kompetenz-Mismatches und die Bevölkerungsalterung zurückzuführen ist. Die Abwanderung jüngerer Arbeitskräfte ins Ausland trägt ebenfalls dazu bei, hat aber zuletzt nachgelassen. Der globale Ölpreisverfall hat zwar die Kosten sinken lassen, verringert aber auch die Rentabilität der heimischen Ölschieferindustrie.

Haushalts- und Strukturreformen fördern das Wachstum, es werden aber mehr Energiesparinvestitionen benötigt

Die Fiskalpolitik ist expansiv ausgerichtet. Die Regierung hat Anfang 2015 die Ausgaben für kinder- und familienbezogene Geldleistungen und kostenloses Schulessen erhöht und die Einkommensteuersätze sowie die Arbeitslosenversicherungsbeiträge gesenkt. Diese Maßnahmen wurden zum Teil durch eine Verbreiterung der Mehrwertsteuerbasis sowie höhere Tabak- und Alkoholsteuern finanziert.

Verschiedene Strukturreformen der jüngsten Zeit, die auf eine Steigerung der Wachstumschancen und der makroökonomischen Stabilität ausgerichtet sind, könnten möglicherweise noch während des Projektionszeitraums erste Ergebnisse bringen. Die Regierung hat Reformen zur effektiveren Gestaltung des FuE-Systems umgesetzt, die u.a. eine neue Innovationsstrategie und eine Stärkung der ressortübergreifenden Koordination umfassen. Darüber hinaus hat die Regierung umfangreiche Maßnahmen zur Verbesserung der beruflichen Bildung ergriffen, z.B. durch die Modernisierung der technischen Ausrüstung an berufsbildenden Schulen. Der neue, 2014 eingeführte makroprudenzielle Rahmen ermöglicht es der estnischen Zentralbank, tätig zu werden, wenn es beispielsweise auf Grund niedriger Zinsen zu einer übermäßigen Kreditvergabe kommt. Maßnahmen zur Beseitigung geschlechtsspezifischer Lohndifferenzen und zur Verbesserung der Aufstiegschancen der Frauen in Führungspositionen würden dazu beitragen, den Fachkräftemangel zu verringern und die Produktivität zu steigern.

Höhere Investitionen in Energieeffizienz können Umweltschäden sowie deren ökonomische Kosten verringern und die Innovationstätigkeit ankurbeln. Die Treibhausgasemissionen pro BIP-Einheit gehören zu den höchsten im OECD-Raum, was in erster Linie auf die Nutzung des heimischen Ölschiefers zurückzuführen ist. Auf Grund ihrer hohen Emissionsintensität ist die Wirtschaft Risiken durch steigende Preise für CO_2-Emissionen im Rahmen des Europäischen Emissionshandelssystems ausgesetzt. Estland könnte mehr unternehmen, um die Energieeffizienz bei der Fernwärme und in Gebäuden zu verbessern und die Verarbeitung von Ölschiefer zu leichteren Ölprodukten zu fördern. Zudem sollte die Besteuerung der verschiedenen Energieträger in Abhängigkeit von ihrem CO_2-Emissionsgehalt harmonisiert werden.

Das Wachstum dürfte von der Inlandsnachfrage profitieren

Das Wirtschaftswachstum wird den Projektionen zufolge allmählich an Stärke gewinnen. Der Konsum der privaten Haushalte wird dank rückläufiger Arbeitslosigkeit und soliden Lohnwachstums weiter kräftig anziehen. Das Exportwachstum wird nach wie vor durch die Schwäche einiger der wichtigsten Handelspartner des Landes beeinträchtigt. Die Investitionen werden mit zunehmender Kapazitätsauslastung allmählich steigen. Auf Grund der niedrigen internationalen Rohstoffpreise und der negativen Produktionslücke wird mit einem langsamen Inflationsanstieg gerechnet. Der Staatshaushalt wird den Projektionen zufolge weiterhin einen Überschuss ausweisen.

Die Risiken sind im Großen und Ganzen ausgewogen. Erhöhte geopolitische Spannungen, insbesondere im Zusammenhang mit Russland und der Ukraine, könnten den Handel und das Vertrauensklima im privaten Sektor weiter dämpfen. Andererseits könnte sich die Investitionstätigkeit des privaten Sektors schneller als erwartet erholen, wenn beispielsweise Pläne für den Ausbau der grenzüberschreitenden Infrastruktur Form annehmen. Die neu gewählte Regierung hat angekündigt, die Besteuerung des Faktors Arbeit weiter zu senken, was im Fall einer Umsetzung während des Projektionszeitraums für zusätzliche Wachstumsimpulse sorgen könnte.

EURORAUM

Das Wirtschaftswachstum wird sich unter dem Einfluss der niedrigeren Ölpreise, der Abwertung des Euro, der sich verbessernden Finanzierungsbedingungen, der zusätzlichen Impulse durch eine weitere Lockerung der Geldpolitik sowie der Unterbrechung der Haushaltskonsolidierung bis Ende 2016 voraussichtlich nach und nach auf 2¼% beschleunigen. Jedoch dürfte die Arbeitslosigkeit nur allmählich zurückgehen und bis Ende 2016 eine Quote von 10¼% erreichen. Es wird damit gerechnet, dass die Inflation mit dem Abklingen der Effekte der niedrigeren Energiepreise und der Beschleunigung der geldpolitischen Lockerung auf etwa 1½% ansteigen wird. Die Risiken, mit denen diese Projektionen behaftet sind, halten sich im Großen und Ganzen die Waage, wenngleich die Gefahr von Ereignisrisiken bei erneuten Turbulenzen an den Finanzmärkten groß bleibt.

Die Fiskalpolitik wird voraussichtlich weitgehend neutral ausgerichtet sein, was auf kurze Sicht angemessen ist, da die Erholung noch immer verhalten und ungewiss ist. Dennoch sind angesichts der in vielen Ländern nach wie vor viel zu hohen Staatsverschuldung glaubwürdige mittelfristige Konsolidierungspläne erforderlich. Der sehr konjunkturstützende geldpolitische Kurs sollte wie geplant weiter verfolgt werden, da die Inflation nach wie vor weit unter 2% liegt und das Wachstum schwach ist. Die anfälligen Länder haben auf dem Gebiet der Strukturreformen nach dem Beginn der Krise deutliche Fortschritte erzielt. Gleichwohl bedarf es zur dauerhaften Ankurbelung der Wirtschaftstätigkeit und inklusiveren Gestaltung des Wachstums weiterer Reformanstrengungen, namentlich der Vollendung des Binnenmarkts.

Die Ankurbelung der privaten und öffentlichen Investitionstätigkeit ist von entscheidender Bedeutung, um die Wirtschaft auf einen höheren Wachstumspfad zu heben. Die Investitionsoffensive für Europa dürfte hierzu einen Beitrag leisten. Um zusätzliche Investitionen zu schaffen, sollten Projekte mit hohem gesellschaftlichem Nutzen ausgewählt werden, die ohne Staatsgarantien nicht zustande kämen. Ein konkretes Beispiel ist die Stärkung der grenzüberschreitenden Infrastruktur im Strom- und Gassektor sowie im Schienenverkehr. Eine ergänzende Strukturreform, die das Unternehmertum und die volle Integration der europäischen Kapitalmärkte unterstützt, würde ebenfalls zur Mobilisierung privater Investitionen beitragen.

Euro area

The pace of fiscal consolidation will ease — Changes in the underlying primary balance

Interest rates are declining — For loans to enterprises[1]

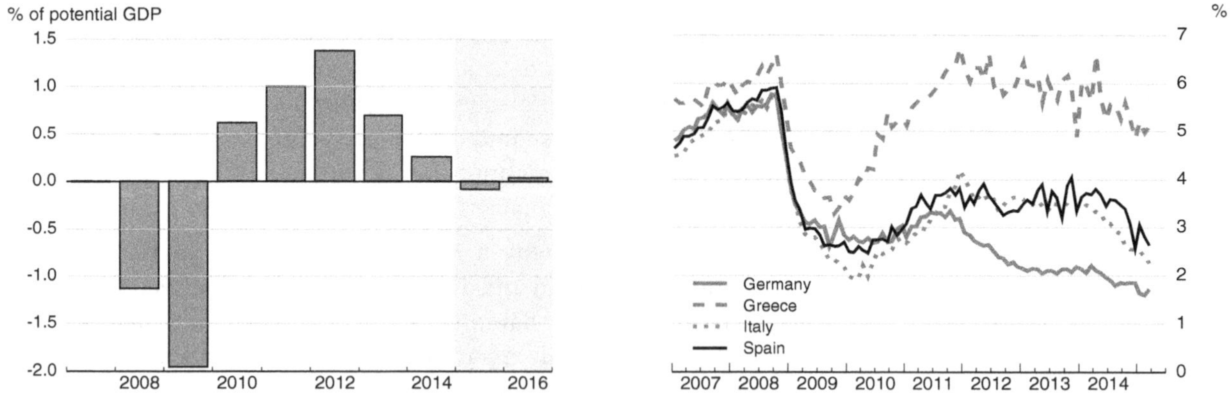

1. Interest rates on new loans to non-financial corporations (all maturities) except for Greece (maturity up to one year).

Source: European Central Bank; and OECD *Economic Outlook 97 database*.

StatLink http://dx.doi.org/10.1787/888933220978

Euro area: **Employment, income and inflation**

Percentage changes

	2012	2013	2014	2015	2016
Employment	-0.6	-0.6	0.6	0.9	1.1
Unemployment rate[1]	11.3	11.9	11.5	11.1	10.5
Compensation per employee[2]	1.1	1.4	1.4	1.5	2.0
Labour productivity	-0.4	0.3	0.3	0.6	1.0
Unit labour cost	1.3	1.0	1.2	0.8	0.5
Household disposable income	-0.3	0.9	1.8	2.0	2.6
GDP deflator	1.2	1.3	0.9	1.1	1.1
Harmonised index of consumer prices	2.5	1.3	0.4	0.0	1.3
Core harmonised index of consumer prices[3]	1.5	1.1	0.8	0.8	1.3
Private consumption deflator	1.9	1.1	0.5	0.2	1.1

Note: Covers the euro area countries that are members of the OECD.
1. As a percentage of labour force.
2. In the total economy.
3. Harmonised index of consumer prices excluding energy, food, drink and tobacco.

Source: OECD Economic Outlook 97 database.

StatLink http://dx.doi.org/10.1787/888933222040

Ein moderater Aufschwung hat eingesetzt

Unter dem Einfluss der sich festigenden Binnen- und Auslandsnachfrage setzte sich der moderate Wirtschaftsaufschwung im ersten Halbjahr 2015 fort. Die Unternehmensinvestitionen bleiben aber nach wie vor flau. Nach einer deutlichen Rezession verzeichnen einige anfällige Volkswirtschaften mittlerweile über dem Durchschnitt des Euroraums liegende Quartalswachstumsraten. Die Arbeitslosigkeit geht von ihrem hohen Stand langsam zurück, liegt aber nach wie vor weit über dem Vorkrisenniveau, wobei Deutschland hier die große Ausnahme bleibt. In vielen Ländern sind die Jugendarbeitslosenquoten mindestens doppelt so hoch wie die durchschnittliche Arbeitslosenquote. Die nach wie

Euro area

Unemployment is high in almost all countries
Unemployment rate for Q4 2014

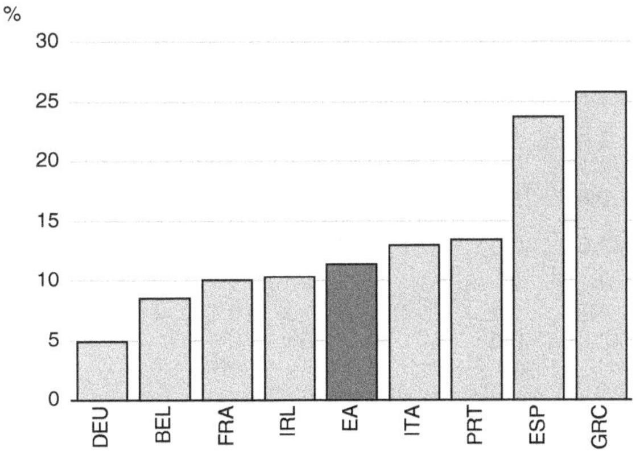

Investment is still low
Real total gross fixed capital formation

Source: OECD Economic Outlook 97 database.

StatLink http://dx.doi.org/10.1787/888933220983

Euro area: **Financial indicators**

	2012	2013	2014	2015	2016
Household saving ratio, net[1]	6.3	6.8	7.1	7.0	7.0
General government financial balance[2]	-3.6	-2.9	-2.4	-2.1	-1.4
General government gross debt[2]	103.9	104.9	111.5	110.9	109.5
General government debt, Maastricht definition[2]	91.4	93.5	94.6	94.1	92.7
Current account balance[2]	2.2	2.8	3.4	3.9	4.1
Short-term interest rate[3]	0.6	0.2	0.2	0.0	0.0
Long-term interest rate[4]	3.7	2.9	2.0	1.0	1.0

Note: Covers the euro area countries that are members of the OECD.
1. As a percentage of disposable income.
2. As a percentage of GDP at market value.
3. 3-month interbank rate.
4. 10-year government bonds.

Source: OECD Economic Outlook 97 database.

StatLink http://dx.doi.org/10.1787/888933222055

vor hohen Kapazitätsüberhänge und die Rückgänge der Öl- und Nahrungsmittelpreise in der Vergangenheit haben die Inflation sehr niedrig gehalten.

Die sehr expansive Geldpolitik muss mit weiteren Strukturreformen Hand in Hand gehen

Das eingetrübte Vertrauensklima, das die Ungewissheit in Bezug auf die tendenzielle Solidität der Wirtschaft des Euroraums und der weltwirtschaftlichen Aussichten zum Ausdruck bringt, lastet weiter auf der Wirtschaftstätigkeit und insbesondere auf den Unternehmensinvestitionen. Von der hohen privaten Verschuldung und der Arbeitslosigkeit geht auch eine Bremswirkung auf die Nachfrage der privaten Haushalte aus. Der drastische Rückgang der Ölpreise und die Euroabwertung gegenüber früheren Höchstständen geben dem Wachstum indessen Auftrieb. Allein dem Ölpreiseffekt sind in diesem und im kommenden Jahr zusätzliche 0,2 Prozentpunkte BIP-Wachstum zu verdanken.

Euro area: **Demand and output**

	2013	2014	2015	2016	Fourth quarter 2014	Fourth quarter 2015	Fourth quarter 2016
	Current prices € billion	Percentage changes from previous year, volume (2011 prices)					
GDP at market prices	9 853.3	0.9	1.4	2.1	0.8	1.8	2.2
Private consumption	5 521.3	1.0	1.8	1.8	1.5	1.8	1.8
Government consumption	2 079.1	0.6	0.7	0.4	0.8	0.5	0.6
Gross fixed investment	1 927.8	1.2	2.0	3.5	0.6	2.9	3.8
Final domestic demand	9 528.2	0.9	1.6	1.8	1.1	1.7	2.0
Stockbuilding[1]	- 10.3	-0.1	-0.1	0.0			
Total domestic demand	9 517.9	0.9	1.5	1.8	0.9	1.8	2.0
Net exports[1]	335.3	0.0	0.0	0.3			

Note: Detailed quarterly projections are reported for the major seven countries, the euro area and the total OECD in the Statistical Annex. Covers the euro area countries that are members of the OECD.
1. Contributions to changes in real GDP, actual amount in the first column.

Source: OECD Economic Outlook 97 database.

StatLink http://dx.doi.org/10.1787/888933222069

Euro area: **External indicators**

	2012	2013	2014	2015	2016
			$ billion		
Foreign balance	334.2	445.3	497.9	504	552
Invisibles, net	- 60.2	- 83.5	- 52.9	- 53	- 63
Current account balance	274.0	361.8	445.0	451	489

Note: Covers the euro area countries that are members of the OECD.
Source: OECD Economic Outlook 97 database.

StatLink http://dx.doi.org/10.1787/888933222074

Darüber hinaus hat sich eine Reihe grundlegender Faktoren verbessert. Bei der Neuaustarierung innerhalb des Euroraums, die in den anfälligen Ländern durch eine Haushaltskonsolidierung, eine Anpassung der Lohnstückkosten und eine Verbesserung der Exportergebnisse gestützt wird, sind Fortschritte erzielt worden. Alle Krisenländer weisen mittlerweile Leistungsbilanzüberschüsse auf, auch wenn es in diesen Ländern noch vieler Jahre mit soliden Leistungsbilanzpositionen bedarf, um die große Auslandsverschuldung zu reduzieren. In den anfälligen Ländern wurden in den vergangenen Jahren bedeutende Strukturreformen in Angriff genommen. Jedoch bleibt reichlich Spielraum für die Umsetzung wettbewerbsfreundlicher Reformen, die die Wiederherstellung der Wettbewerbsfähigkeit und der Ressourcenreallokation zusätzlich voranbringen würden und so das wirtschaftliche Potenzial erhöhen und für ein inklusiveres Wachstum sorgen dürften. Gleichzeitig können die Kernländer des Euroraums durch den Abbau von Zutrittsschranken in ihren Dienstleistungssektoren zur Stärkung der Wirtschaftstätigkeit beitragen. Der Euroraum unterliegt nach wie vor zahlreichen, erheblichen Beschränkungen, die Kernbereiche wie Unternehmertum, Arbeitskräftemobilität und Energieeffizienz betreffen. Die Vollendung eines wirklichen Binnenmarkts könnte erheblich zur Ankurbelung des mittelfristigen Wachstums beitragen.

Die Finanzmarktbedingungen haben sich verbessert. Die Kreditvergabe an den privaten Sektor erholt sich allmählich, da die Banken mit der Lockerung ihrer straffen Kreditvergabestandards für Unternehmenskredite und nicht dem Wohnungsbau dienende Kredite an private Haushalte begonnen haben. Auch die Eigenkapitalausstattung der Banken hat sich erhöht, wenngleich der Anteil notleidender Kredite in vielen Ländern nach wie vor hoch ist. Die umfassende Bewertung der Bankbilanzen der EZB von 2014 dürfte ebenfalls zu einer weiteren Verbesserung der Kreditvergabebedingungen beitragen, da sie die Ungewissheit reduziert.

Die Europäische Zentralbank hat ein umfassendes unbefristetes Wertpapierankaufprogramm in Angriff genommen, um die Inflation wieder in Richtung ihres Zielwerts anzuheben. Diese Maßnahme hatte eine Senkung der Zinssätze und eine deutliche Abwertung des Euro zur Folge, zwei Faktoren, die das Wachstum im Euroraum den Projektionen zufolge ankurbeln werden. Da eine derartige expansiv ausgerichtete Geldpolitik jedoch Risiken für die Finanzstabilität birgt, ist es wichtig, diese Risiken durch makroprudenzielle Maßnahmen einzudämmen.

Die Fiskalpolitik wird in diesem und im kommenden Jahr voraussichtlich weitgehend neutral ausgerichtet sein, was angesichts der noch immer schwachen Erholung und der in den vergangenen Jahren bereits erzielten bedeutenden Konsolidierungserfolge angemessen ist. Dennoch müssen starke Haushaltspositionen gewahrt bleiben, damit die

Schuldenquoten im Verhältnis zum BIP reduziert werden können, eine Aufgabe, die erschwert werden würde, wenn es nicht gelingt, den mit der Bevölkerungsalterung einhergehenden Ausgabendruck in den Griff zu bekommen. Das erfordert glaubwürdige und detaillierte mehrjährige Haushaltspläne auf nationaler Ebene. Die Glaubwürdigkeit des Rahmens für die haushaltspolitische Governance der EU (EU-Haushaltsrahmen) sollte ebenfalls mit vereinfachten Haushaltsregeln erhöht werden.

Das Wachstum wird sich allmählich kräftigen

Den Projektionen zufolge wird sich das BIP-Wachstum bis 2016 nach und nach auf 2¼% erhöhen. Die Arbeitslosigkeit wird bis Ende 2016 nur allmählich auf eine Quote von 10¼% sinken, und es wird damit gerechnet, dass die Inflation auf etwa 1½% ansteigen wird.

Die Risiken halten sich in Bezug auf das in diesen Projektionen dargelegte wahrscheinlichste Szenario im Großen und Ganzen die Waage. Das Wachstum wird von der Entwicklung des Eurowechselkurses und der weltweiten Energiepreise abhängen, die sich weiter abschwächen oder stärker steigen könnten als angenommen. Die Wirksamkeit der EZB-Politik der quantitativen Lockerung und die damit verbundenen Risiken sind ungewiss. Raschere Fortschritte bei den Strukturreformen oder stärkere Akzeleratoreffekte für Investitionen würden das Wachstum im Vergleich zu den Projektionen ankurbeln. Verstärkte geopolitische Risiken oder unzureichende Fortschritte bei den Strukturreformen könnten das Vertrauen untergraben und die Investitionstätigkeit und die Konjunktur insgesamt schwächen. Die Ungewissheit im Zusammenhang mit Griechenland ist mit einzigartigen Risikofaktoren verbunden.

FINNLAND

Das Wirtschaftswachstum wird 2015 nach einem dreijährigen Rückgang wieder anziehen. Trotzdem werden die schwache Einkommensentwicklung und die hohe Arbeitslosigkeit den privaten Konsum weiterhin belasten, und die verbleibenden Kapazitätsüberhänge werden Investitionen verzögern. Die Belebung der Exporte vor dem Hintergrund der weltweiten Konjunkturerholung und des schwächeren Euro dürfte allmählich auf die Inlandswirtschaft ausstrahlen.

Das Haushaltsdefizit überstieg 2014 zum ersten Mal seit Mitte der 1990er Jahre 3% des BIP und wird den Erwartungen zufolge nur langsam sinken. Die neue Regierung wird die Tragfähigkeit der öffentlichen Finanzen wiederherstellen müssen, ohne dadurch die beginnende Erholung zu beeinträchtigen. Hierfür werden Strukturreformen zur Erhöhung der Beschäftigung und zur Steigerung der Effizienz des öffentlichen Sektors von entscheidender Bedeutung sein.

Sobald die Nachfrage anzieht und die Kapazitätsauslastung steigt, dürften sich die Unternehmensinvestitionen langsam beleben. Vom langsamen Einkommenswachstum, der hohen Arbeitslosigkeit und der Unsicherheit geht trotz der geringen Kreditkosten eine Bremswirkung auf die Wohnungsbauinvestitionen aus. Die öffentlichen Investitionen sind seit 2010 stetig gewachsen und werden auch 2015 weiter steigen, danach dürften sie auf Grund der angespannteren Haushaltslage jedoch nachlassen.

Die gesamtwirtschaftliche Produktion ist weiter rückläufig

Das reale BIP ist 2014 das dritte Jahr in Folge gesunken. Der private Verbrauch hat nachgegeben, und die Wohnungsbauinvestitionen sind deutlich zurückgegangen, was darauf zurückzuführen ist, dass sich das Konsumklima durch die steigende Arbeitslosigkeit und das trotz der niedrigeren Energiepreise anhaltend schwache Wachstum der Realeinkommen eingetrübt hat. Die Gesamtinvestitionen sind auf ihren niedrigsten Stand seit dem Jahr 2000 gesunken. Vor dem Hintergrund der nach wie vor beträchtlichen Kapazitätsüberhänge und Unsicherheiten sind die Unternehmensinvestitionen eingebrochen, und die öffentlichen Investitionen sind nur leicht gestiegen. Auch bei den Exporten wurde ein Rückgang verzeichnet, die Importe sind auf Grund der rückläufigen Binnennachfrage jedoch noch stärker gesunken.

Finland

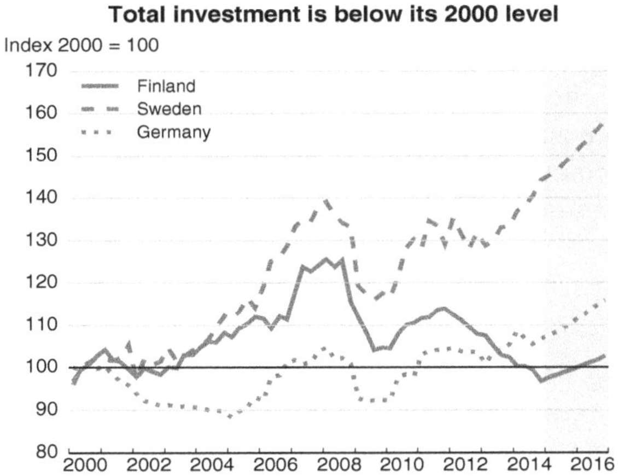

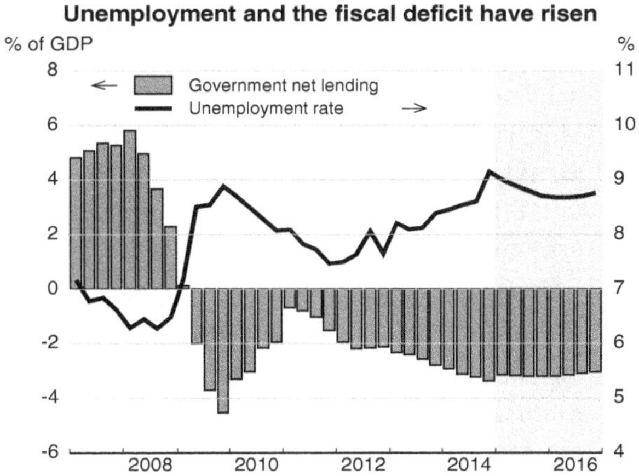

Source: OECD Economic Outlook 97 database.

StatLink http://dx.doi.org/10.1787/888933220993

Finland: **Demand, output and prices**

	2011	2012	2013	2014	2015	2016
	Current prices € billion	Percentage changes, volume (2010 prices)				
GDP at market prices	196.9	-1.4	-1.3	-0.1	0.4	1.3
Private consumption	105.8	0.3	-0.6	-0.2	0.6	1.2
Government consumption	46.5	0.5	0.6	0.2	0.5	0.0
Gross fixed capital formation	43.8	-2.2	-5.3	-5.1	-0.5	2.9
Final domestic demand	196.0	-0.2	-1.3	-1.1	0.3	1.2
Stockbuilding[1,2]	2.5	-1.1	0.0	0.3	0.0	0.0
Total domestic demand	198.5	-1.1	-1.3	-0.8	0.3	1.2
Exports of goods and services	77.1	1.2	-0.7	-0.4	1.2	3.9
Imports of goods and services	78.8	1.6	-1.6	-1.4	0.7	3.7
Net exports[1]	- 1.7	-0.2	0.4	0.4	0.2	0.1
Memorandum items						
GDP without working day adjustments	_	-1.4	-1.3	-0.1	..	..
GDP deflator	_	3.0	2.5	1.1	0.5	0.6
Harmonised index of consumer prices	_	3.2	2.2	1.2	0.2	0.7
Private consumption deflator	_	2.8	2.5	1.5	0.6	0.9
Unemployment rate	_	7.7	8.2	8.7	8.8	8.7
General government financial balance[3]	_	-2.1	-2.5	-3.2	-3.2	-3.0
General government gross debt[3]	_	63.0	65.1	71.4	73.6	76.2
General government debt, Maastricht definition[3]	_	52.9	55.8	59.3	61.6	64.1
Current account balance[3]	_	-1.9	-1.8	-1.9	-0.9	-0.8

1. Contributions to changes in real GDP, actual amount in the first column.
2. Including statistical discrepancy.
3. As a percentage of GDP at market value.

Source: OECD Economic Outlook 97 database.

StatLink http://dx.doi.org/10.1787/888933222156

Die politischen Entscheidungsträger sehen sich mit schwierigen Herausforderungen konfrontiert und müssen Strukturreformen umsetzen

Das Haushaltsdefizit lag 2014 bei über 3% des BIP, und die Bruttostaatsverschuldung (Maastricht-Definition) wird 2015 auf mehr als 60% des BIP steigen. Die Einnahmen wurden durch das negative Wirtschaftswachstum beeinträchtigt, während sich die Ausgaben, nicht zuletzt auf Grund der Bevölkerungsalterung, rasch erhöhten. Angesichts der nach wie vor schwachen Konjunktur muss die Haushaltskonsolidierung schrittweise erfolgen. Um die langfristige Tragfähigkeit der öffentlichen Finanzen zu sichern, wird es entscheidend auf Strukturreformen zur Eindämmung der alterungsbedingten Ausgaben sowie zur Steigerung der Effizienz des öffentlichen Sektors, insbesondere in der Gesundheitsversorgung, ankommen.

Angesichts der von der demografischen Entwicklung ausgehenden Bremswirkung ist es unerlässlich, das Arbeitskräftepotenzial zu mobilisieren, um das Wachstum anzukurbeln. Die Beschäftigungsquote ist im Vergleich zu anderen nordischen Ländern niedrig, insbesondere jene der Jugendlichen und älteren Menschen. Das effektive Rentenalter muss durch Rentenreformen angehoben werden, indem das Mindestrentenalter und die Rentenleistungen an die Lebenserwartung gekoppelt und die Frühverrentungsmöglichkeiten weiter eingeschränkt werden. Arbeitsmarktreformen zur Steigerung der Arbeitsanreize und starke Aktivierungsmaßnahmen würden zu mehr Beschäftigung führen. Neben der Anhebung des Produktionspotenzials würde auch eine Erhöhung der Beschäftigung zu einem inklusiveren Wachstum beitragen. Regulierungsreformen zur Steigerung des Wettbewerbs im Einzelhandel und im Verkehrssektor würden das Wachstumspotenzial erhöhen. Die Umsetzung dieser Strukturreformen würde wiederum zur fiskalischen Tragfähigkeit beitragen.

Das Wachstum wird sich den Projektionen zufolge beleben

Die Exporte werden 2015 die Hauptwachstumsquelle sein, doch auch die Binnennachfrage gewinnt an Dynamik. Die von einem günstigeren globalen Umfeld und dem schwächeren Euro ausgehenden Impulse werden zum Teil durch den Konjunktureinbruch in Russland ausgeglichen. Unter dem Einfluss der zur Verbesserung der Wettbewerbsfähigkeit erforderlichen Lohnmoderation fällt das Wachstum der Einkommen der privaten Haushalte schwach aus, so dass sich der private Konsum und die Wohnungsbauinvestitionen trotz der äußerst niedrigen Zinssätze nur langsam erholen. Obwohl die Unternehmensinvestitionen durch erhebliche Kapazitätsüberhänge gedämpft werden, werden sie den Projektionen zufolge 2015 die Talsohle erreichen. Danach werden Großprojekte in der Forstindustrie und die sich verbessernden globalen Konjunkturaussichten für eine Belebung der Investitionsausgaben sorgen. Die öffentlichen Investitionen werden sich 2015 auf Grund von Ausgaben in den Bereichen Verkehr, Energie und Wasserversorgungsinfrastruktur erhöhen. 2016 dürfte sich das Wachstum der öffentlichen Investitionen u.a. wegen der angespannteren Haushaltslage verlangsamen.

Risiken bestehen hauptsächlich im Zusammenhang mit der Exportentwicklung. Günstiger könnte die Entwicklung verlaufen, wenn die durch die Lohnmoderation und den schwachen Euro bewirkten Verbesserungen der Kostenwettbewerbsfähigkeit den Exporten stärker als erwartet Auftrieb geben. Eine über Erwarten starke Erholung der globalen Investitionen käme den finnischen Exporten, deren Schwerpunkt auf Investitionsgütern liegt, zugute. Eine Belebung der Exporte würde zudem zur Ankurbelung der Inlandsinvestitionen beitragen, wenn die Kapazitätsüberhänge abgebaut sind. Mit einer ungünstigeren Entwicklung wäre zu rechnen, wenn sich die weitgehend mit Nicht-Kosten-Faktoren in Zusammenhang stehenden Marktanteilsverluste Finnlands fortsetzen. Auch eine weitere Verschlechterung der Wirtschaftslage in Russland würde die finnischen Exporte beeinträchtigen.

FRANKREICH

Das Wirtschaftswachstum wird 2015 und 2016 voraussichtlich an Dynamik gewinnen. Niedrigere Energiepreise, ein günstiger werdendes finanzielles Umfeld, die Verlangsamung der Haushaltskonsolidierung und eine sich kräftiger entwickelnde Exportnachfrage dürften zusammen mit einer wettbewerbsfreundlichen Reformagenda eine Expansion des Verbrauchs und der Ausfuhrvolumen unterstützen. Unter dem Einfluss der Stabilisierung der Energiepreise und der Euroabwertung wird das Preisniveau steigen, auch wenn die anhaltend hohen Kapazitätsüberhänge weiterhin einen dämpfenden Effekt auf die Inflation ausüben werden. Das eingetrübte Geschäftsklima lastet jedoch immer noch auf der Investitionstätigkeit, so dass die Zahl der Einstellungen erst mit Verzögerung wieder zunimmt und die Arbeitslosigkeit nur geringfügig zurückgehen wird.

Der Abbau des Haushaltsdefizits wird im Zeitraum 2015-2016 hauptsächlich durch Ausgabendisziplin erzielt werden, während die Einnahmen – vor allem die Sozialversicherungsbeiträge und die Unternehmensteuern – abnehmen dürften. Die daraus resultierende strukturelle Konsolidierung, einschließlich erheblicher Einsparungen bei den Zinszahlungen, beläuft sich für die zwei Jahre auf 1% des BIP. Dieser neue Pfad der strukturellen Konsolidierung muss genau eingehalten werden, damit Frankreich seine Defizitziele erreichen kann; das freie Wirken der automatischen Stabilisatoren sollte jedoch zugelassen werden, um die Erholung nicht zu gefährden. Zugleich sollte die Regierung mit der Durchführung von Strukturreformen fortfahren, um das Wachstum zu steigern und inklusiver zu gestalten.

Bei den Industrie- und den Ausrüstungsinvestitionen insgesamt verlief die Entwicklung unstet auf niedrigem Niveau und reichte kaum aus, um den Wertverlust des bestehenden – alternden – Kapitalstocks auszugleichen. Das geringe Tempo der Investitionen bedroht Frankreichs Wettbewerbsfähigkeit, auch wenn die Unternehmensleitungen für 2015-2016 von einer moderaten Expansion der Kapitalbildung ausgehen, was z.T. den laufenden Strukturreformen zuzuschreiben ist. Die Kontraktion der Wohnungsbauinvestitionen wird sich trotz sinkender Wohnimmobilienpreise und einem unsicheren Regulierungsumfeld verlangsamen. Die öffentlichen Investitionen werden auf Grund geringerer Finanztransfers von der zentralen Ebene an die Kommunen, die den Großteil dieser Ausgaben tätigen, hingegen schwach bleiben.

France

Growth should recover as the euro area's economic prospects improve

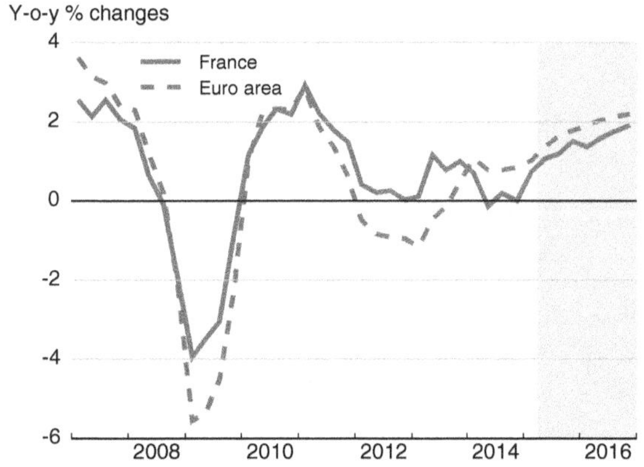

Ample slack will continue to put downward pressure on inflation

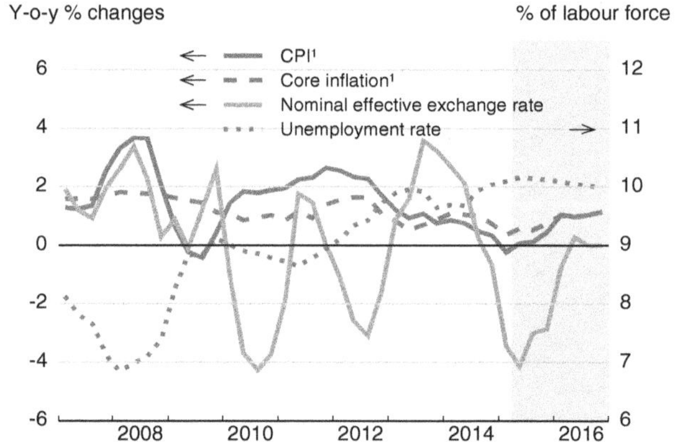

1. Harmonised.

Source: OECD Economic Outlook 97 database.

StatLink http://dx.doi.org/10.1787/888933221001

France: **Employment, income and inflation**

Percentage changes

	2012	2013	2014	2015	2016
Employment	0.0	0.0	0.1	0.2	0.6
Unemployment rate[1]	9.4	9.9	9.8	10.1	10.0
Compensation per employee[2]	2.2	1.6	1.4	1.6	2.1
Unit labour cost	2.0	0.6	1.5	0.7	1.0
Household disposable income	0.5	0.7	1.6	1.5	2.2
GDP deflator	1.2	0.8	0.6	1.0	0.8
Harmonised index of consumer prices	2.2	1.0	0.6	0.1	1.1
Core harmonised index of consumer prices[3]	1.5	0.7	1.0	0.5	1.0
Private consumption deflator	1.4	0.8	0.0	0.0	0.8
Memorandum item					
Unemployment rate[4]	9.8	10.3	10.2	10.5	10.4

1. As a percentage of labour force, metropolitan France.
2. In the total economy.
3. Harmonised index of consumer prices excluding food, energy, alcohol and tobacco.
4. As a percentage of labour force, national unemployment rate, includes overseas departments.

Source: OECD Economic Outlook 97 database.

StatLink http://dx.doi.org/10.1787/888933221907

Das außenwirtschaftliche Umfeld hat sich verbessert

Frankreich erfreut sich einer leichten Expansion, die durch ein sich verbesserndes außenwirtschaftliches und finanzielles Umfeld unterstützt wird. Die Exporte belebten sich Ende 2014 unter dem Einfluss eines stärkeren Welthandels, und im ersten Quartal nahm auch der Verbrauch zu, was den Einkommenseffekten der niedrigeren Ölpreise und der witterungsbedingt vergleichsweise geringen Energienachfrage zuzuschreiben war. Der Anstieg der Arbeitslosigkeit verlangsamte sich, hauptsächlich auf Grund von subventionier-

France

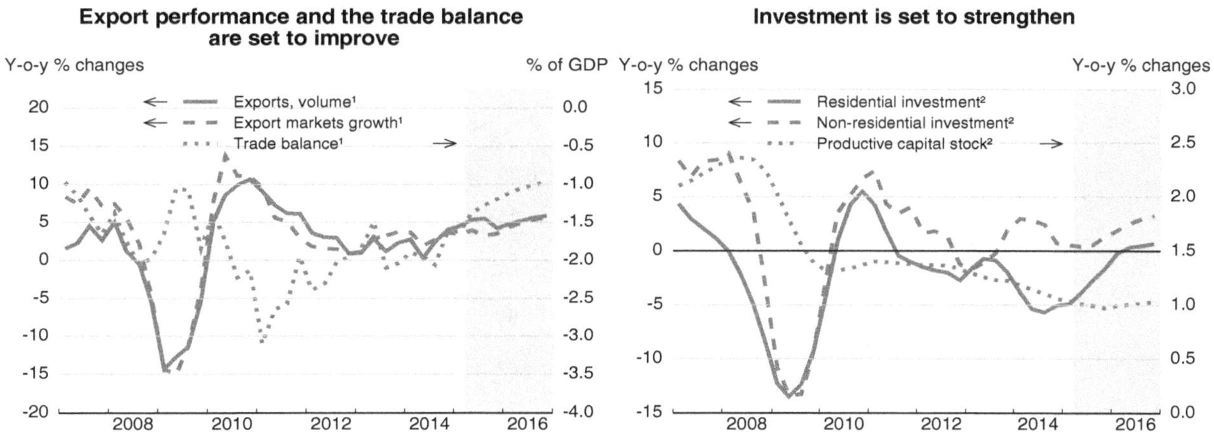

1. Goods and services.
2. In volume.

Source: OECD Economic Outlook 97 database.

StatLink http://dx.doi.org/10.1787/888933221019

France: **Financial indicators**

	2012	2013	2014	2015	2016
Household saving ratio, gross[1]	14.9	14.7	15.6	15.5	15.1
General government financial balance[2]	-4.8	-4.1	-4.0	-3.8	-3.2
General government gross debt[2]	111.8	111.4	120.4	121.9	122.8
General government debt, Maastricht definition[2]	89.6	92.2	95.5	97.0	97.9
Current account balance[2]	-1.5	-1.4	-1.0	-0.5	-0.3
Short-term interest rate[3]	0.6	0.2	0.2	0.0	0.0
Long-term interest rate[4]	2.5	2.2	1.7	0.6	0.7

1. As a percentage of disposable income (gross saving).
2. As a percentage of GDP at market value.
3. 3-month interbank rate.
4. 10-year benchmark government bonds.

Source: OECD Economic Outlook 97 database.

StatLink http://dx.doi.org/10.1787/888933221912

ten Arbeitsplätzen für Jugendliche und Geringqualifizierte im nichtgewerblichen Sektor. Die hohe Arbeitslosigkeit und die großen Kapazitätsüberhänge ließen den Preisauftrieb jedoch trotz der sehr akkommodierenden monetären Bedingungen im Euroraum weiter sinken.

Die Euroabwertung gibt den französischen Exporten direkt Auftrieb und stärkt Frankreichs Exportmärkte im Euroraum. Das Handelsbilanzdefizit liegt nunmehr bei rd. 1,6% des BIP, verglichen mit einem Höchststand von 3% des BIP im Jahr 2011. Auch die niedrigeren

France: **Demand and output**

	2013	2014	2015	2016	Fourth quarter 2014	Fourth quarter 2015	Fourth quarter 2016
	Current prices € billion	Percentage changes from previous year, volume (2010 prices)					
GDP at market prices	2 117.9	0.2	1.1	1.7	0.0	1.5	1.9
Private consumption	1 176.3	0.7	1.6	1.7	0.6	1.7	2.1
Government consumption	508.1	1.5	1.2	0.3	1.6	0.6	0.3
Gross fixed investment	468.6	-1.2	-0.6	1.8	-2.1	0.5	2.2
Public	84.9	-6.9	-1.6	0.4	-7.3	0.6	0.4
Residential	113.9	-5.0	-3.3	0.3	-5.1	-1.6	0.7
Non-residential	269.8	2.2	0.7	2.7	0.7	1.3	3.2
Final domestic demand	2 153.0	0.5	1.1	1.4	0.2	1.2	1.7
Stockbuilding[1]	4.5	0.2	0.3	0.0			
Total domestic demand	2 157.4	0.7	1.3	1.3	0.4	1.6	1.7
Exports of goods and services	604.0	2.4	4.9	5.3	4.0	4.2	5.8
Imports of goods and services	643.6	3.9	5.5	4.2	5.0	4.3	4.9
Net exports[1]	- 39.6	-0.5	-0.3	0.3			

Note: Detailed quarterly projections are reported for the major seven countries, the euro area and the total OECD in the Statistical Annex.

1. Contributions to changes in real GDP, actual amount in the first column.

Source: OECD Economic Outlook 97 database.

StatLink http://dx.doi.org/10.1787/888933221921

Energiepreise lassen die Binnen- ebenso wie die Exportnachfrage steigen. Zugleich ist eine deutliche Verbesserung von Konsum- und Geschäftsklima festzustellen, auch wenn beide Indikatoren immer noch deutlich unter ihren längerfristigen Durchschnittswerten liegen. Der private Verbrauch beginnt sich allmählich zu erholen, obwohl die hohe Arbeitslosigkeit 2014 zu einem Anstieg des Vorsorgesparens geführt hatte. Die Unternehmensinvestitionen dürften ebenfalls auf diesen Trend einschwenken, wenn die Kreditbedingungen weiter gelockert werden und die Unsicherheit über die Nachfrageentwicklung und die Reformagenda schwindet. Auch vorübergehende auf nationaler Ebene verabschiedete fiskalische Maßnahmen für den Zeitraum 2015-2016, eine Vielzahl struktureller Veränderungen, die die Ertragslage der Unternehmen verbessern sollen (siehe unten), sowie der Juncker-Plan zur EU-weiten Mobilisierung von Investitionen dürften zur Ankurbelung der Investitionstätigkeit beitragen.

Das Tempo der Haushaltskonsolidierung hat nachgelassen

Die Haushaltsungleichgewichte haben abgenommen, es müssen jedoch weitere Anstrengungen unternommen werden, um die Steuerbelastung zu verringern und die Staatsverschuldung auf einen klaren Abwärtstrend zu lenken. Der Umfang der strukturellen Konsolidierung im Zeitraum 2015-2016 wird wohl nur noch 1% des BIP betragen, was angesichts der schwachen Erholung im Großen und Ganzen angemessen ist. Auf der Ausgabenseite können dank niedriger Zinszahlungen auf die öffentlichen Schulden sowie der Rentenreform von 2010 Einsparungen erzielt werden; in die gleiche Richtung wirken auch die nach wie vor eingefrorenen Grundgehälter für öffentlich Bedienstete auf Ebene der Zentralregierung sowie Anstrengungen zur Eindämmung der Gesundheitsausgaben. Diese Einsparungen werden jedoch z.T. durch den allmählichen Ausbau des *Crédit d'Impôt pour la Compétitivité et l'Emploi* (CICE) ausgeglichen, einer Steuergutschrift zur Förderung der Wettbewerbsfähigkeit, durch die sich die Arbeitskosten für Beschäftigte mit geringem oder mittlerem Lohnniveau verringern. Zugleich dürften die Steuereinnahmen infolge von Einkommensteuerermäßigungen für Niedrigeinkommenshaushalte, niedrigeren Arbeitgeberbeiträgen zur Sozialversicherung sowie einer leichten Körperschaftsteuersenkung zurückgehen.

Der Arbeitsmarkt sollte bei den Strukturreformen Priorität haben

Auf mittlere Sicht wird es entscheidend auf einen stärkeren Arbeitsmarkt, Vereinfachungen der Verwaltungs- und Regulierungsverfahren und eine weitere Senkung der öffentlichen Ausgaben im Verhältnis zum BIP ankommen, um Wachstumsaussichten, Vertrauen und Investitionstätigkeit zu festigen. Der CICE und die im Rahmen des Verantwortungs- und Solidaritätspakts (*Pacte de Responsablité et de Solidarité*) vorgesehenen Senkungen der Sozialversicherungsbeiträge werden die Arbeitskosten um rd. 1,4% des BIP verringern, wenn sie 2016 in vollem Umfang in Kraft treten. Diese Maßnahmen werden Frankreichs internationale Wettbewerbsfähigkeit verbessern; ihr Effekt könnte jedoch trotz erheblicher Kapazitätsüberhänge durch ein dynamisches Lohnwachstum teilweise aufgehoben werden. Zur Wiederherstellung der Wettbewerbsfähigkeit und Erhöhung der Produktivität sind ambitioniertere Strukturreformen nötig, einschließlich weiterer Ausgabenkürzungen auf mittlere Sicht zur Schaffung von fiskalischem Spielraum für Steuersenkungen. Fortgesetzte Anstrengungen zur Verringerung der regulatorischen Belastung und Steigerung des Wettbewerbs sind zu begrüßen und erhöhen den Effekt der Arbeitskosten- und Unternehmensteuersenkungen. Sie müssen jedoch wesentlich weiter gehen. Das Kompetenzniveau der Bevölkerung muss angehoben werden, um das langfristige Wachstum zu fördern und das Wachstum inklusiver zu gestalten. Insbesondere sollte die Regierung die Berufsausbildungen im Sekundarbereich deutlich ausweiten und ein wirkungsvolles Qualitätssicherungssystem für Anbieter von Erwachsenenbildung entwickeln, wie dies auch geplant ist.

Die Erholung wird von den Exporten und vom Verbrauch angeführt

Ein sich verbesserndes finanzielles Umfeld dürfte zusammen mit der Euroabwertung, den Einkommenseffekten niedrigerer Energiepreise und der Verlangsamung der Haushaltskonsolidierung den Exporten und dem Wachstum des privaten Verbrauchs Auftrieb geben. Angesichts einer etwas nachlassenden Unsicherheit werden sich die Unternehmensinvestitionen nach und nach beschleunigen und die Erholung so auf ein tragfähigeres Fundament stellen. Die Arbeitslosigkeit wird noch etwas ansteigen, bevor sie im weiteren Verlauf von 2015 dann allmählich nachgeben wird. Der Rückgang des Leistungsbilanzdefizits dürfte sich fortsetzen, da die Energiekosten sinken und Frankreichs Exportmarktanteil dank der Euroabwertung und der verbesserten kostenmäßigen Wettbewerbsfähigkeit leicht expandiert.

Bei den zentralen Projektionen bestehen mehrere Risiken. Das Strukturreformprogramm könnte das Vertrauen stärker festigen als hier unterstellt und so Verbrauch und Unternehmensinvestitionen deutlicher ankurbeln. Die quantitative Lockerung der Geldpolitik im Euroraum könnte zu einer weiteren Währungsabwertung führen, unter deren Einfluss die Nachfrage von Seiten der wichtigsten Exportmärkte steigen würde. Auch ein weiterer Ölpreisrückgang hätte erhebliche positive Einkommenseffekte. Und da die Sparquote der privaten Haushalte nach wie vor hoch ist, besteht Spielraum für eine Belebung des privaten Verbrauchs, wenn die Konjunkturwende fester Tritt fasst. Sollten die Strukturreformen jedoch schlecht kommuniziert oder nicht energisch genug umgesetzt werden und sollten sie nicht ausreichen, um das Vertrauen zu festigen, könnte die Erholung zum Erlahmen kommen. Außerdem könnte der Effekt der schwachen Ertragslage der Unternehmen, der Kontraktion am Wohnungsmarkt und der politischen Unsicherheit über Erwarten stark ausfallen, während ein höherer Wechselkurs und höhere Energiepreise als hier unterstellt zugleich die Wirtschaftstätigkeit belasten würden.

GRIECHENLAND

Das Wirtschaftswachstum wird 2015 schwach bleiben, da die Unsicherheit im Hinblick auf das Reformprogramm und die zunehmend schlechtere Liquiditätslage das Geschäftsklima und die Investitionstätigkeit beeinträchtigen. 2016 wird es unter dem Einfluss einer Erholung der Exporte und Investitionen und einer wiedererstarkenden Reformdynamik zu einer Wachstumsbelebung und einem leichten Rückgang der Arbeitslosigkeit kommen. Angesichts der erheblichen Kapazitätsüberhänge in der Wirtschaft wird sich die Deflation 2015 fortsetzen.

Die Schuldenlast wird sehr hoch bleiben; um fiskalische Tragfähigkeit sicherzustellen, muss vorerst an einer restriktiven Haushaltspolitik festgehalten werden. Die Haushaltspolitik sollte einen kleinen Primärüberschuss anstreben. Zur Steigerung der Staatseinnahmen ist eine Reform des Steuersystems und des Steuereinzugs unverzichtbar, während weitere Rentenreformen dazu beitragen würden, die Ausgaben einzudämmen. Strukturreformen zum Abbau von Wettbewerbs- und Investitionshemmnissen würden der Exporttätigkeit zugute kommen und für die Schaffung qualitativ höherwertiger Arbeitsplätze sorgen. Sozialpolitische Reformen sollten eine gerechte Verteilung von Kosten und Nutzen der Anpassungen anstreben.

Die Erholung der Investitionstätigkeit hängt in entscheidendem Maße von der Stärkung des Geschäftsklimas und einer beschleunigten Umsetzung von Strukturreformen ab. Eine Verbesserung des Kreditzugangs ist ebenfalls unerlässlich. Daher ist es von zentraler Bedeutung, das Problem des hohen Volumens an notleidenden Krediten zu lösen und so das Bankensystem zu stabilisieren.

Bei der Wachstumsentwicklung zeichnet sich langsam eine Trendwende ab

Nach einer überaus tiefen Rezession legte die Wirtschaftstätigkeit 2014 auf Grund einer guten Entwicklung im Fremdenverkehr, einer Erholung des privaten Konsums und der Investitionstätigkeit und eines verbesserten Geschäfts- und Konsumklimas an Schwung zu. Die Arbeitslosenquote geht zwar mittlerweile zurück, ist aber mit 26% immer noch sehr hoch. Die Verbraucherpreisinflation liegt nach wie vor im negativen Bereich, was auf

Greece

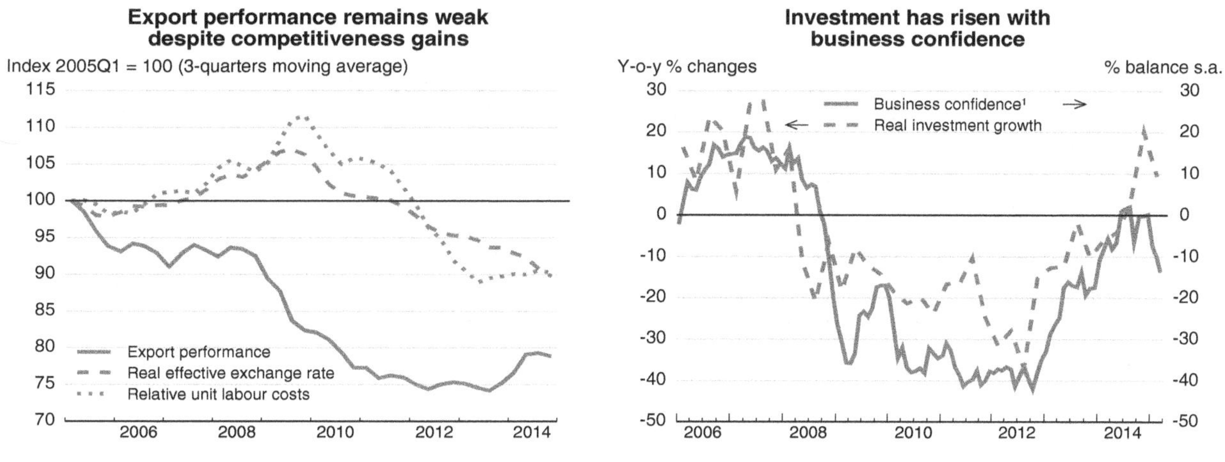

1. Unweighted average of data for manufacturing industry, construction, trade and business-related services.

Source: *OECD Economic Outlook 97 database*; and *OECD National Account Database*.

StatLink http://dx.doi.org/10.1787/888933221048

Greece: **Demand, output and prices**

	2011	2012	2013	2014	2015	2016
	Current prices € billion	Percentage changes, volume (2010 prices)				
GDP at market prices	208.0	-6.6	-4.0	0.7	0.1	2.3
Private consumption	145.1	-7.9	-2.2	1.4	0.9	1.1
Government consumption	44.2	-6.7	-5.1	-0.8	-1.7	-0.9
Gross fixed capital formation	32.2	-28.5	-9.5	3.0	0.6	5.0
Final domestic demand	221.5	-10.6	-3.6	1.2	0.3	1.1
Stockbuilding[1,2]	1.0	1.1	-1.2	-0.6	-0.5	0.0
Total domestic demand	222.4	-9.6	-4.5	0.6	0.0	1.2
Exports of goods and services	53.2	1.0	1.5	8.8	2.3	7.8
Imports of goods and services	67.7	-9.4	-2.9	7.4	3.5	4.0
Net exports[1]	- 14.5	3.3	1.4	0.2	-0.5	1.1
Memorandum items						
GDP deflator	_	0.0	-2.3	-2.6	-1.1	-0.2
Harmonised index of consumer prices	_	1.0	-0.9	-1.4	-1.4	0.3
Private consumption deflator	_	0.8	-1.6	-2.2	-0.6	0.1
Unemployment rate	_	24.4	27.5	26.5	25.7	24.7
General government financial balance[3,4]	_	-8.7	-12.3	-3.6	-3.4	-2.8
General government gross debt[5]	_	166.2	182.0	184.1	187.9	187.6
General government debt, Maastricht definition[3]	_	156.8	175.1	177.4	180.0	178.1
Current account balance[6]	_	-2.5	0.6	0.9	2.1	2.8

1. Contributions to changes in real GDP, actual amount in the first column.
2. Including statistical discrepancy.
3. National Accounts basis, as a percentage of GDP.
4. The data for the years 2012 and 2013 include the total impact of government support to financial institutions. Data also include Eurosystem bank profits on Greek government bonds remitted back to Greece.
5. As a percentage of GDP at market value.
6. On settlement basis, as a percentage of GDP.

Source: OECD Economic Outlook 97 database.

StatLink http://dx.doi.org/10.1787/888933222169

große Kapazitätsüberhänge, die Senkung indirekter Steuern sowie Produktmarktreformen, durch die sich die ökonomischen Renten verringern, zurückzuführen ist. Die Lohnstückkosten fallen weiter, doch die höhere Wettbewerbsfähigkeit schlägt sich auf Grund der verbleibenden Wettbewerbshemmnisse und Restriktionen im Verkehrswesen bislang kaum in einer Steigerung der Exporte nieder.

Der öffentliche Schuldenstand liegt bei über 175% des BIP und bleibt damit extrem hoch. Zwar ist die Zinslast relativ gering, doch die hohen Tilgungsverpflichtungen stellen auf kurze Sicht ein Risiko für die makroökonomische und finanzielle Stabilität dar. Durch die Haushaltskonsolidierung ist es gelungen, 2014 einen Primärüberschuss von 0,4% des BIP zu erzielen und das Haushaltsdefizit auf 3,6% zu verringern. Damit wurden jedoch die Zielvorgaben verfehlt, da sich der Steuereinzug nach wie vor problematisch gestaltet. Im Bankensystem wird das Kreditwachstum weiterhin durch das hohe Volumen an notleidenden Krediten gehemmt, während die Unsicherheit über eine Einigung mit den Geldgebern in den letzten Monaten einen massiven Abzug von Bankeinlagen zur Folge hatte.

Weitere Strukturreformen sind nötig, um inklusives Wachstum zu fördern

Die Haushaltskonsolidierung wird nachlassen, wenngleich die Regierung zu Recht einen kleinen Primärüberschuss anstrebt. Weitere Reformen, die die Effizienz der öffentlichen Verwaltung und die Zusammensetzung der Konsolidierungsmaßnahmen verbessern, können die Auswirkungen der restriktiven Haushaltspolitik auf das Wachstum abmildern und es inklusiver gestalten. Um der Steuerhinterziehung zu begegnen und die Staatseinnahmen zu steigern, ist eine Steuerreform erforderlich. Ein breiter angelegtes, gut konzipiertes soziales Sicherungsnetz würde den bedürftigsten Bevölkerungsgruppen helfen und für eine gerechtere Verteilung von Kosten und Nutzen der Anpassungen sorgen. Eine Reform des Rentensystems durch Einschränkung der Sonderregelungen für einige Berufsgruppen würde die fiskalische Tragfähigkeit stärken und Ungleichheiten verringern.

Wenn es Griechenland nicht gelingt, eine Lösung für das Problem der notleidenden Kredite im Bankensektor zu finden, könnten sich die Kreditvergabebedingungen weiter verschlechtern und das Investitions- und Konsumwachstum schmälern. Wahrscheinlich könnte ein erheblicher Anteil der notleidenden Kredite im Privatsektor, wo die Verschuldung relativ niedrig ist, eingetrieben werden. Die Optimierung von Insolvenzverfahren sowie Verbesserungen bei außergerichtlichen Einigungen würden dazu beitragen, das Problem der notleidenden Kredite zu lösen. Ein Abbau der Regulierung in den Netzindustrien, insbesondere im Energie- und Verkehrssektor, würde den Wettbewerb, die Exporte und die Beschäftigungsschaffung ankurbeln. Auch das allgemeine Geschäftsklima muss weiter verbessert werden.

Die Wachstumsaussichten werden durch Unsicherheit belastet

Auch wenn man eine Einigung mit den Gläubigern unterstellt, wird das Wachstum 2015 schwach bleiben. Das Investitions- und Konsumwachstum wird durch die Verschlechterung der Kreditvergabebedingungen und das getrübte Vertrauensklima beeinträchtigt. Die Verbesserung der Wettbewerbsfähigkeit wird bei Ausbleiben von Strukturreformen zum Abbau von Handels- und Investitionshemmnissen nicht ausreichen, um die Exporte zu steigern. 2016 dürfte die Erholung an Stärke gewinnen. Die Exportwirtschaft, insbesondere der Fremdenverkehr, und die Investitionstätigkeit werden von den Strukturreformen und der Erholung im Euroraum profitieren. Die Teuerungsrate wird 2015 angesichts großer Kapazitätsüberhänge negativ bleiben, dürfte sich aber 2016 unter dem Einfluss einer wirtschaftlichen Erholung allmählich erhöhen.

Die Reformumsetzung ist nach wie vor eine Herausforderung. Bleibt sie jedoch aus, wird dadurch das Wachstum beeinträchtigt. Eine solide und glaubwürdige Umsetzung von Reformen würde dagegen das Wachstum ankurbeln. Die Exporte könnten höher als erwartet ausfallen, da die Effekte, die von der Verbesserung der Wettbewerbsfähigkeit ausgehen, möglicherweise unterschätzt werden. Ein potenzielles Risiko für die Projektionen besteht darin, dass Griechenland möglicherweise keine zufriedenstellende Einigung mit seinen öffentlichen Gläubigern erzielt. Zumindest auf kurze Sicht würde ein solches Ergebnis einen erheblichen Rückgang der gesamtwirtschaftlichen Produktion und der Haushaltseinkommen verursachen.

INDIEN

Das Wirtschaftswachstum wird unter dem Einfluss einer Belebung der Investitionstätigkeit auf hohem Niveau verharren. Das Haushaltskonsolidierungsziel für das Finanzjahr 2015/2016 wurde gelockert, um höhere Infrastrukturinvestitionen zu ermöglichen. Strukturreformen zur Erleichterung unternehmerischer Tätigkeit und die Initiative „Make in India“ dürften unterdessen die Unternehmensinvestitionen fördern. Das Exportwachstum wird durch die Währungsaufwertung gebremst. Der Rückgang der Ölpreise wird die Spannungen bei Leistungsbilanz, Inflation und Subventionen verringern.

Um die notwendigen öffentlichen Investitionen in die materielle und soziale Infrastruktur zu finanzieren, bedarf es einer größeren öffentlichen Ausgabeneffizienz und höherer Staatseinnahmen. Eine Konsolidierung der öffentlichen Haushalte würde es den zuständigen staatlichen Stellen gestatten, die Auflagen zu lockern, die Banken dazu verpflichten, Staatsanleihen zu halten. Damit stünden mehr Mittel für die private Kreditvergabe zur Verfügung. Die Subventionen für Nahrungsmittel, Düngemittel und Mineralölprodukte sollten gezielter ausgerichtet werden, und die geplanten Reformen von Umsatzsteuer (GST) und Körperschaftsteuer sollten rasch umgesetzt werden. Der Rückgang der Inflationserwartungen schafft Spielraum für eine Lockerung der Geldpolitik, während durch Maßnahmen zur Lösung des Problems der notleidenden Kredite die geldpolitische Transmission gestärkt würde.

Die Investitionstätigkeit ist 2014 nicht wieder angesprungen, was auf Infrastrukturprobleme sowie Verzögerungen in den Verwaltungsverfahren zurückzuführen war. Die Regierung hat den Kohlesektor dereguliert, Maßnahmen zur Verbesserung des Geschäftsumfelds ergriffen und neue Wirtschaftszweige für ausländische Direktinvestitionen geöffnet, darunter das Baugewerbe, den Schienenverkehr und das Versicherungswesen. Der Haushalt für 2015/2016 sieht eine Erhöhung der Investitionen in das Schienenverkehrsnetz vor. Um die Unternehmensinvestitionen anzukurbeln, sind weitere Reformen zur Verringerung der Unsicherheit in Bezug auf den Landerwerb und das Steuerrecht sowie zur Erhöhung der Qualität des Strom- und Verkehrssystems notwendig.

India

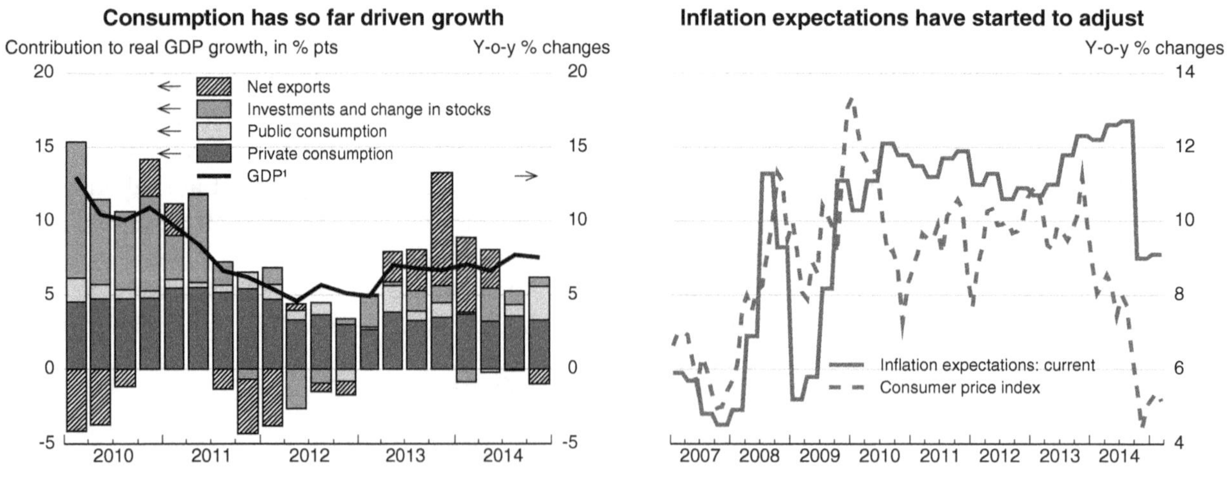

1. Year-on-year percentage changes; at market price in volume terms.
Source: Central statistics Office; and Reserve Bank of India.

StatLink http://dx.doi.org/10.1787/888933221072

India: **Demand, output and prices**

	2011	2012	2013	2014	2015	2016
	Current prices Indian Rupee trillions	Percentage changes, volume (2012 prices)				
GDP at market prices	85.6	5.1	6.9	7.2	7.3	7.4
Private consumption	48.9	5.5	6.2	6.0	6.9	6.9
Government consumption	9.5	1.7	8.2	8.1	6.8	6.1
Gross fixed capital formation	28.7	-0.3	3.0	4.7	7.0	8.2
Final domestic demand	87.1	3.2	5.4	5.8	6.9	7.2
Stockbuilding[1]	3.3	0.1	-0.1	0.0	0.0	0.0
Total domestic demand	90.4	5.0	2.4	6.6	6.7	7.2
Exports of goods and services	20.5	6.7	7.3	1.3	6.9	7.3
Imports of goods and services	25.3	6.0	-8.4	-0.5	4.6	6.1
Net exports[1]	- 4.8	0.0	1.2	0.1	0.1	0.1
Memorandum items						
GDP deflator	_	7.6	6.3	3.8	4.8	5.1
Consumer price index	_	10.2	9.5	6.4	5.7	5.3
Wholesale price index (WPI)[2]	_	7.4	6.0	2.6	2.9	4.1
General government financial balance[3,4]	_	-6.8	-7.1	-6.6	-6.2	-5.9
Current account balance[3]	_	-4.8	-1.7	-1.4	-1.2	-1.4

Note: Data refer to fiscal years starting in April.
1. Contributions to changes in real GDP, actual amount in the first column.
2. All commodities index.
3. As a percentage of GDP at market value.
4. Gross fiscal balance for central and state governments.

Source: OECD Economic Outlook 97 database.

StatLink http://dx.doi.org/10.1787/888933222373

Das Wachstum wird vom öffentlichen und privaten Verbrauch getragen

Indien ist inzwischen eine der am stärksten expandierenden Volkswirtschaften weltweit. Das Wachstum, das mit der Einführung der neuen Regeln für die Volkswirtschaftliche Gesamtrechnung deutlich nach oben revidiert wurde, wird vom öffentlichen und privaten

India

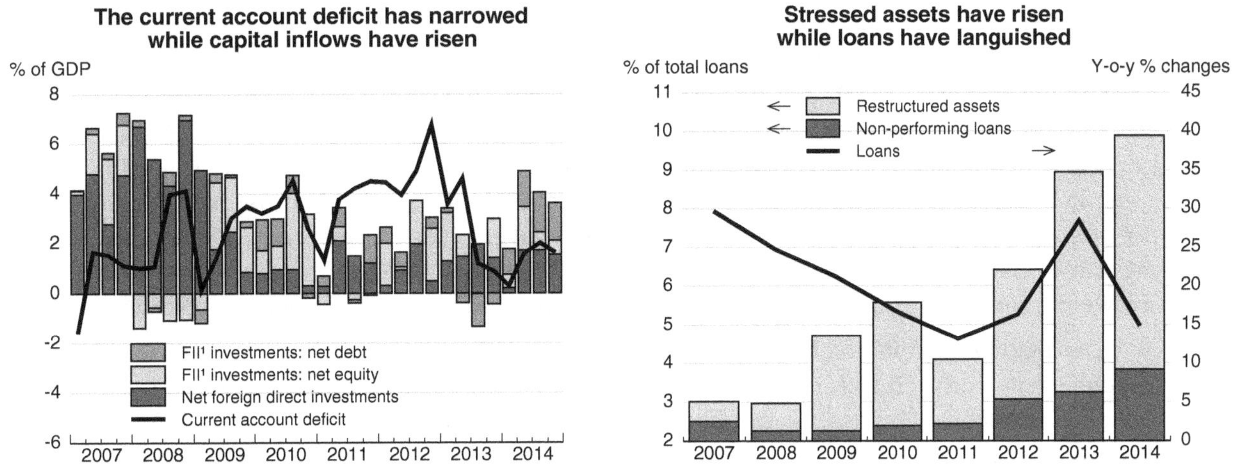

1. FII stands for foreign institutional investor.

Source: Central Statistics Office; Securities and Exchange Board of India; and Reserve Bank of India.

StatLink http://dx.doi.org/10.1787/888933221085

Verbrauch getragen. Die Investitions- und Exporttätigkeit verlief jedoch schleppend, vor allem in den letzten beiden Quartalen von 2014.

Die Inflation hat weiter nachgegeben, wozu niedrigere Öl- und sonstige Rohstoffpreise sowie ein verhaltenes Wachstum der Mindeststützungspreise und der Löhne in der Landwirtschaft beigetragen haben. Die am Verbraucherpreisindex gemessene Gesamtinflation schwankt seit Ende 2014 um die 5%, womit sie in etwa bei der Hälfte ihres Durchschnittsniveaus der Zeit seit 2008 liegt. Die Kerninflation tendiert nach unten, was auf die Zweitrundeneffekte der gesunkenen Ölpreise zurückzuführen ist. Die Inflationserwartungen haben ebenfalls zu sinken begonnen.

Die außenwirtschaftliche Vulnerabilität hat sich verringert. Das Leistungsbilanzdefizit hat zu schrumpfen begonnen, was außer auf den Rückgang der Öl- und sonstigen Rohstoffpreise sowie der Goldimporte auch auf die schwache Investitionstätigkeit zurückzuführen war. Die Rupie hat real effektiv aufgewertet, und die Exporttätigkeit war schwach. Ende 2014 wurde das Leistungsbilanzdefizit in vollem Umfang durch Nettodirektinvestitionszuflüsse aus dem Ausland finanziert. Die Portfoliokapitalzuflüsse entwickelten sich ebenfalls kräftig – vor allem im Bereich der Schuldtitel –, insgesamt bewegen sich Indiens Auslandsverbindlichkeiten als Anteil am BIP aber immer noch auf niedrigem Niveau im Vergleich zu anderen aufstrebenden Volkswirtschaften. Die Devisenreserven wurden aufgefüllt.

Die politischen Rahmenbedingungen werden investitionsfreundlicher

Das Gesamtdefizit auf Ebene der Zentralregierung und der Bundesstaaten ist nach wie vor hoch, seine Struktur verbessert sich jedoch. Die Regierung hat 2014 den Rückgang der Ölpreise genutzt, um die Subventionen für Dieselkraftstoffe abzuschaffen und die Energiesteuern anzuheben. Mit dem Haushalt für das Finanzjahr 2015/2016 hat die Zentralregierung die Haushaltskonsolidierung aufgeschoben und Pläne zur Erhöhung der Infrastrukturinvestitionen, insbesondere im Verkehrswesen, angekündigt. Sie beabsichtigt ferner, die Körperschaftsteuer im Verlauf der kommenden vier Jahren von 30% auf 25% zu senken. Zusammen mit der geplanten Einführung einer allgemeinen Umsatzsteuer (GST) für ganz Indien im April 2016 dürften diese Maßnahmen den Unternehmensinvestitionen Auftrieb geben.

Um die Wirksamkeit der öffentlichen Ausgaben zu erhöhen, sind mehr Reformen nötig. Subventionen – insbesondere für Düngemittel, Nahrungsmittel und Energieprodukte (ohne Diesel) – zehren weiterhin einen großen Teil der öffentlichen Ressourcen auf. Die Umstellung auf gezieltere Transfers in Form von Geldleistungen sollte daher zu den Prioritäten gehören. Durch die Einführung einer einheitlichen Identifikationsnummer für alle Bürger und die Schaffung von Bankkonten für Arme werden „Subventionslecks" geschlossen und kann die Zielgenauigkeit der Transferleistungen verbessert werden. Die öffentlichen Ausgaben könnten verstärkt in die soziale Infrastruktur geleitet werden, u.a. in die öffentliche Gesundheitsversorgung, wo das Ausgabenniveau immer noch sehr niedrig ist. Zur Konsolidierung der öffentlichen Haushalte wird die Regierung die Steuerbasis ausweiten und Anstrengungen zur Erhöhung der Steuerdisziplin unternehmen müssen.

Der flexible geldpolitische Rahmen der direkten Inflationssteuerung wurde offiziell beschlossen, wodurch sich die Glaubwürdigkeit der indischen Zentralbank erhöht. Die Zentralbank hat den Reposatz seit Anfang 2015 in zwei Schritten auf 7,5% gesenkt, und die vorgeschriebene Liquiditätsquote (*Statutory Liquidity Ratio* – SLR), die die Banken zwingt, Staatsanleihen zu halten, wurde auf 21,5% ihres Portfolios herabgesetzt. Die realen Zinsen sind jedoch gestiegen, und die Bankzinsen reagierten nur langsam auf die Senkungen des Reposatzes, während das Kreditwachstum schwächelte. Die geldpolitische Transmission könnte verbessert werden, wenn die SLR weiter gesenkt und der steigenden Belastung begegnet würde, die sich aus den notleidenden Krediten ergibt.

Weitere Strukturreformen würden der Investitionstätigkeit Auftrieb geben und eine Ressourcenreallokation zu Gunsten produktiverer Sektoren ermöglichen. Die jüngst ergriffenen Maßnahmen zur Versteigerung von Kohlebergwerken in Staatsbesitz, zur Teilprivatisierung von Coal India und zur Deregulierung der ausländischen Direktinvestitionen in mehreren Wirtschaftszweigen dürften die Investitionen beleben. Das reicht jedoch nicht aus. Eine Straffung der sehr langwierigen Insolvenzverfahren würde den Rückstau an notleidenden Krediten verringern, so dass den Banken mehr Mittel zur Finanzierung neuer Projekte zur Verfügung stünden. Auch mit einer Reform der Verfahren für den Landerwerb und einer Beschleunigung der Verfahren für Umwelt- und Sozialverträglichkeitsgenehmigungen könnten die Verzögerungen bei den Investitionsprojekten verringert werden.

Neue Anstrengungen sind nötig, um das Wachstum inklusiver zu gestalten. Die Arbeitsgesetze sind streng und kompliziert. Die Mehrzahl der Arbeitskräfte fällt nicht in den Geltungsbereich der zentralen Arbeitsschutzgesetze und hat keine soziale Sicherung. Durch eine Reform und Vereinfachung des Arbeitsrechts könnten die Hindernisse für bessere Arbeitsplätze im formalen Sektor verringert werden. Außerdem könnte dies zur Sicherung gleicher Beschäftigungsmöglichkeiten für Frauen beitragen. Durch die Ausdehnung der Frauenquoten auf die Abgeordnetenhäuser auf nationaler und bundesstaatlicher Ebene sowie eine bessere Umsetzung der bestehenden Gesetze gegen die Diskriminierung von Frauen könnte die sehr niedrige Frauenerwerbsbeteiligung erhöht werden. Dadurch könnten Frauen stärker an Wirtschaft und Gesellschaft teilhaben. Durch eine Erhöhung der Zahl der Fachkräfte im Gesundheitswesen und Anhebung der öffentlichen Ausgaben für die Gesundheitsversorgung, vor allem in ländlichen Gebieten und städtischen Slums, die unter Unterversorgung leiden, könnte der Gesundheitszustand der Bevölkerung insgesamt verbessert werden.

Die Beschleunigung des Wachstums hängt von Fortschritten bei den Strukturreformen ab

Das Wachstum wird voraussichtlich stark bleiben, und die Industrieproduktion entwickelt sich kräftiger. Umfragedaten lassen darauf schließen, dass unterbrochene Investitionsvorhaben nun allmählich wieder aufgenommen werden, vor allem im Strom- und Verkehrssektor sowie im Verarbeitenden Gewerbe. Geschäfts- und Konsumklima hellen sich auf. Unter dem Einfluss einer Verschiebung vom Verbrauch hin zu den Investitionen, insbesondere im öffentlichen Sektor, dürfte das Wachstum insgesamt ausgewogener werden. Die Erholung der Investitionstätigkeit wird die Einfuhren beleben, während die Exportwirtschaft von den günstigeren Aussichten bei den Handelspartnern profitieren dürfte. Die reale effektive Aufwertung der Rupie wird allerdings die Handelsergebnisse beeinträchtigen. Die Inflation wird gedämpft bleiben, könnte aber volatil sein.

Die Wirtschaft könnte um über 8% expandieren, falls ambitionierte Strukturreformen, insbesondere in Bezug auf die allgemeine Umsatzsteuer, den Landerwerb und die Arbeitsgesetzgebung, vom Parlament beschlossen würden. Ungünstige Witterungsbedingungen könnten die Einkommen auf dem Land und die Nachfrage schwächen, die Armut erhöhen und zu Spannungen bei der Inflation und im Haushalt führen. Die Abnahme der außenwirtschaftlichen Vulnerabilität dürfte zwar zu mehr Vertrauen und Wachstum führen, da manche Unternehmen aber immer noch stark verschuldet sind und über große nichtabgesicherte Fremdwährungspositionen verfügen, könnten starke Wechselkursbewegungen das Wachstum beeinträchtigen.

INDONESIEN

Das Wirtschaftswachstum hat sich in den letzten Quartalen verlangsamt, die Wirtschaftstätigkeit wird sich im späteren Jahresverlauf 2015 aber voraussichtlich beleben und 2016 stärker zulegen, wenn die öffentlichen Ausgaben an Dynamik gewinnen, das Vertrauen wieder wächst und der expansive Effekt der jüngsten Abwertung der indonesischen Rupiah zum Tragen kommt. Die Inflation, die nach der Abschaffung der Kraftstoffsubventionen in die Höhe schnellte, nimmt inzwischen wieder ab, großenteils auf Grund des Rückgangs der Energiepreise. Sie dürfte jedoch auf hohem Niveau verharren, da die gesunkenen Energiepreise durch den Effekt der jüngsten Währungsabwertung ausgeglichen werden. Der Wechselkurs könnte instabil bleiben, da nach wie vor außenwirtschaftliche Ungleichgewichte bestehen.

Sollte sich die Konjunktur weiter abschwächen, ist erheblicher Spielraum für fiskalische Impulse vorhanden, ohne dass die Defizitgrenze von 3% des BIP überschritten werden müsste. Die Leitzinsen, die im Februar um ¼ Prozentpunkt gesenkt wurden, werden 2015 voraussichtlich unverändert bleiben und 2016 leicht sinken. Die Strukturreformen zur Verbesserung des Geschäftsumfelds und der Kampf gegen die Korruption müssen fortgesetzt werden – sie sind unerlässlich, um ein inklusiveres Wachstum zu ermöglichen.

Indonesiens künftige Entwicklung wird durch bedenkliche Infrastrukturengpässe behindert, vor allem in den Bereichen Verkehr und Logistik, aber auch in der Stromwirtschaft und der Wasseraufbereitung. Die Abschaffung der Kraftstoffsubventionen sorgte für den nötigen haushaltspolitischen Spielraum für höhere öffentliche Infrastrukturinvestitionen. Zur Beschleunigung der staatlichen Investitionspläne, die Priorität haben, müssen erhebliche politische, administrative und durchführungsbezogene Barrieren überwunden werden.

Die Wirtschaftstätigkeit verläuft weiterhin schleppend

Eine schwache binnen- und außenwirtschaftliche Nachfrage führte dazu, dass das Wirtschaftswachstum in der Tendenz kontinuierlich abnahm. Der Verbrauch der privaten Haushalte wirkte konjunkturstützend, hat sich in den letzten Quartalen aber abgeschwächt. Investitionstätigkeit und Exporte verliefen schleppend, was u.a. den

Indonesia

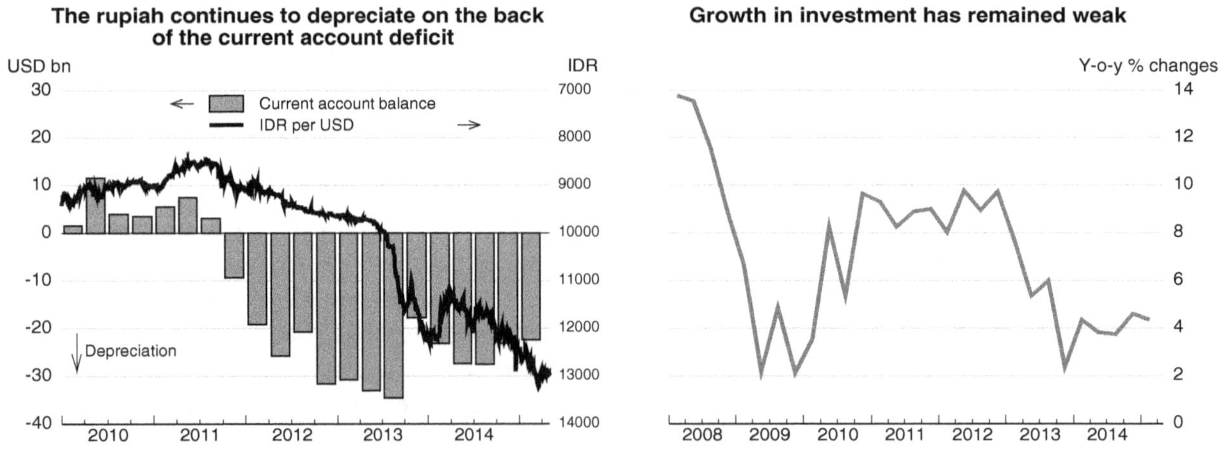

Source: Statistics Indonesia (BPS); *OECD Economic Outlook 97 database*; and Bank Indonesia.

StatLink http://dx.doi.org/10.1787/888933221095

Indonesia: **Demand, output and prices**

	2011	2012	2013	2014	2015	2016
	Current prices Rupiah trillions	Percentage changes, volume (2010 prices)				
GDP at market prices	7 831.7	6.0	5.6	5.0	4.9	5.5
Private consumption	4 340.6	5.5	5.4	5.3	4.9	5.4
Government consumption	709.5	4.5	6.9	2.0	2.9	3.9
Gross fixed capital formation	2 451.9	9.1	5.3	4.1	5.0	6.0
Final domestic demand	7 502.0	6.6	5.5	4.6	4.8	5.5
Stockbuilding[1]	135.9	1.2	-0.4	0.8	-0.3	0.0
Total domestic demand	7 637.9	7.7	5.0	5.3	4.4	5.5
Exports of goods and services	2 061.9	1.6	4.2	1.0	4.6	6.0
Imports of goods and services	1 868.1	8.0	1.9	2.2	2.5	5.9
Net exports[1]	193.8	-1.5	0.6	-0.3	0.5	0.1
Memorandum items						
GDP deflator	_	3.8	4.7	5.4	5.2	4.5
Consumer price index	_	4.3	6.4	6.4	6.2	5.0
Private consumption deflator	_	6.1	6.5	5.1	3.8	4.4
General government financial balance[2]	_	-1.8	-2.1	-2.2	-2.1	-2.0
Current account balance[2]	_	-2.7	-3.1	-3.0	-2.1	-2.2

1. Contributions to changes in real GDP, actual amount in the first column.
2. As a percentage of GDP at market value.
Source: OECD Economic Outlook 97 database.

StatLink http://dx.doi.org/10.1787/888933222384

gesunkenen Rohstoffpreisen zuzuschreiben war. Trotz der Pläne, den durch die jüngsten Subventionskürzungen entstandenen Spielraum zur Erhöhung der Bildungs- und Investitionsausgaben zu nutzen, haben sich die Staatsausgaben noch nicht erholt.

Die tendenzielle Abwertung der Währung setzte sich fort, und der Wechselkurs der Rupiah schwächte sich gegenüber dem US-Dollar in den vergangenen sechs Monaten um weitere 8% ab. Kürzlich hat sich die Währung aber wieder stabilisiert, weil zunehmend damit gerechnet wird, dass sich die Anhebung der Zinsen in den Vereinigten Staaten verzögert, und weil im März ein über Erwarten hoher Handelsüberschuss verzeichnet wurde, der höchste seit 15 Monaten. Dieser Überschuss erklärt sich daraus, dass die Importe in Dollar stärker gesunken sind als die Exporte, was großenteils den niedrigeren Energiepreisen zuzuschreiben war. Die schwächere Exportnachfrage versetzt dem Wachstum der Ausfuhrvolumen ebenfalls einen Dämpfer.

Die Inflation nimmt ab, die Geldpolitik bleibt jedoch abwartend

Der Inflationsanstieg, zu dem es Ende 2014 infolge der fast vollständigen Abschaffung der staatlichen Kraftstoffsubventionen gekommen war, bildet sich inzwischen zurück, die Effekte der Abwertung der Rupiah sowie höherer administrierter Preise sorgen jedoch dafür, dass die Inflation vorerst auf hohem Niveau verharrt. Vor dem Hintergrund zunehmender Besorgnis über eine Verlangsamung des Wirtschaftswachstums hat die Zentralbank ihre Leitzinsen im Februar um 25 Basispunkte gesenkt. Dennoch lag die Kerninflation im März zum ersten Mal seit einiger Zeit wieder über dem Zielkorridor der Zentralbank (4% ±1%), und der Wechselkurs steht immer noch stark unter Druck. Es wird nicht davon ausgegangen, dass vor 2016 weitere Leitzinssenkungen vorgenommen werden. 2016 werden die Leitzinsen dann gesenkt werden müssen, um zu vermeiden, dass das Inflationsziel unterschritten wird. Das Haushaltsdefizit wird sich 2015 voraussichtlich auf 2,1% des BIP belaufen und damit etwas größer sein als 2014. Die leichte Expansion ist als tragfähig und angemessen zu betrachten und lässt, falls nötig, Spielraum für weitere konjunkturstützende Maßnahmen, insbesondere Maßnahmen zur Verringerung der Armut und Verbesserung des Zugangs zu Dienstleistungen für sozialschwache Haushalte.

Der Strukturreformstau nimmt zu

Die Regierung hat eine Reihe prioritärer Reformbereiche richtig identifiziert, darunter die Verbesserung des Geschäftsklimas, die Ankurbelung der Infrastrukturreformen und die Neuausrichtung der Bildung. Insbesondere der Infrastruktur muss dringend Aufmerksamkeit geschenkt werden, vor allem in den Bereichen Logistik und Verkehr. Engpässe im Straßen-, Schienen- und Hafenverkehr behindern die Unternehmen in ihrer Investitionstätigkeit und bei der Teilnahme am internationalen Handel. Die Regierung hat zugesagt, einen großen Teil der Einsparungen, die durch die fast vollständige Abschaffung der Kraftstoffsubventionen im letzten Jahr erzielt werden, für öffentliche Infrastrukturinvestitionen zu verwenden. Die Umsetzung dieser Vorhaben schreitet jedoch nur langsam voran. Vorrang muss daher die Überwindung der politischen, administrativen und durchführungsbezogenen Hindernisse haben.

Das Wachstum wird sich voraussichtlich allmählich beleben

Das Wirtschaftswachstum wird sich den Projektionen zufolge im Jahresverlauf 2015 beleben und 2016 stärker an Dynamik gewinnen. Die Pläne der Regierung zur Anhebung der Ausgaben dürften ihre Wirkung entfalten und das Vertrauen festigen, womit der Verbrauch und die Investitionen des privaten Sektors Auftrieb erhielten. Unter dem Einfluss der Rupiah-Abwertung dürften zudem die Nettoexporte steigen. Die Inflation wird voraussichtlich noch einige Zeit auf hohem Niveau verharren, da die Währungsschwäche den Effekt der gesunkenen Energiepreise neutralisiert.

Von politischen Hindernissen für die Umsetzung der wirtschaftlichen Ziele der Regierung geht sowohl auf kurze als auch auf lange Sicht ein erhebliches Abwärtsrisiko aus. Die außenwirtschaftlichen Entwicklungen sind nach wie vor äußerst unsicher, und so könnte sich u.a. die Nachfrage seitens der wichtigsten Handelspartner abschwächen. Allerdings werden starke Direktinvestitionszuflüsse verzeichnet, und im Falle einer Erholung der Rohstoffpreise wäre mit einem Aufschwung der privaten Investitionen zu rechnen, der das Wachstum ankurbeln würde. Außerdem könnte die Erholung der Exporttätigkeit kräftiger ausfallen als hier unterstellt, wenn die Währungsschwäche andauert.

IRLAND

Das Wirtschaftswachstum wird 2015 und 2016 den Projektionen zufolge robust und breit angelegt sein. Die Exporte werden sich auf Grund der steigenden Nachfrage der Handelspartner und der Abwertung des Euro weiterhin kräftig entwickeln. Der Verbrauch der privaten Haushalte wird im Zuge der kontinuierlichen Beschäftigungs- und Lohnzuwächse und unter dem Einfluss der niedrigen Energiepreise Fahrt aufnehmen.

Die Fiskalpolitik wird die Konjunktur wahrscheinlich weniger bremsen als in den vergangenen Jahren. Das starke Einnahmenwachstum und die niedrigen Zinskosten sollten für einen schnelleren Abbau der nach wie vor hohen Staatsverschuldung genutzt werden. Die Finanzierungsbedingungen haben sich verbessert, das Problem der notleidenden Kredite dauert jedoch an, was die vollständige Rückkehr zu einer normalen Kreditversorgung behindert. Bei den Strukturreformen sollte der Schwerpunkt darauf gelegt werden, mehr Menschen wieder in Beschäftigung zu bringen, indem die Effizienz des Steuer- und Transfersystems erhöht wird und die Aktivierungsmaßnahmen gestärkt werden.

Die Unternehmensinvestitionen werden weiter zunehmen, wodurch der Kapitalstock in einem Tempo erweitert wird, das einem robusten langfristigen Wachstum entspricht. Die Ergebnisse der staatlich geförderten Finanzierungsinstrumente zur Verbesserung der Kreditversorgung sollten sorgfältig geprüft werden. Die schnell steigenden Immobilienpreise – und dies gilt sowohl für den Wohn- als auch für den Gewerbeimmobilienmarkt – erinnern an die Immobilienblase vor zehn Jahren. Deshalb sollten nötigenfalls weitere makroprudenzielle Instrumente eingesetzt werden, um eine zu hohe Risikoexposition der Anleger zu verhindern.

Das Wachstum verstetigt sich und gewinnt an Breite

Die irische Wirtschaft wuchs 2014 um 4,8%, was die höchste Wachstumsrate im OECD-Raum war. Dies ist teilweise auf vorübergehende Faktoren wie die Überwindung der „Patentklippe" (d.h. der Effekte des Auslaufens einer Reihe von Arzneimittelpatenten) zurückzuführen, die

Ireland

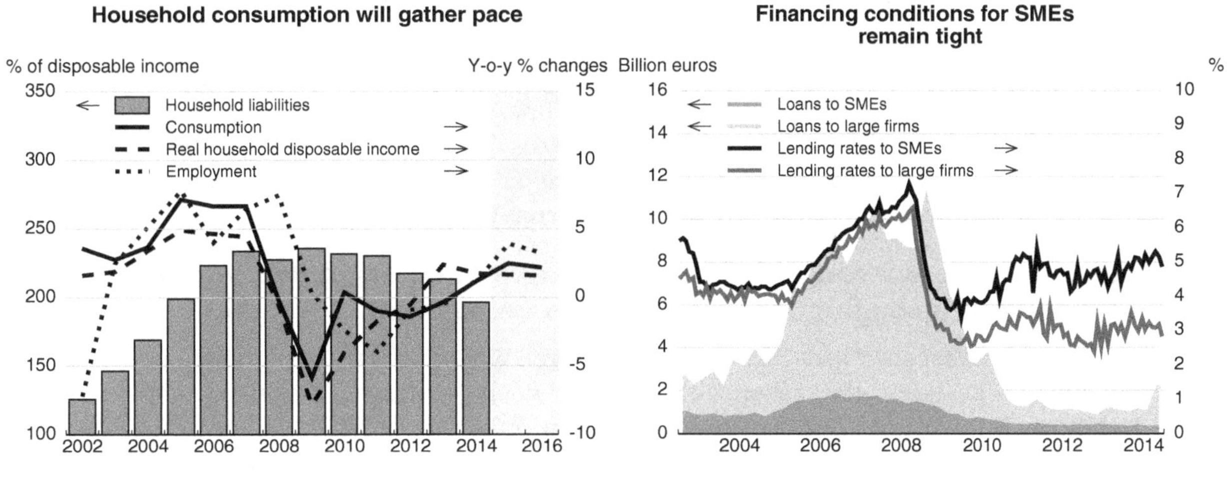

Source: OECD Economic Outlook 97 database; Central Bank of Ireland; Central statistics office, Ireland; and European Central Bank.

StatLink http://dx.doi.org/10.1787/888933221103

Ireland: **Demand, output and prices**

	2011	2012	2013	2014	2015	2016
	Current prices € billion	Percentage changes, volume (2012 prices)				
GDP at market prices	171.0	-0.3	0.2	4.8	3.5	3.3
Private consumption	79.8	-1.4	-0.4	1.2	2.4	2.2
Government consumption	29.2	-1.3	-0.1	0.3	-0.4	1.3
Gross fixed capital formation	24.8	4.3	-1.9	11.7	10.5	9.6
Final domestic demand	133.8	-0.4	-0.6	3.0	3.6	3.7
Stockbuilding[1]	2.5	-0.3	0.3	0.7	0.0	0.0
Total domestic demand	136.3	-0.5	-0.2	3.9	3.4	3.6
Exports of goods and services	167.1	4.7	1.1	12.6	6.5	6.4
Imports of goods and services	132.4	6.9	0.6	13.2	7.2	6.6
Net exports[1]	34.7	-0.8	0.6	2.2	0.8	1.3
Memorandum items						
GDP deflator	_	1.3	1.0	1.2	2.2	1.8
Harmonised index of consumer prices	_	1.9	0.5	0.3	0.1	1.7
Private consumption deflator	_	1.2	1.4	1.6	0.7	1.7
Unemployment rate	_	14.7	13.1	11.3	9.9	9.2
General government financial balance[2,3]	_	-8.1	-5.8	-4.1	-2.5	-1.9
General government gross debt[2]	_	120.8	128.9	116.5	114.5	111.4
General government debt, Maastricht definition[2]	_	121.8	123.2	109.7	107.7	104.6
Current account balance[2]	_	1.6	4.4	6.2	5.7	5.4

1. Contributions to changes in real GDP, actual amount in the first column.
2. As a percentage of GDP at market value.
3. Includes the one-off impact of recapitalisations in the banking sector.

Source: OECD Economic Outlook 97 database.

StatLink http://dx.doi.org/10.1787/888933222190

die Exporte und das Wachstum im Vorjahr belastet hatten. Die Exporte haben die Konjunkturbelebung infolge der hervorragenden Ergebnisse hoch produktiver multinationaler Unternehmen und einer verbesserten Kostenwettbewerbsfähigkeit bisher gestützt.

Die Inlandsnachfrage leistete 2014 zum ersten Mal seit der Krise einen Beitrag zum Wachstum. Die Unternehmensinvestitionen sind im Zuge der Erneuerung des Kapitalstocks gestiegen. Sowohl die Beschäftigung als auch die Löhne, die deutliche Abwärtsanpassungen durchlaufen hatten, steigen wieder stetig, während die Arbeitslosenquote gegenüber ihrem hohen Niveau zurückgegangen ist. Das Wachstum der verfügbaren Realeinkommen der privaten Haushalte ist wieder positiv, und der Konsum der privaten Haushalte belebt sich.

Die fiskalische Bremswirkung wird schwächer ausfallen als in den Vorjahren, und die Finanzierungsbedingungen haben sich verbessert

Das Haushaltsdefizit wird 2015 dank des kräftigen Wirtschaftswachstums voraussichtlich auf 2,5% des BIP zurückgehen, 2016 aber nur noch geringfügig sinken. Gemäß den derzeitigen Plänen dürfte die Staatsverschuldung im Verhältnis zum BIP allmählich zurückgehen. Sie wird 2016 jedoch nach wie vor eindeutig über 100% des BIP liegen, weshalb die aus dem kräftigen Produktionswachstum und den niedrigen Zinskosten resultierende Verbesserung der Finanzlage für eine raschere Schuldenreduzierung genutzt werden sollte.

Die Finanzierungsbedingungen haben sich infolge der monetären Lockerung verbessert. Der Bankensektor erzielte 2014 wieder Gewinne, wodurch sich seine Kreditvergabekapazität verbesserte. Der Privatsektor muss seine nach wie vor hohen Schulden jedoch weiter reduzieren. Die notleidenden Kredite stellen ebenfalls weiterhin ein Problem dar, insbesondere im Bereich der kleinen und mittleren Unternehmen (KMU).

Die Wirtschaft wird kräftig wachsen, und durch strukturpolitische Maßnahmen sollte dafür gesorgt werden, dass dieses Wachstum inklusiver wird

Es wird ein robustes und weitreichendes Wachstum erwartet, wobei die Inflation allmählich ansteigen dürfte. Die Exporte werden sich auf Grund der steigenden Nachfrage der Handelspartner weiterhin kräftig entwickeln. Die Abwertung des Euro wird sich positiv auswirken, insbesondere in Bezug auf den Export traditioneller Güter, die hauptsächlich von KMU hergestellt werden, ins Vereinigte Königreich. Die Investitionen werden unter dem Einfluss einer sich verbessernden Ertragslage und niedriger Finanzierungskosten kräftig zulegen. Der Verbrauch der privaten Haushalte wird infolge kräftiger Lohn- und Beschäftigungszuwächse Fahrt aufnehmen. Niedrige Energiepreise werden dem Konsum der privaten Haushalte kurzfristig ebenfalls Auftrieb verleihen.

Es sollte dafür gesorgt werden, dass die Vorteile dieses positiven Ausblicks weiten Bevölkerungskreisen zugute kommen, wozu es gilt, mehr Menschen wieder in Beschäftigung zu bringen. Der Anteil der Nichterwerbspersonen an der Bevölkerung im erwerbsfähigen Alter ist nach wie vor hoch. Die zuständigen Stellen sollten das Steuer- und Transfersystem modernisieren, um Anreize für eine höhere Erwerbsbeteiligung zu setzen, insbesondere durch eine Senkung der aus der Einkommenszulage für Familien resultierenden hohen effektiven Grenzsteuersätze. Zudem sollten sie die Aktivierungsmaßnahmen zur Anhebung des Qualifikationsniveaus der Arbeitslosen verbessern und deren Arbeitsmarktbindung stärken.

Der aus der langen Krise resultierende Nachfragestau könnte dazu führen, dass der Konsum der privaten Haushalte stärker ausfällt als in den Projektionen unterstellt. Die Wohnungsbauinvestitionen könnten auf Grund des raschen Anstiegs der Immobilienpreise schneller expandieren als erwartet, eine solche Entwicklung würde allerdings die Risiken erhöhen, sollte sie mit einer weiteren Zunahme der Verschuldung verbunden sein. Die nach wie vor hohe Arbeitslosigkeit und Verschuldung könnte die Ausgaben der privaten Haushalte jedoch stärker beeinträchtigen als erwartet. Darüber hinaus könnte die Investitionstätigkeit der KMU auf Grund von restriktiven Finanzierungsbedingungen sehr schleppend verlaufen.

ISLAND

Unter dem Einfluss der Belebung des privaten Verbrauchs und der Anlageinvestitionen sowie des Booms in der Tourismusbranche wächst die Wirtschaft nunmehr das siebente Jahr in Folge. 2015 und 2016 werden umfangreiche Investitionen in energieintensive Projekte und fiskalpolitische Stützungsmaßnahmen für private Haushalte das Wachstum sichern. Der Inflationsdruck wird zunehmen, da sich die Lage am Arbeitsmarkt anspannt.

Im Rahmen der Fiskalpolitik wurden erhebliche Fortschritte bei der Reduzierung der Staatsverschuldung erzielt. 2015 wird das Tempo der Haushaltskonsolidierung zwar nachlassen, den derzeitigen Plänen zufolge wird die Staatsverschuldung jedoch weiter sinken. Um die nötige Haushaltsdisziplin aufrechtzuerhalten, ist es wichtig, den Druck auf die öffentlichen Ausgaben zu begrenzen. Angesichts der schwindenden Kapazitätsüberhänge ist eine Anhebung der Zinssätze erforderlich, da die hohen Tarifabschlüsse inflationäre Spannungen entstehen lassen. Zudem sind Strukturreformen nötig, um das Investitionsumfeld zu verbessern.

Bei den nach der Krise eingebrochenen Investitionen hat inzwischen eine Belebung eingesetzt. Diese reicht allerdings nicht aus, um eine Erosion des Kapitalstocks zu verhindern. Im Haushalt 2015 wurden die öffentlichen Investitionen, insbesondere jene in Verkehrsprojekte, erhöht. Allmähliche Fortschritte bei der Aufhebung der Kapitalverkehrskontrollen wären ein positives Signal für Investoren.

Die Kapazitätsüberhange in der Wirtschaft schwinden

Die isländische Wirtschaft hat sich gut entwickelt, und das reale BIP kehrte 2014 zu seinem Vorkrisenniveau zurück. In jüngster Zeit verschob sich die Wachstumszusammensetzung zu Gunsten der Inlandsnachfrage, da sich die Investitionen und der private Verbrauch von ihrem zuvor sehr niedrigen Niveau erholt haben. Beim Schuldenabbau der privaten Haushalte wurden mit Hilfe von Sondermaßnahmen erhebliche Fortschritte erzielt, trotzdem sind manche Haushalte nach wie vor hoch verschuldet. Im Zuge der Konjunkturerholung sank die Arbeitslosenquote, und die Arbeitsmarktlage spannte sich an, was nach den ausgedehnten Streiks im privaten und öffentlichen Sektor bei den derzeitigen Tarifverhandlungen hohe Tarifabschlüsse begünstigt. Die Kapitalverkehrskontrollen bleiben bestehen. Sie könnten

Iceland

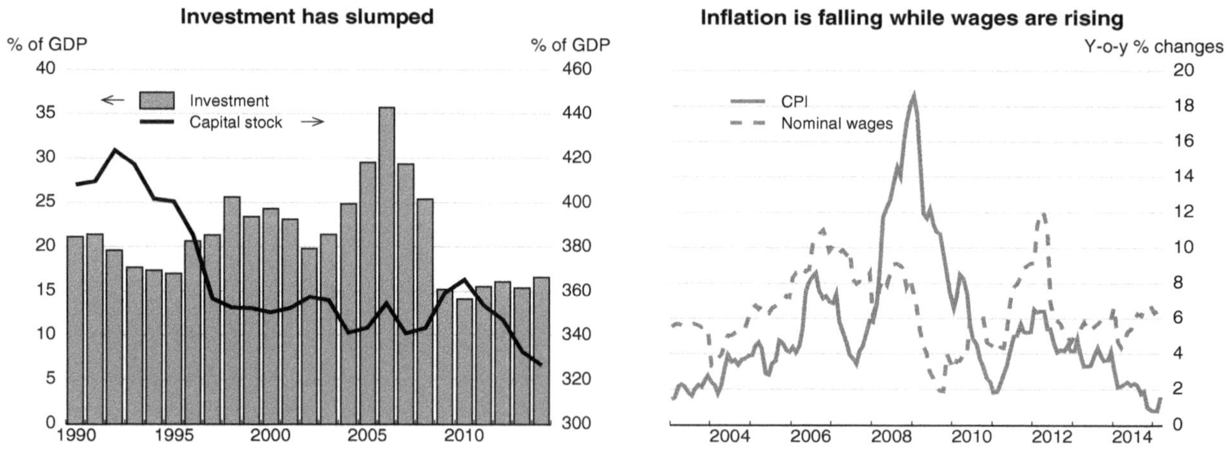

Source: *OECD Economic Outlook 97 database*; and Statistics Iceland.

StatLink http://dx.doi.org/10.1787/888933221062

Iceland: **Demand, output and prices**

	2011	2012	2013	2014	2015	2016
	Current prices ISK billion	Percentage changes, volume (2005 prices)				
GDP at market prices	1 703.2	1.3	3.6	1.9	3.7	2.9
Private consumption	879.0	2.0	0.5	3.7	3.9	2.8
Government consumption	419.4	-1.7	0.7	1.8	0.7	1.2
Gross fixed capital formation	263.7	5.6	-1.0	13.7	13.4	14.5
Final domestic demand	1 562.0	1.6	0.4	4.9	4.7	4.6
Stockbuilding[1]	3.4	0.0	0.0	0.0	-0.2	0.0
Total domestic demand	1 565.4	1.5	0.4	4.7	4.5	4.6
Exports of goods and services	959.9	3.7	6.9	3.1	3.9	3.2
Imports of goods and services	822.1	4.7	0.3	9.9	7.6	6.7
Net exports[1]	137.8	-0.2	3.7	-3.0	-1.5	-1.4
Memorandum items						
GDP deflator	_	3.2	2.0	4.0	5.9	3.3
Consumer price index	_	5.2	3.9	2.0	1.6	3.8
Private consumption deflator	_	5.6	3.4	2.7	1.4	2.8
Unemployment rate	_	6.0	5.4	4.9	3.9	4.1
General government financial balance[2]	_	-3.7	-2.0	-0.2	0.2	0.5
General government gross debt[2]	_	95.2	87.7	85.4	81.9	79.0
General government net debt[2]	_	28.9	27.4	26.1	23.6	21.7
Current account balance[2]	_	-4.4	5.8	3.6	3.1	2.4

1. Contributions to changes in real GDP, actual amount in the first column.
2. As a percentage of GDP at market value. Includes unfunded liabilities of government employee pension plans, which amounted to about 25% of GDP in 2012.

Source: OECD Economic Outlook 97 database.

StatLink http://dx.doi.org/10.1787/888933222188

Investitionsentscheidungen verzerren, und die Ungewissheit im Hinblick auf deren Lockerung wirkt sich vermutlich nachteilig auf die Investitionstätigkeit aus.

Es gilt, die Geldpolitik zu straffen, die neutrale Ausrichtung der Fiskalpolitik beizubehalten und die Investitionstätigkeit mit Hilfe der Strukturpolitik anzukurbeln

Die Geldpolitik steht vor Herausforderungen. Die Inflationserwartungen sind in Island nicht gut verankert. Dementsprechend sind sie parallel zu den Energiepreisen gesunken, werden jedoch u.U. wieder steigen. Die Zentralbank warnte wiederholt davor, überhöhten Lohnforderungen stattzugeben, und kündigte an, die Zinssätze zu erhöhen, sollten durch die Lohnerhöhungen inflationäre Spannungen drohen. Angesichts der starken Lohnerhöhungen, die derzeit gewährt werden, ist mit einer entschiedenen Reaktion der Zentralbank zu rechnen.

Im Rahmen der Fiskalpolitik wurden im Hinblick auf das Erreichen eines gesamtstaatlichen Haushaltsüberschusses bzw. den Schuldenabbau erhebliche Fortschritte erzielt. Die Strategie der Regierung zur Reduzierung der hypothekenbezogenen Verschuldung wird 2015 den Verbrauch der privaten Haushalte stützen. Angesichts des Risikos einer Konjunkturüberhitzung sollte die Fiskalpolitik jedoch nicht weiter gelockert werden, vielmehr sollten die nach wie vor hohen öffentlichen Schulden und Eventualverbindlichkeiten weiter abgebaut werden. Die planmäßige Reduzierung des gesamtstaatlichen Finanzierungssaldos durch den Verkauf von Anteilen der staatseigenen Landsbankinn und die Nutzung der Erlöse zur Tilgung teurer finanzieller Verbindlichkeiten des Staatssektors würden sich in dieser Hinsicht als hilfreich erweisen.

Strukturreformen können durch eine Reform der Produktmarktregulierung zur Ankurbelung der Investitionstätigkeit beitragen, etwa indem die Zahl der erforderlichen Genehmigungen und Zulassungen gesenkt und in bestimmten Sektoren die gesetzlichen Marktzutrittsbeschränkungen gelockert werden.

Das Produktionswachstum ist kräftig

Der private Konsum dürfte 2015 unter dem Einfluss der fiskalpolitischen Stützungsmaßnahmen und der Erholung der Vermögenspreise stark zulegen. Die Investitionstätigkeit belebt sich dank der Erholung der Wohnungsbauinvestitionen sowie neuer Investitionen in energieintensiven Branchen. Die Inflation wird anziehen, denn der inländische Preisdruck steigt, was den Annahmen zufolge einen konjunkturdämpfenden Anstieg der Zinssätze nach sich ziehen wird. In der Folge wird die Arbeitslosenquote ansteigen. Dennoch sollte die Fiskalpolitik auf Kurs bleiben, damit die Zentralregierung sowohl 2015 als auch 2016 einen Haushaltsüberschuss erzielt.

Hohe Tarifabschlüsse bei den Mindestlöhnen könnte die Inflation in die Höhe treiben, bevor mit Hilfe der Geldpolitik gegengesteuert werden kann. Zudem könnte die erforderliche Aufhebung der Kapitalverkehrskontrollen mit Finanzmarktturbulenzen einhergehen, die sich auf das Wachstum auswirken. Eine moderatere Lohnentwicklung, Fortschritte bei der geordneten Aufhebung der Kapitalverkehrskontrollen und eine Belebung der Investitionen würden das Wachstum dagegen ankurbeln.

ISRAEL[1]

Das Wirtschaftswachstum verlangsamte sich 2014, belebte sich zum Jahresende kräftig und dürfte 2015 und 2016 auf rd. 3,5% steigen, womit die Arbeitslosenquote wohl auf niedrigem Niveau verharren wird. Niedrigere Ölpreise, weitere Zinssenkungen und eine deutliche Aufwertung des Mindestlohns dürften die Binnennachfrage ankurbeln, während die allmähliche Verbesserung der Weltwirtschaftslage den Exporten Auftrieb gibt.

Eine akkommodierende Geldpolitik ist nach wie vor angebracht, um das aktuelle Wachstum zu stützen und eine unerwünschte Aufwertung des Schekel zu verhindern. Da die Preisrückgänge von Anfang 2015 jedoch vorübergehender Art sein dürften, sollte von einer weiteren Lockerung über unkonventionelle Maßnahmen abgesehen werden. Die Politik zur Reduzierung der Staatsverschuldung ist weiterhin notwendig, um den fiskalischen Spielraum zu erhöhen. Sie muss sich jedoch stärker auf Einnahmensteigerungen stützen, und die derzeit geltende Regel zur Eindämmung der Ausgaben sollte überarbeitet werden. Strukturreformen sind ebenfalls nötig, um den Wettbewerb auf den Produktmärkten zu erhöhen und die formale Bildung sowie das Kompetenzniveau, insbesondere der ultraorthodoxen und der arabischen Bevölkerungsgruppen, zu verbessern und so die Produktivität zu steigern und das Wachstum inklusiver zu gestalten.

Die Infrastrukturinvestitionen – vor allem in öffentliche Verkehrsmittel und das Erdgasverteilungsnetz, aber auch in die Bildung – müssen erhöht werden, um einige der Hindernisse für private Investitionen zu beseitigen und das Wachstumspotenzial zu steigern. Die Regierung sollte mit ihren Anstrengungen zur Verbesserung der Koordinierung der öffentlichen Eingriffe im Immobiliensektor fortfahren, um auf die Wohnungsnachfrage mit Angebotserhöhungen zu reagieren und so die Preise zu drücken.

Das Wachstum hat sich belebt

Nach einem Aufschwung gegen Ende 2014 schwächte sich das Wachstum Anfang 2015 etwas ab. Für Wachstumsimpulse sorgte ein Anstieg der Verteidigungsausgaben sowie der

Israel

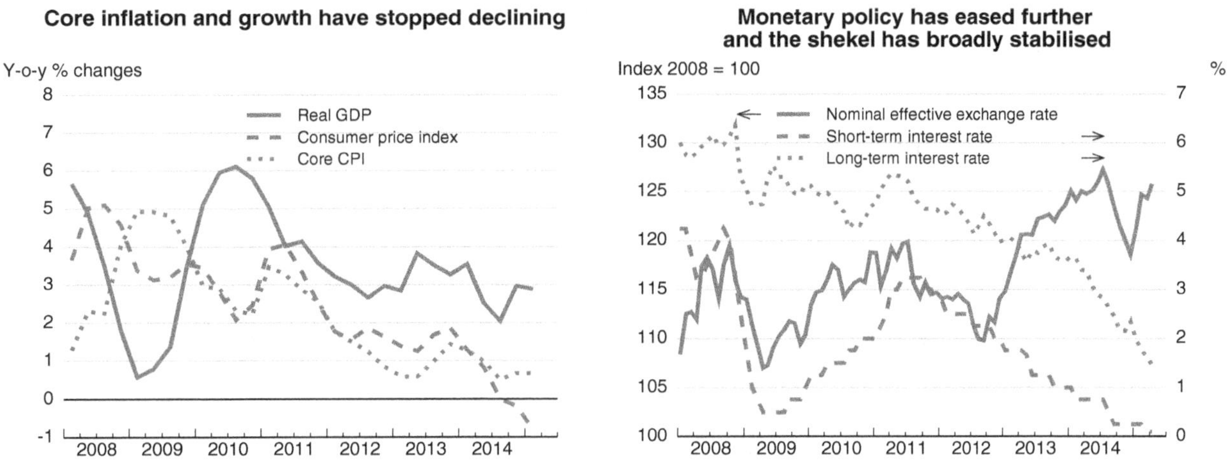

Source: Bank of Israel; and OECD *Economic Outlook 97 database.*

StatLink http://dx.doi.org/10.1787/888933221117

1. Die statistischen Daten für Israel wurden von den zuständigen israelischen Stellen bereitgestellt, die für sie verantwortlich zeichnen. Die Verwendung dieser Daten durch die OECD erfolgt unbeschadet des völkerrechtlichen Status der Golanhöhen, von Ost-Jerusalem und der israelischen Siedlungen im Westjordanland.

Israel: **Demand, output and prices**

	2011	2012	2013	2014	2015	2016
	Current prices NIS billion	Percentage changes, volume (2010 prices)				
GDP at market prices	924.6	3.0	3.4	2.8	3.4	3.5
Private consumption	533.2	3.0	3.5	4.0	5.2	3.7
Government consumption	207.2	3.6	3.5	4.2	3.1	1.9
Gross fixed capital formation	185.9	3.2	1.1	-2.9	0.7	5.4
Final domestic demand	926.3	3.2	3.0	2.7	3.8	3.6
Stockbuilding[1]	2.8	0.3	-0.2	0.4	0.0	0.0
Total domestic demand	929.2	3.5	2.8	3.1	3.8	3.6
Exports of goods and services	327.9	1.0	1.5	1.2	3.7	5.0
Imports of goods and services	332.4	2.5	-0.1	2.4	4.7	5.5
Net exports[1]	- 4.5	-0.5	0.6	-0.4	-0.3	0.0
Memorandum items						
GDP deflator	_	4.2	2.3	1.0	2.9	1.1
Consumer price index	_	1.7	1.6	0.5	-0.3	1.0
Private consumption deflator	_	2.1	2.1	0.4	-0.3	1.0
Unemployment rate[2]	_	6.8	6.3	6.0	5.5	5.4
General government financial balance[3,4]	_	-5.0	-4.1	-3.7	-3.2	-2.5
General government gross debt[3]	_	68.3	67.6	67.5	65.4	63.7
Current account balance[3]	_	0.6	2.6	3.0	4.3	4.1

1. Contributions to changes in real GDP, actual amount in the first column.
2. Employment and unemployment data prior to Q1 2012 are derived from a quarterly labour-force survey that has since been replaced by a monthly survey, which included a number of methodological changes. The data prior to Q1 2012 have been adjusted to be compatible with the new series
3. As a percentage of GDP at market value.
4. Excluding Bank of Israel profits and the implicit costs of CPI-indexed government bonds.

Source: OECD Economic Outlook 97 database.

StatLink http://dx.doi.org/10.1787/888933222206

Exporte, denen die Belebung der Auslandsmärkte und die Abwertung des Schekel Ende 2014 Auftrieb gaben. Der private Verbrauch entwickelte sich ebenfalls sehr dynamisch und war auch Anfang 2015 noch kräftig, die Wirtschaftstätigkeit wurde jedoch durch eine auf vorübergehende Faktoren zurückzuführende Abnahme der Unternehmensinvestitionen im ersten Quartal 2015 gebremst, die den allmählichen Anstieg der Wohnungsbauinvestitionen ausglich. Die Arbeitslosenquote sank Anfang 2015 unter 5%, und der Inflationstrend stabilisierte sich im Vorjahresvergleich bei rd. 0,7%. Der Preisrückgang insgesamt beschleunigte sich jedoch auf rd. -0,5% im Vorjahresvergleich, was auf die Abnahme der Ölpreise und vorübergehende Faktoren wie Wasser- und Strompreissenkungen zurückzuführen war.

Die Fortsetzung der Haushaltskonsolidierung sollte durch Strukturreformen ergänzt werden

Im März 2015 senkte die Zentralbank ihren Leitzins auf einen historischen Tiefstand von 0,10% und fuhr mit ihren Interventionen auf den Devisenmärkten fort. Nach einer Aufwertung Anfang 2015 liegt der Schekel nominal effektiv nun bei seinem Durchschnittsniveau von 2014. Die sehr flexible Währungspolitik sorgt weiterhin für niedrigere langfristige Zinsen und höhere Preise für Finanz- und Immobilienwerte. Dies führt zu einem Anstieg des Vermögens der privaten Haushalte und stützt die Nachfrage, erhöht aber auch das Risiko einer spekulativen Immobilienblase, deren Effekte allerdings durch die makroprudenziellen Maßnahmen der Zentralbank begrenzt werden dürften.

Das Ziel einer Senkung des Defizits im Staatshaushalt auf 2,8% des BIP im Jahr 2014 wurde erreicht. Der Interimshaushalt, der 2015 wegen der vorgezogenen Wahlen verabschiedet wurde, sieht eine strikte Ausgabenkontrolle vor, durch die das Defizit auf 2,5% gesenkt werden soll. Dadurch werden die zivilen Ausgaben, die im internationalen Vergleich sehr niedrig sind, jedoch weiter eingeschränkt. In der neuen Legislaturperiode dürfte es schwierig werden, das Wachstum der Haushaltsausgaben 2016 real unter 2,6% zu halten und das staatliche Haushaltsdefizit wie vorgesehen auf 2% des BIP zu reduzieren. An der Strategie des Schuldenabbaus sollte jedoch festgehalten werden, um mehr fiskalischen Spielraum zu schaffen. Dies könnte unterstützt werden, wenn auf weitere Steuersenkungen verzichtet und die Integrität des Mehrwertsteuersystems, das dem Land in der Vergangenheit gute Dienste erwiesen hat, nicht angetastet würde. Zudem sind Strukturreformen nötig, um den Wettbewerb in zahlreichen Branchen anzukurbeln, insbesondere im Nahrungsmittelsektor und in der Stromwirtschaft. Durch mehr staatliche Mittel für die Bildung, die an die Auflage geknüpft werden sollten, dass die Schulen bestimmte Mindestlehrinhalte (u.a. in Mathematik und Fremdsprachen) vermitteln, könnten die Bildungsstandards und Verdienstchancen benachteiligter Bevölkerungsgruppen erhöht werden.

Das Wirtschaftswachstum dürfte weiterhin nahe bei der Potenzialrate liegen

Eine weiterhin akkommodierende Geldpolitik, sinkende Ölpreise, eine geplante Anhebung des Mindestlohns um 16% in drei Jahren und die Erholung der Exportmärkte werden der Wirtschaft 2015 und 2016 Auftrieb geben. Die Investitionen werden zudem durch den Start neuer Großprojekte im Technologiesektor und die Beseitigung der bisherigen Unsicherheit über die Immobiliensteuer angekurbelt. Daher wird die Arbeitslosigkeit ebenso wie die Inflation auf niedrigem Niveau verharren. Die Inflation dürfte allerdings allmählich in die untere Hälfte des offiziellen Zielkorridors von 1-3% zurückkehren.

Eine weitere Verschlechterung der geopolitischen Lage würde das Wachstum bremsen und für deflationäre Spannungen sorgen, so dass u.U. auf unkonventionelle geldpolitische Maßnahmen zurückgegriffen werden müsste. Die neue Koalitionsregierung hat sich auf einige Ausgabenerhöhungen geeinigt, die – sofern sie nicht durch Mehreinnahmen ausgeglichen werden – die Wirtschaft zwar ankurbeln, die Haushaltsposition aber schwächen würden.

ITALIEN

Nach einer langen Rezession hat in der italienischen Wirtschaft eine allmähliche Erholung eingesetzt. Die gesamtwirtschaftliche Produktion dürfte 2015 um 0,6% und 2016 um 1,5% wachsen. Die Exporte werden das Wachstum weiter stützen, die Erholung wird sich jedoch auf den privaten Verbrauch ausweiten. Die verhaltene Investitionstätigkeit des privaten Sektors wird durch steigende öffentliche Infrastrukturausgaben ausgeglichen. Das Wirtschaftswachstum wird zu Beschäftigungszuwächsen führen und die Arbeitslosenquote senken, die aber hoch bleiben dürfte. Der Verbraucherpreisauftrieb und das Lohnwachstum werden auf Grund der verfestigten Kapazitätsüberhänge gemäßigt bleiben.

Die Fiskalpolitik sollte auf eine allmähliche, aber stetige Haushaltskonsolidierung ausgerichtet bleiben, damit die Einhaltung der Fiskalregeln der EU vollauf gesichert ist und die hohe Schuldenquote reduziert wird, ohne die beginnende wirtschaftliche Erholung zu gefährden. Die Regierung sollte die geplanten umfassenden Strukturreformen, die das Vertrauen stärken und zu einem höheren, nachhaltigeren und inklusiveren Wachstum führen werden, weiter vorantreiben. Die Steigerung der Effizienz der öffentlichen Verwaltung ist von entscheidender Bedeutung, um das Produktivitätswachstum durch den Abbau von Hindernissen für Unternehmenswachstum und unternehmerische Tätigkeit zu erhöhen.

Die Krise hat die Investitionen besonders hart getroffen, und die Bruttoanlageinvestitionen sind seit 2007 um 30% zurückgegangen. Zur Belebung der privaten Investitionstätigkeit sind zusätzliche Maßnahmen erforderlich, um dem Problem der weiter zunehmenden notleidenden Kredite, die die Gesundheit des Bankensystems schwächen und die Kreditversorgung beeinträchtigen, effektiv zu begegnen. Die geplante Erhöhung der öffentlichen Infrastrukturausgaben ist zu begrüßen; wenn diese Investitionen produktiv sein sollen, muss die Effektivität der öffentlichen Ausgaben und des öffentlichen Beschaffungswesens jedoch deutlich erhöht werden.

Italy

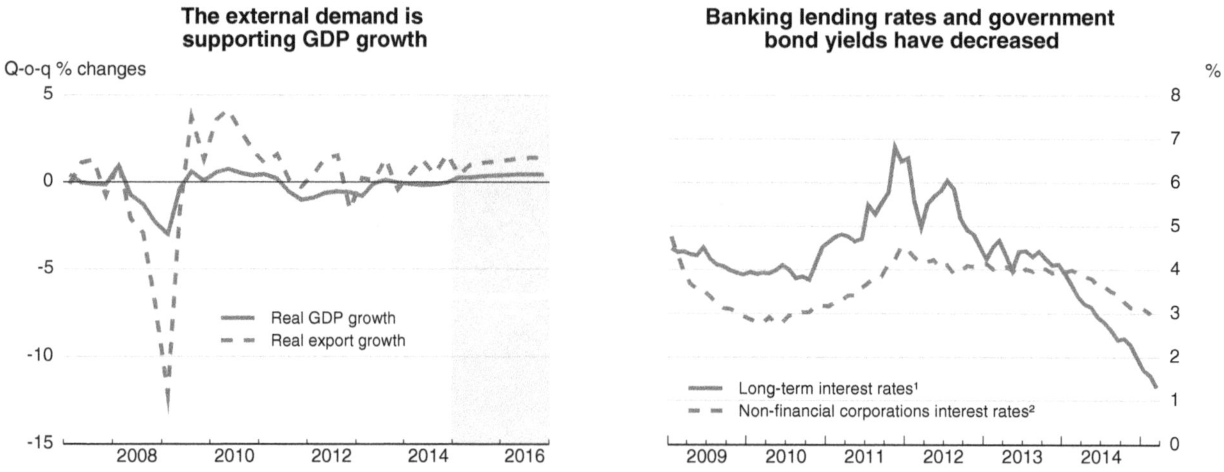

1. 10-year benchmark government bond yields.
2. Annualised agreed rate (AAR).

Source: *OECD Economic Outlook 97 database*; European Central Bank; and Datastream.

StatLink http://dx.doi.org/10.1787/888933221126

Italy: **Employment, income and inflation**

Percentage changes

	2012	2013	2014	2015	2016
Employment[1]	-0.3	-1.8	0.1	0.5	1.0
Unemployment rate[1,2]	10.6	12.2	12.7	12.7	12.1
Compensation of employee[3]	-1.1	0.6	0.8	0.7	1.0
Unit labour cost	1.6	0.6	1.3	0.6	-0.1
Household disposable income	-2.9	0.1	0.2	0.5	0.6
GDP deflator	1.4	1.4	0.8	0.5	0.9
Harmonised index of consumer prices	3.3	1.3	0.2	0.2	1.3
Core harmonised index of consumer prices[4]	2.0	1.3	0.7	0.8	1.3
Private consumption deflator	2.7	1.1	0.2	0.0	0.9

1. Data for whole economy employment are from the national accounts. These data include an estimate made by Istat for employment in the underground economy. Total employment according to the national accounts is higher than labour force survey data indicate, by approximately 2 millions or about 10%. The unemployment rate is calculated relative to labour force survey data.
2. As a percentage of labour force.
3. In the total economy.
4. Harmonised index of consumer prices excluding food, energy, alcohol and tobacco.

Source: OECD Economic Outlook 97 database.

StatLink http://dx.doi.org/10.1787/888933221934

Es zeichnet sich eine Erholung ab

2014 verlangsamte sich der Rückgang des BIP-Wachstums im Zuge der Verbesserung der Exportleistung und der Belebung des privaten Konsums erheblich. Dieser positive Trend setzte sich im ersten Quartal 2015 fort, da das BIP im Verhältnis zum Vorquartal um 0,3% wuchs, die stärkste Quartalszunahme der letzten vier Jahre. Unter dem Einfluss der verbesserten Kostenwettbewerbsfähigkeit werden verlorene Exportmarktanteile langsam wieder zurückerobert. Der private Verbrauch wird durch Beschäftigungs- und

Italy

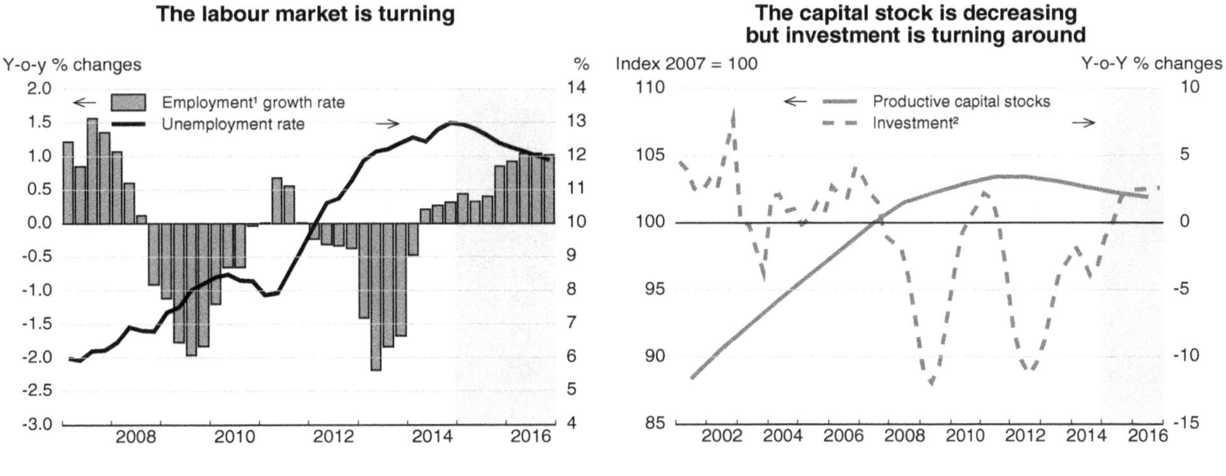

1. National Accounts definition.
2. Data refer to private non-residential and government fixed capital formation.

Source: OECD Economic Outlook 97 database.

StatLink http://dx.doi.org/10.1787/888933221131

Italy: **Financial indicators**

	2012	2013	2014	2015	2016
Household saving ratio, net[1]	2.0	3.8	3.4	3.4	3.0
General government financial balance[2]	-3.0	-2.9	-3.0	-2.6	-2.0
General government gross debt[2]	138.1	144.8	158.5	159.6	158.4
General government debt, Maastricht definition[2]	123.2	128.6	132.0	133.2	132.0
Current account balance[2]	-0.4	1.0	1.8	2.6	3.4
Short-term interest rate[3]	0.6	0.2	0.2	0.0	0.0
Long-term interest rate[4]	5.5	4.3	2.9	1.5	1.6

1. Net saving as a percentage of net disposable income. Includes "famiglie produttrici".
2. As a percentage of GDP at market value. These figures are national accounts basis; they differ by 0.1% from the frequently quoted Excessive Deficit Procedure figures.
3. 3-month interbank rate.
4. 10-year government bonds.

Source: OECD Economic Outlook 97 database.

StatLink http://dx.doi.org/10.1787/888933221948

Reallohnzuwächse gestützt, wenngleich er sich im ersten Quartal 2015 verlangsamte. Die Wachstumsrate der Beschäftigung ist nach einer langen Phase des Rückgangs wieder positiv, und die verbesserten Wachstumsaussichten bewegen entmutigte Arbeitskräfte dazu, auf den Arbeitsmarkt zurückzukehren. Die Arbeitslosenquote verharrt jedoch auf hohem Niveau. Das Investitionswachstum scheint sich nun endlich zu beleben, was auf Grund der nach wie vor hohen Kapazitätsüberhänge in der Industrie, einer eingeschränkten Kreditversorgung und früheren Kürzungen bei den öffentlichen Investitionen zur Erreichung der Haushaltsziele jedoch ungewiss bleibt. Die Bankkreditvergabe an Nichtfinanzunternehmen hat in den ersten Monaten des Jahres 2015 weiter abgenommen, wenn auch etwas langsamer als in der Vergangenheit. Die Wohnungsbauinvestitionen sind schwach, und die Immobilienpreise gehen zurück.

Italy: **Demand and output**

	2013	2014	2015	2016	Fourth quarter 2014	Fourth quarter 2015	Fourth quarter 2016
	Current prices € billion	Percentage changes from previous year, volume (2010 prices)					
GDP at market prices	1 609.1	-0.4	0.6	1.5	-0.5	1.2	1.7
Private consumption	978.0	0.3	0.4	1.1	0.5	0.6	1.2
Government consumption	315.7	-0.9	-0.5	-0.9	-0.3	-1.6	0.4
Gross fixed investment	280.3	-3.2	1.6	1.9	-3.0	2.9	2.0
Final domestic demand	1 574.1	-0.6	0.4	0.9	-0.3	0.5	1.2
Stockbuilding[1]	- 2.8	-0.1	-0.1	0.0			
Total domestic demand	1 571.3	-0.6	0.4	0.9	-1.1	1.0	1.2
Exports of goods and services	464.9	2.4	3.4	5.1	3.8	3.4	5.5
Imports of goods and services	427.0	1.6	2.9	3.3	2.0	2.8	4.4
Net exports[1]	37.8	0.3	0.3	0.7			

Note: Detailed quarterly projections are reported for the major seven countries, the euro area and the total OECD in the Statistical Annex.

1. Contributions to changes in real GDP, actual amount in the first column.

Source: OECD Economic Outlook 97 database.

StatLink http://dx.doi.org/10.1787/888933221959

Makroökonomische und strukturpolitische Maßnahmen könnten die Wachstumsaussichten verbessern

Das Spektrum wachstumsfördernder Faktoren ist in Italien derzeit so günstig wie seit Jahren nicht mehr. Das Verbrauchervertrauen verbessert sich dank der Fortschritte der Regierung bei der Umsetzung ihres umfassenden Reformplans und dank der auf die steigende Beschäftigung sowie niedrigere Energiepreise zurückzuführenden Erhöhung der Kaufkraft der privaten Haushalte. Der „Jobs Act“ hat das Potenzial, die Arbeitsmarktlage erheblich zu verbessern, indem er die Zweiteilung des Arbeitsmarkts verringert und eine universelle Arbeitslosenunterstützung schafft, wodurch sich die Risikoteilung erhöht und das Netz der sozialen Sicherung deutlich verbessert wird. Die Abwertung des Euro hat die internationale Wettbewerbsfähigkeit Italiens zusätzlich verbessert und stützt immer noch den Außenbeitrag zum BIP-Wachstum.

Der Bankensektor ist jedoch weiterhin fragil und nicht in einer guten Ausgangslage, um die private Investitionstätigkeit umfassend zu unterstützen. Umfrageergebnisse deuten darauf hin, dass sich die Kreditzugangsbedingungen für einen großen Teil der Unternehmen trotz der sinkenden Zinssätze nicht verändert haben. Die Kreditzinsen sind nach wie vor höher als in anderen Ländern des Euroraums, was sich aus den Risiken erklären dürfte, die in der Zunahme des Volumens der notleidenden Kredite in den Bankbilanzen gesehen werden. Die Investitionstätigkeit könnte deshalb durch eine Verbesserung der Insolvenzordnung mit einer stärkeren Nutzung von spezialisierten Gerichten und außergerichtlichen Schuldenregelungen sowie die Gründung einer spezialisierten Vermögensverwaltungsgesellschaft, die notleidende Kredite erwirbt, gestärkt werden. Die Regierung prüft derzeit konkret einige dieser Maßnahmen, um im Einklang mit den EU-Bestimmungen über staatliche Beihilfen einen Sekundärmarkt für notleidende Kredite einzurichten.

Um die Wachstumsaussichten mittelfristig zu verbessern, sollte die Regierung ihren ehrgeizigen und umfassenden Plan für institutionelle und strukturelle Reformen weiter energisch vorantreiben. Dies umfasst die Steigerung der Effizienz der öffentlichen Verwaltung und des Justizsystems, eine Reform des Schulsystems, die Beschleunigung großer öffentlicher Infrastrukturprojekte und die Erhöhung der Wettbewerbsfähigkeit durch den Abbau von Marktzugangsschranken in einigen Dienstleistungssektoren. Die kürzlich erfolgte Verabschiedung des neuen Wahlgesetzes stellt eine positive Entwicklung dar, da sie wahrscheinlich zu stabileren Regierungen führen und die politische Unsicherheit verringern wird. Es muss mehr getan werden, um die Gleichstellung der Geschlechter zu gewährleisten und die Erwerbsbeteiligung der Frauen zu fördern, wozu es gilt, das Angebot an qualitativ hochwertiger Kinderbetreuung und Altenpflege zu stärken, damit das Arbeitskräfteangebot erhöht und die tief verwurzelte Chancenungleichheit zwischen den Geschlechtern reduziert werden kann.

Im Projektionszeitraum wird der haushaltspolitische Kurs nur leicht restriktiv sein. Das Defizit im Staatshaushalt wird sich den Projektionen zufolge 2015 auf 2,6% und 2016 auf 2% belaufen. Der strukturelle Konsolidierungspfad sollte umgesetzt werden, das Wirken der automatischen Stabilisatoren sollte jedoch zugelassen werden. Die Rentennachzahlungen, die wegen des vor kurzem getroffenen Urteils des Verfassungsgerichts über die Reform von 2011 fällig werden, haben keinen Einfluss auf das projizierte Haushaltsdefizit, da die Nachzahlungen schrittweise umgesetzt werden. Die derzeitige EZB-Politik der quantitativen Lockerung hilft, die Kosten für den Schuldendienst niedrig zu halten, und die daraus resultierenden Einsparungen werden teilweise genutzt, um bereits geplante Steuererhöhungen zu umgehen und die öffentlichen Investitionen zu erhöhen. Kontinuierliche Anstrengungen zur Verbesserung der Transparenz und Effektivität der öffentlichen Ausgaben und des öffentlichen Beschaffungswesens und eine beharrliche Bekämpfung der Korruption sind jedoch äußerst wichtig, um sicherzustellen, dass bei der geplanten Erhöhung der öffentlichen Infrastrukturausgaben keine Mittel verschwendet werden.

Die Erholung bleibt schwach

Das BIP-Wachstum dürfte 2015 auf 0,6% und 2016 auf 1,5% ansteigen, und es ist damit zu rechnen, dass der Preis- und Lohnauftrieb auf Grund von hohen, aber rückläufigen Kapazitätsüberhängen in der Produktion und auf den Arbeitsmärkten gemäßigt bleibt. Die Arbeitslosigkeit wird 2015 voraussichtlich weitgehend stabil bleiben, da die Beschäftigung zunimmt und die verbesserten Aussichten entmutigte Arbeitskräfte dazu bewegen, auf den Arbeitsmarkt zurückzukehren. 2016 wird die Arbeitslosenquote unter dem Einfluss einer zunehmend dynamischen Erholung und der Umsetzung der Arbeitsmarktreformen wahrscheinlich langsam zurückgehen. Der Leistungsbilanzüberschuss dürfte mehr als 3% des BIP erreichen. Das Wachstum der Bruttoanlageinvestitionen wird 2015 ein positives Vorzeichen erhalten, aber verhalten bleiben.

Die Belebung der Investitionen könnte stärker als erwartet ausfallen, insbesondere wenn es bei den Wohnimmobilienpreisen zu einer Trendwende kommt und das Bankensystem gestärkt wird. Die Verbesserung der Arbeitsmarktlage könnte das Vertrauen der privaten Haushalte stärker als erwartet aufhellen, was zu einem Anstieg des Konsumwachstums führen würde. Allerdings wäre Italien anfällig gegenüber den Auswirkungen erneuter Finanzmarktturbulenzen im Euroraum. Ein hinter den Erwartungen zurückbleibendes Wirtschaftswachstum bei den wichtigsten Handelspartnern Italiens könnte zu niedrigeren Exporten führen.

JAPAN

Nach der Kontraktion, zu der es im Anschluss an die Steuererhöhung von 2014 gekommen war, ist die Wirtschaft nun wieder in Fahrt gekommen. Unter dem Einfluss der gesunkenen Ölpreise und realer Lohnzuwächse wird das gesamtwirtschaftliche Produktionswachstum den Projektionen zufolge 2015 auf ¾% und 2016 auf 1½% steigen. Das Ausfuhrwachstum dürfte sich dank des schwächeren Yen und einer allmählichen Belebung des Welthandels weiterhin dynamisch entwickeln. Die Inflation, die auf nahe null gesunken ist, wird im zweiten Halbjahr 2015 voraussichtlich zu steigen beginnen und Ende 2016 1½% erreichen, während die Arbeitslosenquote weiter zurückgeht.

Die japanische Zentralbank sollte ihre „quantitative und qualitative Lockerung" solange fortsetzen, bis das 2%-Inflationsziel dauerhaft erreicht ist. Die Verringerung der Staatsverschuldung muss nach wie vor ganz oben auf der Prioritätenliste stehen, da die Bruttostaatsverschuldung die Marke von 230% des BIP erreicht. Um die Tragfähigkeit der öffentlichen Finanzen zu sichern, ist ein detaillierter und glaubwürdiger Haushaltskonsolidierungsplan zur Verwirklichung des für das Finanzjahr 2020 anvisierten Ziels eines Überschusses im Primärhaushalt notwendig und muss das Produktionswachstum durch mutige Strukturreformen gesteigert werden, u.a. im Rahmen von Japans Wachstumsstrategie, die die Investitionstätigkeit im privaten Sektor beleben soll.

Die Unternehmensinvestitionen sind von entscheidender Bedeutung für die Anhebung der Arbeitsproduktivität, die um ein Viertel unter dem Durchschnitt der oberen Hälfte der OECD-Länder liegt. Die vorgesehenen Senkungen von Japans relativ hoher Körperschaftsteuer dürften die Investitionen ankurbeln, es müssen jedoch noch andere Maßnahmen ergriffen werden. Mit einer weiteren Verbesserung des Corporate-Governance-Rahmens und beschleunigten Produktmarktreformen zur Schaffung neuer Geschäftschancen könnten die Unternehmen dazu bewegt werden, ihre erheblichen Kassenbestände zu investieren. Priorität sollte auch der Anhebung von Japans vergleichsweise geringer Unternehmensgründungsrate gelten, u.a. durch die Förderung von Wagniskapitalinvestitionen.

Japan

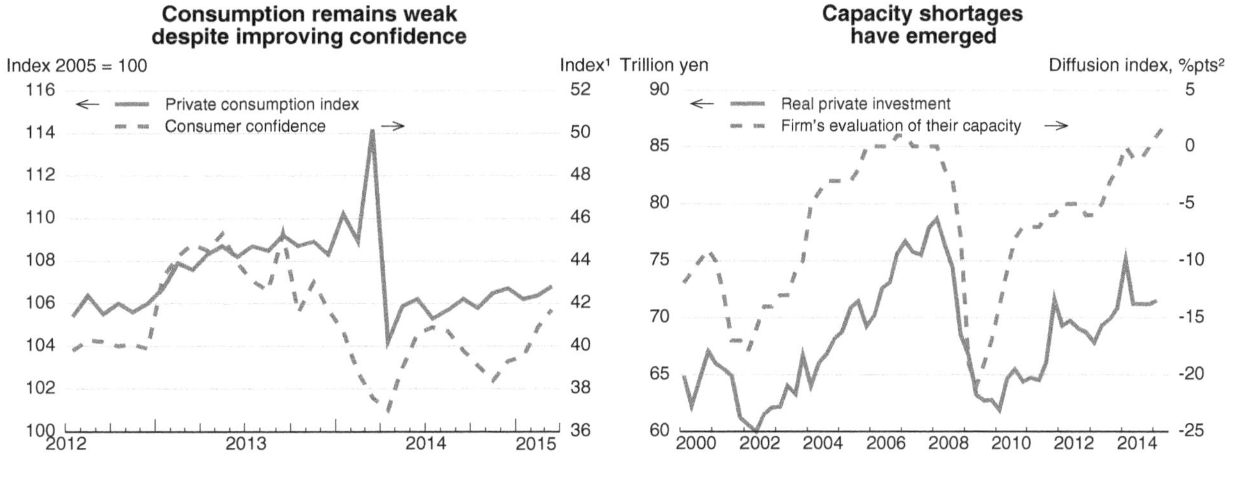

1. A seasonally-adjusted average of four indicators of overall livelihood, income growth, employment, and willingness to buy durable goods. If all respondents answered " improving" ("worsening") for the four indicators, the index would be 100 (0).
2. The number of firms responding that they had a capacity shortage minus those reporting excess capacity. A positive number thus indicates an overall capacity shortage. Numbers for the second quarter in 2015 are companies' projections made in March 2015.

Source: Cabinet Office; and *OECD Economic Outlook 97 database.*

StatLink http://dx.doi.org/10.1787/888933221142

Japan: **Employment, income and inflation**

Percentage changes

	2012	2013	2014	2015	2016
Employment	-0.3	0.7	0.6	0.3	0.1
Unemployment rate[1]	4.3	4.0	3.6	3.5	3.3
Compensation per employee[2]	0.4	-0.1	0.8	1.5	2.8
Unit labour cost	-1.4	-0.8	1.6	1.2	1.6
Household disposable income	-0.2	0.4	1.1	1.8	2.8
GDP deflator	-0.9	-0.6	1.7	2.2	1.1
Consumer price index[3]	0.0	0.4	2.7	0.7	1.1
Core consumer price index[4]	-0.5	-0.1	1.9	0.9	1.1
Private consumption deflator	-0.9	-0.3	2.0	0.2	1.1

1. As a percentage of labour force.
2. In the total economy.
3. Calculated as the sum of the seasonally adjusted quarterly indices for each year.
4. Consumer price index excluding food and energy.

Source: OECD Economic Outlook 97 database.

StatLink http://dx.doi.org/10.1787/888933221831

Das nach der Steuererhöhung eingebrochene Produktionswachstum ist wieder angesprungen

Das Wachstum der gesamtwirtschaftlichen Produktion ist Ende 2014 unter dem Antrieb der Exporte wieder angesprungen, was u.a. dem schwächeren Yen zu verdanken war, der handelsgewichtet fast 30% unter seinem Stand von Ende 2012 notiert. Die Erholung des privaten Verbrauchs nach dem starken Einbruch, zu dem es wegen der Steuererhöhung

Japan

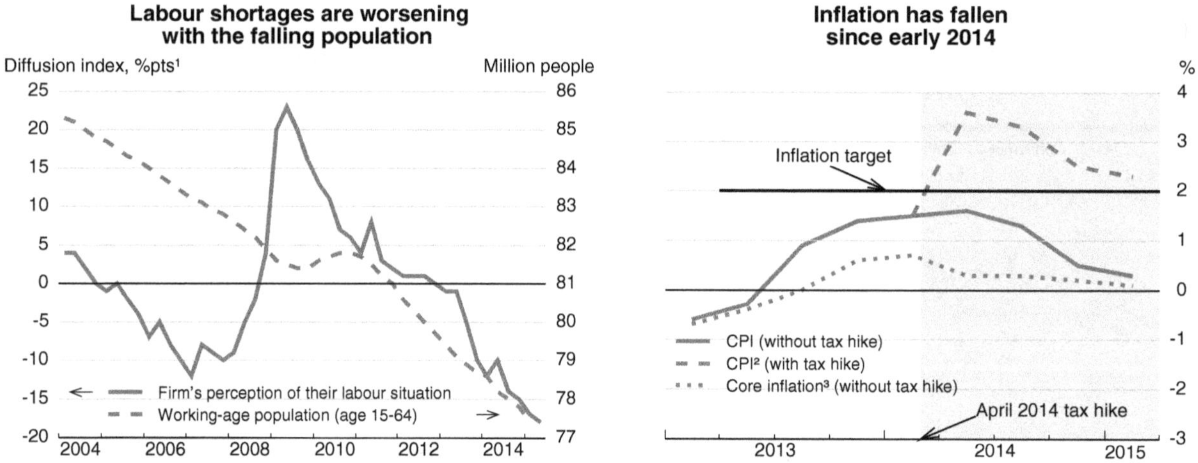

1. The number of firms responding they had an excess number of workers minus those reporting a shortage. A negative number thus indicates an overall labour shortage. Numbers for the second quarter in 2015 are companies' projections made in March 2015.
2. In April 2014, the consumption tax was raised from 5% to 8%. The tax hike added 2 percentage points to inflation according to estimates by the Bank of Japan and the Cabinet Office.
3. OECD measure, which excludes food and energy.

Source: OECD Economic Outlook 97 database; Bank of Japan; and OECD calculations.

StatLink http://dx.doi.org/10.1787/888933221150

Japan: **Financial indicators**

	2012	2013	2014	2015	2016
Household saving ratio, net[1]	1.2	-0.2	0.3	1.6	1.3
General government financial balance[2]	-8.7	-8.5	-7.7	-6.8	-5.8
General government gross debt[2]	215.4	220.3	226.0	229.2	231.7
General government net debt[2]	129.2	122.9	128.7	131.8	134.4
Current account balance[2]	1.0	0.8	0.5	2.8	3.0
Short-term interest rate[3]	0.2	0.2	0.1	0.1	0.1
Long-term interest rate[4]	0.8	0.7	0.6	0.4	0.4

1. As a percentage of disposable income.
2. As a percentage of GDP at market value.
3. 3-month interbank rate.
4. 10-year government bonds.

Source: OECD Economic Outlook 97 database.

StatLink http://dx.doi.org/10.1787/888933221849

von April 2014 gekommen war, fiel trotz eines sich aufhellenden Konsumklimas, steigender Bonuszahlungen und einer rückläufigen Inflation verhalten aus. Der Verbraucherpreisauftrieb, der Anfang 2014 im Vorjahresvergleich 1½% erreicht hatte (ohne Effekte der Steuererhöhung), sank Anfang 2015 auf nahe null. Die Unternehmensinvestitionen verlaufen seit dem zweiten Quartal 2014 schleppend, und dies ungeachtet des schwächeren Yen, der Rekordgewinne des Unternehmenssektors und dessen enormer Kassenbestände, die sich auf über 60% des BIP belaufen. Außerdem berichten die Unternehmen von Kapazitäts- und Arbeitskräfteengpässen.

Japan: **Demand and output**

	2013	2014	2015	2016	Fourth quarter 2014	Fourth quarter 2015	Fourth quarter 2016
	Current prices ¥ trillion	Percentage changes from previous year, volume (2005 prices)					
GDP at market prices	480.1	-0.1	0.7	1.4	-0.8	1.9	1.3
Private consumption	293.5	-1.3	0.3	2.0	-2.4	1.9	2.0
Government consumption	98.8	0.3	0.9	0.1	0.6	1.1	-1.2
Gross fixed investment	104.3	2.6	-0.6	0.1	-1.6	1.0	0.5
Public[1]	22.9	3.8	-4.4	-17.8	1.6	-10.6	-17.8
Residential	15.3	-5.1	-2.0	8.3	-15.7	7.8	9.2
Non-residential	66.1	3.9	0.8	4.0	0.6	3.6	4.0
Final domestic demand	496.6	-0.1	0.2	1.2	-1.6	1.6	1.0
Stockbuilding[2]	- 2.9	0.1	0.3	0.0			
Total domestic demand	493.8	-0.1	0.5	1.2	-1.8	2.1	1.0
Exports of goods and services	77.5	8.4	7.2	5.8	11.2	5.7	6.7
Imports of goods and services	91.2	7.4	4.9	4.6	3.6	6.4	4.9
Net exports[2]	- 13.6	0.0	0.3	0.2			

Note: Detailed quarterly projections are reported for the major seven countries, the euro area and the total OECD in the Statistical Annex.
1. Including public corporations.
2. Contributions to changes in real GDP, actual amount in the first column.

Source: OECD Economic Outlook 97 database.

StatLink http://dx.doi.org/10.1787/888933221853

Japan: **External indicators**

	2012	2013	2014	2015	2016
			$ billion		
Goods and services exports	877.1	794.7	816.5	781	835
Goods and services imports	991.9	933.9	960.8	829	875
Foreign balance	- 114.8	- 139.2	- 144.3	- 48	- 40
Invisibles, net	176.7	178.8	167.2	163	170
Current account balance	61.9	39.6	22.9	116	130
			Percentage changes		
Goods and services export volumes	- 0.2	1.2	8.4	7.2	5.8
Goods and services import volumes	5.3	3.1	7.4	4.9	4.6
Export performance[1]	- 4.1	- 3.3	4.9	2.6	0.0
Terms of trade	- 1.5	- 2.0	- 1.0	8.4	0.2

1. Ratio between export volume and export market of total goods and services.
Source: OECD Economic Outlook 97 database.

StatLink http://dx.doi.org/10.1787/888933221860

Zur Erhöhung der Arbeitsproduktivität und der Erwerbsquote bedarf es einer Reihe von Strukturreformen

Die jüngsten Reformen zur Stärkung des Corporate-Governance-Rahmens dürften die Unternehmen dazu bewegen, ihre erheblichen Kassenbestände produktiver einzusetzen. Die Regierung hat 2014 einen sogenannten Stewardship Code eingeführt, um institutionelle Investoren dazu zu bringen, einen konstruktiveren Dialog mit den Unternehmen anzustrengen, in die sie investieren. Zudem wird ein Corporate-Governance-Code eingeführt, der von börsennotierten Unternehmen (nach dem Comply-or-explain-Prinzip) verlangt, dass sie mindestens zwei unabhängige Board-Mitglieder einsetzen. Die Wirksamkeit dieser Regel wird davon abhängen, wie unabhängig diese Board-Mitglieder tatsächlich sind. Eine weitere Priorität ist es, die Produktmarktregulierung zu verringern, was sich positiv auf die Investitionstätigkeit, die Wissensverbreitung, die Managementleistung und die Unternehmensgründungen auswirken würde. Durch Maßnahmen zur Förderung von Wagniskapitalinvestitionen, vor allem durch die Schaffung zweiter Chancen und den Ausbau betriebswirtschaftlicher Bildungsangebote, könnten die Unternehmensgründungen ebenfalls unterstützt werden. Der Körperschaftsteuersatz soll von 34,6% im Finanzjahr 2014 auf 31,3% im Finanzjahr 2016 herabgesetzt werden, um die Investitionstätigkeit zu fördern. Durch höhere Unternehmensinvestitionen könnte der Rückgang der öffentlichen Investitionen ausgeglichen werden, zu dem es mit der Beendigung der Wiederaufbauanstrengungen nach dem großen Erdbeben von 2011 kommen dürfte.

Die Bevölkerung im Erwerbsalter (15-64 Jahre) schrumpft bereits um mehr als eine Million Personen jährlich. Bis 2030 wird sie voraussichtlich um 17% abnehmen. Priorität sollte daher auch der Anhebung der Erwerbsquote der Frauen gelten, die 20 Prozentpunkte niedriger ist als die der Männer. Diese große Differenz erklärt sich daraus, dass nur 38% der Frauen im Erwerbsleben bleiben, wenn sie Kinder haben. Zur Verringerung dieser Differenz ist es äußerst wichtig, die Kinderbetreuungsangebote auszubauen und mit der Tradition der langen Arbeitszeiten zu brechen, um die Work-Life-Balance zu verbessern. Zudem sollten Aspekte des Steuer- und Sozialversicherungssystems reformiert werden, die die

Arbeitsanreize für Zweitverdiener verringern. Darüber hinaus gilt es, die Zweiteilung des Arbeitsmarkts zu überwinden, um so das große Verdienstgefälle zwischen Männern und Frauen – 27% beim Medianverdienst – zu verringern, das auf den hohen Anteil an Frauen in relativ gering entlohnter nichtregulärer Beschäftigung zurückzuführen ist.

Die Haushaltskonsolidierung dürfte sich fortsetzen, während die Geldpolitik weiterhin sehr konjunkturstützend ausgerichtet ist

Der zu erwartende Rückgang der öffentlichen Investitionen von 4,7% des BIP im Jahr 2014 auf 3½% im Jahr 2016 ist im Projektionszeitraum der ausschlaggebende Faktor für die Haushaltskonsolidierung. Das gesamtstaatliche Haushaltsdefizit wird sich voraussichtlich um 2 Prozentpunkte des BIP auf 5¾% im Finanzjahr 2016 verringern. Dennoch ist Japan – selbst mit der geplanten Mehrwertsteuererhöhung auf 10% im Jahr 2017 – nicht auf dem richtigen Kurs, um das Ziel eines Überschusses im Primärhaushalt (auf Ebene der Zentralregierung und der nachgeordneten Gebietskörperschaften) bis zum Finanzjahr 2020 zu erreichen. Um das Vertrauen in die Tragfähigkeit der öffentlichen Finanzen zu sichern, sollte der Haushaltsplan, der im Sommer 2015 vorgelegt werden soll, eine genaue und glaubwürdige Strategie für die Erzielung eines Primärüberschusses im Finanzjahr 2020 einschließlich zusätzlicher Maßnahmen zur Eindämmung der Staatsausgaben und Erhöhung der Einnahmen enthalten. Selbst bei einem Satz von 10% wird die Mehrwertsteuer nur halb so hoch sein wie im Durchschnitt der OECD-Länder. Weitere Steuereinnahmen sollten durch die Ausweitung der Bemessungsgrundlage für die Einkommen- und Körperschaftsteuer sowie eine Anhebung der Umweltsteuern erzielt werden. Äußerst wichtig ist es auch, die Renten, das Gesundheitssystem und die Pflege zu reformieren, um das Wachstum der Sozialausgaben u.a. durch eine Anhebung des Regelrentenalters, eine Verkürzung der Krankenhausaufenthalte und eine stärkere Nutzung von Generika einzudämmen.

Mit der Neuausrichtung der „quantitativen und qualitativen Lockerung“ der Bank von Japan wurde der Umfang der anvisierten jährlichen Ausweitung der Geldbasis im Oktober 2014 auf rd. 80 Bill. Yen erhöht, was hauptsächlich über verstärkte Ankäufe von Staatsanleihen verwirklicht werden soll. Die quantitative Lockerung ließ die Bilanzsumme der Zentralbank bereits auf 65% des BIP anwachsen und hat dazu beigetragen, dass die Inflationserwartungen gestiegen sind. Die quantitative und qualitative Lockerung sollte solange fortgesetzt werden, bis das 2%-Inflationsziel dauerhaft erreicht ist.

Die Expansion wird sich den Projektionen zufolge 2016 beschleunigen

Trotz der Fortsetzung der Haushaltskonsolidierung dürfte sich das Wachstum der gesamtwirtschaftlichen Produktion 2015 und 2016 auf rd. ¾% bzw. 1½% beschleunigen. Wegen der Abnahme der Bevölkerung im Erwerbsalter ist mit einer zunehmend angespannten Arbeitsmarktlage zu rechnen. Die jüngsten Tarifabschlüsse führten zusammen mit dem Inflationsrückgang zu einem Anstieg der Reallöhne, der dem privaten Verbrauch Auftrieb gab. Auf Grund von Arbeitskräfte- und Kapazitätsengpässen, gestiegenen Gewinnen und einer verbesserten Corporate Governance ist mit einer Belebung der Unternehmensinvestitionen zu rechnen. Unter dem Einfluss der anhaltenden Erholung wird die Inflation bis Ende 2016 auf 1½% ansteigen. Dank des schwächeren Yen befindet sich Japan in einer guten Position, um sein Exportwachstum im Zuge der Belebung des Welthandels zu festigen, womit sich der Leistungsbilanzüberschuss auf rd. 3% des BIP ausweiten könnte.

Zur Sicherung eines nachhaltigen Produktionswachstums muss eine positive Wirkungsspirale aus steigenden Preisen, Löhnen und Unternehmensgewinnen in Gang gesetzt werden. In dieser Hinsicht wäre das Hauptrisiko ein schleppendes Lohnwachstum.

Japans beispiellos hohe Staatsverschuldung hat zur Folge, dass das Vertrauen in die Tragfähigkeit seiner öffentlichen Finanzen schwinden könnte, sofern kein glaubwürdiger Plan zur Verwirklichung der Haushaltsziele vorgelegt wird. Ein solcher Vertrauensverlust könnte den Finanzsektor und die Realwirtschaft destabilisieren, wovon erhebliche Spillover-Effekte auf die Weltwirtschaft ausgehen könnten. Japans Exportaussichten sind vom Wachstum in den aufstrebenden Volkswirtschaften und vor allem in China, Japans wichtigstem Handelspartner, abhängig. Eine positivere Entwicklung als angenommen könnte eintreten, wenn der Rückgang der Erwerbsbevölkerung zu stärkeren Lohnsteigerungen führen würde, die den privaten Verbrauch über Erwarten deutlich beleben würden. Auch die Unternehmensinvestitionen könnten stärker ausfallen als in diesen Projektionen unterstellt.

KANADA

Das Wachstum wird sich den Projektionen zufolge 2015 auf rd. 1½% verlangsamen und 2016 wieder anziehen. Der jüngste Rückgang der Ölpreise hat zu einer Abnahme der Investitionstätigkeit in diesem Bereich und des BIP geführt. Eine Verlagerung auf nichtenergetische Exporte ist jedoch bereits im Gang und wird durch die Währungsabwertung und das kräftigere Wachstum der Auslandsmärkte gestützt. Die Unternehmensinvestitionen außerhalb des Ölsektors dürften mit einer gewissen Verzögerung anziehen. Nach der jüngsten witterungsbedingten Schwäche wird sich das Wachstum des privaten Verbrauchs wahrscheinlich beleben. In der Folge einer vollständigen Absorption der Kapazitätsüberhänge wird die Inflation den Projektionen zufolge bis Mitte 2016 in die Mitte des Zielkorridors von 2% zurückkehren.

Es wird damit gerechnet, dass die akkommodierenden geldpolitischen Impulse ab Anfang 2016 schrittweise entzogen werden, um dem Inflationsdruck entgegenzuwirken. Von der hohen Verschuldung der privaten Haushalte und den hohen Wohnimmobilienpreisen gehen Risiken für die Finanzstabilität aus, und weitere makroprudenzielle Maßnahmen sind u.U. erforderlich, wenn diese Risiken zunehmen. Die Haushaltskonsolidierung sollte planmäßig fortgesetzt werden. Die Hindernisse für ausländische Direktinvestitionen sollten abgebaut werden, und es sollten weiterhin Anstrengungen unternommen werden, um die FuE qualitativ wie quantitativ zu steigern.

Die Investitionen des Unternehmenssektors liegen über dem Vorkrisenniveau. Dies ist z.T. durch die Expansion des Öl- und Gassektors bedingt; allerdings sind die Investitionspläne mit dem Rückgang der Ölpreise zurückgeschraubt worden. Dennoch stützen die Finanzierungsbedingungen die Investitionstätigkeit insgesamt weiterhin, und die höhere Nachfrage nach nichtenergetischen Exporten und der damit zusammenhängende Kapazitätsbedarf dürften die Investitionen mittelfristig stützen.

Der Rückgang der Ölpreise hat die Expansion geschwächt

Das BIP erhöhte sich 2014 um 2,4%, wofür der Verbrauch der privaten Haushalte ausschlaggebend war, was auf eine gewisse Verbesserung des Arbeitsmarkts und das niedrige Zinsniveau zurückzuführen ist. Die schwächere Währung und das kräftigere Wachstum

Canada

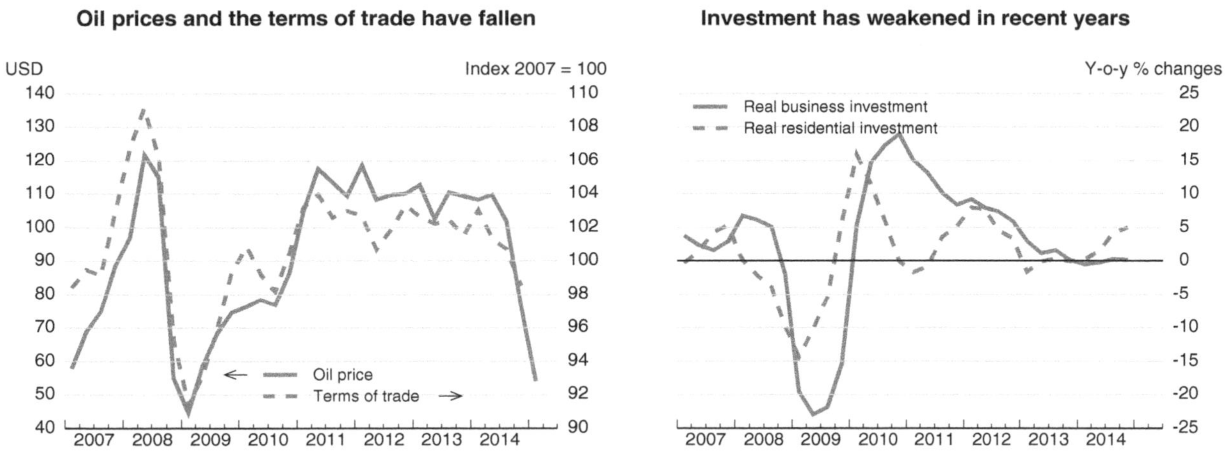

Source: OECD Economic Outlook 97 database.

StatLink http://dx.doi.org/10.1787/888933220887

Canada: **Employment, income and inflation**

Percentage changes

	2012	2013	2014	2015	2016
Employment	1.3	1.4	0.6	0.9	1.1
Unemployment rate[1]	7.3	7.1	6.9	6.7	6.5
Compensation per employee[2]	3.2	2.3	2.7	2.7	2.9
Unit labour cost	2.7	1.6	1.1	1.9	1.7
Household disposable income	4.2	3.8	3.4	3.6	4.1
GDP deflator	1.5	1.4	1.8	-0.4	1.9
Consumer price index	1.5	1.0	1.9	1.0	2.0
Core consumer price index[3]	1.7	1.2	1.8	2.0	2.0
Private consumption deflator	1.3	1.3	1.9	1.1	1.8

1. As a percentage of labour force.
2. In the total economy.
3. Bank of Canada definition: consumer price index excluding eight of the most volatile components and the effects of changes in indirect taxes on the remaining components.

Source: OECD Economic Outlook 97 database.

StatLink http://dx.doi.org/10.1787/888933222007

der Auslandsmärkte (insbesondere der Vereinigten Staaten) haben dem Exportwachstum Impulse verliehen. Allerdings hat sich die Konjunktur zu verlangsamen begonnen, wobei das BIP im ersten Quartal 2015 schrumpfte. Auf Grund des Rückgangs der Ölpreise Ende 2014 und Anfang 2015 sind die Einkommen und die Investitionen im Erdölsektor gesunken. Das schlechtere Konsumklima und die ungünstigen Witterungsbedingungen Anfang 2015 haben das Wachstum des privaten Verbrauchs ebenfalls beeinträchtigt.

Der Arbeitsmarkt hat sich im Lauf des vergangenen Jahres verbessert, der Abschwung im Ölsektor trübt jedoch kurzfristig die Beschäftigungsaussichten. Das Lohnwachstum ist relativ moderat geblieben, hat jedoch leicht zugelegt. Die Gesamtinflation hat nachgegeben

Canada

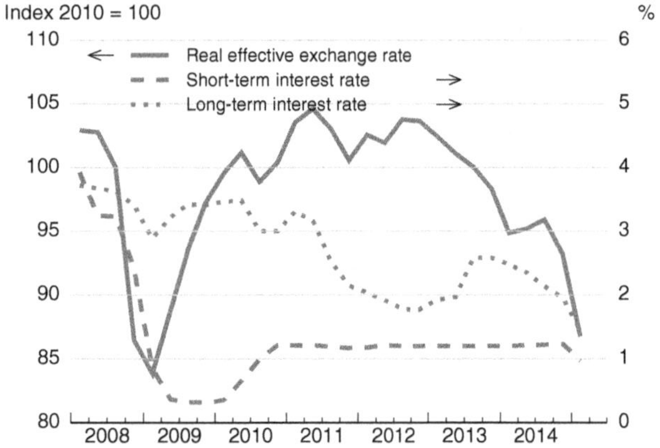

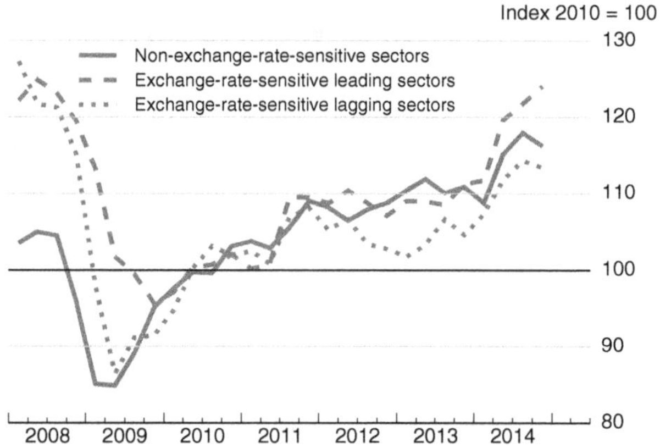

1. Based on A. Binette et al. (2014), Canadian Non-Energy Exports: Past Performance and Future Prospects, Bank of Canada Discussion Paper 2014-1, April. Lagging export sectors include those facing longer-term structural challenges.

Source: OECD Economic Outlook 97 database; Statistics Canada; and OECD calculations.

StatLink http://dx.doi.org/10.1787/888933220894

Canada: **Financial indicators**

	2012	2013	2014	2015	2016
Household saving ratio, net[1]	5.2	5.2	4.0	4.4	4.3
General government financial balance[2]	-3.1	-2.7	-1.6	-1.6	-1.1
General government gross debt[2,3]	95.9	92.3	94.8	96.0	95.5
General government net debt[2,3]	43.3	39.7	40.4	41.6	41.1
Current account balance[2]	-3.3	-3.0	-2.2	-3.7	-3.1
Short-term interest rate[4]	1.2	1.2	1.2	0.9	1.3
Long-term interest rate[5]	1.9	2.3	2.2	1.7	2.6

1. As a percentage of disposable income.
2. As a percentage of GDP at market value.
3. Debt is overstated relative to most other countries as no account is taken of assets in government-employee pension funds, which amounted to 44.4% of GDP in 2012. (see Box 4.7 in the *OECD Economic Outlook no. 95,* May 2014).
4. 3-month interbank rate.
5. 10-year government bonds.

Source: OECD Economic Outlook 97 database.

StatLink http://dx.doi.org/10.1787/888933222018

und liegt in Anbetracht des starken Rückgangs der Benzinpreise nunmehr am unteren Rand des Zielkorridors der Zentralbank. Trotz gewisser verbleibender Kapazitätsüberhänge verharrt die Kerninflation leicht über der Mitte des Zielkorridors von 2%, was z.T. auf die Währungsabwertung zurückzuführen ist. Die Weitergabeeffekte der niedrigeren Ölpreise dürften die Kerninflation 2015 indessen leicht schwächen, ehe sie Mitte 2016 wieder die Mitte des Zielkorridors erreicht.

Canada: **Demand and output**

	2013	2014	2015	2016	Fourth quarter		
					2014	2015	2016
	Current prices CAD billion	Percentage changes from previous year, volume (2007 prices)					
GDP at market prices	1 893.8	2.4	1.5	2.3	2.5	1.2	2.4
Private consumption	1 051.9	2.7	2.1	2.3	2.6	2.1	2.2
Government consumption	408.7	0.2	0.1	1.0	0.4	0.1	1.3
Gross fixed investment	452.5	0.3	-1.5	0.9	1.5	-2.4	1.3
Public[1]	72.3	-2.7	2.0	-2.8	-0.4	0.6	-3.4
Residential	131.4	2.7	2.7	-1.8	4.8	0.2	-2.5
Non-residential	248.8	-0.1	-4.7	3.4	0.3	-4.6	4.9
Final domestic demand	1 913.2	1.6	0.8	1.7	1.9	0.6	1.8
Stockbuilding[2]	10.8	-0.2	0.2	0.0			
Total domestic demand	1 924.0	1.4	1.1	1.7	1.4	0.7	1.8
Exports of goods and services	571.8	5.4	3.4	6.9	6.4	3.7	7.6
Imports of goods and services	602.0	1.7	2.0	4.8	2.6	2.0	5.3
Net exports[2]	- 30.2	1.1	0.4	0.5			

Note: Detailed quarterly projections are reported for the major seven countries, the euro area and the total OECD in the Statistical Annex.
1. Excluding nationalised industries and public corporations.
2. Contributions to changes in real GDP, actual amount in the first column.

Source: OECD Economic Outlook 97 database.

StatLink http://dx.doi.org/10.1787/888933222025

Canada: **External indicators**

	2012	2013	2014	2015	2016
			$ billion		
Goods and services exports	553.6	555.1	565.5	493	528
Goods and services imports	587.4	584.5	581.5	532	560
Foreign balance	- 33.9	- 29.3	- 16.0	- 40	- 32
Invisibles, net	- 26.1	- 25.3	- 23.2	- 20	- 19
Current account balance	- 60.0	- 54.6	- 39.2	- 59	- 52
			Percentage changes		
Goods and services export volumes	2.6	2.0	5.4	3.4	6.9
Goods and services import volumes	3.7	1.3	1.7	2.0	4.8
Export performance[1]	- 0.1	0.2	1.6	- 2.3	0.6
Terms of trade	- 1.0	0.1	- 1.2	- 6.1	- 0.2

1. Ratio between export volume and export market of total goods and services.

Source: OECD Economic Outlook 97 database.

StatLink http://dx.doi.org/10.1787/888933222033

Das geldpolitische Umfeld ist akkommodierend, und das Tempo der Haushaltskonsolidierung lässt nach

Die Geldpolitik wird während des gesamten Projektionszeitraums akkommodierend bleiben. Die Bank von Kanada senkte ihren Leitzinssatz im Januar 2015 um 25 Basispunkte auf 0,75%, um der auf Grund des Ölpreisrückgangs erwarteten Schwäche entgegenzuwirken. Dieser Kurs ist gegenwärtig angemessen, die geldpolitischen Impulse werden jedoch allmählich entzogen werden müssen, wenn die Kapazitätsüberhänge abgebaut werden. Der Zeitpunkt wird zwar von der Wirtschaftsentwicklung abhängig sein, es wird jedoch davon ausgegangen, dass die erste Leitzinsanhebung im ersten Quartal 2016 erfolgen wird, woran sich weitere Anhebungen anschließen werden. In Anbetracht des akkommodierenden geldpolitischen Kurses sollten weitere makroprudenzielle Maßnahmen im Hinblick auf die Hypothekenkreditvergabe in Erwägung gezogen werden, um die Finanzstabilität zu gewährleisten, falls die mit dem Wohnimmobilienmarkt zusammenhängenden Risiken steigen.

In den vergangenen Quartalen ist die Haushaltskonsolidierung im Großen und Ganzen im geplanten Tempo vorangeschritten. Auf der Grundlage der Haushaltspläne wird in den vorliegenden Projektionen für den Zeitraum 2014-2016 eine zusätzliche strukturelle Konsolidierung um insgesamt nur 0,4% des BIP unterstellt. Der jüngste Bundeshaushalt zeigte, dass die Regierung auf Kurs ist, das Haushaltsdefizit im laufenden Finanzjahr zu beseitigen, was zum großen Teil durch die Fortsetzung der Ausgabendisziplin erreicht wird. In Anbetracht der niedrigeren Einnahmen, insbesondere infolge der Ölpreisbaisse, auf Grund derer die in den Projektionen unterstellten Überschüsse auf Bundesebene geringer sind und einige ölfördernde Provinzen Defizite ausweisen, wird jedoch von einer weniger umfangreichen Konsolidierung bis Ende 2016 ausgegangen als in den früheren amtlichen Haushaltsprojektionen veranschlagt. Daher beabsichtigen die Regierungen der Provinzen, ihr Defizit im Zeitraum 2014-2016 zusammengenommen um einen niedrigeren Wert, d.h. 0,3% des BIP, zu verringern. Die Staatsschuldenquote wird voraussichtlich relativ unverändert bleiben. Die steigenden Kosten im Gesundheitswesen werden eine längerfristige

Herausforderung bleiben, und eine Fortsetzung der Strukturreformen zur Begrenzung dieses Kostenanstiegs ist erforderlich. Die Erhöhung der Steuereffizienz durch größeren Einsatz umweltbezogener Steuern würde dazu beitragen, ein umweltverträglicheres Wachstum zu erreichen. Zudem könnte die Reduktion regressiver und verzerrender Steuervergünstigungen einen Beitrag zur Förderung eines inklusiven Wachstums leisten.

Das Wachstum der nichtenergetischen Exporte sowie die Investitionstätigkeit dürften die Expansion anführen

Das BIP-Wachstum wird den Projektionen zufolge von dem niedrigen Niveau der jüngsten Zeit ausgehend auf 2¼% im Jahr 2016 steigen, wenn die von der Schwäche der Investitionstätigkeit im Erdölsektor ausgehende Bremswirkung nachlässt. Nach dem schwachen Jahresstart 2015 wird zudem mit einer Erholung des privaten Konsums gerechnet, da die Effekte des strengen Winters und der Anpassungen an den Ölpreisrückgang abklingen. Die Zinserhöhungen im Jahr 2016 werden die Ausgaben der privaten Haushalte und die Wohnungsbauinvestitionen später im Jahr dämpfen. Den – insbesondere nichtenergetischen – Ausfuhren werden der schwächere kanadische Dollar und das kräftigere Wachstum der Exportmärkte zugute kommen. Die Reagibilität der nichtenergetischen Exporte gegenüber Wechselkursbewegungen ist jedoch vom jeweiligen Sektor abhängig, wobei einige Sektoren wahrscheinlich weiterhin unter einer allgemeineren Wettbewerbs- oder Strukturschwäche leiden werden. Da die Kapazitäten der Exportbranchen außerhalb des Energiesektors begrenzt sind, dürften die Investitionen mit zeitlicher Verzögerung steigen, auch wenn beträchtliche Unsicherheit über den diesbezüglichen Zeitpunkt besteht.

Eine positivere Entwicklung als in diesen Projektionen unterstellt könnte insbesondere dann eintreten, wenn sich die Ölnachfrage und die Ölpreise – beispielsweise unter dem Einfluss geopolitischer Risiken – beleben. Ein stärkeres Wachstum der wichtigsten Exportmärkte, insbesondere der Vereinigten Staaten, könnte zu einer rascheren Verlagerung auf nichtenergetische Exporte führen als in den Projektionen unterstellt und einen rascheren Anstieg der Investitionen bewirken. Das größte Abwärtsrisiko besteht insbesondere in Anbetracht der hohen Verschuldung der privaten Haushalte nach wie vor in einer ungeordneten Korrektur am Wohnimmobilienmarkt, die den privaten Konsum und die Wohnungsbauinvestitionen beeinträchtigen würde und im Extremfall eine Bedrohung für die Finanzstabilität darstellen könnte. Überdies könnte ein weiterer Rückgang der Ölpreise, eine plötzliche Verlangsamung in China oder ein entgegen den Projektionen langsameres Wachstum in den Vereinigten Staaten zu einer stärkeren und länger anhaltenden Verlangsamung der Wirtschaftstätigkeit als erwartet führen, womit geringere Investitionen und Ausfuhren sowie eine schwächere Entwicklung des privaten Verbrauchs einhergingen.

KOLUMBIEN

Das Wirtschaftswachstum wird sich 2015 verlangsamen, da die niedrigeren Rohstoffpreise die Investitionen und Exporte beeinträchtigen und die öffentlichen Ausgaben auf Grund der geringeren Öl- und Bergbaueinnahmen zurückgehen. Die angespanntere Finanzlage der privaten Haushalte und das schwächere Beschäftigungswachstum werden zudem das Wachstum der Inlandsnachfrage bremsen. Die Währungsabwertung wird zwar die Gesamtinflation vorübergehend in die Höhe treiben, zugleich aber durch eine allmähliche Steigerung der Nichtrohstoffausfuhren zum Wachstum beitragen. Eine stärkere Auslandsnachfrage und die Beseitigung von Infrastrukturengpässen werden ebenfalls zu einer exportbasierten Erholung im Jahr 2016 beitragen.

Die Geldpolitik sollte neutral ausgerichtet sein, um die Inflationserwartungen verankert zu halten. Die Haushaltskonsolidierung sollte im Einklang mit der Haushaltsregel fortgesetzt werden; längerfristig sind jedoch höhere Steuereinnahmen zur Finanzierung der nötigen Sozialausgaben und Infrastrukturinvestitionen erforderlich. Außerdem sind Strukturreformen notwendig, um ein inklusiveres Wachstum zu fördern und die Neuausrichtung der Wirtschaft zu erleichtern.

Die Investitionstätigkeit wird sich auf Grund des Investitionsrückgangs im Rohstoffsektor abschwächen. Eine Verringerung der Steuerbelastung für Unternehmensinvestitionen würde die Investitionstätigkeit außerhalb des Öl- und Bergbausektors ankurbeln. Mehr Wettbewerb im Bankensektor würde die Finanzierungskosten von Investitionen senken. Die Infrastrukturinvestitionen sind zwar gestiegen, es sind jedoch nach wie vor bedeutende Lücken zu füllen. Eine schnelle Umsetzung des ambitionierten Programms für öffentlich-private Partnerschaften im Bereich der Verkehrsinfrastruktur ist von entscheidender Bedeutung.

Das Wachstum wird durch die niedrigeren Rohstoffpreise gebremst

Die niedrigeren internationalen Rohstoffpreise und der Investitionsrückgang im Rohstoffsektor haben die gesamtwirtschaftliche Produktion beeinträchtigt und das Leistungsbilanzdefizit vergrößert. Die Inflation hat ihren Zielkorridor überschritten, was in

Colombia

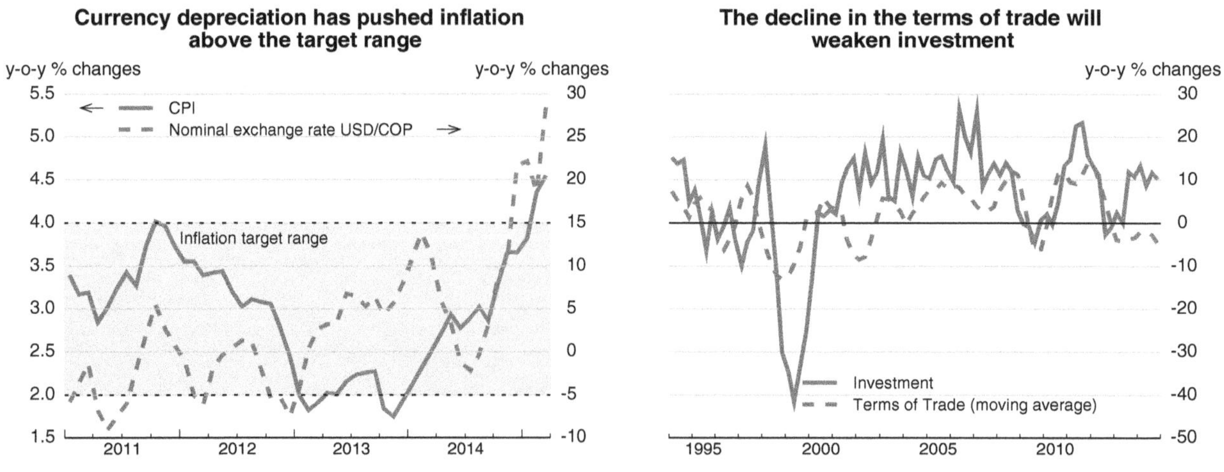

Source: OECD Economic Outlook 97 database; and OECD National Account Database.

StatLink http://dx.doi.org/10.1787/888933220932

Colombia: **Demand, output and prices**

	2011	2012	2013	2014	2015	2016
	Current prices Colombian Peso trillions	Percentage changes, volume (2005 prices)				
GDP at market prices	619.9	4.0	4.9	4.6	3.3	3.7
Private consumption	381.3	4.4	3.8	4.3	3.6	3.2
Government consumption	98.0	6.4	9.3	6.2	1.9	2.2
Gross fixed capital formation	146.3	4.7	6.0	10.9	3.0	3.6
Final domestic demand	625.6	4.8	5.3	6.2	3.2	3.1
Stockbuilding[1]	1.7	-0.1	-0.1	0.2	-0.1	0.0
Total domestic demand	627.3	4.9	5.2	6.7	3.3	3.1
Exports of goods and services	116.1	6.0	5.3	-1.7	3.6	5.0
Imports of goods and services	123.6	9.1	6.4	9.2	3.4	2.0
Net exports[1]	-7.4	-0.7	-0.3	-2.1	-0.2	0.3
Memorandum items						
GDP deflator	_	3.0	1.9	1.8	2.6	3.2
Consumer price index	_	3.2	2.0	2.9	4.2	3.2
Private consumption deflator	_	2.7	2.1	2.9	4.0	3.4
Unemployment rate	_	10.4	9.6	9.1	8.5	8.5
Current account balance[2]	_	-3.1	-3.2	-5.3	-6.0	-5.3

1. Contributions to changes in real GDP, actual amount in the first column.
2. As a percentage of GDP at market value.
Source: OECD Economic Outlook 97 database.

StatLink http://dx.doi.org/10.1787/888933222410

erster Linie auf höhere Nahrungsmittelpreise zurückzuführen ist, die eine Folge ungünstiger Witterungsbedingungen, eines Streiks der LKW-Fahrer und der Peso-Abwertung sind. Das Wachstum des privaten Konsums hat sich verlangsamt, da das Beschäftigungswachstum und das Verbrauchervertrauen nachgelassen haben.

Die Geldpolitik ist konjunkturstützend ausgerichtet, die öffentlichen Ausgaben wachsen jedoch langsamer

Trotz des jüngsten Inflationsanstiegs wurden die Leitzinsen seit September 2014 unverändert bei 4,5% belassen. Diese geldpolitische Unterstützung ist angesichts der wirtschaftlichen Unsicherheit angemessen, da der Inflationsanstieg überwiegend auf vorübergehenden Faktoren beruht und die Inflationserwartungen weiterhin in der Nähe des Zielwerts von 3% verharren. Der Abbau von Handelshemmnissen im Agrarsektor würde die Auswirkungen lokaler Witterungsbedingungen auf die Nahrungsmittelpreise verringern.

In Anbetracht der sinkenden Staatseinnahmen aus dem Rohstoffsektor werden die öffentlichen Ausgaben reduziert, um 2015 und 2016 die Haushaltsziele zu erreichen. Kolumbiens Haushaltsregel lässt zwar das Wirken von automatischen Stabilisatoren zu, da die Öl- und Kohlepreise aber dauerhaft auf niedrigerem Niveau liegen könnten, ist eine entsprechende Anpassung der Ausgaben angemessen. Die zur Beseitigung von Infrastrukturengpässen erforderlichen öffentlichen Investitionen in die Verkehrsinfrastruktur sollten jedoch nicht gekürzt werden. Es bedarf einer strukturellen Steuerreform, um die Staatseinnahmen zu steigern, die Steuerbelastung von Investitionen zu reduzieren und dadurch das Wachstum außerhalb des Rohstoffsektors zu fördern, und um die informelle Beschäftigung und die Ungleichheit zu verringern.

Strukturreformen würden den Anpassungsprozess erleichtern und ein inklusiveres Wachstum bewirken. Die Förderung des Wettbewerbs an den Produktmärkten, wie z.B. im Telekommunikations-, Nahrungsmittel- und Einzelhandelssektor, wird die Produktivität erhöhen. Mehr Wettbewerb im Bankensektor würde die Finanzierungskosten senken. Zur Verringerung der informellen Beschäftigung und der Ungleichheit ist es nötig, den Mindestlohn zu reformieren, die Lohnnebenkosten zu senken und höhere Bildungsinvestitionen zu tätigen. Ferner bedarf es einer strukturellen Rentenreform, um den Rentenversicherungsschutz auszuweiten und dadurch die nach wie vor hohe Altersarmut zu senken.

Das Wachstum wird sich abschwächen, da die Anpassung durch strukturelle Hemmnisse gebremst wird

Das Wachstum wird auf Grund der allmählichen Neuausrichtung der Investitionstätigkeit und Beschäftigung auf Nichtrohstoffausfuhren und handelbare Güter, die mit Importen konkurrieren, schwächer ausfallen. Diese Neuausrichtung wird die Dominanz der Öl- und Bergbauexporte, die gegenwärtig 70% der Gesamtexporte ausmachen, verringern und so zu einer gesünderen Wirtschaftsstruktur beitragen. Die Investitionsdynamik wird sich den Projektionen zufolge um die zweite Jahreshälfte 2016 herum beschleunigen, während das niedrigere Beschäftigungswachstum die Zunahme des Privatkonsums eindämmen wird. Das Leistungsbilanzdefizit wird sich 2015 ausweiten, dann aber unter dem Einfluss einer zunehmenden Verbesserung der Wettbewerbsfähigkeit und eines Anstiegs der Nachfrage seitens benachbarter ölexportierender Länder allmählich wieder schrumpfen. Den Projektionen zufolge wird die Inflation angesichts größerer Kapazitätsüberhänge und der nachlassenden Effekte der Währungsschwäche sowie der Nahrungspreisschocks, die teilweise durch die „El Niño"-bedingte Dürre verursacht wurden, wieder näher an den Zielwert heranrücken. Die Dürre wird durch die Verringerung der Agrarproduktion und des Energiedargebots auch die gesamtwirtschaftliche Produktion vermindern.

Die Entwicklung der globalen Öl- und Kohlepreise sowie der Nachfrage aus den Vereinigten Staaten und China könnte die kurzfristigen Aussichten bedeutend verändern. Das hohe Leistungsbilanzdefizit stellt ein Risiko dar, das jedoch durch einen guten Kapitalmarktzugang, den flexiblen Wechselkurs, eine konservative Schuldenstruktur und Eventualkreditlinien teilweise entschärft wird. Eine erfolgreiche Umsetzung des Verkehrsinfrastrukturprogramms ist für die Neuausrichtung der Wirtschaft von entscheidender Bedeutung. Bessere klimatische Bedingungen nach Abklingen der Dürre würden das Wachstum steigern und die Inflation verringern.

KOREA

Das Wachstum der gesamtwirtschaftlichen Produktion wird sich den Projektionen zufolge 2015 auf rd. 3% verlangsamen, wofür der private Verbrauch verantwortlich ist, der unter dem Einfluss einer hohen Verschuldung der privaten Haushalte und stagnierender Löhne schleppend verläuft. Die Inflation ist auf unter 1% gesunken und liegt damit deutlich unterhalb des Zielkorridors von 2,5-3,5%, während die schwache Binnennachfrage den Leistungsbilanzüberschuss auf rd. 7% des BIP anschwellen lässt. Die gesunkenen Ölpreise dürften eine Belebung von Verbrauch und Investitionen ermöglichen, womit sich das Produktionswachstum 2016 voraussichtlich auf 3½% erhöhen wird.

Da die Produktion das vierte Jahr in Folge unter der Potenzialrate verharren dürfte, sind fiskalische Konjunkturimpulse nötig, um die Wirtschaftstätigkeit zu stützen und den expansiven Effekt der Geldpolitik zu ergänzen (die Leitzinsen wurden auf einen Rekordtiefstand gesenkt). Korea benötigt zudem weitreichende Strukturreformen – u.a. diejenigen des Dreijahresplans für wirtschaftliche Innovation von 2014 –, um das Wachstumspotenzial zu heben.

Äußerst wichtig ist die Erhöhung der Investitionen, damit die rückläufige Entwicklung des Beitrags der Kapitalbildung zu Produktivitäts- und BIP-Wachstum umgekehrt werden kann. Die Umsetzung des Reformprogramms der Regierung, bei dem der Schwerpunkt auf der Lockerung der Regulierung und der Förderung einer kreativen Wirtschaft liegt, ist von entscheidender Bedeutung für die Unternehmensinvestitionen und die Förderung eines inklusiven Wachstums.

Die Wirtschaftstätigkeit verläuft schleppend

Vom privaten Verbrauch, der 2014 im neunten Jahr in Folge langsamer expandierte als die Produktion, geht nach wie vor ein bremsender Effekt auf die Wirtschaftstätigkeit aus. Dies erklärt sich aus einem nichtexistenten realen Lohnwachstum im Jahr 2014 und einer steigenden Verschuldung der privaten Haushalte, die inzwischen bei über 160% ihres verfügbaren Einkommens liegt. Das Ausfuhrwachstum hat deutlich nachgelassen, worin

Korea

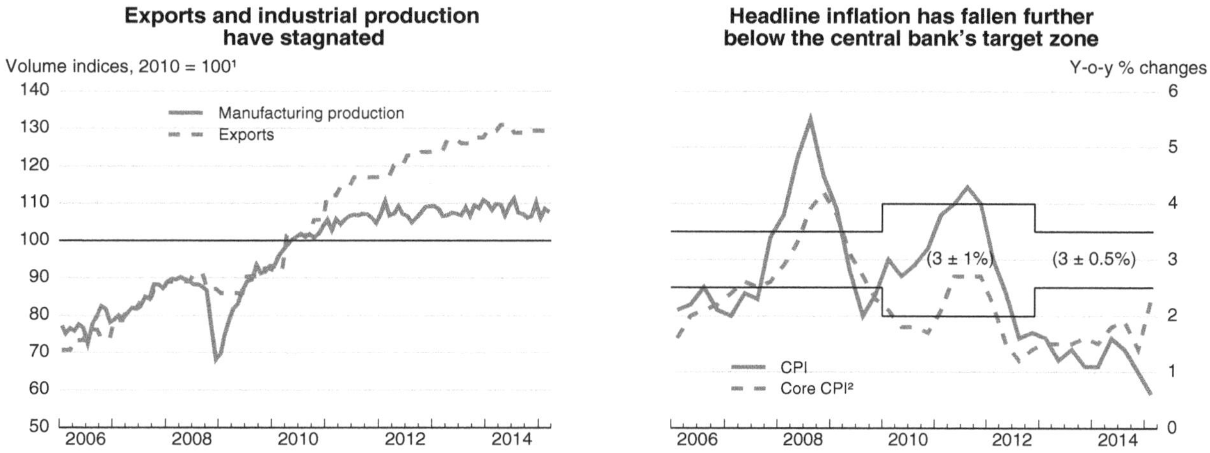

1. Seasonally-adjusted for production and exports (on a national accounts basis).
2. Corresponds to the OECD measure of core inflation, which excludes food and energy.

Source: Statistics Korea; *OECD Economic Outlook 97 database*; and Bank of Korea.

StatLink http://dx.doi.org/10.1787/888933221165

Korea: **Demand, output and prices**

	2011	2012	2013	2014	2015	2016
	Current prices KRW trillion	Percentage changes, volume (2010 prices)				
GDP at market prices	1 332.7	2.3	2.9	3.3	3.0	3.6
Private consumption	679.1	1.9	1.9	1.8	2.3	2.8
Government consumption	194.4	3.4	3.3	2.8	3.2	4.0
Gross fixed capital formation	403.0	-0.5	3.3	3.1	4.0	4.4
Final domestic demand	1 276.6	1.4	2.5	2.4	2.9	3.5
Stockbuilding[1]	36.2	-0.6	-1.0	0.5	0.5	0.0
Total domestic demand	1 312.8	0.7	1.4	3.0	3.5	3.5
Exports of goods and services	742.9	5.1	4.3	2.8	1.7	5.9
Imports of goods and services	723.0	2.4	1.7	2.1	2.6	5.9
Net exports[1]	19.9	1.5	1.5	0.5	-0.3	0.4
Memorandum items						
GDP deflator	_	1.0	0.9	0.6	1.1	1.0
Consumer price index	_	2.2	1.3	1.3	0.8	1.8
Private consumption deflator	_	2.2	1.0	1.1	0.8	1.9
Unemployment rate	_	3.2	3.1	3.5	3.6	3.5
Household saving ratio, net[2]	_	3.9	5.6	7.0	7.0	6.9
General government financial balance[3]	_	1.0	1.3	1.6	1.0	1.0
General government gross debt[3]	_	34.8	34.8	34.5	34.9	35.5
General government net debt[3]	_	-35.9	-36.0	-36.3	-35.8	-35.2
Current account balance[3]	_	4.1	6.2	6.4	7.0	6.6

1. Contributions to changes in real GDP, actual amount in the first column.
2. As a percentage of disposable income.
3. As a percentage of GDP at market value.
Source: OECD Economic Outlook 97 database.

StatLink http://dx.doi.org/10.1787/888933222218

eine Folge der Aufwertung des koreanischen Won um handelsgewichtet 17% seit Ende 2012 sowie des Rückgangs der Lieferungen an China Anfang 2015 zu sehen ist. Auf Grund des trägen Produktionswachstums und der niedrigeren Ölpreise ist der Verbraucherpreisauftrieb im ersten Quartal 2015 auf 0,6% im Vorjahresvergleich gesunken.

Die Lockerung der Geldpolitik wirkt konjunkturstützend

Die Zentralbank hat auf diese Entwicklungen mit einer Senkung ihres Leitzinses in drei Schritten seit Mitte 2014 auf 1¾% reagiert. Außerdem hat die Regierung die makroprudenziellen Maßnahmen gelockert, die die Hypothekenkreditvergabe gebremst haben. Damit versucht sie, den Wohnungsmarkt wieder anzukurbeln. Dies hat jedoch zu einem Anstieg der realen Wohnungspreise geführt und droht die Verschuldung der privaten Haushalte weiter zu erhöhen. Im Rahmen von Anstrengungen zur Förderung der Nachfrage sollen die Staatsausgaben 2015 um 5,7% steigen. Allerdings belief sich die Zunahme des Staatsverbrauchs im ersten Quartal 2015 auf weniger als 1%.

Es bedarf Strukturreformen zur Erhöhung der Investitionen und der Erwerbsbeteiligung

Mit dem Dreijahresplan für wirtschaftliche Innovation möchte die Regierung die Unternehmensinvestitionen fördern, die von über 40% des BIP vor der Krise des Jahres 1997 auf rd. 20% des BIP gesunken sind. Dieser Rückgang ist bis zu einem gewissen Grad darauf zurückzuführen, dass die Unternehmen mehr Aufmerksamkeit auf Fragen der Rentabilität und auf Bilanzrisiken richten, was zu begrüßen ist. Trotz dieses Rückgangs weist Korea unter den OECD-Ländern immer noch die höchsten Gesamtanlageinvestitionen im Verhältnis zum BIP auf. Die Unternehmensinvestitionen sollen vor allem über eine Begrenzung der Gesamtbelastung durch rechtliche Vorschriften angekurbelt werden. Dies soll nach einem begrüßenswerten „one-in, one-out"-Prinzip geschehen, was heißt, dass für jede neue Vorschrift bzw. jede Verschärfung einer bestehenden Vorschrift eine andere Vorschrift abgeschafft bzw. gelockert werden muss. Eine Verringerung der Produktmarktregulierung käme auch der Investitionstätigkeit, der Wissensverbreitung, der Managementleistung und den Unternehmensgründungen zugute.

Da die Bevölkerung im Erwerbsalter (15-64 Jahre) 2016 ihren maximalen Umfang erreichen und dann schrumpfen wird, ist es zunehmend wichtig, das Geschlechtergefälle zu verringern und die Beschäftigungsquote der Frauen anzuheben, die 2013 mit 54% 21 Prozentpunkte unter der der Männer lag. Die niedrige Beschäftigungsquote der Frauen ist darauf zurückzuführen, dass sich die Mehrzahl der Frauen nach der Heirat oder der Geburt der Kinder aus dem Erwerbsleben zurückzieht. Daran zeigt sich, wie wichtig es ist, zur Verbesserung der Work-Life-Balance die Arbeitszeiten zu verringern, die über 20% höher sind als im OECD-Durchschnitt. Außerdem ist das Verdienstgefälle zwischen Männern und Frauen, das mit 37% das höchste im OECD-Raum ist, ein Negativanreiz für die Erwerbsbeteiligung von Frauen. Dieses Verdienstgefälle erklärt sich aus dem hohen Anteil der Frauen in atypischen Beschäftigungsverhältnissen und ihrem geringen Anteil in Führungspositionen. Es müssen bessere Beschäftigungsmöglichkeiten für Frauen geschaffen werden, wozu es insbesondere gilt, die Zweiteilung des Arbeitsmarkts aufzuheben und die Entlohnung stärker an der Leistung anstatt an der Dauer der Betriebszugehörigkeit auszurichten. Kurz gesagt bedarf es Reformen, um Frauen die Arbeitszeiten, Arbeitsplätze, Löhne und Aufstiegsmöglichkeiten zu bieten, die sie brauchen, um einen Anreiz zur Beschäftigungsaufnahme zu haben.

Das Wachstum wird sich u.a. dank der gesunkenen Ölpreise beleben

Unter dem Einfluss der Exporte, die durch die abzusehende Erholung des Welthandels und die 2014 abgeschlossenen Freihandelsabkommen mit Australien, China, Kanada und Neuseeland Auftrieb erhalten, wird das Wachstum der gesamtwirtschaftlichen Produktion zwischen 2015 und 2016 voraussichtlich von 3% auf rd. 3½% ansteigen. Das raschere Exportwachstum dürfte die Kapitalbildung fördern, auch wenn die Betriebsgewinne börsennotierter Unternehmen 2014 gesunken sind. Trotz des hohen Verschuldungsgrads dürfte der private Verbrauch dank der Effekte der gesunkenen Ölpreise und der Reallohnzuwächse allmählich zulegen. Mit einem stärkeren Wachstum wird sich die Inflation unter der Annahme stabiler Ölpreise und eines stabilen Won 2016 voraussichtlich 2% nähern.

Korea ist besonders anfällig gegenüber wirtschaftlichen Entwicklungen in China, da die Exporte nach China 14% seines BIP ausmachen. Die Erholung des privaten Verbrauchs könnte ausbleiben, falls die Reallöhne weiter stagnieren und falls die Verschuldung der privaten Haushalte wegen der niedrigen Zinsen und der Maßnahmen zur Belebung des Wohnungsmarkts erneut ansteigen sollte. Eine positivere Entwicklung als hier unterstellt könnte demgegenüber eintreten, wenn es Korea dank einer energischen Umsetzung der Strukturreformen wieder einmal gelänge, an seine alte Exportdynamik anzuknüpfen.

LETTLAND

Das Wachstum wird 2015 voraussichtlich nur leicht, 2016 jedoch stärker anziehen. Durch die schwere Rezession in Russland werden die Ausfuhren weiterhin geschwächt, was jedoch z.T. durch die Erholung im Euroraum ausgeglichen wird. Der private Verbrauch wird dank weiterer Steigerungen des verfügbaren Einkommens der privaten Haushalte kräftig bleiben. Die Belebung der Investitionstätigkeit wird sich auf Grund der regionalen geopolitischen Spannungen und die daraus resultierende hohe Ungewissheit indessen verzögern.

Der akkommodierende Kurs der Geldpolitik im Euroraum wird das Wachstum durch die Lockerung des Kreditzugangs voraussichtlich unterstützen. Die Fiskalpolitik wird ebenfalls konjunkturstützend wirken, muss jedoch umsichtig bleiben, um zu gewährleisten, dass Spielraum für die Bewältigung potenzieller negativer außenwirtschaftlicher Schocks vorhanden ist. Die Armut könnte durch eine gezieltere Ausrichtung der Sozialleistungen, Steuersenkungen im Niedriglohnbereich und die Bekämpfung der informellen Beschäftigung verringert werden.

Trotz der raschen Erholung sind die Unternehmensinvestitionen gemessen am BIP seit 2012 gesunken, und die Bankkreditvergabe nimmt weiter ab. Um die Attraktivität Lettlands für Investoren zu erhöhen und das Geschäftsklima zu festigen, sollten die Regulierungsverfahren weiter vereinfacht werden, und die Durchsetzung des Kartellrechts sollte gestärkt werden. Die Verbesserung der Qualität der Verkehrsinfrastruktur und die Anbindung der Energienetze an die der anderen Länder der Europäischen Union ist ebenfalls von entscheidender Bedeutung. Die schnellere Absorption von EU-Mitteln könnte die öffentliche Investitionstätigkeit fördern.

Der private Verbrauch ist der größte Wachstumsmotor

Das BIP-Wachstum hat sich verlangsamt, zählt jedoch nach wie vor zu den stärksten im Euroraum. Die Rezession in Russland, Lettlands drittgrößtem Handelspartner, hat die Ausfuhren belastet. Die Investitionstätigkeit ist auf Grund der Verschlechterung des regionalen Geschäftsklimas und der Ungewissheit im Hinblick auf die Wirtschaftsentwicklung im Euroraum verhalten geblieben. Unterdessen hat der Verbrauch der privaten Haushalte die Wirtschaftstätigkeit gestützt. Der kontinuierliche Rückgang der Arbeitslosigkeit und

Latvia

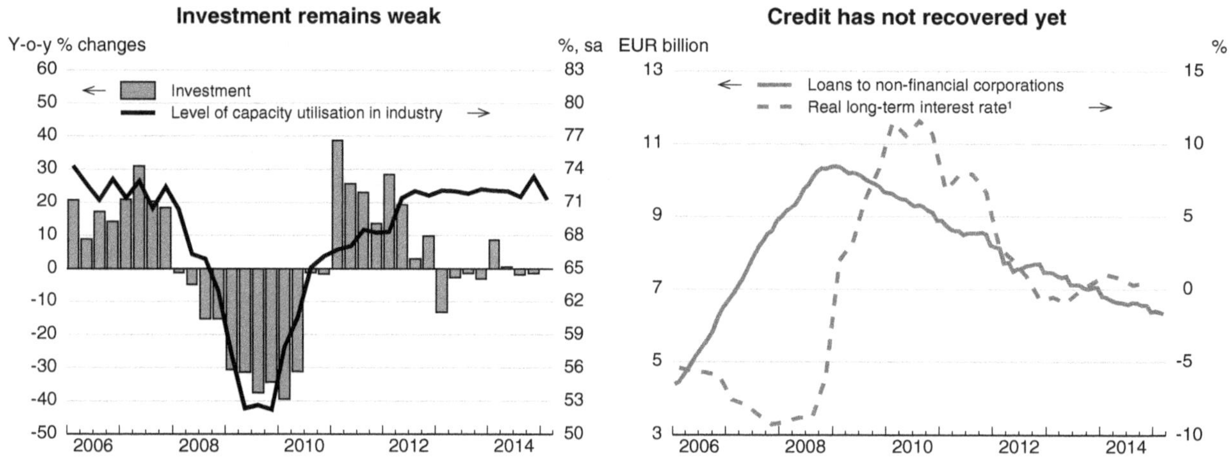

1. Real long-term interest rate based on lagged GDP deflator.
Source: *OECD Economic Outlook 97 database*; European Commission; and Central Bank of Latvia.

StatLink http://dx.doi.org/10.1787/888933221177

Latvia: **Demand, output and prices**

	2011	2012	2013	2014	2015	2016
	Current prices € billion	Percentage changes, volume (2010 prices)				
GDP at market prices	20.3	4.8	4.2	2.4	2.4	3.6
Private consumption	12.7	3.0	6.2	2.3	2.8	3.6
Government consumption	3.7	0.4	2.9	3.4	3.0	2.8
Gross fixed capital formation	4.5	14.5	-5.2	1.3	1.1	4.3
Final domestic demand	20.9	4.9	2.8	2.3	2.5	3.7
Stockbuilding[1]	0.4	-2.6	0.3	-0.3	0.5	0.0
Total domestic demand	21.3	2.3	3.2	2.0	2.9	3.6
Exports of goods and services	11.7	9.8	1.4	2.2	0.9	4.6
Imports of goods and services	12.7	5.4	-0.2	1.6	1.7	4.6
Net exports[1]	- 1.0	2.3	1.0	0.4	-0.5	-0.1
Memorandum items						
GDP deflator	_	3.6	1.1	1.2	1.1	2.4
Harmonised index of consumer prices	_	2.3	0.0	0.7	0.5	2.4
Private consumption deflator	_	3.4	0.4	0.6	0.5	2.4
Unemployment rate	_	15.0	11.9	10.8	10.0	9.1
General government financial balance[2]	_	-0.8	-0.7	-1.4	-1.4	-1.2
General government gross debt[2]	_	45.9	43.3	46.2	43.1	45.9
General government debt, Maastricht definition[2]	_	40.9	38.2	40.0	36.9	39.7
Current account balance[2]	_	-3.3	-2.3	-3.1	-3.1	-3.0

1. Contributions to changes in real GDP, actual amount in the first column.
2. As a percentage of GDP at market value.
Source: OECD Economic Outlook 97 database.

StatLink http://dx.doi.org/10.1787/888933222429

der kräftige Anstieg der verfügbaren Realeinkommen haben vor dem Hintergrund der sinkenden Ölpreise und einer weiteren deutlichen Anhebung des Mindestlohns das Konsumklima und die Verbraucherausgaben gestützt.

Die geld- und fiskalpolitischen Maßnahmen werden eine stützende Wirkung ausüben, es sind jedoch strukturpolitische Maßnahmen erforderlich, um die Ungleichheit zu verringern

Die quantitative Lockerung der Europäischen Zentralbank wird die Zinssätze im Projektionszeitraum niedrig halten. Die Finanzierungsbedingungen dürften sich in den kommenden beiden Jahren verbessern und die Investitionstätigkeit fördern. Die Ungewissheit im Bankensektor, zu der die jüngsten Änderungen des Insolvenzrechts geführt hatten, insbesondere die im März 2015 erfolgte Einführung von Darlehen ohne Rückgriffsrecht, bei denen die Haftung der Hypothekenkreditnehmer auf die eingebrachten Sicherheiten beschränkt ist, sind allmählich abgeklungen. Gleichwohl wird sich die Kreditvergabe nur langsam erholen, da der Schuldenabbau nach wie vor im Gang ist. Die Kreditvergabestandards werden kurzfristig relativ restriktiv bleiben. Auf Grund der unsicheren Aussichten auf den Immobilien- und Exportmärkten wird die Kreditnachfrage 2015 voraussichtlich ebenfalls schwach bleiben.

Die Fiskalpolitik wird die Inlandsnachfrage 2015 stützen, insbesondere mit einer weiteren Senkung der Einkommensteuersätze. Infolgedessen wird sich das strukturelle Defizit voraussichtlich ausweiten, und um 2016 die nationale Fiskalregel eines strukturellen

Defizits in Höhe von 0,5% des BIP einzuhalten, werden Haushaltskonsolidierungsmaßnahmen erforderlich sein. Die Fiskalpolitik sollte umsichtig bleiben und vorsorglich einen Puffer aufbauen. Was die öffentlichen Investitionen betrifft, so sollte die Behebung von Engpässen im Verkehrs- und im Energiesektor Priorität haben. Im letztgenannten Sektor wirft die mangelnde grenzüberschreitende Anbindung der Versorgungsnetze Wettbewerbsfragen auf und beeinträchtigt zudem sowohl die preisliche Wettbewerbsfähigkeit der Unternehmen als auch die Energieversorgungssicherheit. Investitionen in die Infrastruktur könnten durch eine effektive Nutzung von EU-Mitteln gefördert werden, die sich im Zeitraum 2014-2020 auf rd. 2,8% des BIP belaufen werden. Die weitere Straffung der Verfahren und die Verringerung des Verwaltungsaufwands für die Finanzierungsempfänger könnten zur optimalen Nutzung dieser Mittel beitragen.

In Lettland herrscht eine der größten sozialen Ungleichheiten im OECD-Raum, und ein relativ hoher Anteil der Bevölkerung ist von Armut oder sozialer Ausgrenzung bedroht. Die geschätzte strukturelle Arbeitslosenquote beträgt 10%, und die Langzeitarbeitslosigkeit ist sehr hoch. Um die sozial schwächsten Bevölkerungsteile besser gegen Armut zu schützen und die Arbeitsmarktergebnisse zu verbessern, sollte das Steuer- und Sozialleistungssystem einen stärkeren Umverteilungscharakter bekommen und sollten Beschäftigungshindernisse beseitigt werden. Die Sozialleistungen – einschließlich der Familienleistungen – sollten stärker auf die bedürftigsten Bevölkerungsgruppen abzielen, und die Steuerbelastung des Faktors Arbeit sollte verringert werden. Die Pläne der Regierung, den Einkommensteuer-Grundfreibetrag anzuheben und diesen für höhere Einkommen auslaufen zu lassen, wären ein Schritt in die richtige Richtung. Die Bekämpfung der informellen Beschäftigung ist ebenfalls von entscheidender Bedeutung, da diese Teile der Bevölkerung aus dem Sozialversicherungssystem ausschließt, ihre Beiträge und Ansprüche im beitragsabhängigen Sozialversicherungssystem schmälert und das Steueraufkommen senkt, das jedoch notwendig ist, um wachstumsfördernde Ausgaben zu tätigen.

Das Wachstum wird eng mit der Erholung bei Lettlands Handelspartnern zusammenhängen

Die Ausfuhren werden sich vor dem Hintergrund der Belebung im Euroraum im Verlauf des Projektionszeitraums voraussichtlich erholen. Der große Stahlhersteller JSC „KVV Liep jas Metalurgs" nahm seine Produktion Anfang des Jahres wieder auf, was auch den Ausfuhren Auftrieb verleihen wird. Die Investitionstätigkeit dürfte sich dank des Exportwachstums, der Zunahme der Kapazitätsauslastung und der Absorption von EU-Mitteln allmählich beleben. Der Verbrauch der privaten Haushalte wird wesentlich zum Wachstum beitragen, da die Löhne weiter steigen. In der Folge wird das BIP-Wachstum 2016 voraussichtlich 3,6% erreichen. Der Preisauftrieb wird verhalten bleiben, da die Unternehmen das Lohnwachstum wahrscheinlich weiterhin z.T. durch die Verringerung ihrer Gewinnspannen absorbieren werden. Die steigenden Lohnstückkosten werden das Beschäftigungswachstum begrenzen, die Arbeitslosigkeit wird jedoch weiter stetig zurückgehen, da die Erwerbsbevölkerung schrumpft.

Die Hauptrisiken beziehen sich auf das Wachstum bei Lettlands wichtigsten Handelspartnern. Ein Aufflammen der regionalen Spannungen könnte den Handel und die Investitionen weiter belasten. Umgekehrt könnte eine kräftigere Erholung im Euroraum der Konjunktur stärker Auftrieb geben. Was die Binnenwirtschaft betrifft, sind die Fähigkeit der Exporteure zur weiteren Diversifizierung ihrer Märkte und die Auswirkungen der Lohnentwicklung auf die Wettbewerbsfähigkeit ungewiss. Durch Politikmaßnahmen, die das Geschäftsumfeld verbessern, indem Verfahren vereinfacht werden oder die Durchsetzung des Kartellrechts gestärkt bzw. die Nutzung von EU-Mitteln erleichtert wird, würde die Belebung der Investitionstätigkeit beschleunigt werden.

LUXEMBURG

Das Wachstum wird den Projektionen zufolge mit einer Wachstumsrate von knapp unter 3% robust bleiben – trotz der neuen EU-Mehrwertsteuerregelung für den E-Commerce (mit der sich die Attraktivität Luxemburgs für bestimmte exportorientierte Aktivitäten verringert) und höherer inländischer Mehrwertsteuersätze (die eingeführt wurden, um die Einnahmeeinbußen im E-Commerce-Bereich wenigstens zum Teil auszugleichen). Exporte und Investitionen werden von niedrigeren Ölpreisen, einem schwächeren Euro und einer anhaltenden Erholung im Euroraum profitieren. Die höhere Mehrwertsteuer wird die Preise 2015 in die Höhe treiben, und die vergangenheitsorientierte Lohnindexierung könnte den Preisdruck 2016 zusätzlich verstärken.

Die Regierung ist entschlossen, die Staatsschuldenquote niedrig zu halten. Erleichtert würde dies durch die Einführung wirksamerer Ausgabenbegrenzungen, wie z.B. eine Ausgabenobergrenze für die öffentlichen Haushalte im mittelfristigen Haushaltsrahmen. Strukturreformen sollten sich darauf konzentrieren, durch eine Anpassung des Steuer- und Transfersystems und die Verbesserung der aktiven Arbeitsmarktpolitik Menschen an den Arbeitsmarkt zurückzuholen. Strukturreformen im Bildungswesen würden das Bildungsniveau von Lernenden aus benachteiligten Verhältnissen verbessern und das Arbeitskräftepotenzial für Tätigkeiten mit höherer Wertschöpfung erhöhen.

Die Bruttoanlageinvestitionen werden künftig einen positiven Beitrag zum BIP-Wachstum leisten. Der Anteil der Bruttoanlageinvestitionen (ohne Wohnungsbau) am BIP liegt über dem OECD-Durchschnitt. Andererseits sind die Investitionen in wissensbasiertes Kapital, darunter die Gesamt- und Unternehmensinvestitionen in Forschung und Entwicklung, niedriger als in vielen anderen OECD-Ländern, was auf ein nicht ausgeschöpftes Wachstums- und Beschäftigungspotenzial hindeutet. Höhere Investitionen in wissensbasiertes Kapital und die Erschließung des Innovationspotenzials von Unternehmen können Luxemburg helfen, seine Produktivität zu steigern und seinen hohen Lebensstandard zu erhalten.

Luxembourg

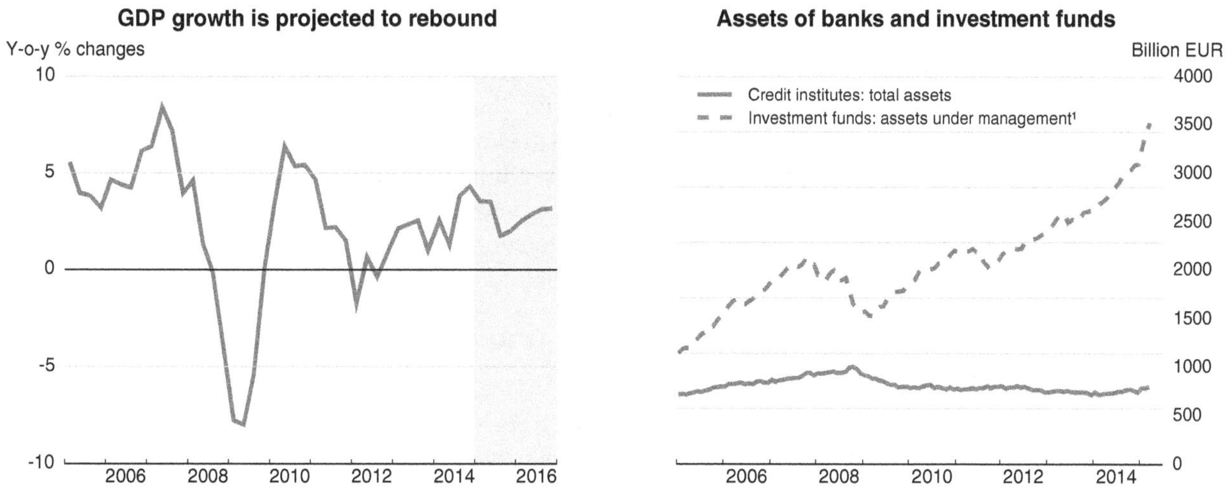

1. Undertakings for collective investment, net assets.

Source: *OECD Economic Outlook 97 database*; Commission de Surveillance du Secteur Financier; and Banque Centrale du Luxembourg.

StatLink http://dx.doi.org/10.1787/888933221181

Luxembourg: **Demand, output and prices**

	2011	2012	2013	2014	2015	2016
	Current prices € billion	Percentage changes, volume (2005 prices)				
GDP at market prices	42.4	-0.1	2.0	3.0	2.7	2.9
Private consumption	13.3	1.9	1.5	2.7	2.0	2.8
Government consumption	6.9	3.8	5.1	3.2	1.2	2.4
Gross fixed capital formation	7.6	2.7	-4.4	5.5	6.8	1.1
Final domestic demand	27.9	2.6	0.8	3.6	3.1	2.2
Stockbuilding[1]	0.5	-1.6	-0.1	-0.8	-0.2	0.0
Total domestic demand	28.4	0.3	0.6	3.9	3.2	2.3
Exports of goods and services	78.5	3.0	5.6	2.5	3.6	4.0
Imports of goods and services	64.5	3.8	5.8	2.1	4.0	4.0
Net exports[1]	14.0	-0.3	1.6	1.5	0.7	1.5
Memorandum items						
GDP deflator	_	3.4	1.4	1.6	1.7	1.4
Harmonised index of consumer prices	_	2.9	1.7	0.7	0.1	1.5
Private consumption deflator	_	1.9	0.3	0.0	0.5	1.4
Unemployment rate	_	6.1	6.9	7.1	7.1	7.0
General government financial balance[2]	_	0.1	0.9	0.6	0.1	0.4
General government gross debt[2]	_	29.6	29.7	31.3	33.2	34.7
General government debt, Maastricht definition[2]	_	21.4	23.6	25.1	27.0	28.5
Current account balance[2]	_	5.7	4.9	5.7	4.1	4.4

1. Contributions to changes in real GDP, actual amount in the first column.
2. As a percentage of GDP at market value.
Source: OECD Economic Outlook 97 database.

StatLink http://dx.doi.org/10.1787/888933222223

Die Wirtschaftstätigkeit ist weiterhin robust

Das Wirtschaftswachstum blieb 2014 deutlich über dem Durchschnitt des Euroraums, was einer soliden Inlandsnachfrage und der robusten Aktivität im Finanzsektor zu verdanken war. Die Arbeitslosigkeit ist jedoch weiter gestiegen, und die Jugendarbeitslosigkeit lag Ende 2014 bei 22%. Mit beständigen Leistungsbilanzüberschüssen und einer Nettoauslandsvermögensposition von 219% des BIP verfügt Luxemburg über eine starke außenwirtschaftliche Position. Das Land weist einen gesamtstaatlichen Finanzierungsüberschuss aus, und der Bruttoschuldenstand des Staatssektors ist mit 25% des BIP gemäß Maastricht-Definition niedrig.

Finanzielle Risiken sollten überwacht werden, und bei der Haushaltsplanung sollten Strukturreformen durchgeführt werden

Die finanziellen Risiken sollten weiterhin mittels eines umfassenden Risikobewertungsrahmens überwacht werden, der Verflechtungen zwischen Banken und Nichtbanken-Finanzintermediären, insbesondere Investmentfonds, berücksichtigt. Darüber hinaus ist eine kontinuierliche Zusammenarbeit mit Regulierungsbehörden anderer Staaten außerhalb der EU erforderlich, um Abwicklungspläne zu erarbeiten und Bewertungen der Abwicklungsfähigkeit vorzunehmen, die eine effektive grenzüberschreitende Abwicklung erleichtern.

Die neuen – seit Januar 2015 geltenden – EU-Mehrwertsteuerregelungen dürften die Staatseinnahmen 2015 um rd. 1,5% des BIP schmälern, da die Mehrwertsteuer nun nicht mehr im Land des Verkäufers, sondern im Land des Käufers anfällt. Die Regierung hat in Erwartung dieser Einbußen ausgleichende steuer- und ausgabenseitige Maßnahmen ergriffen. Eine Erhöhung der Mehrwertsteuersätze um 2 Prozentpunkte dürfte die Staatseinnahmen um rd. 0,5% des BIP steigern. Zusätzlich hat die Regierung umfangreiche Maßnahmen zur Senkung der Ausgaben ergriffen, die 2015 geschätzte Nettoeinsparungen in Höhe von 0,4% des BIP bewirken dürften. Diese Maßnahmen könnten durch eine Stärkung des Haushaltsrahmens über die Einführung einer Ausgabenobergrenze zur Bewältigung mittelfristiger Haushaltsengpässe ergänzt werden. Der neu eingerichtete Fiskalrat könnte damit beauftragt werden, die Haushaltspläne im Hinblick auf die mittelfristigen Budgetentwicklungen und die Ausgabenobergrenze – sofern diese eingeführt wird – zu evaluieren.

Das Wachstum wird sich den Projektionen zufolge erholen

Das Wachstum wird sich den Projektionen zufolge 2015 nur geringfügig verlangsamen, da die Änderungen der EU-Mehrwertsteuerregelungen für den E-Commerce das Exportwachstum schwächen und die höheren Mehrwertsteuersätze die Nachfrage hemmen, dann aber 2016 wieder anziehen. Die Wirtschaftstätigkeit wird während des gesamten Projektionszeitraums von sehr akkommodierenden geldpolitischen Bedingungen, einer steigenden Inlandsnachfrage und Verbesserungen beim Dienstleistungshandel profitieren. Die Arbeitslosenquote wird 2015 einen Höchststand von 7,1% erreichen und 2016 allmählich wieder abnehmen. Die Mehrwertsteuererhöhung und eine für 2016 erwartete Lohnindexierungsrunde werden die Inflation über dem Durchschnitt des Euroraums halten.

Auf Grund von Handelsbeziehungen und finanziellen Verflechtungen hängt die Entwicklung in Luxemburg in hohem Maße vom weiteren Verlauf der Erholung im Euroraum ab. Die negativen Auswirkungen der neuen EU-Mehrwertsteuerregelung auf Luxemburgs Position in der E-Commerce-Branche könnten stärker ausfallen als erwartet. Die starken grenzüberschreitenden finanziellen Verflechtungen zwischen inländischen Banken, ausländischen Banken innerhalb des gleichen Konzernverbunds und Investmentfonds könnten externe Schocks – wie z.B. eine erhöhte Finanzmarktvolatilität im Euroraum – auf die inländische Volkswirtschaft übertragen. Andererseits könnte der solide Ruf des luxemburgischen Finanzsektors auch höhere Safe-Haven-Kapitalzuflüsse anlocken. Ein anhaltender Ölpreisverfall und die Abwertung des Euro könnten über höhere Nettoexporte ebenfalls das Wachstum ankurbeln.

MEXIKO

Die Konjunkturerholung in Mexiko gewinnt an Stärke, was vor allem der Importnachfrage aus den Vereinigten Staaten nach verarbeiteten Gütern sowie dem schwächeren Wechselkurs zu verdanken ist. Den Projektionen zufolge wird sich das reale BIP-Wachstum 2015 auf 2,9% und 2016 auf 3,5% belaufen. Dank der besseren Exportentwicklung hat sich die Erholung endlich beschleunigt, und die Investitionen beginnen verlorenen Boden gutzumachen. Trotz der niedrigeren Ölpreise stoßen die neuen Ausschreibungen nach den jüngsten Reformen im Energiesektor auf erhebliches Interesse. Weitreichende Reformen der Wettbewerbs-, Energie- und Marktregulierung haben zur Stärkung des Vertrauensklimas beigetragen, während die Geldpolitik konjunkturstützend ausgerichtet war.

Wenngleich die Geldpolitik bislang unverändert beibehalten wurde, werden bei Eintreten der Zinswende in den Vereinigten Staaten auch in Mexiko die Zinssätze angehoben werden müssen, um potenziellen Kapitalabflüssen vorzubeugen. Die Staatsausgaben wurden Anfang 2015 gekürzt, und für 2017 ist nach wie vor ein ausgeglichener Haushalt vorgesehen.

Die Gesamtinvestitionsausgaben, insbesondere für langlebige Investitionsgüter, haben stark angezogen, und auch im Wohnungsbau ist ein – wenn auch allmählicher verlaufender – Anstieg festzustellen. Eine entschlossene Umsetzung der unlängst verabschiedeten weitreichenden Strukturreformen bietet die besten Chancen, die Investitionstätigkeit und die Produktivität zu erhöhen und dadurch zu einer schnelleren und nachhaltigeren Steigerung des künftigen gesellschaftlichen Wohlergehens beizutragen.

Die Erholung der Wirtschaftstätigkeit beschleunigt sich

Die Erholung der mexikanischen Wirtschaft verzögerte sich in den letzten Jahren mehrmals, was auf das Zusammentreffen einer schwachen globalen Nachfrage, finanzieller Probleme im inländischen Bausektor sowie – bis zum vergangenen Jahr – unzureichender Strukturreformen zurückzuführen war. Der anhaltende Konjunkturaufschwung in den

Mexico

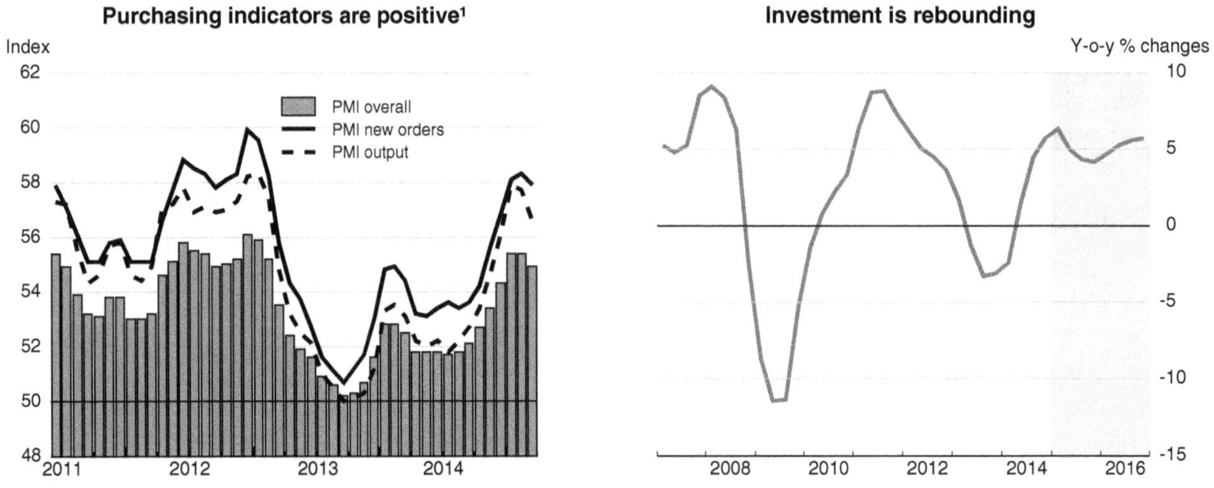

1. Based on a 3-month moving average of the Markit Purchasing Managers' Index (PMI) for Mexico. Readings above 50.0 signal an improvement in business conditions on the previous month, while readings below 50.0 signal a deterioration.

Source: Markit and OECD *Economic Outlook 97 database*.

StatLink http://dx.doi.org/10.1787/888933221196

Mexico: **Demand, output and prices**

	2011	2012	2013	2014	2015	2016
	Current prices MXN billion	Percentage changes, volume (2008 prices)				
GDP at market prices	14 544.4	3.8	1.7	2.1	2.9	3.5
Private consumption	9 658.3	4.7	2.5	2.0	2.7	3.1
Government consumption	1 683.0	3.3	1.6	2.5	-0.3	-0.2
Gross fixed capital formation	3 156.9	4.8	-1.5	2.2	4.9	5.1
Final domestic demand	14 498.2	4.5	1.5	2.1	2.8	3.2
Stockbuilding[1]	225.1	0.3	-0.1	0.3	-0.1	0.0
Total domestic demand	14 723.3	4.8	1.4	2.4	2.7	3.2
Exports of goods and services	4 543.3	5.9	2.1	7.3	8.5	7.6
Imports of goods and services	4 722.2	4.6	2.9	6.3	6.4	6.8
Net exports[1]	- 178.9	0.4	-0.3	0.2	0.6	0.3
Memorandum items						
GDP deflator	_	3.6	1.5	3.6	3.1	3.0
Consumer price index	_	4.1	3.8	4.0	3.5	3.1
Private consumption deflator	_	3.9	2.7	3.6	3.1	2.9
Unemployment rate[2]	_	4.9	4.9	4.8	4.7	4.6
Public sector borrowing requirement[3,4]	_	-3.5	-3.8	-4.7	-4.0	-3.5
Current account balance[4]	_	-1.3	-2.4	-2.1	-2.0	-2.1

1. Contributions to changes in real GDP, actual amount in the first column.
2. Based on National Employment Survey.
3. Central government and public enterprises.
4. As a percentage of GDP at market value.
Source: OECD Economic Outlook 97 database.

StatLink http://dx.doi.org/10.1787/888933222233

Vereinigten Staaten, nachlassende Probleme im Bausektor und ein unlängst verabschiedetes umfassendes Paket von Strukturreformen tragen zur Verbesserung des Investitionsklimas bei. Die Investitionstätigkeit hat deutlich zugenommen, und die Aktivität im Verarbeitenden Gewerbe hat sich noch stärker beschleunigt, was zur Förderung eines robusten formalen Arbeitsmarktes und zur Steigerung der Haushaltseinkommen und des Konsumwachstums beiträgt.

Die Geldpolitik ist weiterhin konjunkturstützend ausgerichtet

Das Zinsziel der Zentralbank befindet sich nach wie vor auf einem Allzeittief von 3%. Die Inflation hat nachgegeben und ist damit näher an die Mitte des Zielkorridors der Zentralbank herangerückt, wodurch Sorgen über die Notwendigkeit baldiger Zinserhöhungen entkräftet wurden. Zudem sind die Inflationserwartungen fest verankert. Gleichzeitig hat der nominale effektive Wechselkurs des mexikanischen Peso in den letzten Monaten um fast 20% abgewertet, was dazu beigetragen hat, die außenwirtschaftliche Wettbewerbsfähigkeit zu steigern.

Die Fiskalpolitik war bis vor einigen Monaten konjunkturstützend ausgerichtet, was sich in der Ausweitung des Finanzierungsbedarfs des öffentlichen Sektors um fast 1 Prozentpunkt des BIP zwischen 2013 und 2014 äußerte. Infolge des Ölpreisverfalls aber kündigte die Regierung angesichts der starken Abhängigkeit des Haushalts von den Öleinnahmen Maßnahmen an, um die Staatsausgaben 2015 um 0,7% des BIP zu reduzieren. Dadurch verringert sich die Fiskalklippe, die mit einer Rückkehr zu einem „traditionell" ausgeglichenen

Haushalt – definiert als Finanzierungsbedarf des öffentlichen Sektors von rd. 3% des BIP – bis 2017 verbunden ist.

Die Nachfrage zieht an

Vor dem Hintergrund des anhaltenden Anstiegs der Inlandsnachfrage sowie der Importnachfrage aus den Vereinigten Staaten wird sich die wirtschaftliche Dynamik weiter beschleunigen und einen allmählichen Abbau der Kapazitätsüberhänge bewirken. Die zeitnahe Umsetzung von Strukturreformen – vor allem im Energie-, Finanz- und Telekommunikationssektor – trägt bereits zur Stärkung des Geschäftsklimas und des Investitionsklimas für den privaten Sektor bei, während Reformen im öffentlichen Sektor ebenfalls einen positiven Einfluss ausüben. Diese Reformen dürften über eine Erhöhung des Kapitalstocks und Produktivitätszuwächse das Potenzialwachstum steigern. Die Wohnungsbauinvestitionen ziehen im Zuge der Erholung des Wohnungsbausektors an. Bei den Anlageinvestitionen dürfte in diesem und im nächsten Jahr ein deutlicher Anstieg eintreten, was den Aktivitäten im Verarbeitenden Gewerbe zugute kommen wird.

Das größte Abwärtsrisiko für das Wachstum besteht in der möglichen Volatilität in Zusammenhang mit dem Entzug der geldpolitischen Impulse in den Vereinigten Staaten. Mexiko hat sich zwar bislang gut behauptet, falls aber das Anlageklima für die aufstrebenden Volkswirtschaften plötzlich von Pessimismus erfasst wird, könnte dies Kapitalabflüsse auslösen, die die längerfristigen Zinssätze in die Höhe treiben würden. Die Devisenreserven in Rekordhöhe und die Flexible Kreditlinie stellen eine wichtige Absicherung gegen potenzielle Schocks dar. Eine günstigere Entwicklung könnte sich hingegen einstellen, wenn die verabschiedeten umfassenden Strukturreformen die Produktivität und die Investitionstätigkeit schneller und stärker als erwartet ankurbeln und dadurch zur Steigerung des gesellschaftlichen Wohlergehens beitragen könnten.

NEUSEELAND

Das Wirtschaftswachstum wird sich den Projektionen zufolge abflachen, da die Verschlechterung der Terms of Trade die Inlandsnachfrage dämpft, der vom Wiederaufbau der Region Canterbury ausgehende Impuls schwindet und die Zuwanderung nachlässt. Die Arbeitslosenquote dürfte indessen weiter sinken, und das Lohnwachstum wird sich wohl fortsetzen. Bei einer vollständigen Absorption des Kapazitätsüberhangs wird die Verbraucherpreisinflation bis Ende 2016 voraussichtlich auf 1,8% ansteigen.

Der akkommodierende Kurs der Geldpolitik sollte fortgesetzt werden, damit die Inflation in die Mitte des Zielkorridors von 1-3% zurückgeführt werden kann. Um etwas Druck vom boomenden Immobilienmarkt in Auckland zu nehmen, sollten unangemessene Beschränkungen des Wohnimmobilienangebots verringert, makroprudenzielle Maßnahmen verschärft und die Besteuerung von Kapitalgewinnen bei Immobilientransaktionen ausgedehnt und strenger umgesetzt werden als geplant. Die Fiskalpolitik sollte auf mittlere Sicht weiter für eine schrittweise Reduzierung der Staatsverschuldung sorgen, zugleich aber das ungehinderte Wirken der automatischen Stabilisatoren zulassen. Dabei sollte anhaltenden Bemühungen um eine Verbesserung des Wohlergehens der am stärksten gefährdeten Bevölkerungsgruppen Priorität eingeräumt werden.

Die Wohnungsbauinvestitionen liegen vor dem Hintergrund der Wiederaufbaumaßnahmen in der Region Canterbury und der angespannten Nachfragesituation in Auckland um 13% über dem Höchststand vor der Rezession. Auch die Unternehmensinvestitionen sind unter dem Einfluss sinkender Kapazitätsüberhänge, eines starken Unternehmervertrauens und niedriger Kapitalkosten solide auf ein Niveau gestiegen, das den Höchststand vor der Rezession um 10% übersteigt. Bei den staatlichen Investitionen wurde eine moderate Zunahme verzeichnet.

Das Wirtschaftswachstum ist nach wie vor dynamisch

Das Wirtschaftswachstum scheint sich 2015 etwas abgeschwächt zu haben, die kräftige Expansion bezieht ihre Impulse aber weiterhin von der Bautätigkeit in Canterbury und in Auckland, dem hohen und wachsenden Niveau der Nettozuwanderung, den niedrigen

New Zealand

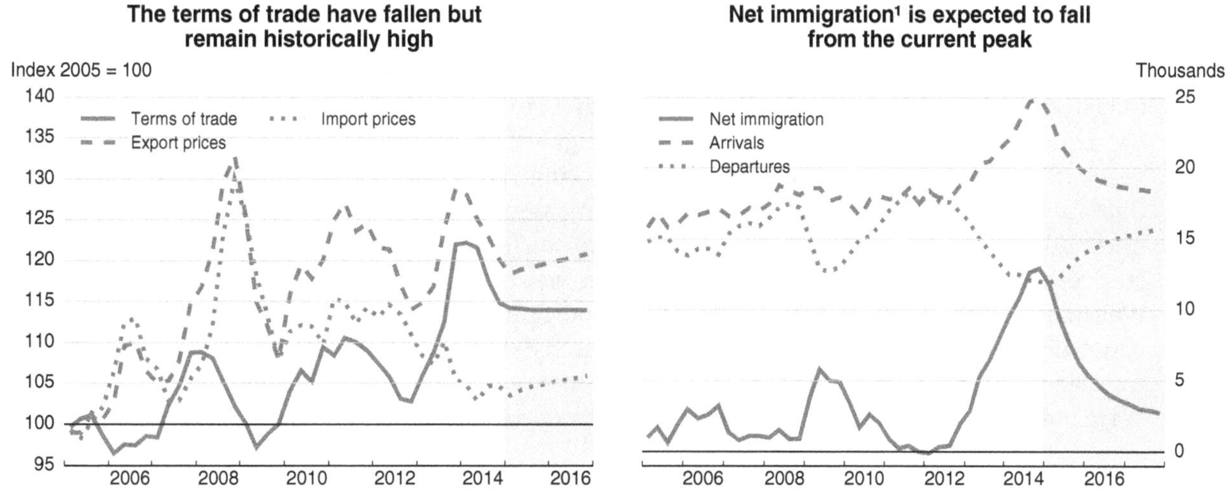

1. Permanent and long-term, working-age population, quarterly data seasonally adjusted.

Source: Reserve Bank of New Zealand (2015), Monetary Policy Statement, March; and *OECD Economic Outlook 97 database.*

StatLink http://dx.doi.org/10.1787/888933221217

New Zealand: **Demand, output and prices**

	2011	2012	2013	2014	2015	2016
	Current prices NZD billion	Percentage changes, volume (2009 prices)				
GDP at market prices	208.5	2.9	2.5	3.1	3.4	3.0
Private consumption	120.8	2.8	2.9	3.2	3.7	2.8
Government consumption	41.3	-0.9	1.9	3.6	1.4	0.3
Gross fixed capital formation	41.5	7.9	8.6	8.6	7.5	6.1
Final domestic demand	203.6	3.1	3.9	4.5	4.2	3.1
Stockbuilding[1]	0.6	0.0	0.1	0.2	0.0	0.0
Total domestic demand	204.1	3.1	3.9	4.7	4.1	3.1
Exports of goods and services	65.1	1.7	1.1	2.7	3.0	3.9
Imports of goods and services	60.7	2.7	6.3	7.9	5.6	4.2
Net exports[1]	4.4	-0.2	-1.5	-1.4	-0.7	-0.1
Memorandum items						
GDP deflator	_	-0.4	2.8	2.5	-0.8	1.5
Consumer price index	_	1.1	1.1	1.2	0.4	1.7
Core consumer price index[2]	_	1.0	1.2	1.4	1.1	1.7
Private consumption deflator	_	0.7	0.5	0.8	0.2	1.3
Unemployment rate	_	6.9	6.2	5.8	5.6	5.3
Household saving ratio, net[3]	_	2.3	2.2	3.0	3.0	3.0
General government financial balance[4]	_	-1.6	0.3	1.4	1.9	2.3
General government gross debt[4]	_	41.8	40.8	39.2	37.2	34.7
Current account balance[4]	_	-4.0	-3.2	-3.3	-5.4	-5.7

1. Contributions to changes in real GDP, actual amount in the first column.
2. Consumer price index excluding food and energy.
3. As a percentage of disposable income.
4. As a percentage of GDP at market value.

Source: OECD Economic Outlook 97 database.

StatLink http://dx.doi.org/10.1787/888933222258

Zinssätzen und den nach wie vor relativ günstigen Terms of Trade. Die sich verstärkenden Kapazitätsengpässe treiben die Unternehmensinvestitionen in die Höhe. Trotz des massiven Beschäftigungszuwachses blieb der Lohndruck auf Grund der sehr hohen Nettozuwanderung gedämpft, und laut Eigenangaben der Unternehmen ist die Personalbeschaffung derzeit nahezu so schwierig wie im langfristigen Durchschnitt. Die sinkenden Ölpreise haben die am Verbraucherpreisindex gemessene Gesamtinflation auf 0,1% gedrückt, unter Ausklammerung von Kraftstoff und Zigaretten (auf die die Verbrauchsteuern erneut stark erhöht wurden) liegt der Preisauftrieb aber weiterhin bei nur 0,7%. Die Preise an den Weltmärkten für Milchprodukte, das größte Exportgut Neuseelands, sind seit ihrem Hoch von Anfang 2014 um die Hälfte gesunken, wodurch der in den letzten Jahren verzeichnete Anstieg größtenteils umgekehrt wurde. Die sich daraus ergebende Verschlechterung der Terms of Trade ist aber durch den Ölpreisrückgang abgeschwächt worden.

Die Fiskalpolitik ist leicht restriktiv, die Geldpolitik bleibt aber akkommodierend

Der strukturelle Primärüberschuss wird den Projektionen zufolge im Zeitraum 2015-2016 insgesamt um 0,5% des potenziellen BIP steigen und mithin eine ähnliche Zuwachsrate wie im Jahr 2014 verzeichnen. Die Regierung verfolgt zu Recht eine weitere Stärkung der Haushaltsposition des Landes, da sich Neuseeland potenziell bedeutenden makroökonomischen Schocks und einem langfristigen Ausgabendruck durch die Renten- und Krankenversicherungssysteme gegenübersieht. Auch die Haushaltskonsolidierung dürfte zur Minderung des Aufwärtsdrucks auf die Zinssätze und Wechselkurse beitragen. Angemessenerweise soll die geplante Konsolidierung nicht zu Lasten der Bemühungen um eine Verbesserung des Wohlergehens der am stärksten gefährdeten Bevölkerungsgruppen gehen. Einige dieser Gruppen, namentlich die Maori und Pasifika, sehen sich in Bezug auf ihre Beschäftigungschancen und das Wachstum ihrer Einkommen seit langem bestehenden Hindernissen gegenüber und leiden unter einem schlechten Gesundheitszustand, eine Situation, die Maßnahmen zur Steigerung der Inklusivität des Wachstums erforderlich macht.

Die Zentralbank hält an einem akkommodierenden geldpolitischen Kurs fest, um die am Verbraucherpreisindex gemessene Gesamtinflation in die Mitte des Zielkorridors von 1-3% anzuheben. Sie hat angekündigt, dass es angemessen wäre, den amtlichen Tagesgeldsatz, der mit 3,5% bereits unter dem geschätzten neutralen Satz liegt, herabzusetzen, falls sich die Nachfrage abschwächt und die Lohn- und Preisfindungsverfahren sich auf niedrigeren Niveaus einpendeln, als mit dem Inflationsziel vereinbar ist. Um dem Wohnimmobilienpreisauftrieb in Auckland entgegenzuwirken, befürwortet die Zentralbank die Beseitigung unangemessener Beschränkungen des Wohnimmobilienangebots, welche flankiert durch Beschränkungen der kurzfristigen Nachfrage, auf mittlere Sicht die größten Auswirkungen hätten. Sie hat zum 1. Oktober 2015 neue makroprudenzielle Maßnahmen angekündigt, um die Käufe durch Investoren einzudämmen. Diese Maßnahmen sollen durch einen Regierungsbeschluss zur Ausdehnung der Steuer auf Kapitalgewinne bei Immobilientransaktionen ergänzt werden.

Das Wachstum dürfte nachlassen

Den Projektionen zufolge wird sich das Wachstum 2016 auf 3% verlangsamen, da die Impulse seitens der Bautätigkeit abklingen und der private Konsum langsamer ansteigt. Die Beendigung des Wiederaufbaus der Region Canterbury und der erwartete Rückgang der Nettozuwanderung (im Zuge der Abschwächung des Arbeitsmarkts im Vergleich zu Australien) werden das Expansionstempo voraussichtlich drosseln. Die Arbeitslosenquote dürfte auf nahezu 5% sinken. Das Lohnwachstum wird voraussichtlich nur moderat steigen, die Gesamtinflation wird hingegen bis Ende 2016 auf 1,8% anziehen. Das Leistungsbilanzdefizit könnte 5¾% des BIP erreichen, was zu hoch ist, um den BIP-Anteil der Nettoauslandsverbindlichkeiten zu stabilisieren.

Die Aussichten hängen erheblich von der Entwicklung der weltweiten Preise für Milcherzeugnisse ab. Weitere Preisrückgänge würden die Einkommen reduzieren und könnten Erzeuger mit einem hohen Grad an Fremdfinanzierung belasten. Die Preise könnten sich aber auch erholen, insbesondere da China seine Wirtschaft neu austariert und dabei den Konsum der städtischen Bevölkerung begünstigt, die tendenziell eher Milchprodukte kauft. Die Zinssätze könnten weltweit rascher steigen als unterstellt, möglicherweise im Zuge der einsetzenden Normalisierung der US-amerikanischen Geldpolitik. Für Neuseeland könnte dies eine Erhöhung der Kosten für die Mittel bedeuten, die zur Finanzierung der stark negativen internationalen Investitionsposition erforderlich sind. Ein weiterer Anstieg der Wohnimmobilienpreise würde die Vermögensposition und den Konsum der privaten Haushalte erhöhen, zugleich aber auch ein wachsendes Risiko eines Korrekturbedarfs mit sich bringen, falls die Preise von den Fundamentaldaten abweichen.

NIEDERLANDE

Den Projektionen zufolge wird sich das Wirtschaftswachstum 2015 auf 2% und 2016 auf 2,2% erhöhen. Die Reallohnzuwächse werden den privaten Verbrauch ankurbeln, während die besseren Konjunkturaussichten und die derzeitige Erholung am Wohnimmobilienmarkt den Investitionen Auftrieb geben werden. Das stetige Exportwachstum dürfte sich unter dem Einfluss der Erholung in der Europäischen Union und der Schwäche des Euro fortsetzen. Die Beschäftigung dürfte deutlich zunehmen und die Arbeitslosenquote allmählich sinken.

Das geplante langsame Tempo der strukturellen Haushaltskonsolidierung ist in Anbetracht der an Dynamik gewinnenden, doch nach wie vor unsicheren Erholung angemessen. Weitere Reformen des Beschäftigungsschutzes würden die Arbeitsplatzschaffung fördern und sich positiv auf die Reallokation der Beschäftigung zu Gunsten produktiverer Bereiche auswirken. Wenn sich die Erholung am Wohnimmobilienmarkt als nachhaltig erweist, sollten die politischen Entscheidungsträger den Abbau steuerlicher Vergünstigungen für Hypothekenzinsen beschleunigen. Reformen des Steuer- und Sozialleistungssystems zur Verbesserung der Arbeitsanreize für Zweitverdiener würden Fehlanreize beseitigen, die Frauen davon abhalten, länger zu arbeiten und somit ein höheres Erwerbseinkommen zu erzielen. Die Rückkehr zu einer trendbasierten Haushaltspolitik dürfte während der Legislaturperiode zur Haushaltsdisziplin beitragen und zugleich das Wirken der automatischen Stabilisatoren auf der Einnahmeseite gestatten.

Die Investitionen liegen fast 20% unter ihrem Vorkrisenniveau, was in erster Linie auf den Rückgang der Wohnungsbauinvestitionen zurückzuführen ist. Die Unternehmensinvestitionen haben sich seit der Krise relativ gut behauptet, wenngleich ihr Anteil am BIP im Vergleich zu anderen Ländern der Europäischen Union immer noch moderat ist und das Wachstum des Kapitalstocks seit Ende der 1990er Jahre deutlich zurückgegangen ist. Der Zugang von KMU zu Finanzierungsmitteln verbessert sich, die entsprechenden Politikinstrumente, insbesondere staatliche Kreditbürgschaften, könnten jedoch weiterentwickelt werden. Die Wohnungsbauinvestitionen könnten durch eine Lockerung der restriktiven Flächennutzungsvorschriften angekurbelt werden.

Netherlands

Private investment[1] is low

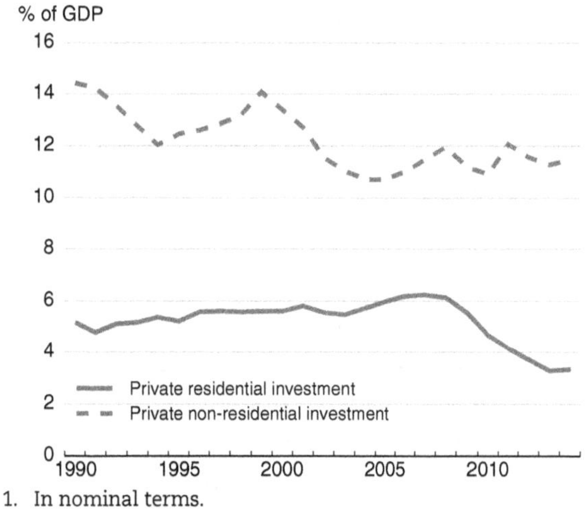

The labour market is strengthening slowly[2]

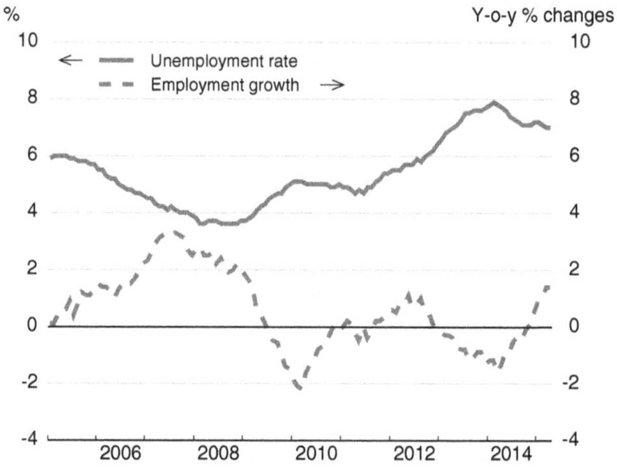

1. In nominal terms.
2. Population aged between 15 and 75.

Source: *OECD Economic Outlook 97 database*; and Statistics Netherlands (CBS).

StatLink http://dx.doi.org/10.1787/888933221209

Netherlands: **Demand, output and prices**

	2011	2012	2013	2014	2015	2016
	Current prices € billion	Percentage changes, volume (2010 prices)				
GDP at market prices	642.7	-1.6	-0.7	0.9	2.0	2.2
Private consumption	289.0	-1.5	-1.5	0.1	1.5	1.6
Government consumption	167.1	-1.5	-0.2	-0.3	0.0	-0.3
Gross fixed capital formation	130.3	-6.0	-3.9	3.5	7.0	4.0
Final domestic demand	586.4	-2.5	-1.7	0.7	2.2	1.6
Stockbuilding[1]	1.6	0.1	-0.2	-0.1	-1.0	0.0
Total domestic demand	588.0	-2.4	-1.9	0.5	1.1	1.6
Exports of goods and services	497.3	3.2	2.2	4.0	3.0	5.2
Imports of goods and services	442.6	2.8	1.0	4.0	1.9	5.0
Net exports[1]	54.7	0.6	1.1	0.4	1.1	0.8
Memorandum items						
GDP deflator	_	1.3	1.1	1.1	0.3	1.4
Harmonised index of consumer prices	_	2.8	2.6	0.3	0.1	1.4
Private consumption deflator	_	1.4	1.9	1.3	0.2	1.4
Unemployment rate	_	5.8	7.3	7.4	6.9	6.5
Household saving ratio, net[2]	_	6.5	7.8	8.3	8.5	8.0
General government financial balance[3]	_	-4.0	-2.3	-2.3	-1.8	-1.1
General government gross debt[3]	_	77.9	77.0	81.8	81.6	81.2
General government debt, Maastricht definition[3]	_	66.5	68.6	68.8	68.6	68.2
Current account balance[3]	_	11.0	11.0	10.3	10.0	10.3

1. Contributions to changes in real GDP, actual amount in the first column.
2. As a percentage of disposable income, including savings in life insurance and pension schemes.
3. As a percentage of GDP at market value.
Source: OECD Economic Outlook 97 database.

StatLink http://dx.doi.org/10.1787/888933222243

Das Wirtschaftswachstum belebte sich auf breiter Basis

Die wirtschaftliche Erholung hat durch die anhaltende Expansion des privaten Verbrauchs und das robuste Wachstum der Unternehmensinvestitionen an Fahrt gewonnen. Gute Ergebnisse wurden auch bei den Exporten verzeichnet, die vom besseren Konjunkturumfeld in der Europäischen Union und der Abwertung des Euro profitierten. 2014 belief sich das Haushaltsdefizit auf 2,3% des BIP, womit es genauso hoch war wie im Vorjahr, da die Ausgaben leicht zurückgingen und die geringeren Einnahmen aus dem Gasgeschäft, die in erster Linie von der Entscheidung der Regierung herrührten, die Produktion zu drosseln, weitgehend durch höhere Steuereinnahmen aufgewogen wurden.

Das Verbrauchervertrauen ist auf ein zuletzt im Jahr 2007 erreichtes Niveau gestiegen, was auf die sinkende Arbeitslosigkeit, die niedrige Inflation, die steigenden Reallöhne und die derzeitige Erholung am Wohnimmobilienmarkt zurückzuführen ist. Auch das Produzentenvertrauen liegt über dem historischen Durchschnittswert. Dennoch waren die beiden Indikatoren in den letzten Monaten recht volatil, was zeigt, dass in Bezug auf die Wirtschaftsaussichten nach wie vor erhebliche Unsicherheit herrscht.

Die langsamere Haushaltskonsolidierung sollte mit weiteren Strukturreformen Hand in Hand gehen

Der Haushaltsplan 2015 sieht einen weiteren Rückgang des Defizits vor, der sich hauptsächlich aus der Verbesserung der Wirtschaftslage ergibt. Dies entspricht einer Verlangsamung der Haushaltskonsolidierung, bei der die Begrenzung der negativen Effekte auf die wirtschaftliche Erholung im richtigen Verhältnis zum Abbau der Staatsverschuldung steht.

Die historisch hohe Arbeitslosigkeit zeigt, dass die Auswirkungen der Krise immer noch allgemein spürbar sind. Eine inklusivere Erholung könnte erreicht werden, wenn die Beschäftigungsschutzbestimmungen für reguläre Arbeitsverhältnisse weiter gelockert und die negativen Arbeitsanreize durch Reformen des Steuer- und Sozialleistungssystems verringert würden, indem insbesondere die Leistungen für die Kinderbetreuung stärker vom Einkommen des Zweitverdieners abhängig gemacht würden als vom Familieneinkommen. Die Einführung strengerer Einkommenskriterien für die Vergabe von Sozialwohnungen und ein rascherer Abbau der steuerlichen Vergünstigungen für Hypothekenzinsen würden die Funktionsweise des Wohnimmobilienmarkts verbessern.

Das Wachstum wird weiter an Dynamik gewinnen

Die Wirtschaftstätigkeit dürfte sich unter dem Einfluss der steigenden Inlandsnachfrage und der starken Exportentwicklung weiter beschleunigen. Die Inflation wird im Lauf des Jahres 2015 anziehen, aber unter dem Lohnwachstum verharren. Die Haushalte werden einen Teil des beträchtlichen Anstiegs der verfügbaren Realeinkommen verwenden, um mehr zu konsumieren, und den Rest nutzen, um ihre Ersparnisse zu erhöhen. Die Arbeitsplatzschaffung wird für eine Erhöhung der Beschäftigung sorgen, im Vergleich zum Anstieg der Erwerbsbevölkerung jedoch schwach bleiben, so dass die Arbeitslosigkeit erst allmählich sinken wird. Durch die Aufhellung des Konjunkturklimas und die vorgesehene Ausgabendisziplin wird sich die öffentliche Finanzlage verbessern.

Ein Ende der Belebung am Wohnimmobilienmarkt, sei es in Form einer enttäuschenden Preisentwicklung oder geringer Umsatzvolumen, könnte sich, vor allem durch den damit verbundenen Vertrauensschwund, negativ auf die Verbraucherausgaben auswirken. Hinzu kommt, dass das Wachstum geringer und das Haushaltsdefizit größer ausfallen könnte, wenn die Regierung eine weitere Drosselung der Gasproduktion beschließt. Die niedrigen Zinssätze könnten zu einem Risiko für die Finanzlage von Pensionsfonds und Versicherungsunternehmen werden. Wenn in den kommenden Monaten eine Steuerreform beschlossen wird, könnte die Wirtschaftstätigkeit dagegen rascher expandieren. Auch ein über Erwarten hohes Wirtschaftswachstum im Euroraum bzw. niedrigere Rohstoffpreise würden sich positiv auf das Wachstum auswirken.

NORWEGEN

Das Wachstum wird sich 2015 den Projektionen zufolge abschwächen, da der Rückgang der Ölpreise die Konjunktur und die Investitionen im Erdölsektor dämpft, was Ausstrahlungseffekte auf die Festlandwirtschaft hat. 2016 wird es durch die Belebung der Unternehmensinvestitionen außerhalb des Erdölsektors und die kräftigere Auslandsnachfrage zu einer allmählichen Erholung kommen. Die Arbeitslosenquote wird voraussichtlich auf leicht über 4% steigen, und der Lohnauftrieb dürfte sich abschwächen. Die Inflation wird in Anbetracht der Kapazitätsüberhänge gering bleiben.

Die Geldpolitik sollte akkommodierend bleiben, da kein Inflationsdruck herrscht. Eine expansiv ausgerichtete Fiskalpolitik ist unter den gegenwärtigen Umständen angemessen. Der Anstieg der Wohnimmobilienpreise und der Hypothekenkreditvergabe muss in Anbetracht der hohen Verschuldung der privaten Haushalte weiter beobachtet werden. Eine Steigerung der Wettbewerbsfähigkeit und der Produktivität, u.a. durch Produktmarktreformen und eine Verbesserung des Bildungssystems, sind für ein breitfundiertes Wachstum von ganz wesentlicher Bedeutung.

Der kräftige Anstieg der Investitionen im Erdölsektor, der in den vergangenen Jahren zu beobachten war, endete vor dem Hintergrund der Kostensenkungen der Mineralölgesellschaften, des Abschlusses mehrerer Großprojekte und des Einbruchs der Ölpreise. Voraussetzung für die Förderung der Investitionstätigkeit in anderen Sektoren sind ein unternehmensfreundlicheres Steuersystem, geringere Verwaltungslasten und eine modernere Infrastruktur. Die geplanten Verbesserungen der Verkehrs- und der Kommunikationsnetze sind daher zu begrüßen. Eine größere Effizienz der öffentlichen Ausgaben würde dem Wachstumspotenzial zugute kommen.

Die Wirtschaftstätigkeit verlangsamt sich sowohl im Erdölsektor als auch in den anderen Sektoren

Die Festlandwirtschaft schwächt sich ab, da der Rückgang der Ölpreise die Wirtschaftstätigkeit im Offshore-Sektor bremst, was mit Spillover-Effekten auf die Inlandsnachfrage und die Beschäftigung in den Branchen außerhalb des Erdölsektors verbunden ist. Auf

Norway

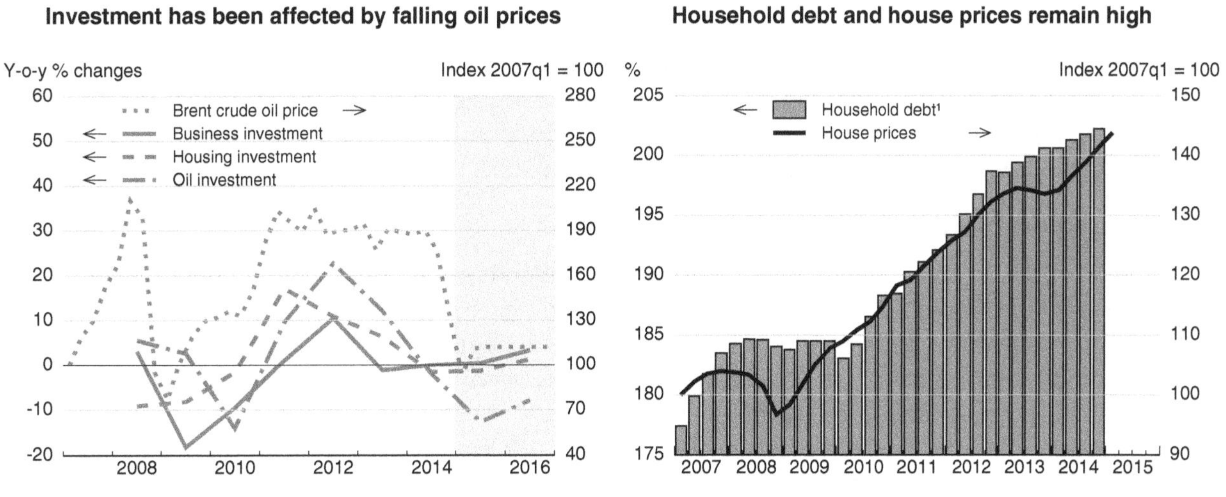

1. Loan debt as a percentage of disposable income.

Source: OECD Economic Outlook 97 database; Statistics Norway; and Norges Bank.

StatLink http://dx.doi.org/10.1787/888933221228

Norway: **Demand, output and prices**

	2011	2012	2013	2014	2015	2016
	Current prices NOK billion	Percentage changes, volume (2012 prices)				
GDP at market prices	2 792.0	2.7	0.7	2.2	1.2	1.5
Private consumption	1 125.0	3.5	2.1	2.0	1.8	1.9
Government consumption	587.6	1.6	1.7	2.7	2.4	2.4
Gross fixed capital formation	595.5	7.6	6.8	0.6	-3.6	0.5
Final domestic demand	2 308.1	4.1	3.3	1.8	0.4	1.6
Stockbuilding[1]	125.3	-0.3	0.5	0.2	0.6	-0.1
Total domestic demand	2 433.4	3.5	3.6	1.9	1.2	1.4
Exports of goods and services	1 154.1	1.4	-3.0	2.7	1.8	2.2
Imports of goods and services	795.6	3.1	4.3	1.9	1.3	1.6
Net exports[1]	358.5	-0.3	-2.4	0.5	0.3	0.3
Memorandum items						
Mainland GDP at market prices[2]	_	3.8	2.3	2.2	1.4	2.1
GDP deflator	_	3.4	2.7	0.4	-0.5	2.5
Consumer price index	_	0.7	2.1	2.0	2.1	2.2
Private consumption deflator	_	1.1	2.8	2.3	2.3	2.3
Unemployment rate	_	3.1	3.4	3.5	4.1	4.2
Household saving ratio, net[3]	_	8.4	8.5	9.3	9.2	9.2
General government financial balance[4]	_	13.8	11.3	9.1	6.4	6.3
General government gross debt[4]	_	34.5	35.0	32.6	34.5	35.4
Current account balance[4]	_	12.4	10.0	8.5	6.9	6.9

1. Contributions to changes in real GDP, actual amount in the first column.
2. GDP excluding oil and shipping.
3. As a percentage of disposable income.
4. As a percentage of GDP at market value.

Source: OECD Economic Outlook 97 database.

StatLink http://dx.doi.org/10.1787/888933222265

Grund der Wechselkursabwertung und des langsameren Lohnanstiegs verbessert sich jedoch die Wettbewerbsfähigkeit der Exporteure außerhalb des Erdölsektors, während die niedrigeren Zinssätze den privaten Verbrauch stützen. Die Wohnimmobilienpreise verharren trotz der schwächeren Wirtschaftsentwicklung auf hohem Niveau, und die Verschuldung der privaten Haushalte stieg auf über 200% ihres verfügbaren Einkommens.

Geld- und Fiskalpolitik stützen das Wachstum

Auf Grund von Bedenken über die sich eintrübenden Aussichten für die inländische Wirtschaft senkte die Zentralbank ihren Leitzins im Dezember 2014 um 0,25 Prozentpunkte auf 1,25%. Da die Teuerung unter der Zielvorgabe liegt, sollte die Geldpolitik vorerst akkommodierend bleiben, um die Erholung zu stützen. Der Anstieg der Wohnimmobilienpreise und der Hypothekenkreditvergabe muss angesichts der hohen Verschuldung der privaten Haushalte und des Risikos einer Überhitzung am Wohnimmobilienmarkt weiter genau beobachtet werden. Zusätzliche makroprudenzielle Maßnahmen sollten in Erwägung gezogen werden, um die Risiken für die Finanzstabilität zu verringern. Die Vorschläge der Finanzaufsichtsbehörde zur Sicherung einer restriktiveren Hypothekenkreditvergabepraxis der Banken gehen in die richtige Richtung.

Der Zwischenhaushalt für 2015 enthält fiskalische Impulse im Umfang eines ½ Prozentpunkts des Festland-BIP. Eine expansiv ausgerichtete Fiskalpolitik ist unter den gegenwärtigen Umständen angemessen. Die für die Nutzung der Erdöleinnahmen geltende „4%-Regel" sollte weiter umsichtig gehandhabt werden, da dies im Falle eines Wachstumseinbruchs einen Puffer bieten wird.

Strukturpolitische Maßnahmen sollten den Übergang zu einem breiter fundierten Wachstum fördern

Die Regierung hat bereits einige Schritte in diese Richtung unternommen, u.a. gezielte Steuersenkungen, neue Infrastrukturinvestitionen und Anstrengungen zum Bürokratieabbau. Der Zwischenhaushalt 2015 enthält Vorschläge zur Vereinfachung des Steuereinzugs. Mit Blick auf die Zukunft sind Produktmarktreformen und Verbesserungen des Bildungssystems von entscheidender Bedeutung, um die Wettbewerbsfähigkeit und die Produktivität zu steigern. Eine weitere Senkung der Steuerlast und eine größere Effizienz der öffentlichen Ausgaben, etwa durch einen vermehrten Einsatz von Kosten-Nutzen-Analysen bei der Auswahl öffentlich finanzierter Investitionsvorhaben, würden ebenfalls hierzu beitragen.

Die Fortsetzung der Strukturreformen ist von grundlegender Bedeutung, um ein inklusives Wachstum zu fördern. Norwegen weist eine hohe Erwerbsbeteiligung auf, die zum großen Teil durch die hohe Erwerbsbeteiligung der Frauen und die niedrige Arbeitslosenquote bedingt ist. Allerdings hat das großzügige Krankengeld- und Erwerbsminderungsrentensystem zum Ausscheiden einer hohen Zahl von Personen aus dem Erwerbsleben geführt. Die Regierung verfolgt ein quantitatives Ziel für die Verringerung des Krankenstands und hat konkrete Reformen zu diesem Zweck angekündigt, darunter ein neues ärztliches Prüfverfahren. Um die Inanspruchnahme von Erwerbsminderungsrenten zu verringern, ist es wichtig, klare Leitlinien für die Beurteilung der Erwerbsfähigkeit zu verabschieden und die Einhaltung der Vorschriften zu überwachen.

Das Wachstum wird sich allmählich beleben

Das Wachstum wird 2016 anziehen, wenn die Unternehmensinvestitionen und die Ausfuhren steigen und neue Investitionsvorhaben im Erdölsektor den Rückgang bei den laufenden Projekten teilweise ausgleichen. Der Wohnungsbau wird vor dem Hintergrund der niedrigen Zinssätze und der relativ hohen Wohnimmobilienpreise ebenfalls einen Beitrag zur Erholung leisten. Die Arbeitslosenquote wird weiter steigen, gegen Ende des Projektionszeitraums jedoch zu sinken beginnen. Der Preisauftrieb wird in Anbetracht der Kapazitätsüberhänge, der Verlangsamung des Lohnwachstums und des abklingenden Effekts der importierten Inflation gering bleiben. Die Leistungsbilanz wird weiter einen Überschuss ausweisen.

Norwegen bleibt anfällig gegenüber Terms-of-Trade-Schocks. Die Ölpreise könnten einen Anstieg gegenüber ihrem gegenwärtigen Niveau verzeichnen, was die Einnahmen der Ölförderer und des Staates erhöhen würde. Hingegen könnte eine Fortsetzung der rückläufigen Preisentwicklung zu einem Rückgang der Ölförderung und einer weiteren Reduzierung der Explorationsaktivitäten führen und die Erholung auf dem Festland durch Zweitrundeneffekte über die Einkommen und die Unternehmensnachfrage dämpfen. Binnenwirtschaftlich bleibt die hohe Verschuldung der privaten Haushalte ein Risiko, da sie die privaten Haushalte und potenziell auch den Bankensektor anfällig gegenüber Zins- oder Wohnimmobilienpreisschocks macht. Allerdings könnten die Verlangsamung des Lohnauftriebs und Fortschritte bei den Strukturreformen die Wettbewerbsfähigkeit und das Wachstum auch stärker als erwartet ankurbeln.

ÖSTERREICH

Das Wirtschaftswachstum wird 2015 gedämpft bleiben, in der Folgezeit aber anziehen und 2016 1,7% erreichen. In Zukunft dürften nachlassende geopolitische Spannungen, eine kräftigere Auslandsnachfrage und die Abwertung des Euro dem Exportwachstum Impulse verleihen. Durch die Belebung des Handels und die im langjährigen Vergleich niedrigen Zinssätze wird ein günstiges Umfeld für eine Erholung der Investitionen geschaffen. Die Einkommensteuerreform dürfte den privaten Konsum ankurbeln.

Eine genaue Beobachtung und Aufsicht der Banken ist für die Wiederherstellung des Vertrauens von entscheidender Bedeutung. Strukturreformen im Dienstleistungssektor würden dem Wettbewerb und der Verbreitung neuer Technologien Impulse verleihen. Eine weitere Erhöhung der Erwerbsbeteiligung älterer Menschen, und insbesondere der Frauen, würde dazu beitragen, das Wachstum inklusiver zu gestalten. Die Vorbereitungen für die geplante Anpassung des Pensionsalters der Frauen an das der Männer sollten vorgezogen werden.

Obwohl die Investitionsquoten in jüngster Zeit zurückgegangen sind, liegen sie nach wie vor auf einem deutlich höheren Niveau als in anderen europäischen Ländern, was z.T. auf den größeren Anteil an Investitionen in den privaten Wohnungsbau und die Verkehrsinfrastruktur zurückzuführen ist. Der Anteil der Investitionen in geistiges Eigentum ist nach der Krise deutlich gestiegen und hat die Rückgänge beim Anteil der Unternehmensinvestitionen in Gebäude, Strukturen und IKT-Ausrüstungen z.T. ausgeglichen. Staatliche Initiativen zu Gunsten einer Förderung von Wagniskapital und Crowdfunding („Schwarmfinanzierung“) können ebenso wie ein intensives Engagement im Rahmen des Europäischen Fonds für strategische Investitionen Unternehmertum und Unternehmensinvestitionen potenziell Impulse verleihen.

Die Wirtschaftstätigkeit hat nachgelassen

Die Konjunktur befindet sich seit Anfang 2012 in einer schwachen Verfassung. Trotz der sich ausweitenden Produktionslücke und der steigenden Arbeitslosigkeit war die Inflation

Austria

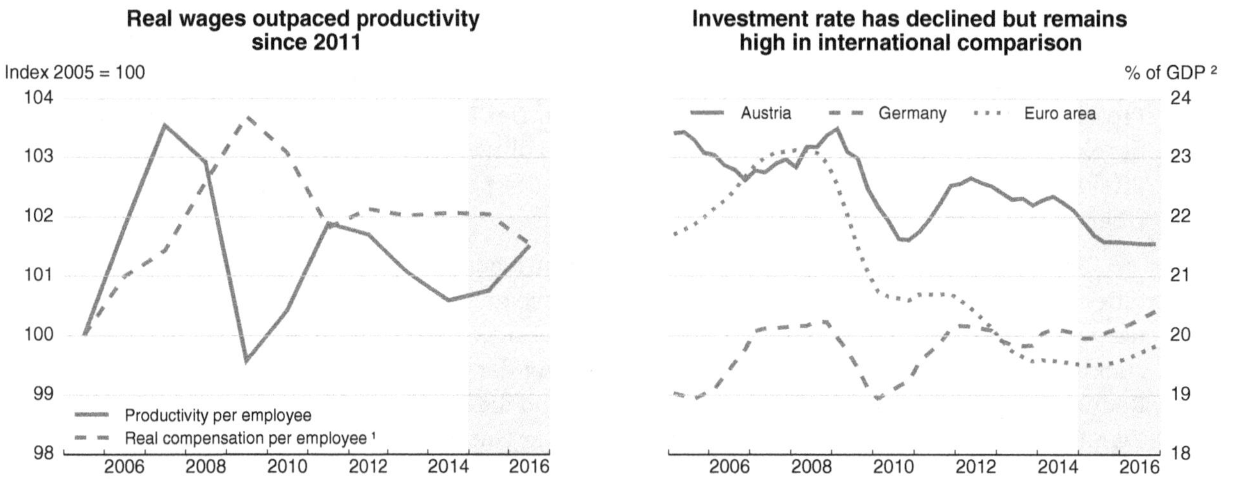

1. Real compensation per employee is defined as compensation per employee (wages plus employers' contributions) divided by the private consumption deflator.
2. 4-quarter moving average of nominal share of total investment to GDP.

Source: OECD Economic Outlook 97 database.

StatLink http://dx.doi.org/10.1787/888933220841

Austria: **Demand, output and prices**

	2011	2012	2013	2014	2015	2016
	Current prices € billion	Percentage changes, volume (2010 prices)				
GDP at market prices*	308.7	1.0	0.1	0.4	0.6	1.7
Private consumption	165.6	0.6	-0.2	0.2	0.8	1.8
Government consumption	61.2	0.3	0.4	1.0	1.0	-0.6
Gross fixed capital formation	69.6	0.6	-1.4	0.4	-1.9	2.5
Final domestic demand	296.3	0.5	-0.4	0.4	0.2	1.5
Stockbuilding[1]	4.5	-0.1	-0.7	-0.2	0.5	-0.1
Total domestic demand	300.7	0.4	-1.0	0.2	0.7	1.3
Exports of goods and services	165.7	1.4	1.3	1.8	3.3	5.9
Imports of goods and services	157.7	0.8	-0.2	2.5	4.2	5.4
Net exports[1]	7.9	0.4	0.8	-0.2	-0.3	0.5
Memorandum items						
GDP deflator	_	1.8	1.5	1.7	1.1	1.5
Harmonised index of consumer prices	_	2.6	2.1	1.5	0.6	1.6
Private consumption deflator	_	2.4	2.2	1.7	0.9	1.6
Unemployment rate[2]	_	4.9	5.4	5.7	5.8	5.7
Household saving ratio, net[3]	_	9.0	7.3	7.5	7.7	8.7
General government financial balance[4]	_	-2.2	-1.3	-2.4	-2.3	-2.1
General government gross debt[4]	_	96.7	95.1	96.3	97.6	97.8
General government debt, Maastricht definition[4]	_	81.4	80.9	84.5	85.7	85.9
Current account balance[4]	_	1.5	0.9	0.8	0.9	1.4

* Based on seasonal and working-day adjusted quarterly data; may differ from official non-working-day adjusted annual data.
1. Contributions to changes in real GDP, actual amount in the first column.
2. Based on Labour Force Survey data.
3. As a percentage of disposable income.
4. As a percentage of GDP at market value.

Source: OECD Economic Outlook 97 database.

StatLink http://dx.doi.org/10.1787/888933222092

höher als in anderen Ländern des Euroraums. Der geringe Anstieg der verfügbaren Realeinkommen ist durch die rückläufigen Sparquoten z.T. kompensiert worden, was insgesamt für einen konstanten Konsum gesorgt hat. Die sinkende Arbeitsproduktivität hat die internationale Wettbewerbsfähigkeit geschwächt und trotz nach wie vor unter dem Vorkrisenniveau liegender Reallöhne erhebliche Verluste an Exportmarktanteilen ausgelöst. Strukturelle Veränderungen in der Zusammensetzung der globalen Wertschöpfungsketten insbesondere im Hinblick auf Deutschland dürften diese Verluste noch verstärkt haben. Das Geschäfts- und Konsumklima blieb trotz der konjunkturellen Wiederbelebung im Euroraum Anfang 2015 eingetrübt.

Die Fundamentaldaten verbessern sich, Strukturreformen im Dienstleistungssektor sind aber von entscheidender Bedeutung

Eine Steuerreform, die Mitte dieses Jahres gesetzlich verankert werden soll, wird am 1. Januar 2016 in Kraft treten und die Einkommensteuerbelastung deutlich senken. Dies dürfte den privaten Verbrauch trotz eines projizierten Anstiegs der Sparquote festigen. Die außenwirtschaftlichen Bedingungen haben sich dank der dynamischeren

Wachstumsaussichten im Euroraum und preislicher Wettbewerbsvorteile gegenüber Handelspartnern außerhalb des Euroraums nach der Euroabwertung verbessert. Konkret hat der starke Wertzuwachs des Schweizer Franken die Aussichten des österreichischen Fremdenverkehrssektors stark aufgehellt. Darüber hinaus dürften das von niedrigen Zinssätzen geprägte Umfeld und der Einbruch der Ölpreise die Binnennachfrage stärken.

Die Fortschritte bei der Deregulierung der Produktmärkte sind beeindruckend. Auf diesen Erfolg sollten sich entsprechende Strukturreformen im Dienstleistungssektor stützen, wo die Vorschriften, und insbesondere die Zugangsbestimmungen, nach wie vor zu den strengsten im OECD-Raum zählen. Diese Regulierung beeinträchtigt die Arbeitsproduktivität und erklärt z.T. auch die Abwärtsrigidität der Preise, da nahezu drei Viertel des Inflationsgefälles gegenüber dem Euroraum und Deutschland auf den Dienstleistungssektor zurückgeführt werden können. Neben der genauen Beobachtung und Aufsicht der Banken sollten die zuständigen Behörden zur Kostensenkung der Fragmentierung des durch eine übermäßige Zahl von Banken geprägten inländischen Finanzmarkts aktiv entgegenwirken. In dieser Hinsicht ist der Zusammenschluss der Volksbanken, durch den die Zahl der Regionalbanken von 63 auf 8 reduziert wurde, als ein erster Schritt zu begrüßen

Weiteres Wachstumspotenzial bietet die Förderung einer stärkeren Geschlechtergleichstellung durch den Übergang zu einem Steuer- und Leistungssystem, das für eine bessere Verteilung von Arbeit sorgt, mehr Ganztagsschulen und Betreuungseinrichtungen anbietet und den privaten Sektor für familienfreundlichere Arbeitsplätze und Arbeitszeitmodelle sensibilisiert.

Die Wirtschaftstätigkeit dürfte sich allmählich erholen

Das BIP-Wachstum wird den Projektionen zufolge unter dem Einfluss einer Belebung der Exporte und Investitionen und eines zusätzlichen Impulses durch den privaten Konsum im Betrachtungszeitraum schrittweise anziehen. Die Risiken, mit denen diese Projektion behaftet ist, sind ausgewogen. Sollte der Kostendruck weiter steigen, würden die österreichischen Exporteure u.U. weniger von der Schwäche des Euro profitieren, als in den Projektionen unterstellt. Die Ungewissheit über Bilanzprobleme im Bankensektor besteht fort. Sofern dieser Kanal stärker für die derzeitige schleppende Entwicklung bei den Investitionen und das eingetrübte Verbrauchervertrauen verantwortlich ist, als hier angenommen, könnte das Wachstum entgegen den Projektionen gedämpfter ausfallen. Günstiger könnte die Entwicklung verlaufen, wenn die Steuerreform dem privaten Konsum Impulse verleiht, sofern die Sparquoten weniger steigen als unterstellt. Auch die Zweitrundeneffekte auf die Beschäftigung und die Investitionen könnten stärker ausfallen als erwartet. Schließlich könnten die Exportergebnisse besser ausfallen als in den Projektionen unterstellt, wenn verlorene Marktanteile rascher zurückgewonnen werden.

POLEN

Das Wachstum der gesamtwirtschaftlichen Produktion wird den Projektionen zufolge unter dem Einfluss des steigenden Konsums der privaten Haushalte weiter anziehen und 2016 einen Wert von 3,7% erreichen. Die Verbesserung am Arbeitsmarkt wird sich fortsetzen, und die Exporte werden von der Belebung des Welthandels und der Wachstumsbeschleunigung im Euroraum profitieren. Bei den zuletzt deutlich gefallenen Energie- und Nahrungsmittelpreisen hat mittlerweile eine Trendwende eingesetzt, und die Verbraucherpreise dürften nach mehrmonatiger Deflation allmählich wieder steigen.

Die konjunkturstützende Ausrichtung der Geldpolitik dürfte anhalten, und mit einer Anhebung der Leitzinsen wird nicht vor dem späteren Jahresverlauf 2016 gerechnet. Die geringfügig restriktive Haushaltspolitik ist im Großen und Ganzen angemessen, und der Europäische Rat dürfte der Einstellung des EU-Defizitverfahrens gegen Polen im Juni 2015 zustimmen; allerdings würde eine gewisse Ausweitung des mittelfristigen Konsolidierungsumfangs dazu beitragen, für steigende Renten- und Gesundheitsausgaben gerüstet zu sein.

Trotz eines beachtlichen BIP-Wachstums in den letzten 25 Jahren und einer soliden Investitionszunahme 2014 ist der Anteil der Investitionen des privaten Sektors am BIP niedriger als in Nachbarländern mit ähnlichem Pro-Kopf-Einkommen. Um den steigenden Lebensstandard zu sichern und die Wirtschaftstätigkeit stärker auf Bereiche mit höherer Wertschöpfung zu verlagern, müssen regulatorische Investitionshürden beseitigt und das Kompetenzniveau der Bevölkerung erhöht werden. Die Investitionspolitik sollte gezielter darauf ausgerichtet werden, durch eine Verbesserung der Energie- und Verkehrsinfrastruktur und des Angebots an erschwinglicherem und mit besserer Dämmung ausgestattetem Wohnraum die Mobilität der Arbeitskräfte und somit die Produktivität zu steigern und die Wirtschaft umweltfreundlicher zu gestalten.

Die Wertschöpfung hat ein robustes Wachstum verzeichnet

Das reale BIP ist kräftig gewachsen. Der Konsum der privaten Haushalte profitiert von einer Verbesserung der Arbeitsmarktlage und einem Anstieg der Realeinkommen infolge

Poland

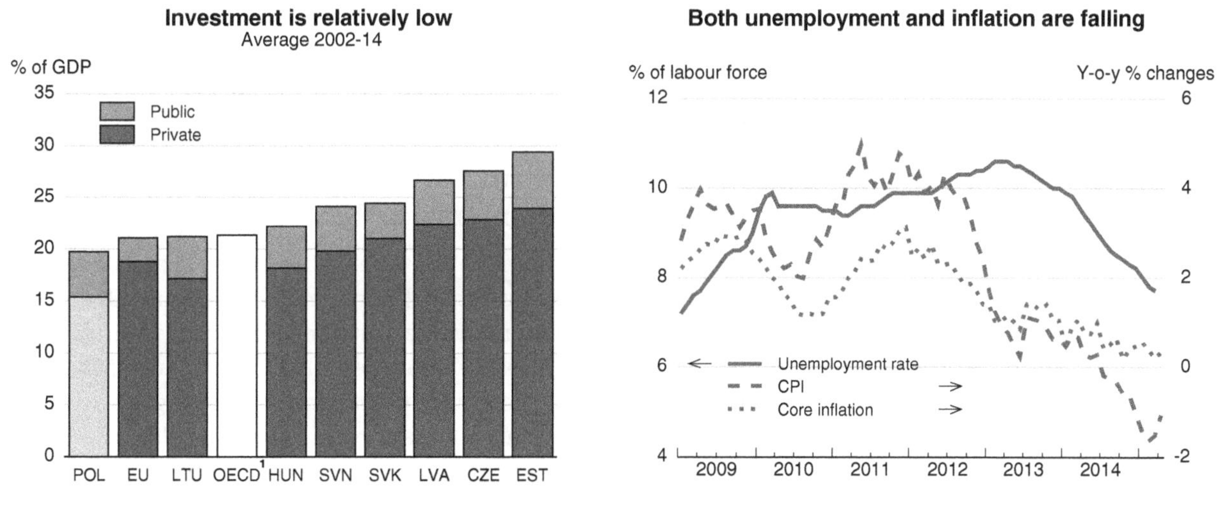

1. Only total investment data are available for the OECD aggregate.
Source: OECD Economic Outlook 97 database; Eurostat; and National Bank of Poland.

StatLink http://dx.doi.org/10.1787/888933221231

Poland: **Demand, output and prices**

	2011	2012	2013	2014	2015	2016
	Current prices PLN billion	Percentage changes, volume (2010 prices)				
GDP at market prices	1 553.6	1.8	1.7	3.4	3.5	3.7
Private consumption	954.2	0.9	1.0	3.0	3.5	3.6
Government consumption	281.4	0.2	2.1	2.8	2.9	2.5
Gross fixed capital formation	315.6	-1.5	0.9	9.5	6.4	6.0
Final domestic demand	1 551.1	0.3	1.2	4.2	4.0	3.9
Stockbuilding[1]	29.8	-0.6	-0.9	0.4	0.1	0.0
Total domestic demand	1 581.0	-0.3	0.2	4.6	4.1	3.9
Exports of goods and services	670.2	4.3	5.0	5.6	6.0	7.7
Imports of goods and services	697.5	-0.6	1.8	8.7	7.6	8.3
Net exports[1]	- 27.4	2.1	1.4	-1.3	-0.6	-0.1
Memorandum items						
GDP deflator	_	2.2	1.1	0.3	0.1	1.4
Consumer price index	_	3.6	1.0	0.1	-0.5	1.3
Private consumption deflator	_	3.2	0.8	-0.3	-1.1	1.1
Unemployment rate	_	10.1	10.3	9.0	7.8	7.4
General government financial balance[2]	_	-3.7	-4.0	-3.2	-2.7	-2.4
General government gross debt[2]	_	61.2	62.3	65.8	66.7	66.7
General government debt, Maastricht definition[2]	_	54.4	55.7	50.2	51.2	51.2
Current account balance[2]	_	-3.5	-1.3	-1.4	-1.1	-1.1

1. Contributions to changes in real GDP, actual amount in the first column.
2. As a percentage of GDP at market value.

Source: OECD Economic Outlook 97 database.

StatLink http://dx.doi.org/10.1787/888933222273

gesunkener Nahrungsmittel- und Energiepreise. Die Exporte haben sich trotz des Konflikts zwischen Russland und der Ukraine robust entwickelt. Obwohl die Finanzierungsbedingungen günstig sind und sich die Aussichten für den Euroraum verbessert haben, bleiben die Investitionsabsichten der Unternehmen hinter ihrem langjährigen Durchschnitt zurück, da sie durch die Ungewissheit über die künftige Nachfrageentwicklung belastet werden.

Die makroökonomische Politik ist angemessen, zur Förderung der Investitionstätigkeit sind jedoch Strukturreformen erforderlich

Angesichts des schwachen Inflationsdrucks, verbunden mit einem starken Rückgang der Nahrungsmittel- und Energiekosten, ist die Gesamtrate der Verbraucherpreise seit Juli 2014 auf Jahresbasis gesunken. Die Grundtendenz der Inflation und die Inflationserwartungen sind sehr niedrig. Die Zentralbank hat daher im März 2015 eine weitere Leitzinssenkung auf 1,5% vorgenommen. Da bei den Nahrungsmittel- und Energiepreisen eine Trendwende eingesetzt hat und sich die Lage am Arbeitsmarkt anspannt, gehen die Projektionen davon aus, dass die Gesamtrate der Verbraucherpreise allmählich wieder ansteigen wird. Die Zentralbank wird bei der Normalisierung der Geldpolitik vorsichtig vorgehen müssen, da diese Kursänderung zu potenziell destabilisierenden Kapitalzuflüssen und Aufwärtsdruck auf den Zloty führen könnte, solange die Geldpolitik im Euroraum extrem konjunkturstützend bleibt.

Das gesamtstaatliche Defizit wird den Projektionen zufolge von 3,2% des BIP im Jahr 2014 auf 2,4% im Jahr 2016 zurückgehen. Dies ist zum Teil auf das anhaltende Wirtschaftswachstum und höhere Sozialversicherungsbeiträge zurückzuführen (da viele Versicherte nach der kürzlich verabschiedeten Rentenreform aus privaten Pensionsfonds in das staatliche Sozialversicherungssystem gewechselt sind). Der Anstieg der Sozialleistungen wird durch die Koppelung an die momentan niedrigen Inflations- und Lohnwachstumsraten gedämpft, und die Regierung dürfte den Erwartungen zufolge an ihrer Ausgabendisziplin bei den Löhnen im öffentlichen Dienst festhalten. Dies wird nur zum Teil durch Erhöhungen bei einigen Posten der Sozialausgaben aufgewogen.

Um Unternehmensinvestitionen in moderne Produktionskapazitäten und Innovationen zu unterstützen, müssen die Hürden für den Marktzutritt und -austritt von Unternehmen gesenkt, die Vertragsdurchsetzung erleichtert und die Steuern vereinfacht werden. Dazu muss auch auf den laufenden Bemühungen zur Verbesserung der Hochschul- und beruflichen Bildung aufgebaut werden, indem die Beziehungen zu Unternehmen verstärkt und Praxiserfahrungen gefördert werden. Die Stromerzeugungskapazitäten sind betagt und in hohem Maße von Kohle abhängig. Eine Senkung der Marktzutrittsschranken an den Energiemärkten und eine Erhöhung der Energiepreise, die den Umweltschäden und der Umweltverschmutzung Rechnung trägt, würden einen effizienteren und umweltverträglicheren Energiesektor fördern. Nach der bedeutenden Verbesserung des Straßennetzes sollte der Schwerpunkt nun auf Investitionen in das Schienennetz und den öffentlichen Nahverkehr in Städten verlagert werden, was ebenfalls zur Förderung umweltverträglichen Wachstums beitragen würde. Dies würde in Verbindung mit Maßnahmen zur Beseitigung von lokalem Wohnraummangel dafür sorgen, dass Arbeitskräfte leichter umziehen bzw. zwischen Wohn- und Arbeitsort pendeln können, und somit das Wohlergehen der Bevölkerung und die Produktivität verbessern. Da es diese Entwicklungen den Arbeitskräften ermöglichen würden, bessere Arbeitsplätze zu finden, würde dadurch auch die Inklusivität gesteigert.

Das Wachstum wird sich beschleunigen

Eine weitere Beschleunigung des Beschäftigungs- und Reallohnwachstums wird für einen allmählichen Anstieg des privaten Konsums sorgen. Die Exporte dürften mit der Belebung des Welthandels steigen. Die Investitionstätigkeit wird solide, zugleich aber auch etwas begrenzt bleiben, da die Auszahlungen aus EU-Strukturfonds gegenwärtig – wie zu Beginn einer neuen EU-Haushaltsperiode üblich – etwas geringer ausfallen. Die erwartete Beschleunigung des BIP-Wachstums dürfte einen allmählichen Abbau der verbleibenden Kapazitätsüberhänge bewirken.

Das Wachstum ist vom Erholungstempo im Euroraum abhängig, und eine Zunahme der Spannungen in Russland und der Ukraine könnte die Exporte drücken und die Energiepreise in die Höhe treiben. Andererseits könnten der private Verbrauch und die Investitionen stärker auf eine raschere Verbesserung des Vertrauensklimas und Einkommenszuwächse reagieren.

PORTUGAL

Die Erholung wird sich den Projektionen zufolge 2015 vor dem Hintergrund einer starken Auslandsnachfrage, des schwächeren Euro und niedrigerer Ölpreise beleben. Nach einem dreijährigen Rückgang hat die Inlandsnachfrage zu steigen begonnen, und die Unternehmensinvestitionen werden 2016 voraussichtlich weiter anziehen. Es werden jedoch erhebliche Kapazitätsüberhänge bestehen bleiben, da die Arbeitslosenquote weiterhin nur leicht zurückgehen wird.

Da die Erholung schwach bleibt, ist das moderatere Tempo der Haushaltskonsolidierung zu begrüßen. Weitere Steuerreformen, insbesondere eine zusätzliche aufkommensneutrale Senkung des effektiven Unternehmensteuersatzes könnten die Unternehmensinvestitionen stärken. Ein weiterer Abbau der hohen Arbeitslosenquote würde helfen, die Einkommensungleichheit zu verringern. Die Wettbewerbsfähigkeit im Sektor der handelbaren Güter wird trotz der erreichten Fortschritte durch einen schwachen Wettbewerb in den vorgelagerten Dienstleistungssektoren gedämpft – eine Entwicklung, der durch weitere Strukturreformen im Strom- und Gassektor und den Abbau unnötiger Beschränkungen bei den freien Berufen begegnet werden könnte. Trotz einiger Fortschritte beim Schuldenabbau bleibt eine Reduzierung der nach wie vor hohen Verschuldung des Privatsektors, u.a. durch eine Überprüfung der Ergebnisse neuer Insolvenzverfahren, für die Erhöhung der Bankkreditvergabe und Investitionen von vorrangiger Bedeutung.

Die Investitionstätigkeit ist zwischen 2007 und 2014 um fast 35% zurückgegangen, mehr als doppelt so stark wie in der Europäischen Union insgesamt. Die Unternehmensinvestitionen haben wieder zu steigen begonnen, was auf bessere Aussichten für die Inlands- und Auslandsnachfrage, eine höhere Kapazitätsauslastung und die Notwendigkeit, den abgenutzten Kapitalstock zu erneuern, zurückzuführen ist. Die in den großen Volkswirtschaften des Euroraums zu beobachtende Belebung der Investitionen ist in

Portugal

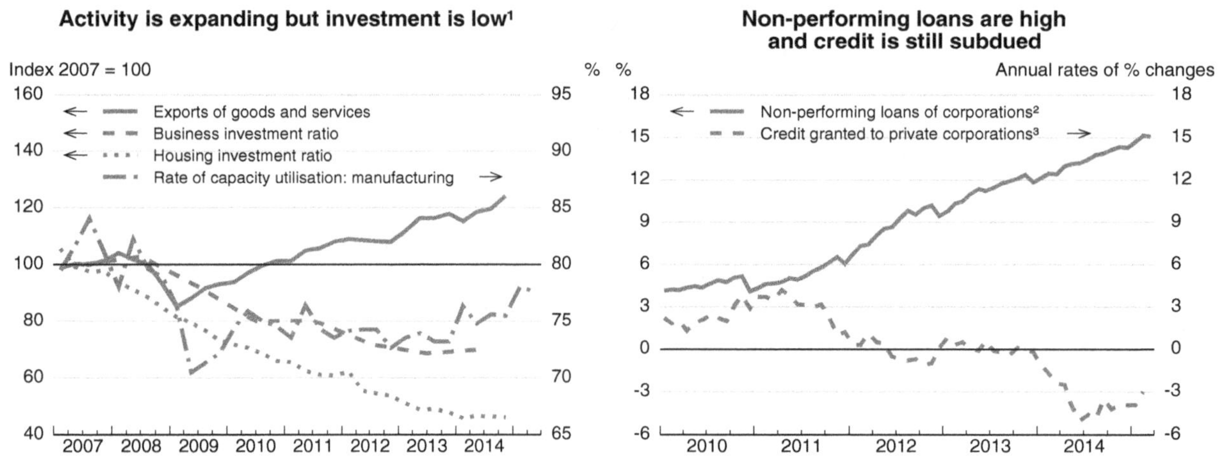

1. Exports of goods and services in volume. Business investment ratio is calculated as the ratio of gross fixed capital formation of financial and non-financial corporations to GDP.
2. Data refer to non-financial corporations. As a percentage of total loans of other monetary financial institutions to non-financial corporations. Excludes securities.
3. Data refer to non-financial corporations. Adjusted for securitisation operations, reclassifications, write-offs/write-downs, exchange rate changes and price revaluations.

Source: *OECD Economic Outlook 97 database*; *OECD Main Economic Indicators Database*; Statistics Portugal (INE); and Banco de Portugal.

StatLink http://dx.doi.org/10.1787/888933221246

Portugal: **Demand, output and prices**

	2011	2012	2013	2014	2015	2016
	Current prices € billion	Percentage changes, volume (2011 prices)				
GDP at market prices	176.2	-4.0	-1.6	0.9	1.6	1.8
Private consumption	116.0	-5.5	-1.5	2.1	1.8	1.5
Government consumption	35.0	-3.3	-2.4	-0.3	-0.5	0.2
Gross fixed capital formation	32.5	-16.6	-6.7	2.5	2.9	3.1
Final domestic demand	183.4	-7.1	-2.5	1.7	1.5	1.5
Stockbuilding[1]	0.3	-0.3	0.0	0.4	-0.5	0.0
Total domestic demand	183.7	-7.3	-2.5	2.1	1.0	1.5
Exports of goods and services	60.4	3.4	6.4	3.4	6.2	5.4
Imports of goods and services	68.0	-6.3	3.9	6.4	4.7	4.8
Net exports[1]	- 7.5	3.6	0.9	-1.1	0.6	0.3
Memorandum items						
GDP deflator	_	-0.4	2.2	1.2	0.5	0.4
Harmonised index of consumer prices	_	2.8	0.4	-0.2	0.1	0.7
Private consumption deflator	_	1.8	1.0	0.7	0.1	0.7
Unemployment rate	_	15.5	16.2	13.9	13.2	12.6
Household saving ratio, gross[2]	_	8.3	9.2	7.4	7.6	8.6
General government financial balance[3,4]	_	-5.6	-4.8	-4.5	-2.9	-2.8
General government gross debt[3]	_	137.0	141.8	150.4	148.0	144.5
General government debt, Maastricht definition[3]	_	125.8	129.7	130.2	127.7	124.2
Current account balance[3]	_	-2.1	1.4	0.6	0.7	0.6

1. Contributions to changes in real GDP, actual amount in the first column.
2. As a percentage of disposable income.
3. As a percentage of GDP at market value.
4. Based on national accounts definition.
Source: OECD Economic Outlook 97 database.

StatLink http://dx.doi.org/10.1787/888933222288

Portugal bisher jedoch ausgeblieben. Die öffentlichen Investitionen und die Wohnungsbauinvestitionen werden verhalten bleiben, was auf die erforderliche Haushaltskonsolidierung und den hohen Verschuldungsgrad der privaten Haushalte und der Unternehmen im Bausektor zurückzuführen ist.

Die Erholung setzt sich fort

Das Wachstum erhielt 2014 infolge der Belebung des privaten Verbrauchs und der Investitionen wieder ein positives Vorzeichen. Die Erholung festigt sich und gewinnt an Stärke. Die Exporte stützen das Wachstum unter dem Einfluss steigender Marktanteile auch weiterhin, und die Leistungsbilanz weist nach wie vor einen Überschuss auf. Die Beschäftigung wächst in gemäßigtem Tempo, wodurch der seit 2009 zu beobachtende Abwärtstrend umgekehrt wird. Die Arbeitslosenquote ist aber immer noch hoch, wenngleich sie unter dem während der Krise verzeichneten Höchstwert liegt. Die Inflation wird verhalten bleiben und unter dem Durchschnitt des Euroraums verharren. Die private Verschuldung bremst die Inlandsnachfrage weiterhin.

Das Tempo der Haushaltskonsolidierung hat sich verlangsamt, die Kreditvergabe ist jedoch weiterhin schwach

Die Regierung hat das Tempo der Haushaltskonsolidierung verlangsamt, das Haushaltsdefizit dürfte 2015 jedoch auf unter 3% des BIP fallen, so dass Portugal aus dem Defizitverfahren entlassen werden kann. Die jüngsten Fortschritte auf dem Weg zu einer wachstumsfreundlicheren Steuerstruktur sollten fortgesetzt werden, indem der effektive Unternehmensteuersatz weiter gesenkt, die Bemessungsgrundlage durch eine Reduzierung von Steuervergünstigungen erweitert und der Anwendungsbereich des Mehrwertsteuerregelsatzes ausgedehnt wird. Eine umfassende Evaluierung der jüngsten Steuerreformen sowie ihrer Auswirkungen auf Verzerrungen und die Aufkommenskraft scheint gerechtfertigt zu sein und könnte die Grundlage für weitere Verbesserungen in der Steuerverwaltung und für eine Erhöhung der Staatseinnahmen aus Umweltsteuern und einer sozial gerechten Erbschaftsteuer legen.

Der Kreditkanal wird nach wie vor durch die hohe Verschuldung der Unternehmen, insbesondere bei kleinen und mittleren Unternehmen, und den hohen Anteil an notleidenden Krediten beeinträchtigt. Die Effektivität der jüngsten Reform der Regelungen für die Insolvenz und Umstrukturierung von Unternehmen sollte im Rahmen von Anstrengungen zur Beschleunigung der Entschuldung von Unternehmen geprüft werden.

Die Anstrengungen zur Reduzierung der Ungleichheit sollten verstärkt werden

Das Niveau der Leistungen zur Sicherung eines Mindesteinkommens ist niedrig, und der Personenkreis, der Anspruch auf Arbeitslosenunterstützung hat, ist eng begrenzt. Überschneidungen und fehlende Zielgenauigkeit in den Sozialleistungssystemen sollten beseitigt werden, um die Ungleichheit und das Armutsniveau zu reduzieren.

Das Wachstum wird allmählich an Dynamik gewinnen

Die Erholung wird an Dynamik gewinnen, was auf steigende Exporte zurückzuführen ist, die Investitionen, Beschäftigung und Konsum ankurbeln und so die Grundlage für einen breiteren und dauerhafteren Aufschwung schaffen. Niedrige Ölpreise und der schwache Euro werden ein robustes Exportwachstum sichern, was den Rückgang der Exporte nach Angola mehr als ausgleichen dürfte.

Die Aussichten hängen zum großen Teil von der Entwicklung des Wachstums im Euroraum und insbesondere in Spanien (dem wichtigsten Zielland portugiesischer Exporte) ab. Sie hängen außerdem von der Fähigkeit Portugals ab, neue Exportmärkte zu erschließen, und damit von dem Erfolg von Strukturreformen zur Verbesserung der Wettbewerbsfähigkeit. Die hohe öffentliche und private Verschuldung stellt nach wie vor eine bedeutende Risikoquelle dar. Trotz der erfolgreichen Haushaltskonsolidierung der letzten Jahre könnte der Zugang der öffentlichen Kreditnehmer zur erforderlichen Außenfinanzierung durch Abweichungen von den Haushaltszielen oder Spannungen an den Finanzmärkten erschwert werden. Im Gegensatz dazu könnte eine kontinuierliche Verbesserung der Finanzlage die Vertrauensgewinne festigen.

RUSSISCHE FÖDERATION

Das BIP wird den Projektionen zufolge 2015 um etwa 3% sinken und 2016 um weniger als 1% wachsen. Getragen wird diese schwache Trendwende von der Erholung der Ölpreise, den im ersten Halbjahr 2015 erzielten Verbesserungen der internationalen Beziehungen und dem Erfolg der Importsubstitutionsprogramme. Ein sprunghafter Anstieg der Inflation, die mit etwa 17% einen Höchststand erreichte, hatte einen drastischen Rückgang der Reallöhne zur Folge, was den privaten Verbrauch belastete. Die Leistungsbilanz bleibt im Überschuss, da die geringeren Einnahmen aus Öl- und Gasexporten durch die sinkenden Importe mehr als wettgemacht werden, die auf die schwache Inlandsnachfrage und die Sanktionen zurückzuführen sind.

Die geplante Ausweitung des Haushaltsdefizits, die auf das Wirken der automatischen Stabilisatoren zurückgeht, ist angemessen. Besondere Aufmerksamkeit ist geboten, um Niedrigeinkommensbezieher nach dem starken Einbruch der Reallöhne vor dem Armutsrisiko zu schützen. Die Reservefonds sollten durch die Umsetzung der aufgeschobenen Privatisierungspläne wieder aufgefüllt werden. Die Geldpolitik muss die Stabilität des Finanzsektors weiterhin sehr aufmerksam verfolgen, daher könnte eine rasche Rückkehr zum Inflationssteuerungssystem verfrüht sein. In Anbetracht der Wechselkursaufwertung sollte die Geldpolitik weiter gelockert werden. Maßnahmen zur Eindämmung der Korruption, Verringerung der Rolle des Staats in der Wirtschaft und Schaffung effektiverer Rechtsstaatlichkeit sollten rasch umgesetzt werden.

Seit Verhängung der Sanktionen, die insbesondere für KMU besonders einschneidende Beschränkungen im Hinblick auf langfristige Finanzierungen zur Folge hatten, sind die Investitionen rückläufig. Die Regierung plant Investitionsprojekte zu unterstützen, die Importe ersetzen sollen. In Ermangelung einer effektiven Umsetzung der Reformen, die das Umfeld für unternehmerische Tätigkeit verbessern, dürfte eine Ankurbelung der von staatlicher Unterstützung abhängigen Investitionstätigkeit negative Auswirkungen auf die Produktivität und das Wachstumspotenzial haben.

Russian Federation

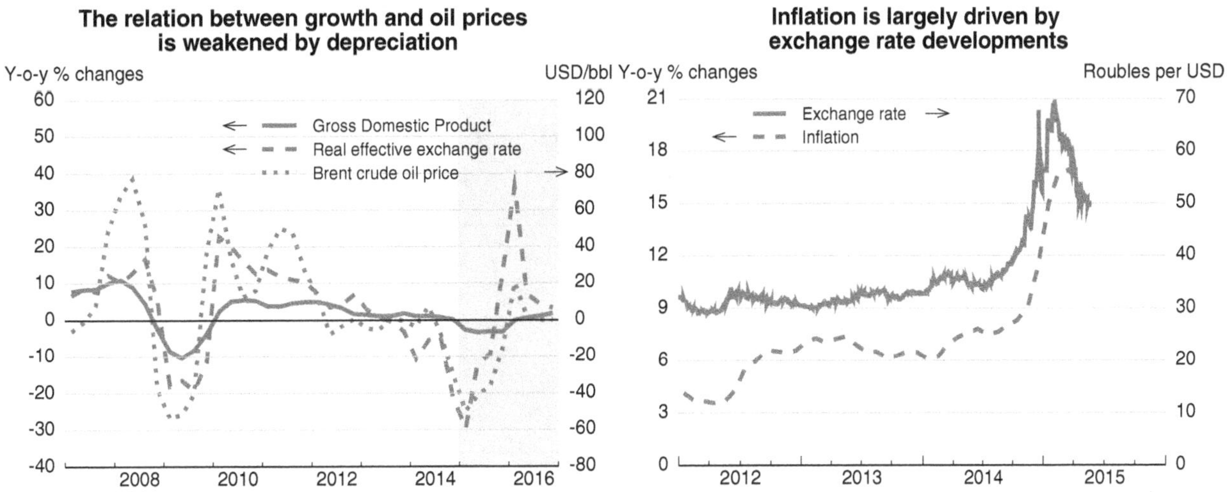

Source: *OECD Economic Outlook 97 database*; Central Bank of Russia; and Datastream.

StatLink http://dx.doi.org/10.1787/888933221259

Russian Federation: **Demand, output and prices**

	2011	2012	2013	2014	2015	2016
	Current prices Russian Ruble billions	Percentage changes, volume (2008 prices)				
GDP at market prices	55 967.2	3.4	1.3	0.6	-3.1	0.8
Private consumption	27 426.6	7.7	4.9	1.2	-4.7	0.2
Government consumption	10 102.8	2.6	1.1	-0.1	0.0	0.5
Gross fixed capital formation	11 469.0	7.0	0.6	-2.1	-18.5	5.0
Final domestic demand	48 998.4	6.5	3.1	0.2	0.1	0.0
Total domestic demand	51 190.7	5.5	1.2	-1.0	-8.5	1.1
Exports of goods and services	16 940.9	1.1	4.6	-0.1	0.6	2.1
Imports of goods and services	12 164.4	8.7	3.8	-7.9	-14.1	4.2
Memorandum items						
GDP deflator	_	7.4	5.0	7.2	10.8	7.1
Consumer price index	_	5.1	6.8	7.8	16.3	7.0
Private consumption deflator	_	5.8	6.4	8.3	16.3	7.0
General government financial balance[1,2]	_	2.0	0.6	0.4	-3.7	-1.2
Current account balance[1]	_	3.5	1.7	3.3	3.7	3.5

1. As a percentage of GDP at market value.
2. Consolidated budget.

Source: OECD Economic Outlook 97 database.

StatLink http://dx.doi.org/10.1787/888933222396

Die Wirtschaft ist geschrumpft, und der Schwerpunkt der Strukturpolitik liegt auf Importsubstitution

Das BIP sank Anfang 2015 um etwa 2%. Die Verbraucherausgaben wurden durch einen starken Rückgang der Reallöhne und restriktivere Finanzierungsbedingungen für Konsu-

Russian Federation

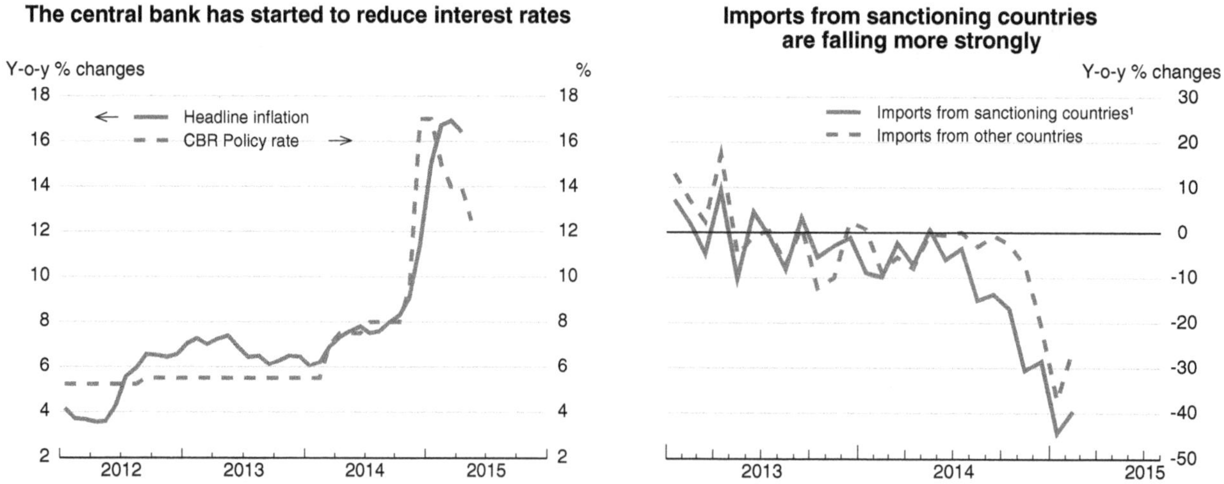

1. Imports from the European Union, United States, Canada, Japan, Australia, Norway and Ukraine.

Source: Rosstat; Central Bank of Russia; and Federal Customs Service.

StatLink http://dx.doi.org/10.1787/888933221266

mentenkredite in Mitleidenschaft gezogen. Auf Grund der allgemeinen Unsicherheit, der hohen Finanzierungskosten und des begrenzten Zugangs zu langfristigen internationalen Finanzierungsoptionen waren die Investitionsausgaben, auch bei den Immobilien, stark rückläufig. Die Exporte konnten sich gut behaupten, während die Importe drastisch einbrachen. Die Wirtschaftstätigkeit ließ insbesondere im Einzelhandel, bei den Finanzdienstleistungen und im Bausektor nach, wohingegen der Bergbau, die Grundstoffindustrie sowie die Nahrungsmittelindustrie und die Landwirtschaft von der drastischen Abwertung des Wechselkurses profitierten. Die Autohersteller erlebten einen tiefen Absatzeinbruch und haben ihre Produktion reduziert.

Die Inflation scheint im April 2015 mit etwa 17% einen Höchststand erreicht zu haben. Die Nahrungsmittelpreise sind sogar noch stärker gestiegen. Zu Beginn des Jahres erhöhten sich die Löhne und Gehälter um nur 6,5%, was zu einem drastischen Rückgang des verfügbaren Realeinkommens der privaten Haushalte führte. Demgegenüber wurden die Renten um 13% erhöht, wodurch sich die Erosion der Kaufkraft der – gewöhnlich ärmeren – älteren Menschen in Grenzen hielt.

Der Leistungsbilanzsaldo bleibt trotz der niedrigeren Ölpreise positiv. Seit Beginn des Konflikts zwischen Russland und der Ukraine werden erhebliche Kapitalabflüsse verzeichnet, die zunächst auf den Vertrauensverlust zurückzuführen waren, in jüngster Zeit aber auch einem geordneteren Abbau der internationalen Verschuldung zuzuschreiben sind.

Der drastische Rückgang der Ölpreise ist ein negativer Schock für die russische Wirtschaft, der diese hauptsächlich über die erheblich niedrigeren Staatseinnahmen trifft. Die Zentralbank hat die Wirtschaft durch die Zulassung der Rubelabwertung geschützt und auf diesem Weg die Verringerung der staatlichen Öl- und Gaseinnahmen in Rubelrechnung reduziert. Angesichts der Ungewissheit im Zusammenhang mit der Krise zwischen Russland und der Ukraine schnellten die Kapitalabflüsse aber in die Höhe, und die Zentralbank musste die Zinssätze im Dezember 2014 anheben. Seither haben sich Wechselkurse und Ölpreise leicht erholt.

Infolge der verhängten Sanktionen haben russische Unternehmen deutlich weniger Zugang zu den internationalen Finanzmärkten. Insbesondere privatwirtschaftliche KMU haben Schwierigkeiten, Investitionen und Wachstum zu finanzieren. Für große Firmen und in Staatsbesitz befindliche Unternehmen ist die Situation anders gelagert, da sie Zugang zu staatlicher Finanzierung haben. Das Embargo für Dual-Use-Güter verstärkt die Unsicherheit, da diese in einigen Fällen für die Beibehaltung bereits installierter Ausrüstung notwendig sind. Das russische Importverbot für Agrarerzeugnisse und Nahrungsmittel hat mit zu starken Preiserhöhungen geführt, zugleich aber auch die Importsubstitution gefördert. Unterstützt wird dieser Prozess durch eine Verlagerung des Schwerpunkts der Strukturpolitik auf die Beseitigung von Infrastrukturengpässen, Erhöhung der Importsubstitution und Förderung der technischen Modernisierung.

Die Zentralbank sieht sich in ihrem Handlungsspielraum durch außenwirtschaftliche Entwicklungen eingeschränkt, das Wirken automatischer Stabilisatoren wird aber zugelassen

Die russische Zentralbank hat nach der Anhebung des Leitzinses auf ein 10-Jahres-Rekordhoch von 17% Ende 2014 mit der Lockerung begonnen. Seit Anfang 2015 hat der Wechselkurs etwas an Wert gewonnen. Wenn die Inflation wie erwartet zurückgeht, wird die Zentralbank in der Lage sein, die Zinsen weiter zu senken. Die Zentralbank sollte in Bezug auf die Liquiditätszufuhr für Banken mit Fremdwährungsschulden weiterhin umsichtig vorgehen und es vermeiden, insolvente Einrichtungen zu stützen. In diesem Kontext wäre eine transparente „Bail in"-Regulierung hilfreich.

Die Duma hat einen Haushaltsentwurf für 2015 verabschiedet, der Mindereinnahmen in Höhe von nahezu 4% des BIP vorsieht. Es ist sinnvoll, das vollständige Wirken der automatischen Stabilisatoren zuzulassen. Die geplante Verringerung des Haushaltsdefizits auf unter 2% des BIP im Jahr 2016 könnte in der Tat verfrüht sein. Die Rentenindexierung wurde planmäßig im Februar 2015 vorgenommen, dürfte aber noch immer nicht ausreichen, um zu verhindern, dass ältere Menschen mit ihren Einkommensersatzleistungen real an Kaufkraft verlieren. Daher sollte die Regierung vor dem kommenden Winter eine bedürftigkeitsabhängige Heizprämie einführen.

Die jetzige Regierung kann auf dem Weg zur Erreichung ihrer Ziele – Korruptionsbekämpfung, Lockerung des Bürokratieaufwands sowie Verbesserung des Steuereinzugs – erste Fortschritte verbuchen. Jedoch hat sich das Tempo der auf diesen Gebieten erreichten Fortschritte angesichts der globalen Verschlechterung der Wirtschaftslage in jüngster Zeit verlangsamt.

Das Wachstum wird zurückkehren

Den Projektionen zufolge wird sich das Wirtschaftswachstum im zweiten Halbjahr 2015 beleben, und das BIP dürfte 2016 um 0,8% steigen. Zuzuschreiben ist die Erholung in erster Linie Investitionen in die Importsubstitutionsprogramme sowie höheren Öl- und Gasexporten.

Das Wachstum hängt von der Entwicklung der geopolitischen Spannungen ab. Lassen diese deutlich nach, werden sich Investitionen und Wachstum wahrscheinlich erhöhen, sollten sie sich indessen zuspitzen, würde die russische Wirtschaft weiter unter Druck geraten. Ein Abwärtsrisiko besteht darin, dass ohnehin knappe Ressourcen in den Importsubstitutionsprogrammen verschwendet werden. Günstiger könnte die Entwicklung verlaufen, wenn eine rasche Aufnahme der Tätigkeit der neu eingerichteten Asiatischen Infrastruktur-Investitionsbank neue Geschäftsmöglichkeiten für Russland mit seinen östlichen und südöstlichen Nachbarn schaffen könnte. Desgleichen könnte eine tiefere Integration innerhalb der Eurasischen Wirtschaftsunion traditionelle Geschäftsbeziehungen wieder aufleben lassen und ruhende produktivitätssteigernde Projekte für die Arbeitsteilung mobilisieren. Höhere Ölpreise hätten eine Währungsaufwertung, eine geringere Inflation und die stärkere Zunahme der privaten Konsumausgaben zur Folge, wohingegen niedrigere Öl- und Gaspreise das Gegenteil bedeuten würden.

SCHWEDEN

Der private Verbrauch und die Investitionen steigen weiterhin stark, und der Außenhandel wird einen signifikanten, aber moderaten Beitrag zum Wachstum leisten. Die Arbeitslosigkeit wird den Projektionen zufolge nur langsam sinken, denn die Integration der zahlreichen Zuwanderer erfordert Zeit, und die Erwerbsbeteiligung nimmt zu. Da die Löhne steigen und der deflationäre Effekt der sinkenden Ölpreise abklingt, dürfte die Inflation allmählich anziehen.

Die Geldpolitik ist in hohem Maße expansiv und dürfte es bleiben, bis sich die Inflation deutlich in Richtung der Zielvorgabe bewegt. Die makroprudenziellen Maßnahmen sollten gestärkt und durch Maßnahmen zur Erhöhung des Wohnimmobilienangebots ergänzt werden, um die Finanzstabilität zu erhöhen. Der fiskalpolitische Kurs erhält wieder eine weitgehend neutrale Ausrichtung. Zur Ankurbelung des langfristigen Wachstums sind strukturpolitische Maßnahmen zur Verbesserung der Integration der Zuwanderer, zur Erhöhung des Kompetenzniveaus sowie zur Innovationsförderung erforderlich.

Die von einem niedrigen Niveau ausgehenden Wohnungsbauinvestitionen steigen rasch, was auf die starke Nachfrage nach Wohnimmobilien zurückzuführen ist. Das Wachstum der Unternehmensinvestitionen ist robust. Ein großer Teil der Unternehmensinvestitionen entfällt auf immaterielle Güter, vor allem auf Software und FuE. Die öffentlichen Investitionen nehmen moderat zu, wobei der Fokus auf einer Verbesserung der Straßen- und Schieneninfrastruktur liegt.

Die Erholung gewinnt an Breite

Das gesamtwirtschaftliche Produktionswachstum erreichte 2014 2,3% und gewinnt unter dem Einfluss der lebhaften Entwicklung der Wohnungsbauinvestitionen und des privaten Konsums weiter an Dynamik. Die schwächere Währung hat die Exporte steigen lassen. Die Beschäftigung nimmt zu, während die Arbeitslosigkeit durch die steigende Erwerbsbeteiligung und die langsamen Fortschritte bei der Integration der zahlreichen im Rahmen der humanitären Migration oder des Familiennachzugs eingereisten Zuwanderer

Sweden

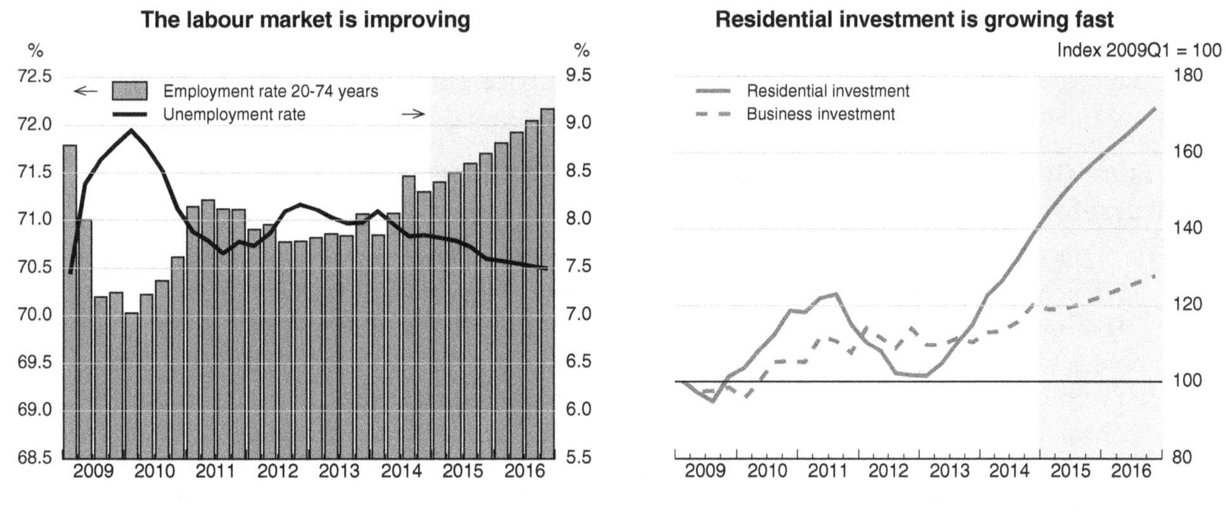

Source: OECD Economic Outlook 97 database.

StatLink http://dx.doi.org/10.1787/888933221311

Sweden: **Demand, output and prices**

	2011	2012	2013	2014	2015	2016
	Current prices SEK billion	Percentage changes, volume (2013 prices)				
GDP at market prices	3 651.6	0.0	1.3	2.3	2.8	3.0
Private consumption	1 691.4	0.9	2.0	2.4	2.5	2.7
Government consumption	920.3	1.5	0.8	2.0	1.8	1.7
Gross fixed capital formation	831.3	0.3	-0.3	6.6	5.4	5.2
Final domestic demand	3 443.0	1.0	1.1	3.3	3.0	3.0
Stockbuilding[1]	36.2	-1.1	0.1	0.2	-0.1	0.0
Total domestic demand	3 479.2	-0.2	1.2	3.5	3.0	3.0
Exports of goods and services	1 701.8	1.5	-0.1	3.5	4.6	4.7
Imports of goods and services	1 529.3	1.1	-0.5	6.5	5.2	4.9
Net exports[1]	172.5	0.3	0.2	-1.0	-0.1	0.1
Memorandum items						
GDP deflator	_	1.0	1.2	1.3	1.5	1.6
Consumer price index[2]	_	0.9	0.0	-0.2	0.2	1.4
Private consumption deflator	_	0.5	0.7	0.8	0.7	1.4
Unemployment rate[3]	_	8.0	8.0	7.9	7.7	7.6
Household saving ratio, net[4]	_	15.2	15.6	16.0	16.3	16.6
General government financial balance[5]	_	-0.9	-1.4	-1.9	-1.2	-0.5
General government gross debt[5]	_	44.6	44.8	52.1	52.6	51.2
General government debt, Maastricht definition[5]	_	36.5	38.7	43.8	44.3	43.0
Current account balance[5]	_	6.6	7.3	6.3	6.5	6.3

1. Contributions to changes in real GDP, actual amount in the first column.
2. The consumer price index includes mortgage interest costs.
3. Historical data and projections are based on the definition of unemployment which covers 15 to 74 year olds and classifies job-seeking full-time students as unemployed.
4. As a percentage of disposable income.
5. As a percentage of GDP at market value.

Source: OECD Economic Outlook 97 database.

StatLink http://dx.doi.org/10.1787/888933222323

kaum gesunken ist. Bei der Inflation zeichnet sich durch die Stabilisierung der Energiepreise ein Anstieg ab, nachdem sie sich einige Zeit um 0% bewegt hatte.

Expansive Geldpolitik, makroprudenzielle Maßnahmen und Strukturreformen

Die schwedische Zentralbank senkte ihren Reposatz zwischen Mitte 2014 und Februar 2015 schrittweise von 0,75% auf -0,25% und setzte ein Programm der quantitativen Lockerung um. Sie kündigte an, erforderlichenfalls weitere Maßnahmen zu ergreifen, um eine Lösung der Verankerung der Inflationserwartungen und eine Aufwertung der Krone zu verhindern. Durch die schwächere Währung verbesserten sich die Exportergebnisse. Die Fiskalpolitik ist leicht expansiv ausgerichtet, dürfte vor dem Hintergrund der rückläufigen Kapazitätsüberhänge jedoch auf einen neutralen Kurs einschwenken. Die Regierung erwägt, das Haushaltsziel eines Überschusses von 1% des BIP über den Konjunkturzyklus durch das Ziel eines ausgeglichenen Haushalts zu ersetzen, was angesichts der guten Finanzlage des öffentlichen Sektors angemessen wäre.

Der Anstieg der Kreditaufnahme der privaten Haushalte und der Wohnimmobilienpreise setzte sich fort, so dass ein erhöhter Bedarf an einer Verschärfung der makroprudenziellen Regulierung und einer schrittweisen Abschaffung der steuerlichen Abzugsfähigkeit von Hypothekenzinsen besteht. Die Beschränkungen des Wohnimmobilienangebots würden durch die Straffung der Vorschriften zur Raumplanung und Flächennutzung und die Schaffung von Anreizen für Kommunen zur Freigabe von Flächen reduziert werden. Die Anhebung des Kompetenzniveaus junger Menschen und die Integration der meist geringqualifizierten Zuwanderer sind entscheidende Faktoren, um die Arbeitslosigkeit senken und ein inklusives Wachstum gewährleisten zu können.

Das Wachstum wird sich beschleunigen

Die expansive Geldpolitik und der abklingende Effekt der sinkenden Ölpreise dürften zu einem Inflationsanstieg führen. Trotz der unterstellten Lockerung der Geldpolitik wird das Inflationsziel von 2% den Projektionen zufolge erst nach 2016 erreicht werden. Die Wohnungsbauinvestitionen dürften weiter steigen, auf Grund der zunehmenden angebotsseitigen Engpässe allerdings in einem langsameren Tempo. Der private Verbrauch wird weiter zunehmen, und das Wachstum wird sich beschleunigen, da die schwächere Währung und die konjunkturelle Belebung bei den wichtigsten Handelspartnern den Exporten Auftrieb geben. Das Haushaltsdefizit von etwa 2% des BIP im Jahr 2014 wird bis 2016 allmählich auf ½% schrumpfen, sobald die Erholung an Dynamik gewinnt.

Da Schweden eine kleine offene Volkswirtschaft ist, werden unerwartete Wachstumsergebnisse der wichtigsten Handelspartner des Landes, insbesondere in der Europäischen Union, sowie Wechselkursbewegungen starke Auswirkungen auf die gesamtwirtschaftliche Produktion haben. Wird die zunehmende Verschuldung der privaten Haushalte nicht durch die Umsetzung makroprudenzieller Maßnahmen und struktureller Reformen eingedämmt, könnte dies ein unausgewogenes Wachstum und höhere finanzielle und makroökonomische Risiken zur Folge haben, zumal die Leitzinsen eine Zeit lang auf niedrigem Niveau bleiben dürften.

SCHWEIZ

Die Konjunktur hat sich im bisherigen Jahresverlauf 2015 abgeschwächt, mit der Absorption der Effekte der starken Währungsaufwertung der jüngsten Zeit dürfte sich das Wachstum bis 2016 aber allmählich wieder beleben. Der private Verbrauch wird sich vor dem Hintergrund steigender Reallöhne und sehr günstiger finanzieller Bedingungen voraussichtlich behaupten, die Exporte und die Unternehmensinvestitionen werden jedoch leiden. Die gesunkenen Ölpreise bewirken in Kombination mit dem starken Schweizer Franken, dass die Inflation wieder in den negativen Bereich abgleitet.

Die Leitzinsen werden auf absehbare Zeit negativ bleiben. Sollte sich das Wachstum weiter verlangsamen, besteht dank gesunder öffentlicher Finanzen reichlich Spielraum für fiskalische Konjunkturimpulse. Erhöhte Finanzierungsmittel für die Kinderbetreuung und die Bildung von Zuwandererkindern würden die Beschäftigungschancen der Frauen verbessern und das Wachstum fördern. Mit einer Steigerung des Wettbewerbs und der Effizienz in der Gesundheitsversorgung könnte ein Anstieg der Verbraucherausgaben für andere Posten ermöglicht werden.

Die Investitionstätigkeit wird durch das eingetrübte Geschäftsklima, die Wechselkurs-volatilität und die Ungewissheit über die Einführung der Zuwanderungsquoten im Jahr 2017 beeinträchtigt. Wegen des Kernenergieausstiegs werden die Investitionen in andere Energieformen auf mittlere Sicht steigen müssen, was der Binnennachfrage Auftrieb geben dürfte. Die Verkehrsinfrastruktur ist zwar gut ausgebaut, durch die Einführung von Spitzenlasttarifen auf Autobahnen und im Schienenverkehr ließen sich jedoch die Verkehrsüberlastungen verringern, was sich positiv auf die Produktivität auswirken würde.

Die Wirtschaft muss einen starken Wechselkursschock verarbeiten

Am 15. Januar 2015 gab die Schweizerische Nationalbank den Mindestwechselkurs von 1,20 Franken gegenüber 1 Euro auf und senkte die Leitzinsen um weitere 0,5 Prozentpunkte auf -0,75%. Die anschließende starke Aufwertung des Schweizer Franken gegenüber dem Euro um rd. 15% setzte der von den Exporten ausgehenden Wirtschaftsdynamik ein Ende.

Switzerland

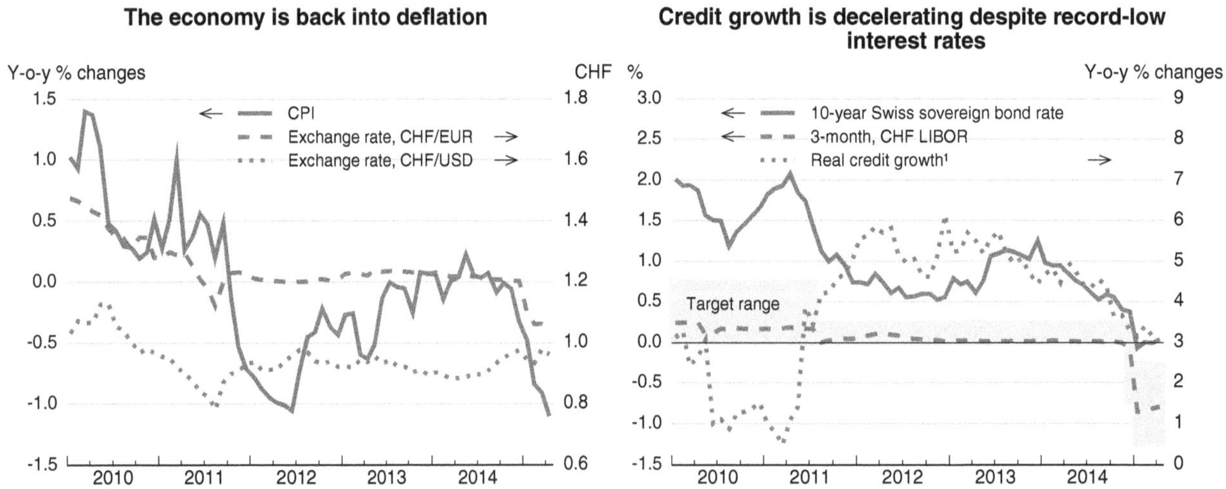

1. Deflated by CPI.
Source: OECD Economic Outlook 97 database; SNB; and SECO.

StatLink http://dx.doi.org/10.1787/888933221323

Switzerland: **Demand, output and prices**

	2011	2012	2013	2014	2015	2016
	Current prices CHF billion	Percentage changes, volume (2010 prices)				
GDP at market prices	618.3	1.1	1.9	2.0	0.8	1.7
Private consumption	333.4	2.8	2.2	1.0	1.6	1.5
Government consumption	66.4	2.9	1.4	1.1	2.5	2.2
Gross fixed capital formation	144.6	2.4	1.7	1.5	0.9	0.9
Final domestic demand	544.4	2.7	2.0	1.1	1.5	1.4
Stockbuilding[1]	21.5	-3.4	-2.4	0.5	-2.6	0.0
Total domestic demand	565.9	-1.2	-0.7	1.8	-1.4	1.5
Exports of goods and services	406.7	0.8	15.3	-7.1	1.9	2.0
Imports of goods and services	354.3	-2.8	13.5	-9.4	-1.2	1.8
Net exports[1]	52.4	2.1	2.6	0.5	1.9	0.4
Memorandum items						
GDP deflator	_	-0.1	-0.2	0.0	-0.6	0.4
Consumer price index	_	-0.7	-0.2	0.0	-0.8	-0.1
Private consumption deflator	_	-0.9	-0.4	-0.1	-0.7	0.2
Unemployment rate	_	4.1	4.3	4.4	4.5	4.6
General government financial balance[2]	_	0.3	0.1	0.2	0.2	0.3
General government gross debt[2]	_	45.8	45.6	45.3	45.1	44.7
Current account balance[2]	_	9.9	10.7	7.0	10.1	10.5

Note: In accordance with ESA 2010 national accounts definitions.

1. Contributions to changes in real GDP, actual amount in the first column.
2. As a percentage of GDP at market value.

Source: OECD Economic Outlook 97 database.

StatLink http://dx.doi.org/10.1787/888933222338

Sowohl die Ausfuhren als auch die Einfuhren brachen Anfang 2015 drastisch ein, und das BIP verringerte sich im ersten Quartal um 0,2%. Da dies auch dem Vertrauen insgesamt einen Schlag versetzte, dürfte das Wachstum des Verbrauchs der privaten Haushalte im Jahresverlauf schwach bleiben. Die Einzelhandelsumsätze sanken zum Jahresanfang, und das Wachstum der inländischen Gesamtkreditvergabe bewegt sich auf seinem niedrigsten Niveau seit drei Jahren. Die Wechselkursaufwertung und die sinkenden Ölpreise auf den Weltmärkten ließen die Deflation zurückkehren, und die Verbraucherpreise waren im ersten Quartal 2015 im Vorjahresvergleich rückläufig.

Während die Geldpolitik akkommodierend bleiben wird, könnte die Strukturpolitik bei der Abfederung des Schocks helfen

Die Aufwertung des Schweizer Franken beeinträchtigt die Exporte, zumal die Margen vieler Unternehmen auf den Exportmärkten bereits zuvor gering waren. Wenn die Gewinne weiter schrumpfen, werden die Unternehmen vermutlich Investitionen aufschieben und Arbeitsplätze abbauen. Zu Investitionsverzögerungen könnte es auch kommen, weil die Unternehmen zuerst Genaueres über die für 2017 geplante Umsetzung der Zuwanderungsquoten erfahren wollen. Mit dem Ausstieg aus der Kernenergie könnten die Investitionen in Gaskraftwerke und erneuerbare Energien steigen, da die nichtnuklearen Stromerzeugungskapazitäten ausgebaut werden müssen. Der davon ausgehende Effekt ist im Projektionszeitraum aber möglicherweise nicht signifikant.

Um den Effekt des starken Franken auszugleichen, wird die Geldpolitik sehr akkommodierend bleiben, so dass die Leitzinsen wohl auf absehbare Zeit weiter im negativen Bereich liegen werden. Obwohl die Hypothekenzinsen einen historischen Tiefstand erreicht haben, konnte der Immobilienmarkt durch die Aktivierung einer Reihe von makroprudenziellen Maßnahmen in den letzten Jahren abgekühlt werden, und das Wachstum der Hypothekenkredite hat sich verlangsamt. Die Fiskalpolitik wird voraussichtlich weitgehend neutral bleiben, nötigenfalls besteht jedoch reichlich Spielraum für eine Lockerung. Mit strukturpolitischen Maßnahmen kann der Wechselkursschock abgefedert werden. Durch eine Steigerung des Wettbewerbs und der Effizienz in der Gesundheitsversorgung könnte ein Anstieg der Verbraucherausgaben für andere Posten ermöglicht werden. Durch die Einführung von Spitzenlasttarifen auf Autobahnen und im Schienenverkehr ließen sich die Verkehrsüberlastungen verringern, was sich positiv auf das Produktivitätswachstum auswirken würde. Mit zusätzlichen Finanzierungsmitteln für die Kinderbetreuung könnten Hindernisse für die Erwerbsbeteiligung von Frauen beseitigt werden, und höhere Bildungsausgaben für Kinder mit Migrationshintergrund würden eine inklusivere Gesellschaft fördern, die Ungleichheit reduzieren und auf längere Sicht die Produktivität erhöhen.

Das Wachstum dürfte allmählich wieder anziehen

Das Wachstum wird den Projektionen zufolge 2015 drastisch sinken, 2016 aber wieder auf 1,7% steigen, da einige positive binnen- und außenwirtschaftliche Faktoren die anhaltenden Effekte der Wechselkursaufwertung ausgleichen. Steigende Reallöhne, gesunkene Ölpreise und extrem niedrige Zinsen werden den Verbrauch stützen. Eine Beschleunigung des Wachstums der Ausfuhren nach Europa und insbesondere nach Deutschland, dem wichtigsten Handelspartner der Schweiz, dürfte es dem Exportsektor ermöglichen, mit dem höheren Wechselkurs klar zu kommen.

Entwicklungen im Euroraum oder geopolitische Spannungen könnten den Wechselkurs erneut in Bewegung bringen (nach oben oder unten) und die Aussichten deutlich verändern. Die Schweizer Wirtschaft ist zudem stark von der wirtschaftlichen Entwicklung bei seinen europäischen Handelspartnern abhängig. Angesichts der klar im negativen Bereich verharrenden Zinsen könnten anhaltende Wohnungsbauinvestitionen das Wachstum ankurbeln, zugleich aber zu einem Risiko für die Wirtschaft werden, sollte sich eine Blase bilden.

SLOWAKISCHE REPUBLIK

Das Wirtschaftswachstum wird sich den Projektionen zufolge 2015 weiter beschleunigen. Die Arbeitsmarktergebnisse werden sich weiter verbessern, und die immer zuversichtlicher gestimmten privaten Haushalte dürften einen größeren Anteil ihrer steigenden Realeinkommen ausgeben. Die Exportmärkte werden sich voraussichtlich erholen, was zu einer Verbesserung des Geschäftsklimas und einem Anstieg der Investitionen führen dürfte.

Die Verlangsamung der Haushaltskonsolidierung im Jahr 2014 war wegen der bestehenden Kapazitätsüberhänge zielführend. Die veranschlagten weiteren Konsolidierungsanstrengungen sind aber dennoch zu begrüßen, um Finanzpuffer aufzubauen. Die Einführung mehrjähriger verbindlicher Ausgabenobergrenzen wird die Haushaltsdisziplin stärken, und Effizienzsteigerungen in der Steuerverwaltung werden den Steuereinzug verbessern.

Die Investitionen verharren weiterhin eindeutig unter dem Vorkrisenniveau. Die Auslandsinvestitionen, die einen wichtigen Faktor für die Kapitalbildung darstellen (der Bestand der ausländischen Direktinvestitionen beläuft sich auf 60% des BIP) waren auf Grund des verhaltenen Wachstums bei den Handelspartnern der Slowakischen Republik und der Konkurrenz aus Niedrigkostenländern in der Region gedämpft. Politikmaßnahmen zur Verbesserung des Geschäftsklimas, der Infrastruktur, der Innovationstätigkeit und der Kompetenzen können Anreize für breiter fundierte ausländische Direktinvestitionen setzen. Eine Stärkung der Verwaltungskapazitäten und eine Vereinfachung der Verfahren wird dazu beitragen, die Inanspruchnahme von Strukturfonds der EU zu erhöhen.

Das Wachstum belebt sich

Das Wirtschaftswachstum beschleunigt sich, was sowohl auf die Binnennachfrage als auch auf die Exporte zurückzuführen ist. Die Exporte profitieren von einer verbesserten Wettbewerbsfähigkeit und einer steigenden Nachfrage bei den wichtigsten Handelspartnern. Das Investitionswachstum ist nach jahrelangen Unterinvestitionen sprunghaft angestiegen,

Slovak Republic

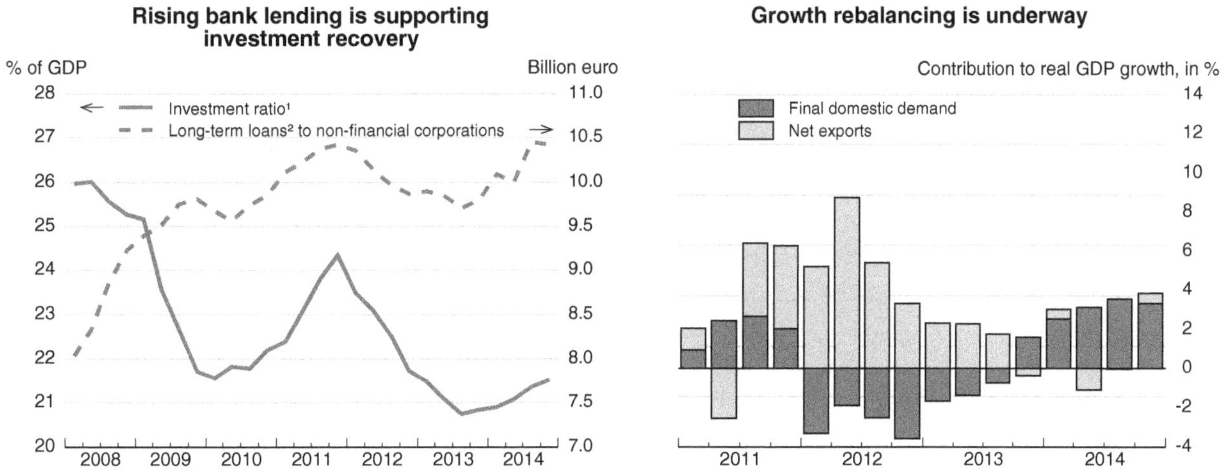

1. Real gross fixed capital formation. Four-quarter moving average.
2. More than 1 year.

Source: OECD Economic Outlook 97 database; National Bank of Slovakia; and Eurostat.

StatLink http://dx.doi.org/10.1787/888933221277

Slovak Republic: **Demand, output and prices**

	2011	2012	2013	2014	2015	2016
	Current prices € billion	Percentage changes, volume (2010 prices)				
GDP at market prices	70.2	1.6	1.4	2.4	3.0	3.4
Private consumption	40.3	-0.4	-0.7	2.2	2.6	2.6
Government consumption	12.9	-2.0	2.4	4.4	3.2	1.8
Gross fixed capital formation	16.9	-9.3	-2.7	5.7	4.8	4.0
Final domestic demand	70.1	-2.9	-0.6	3.4	3.2	2.8
Stockbuilding[1]	0.7	-1.3	0.5	-0.4	-0.2	0.0
Total domestic demand	70.8	-4.1	-0.1	2.9	3.0	2.8
Exports of goods and services	59.9	9.3	5.2	4.6	2.8	6.1
Imports of goods and services	60.5	2.6	3.8	5.0	2.8	5.6
Net exports[1]	- 0.6	5.8	1.4	-0.2	0.2	0.7
Memorandum items						
GDP deflator	_	1.3	0.5	-0.2	0.2	1.3
Harmonised index of consumer prices	_	3.7	1.5	-0.1	-0.2	1.4
Private consumption deflator	_	3.4	1.3	-0.1	0.1	1.4
Unemployment rate	_	14.0	14.2	13.2	12.4	11.6
General government financial balance[2]	_	-4.2	-2.6	-2.9	-2.7	-2.3
General government gross debt[2]	_	57.9	60.8	60.0	59.9	59.9
General government debt, Maastricht definition[2]	_	52.1	54.6	53.6	53.5	53.5
Current account balance[2]	_	0.9	1.5	0.1	0.0	0.9

1. Contributions to changes in real GDP, actual amount in the first column.
2. As a percentage of GDP at market value.
Source: OECD Economic Outlook 97 database.

StatLink http://dx.doi.org/10.1787/888933222297

was zur Modernisierung der Produktionslinien in der Automobilindustrie, zur technischen Aufrüstung von Kernkraftwerken im Energiesektor, zum Wiederaufbau von Eisenbahnlinien und zum Ausbau von Autobahnen beigetragen hat.

Der Konsum der privaten Haushalte erholt sich nach einer fünfjährigen von Rückgang oder Stagnation gekennzeichneten Phase kontinuierlich, was auf die Aufhellung des Konsumklimas, den Anstieg der Realeinkommen und einen stärkeren Arbeitsmarkt zurückzuführen ist. Niedrige Nahrungsmittel- und Energiepreise, insbesondere Senkungen der regulierten Strompreise, haben die Inflation weiterhin niedrig gehalten. Die niedrige Inflationsrate wurde bei den Tarifverhandlungen nicht vollständig berücksichtigt, was zu kräftigen Reallohnzuwächsen führte. Die Erhöhung des Mindestlohns um 8% im Januar 2015 steigert die Kaufkraft armer Haushalte und stärkt die Anreize, eine Beschäftigung zu suchen. Der Gefahr, dass geringqualifizierte Arbeitskräfte dadurch ihren Arbeitsplatz verlieren, wird durch eine Ausnahmeregelung für die Arbeitgeber- und Arbeitnehmerbeiträge zur Krankenversicherung begegnet.

Die Fiskal- und Strukturpolitik wird ein ausgewogeneres Wachstum stützen

Die Fiskalpolitik ist nach der Abwärtskorrektur der Staatsverschuldung (im Anschluss an die Umstellung der internationalen Standards auf ESVG 2010) auf einen Wert unterhalb der verfassungsmäßigen Obergrenze von 55%, bei der Ausgabenkürzungen ausgelöst werden, etwas flexibler geworden. Die Lockerung des fiskalpolitischen Kurses war angesichts der Kapazitätsüberhänge zwar zielführend, die Staatsverschuldung verharrt jedoch noch immer in der Nähe dieser Obergrenze, und dies wird weitere Konsolidierungsanstrengungen notwendig machen. Die Lockerung der Kofinanzierungsbedingungen für den Abruf von EU-Mitteln, eine Steigerung der Effizienz infolge der Reformen im öffentlichen Sektor, die Bekämpfung der Steuerhinterziehung und die Ausweitung der Steuerbasis werden Spielraum schaffen, um Finanzpuffer aufzubauen. Die Einführung mehrjähriger Ausgabenobergrenzen würde dazu beitragen, Ausgabenüberschreitungen während des nächsten Aufschwungs zu verhindern.

Die Slowakische Republik gehört auf Grund des niedrigen Beschäftigungsaufbaus in den östlichen und mittleren Teilen des Landes und wegen der niedrigen Mobilität der Arbeitnehmer zu den OECD-Ländern mit der höchsten regionalen Ungleichheit. In der Folge ist ein erheblicher Anteil der Bevölkerung nicht umfassend am Aufschwung beteiligt. Die jüngsten Reformen im Bereich der beruflichen Bildung zur Förderung der dualen Ausbildung, die Verbesserung der Prioritätensetzung bei den Aktivierungsmaßnahmen und die Senkung der Steuer- und Abgabenbelastung werden die Beschäftigungsfähigkeit der geringqualifizierten und jungen Arbeitnehmer insbesondere in den strukturschwachen Regionen verbessern und dadurch das Wirtschaftswachstum inklusiver gestalten. Die Attraktivität der strukturschwachen Regionen für Investitionen wird durch den Abschluss von Verkehrsinfrastrukturprojekten erhöht werden, der Mangel an bezahlbarem Wohnraum bleibt jedoch ein großes Hindernis für die regionale Entwicklung.

Das Wachstum wird sich voraussichtlich beleben

Den Projektionen zufolge wird sich das Wirtschaftswachstum 2015-2016 weiter beschleunigen und an Breite gewinnen. Der Konsum der privaten Haushalte wird durch die Schaffung von Arbeitsplätzen in dem Maß gestützt werden, wie die Erholung Fahrt aufnimmt und die Früchte der jüngsten Arbeitsmarktreformen zum Tragen kommen. Die Exporte dürften infolge der kräftigeren Erholung bei den Handelspartnern der Slowakischen Republik und der jüngsten Abwertung des Euro anziehen.

Die nicht dem Wohnungsbau geltenden Investitionen werden sich 2015 weiter kräftig entwickeln, da die Bankkreditvergabe an Unternehmen infolge der quantitativen Lockerung ansteigt, die gesamtwirtschaftliche Nachfrage expandiert und die Inanspruchnahme von EU-Mitteln 2015 abgeschlossen werden muss. Weitere Infrastrukturinvestitionen, insbesondere in Autobahnen und Eisenbahnlinien, die die östlichen und westlichen Regionen verbinden, werden die Engpässe, die ein breitfundiertes Wachstum behindern, reduzieren. Die 2015 eingeführte Reform der Steuergutschrift für FuE wird Technologietransfers fördern und die Attraktivität des Landes für ausländische Direktinvestitionen erhöhen.

Die Inlandsnachfrage könnte stärker ausfallen als in den Projektionen unterstellt, wenn die laufenden Reformen, insbesondere im Hinblick auf den Arbeitsmarkt und die berufliche Bildung, der Plan zur Förderung gesamteuropäischer Investitionsprojekte und die Auswirkungen der quantitativen Lockerung schneller zu Ergebnissen führen als erwartet. Ungünstiger könnte die Entwicklung ausfallen, wenn verschärfte Spannungen im Nachbarland Ukraine, ein hinter den Erwartungen zurückbleibendes Wachstum im Euroraum und ein möglicher Fachkräftemangel Auslandsinvestitionen verhindern sollten.

SLOWENIEN

Das Wirtschaftswachstum wird sich den Projektionen zufolge 2015 im Zuge starker Exporte und hoher öffentlicher Infrastrukturinvestitionen, die teilweise durch EU-Mittel finanziert werden, fortsetzen. Die Haushaltskonsolidierung, die weiterhin hohe Arbeitslosigkeit und der Fremdkapitalabbau der Unternehmen werden die Inlandsnachfrage belasten. Das Wachstum wird 2016 durch einen Rückgang der öffentlichen Investitionen gebremst werden, obwohl die Privatinvestitionen und der Konsum etwas an Dynamik gewinnen werden. Die Inflation wird infolge der hohen Kapazitätsüberhänge niedrig bleiben.

Von vorrangiger Bedeutung sind eine reibungslose und zügige Unternehmensumstrukturierung und die Reduzierung der notleidenden Kredite. Bei den strukturellen Haushaltszielen sollten Kursabweichungen vermieden werden, das Wirken der automatischen Stabilisatoren sollte jedoch in vollem Umfang zugelassen werden. Es sind kontinuierliche Strukturreformen erforderlich, insbesondere um die regulatorischen Belastungen abzubauen und die Effizienz im öffentlichen Sektor zu steigern. Eine Stärkung der aktiven Arbeitsmarktmaßnahmen würde das Wachstum erhöhen und inklusiver gestalten. Privatisierungen und eine stärkere Öffnung für ausländische Direktinvestitionen würden neues Kapital anziehen und die Corporate Governance verbessern.

Die Investitionen sind im Anschluss an die Krise von 2009 erheblich zurückgegangen, da sie durch den Verschuldungsabbau im Unternehmenssektor und die Sanierung der Bankbilanzen gebremst werden. Da der mehrjährige Finanzrahmen der EU 2015 ausläuft, ist ein Abbau ineffizienter öffentlicher Ausgaben erforderlich, um die öffentlichen Investitionen zu stützen. Die Wohnungsbauinvestitionen dürften sich im Zuge der Konjunkturbelebung zwar allmählich erholen, kräftigere Unternehmensinvestitionen würden jedoch schnellere Fortschritte bei den Unternehmensumstrukturierungen und eine Reduzierung der notleidenden Bankkredite zur Lockerung der Kreditbedingungen erfordern.

Slovenia

Activity and the labour market have strengthened

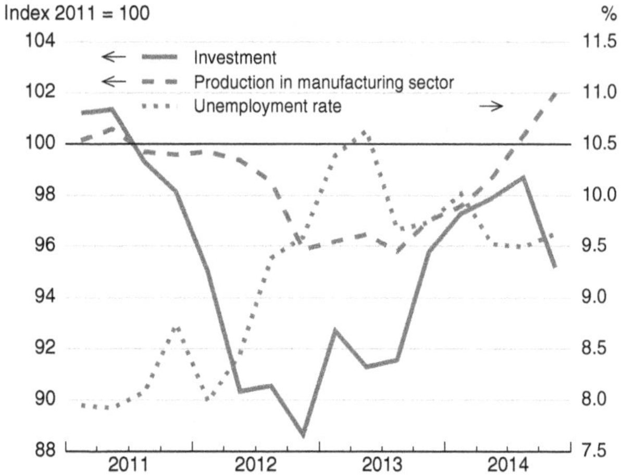

The share of non-performing loans remains high[1]

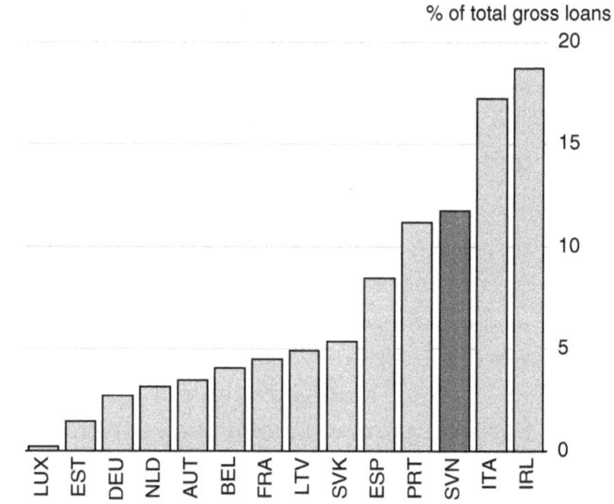

1. 2014 Q4 or latest data available.

Source: OECD Main Economic Indicators Database; OECD Economic Outlook 97 database; Eurostat; and *IMF Financial Soundness Indicators Database.*

StatLink http://dx.doi.org/10.1787/888933221284

Slovenia: **Demand, output and prices**

	2011	2012	2013	2014	2015	2016
	Current prices € billion	Percentage changes, volume (2000 prices)				
GDP at market prices	36.9	-2.6	-1.0	2.6	2.1	1.9
Private consumption	20.6	-3.0	-3.9	0.3	0.4	1.3
Government consumption	7.6	-1.5	-1.1	-0.5	-0.3	-0.2
Gross fixed capital formation	7.4	-8.9	1.9	4.8	2.1	0.0
Final domestic demand	35.6	-3.9	-2.1	1.1	0.6	0.7
Stockbuilding[1]	0.6	-1.8	0.1	-0.2	0.2	-0.1
Total domestic demand	36.1	-5.7	-2.1	0.8	0.8	0.6
Exports of goods and services	26.0	0.3	2.6	6.3	5.2	5.5
Imports of goods and services	25.2	-3.9	1.4	4.1	3.1	4.4
Net exports[1]	0.7	2.9	1.0	1.9	1.9	1.4
Memorandum items						
GDP deflator	_	0.3	1.4	0.4	0.8	-0.5
Harmonised index of consumer prices	_	2.8	1.9	0.4	-0.4	0.7
Private consumption deflator	_	1.4	0.6	0.3	-0.9	-0.1
Unemployment rate	_	8.8	10.1	9.7	9.4	9.1
General government financial balance[2]	_	-4.0	-14.9	-4.9	-2.9	-2.5
General government gross debt[2]	_	60.4	79.2	97.6	99.7	101.8
General government debt, Maastricht definition[2]	_	53.7	70.3	80.9	83.0	85.1
Current account balance[2]	_	2.7	5.6	5.9	7.8	7.7

1. Contributions to changes in real GDP, actual amount in the first column.
2. As a percentage of GDP at market value.
Source: OECD Economic Outlook 97 database.

StatLink http://dx.doi.org/10.1787/888933222307

Die Wirtschaft wächst wieder

Nach einer zweijährigen Rezession kehrte das Wachstum 2014 zurück, was hauptsächlich auf die Exporte und die Investitionen zurückzuführen war. Die Investitionen wurden durch lokale, von der EU kofinanzierte Infrastrukturprojekte angekurbelt, wobei die EU-Mittel bis Ende 2015, wenn der vorherige mehrjährige Finanzrahmen ausläuft, abgerufen werden müssen. Der Verbrauch der privaten Haushalte profitierte von einer Aufhellung des Konsumklimas und Beschäftigungszuwächsen in der Industrie und im Bausektor. Die kostenmäßige Wettbewerbsfähigkeit und die Exportergebnisse haben sich zu verbessern begonnen, insbesondere im Verarbeitenden Gewerbe, was zu einem Anstieg des Leistungsbilanzüberschusses führte.

Die Erholung ist jedoch schwach. Die Unternehmensinvestitionen verharren auf niedrigem Niveau, und die Kreditvergabekapazität der Banken wird durch den weiterhin hohen Bestand an notleidenden Krediten und die Risikoaversion beeinträchtigt. Die Umstrukturierung und der Fremdkapitalabbau der Unternehmen dauern an, und die Banken bereinigen ihre Bilanzen. Die Kreditvergabe ist jedoch nach wie vor rückläufig, und die von den Unternehmen entrichteten Zinssätze sind höher als im Durchschnitt des Euroraums. Die Arbeitslosigkeit hat zu sinken begonnen, bleibt jedoch weiterhin hoch. Auf Grund der hohen Kapazitätsüberhänge verharrte die Inflation auf niedrigem Niveau, und der jüngste Rückgang der Preise für Öl und andere Rohstoffe hat sie noch weiter sinken lassen.

Die Haushaltskonsolidierung wird fortgesetzt, weitere Strukturreformen sind jedoch notwendig

Das Haushaltsdefizit war 2014 trotz des über Erwarten starken Wachstums größer als geplant, was teilweise auf Einmalfaktoren auf der Ausgabenseite zurückzuführen war, die zu einem Anstieg der Staatsverschuldung auf über 80% des BIP beitrugen. Die Regierung plant, das nominale Defizit 2015 durch mehrere Maßnahmen auf der Ausgaben- und Einnahmenseite zurückzuführen. Die Einhaltung des vereinbarten Konsolidierungspfades wird jedoch ohne strukturelle haushaltspolitische Reformen, die die Effizienz im Bildungs- und Gesundheitswesen sowie in der öffentlichen Verwaltung steigern, schwierig sein. Eine Reform des Bildungswesens würde dazu beitragen, das Wachstum inklusiver zu gestalten, indem die Kompetenzen von Schülern aus sozial benachteiligten Verhältnissen verbessert werden, was ihnen Zugang zu Arbeitsplätzen in Branchen mit hoher Wertschöpfung verschafft. Eine zielgenauere Ausrichtung der aktiven Arbeitsmarktmaßnahmen auf die Langzeitarbeitslosen und Geringqualifizierten würde das Wachstum ebenfalls inklusiver gestalten. Eine Reform des Gesundheitswesens und der öffentlichen Verwaltung könnte das gesellschaftliche Wohlergehen durch eine Verbesserung der Leistungsqualität steigern.

Das Wachstum wird schwach bleiben

Die Exporte werden den Projektionen zufolge unter dem Einfluss des sich belebenden Welthandels und der sich weiter verbessernden Wettbewerbsfähigkeit Sloweniens die wichtigste Wachstumsquelle sein. Die öffentlichen Investitionen werden sich bis Ende 2015 weiter kräftig entwickeln. Die Umstrukturierung im Banken- und Unternehmenssektor, der Fremdkapitalabbau der Unternehmen und die verhaltene Kreditvergabe werden die Privatinvestitionen bremsen. Die Fortsetzung der Haushaltskonsolidierung und der schwache, wenn auch langsam wieder in Fahrt kommende Arbeitsmarkt begrenzen das Konsumwachstum, und die private Inlandsnachfrage wird erst 2016 wieder an Dynamik gewinnen. Die Arbeitslosigkeit wird langsam zurückgehen, und die Inflation wird auf Grund der nach wie vor vorhandenen Kapazitätsüberhänge niedrig bleiben.

Das Tempo des Exportwachstums wird überwiegend von der Wachstumsentwicklung bei Sloweniens Handelspartnern, insbesondere in Europa und im Euroraum, abhängen. Die Abwertung des Euro eröffnet außerdem Möglichkeiten, den Handel auf Märkte außerhalb des Euroraums auszuweiten. Sollten die Rohstoffpreise niedriger ausfallen als projiziert, würde dies die Exporte stützen, eine sich verfestigende Deflation könnte dagegen den realen Wert der Finanzverbindlichkeiten erhöhen und Investitionen und Einstellungen verhindern. Fortschritte bei den Unternehmensumstrukturierungen, bei der Konsolidierung im Bankensektor und bei den Privatisierungen würden die Wachstumsaussichten verbessern, wenngleich die Unternehmensumstrukturierungen die Arbeitslosigkeit kurzfristig in die Höhe treiben könnten. Fiskalpolitische Zielverfehlungen könnten die Markteinschätzung hinsichtlich der Entwicklung in Slowenien verschlechtern.

SPANIEN

In den nächsten zwei Jahren ist angesichts sehr günstiger Finanzierungsbedingungen, der Abwertung des Euro, niedrigerer Ölpreise und einer Stärkung des Wachstums bei den Handelspartnern mit einem robusten Wachstum zu rechnen. Der fiskalpolitische Kurs wird voraussichtlich leicht kontraktiv ausgerichtet sein. Das Wachstum des privaten Konsums wird durch Beschäftigungs- und Einkommenszuwächse, Steuererleichterungen für die privaten Haushalte sowie niedrigere Kraftstoffpreise und Zinssätze gestützt werden. Das Exportwachstum wird durch eine Verbesserung der kostenmäßigen Wettbewerbsfähigkeit, u.a. durch die Abwertung des Euro, und ein stärkeres Wachstum in Europa getragen werden. Der anhaltende Kapazitätsüberhang wird die Inflation niedrig halten.

Die Regierung sollte die Reduzierung des Haushaltsdefizits fortsetzen, um die Staatsverschuldung auf einen Abwärtstrend zu bringen. Strukturreformen zur Erleichterung von Unternehmensgründungen und -erweiterungen und zur Verbesserung der Innovationstätigkeit sind für den Übergang zu einer wissensbasierten Wirtschaft, starkes inklusives Wachstum und die Schaffung von Beschäftigung von entscheidender Bedeutung. Die hohe Arbeitslosigkeit, die die Einkommensungleichheit verschärft hat, ist besorgniserregend. Die Lösung dieses Problems erfordert größere Anstrengungen zur Verbesserung der Unterstützung bei der Arbeitsuche und der Ausbildungsoptionen der Arbeitslosen, von denen viele geringqualifiziert sind.

Das Platzen der Immobilienblase und die Rezession führten zu einem Rückgang der Gesamtinvestitionen von einem historischen Höchstwert von 31% des BIP im Jahr 2007 auf einen Tiefstwert von 18,5% des BIP im Jahr 2013, rd. 5 Prozentpunkte unter dem langfristigen Durchschnittswert. Die Ausrüstungs- und Verkehrsinvestitionen weisen eine jährliche Steigerungsrate von rd. 15% auf, was zu einer Verbesserung der mittelfristigen Aussichten beiträgt. Die Blase hat zu einem Überangebot an Wohnimmobilien in den Ferienorten an der Küste und in den Satellitenstädten geführt. Sie hat außerdem zum hohen Verschuldungsgrad der Unternehmen beigetragen, der jetzt allerdings zurückgeht. Die Infrastruktur weist insgesamt eine gute Qualität auf, die Blase hat bei den Regionalflughäfen jedoch zu übermäßigen Investitionen geführt. Kontinuierliche Investitionen in die grenzüberschreitende

Spain

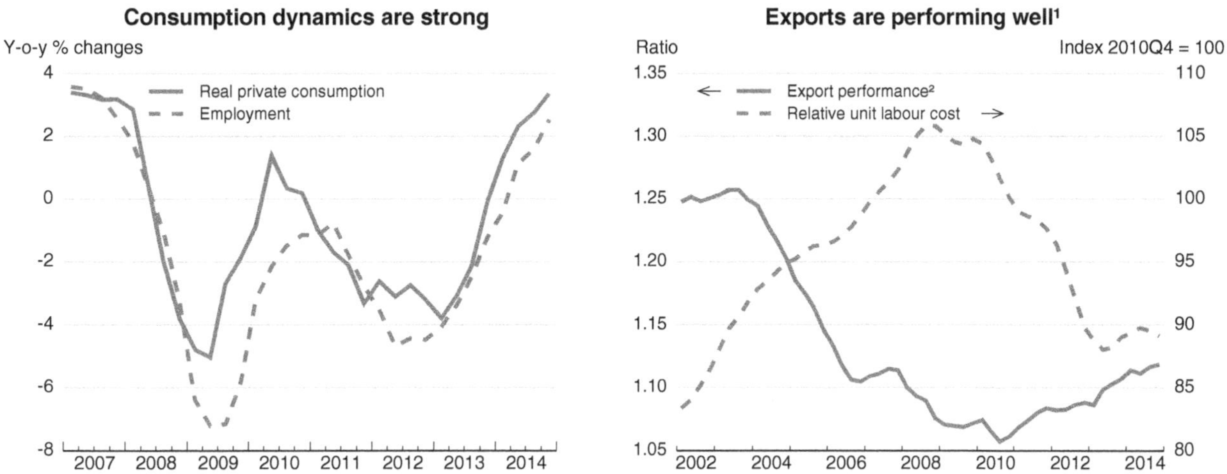

1. Four-quarter moving average.
2. Ratio between export volumes and export markets.
Source: OECD Economic Outlook 97 database.

StatLink http://dx.doi.org/10.1787/888933221308

Spain: **Demand, output and prices**

	2011	2012	2013	2014	2015	2016
	Current prices € billion	Percentage changes, volume (2010 prices)				
GDP at market prices	1 075.1	-2.1	-1.2	1.4	2.9	2.8
Private consumption	622.6	-2.9	-2.3	2.4	3.8	2.6
Government consumption	219.7	-3.7	-2.9	0.1	-0.8	0.0
Gross fixed capital formation	230.3	-8.1	-3.8	3.4	5.4	6.3
Final domestic demand	1 072.5	-4.2	-2.7	2.1	3.2	2.9
Stockbuilding[1]	5.3	-0.1	0.0	0.2	-0.1	0.0
Total domestic demand	1 077.8	-4.2	-2.7	2.3	3.1	2.9
Exports of goods and services	309.6	1.2	4.3	4.2	5.4	6.1
Imports of goods and services	312.2	-6.3	-0.5	7.6	6.2	6.5
Net exports[1]	- 2.6	2.2	1.4	-0.8	-0.1	0.1
Memorandum items						
GDP deflator	_	0.2	0.7	-0.5	1.1	0.8
Harmonised index of consumer prices	_	2.4	1.5	-0.2	-0.6	0.7
Private consumption deflator	_	2.4	0.9	-0.1	0.5	0.7
Unemployment rate	_	24.8	26.1	24.4	22.3	20.3
Household saving ratio, net[2]	_	3.5	4.9	4.7	3.3	4.7
General government financial balance[3,4]	_	-10.3	-6.8	-5.8	-4.4	-3.0
General government gross debt[3]	_	91.0	102.0	115.8	117.1	117.2
General government debt, Maastricht definition[3]	_	84.4	92.1	97.7	98.9	99.1
Current account balance[3]	_	-0.3	1.4	0.8	1.3	1.3

1. Contributions to changes in real GDP, actual amount in the first column.
2. As a percentage of disposable income.
3. As a percentage of GDP at market value.
4. The deficits for Spain in 2012 and 2013 include outlays related to one-off banks restructuring operations amounting to 3.8% and 0.5% of GDP respectively.

Source: OECD Economic Outlook 97 database.

StatLink http://dx.doi.org/10.1787/888933222315

Stromübertragung würden die Effizienz des Energiemarkts in Spanien und der EU erhöhen. Eine Harmonisierung des Preises für Treibhausgasemissionen je nach Quelle durch Steuern und Gebühren würde effiziente Investitionen in Emissionsminderungstechnologien fördern.

Die Konjunkturerholung hat an Dynamik und Breite gewonnen

Das Wachstum hat sich kontinuierlich auf eine Jahresrate von rd. 3% beschleunigt und auf die Inlandsnachfrage ausgeweitet. Der Konsum der privaten Haushalte hat im Zuge der dynamischen Beschäftigungszuwächse und der auf die Verbesserung des Arbeitsmarkts und fallende Verbraucherpreise zurückzuführenden leichten Reallohnsteigerungen zugenommen. Die Wohnimmobilienpreise scheinen den Tiefpunkt erreicht zu haben. Die Bauinvestitionen haben die Talsohle durchschritten und steigen wieder leicht an. Die Verbesserung der Kostenwettbewerbsfähigkeit begünstigt die Exporte, und Spanien gewinnt kontinuierlich Marktanteile hinzu. Eine robustere Inlandsnachfrage und ein solides Exportwachstum haben das Importwachstum erheblich steigen lassen, es ist jedoch damit zu rechnen, dass die Leistungsbilanz weiterhin einen Überschuss aufweisen wird. Durch das solide Beschäftigungswachstum werden die Arbeitnehmer ermutigt, auf den Arbeitsmarkt zurückzukehren, und die Erwerbsbeteiligung liegt über dem Niveau von 2007. Die Arbeitslosenquote liegt jedoch weiterhin bei über 23%, und die Jugendarbeitslosenquote beträgt 52%. Fortschritte bei der Reduzierung der Arbeitslosigkeit sind von vorrangiger Bedeutung.

Das Umfeld begünstigt das Wachstum

Die Kräfte, die das Wachstum in Spanien stützen, sind so stark, wie seit der Krise nicht mehr. Fallende Hypothekenzinsen in Kombination mit dem starken Rückgang der Ölpreise und Steuersenkungen verleihen der Kaufkraft der Verbraucher zusätzlich zu dem bereits aus dem Beschäftigungszuwachs resultierenden Anstieg weiteren Auftrieb. Die durch die quantitative Lockerung der EZB ausgelöste Abwertung des Euro hat den Rückgang der relativen Lohnstückkosten in Spanien verstärkt und die internationale Kostenwettbewerbsfähigkeit erhöht. Es ist damit zu rechnen, dass die bessere Verfassung des Bankensektors im Anschluss an die Umstrukturierung und die Rekapitalisierung, die fallenden Zinssätze für Unternehmenskredite, die sich verbessernde Ertragslage der Unternehmen und die höhere Kapazitätsauslastung zu einem erneuten Wachstum der Unternehmensinvestitionen beitragen werden.

Die Haushaltskonsolidierung hat sich deutlich verlangsamt, und der Staatshaushalt ist in den nächsten zwei Jahren nur leicht kontraktiv ausgerichtet, was eine Belebung der Konjunkturerholung begünstigt. Positive Überraschungen in Bezug auf das Wachstum sollten jedoch dazu genutzt werden, den Schuldenstand weiter zu reduzieren. Die öffentlichen Investitionen sind von 2007 bis 2014 von 4,6% des BIP auf 2% des BIP zurückgegangen. Von den öffentlichen Investitionen wird im Zeitraum 2015-2016 voraussichtlich eine geringere Bremswirkung auf das BIP-Wachstum insgesamt ausgehen, die Haushaltskonsolidierung steht einer erheblichen Ausweitung der öffentlichen Investitionen jedoch im Weg.

Spanien hat kohärente Strukturreformen umgesetzt, und diese Anstrengungen tragen jetzt erste Früchte, insbesondere durch eine Verbesserung der Arbeitsmarktergebnisse. Die Regierung sollte das Geschäftsumfeld durch folgende Maßnahmen weiter verbessern: vollständige Umsetzung des Gesetzes zur Vereinheitlichung des Marktes, um die Vorschriften in den einzelnen Regionen zu harmonisieren, Vereinfachung des Lizenz- und Zulassungssystems, Ausweitung der Unternehmenssteuerbasis und Senkung des Steuersatzes sowie Liberalisierung des Marktzutritts bei den freien Berufen. Um die Innovationstätigkeit zu steigern und einen nachhaltigen Wachstumsmotor zu schaffen, sollte die Regierung die Universitäten und Forschungseinrichtungen ermutigen, zu expandieren und sich zu spezialisieren und die Haushaltsmittel verstärkt leistungsbasiert vergeben. Die Berufsausbildung und die öffentliche Arbeitsmarktverwaltung müssen gestärkt werden, um den Langzeitarbeitslosen zu helfen, an den Arbeitsmarkt zurückzukehren. Dies ist der wichtigste Hebel, um die Ungleichheit zu reduzieren und die Vorteile der Konjunkturerholung so breit wie möglich zu verteilen.

Das solide Wachstum dürfte sich kurzfristig fortsetzen

Die Konjunktur wird sich den Projektionen zufolge besser entwickeln als im Durchschnitt des Euroraums, und für die Jahre 2015 und 2016 wird mit einem Wachstum von knapp unter 3% gerechnet. Das Konsumwachstum dürfte in dem Maß, wie die nach der Krise aufgestaute Nachfrage befriedigt wird und die derzeitige, durch die niedrigeren Ölpreise verursachte vorübergehende Schubwirkung abklingt, leicht zurückgehen. Zum Ausgleich wird jedoch eine weitere Stärkung des Wachstums in Europa erfolgen, wodurch die Exporte und die Investitionen Auftrieb erhalten.

Zu den Aufwärtsrisiken für das Wachstum gehört die Möglichkeit, dass das Wachstum bei den Handelspartnern in Europa stärker als erwartet ausfällt, der Konsum weiter kräftig wächst und die Bauinvestitionen schneller als erwartet von ihrem niedrigen Niveau aus zunehmen. Erneute Finanzmarktturbulenzen im Euroraum oder ein plötzlicher Anstieg der Ölpreise würden das Wachstum jedoch bremsen.

SÜDAFRIKA

Das Wirtschaftswachstum erholt sich langsam, was auf den stärkeren Welthandel und die vorangegangene Abwertung des Rand zurückzuführen ist. Allerdings wird die Konjunktur von den anhaltenden Engpässen in der Stromversorgung gebremst. Die Exportentwicklung wird von den Industrieprodukten abhängen, da der Rohstoffsektor nach wie vor durch die niedrigen Weltmarktpreise belastet wird. Die Infrastrukturinvestitionen werden zum Wachstum beitragen, da sie die Nachfrage ankurbeln und bestehende Engpässe verringern. Die private Inlandsnachfrage dürfte unter dem Einfluss der steigenden Einkommen und des langsam wachsenden Vertrauens anziehen.

Die Fiskalpolitik wird leicht restriktiv bleiben, da die Regierung zu Recht um einen Defizitabbau und eine Stabilisierung der Staatsverschuldung bemüht ist. Der derzeitige konjunkturstützende Kurs der Geldpolitik ist angemessen, denn die Kapazitätsüberhänge in der Wirtschaft dürften den Inflationsdruck eindämmen. Die hohe Nichterwerbstätigkeit und Arbeitslosigkeit verstärken die anhaltend große Ungleichheit und machen umfassende Strukturreformen erforderlich, um die Arbeitsplatzschaffung anzukurbeln und ein inklusiveres Wachstum zu gewährleisten.

Die Unternehmensinvestitionen bleiben schwach, was auf das langsame Wirtschaftswachstum, die geringe Kapazitätsauslastung, das unsichere Regulierungsumfeld und Infrastrukturengpässe zurückzuführen ist. Der Wohnungsbau wird durch die schwache Nachfrage und die strengeren Kreditvergabebedingungen gebremst. Die Investitionen der staatseigenen Unternehmen bewegen sich auf Grund der Bemühungen zur Verringerung der Infrastrukturengpässe auf hohem Niveau.

Die Erholung gewinnt an Dynamik

Anfang 2015 führten Stromausfälle und höhere Energiesteuern zu einer Verlangsamung des Wirtschaftswachstums. Die Rohstoffexporte wurden durch das Ende des Rohstoffbooms gedämpft, und der positive Effekt, den die vorangegangene Abwertung des Rand auf

South Africa

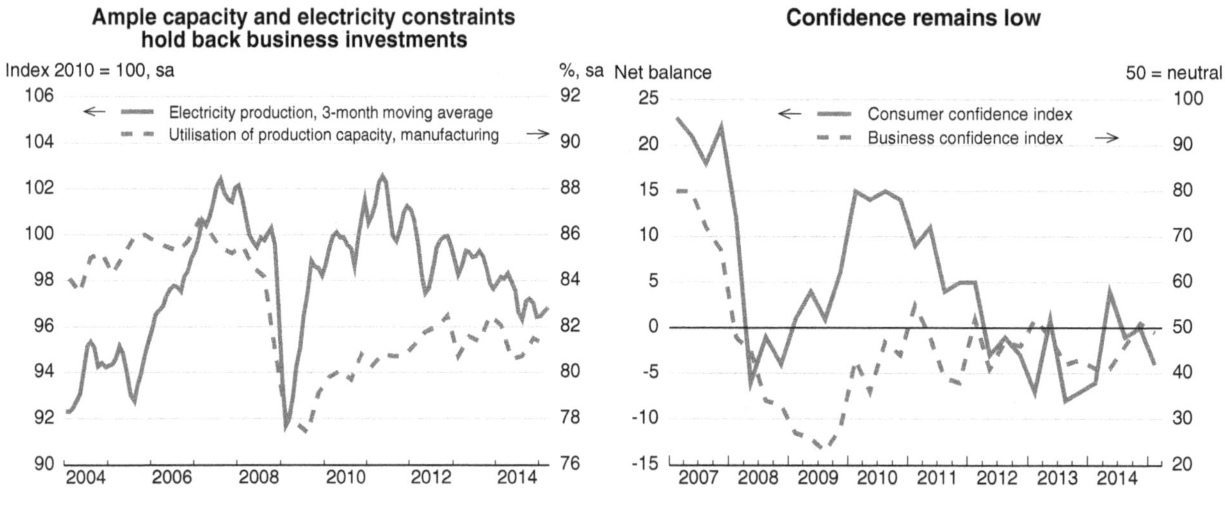

Source: *SARB Database*; Statistics South Africa; and Bureau of Economic Research.

StatLink http://dx.doi.org/10.1787/888933221293

South Africa: **Demand, output and prices**

	2011	2012	2013	2014	2015	2016
	Current prices rand billions	Percentage changes, volume (2010 prices)				
GDP at market prices	3 025.0	2.2	2.2	1.5	1.9	2.2
Private consumption	1 796.8	3.4	2.9	1.4	1.7	2.1
Government consumption	603.9	3.4	3.3	1.9	1.5	0.8
Gross fixed capital formation	566.7	3.6	7.6	-0.4	2.6	4.1
Final domestic demand	2 967.4	3.4	3.9	1.1	1.8	2.3
Stockbuilding[1]	31.3	0.5	-2.4	-0.6	0.0	0.0
Total domestic demand	2 998.7	3.9	1.4	0.6	1.8	2.2
Exports of goods and services	920.9	0.1	4.6	2.6	4.8	5.2
Imports of goods and services	894.7	6.0	1.8	-0.5	4.3	5.2
Net exports[1]	26.2	-1.7	0.7	0.9	0.1	0.0
Memorandum items						
GDP deflator	_	5.5	6.0	5.8	5.1	5.6
Consumer price index	_	5.7	5.8	6.1	4.8	5.7
Private consumption deflator	_	6.3	5.5	5.8	4.6	5.7
General government financial balance[2]	_	-3.2	-3.3	-4.1	-4.2	-3.9
Current account balance[2]	_	-5.0	-5.8	-5.4	-5.5	-5.2

1. Contributions to changes in real GDP, actual amount in the first column.
2. As a percentage of GDP at market value.
Source: OECD Economic Outlook 97 database.

StatLink http://dx.doi.org/10.1787/888933222402

die Industriegüterexporte hatte, klingt ab. Anfang 2015 sank die Inflation wegen der niedrigeren Nahrungsmittel- und Energiepreise auf etwa 4%. Die Ergebnisse der jüngsten Tarifverhandlungen deuten darauf hin, dass die Kerninflation nahe bei 6% bleiben wird, was der oberen Grenze des Zielkorridors der Zentralbank entspricht.

In der makroökonomischen Politik wird ein umsichtiger Kurs verfolgt, doch für ein inklusives Wachstum sind Strukturreformen erforderlich

Der Leitzins der südafrikanischen Zentralbank verharrt seit Anfang 2014 auf dem historisch niedrigen Niveau von 5,75%, was zur Stabilisierung des nominalen effektiven Wechselkurses beigetragen hat. Die Inflation und die Inflationserwartungen waren drei Jahre lang weitgehend stabil, und der jüngste Rückgang der Gesamtinflation wird sich den Projektionen zufolge umkehren, wenn die Effekte des Ölpreisrückgangs abklingen.

Der Staatshaushalt für das Finanzjahr 2015/2016 sieht zusätzliche Konsolidierungsmaßnahmen vor, womit der leicht restriktive Kurs, der zur Eindämmung der Staatsverschuldung erforderlich ist, bekräftigt wird. Vor dem Hintergrund des schwachen Wirtschaftswachstums wird das Defizit des öffentlichen Sektors dieses Jahr unverändert bleiben, bevor es 2016 geringfügig sinken wird. Dieser leicht restriktive fiskalpolitische Kurs ist angemessen und dürfte ein tragfähiges und vernünftiges Niveau der Staatsverschuldung gewährleisten. Wenn das Wachstum stärker ausfällt als erwartet, sollten unerwartete Einnahmen zur Reduzierung der Staatsschuldenquote verwendet werden, um in Zukunft über einen größeren haushaltspolitischen Spielraum zu verfügen.

Strukturreformen zur Erleichterung des Marktzutritts und zur Stärkung des Wettbewerbs würden zur Verringerung der Infrastrukturengpässe im Verkehrs- und Stromsektor beitragen und die Arbeitsplatzschaffung ankurbeln. Die hohe Arbeitslosigkeit könnte auch durch Arbeitsmarktreformen und aktive arbeitsmarktpolitische Maßnahmen reduziert werden.

Das Wachstum zieht an, wird jedoch weiterhin durch Engpässe im Bereich der Stromversorgung gehemmt

Unter dem Einfluss der sich belebenden Auslandsnachfrage wird die Konjunktur langsam anziehen. Das Tempo der Erholung wird jedoch noch eine Zeit lang durch die anhaltenden Stromausfälle gebremst werden, selbst wenn unterstellt wird, dass der Kapazitätsausbau nach Plan verläuft. Das stärkere Vertrauen im privaten Sektor dürfte den privaten Konsum und die Investitionstätigkeit ankurbeln. Trotzdem wird das erwartete Wachstum nur zu bescheidenen Beschäftigungszuwächsen führen, und die Arbeitslosigkeit wird auf hohem Niveau verharren.

Zusätzliche Verzögerungen beim Aufbau neuer Stromerzeugungskapazitäten würden die Produktion und die Exporte weiter bremsen. Wechselkursturbulenzen infolge der Normalisierung der US-amerikanischen Geldpolitik bzw. ein rascheres Lohnwachstum, das durch einen weiteren Anstieg der Strompreise ausgelöst werden könnte, könnten die Inflation für längere Zeit über den Zielkorridor hinaus ansteigen lassen, so dass die Zentralbank gezwungen wäre, die Zinssätze anzuheben. Zu einer positiveren Entwicklung könnte es kommen, wenn, insbesondere bei den Rohstoffen, eine über Erwarten rasche Erholung des Welthandels den Exporten Auftrieb geben würde. Würde die Unsicherheit in Bezug auf die Investitionsbestimmungen im Rohstoff- und Landwirtschaftssektor beseitigt werden, wäre ein erhebliches Wachstumshemmnis aus dem Weg geräumt, was die privaten Investitionen beleben würde.

TSCHECHISCHE REPUBLIK

Das Wirtschaftswachstum hat unter dem Einfluss der Inlandsnachfrage an Dynamik gewonnen. Das wiedererlangte Verbrauchervertrauen und der Lohnauftrieb stützen die Konsumausgaben, und die öffentlichen Ausgaben sowie die sich verbessernden Konjunkturaussichten stärken die Investitionstätigkeit. Ein stärkeres Wachstum bei den Handelspartnern wird dem Exportwachstum zusätzlich Auftrieb geben. Der Rückgang der Weltrohstoffpreise hat die Inflation vorübergehend gesenkt, wegen des zunehmenden Kostendrucks im Inland wird sie sich im Jahresverlauf 2016 jedoch wieder der Zielvorgabe nähern.

Die Geldpolitik wird voraussichtlich sehr expansiv bleiben, um sicherzustellen, dass sich die Inflation in Richtung der Zielvorgabe von 2% bewegt. Der Wechselkurs sollte wieder frei schwanken gelassen werden, wenn das Deflationsrisiko weitgehend zurückgegangen ist. Die Finanzpolitik dürfte 2016 leicht gestrafft werden. Strukturreformen zur Förderung des Wettbewerbs und zur Verringerung der Qualifikationsdiskrepanzen am Arbeitsmarkt würden die Einkommen anheben und ein inklusiveres Wachstum ermöglichen.

Die Unternehmensinvestitionen haben sich 2014 unter dem Einfluss akkommodierender Finanzierungsbedingungen, eines Vertrauensanstiegs und sinkender Kapazitätsüberhänge in manchen Sektoren zu erholen begonnen. Die öffentlichen Investitionen werden gegenwärtig durch Anstrengungen zur Nutzung auslaufender EU-Mittel angekurbelt. In Anbetracht der Infrastrukturlücke verspricht ein effektiver Einsatz dieser Mittel, Produktivität und Einkommen zu steigern.

Die Inlandsnachfrage ist der Motor der Expansion

Das kräftige Wachstum der Inlandsnachfrage im Jahr 2014 dürfte sich 2015 fortsetzen. Die öffentlichen Investitionen sind gestiegen, da die 2015 auslaufenden Mittel aus den Strukturfonds der Europäischen Union ausgegeben werden. Auch die Investitionen des Unternehmenssektors erholen sich. Die Ausgaben der privaten Haushalte für langlebige

Czech Republic

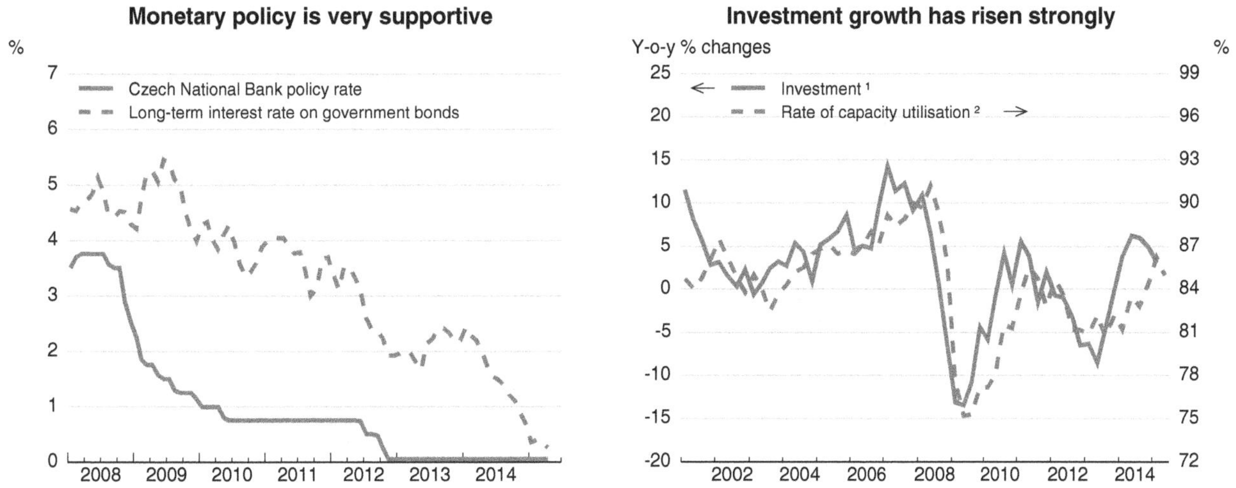

1. Data refer to private non-residential and government fixed capital formation.
2. Manufacturing sector.

Source: OECD Economic Outlook 97 database; and OECD, *Main Economic Indicators Database*.

StatLink http://dx.doi.org/10.1787/888933220946

Czech Republic: **Demand, output and prices**

	2011	2012	2013	2014	2015	2016
	Current prices CZK billion	Percentage changes, volume (2010 prices)				
GDP at market prices	4 019.7	-0.7	-0.7	2.0	3.1	2.5
Private consumption	1 982.8	-1.7	0.4	1.7	2.7	2.4
Government consumption	792.2	-1.0	2.3	2.3	0.9	2.3
Gross fixed capital formation	1 067.4	-2.8	-4.4	4.5	4.4	3.7
Final domestic demand	3 842.4	-1.9	-0.6	2.6	2.8	2.7
Stockbuilding[1]	19.5	-0.2	-0.2	-0.4	0.2	-0.6
Total domestic demand	3 861.8	-2.1	-0.8	2.2	3.2	2.1
Exports of goods and services	2 875.3	4.3	0.3	8.8	8.0	6.2
Imports of goods and services	2 717.4	2.6	0.3	9.6	8.5	6.0
Net exports[1]	157.9	1.3	0.0	-0.1	0.2	0.6
Memorandum items						
GDP deflator	_	1.4	1.7	2.4	1.2	1.6
Consumer price index	_	3.3	1.4	0.4	0.2	1.6
Private consumption deflator	_	2.5	1.0	-0.3	-0.1	1.2
Unemployment rate	_	7.0	6.9	6.1	5.7	5.5
General government financial balance[2]	_	-3.9	-1.2	-2.0	-1.9	-1.3
General government gross debt[2]	_	58.2	57.9	57.1	55.1	55.0
General government debt, Maastricht definition[2]	_	44.6	45.0	42.6	40.6	40.4
Current account balance[2]	_	-1.6	-0.5	0.6	0.8	0.8

1. Contributions to changes in real GDP, actual amount in the first column.
2. As a percentage of GDP at market value.

Source: OECD Economic Outlook 97 database.

StatLink http://dx.doi.org/10.1787/888933222128

Gebrauchsgüter haben sich erhöht, was auf den Anstieg des Verbrauchervertrauens und die aufgestaute Nachfrage zurückzuführen sein dürfte. Zudem wirken sich das kräftigere Wachstum bei den Handelspartnern und der Gewinn von Marktanteilen positiv auf die Ausfuhren aus. Im Jahresvergleich sank die Gesamtinflation im ersten Quartal 2015 auf 0,1%, was durch die rückläufige Entwicklung der Energie- und Nahrungsmittelpreise bedingt war. Die Kerninflation ist indessen weiter gestiegen, und die Inflationserwartungen scheinen gut verankert zu sein.

Die politischen Rahmenbedingungen stützen das Wachstum, könnten durch weitere Strukturreformen jedoch verbessert werden.

Die Geldpolitik ist weiterhin sehr akkommodierend ausgerichtet. Der Leitzinssatz liegt seit Ende 2012 bei nahe null, und die Wechselkursuntergrenze der Krone (gegenüber dem Euro) hat eine Aufwertung verhindert. Die tschechische Nationalbank hat sich dazu verpflichtet, die Untergrenze bis mindestens Mitte 2016 beizubehalten, sie sollte jedoch beseitigt werden, wenn der Aufwärtsdruck auf die Währung keine ernsthafte Deflationsgefahr mehr darstellt. Der Leitzinssatz wird 2015 und 2016 voraussichtlich unverändert bleiben.

Die Fiskalpolitik wirkt ebenfalls wachstumsstützend. Die öffentlichen Investitionen erhöhten sich 2014 um nahezu ein Fünftel, und für 2015 wird mit einem weiteren Anstieg gerechnet, ehe ein Teil der verfügbaren Mittel aus den EU-Strukturfonds ausläuft. Wenn die Gelder mit Bedacht ausgegeben werden, dürften die Investitionen in Infrastruktur und Innovationen die Produktivität erhöhen. Die Finanzpolitik wird 2016 voraussichtlich leicht gestrafft werden. Den Staatsfinanzen werden weiterhin die sehr niedrigen Kreditkosten zugute kommen. Gleichwohl sollten weitere Schritte unternommen werden, um die Tragfähigkeit der öffentlichen Finanzen sicherzustellen, z.B. durch die Einrichtung eines unabhängigen Finanzbeirats, wie derzeit vorgeschlagen, und die Eindämmung der alterungsbedingten Ausgaben.

Strukturreformen, mit denen Wettbewerbshemmnisse abgebaut werden und das Geschäftsklima verbessert wird, würden den Aufschwung bei den Investitionen stützen. Reformen zur Verringerung der Qualifikationsdiskrepanzen am Arbeitsmarkt und zur Erhöhung der Erwerbsbeteiligung von Frauen, Minderheiten und älteren Arbeitskräften würden das potenzielle BIP erhöhen und ein inklusiveres Wachstum ermöglichen.

Die Expansion wird kräftig ausfallen

Das Wachstum der Nachfrage des privaten Sektors wird von der positiven Entwicklung des Vertrauensklimas und der Einkommen ebenso wie von der Lockerung der Kreditbedingungen und den vorübergehenden Impulsen aus dem Rückgang der Ölpreise getragen. Wenn die Arbeitslosenquote weiter sinkt, wird der kräftigere Lohnauftrieb die Einkommen der privaten Haushalte stützen. Die Investitionstätigkeit, die 2015 durch höhere öffentliche Investitionen und 2015 ebenso wie 2016 durch steigende Investitionsausgaben der Unternehmen angekurbelt wird, leistet in beiden Jahren einen Wachstumsbeitrag. Das Gesamttempo des Investitionswachstums wird sich 2016 allerdings verlangsamen. Die stärkere Auslandsnachfrage wird das Exportwachstum stetig erhöhen. Der zunehmende Kostendruck und der Wiederaufbau der Gewinnspannen werden die Teuerung 2015 und 2016 in die Höhe treiben.

Ein über Erwarten gutes Geschäftsklima könnte zu höheren Investitionen führen als angenommen. Dies könnte der Fall sein, wenn der jüngste Anstieg des Automobilabsatzes in Europa von Dauer wäre. Die staatlichen Investitionen könnten ebenfalls höher ausfallen als in den Projektionen unterstellt. Andererseits könnte sich der Verbrauch schwächer entwickeln als erwartet, wenn sich das Lohnwachstum nicht weiter belebt oder sich der neue Optimismus der privaten Haushalte als flüchtig erweist. Die Ausfuhren könnten geringer ausfallen, wenn die Erholung im Euroraum langsamer als erwartet vonstatten geht oder die Marktanteilsgewinne nicht eintreten sollten.

TÜRKEI

Nach einem kurzlebigen Aufschwung Ende 2014 schwächte sich das Wachstum Anfang 2015 ab. Die Unsicherheiten im Zusammenhang mit den bevorstehenden Parlamentswahlen und anhaltenden geopolitischen Spannungen in der Region bremsen Investitionen und Konsumausgaben. Nachdem die Unternehmen und privaten Haushalte ihre abwartende Haltung aufgegeben haben, wird sich das BIP-Wachstum den Projektionen zufolge in den Jahren 2015 und 2016 allmählich beleben, aber unter der Potenzialrate verharren.

Vor dem Hintergrund eines starken Auslandsfinanzierungsbedarfs und volatiler Kapitalströme wird die Inflation – die weiterhin über der Zielvorgabe verharrt – abgebaut werden müssen. Um die Nachfrage zwischen inländischen und ausländischen Quellen weiter auszugleichen, kommt es entscheidend darauf an, das Produktionspotenzial des Unternehmenssektors freizusetzen und dauerhafte Wettbewerbsvorteile zu erzielen. Die Umsetzung von wichtigen Produkt- und Arbeitsmarktreformen würde das Wachstum ankurbeln.

Nach einer leichten Erholung im Anschluss an die weltweite Krise erreichten die privaten Investitionen im Jahr 2011 einen Höchststand, entwickeln sich seither aber schleppend. Demgegenüber nahmen die staatlichen Investitionen, vor allem in Infrastrukturvorhaben, bis Ende 2013 weiter zu und wirkten in einer Zeit volatiler Wirtschaftstätigkeit konjunkturstützend. Die Ungewissheit in Bezug auf den Wechselkurs, die Unternehmensverschuldung und die Exponiertheit des Unternehmenssektors gegenüber Wechselkursrisiken wie auch die regionalen geopolitischen Spannungen dürften das Tempo der Erholung der produktiven Investitionen beeinträchtigen.

Die Wirtschaftstätigkeit hat sich verlangsamt

Nach einem kurzlebigen Aufschwung Ende 2014 flaute die Wirtschaftstätigkeit Anfang 2015 ab. Die mit den Parlamentswahlen im Juni verbundenen Unsicherheitsfaktoren, die anhaltenden geopolitischen Spannungen in der Region wie auch die große Wechselkursvolatilität haben Vertrauen und Nachfrage im Inland geschwächt. Die zögerliche Erholung in der Europäischen Union – dem größten Exportmarkt der Türkei – und die geo-

Turkey

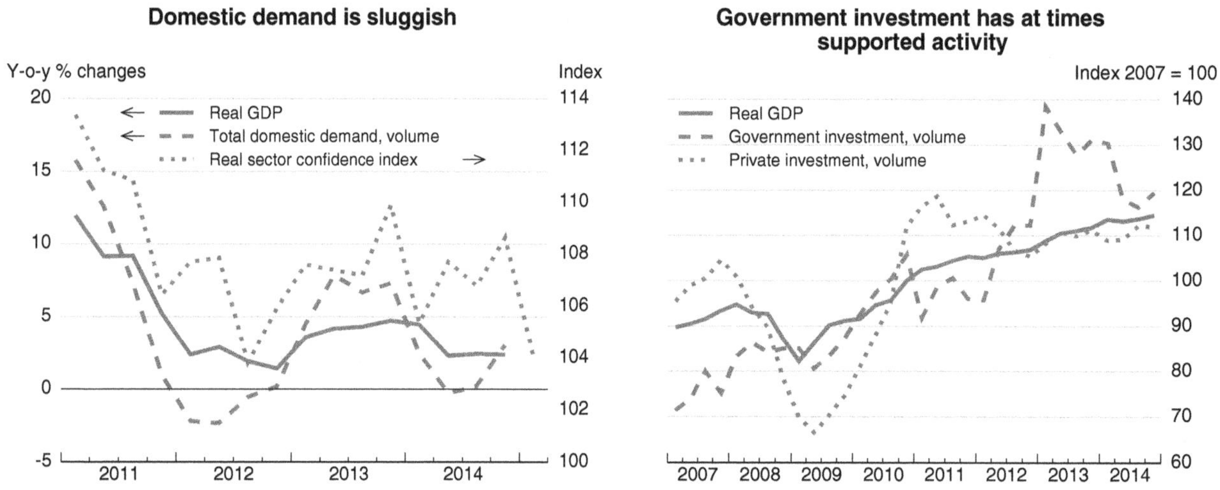

Source: OECD *Economic Outlook 97 database*; Central Bank of the Republic of Turkey; Turkish Statistical Institute; and OECD calculations.

StatLink http://dx.doi.org/10.1787/888933221332

Turkey: **Demand, output and prices**

	2011	2012	2013	2014	2015	2016
	Current prices TRY billion	Percentage changes, volume (1998 prices)				
GDP at market prices	1 297.7	2.1	4.2	2.9	3.1	3.9
Private consumption	923.8	-0.5	5.1	1.3	3.0	3.6
Government consumption	180.7	6.1	6.5	4.6	2.7	4.2
Gross fixed capital formation	283.2	-2.7	4.4	-1.3	2.6	5.4
Final domestic demand	1 387.7	0.0	5.2	1.3	2.9	4.0
Stockbuilding[1]	22.5	-1.4	1.4	0.0	0.6	0.0
Total domestic demand	1 410.2	-1.3	6.5	1.3	3.6	4.0
Exports of goods and services	311.1	16.3	-0.2	6.8	2.6	5.6
Imports of goods and services	423.7	-0.4	9.0	-0.2	4.9	5.6
Net exports[1]	- 112.5	4.0	-2.9	1.8	-0.8	-0.2
Memorandum items						
GDP deflator	_	6.9	6.2	8.5	7.0	6.4
Consumer price index	_	8.9	7.5	8.9	7.5	6.7
Private consumption deflator	_	8.1	6.2	7.0	7.5	6.5
Unemployment rate	_	8.4	9.0	10.0	10.3	10.1
Current account balance[2]	_	-6.1	-7.9	-5.8	-5.2	-4.9

1. Contributions to changes in real GDP, actual amount in the first column.
2. As a percentage of GDP at market value.
Source: OECD Economic Outlook 97 database.

StatLink http://dx.doi.org/10.1787/888933222348

politischen Krisen an den größten Absatzmärkten Iran und Russland haben die Exporte beeinträchtigt. Im Jahresverlauf 2014 verharrte die Inflation weit über der Zielvorgabe von 5%, und der reale effektive Wechselkurs wertete deutlich auf, bevor Anfang 2015 eine drastische Korrektur erfolgte. Obwohl sich die Exporteure weiter von Märkten mit niedrigem Wachstum zu Märkten mit hohem Wachstum umorientierten, verschlechterten sich ihre Exportergebnisse Anfang 2015 insgesamt, was sich negativ auf die Investitionen auswirkte. Die staatlichen Infrastrukturinvestitionen, die für Stützung gesorgt hatten, nahmen Anfang 2014 ab. Staatlich geförderte Projekte außerhalb des Staatssektors, u.a. im Rahmen öffentlich-privater Partnerschaften, lassen sich nach wie vor schwer beobachten.

Trotz einer Verringerung des Leistungsbilanzdefizits sorgen die 2015 fälligen Auslandsschulden in Höhe von etwa 20% des BIP für einen erheblichen Bedarf an Auslandsfinanzierung. Bisher reichten die Kapitalzuflüsse aus, um die Auslandsverschuldung bei Fälligkeit zu erneuern und das Leistungsbilanzdefizit zu finanzieren, doch ist die starke Abhängigkeit von Auslandsfinanzierung ein besonders wunder Punkt.

Die Rahmenbedingungen im In- und Ausland sind konjunkturstützend, das Vertrauen bleibt aber gering

Der drastische Ölpreisrückgang verringerte das Leistungsbilanzdefizit, minderte die Inflation und wirkte konjunkturstützend. Die niedrigen realen Zinssätze, die Erholung in der Europäischen Union und die Aufhebung der Sanktionen gegen den Iran dürften für zusätzliche Impulse sorgen. Trotz der erheblichen Arbeitsplatzschaffung stieg die Arbeitslosenquote auf Grund der Konjunktureintrübung auf über 10% an. Jedoch hat die genannte Arbeitsplatzschaffung, vor allem in den weniger fortgeschrittenen Regionen und für Geringqualifizierte, in den letzten Jahren für ein inklusiveres Wachstum gesorgt. In diesem Zusammenhang könnte der vor kurzem gefasste Beschluss, junge Arbeitskräfte zusätzlich von der Sozialversicherungspflicht zu befreien und ihre Löhne und Gehälter ab April 2015 zu bezuschussen, die Einstellung junger Menschen beschleunigen.

Das Geschäfts- und Konsumklima bleibt im langjährigen Vergleich stark eingetrübt. Die Strukturreformen an den sehr rigiden formalen Produkt- und Arbeitsmärkten haben sich verlangsamt. Wichtige Fragen der öffentlichen Verwaltung dürften zusammen mit den bevorstehenden Wahlen und Kontroversen hinsichtlich des institutionellen Rahmens für die Wirtschafts-und Geldpolitik zu der abwartenden Haltung unter Unternehmen und privaten Haushalten beitragen. Die stärkere Wechselkursvolatilität hängt mit dem Einbruch des Vertrauens unter den Unternehmen mit Fremdwährungsverbindlichkeiten, aber auch in lokaler Währung verschuldeten Haushalten zusammen. Dennoch hielten sich die Kreditausfälle bisher in Grenzen. Das Haushaltsdefizit und die Staatsverschuldung werden in ihrer Funktion als zentraler Anker der makroökonomischen Glaubwürdigkeit der Türkei niedrig gehalten, und amtlichen Plänen zufolge werden keine fiskalischen Impulse geschaffen. Die Geldpolitik ist mit Blick auf Erreichung der Disinflation und Minderung des Abwertungsdrucks auf den Wechselkurs ebenfalls relativ restriktiv ausgerichtet.

Es wird eine allmähliche Wachstumsbelebung projiziert

Den Projektionen zufolge wird das BIP-Wachstum trotz einer erwarteten Beschleunigung auf etwas über 3% im Jahr 2015 und nahezu 4% im Jahr 2016, sobald die Unternehmen und privaten Haushalte ihre abwartende Haltung aufgeben, unter der Potenzialrate verharren. Sollten die im Nationalen Entwicklungsplan 2014-2018 skizzierten Strukturreformen unverzüglich und effektiv umgesetzt werden, könnte sich das Wachstum rascher beschleunigen. In der Tat hätten Reformen in den wichtigsten Bereichen der Produkt- und Arbeitsmärkte starke positive Auswirkungen auf Vertrauen, Investitionen und Wachstum. Abwärtsrisiken ergeben sich aus den Ungewissheiten über die Zeit nach der Wahl und den regionalen geopolitischen Bedingungen, vor allem im Irak und in Syrien. Eine Eintrübung des Vertrauens im Inland und Ausland könnte die Spannungen an den Finanzmärkten erhöhen und eine Bremswirkung auf Investitionen und Wachstum ausüben.

UNGARN

Das Wirtschaftswachstum wird sich den Projektionen zufolge zwar verlangsamen, aber immer noch relativ robust bleiben, während die Arbeitslosigkeit etwas weiter zurückgehen dürfte. Angesichts der schwindenden Effekte der niedrigeren Energiepreise und der zunehmend angespannten Lage am Arbeitsmarkt dürfte die Inflation allmählich anziehen. Im Gegensatz zur nachlassenden Inlandsnachfrage wird das Exportwachstum dynamisch bleiben, was in Verbindung mit Terms-of-Trade-Gewinnen den ohnehin hohen Leistungsbilanzüberschuss weiter in die Höhe treiben wird.

Nach einer deutlichen Ausweitung des strukturellen Haushaltsdefizits im Jahr 2014 sollte wieder ein Kurs eingeschlagen werden, der auf eine Verbesserung der strukturellen Haushaltsposition abzielt, um die Verschuldung nachhaltig zu reduzieren und den fiskalischen Handlungsspielraum zu vergrößern. Zum Ende des Projektionszeitraums werden nur noch geringfügige Kapazitätsüberhänge bestehen; dadurch könnte sich die Zentralbank gezwungen sehen, die Leitzinsen zu erhöhen, um den Inflationsdruck einzudämmen. Wettbewerbsfördernde Strukturreformen an den Produktmärkten sind der Schlüssel zu stärkerem und inklusiverem Wachstum. Eine weitere Senkung der Steuer- und Abgabenbelastung des Faktors Arbeit würde die Beschäftigung steigern. Die geplanten Maßnahmen zur Verbesserung des Geschäftsumfelds für Banken und zur Sanierung ihrer Kreditportfolios sollten vollständig umgesetzt werden.

Die Bruttoanlageinvestitionen sind in den letzten zwei Jahren kräftig gestiegen, was vor allem der staatlichen Investitionstätigkeit und ausländischen Direktinvestitionen in der exportorientierten Fertigungsindustrie zu verdanken war. Dagegen verzeichneten die Investitionen im Wohnungsbau und in binnenwirtschaftlich orientierten Sektoren eine schwächere Erholung. Die öffentliche Investitionstätigkeit wird sich voraussichtlich verlangsamen und sogar zurückgehen. Um die privaten Investitionen auf breiter Basis zu steigern, sind die vorstehend erwähnten Reformen im Bankensektor und an den Produktmärkten von zentraler Bedeutung.

Hungary

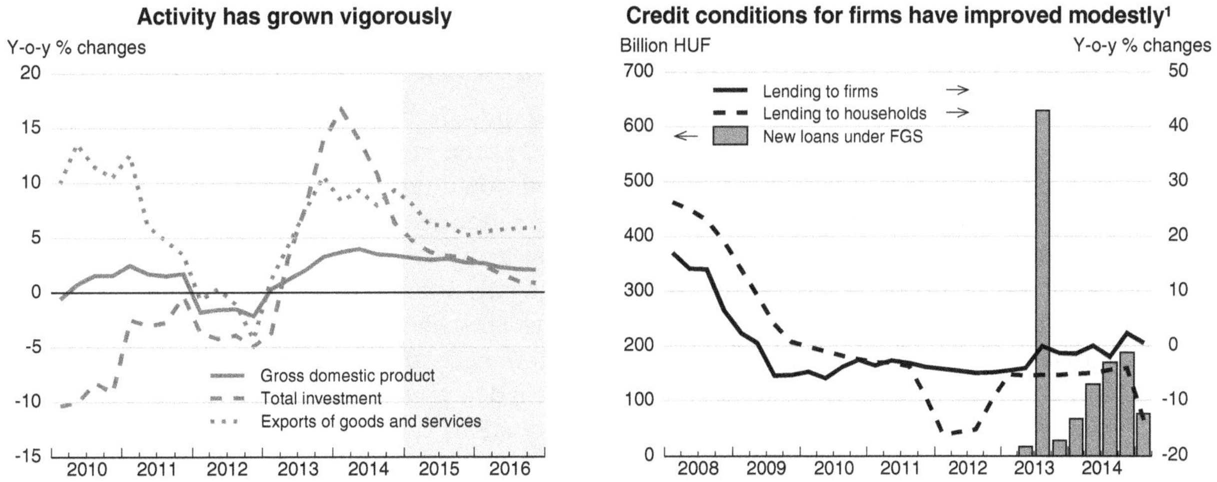

1. Year-on-year percentage change series cover transactions only. Lending to households refer to seasonally unadjusted data with rolling exchange rate adjustment. FGS: Funding for Growth Scheme.

Source: *OECD Economic Outlook 97 database*; and Magyar Nemzeti Bank.

StatLink http://dx.doi.org/10.1787/888933221050

Hungary: **Demand, output and prices**

	2011	2012	2013	2014	2015	2016
	Current prices HUF billion	Percentage changes, volume (2005 prices)				
GDP at market prices	28 158.5	-1.8	1.7	3.6	3.0	2.2
Private consumption	14 720.7	-1.9	-0.1	1.6	2.4	2.0
Government consumption	5 832.8	-1.3	3.2	2.4	2.0	0.3
Gross fixed capital formation	5 551.7	-4.2	5.2	11.7	3.7	1.5
Final domestic demand	26 105.1	-2.3	1.7	4.0	2.6	1.5
Stockbuilding[1]	326.1	-0.8	-0.5	0.4	-0.3	0.0
Total domestic demand	26 431.3	-3.0	1.2	4.1	2.3	1.5
Exports of goods and services	24 540.1	-1.5	5.9	8.7	6.4	5.7
Imports of goods and services	22 812.9	-3.3	5.9	10.0	5.7	5.2
Net exports[1]	1 727.2	1.4	0.4	-0.4	1.0	0.9
Memorandum items						
GDP deflator	_	3.6	3.2	3.0	1.7	2.8
Consumer price index	_	5.7	1.7	-0.2	-0.2	2.7
Private consumption deflator	_	6.3	2.6	0.8	0.1	2.8
Unemployment rate	_	11.0	10.2	7.7	6.9	6.2
General government financial balance[2]	_	-2.3	-2.4	-2.5	-2.3	-2.2
General government gross debt[2]	_	98.2	96.7	99.8	99.6	98.3
General government debt, Maastricht definition[2]	_	78.2	76.8	76.5	76.2	75.0
Current account balance[2]	_	1.8	4.0	4.1	5.4	5.6

1. Contributions to changes in real GDP, actual amount in the first column.
2. As a percentage of GDP at market value.
Source: OECD Economic Outlook 97 database.

StatLink http://dx.doi.org/10.1787/888933222174

Die Wirtschaft verzeichnete ein kräftiges und breit fundiertes Wachstum

Das kräftige und breit fundierte Wachstum der ungarischen Wirtschaft hat sich auch ins Jahr 2015 hinein fortgesetzt. Die Exporte profitieren vom Kapazitätsausbau in der Automobilproduktion, der allmählich anziehenden Konjunktur in Europa und der Euro-Abwertung, da die großen Exporteure fest in die Lieferketten deutscher Firmen integriert sind, die für den Weltmarkt produzieren. Das Investitionswachstum ist robust geblieben, hat sich aber verlangsamt, da die umfangreichen EU-finanzierten öffentlichen Investitionsprojekte allmählich auslaufen. Die gesetzlich vorgeschriebenen Entschädigungszahlungen der Banken an private Haushalte (für frühere einseitige Zinserhöhungen und Differenzen zwischen An- und Verkaufskursen von Fremdwährungen) kurbeln den privaten Verbrauch an. Darüber hinaus wurden die Haushalte durch die Zwangsumwandlung auf Fremdwährungen lautender Hypothekenkredite in Forint von einem bedeutenden finanziellen Risiko befreit. Niedrigere Energiepreise haben ebenfalls zur Stärkung der Realeinkommen beigetragen, zugleich aber auch einen zeitweiligen Deflationsschub ausgelöst. Der Umfang des öffentlichen Bauprogramms wurde weitgehend stabil gehalten, dürfte aber wieder ausgeweitet werden, und der Rückgang der Arbeitslosigkeit hat seit Mitte 2014 nachgelassen.

Geld- und Fiskalpolitik bleiben konjunkturstützend, es sind aber Strukturreformen erforderlich

Im März begann die Zentralbank die Leitzinsen wieder zu senken, die seit letzten Juli unverändert geblieben waren. Darüber hinaus stockten die zuständigen Stellen das „Funding for Growth"-Programm, das den Banken für Kredite an KMU eine zinslose Refinanzierung über die Zentralbank bietet, um weitere 1,5% des BIP auf und führten als neues Element des Programms eine begrenzte Risikoteilung mit der Zentralbank bei Kreditverlusten ein. Nach einer kräftigen Expansion im Jahr 2014 wird die Fiskalpolitik den Projektionen zufolge 2015 etwas weiter gelockert werden und 2016 weitgehend neutral bleiben.

Die zuständigen Stellen haben sich verpflichtet, die an der Bilanzsumme orientierte Abgabe für Finanzinstitute ab 2016 schrittweise zu verringern und allgemein ein besseres Geschäftsumfeld für den Sektor zu schaffen. Außerdem soll eine zentralbankeigene Behörde im späteren Jahresverlauf 2015 mit dem Aufkauf notleidender gewerblicher Immobilienkredite und Immobilien von Banken (im Umfang von bis zu 1% des BIP) beginnen, um die Sanierung ihrer Kreditportfolios zu beschleunigen. Die Umsetzung dieser Maßnahmen dürfte dazu beitragen, den Kreditstau aufzulösen. Die Investitionstätigkeit in vorwiegend binnenwirtschaftlich orientierten Sektoren, wie z.B. Energie und Einzelhandel, leidet jedoch nach wie vor unter einem restriktiven und häufigen Änderungen unterliegenden Regulierungsumfeld. Strukturreformen zur weiteren Senkung der im internationalen Vergleich hohen Steuer- und Abgabenbelastung im Niedriglohnbereich würden die Beschäftigungsschaffung unterstützen und für ein inklusiveres Wachstum sorgen.

Das Wachstum wird sich etwas verlangsamen

Mit Abklingen der Konsum- und Investitionsimpulse dürfte das Wachstum zwar gebremst werden, aber immer noch relativ robust bleiben. Die Exporte werden weiterhin die dynamischste Komponente der Nachfrage bilden, und der hohe Leistungsbilanzüberschuss wird weiter steigen. Die Arbeitslosigkeit dürfte über den Projektionszeitraum etwas weiter zurückgehen, und die Inflation wird sich auf Grund der nachlassenden Effekte der niedrigeren Energiepreise allmählich wieder ihrem Zielwert von 3% nähern.

Auf Grund eines Rückgangs der Verschuldung in Fremdwährungen (der zum Teil auf die Umwandlung zahlreicher Fremdwährungskredite in Forint zurückzuführen ist) sowie der Euro-Schwäche stellt eine Abwertung des Forint mittlerweile ein geringeres Abwärtsrisiko dar als früher. Die zunehmende Spezialisierung der Fertigungsindustrie auf den Automobilsektor trägt zwar momentan zur Stärkung des Wachstums bei, könnte aber die Volatilität der Wertschöpfung erhöhen. Ein besseres Geschäftsumfeld für Banken könnte das Kreditwachstum stärker beschleunigen als erwartet und dadurch die Zunahme der Inlandsnachfrage steigern.

VEREINIGTES KÖNIGREICH

Nach einer dynamischen Entwicklung 2014 dürfte sich das Wirtschaftswachstum dank der kräftigen Inlandsnachfrage auch 2015 und 2016 in solidem Tempo fortsetzen. Die Arbeitslosenquote wird den Projektionen zufolge weiter in Richtung der 5%-Marke fallen. Angesichts schwindender Kapazitätsüberhänge wird mit einem Anstieg der Inflation in Richtung des Inflationsziels von 2% gerechnet. Das Leistungsbilanzdefizit hat sich – vor allem auf Grund einer enttäuschenden Entwicklung der Vermögenseinkommen – auf mehr als 5% des BIP ausgeweitet, dürfte aber den Projektionen zufolge mit der anhaltenden Erholung im Euroraum allmählich schrumpfen.

Dem Haushaltsplan von März 2015 zufolge ist für 2016 und 2017 eine drastischere Konsolidierung vorgesehen, wobei die Anpassungen überwiegend auf der Ausgabenseite erfolgen sollen. Es ist wichtig, dass die noch zu konkretisierenden Anpassungsmaßnahmen gerecht gestaltet werden. Unter dem Einfluss schwindender Kapazitätsüberhänge und steigenden Inflationsdrucks dürfte den Projektionen zufolge ab Anfang 2016 mit der Normalisierung der Zinssätze begonnen werden. Die von der Bank von England für dieses Jahr geplanten Bankenstresstests sind zwar zu begrüßen, die Einbeziehung von Schattenbanken bei künftigen Prüfungen würde jedoch ein umfassenderes Bild der Risiken für die Finanzstabilität liefern.

Es sind höhere Investitionen erforderlich, um die Arbeitsproduktivität, die Löhne und die Wettbewerbsfähigkeit zu steigern und für ausgewogenere Verhältnisse am Wohnimmobilienmarkt zu sorgen. Die nötigen Voraussetzungen hierfür sind ein leichterer Zugang zu Finanzierung für Unternehmen, eine Lockerung der bauplanungsrechtlichen Bestimmungen und eine bessere Infrastruktur. Die Qualität der Infrastruktur ist der Einschätzung der Bevölkerung zufolge geringer als in anderen G7-Ländern, und die Investitionsquote ist im internationalen Vergleich niedrig. Die Verbesserung der Infrastruktur könnte durch eine Stärkung der langfristigen staatlichen Strategien und Planungen zur Mobilisierung von Investoren aus dem Privatsektor und die Hebelung begrenzter öffentlicher Mittel durch private Investitionen erreicht werden.

United Kingdom

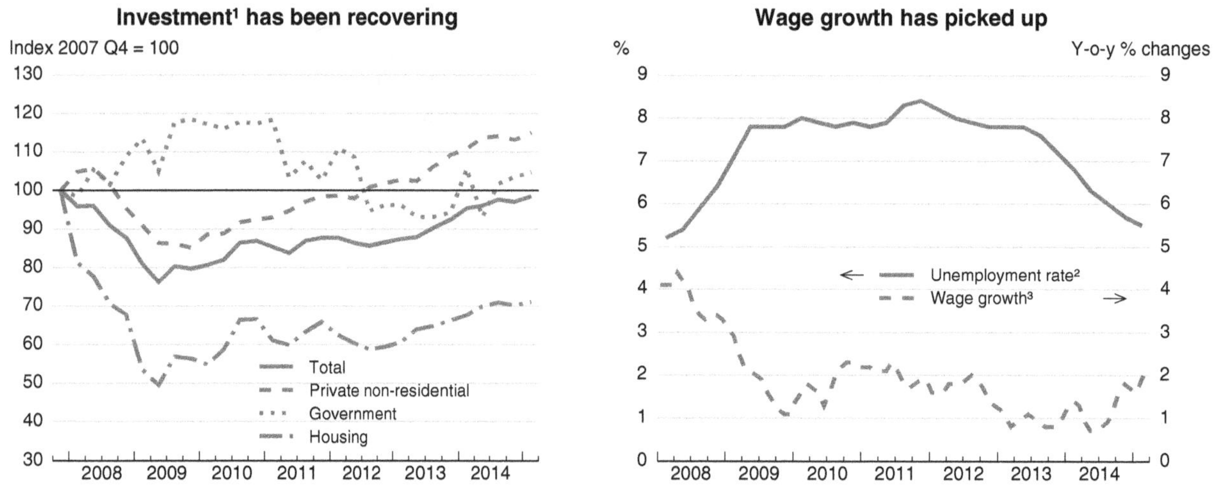

1. Real gross fixed capital formation.
2. Population aged 16 and over.
3. Regular (excludes bonuses and arrears of pay) weekly earnings. Three month moving average applied.

Source: OECD Economic Outlook 97 database; and Office for National Statistics (ONS).

StatLink http://dx.doi.org/10.1787/888933221340

United Kingdom: **Employment, income and inflation**

Percentage changes

	2012	2013	2014	2015	2016
Employment	1.1	1.2	2.3	1.7	1.1
Unemployment rate[1]	8.0	7.6	6.2	5.4	5.1
Compensation per employee[2]	2.0	1.9	1.7	2.7	3.3
Unit labour cost	1.9	1.4	0.4	2.3	2.0
Household disposable income	3.7	1.7	1.6	5.8	4.0
GDP deflator	1.7	1.8	1.7	0.4	1.2
Harmonised index of consumer prices[3]	2.8	2.6	1.5	0.0	1.7
Core harmonised index of consumer prices[4]	2.2	2.0	1.6	1.2	1.9
Private consumption deflator	2.1	1.9	1.6	0.3	1.3

1. As a percentage of labour force.
2. In the total economy.
3. The HICP is known as the Consumer Price Index in the United Kingdom.
4. Harmonised index of consumer prices excluding food, energy, alcohol and tobacco.

Source: OECD Economic Outlook 97 database.

StatLink http://dx.doi.org/10.1787/888933221965

Das Wachstum hat sich dynamisch – wenn auch volatil – entwickelt, doch die Produktivität ist nach wie vor schwach

Trotz einer Schwächephase zu Jahresbeginn 2015 hat sich die wirtschaftliche Expansion in den letzten Quartalen mit einer soliden Wachstumsrate von rd. 2,5% pro Jahr fortgesetzt, was in erster Linie der starken Zunahme des privaten Konsums zu verdanken war. Robustes Beschäftigungswachstum, steigende Nominal- und Reallöhne, eine höhere Konsumentenkreditaufnahme und weiter anziehende Wohnimmobilienpreise haben das Konsumklima und damit auch die Einzelhandelsumsätze gestärkt. Dagegen stagniert die Arbeits-

United Kingdom

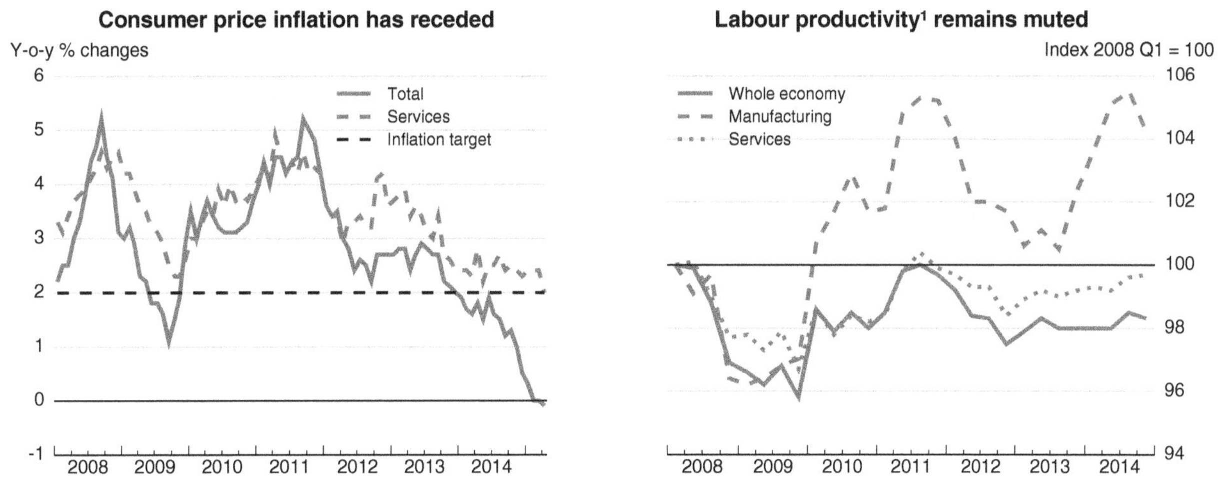

1. Output per hour.

Source: Office for National Statistics (ONS).

StatLink http://dx.doi.org/10.1787/888933221355

United Kingdom: **Financial indicators**

	2012	2013	2014	2015	2016
Household saving ratio, gross[1]	8.0	6.4	6.0	7.5	7.5
General government financial balance[2]	-8.3	-5.5	-5.3	-4.0	-2.5
General government gross debt[2]	105.1	100.8	111.3	113.3	113.1
General government debt, Maastricht definition[2]	85.8	87.3	89.3	91.3	91.1
Current account balance[2]	-3.7	-4.5	-5.5	-5.1	-4.4
Short-term interest rate[3]	0.8	0.5	0.5	0.5	1.2
Long-term interest rate[4]	1.9	2.4	2.6	2.0	2.8

1. As a percentage of disposable income (gross saving).
2. As a percentage of GDP at market value.
3. 3-month interbank rate.
4. 10-year government bonds.

Source: OECD Economic Outlook 97 database.

StatLink http://dx.doi.org/10.1787/888933221972

produktivität seit einigen Jahren, und die Unternehmensinvestitionen verzeichnen eine schwache Entwicklung, die auf eine Eintrübung des Geschäftsklimas, niedrigere Ölpreise (die die Investitionsausgaben der Öl- und Gasindustrie drücken) sowie die verhaltene Kreditvergabe der Banken an Unternehmen zurückzuführen ist. Die staatlichen Investitionen sind von Volatilität geprägt und liegen unter dem Höchststand von 2010. Bei den Wohnungsbau-

United Kingdom: **Demand and output**

	2013	2014	2015	2016	Fourth quarter 2014	Fourth quarter 2015	Fourth quarter 2016
	Current prices £ billion	Percentage changes from previous year, volume (2011 prices)					
GDP at market prices	1 713.1	2.8	2.4	2.3	3.0	2.4	2.1
Private consumption	1 111.5	2.5	2.5	2.3	3.0	2.3	2.1
Government consumption	345.2	1.7	1.3	-0.7	2.1	1.0	-1.5
Gross fixed investment	282.1	7.8	4.7	6.2	5.1	6.4	6.2
Public[1]	39.7	7.3	4.1	2.8	9.7	2.4	3.5
Residential	70.8	8.9	5.2	7.5	6.0	7.3	7.5
Non-residential	171.6	7.5	4.6	6.4	3.7	7.0	6.3
Final domestic demand	1 738.7	3.2	2.6	2.4	3.2	2.8	2.1
Stockbuilding[2]	8.1	0.2	0.1	0.0			
Total domestic demand	1 746.9	3.4	2.8	2.4	2.4	3.2	2.1
Exports of goods and services	515.9	0.6	3.8	3.0	5.6	1.6	3.3
Imports of goods and services	549.6	2.2	4.8	3.1	3.0	4.2	3.3
Net exports[2]	- 33.7	-0.5	-0.4	-0.1			

Note: Detailed quarterly projections are reported for the major seven countries, the euro area and the total OECD in the Statistical Annex.

1. Including nationalised industries and public corporations.
2. Contributions to changes in real GDP, actual amount in the first column.

Source: OECD Economic Outlook 97 database.

StatLink http://dx.doi.org/10.1787/888933221983

United Kingdom: **External indicators**

	2012	2013	2014	2015	2016
			$ billion		
Goods and services exports	793.5	806.5	836.2	801	840
Goods and services imports	848.1	859.4	892.0	858	899
Foreign balance	- 54.6	- 52.9	- 55.8	- 58	- 59
Invisibles, net	- 43.5	- 67.3	- 105.7	- 86	- 73
Current account balance	- 98.2	- 120.2	- 161.5	- 144	- 133
			Percentage changes		
Goods and services export volumes	0.7	1.5	0.6	3.8	3.0
Goods and services import volumes	3.1	1.4	2.2	4.8	3.1
Export performance[1]	- 1.8	- 1.0	- 3.3	- 0.6	- 2.2
Terms of trade	0.4	0.3	1.4	0.5	0.2

1. Ratio between export volume and export market of total goods and services.
Source: OECD Economic Outlook 97 database.

StatLink http://dx.doi.org/10.1787/888933221996

investitionen ist eine Belebung eingetreten, die jedoch nicht ausgereicht hat, um den weiteren Anstieg der Wohnimmobilienpreise aufzuhalten. Der jährliche Hauspreisanstieg lässt bei aller Volatilität Anzeichen einer Verlangsamung erkennen.

Das Leistungsbilanzdefizit hat sich auf ein Rekordniveau von mehr als 5% des BIP ausgeweitet. Trotz einer anhaltenden Belebung an den Exportmärkten haben die Exporte kaum zur Erholung beigetragen. Dies ist insbesondere darauf zurückzuführen, dass der Wechselkurs und die Lohnstückkosten angezogen haben und der Anteil der exportorientierten Sektoren an der gesamten Wertschöpfung weiter gefallen ist. Gleichzeitig hat sich die Einkommensbilanz – vor allem wegen niedrigerer Renditen auf das Auslandsvermögen – weiter verschlechtert.

Der rasche Rückgang der Arbeitslosenquote hat sich fortgesetzt, die Beschäftigungsquote befindet sich auf einem historischen Hoch, und die Zahl der offenen Stellen ist ebenfalls groß. Das reguläre Lohnwachstum ist auf 2% pro Jahr gestiegen, doch die gute Entwicklung am Arbeitsmarkt hat bislang für keinen wesentlichen Lohndruck gesorgt, da die jüngsten Arbeitsmarkt- und Rentenreformen möglicherweise die Gleichgewichtsarbeitslosenquote gesenkt haben und die Verbraucherpreise gegenüber dem Vorjahr weitgehend unverändert sind.

Die makroökonomische Politik normalisiert sich und die Lage auf der Angebotsseite verbessert sich

Die Regierung hat ihren mittelfristigen Haushaltsplan angepasst, um einen annähernd ausgeglichenen Haushalt und einen weiteren Rückgang der Staatsschuldenquote zu erreichen. Unter Ausklammerung konjunkturbedingter Effekte soll sich das Defizit 2016 und 2017 um insgesamt 3% des BIP verringern. Die Staatsausgaben sollen real in den Finanzjahren 2016 und 2017 deutlich zurückgehen, bevor sie sich 2018 stabilisieren und 2019 wieder steigen sollen. Eine gleichmäßigere Gestaltung der Haushaltskonsolidierung würde ihre Auswirkungen auf das Wachstum verringern. Die Zusammensetzung der Maßnahmen muss zwar noch konkretisiert werden, es ist jedoch wichtig, dass sie Verteilungseffekte abfedern.

Die Geldpolitik wird im gesamten Verlauf des Projektionszeitraums konjunkturstützend bleiben; angesichts schwindender Kapazitätsüberhänge dürfte die Bank von England jedoch allmählich die Zinssätze anheben, wobei frühestens Anfang 2016 mit der ersten Zinserhöhung gerechnet wird. Höhere Zinsen dürften dazu beitragen, dass profitablere Investitionsprojekte ausgewählt und unrentable Unternehmen umstrukturiert werden, was der Produktivität zugute kommen würde. Die von der Bank von England für 2015 geplanten neuen Stresstests im Bankensektor sind zu begrüßen und sollten in Zukunft auf den Schattenbankensektor ausgeweitet werden, um eine umfassendere Überwachung der Finanzstabilitätsrisiken zu ermöglichen.

Die Arbeitsproduktivität und der Lebensstandard würden von einer Steigerung der Bruttoanlageinvestitionen profitieren, deren Anteil am BIP im internationalen Vergleich niedrig ausfällt. Die Unternehmensinvestitionen könnten gefördert werden, indem der Wettbewerb unter Kreditgebern durch bessere Erhebung und Zugänglichkeit von Bonitätsinformationen über Kreditauskunfteien oder direkt über die Aufsichtsbehörde verstärkt wird. Um Marktversagen entgegenzuwirken und private Infrastrukturfinanzierung zu mobilisieren, sollte auf den mit dem National Infrastructure Plan erzielten Fortschritten aufgebaut werden, um langfristige staatliche Strategien und Planungen zu fördern, den Einsatz von Staatsgarantien weiterzuentwickeln, öffentlich-private Partnerschaften auszubauen und die Prioritäten bei öffentlichen Ausgaben stärker auf die Infrastruktur zu verlagern. Eine Lockerung der bauplanungsrechtlichen Bestimmungen ist unerlässlich, um die Erschwinglichkeit und die Ressourcenallokation in der Wirtschaft zu verbessern und Wohnraum für die wachsende Bevölkerung zu schaffen.

Das Wachstum wird dynamisch bleiben

Das BIP-Wachstum dürfte sich 2016 geringfügig verlangsamen und vor allem auf dem Konsum der privaten Haushalte und der Investitionstätigkeit beruhen. Der Leistungsbilanzsaldo wird sich den Projektionen zufolge verbessern, da sich die Rentabilität der Auslandsinvestitionen – insbesondere dank der Erholung im Euroraum – erhöhen wird. Die Arbeitsmarktlage wird den Projektionen zufolge solide bleiben; neben einem weiteren Rückgang der Arbeitslosenquote wird auch ein stärkeres Lohnwachstum in Verbindung mit einer Erholung der Produktivität erwartet. Die Verbraucherpreise dürften 2015 unverändert bleiben und 2016 anziehen, wenn die vorübergehenden Effekte der niedrigeren Rohstoffpreise abklingen und die Kapazitätsüberhänge an den Arbeits- und Produktmärkten weiter schrumpfen.

Die Produktivität ist in den letzten Jahren kontinuierlich hinter den Erwartungen zurückgeblieben, und es besteht das Risiko, dass diese Schwäche eher strukturell als zyklisch bedingt ist. Bei anhaltend schwacher Produktivitätsentwicklung würden das BIP- und Lohnwachstum niedriger und das Haushaltsdefizit höher als erwartet ausfallen. Darüber hinaus könnten Risiken im Zusammenhang mit dem Euroraum das Geschäftsklima und die Investitionstätigkeit beeinträchtigen. Dagegen würden die Formulierung konkreter mittelfristiger Politikpläne durch die Regierung sowie die Fortsetzung von Strukturreformen die Produktionskapazität und Produktivität steigern. Alternativ dazu könnte das Wachstum selbst bei ausbleibender Produktivitätserholung immer noch durch eine von höheren Löhnen und niedrigeren Rohstoffpreisen gestützte Steigerung der Kreditaufnahme und Konsumausgaben der privaten Haushalte getragen werden.

VEREINIGTE STAATEN

Das Wachstum der gesamtwirtschaftlichen Produktion legte Anfang 2015 eine Pause ein, da es durch den stärkeren Dollar und ungünstige Witterungsbedingungen belastet wurde. Die Lage am Arbeitsmarkt hat sich jedoch weiter verbessert, was sich an den Beschäftigungszuwächsen im Privatsektor und einer fallenden Arbeitslosenquote zeigt. Die günstigen monetären Bedingungen und niedrigere Energiepreise dürften eine anhaltende Belebung der gesamtwirtschaftlichen Nachfrage stützen, da die von der Fiskalpolitik ausgehende Bremswirkung abklingt und der kontinuierliche Anstieg des Vermögens der privaten Haushalte den Konsumausgaben und dem Wohnungsbau Auftrieb verleiht.

Die Federal Reserve hat die Leitzinsen im Einklang mit Anzeichen für einen anhaltenden Arbeitskräfteüberhang, gedämpften Lohnzuwächsen, einer niedrigen Trendrate der Inflation und gut verankerten Inflationserwartungen bei nahe null belassen. Da die tendenzielle Stärke des Produktionswachstums ungewiss ist und die Inflation den Projektionen zufolge eindeutig unter ihrem Zielwert verharrt, werden die Leitzinsen wahrscheinlich bis mindestens September 2015 bei fast null Prozent liegen, bevor sie langsam wieder ansteigen werden. Das Defizit im Bundeshaushalt geht weiter zurück, was auf Konsolidierungsmaßnahmen und die andauernde Konjunkturerholung zurückzuführen ist. Politikmaßnahmen, die direkt auf die langfristigen fiskalischen Herausforderungen abzielen, sind nach wie vor wünschenswert.

Die Erholung der Investitionsausgaben ist bisher schleppend verlaufen, was auf die Schwäche der Nachfrageaussichten, den Angebotsüberhang im Bausektor im Anschluss an den Wohnimmobilienboom und die andauernden öffentlichen Ausgabenkürzungen zurückzuführen ist. Niedrige öffentliche und private Investitionen haben die Produktivität reduziert und die Produktionskapazitäten geschwächt. Angesichts der im historischen Vergleich niedrigen langfristigen Realzinssätze besteht auf der Ebene der Zentralregierung, der Bundesstaaten und der Kommunen noch Spielraum für eine Beschleunigung der Investitionsausgaben, insbesondere durch den Highway Trust Fund zur Finanzierung des Autobahnsystems.

United States

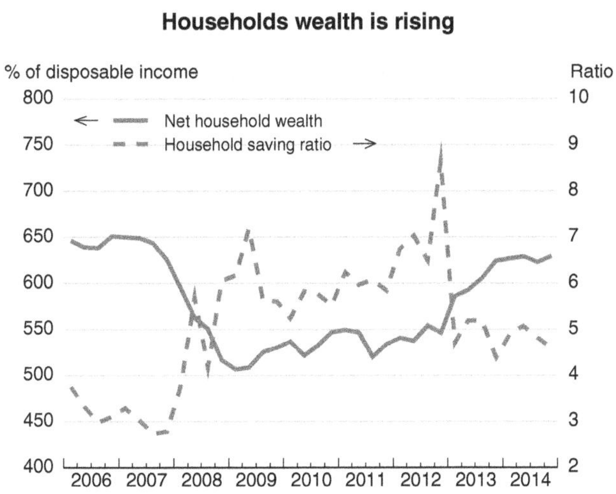

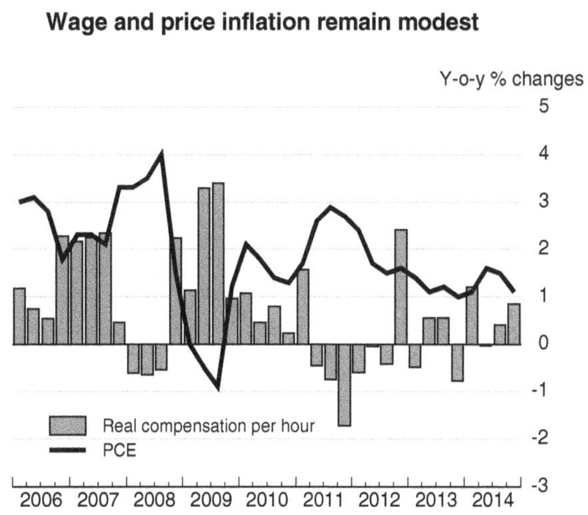

Source: OECD Economic Outlook 97 database; and the US Bureau of Economic Analysis.

StatLink http://dx.doi.org/10.1787/888933221361

United States: **Employment, income and inflation**

Percentage changes

	2012	2013	2014	2015	2016
Employment[1]	1.6	1.4	1.8	2.0	1.1
Unemployment rate[2]	8.1	7.4	6.2	5.5	5.2
Compensation per employee[3]	2.4	1.1	2.2	2.5	3.0
Labour productivity	0.7	0.8	0.5	0.0	1.7
Unit labour cost	1.7	0.5	1.8	2.6	1.3
GDP deflator	1.8	1.5	1.5	1.1	1.8
Consumer price index	2.1	1.5	1.6	0.0	1.8
Core PCE deflator[4]	1.8	1.3	1.4	1.2	1.6
PCE deflator[5]	1.8	1.2	1.3	0.3	1.6
Real household disposable income	3.0	-0.2	2.5	3.6	3.0

1. Based on the Bureau of Labor Statistics (BLS) Establishment Survey.
2. As a percentage of labour force, based on the BLS Household Survey.
3. In the total economy.
4. Deflator for private consumption excluding food and energy.
5. Private consumption deflator. PCE stands for personal consumption expenditures.

Source: OECD Economic Outlook 97 database.

StatLink http://dx.doi.org/10.1787/888933221798

Die Erholung hat nachgelassen

Die wirtschaftliche Erholung scheint in den Vereinigten Staaten zwar weiter fortgeschritten zu sein als in den meisten OECD-Ländern, das BIP-Wachstum hat sich jedoch im vierten Quartal 2014 verlangsamt und ging dann im ersten Quartal 2015 leicht zurück. Die Wirtschaftstätigkeit wurde z.T. durch die jüngste Aufwertung des US-Dollar und vorübergehende, auf einen außergewöhnlich harten Winter zurückzuführende Störungen zu Beginn des Jahres beeinträchtigt. Die jüngsten Ölpreisrückgänge haben die Investitionsausgaben im Bohr- und Bergbausektor im Anschluss an einen zuvor verzeichneten kontinuierlichen Anstieg

United States

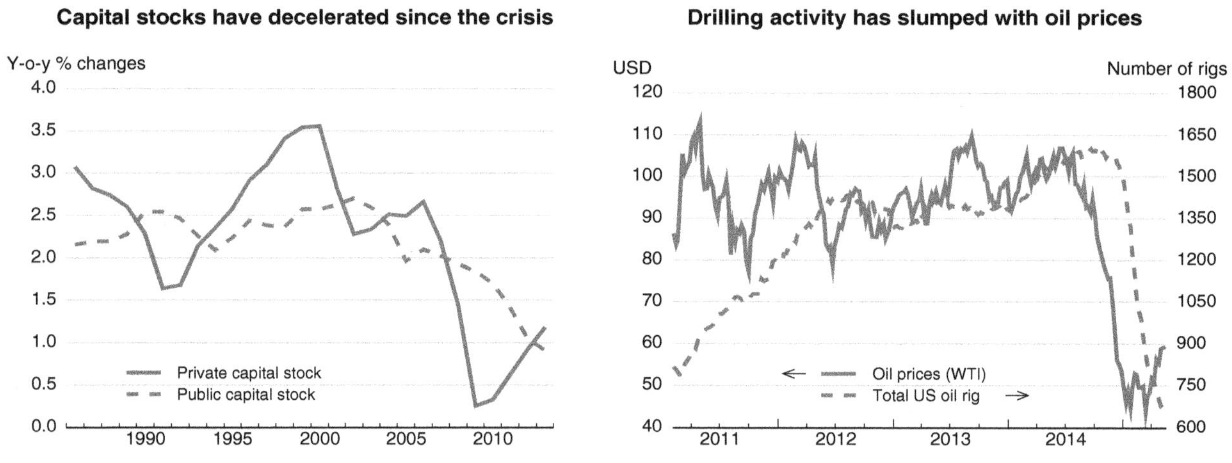

Source: Bureau of Economic Analysis; and Baker Hugues (North America Rotary Rig Count).

StatLink http://dx.doi.org/10.1787/888933221372

United States: **Financial indicators**

	2012	2013	2014	2015	2016
Household saving ratio, net[1]	7.2	4.9	4.8	5.1	4.5
General government financial balance[2]	-9.0	-5.7	-5.0	-4.0	-3.6
General government gross debt[2]	110.5	109.2	110.1	111.4	111.1
Current account balance[2]	-2.9	-2.4	-2.4	-2.6	-3.0
Short-term interest rate[3]	0.4	0.3	0.3	0.5	1.6
Long-term interest rate[4]	1.8	2.4	2.5	2.3	3.2

1. As a percentage of disposable income.
2. As a percentage of GDP at market value.
3. 3-month rate on euro-dollar deposits.
4. 10-year government bonds.

Source: OECD Economic Outlook 97 database.

StatLink http://dx.doi.org/10.1787/888933221807

geschwächt. Die Erholung der Wohnungsbauinvestitionen verläuft nach wie vor schleppend, was teilweise darauf zurückzuführen ist, dass die Zahl der Haushaltsgründungen unter den langfristigen demografischen Trends verharrt. Die Unternehmensinvestitionen entwickelten sich auf Grund der durch den stärkeren Dollar verursachten Verschlechterung der Aussichten im Verarbeitenden Gewerbe und wegen der allgemeinen Konjunkturverlangsamung ebenfalls generell schwächer. Abgesehen von witterungsbedingten Störungen scheinen die Verbraucherausgaben jedoch weiterhin solide Zuwächse zu verzeichnen.

United States: **Demand and output**

	2013	2014	2015	2016	Fourth quarter 2014	Fourth quarter 2015	Fourth quarter 2016
	Current prices $ billion	Percentage changes from previous year, volume (2009 prices)					
GDP at market prices	16 768.1	2.4	2.0	2.8	2.4	1.7	2.8
Private consumption	11 484.4	2.5	3.0	3.0	2.9	2.9	2.8
Government consumption	2 547.6	0.4	0.5	0.5	1.1	0.6	0.5
Gross fixed investment	3 170.3	3.9	3.0	5.4	4.4	2.5	5.9
Public	596.3	-2.5	-0.5	1.3	-0.5	-1.5	1.4
Residential	519.9	1.6	5.5	11.0	2.5	7.0	12.9
Non-residential	2 054.0	6.3	3.3	5.1	6.2	2.5	5.3
Final domestic demand	17 202.2	2.5	2.7	3.1	2.9	2.5	3.1
Stockbuilding[1]	74.1	0.1	0.1	0.0			
Total domestic demand	17 276.3	2.5	2.7	3.1	2.9	2.5	3.1
Exports of goods and services	2 262.2	3.2	1.7	4.9	2.4	1.5	5.0
Imports of goods and services	2 770.4	4.0	6.4	6.7	5.6	6.6	6.5
Net exports[1]	- 508.2	-0.2	-0.8	-0.4			

Note: Detailed quarterly projections are reported for the major seven countries, the euro area and the total OECD in the Statistical Annex.

1. Contributions to changes in real GDP, actual amount in the first column.

Source: OECD Economic Outlook 97 database.

StatLink http://dx.doi.org/10.1787/888933221811

United States: **External indicators**

	2012	2013	2014	2015	2016
			$ billion		
Goods and services exports	2 194.2	2 262.2	2 337.0	2 293	2 415
Goods and services imports	2 762.5	2 770.4	2 875.2	2 854	3 043
Foreign balance	- 568.3	- 508.2	- 538.2	- 562	- 628
Invisibles, net	107.6	107.9	127.6	87	72
Current account balance	- 460.8	- 400.3	- 410.6	- 475	- 557
			Percentage changes		
Goods and services export volumes	3.3	3.0	3.2	1.7	4.9
Goods and services import volumes	2.3	1.1	4.0	6.4	6.7
Export performance[1]	- 0.7	- 0.4	0.1	- 1.9	- 0.2
Terms of trade	0.4	0.9	0.3	3.4	0.5

1. Ratio between export volume and export market of total goods and services.
Source: OECD Economic Outlook 97 database.

StatLink http://dx.doi.org/10.1787/888933221827

Der Arbeitsmarkt hat seine stetige Erholung zwar fortgesetzt, es gibt jedoch weiterhin Anzeichen für einen anhaltenden Arbeitskräfteüberhang, insbesondere bei Teenagern, ethnischen Minderheiten und weniger qualifizierten Arbeitskräften. Die jüngsten monatlichen Schätzungen liefern erste Belege dafür, dass die sich anspannende Arbeitsmarktlage nun endlich beginnt, einen gewissen Aufwärtsdruck auf das nominale Arbeitsentgelt je Stunde auszuüben, das Lohnwachstum war bisher jedoch mäßig und nicht breitenwirksam.

Das politische Umfeld bleibt konjunkturstützend

Es wird damit gerechnet, dass die Geldpolitik während des gesamten Projektionszeitraums akkommodierend bleibt. Dies ist zielführend, da die mit dem PCE-Index gemessene Kerninflation selbst unter Berücksichtigung der vorübergehenden dämpfenden Wirkung der Energiepreise und Wechselkurseffekte weiterhin unter dem jährlichen 2%-Ziel verharrt. Es ist jedoch damit zu rechnen, dass die geldpolitischen Zügel unter dem Einfluss der weiterhin abnehmenden Kapazitätsüberhänge allmählich gestraft werden. Die erste Zinserhöhung wird den Projektionen zufolge frühestens im September 2015 erfolgen, und weitere Erhöhungen dürften von Anzeichen für einen weiteren Abbau der Kapazitätsüberhänge abhängen.

Die Fiskalpolitik wird in den kommenden Jahren wahrscheinlich eine neutrale Wirkung auf das Wachstum haben, und die 2015 und 2016 zu erwartenden leichten Verbesserungen im gesamtstaatlichen Haushaltssaldo dürften auf konjunkturelle Entwicklungen zurückzuführen sein. Dieser neutrale Kurs dürfte ausreichen, um die gesamtstaatliche Bruttoverschuldung bei rd. 110% des BIP zu stabilisieren. Projektionen des Congressional Budget Office zufolge wird der Ausgabendruck 2018 aber wieder zunehmen, was zum großen Teil auf Gesundheitsausgaben und in geringerem Umfang auf das öffentliche Rentensystem zurückzuführen ist. Es sind Maßnahmen erforderlich, die diese längerfristigen Herausforderungen direkt angehen, sie sollten jedoch so umgesetzt werden, dass die Konjunkturerholung nicht gefährdet wird. Die Schuldenobergrenze sollte bald erhöht werden, um Unsicherheiten, die die Aussichten in der letzten Zeit eingetrübt haben, auf ein Minimum zu begrenzen.

Die Infrastruktur im Inland sollte eine der wichtigsten politischen Prioritäten sein, da der rückläufige staatliche Kapitalstock das Produktivitätswachstum untergräbt. Die Ausgaben werden durch unzureichende Haushaltsmittel und die fehlende Koordinierung zwischen den verschiedenen staatlichen Institutionen gebremst. Angesichts der sich normalisierenden Haushaltslage sollten die Bundesstaaten die Infrastrukturausgaben erhöhen, was zu einer Steigerung der Gesamtproduktivität beitragen dürfte. Die Bundesregierung sollte die Investitionen der Bundesstaaten und Kommunen weiter unterstützen, beispielsweise durch Programme des Verkehrsministeriums oder des Ministeriums für Wohnungsbau und Stadtentwicklung. Der *Highway Trust Fund*, der nach wie vor unterfinanziert ist, da die Benzinsteuer (je Gallone) seit 1993 nominal nicht mehr angepasst wurde, bedarf einer nachhaltigen Finanzierungslösung.

Das Wachstum wird sich den Projektionen zufolge beleben

Die Wirtschaftstätigkeit dürfte an Fahrt aufnehmen, wobei die gesamtwirtschaftliche Nachfrage durch anhaltende Beschäftigungszuwächse, Vermögenseffekte auf Grund steigender Vermögenspreise und den durch niedrigere Ölpreise bedingten Kaufkraftanstieg Auftrieb erhalten wird. Die sich anspannende Arbeitsmarktlage dürfte helfen, künftige Einkommenszuwächse breiter zu verteilen und dadurch den Ausgaben der privaten Haushalte Auftrieb verleihen, was dazu beitragen dürfte, die Auswirkungen einer unvermeidlichen Verlangsamung der Gesamtbeschäftigung auszugleichen. Eine Ausweitung der Einkommenszuwächse dürfte außerdem dazu beitragen, die Wohnungsbautätigkeit auf Niveaus ansteigen zu lassen, die den längerfristigen demografischen Trends entsprechen. Es gibt zwar nur wenige Anzeichen für eine aufgestaute Nachfrage nach Unternehmensinvestitionen, die nicht dem Wohnungsbau geltenden Investitionen dürften sich jedoch beschleunigen, um mit der projizierten Aufhellung der Aussichten für die gesamtwirtschaftliche Nachfrage Schritt zu halten.

Die Projektionen sind mit Risiken behaftet. Günstiger könnte die Entwicklung ausfallen, wenn die Löhne schneller als erwartet steigen, was Inflationsdruck erzeugen könnte. Ebenso könnte die aufgestaute Nachfrage nach Unternehmensinvestitionen größer als erwartet sein und im Zuge eines sich aufhellenden Geschäftsklimas freigesetzt werden. Andererseits könnte die Volatilität an den Finanzmärkten auf Grund von Unsicherheiten in Bezug auf die Erhöhung der Leitzinsen oder die Normalisierung der Geldbasis zunehmen, was den Ausblick belasten würde. Die Wohnungsbauinvestitionen könnten erneut enttäuschend ausfallen, was einen stärker stimulierend ausgerichteten geldpolitischen Kurs erforderlich machen würde.

OECD-Wirtschaftsausblick
Ausgabe 2015/1

Kapitel 3

Ankurbelung der Investitionstätigkeit für ein höheres nachhaltiges Wachstum

Zusammenfassung

- Die gesamten Realinvestitionen im OECD-Raum und insbesondere die Wohnungsbauinvestitionen brachen auf dem Höhepunkt der Krise jäh ein und haben sich seither nur schleppend erholt. Die schwache Investitionstätigkeit hat das Produktivitätswachstum gebremst und wird, sollte das Investitionstief fortbestehen, ein Wachstumsgleichgewicht auf niedrigem Niveau sowie kurz- und längerfristig trübe Beschäftigungsaussichten zur Folge haben.
- Die jüngsten Entwicklungen in Bezug auf die Investitionstätigkeit sollten vor dem Hintergrund bedeutender struktureller Veränderungen betrachtet werden.
  - Ein Teil der inländischen Unternehmenstätigkeit in fortgeschrittenen Volkswirtschaften ist möglicherweise in andere Länder verlagert worden. Ob die Auslandsinvestitionen an die Stelle der Inlandsinvestitionen treten oder diese ergänzen, bleibt jedoch ungewiss.
  - In den fortgeschrittenen Volkswirtschaften hat sich in der sektoralen Struktur der Wirtschaft ein Wandel von stark investitionsintensiven Industriesektoren zu weniger investitionsintensiven Dienstleistungssektoren vollzogen.
  - Mit diesem Wandel ging ein steigender Anteil an IKT sowie immateriellen/wissensbasierten Investitionen einher, die unter dem Einfluss des technologischen Fortschritts und des Wandels in der globalen Produktspezialisierung rascher an Wert verlieren.
- Die auf Grund des Akzeleratormechanismus schwache gesamtwirtschaftliche Inlands- und Auslandsnachfrage erklärt zum großen Teil die seit Krisenbeginn moderaten Investitionen ohne Wohnungsbau. Daher könnte eine ausgewogenere Gesamtnachfrage ein höheres Investitionsgleichgewicht begünstigen, insbesondere wenn sie mit geringeren Unsicherheiten und Marktreformen einhergeht.
- Es überrascht, dass der Rückgang der realen steuerkorrigierten Zinssätze und die hohen Aktienkurse (gestützt durch die Geldpolitik) nur verhältnismäßig geringe Weitergabeeffekte auf die realen Investitionen hatten, insbesondere im Fall der Länder, die auf Grund einer unzureichenden Sanierung der Bankbilanzen unter einer begrenzten Kreditversorgung litten.
- Unsicherheit hält von Investitionen ab. Obwohl die wirtschaftliche Unsicherheit in den vergangenen drei Jahren einigen Messgrößen zufolge gesunken ist, bestehen langfristige Unsicherheitsmomente fort, u.a. in Bezug auf die Frage, wie die Bevölkerungsalterung und der Klimawandel zu bewältigen sind.
- Jüngste Regulierungsreformen an den Produktmärkten in einigen Ländern und eine generell bessere Verfassung der Unternehmensbilanzen dürften die Investitionsaussichten aufhellen, wenngleich noch mehr zu tun ist.
- In einer Reihe von Ländern sind die öffentlichen und Infrastrukturinvestitionen gekürzt worden, um die Haushaltskonsolidierungsziele zu erreichen. Eine neuerliche Belebung der öffentlichen Investitionen, bei der dem Abbau wettbewerbshemmender Regulierungen in den Netzindustrien besondere Aufmerksamkeit geschenkt wird, würde die Quantität und Qualität der Infrastrukturinvestitionen zur Unterstützung von Nachfrage und Angebot steigern.
- Es bedarf stärkerer Investitionen, um die Volkswirtschaften auf einen höheren Wachstumspfad zu bringen, was entschlossene Politikaktionen voraussetzt. Makroökonomische Politikmaßnahmen zur Bewältigung der Nachfrageschwäche und eine Verringerung der politikbezogenen Unsicherheit müssen von strukturpolitischen Maßnahmen flankiert werden, die längerfristig für ein stärkeres Wirtschaftswachstum sorgen. Damit sich die Investitionen in einem effektiven, nachhaltigen Wachstum niederschlagen können, muss insbesondere Niedriglohnempfängern besondere Aufmerksamkeit gewidmet werden, und es müssen die Folgen der wachsenden Einkommensungleichheit für die Bildung angegangen werden, die ein entscheidender Faktor ist, der das Potenzialwachstum auf lange Sicht mindern kann.

Einführung

Die flaue Investitionstätigkeit der vergangenen Jahre in fortgeschrittenen Volkswirtschaften ging mit der schwachen Erholung Hand in Hand und hat das Potenzialwachstum reduziert. Um diesem Gleichgewicht auf niedrigem Niveau zu entkommen und die Volkswirtschaften auf einen höheren Wachstumspfad zu bringen, müssen die Investitionsausgaben angehoben werden. In diesem Kapitel werden die möglichen Gründe für das derzeit schwache Investitionsniveau dargelegt, unter Berücksichtigung säkularer Trends wie der Verlagerung von Investitionsstandorten in aufstrebende Marktwirtschaften, der wachsenden Bedeutung immaterieller Investitionen und der rückläufigen Zahl investitionsintensiver Sektoren in der Volkswirtschaft. Die Analyse erstreckt sich ferner auf die Bestimmungsfaktoren der Unternehmensinvestitionen: die schwache gesamtwirtschaftliche Nachfrage, die Kapitalkosten, die Ungewissheit in Bezug auf die wirtschaftliche und politische Entwicklung sowie Regulierungsauflagen. Die treibenden Faktoren für staatliche und Infrastrukturinvestitionen werden ebenfalls erörtert. Das Kapitel endet mit einer Untersuchung der Politikimplikationen der Analyse zur Erreichung eines hohen Wachstums- und Investitionsgleichgewichts, das für qualitativ bessere Beschäftigungsmöglichkeiten und eine verstärkte Innovationsverbreitung, mit anderen Worten ein höheres Produktionspotenzial sorgt.

Entwicklung der Anlageinvestitionen

Die gesamten realen Bruttoinvestitionen im OECD-Raum brachen auf dem Höhepunkt der Krise jäh ein und kehrten erst 2014 zu ihrem Vorkrisenniveau zurück (Abb. 3.1). Der Rückgang fiel bei den Wohnungsbauinvestitionen deutlich stärker aus als bei den Unternehmensinvestitionen, allerdings gab es zwischen den Ländern erhebliche Unterschiede. Unter den fortgeschrittenen Ländern war die Investitionskomprimierung im Euroraum besonders stark ausgeprägt (Abb. 3.2). Demgegenüber war der Investitionsrückgang in großen aufstrebenden Marktwirtschaften, mit Ausnahme Chinas, 2009 wesentlich geringer und von kürzerer Dauer. Allerdings hat das Investitionswachstum in diesen Ländern in den vergangenen vier Jahren an Schwung verloren, auch hier mit deutlichen Unterschieden zwischen den einzelnen

Figure 3.1. **Evolution of global investment**

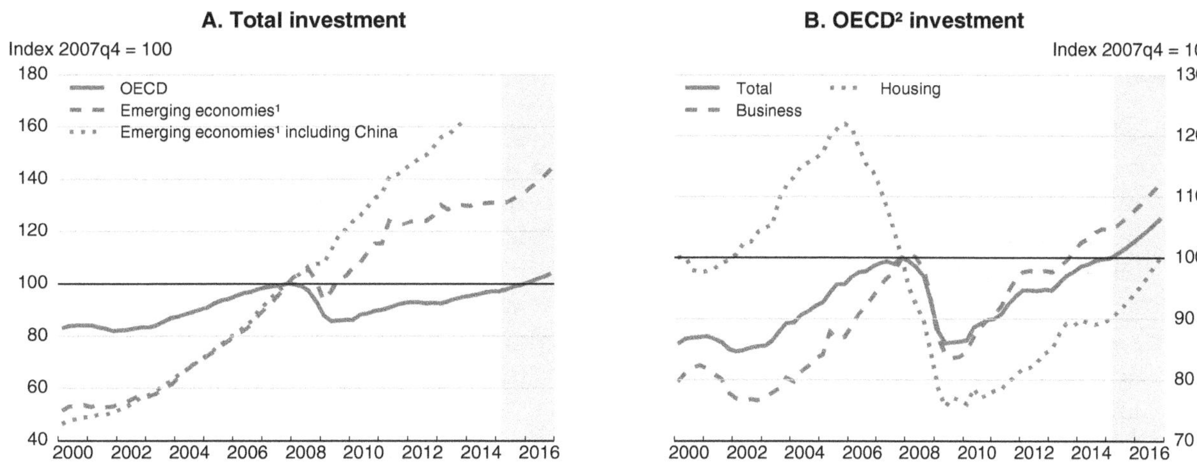

1. Covers Brazil, India, Indonesia, Mexico, Russia, South Africa and Turkey.
2. Covers only 17 OECD countries for which series on housing and business investment are available.

Source: OECD Economic Outlook 97 database; and UN National Accounts Main Aggregates Database.

StatLink http://dx.doi.org/10.1787/888933221384

Figure 3.2. **Real gross investment**

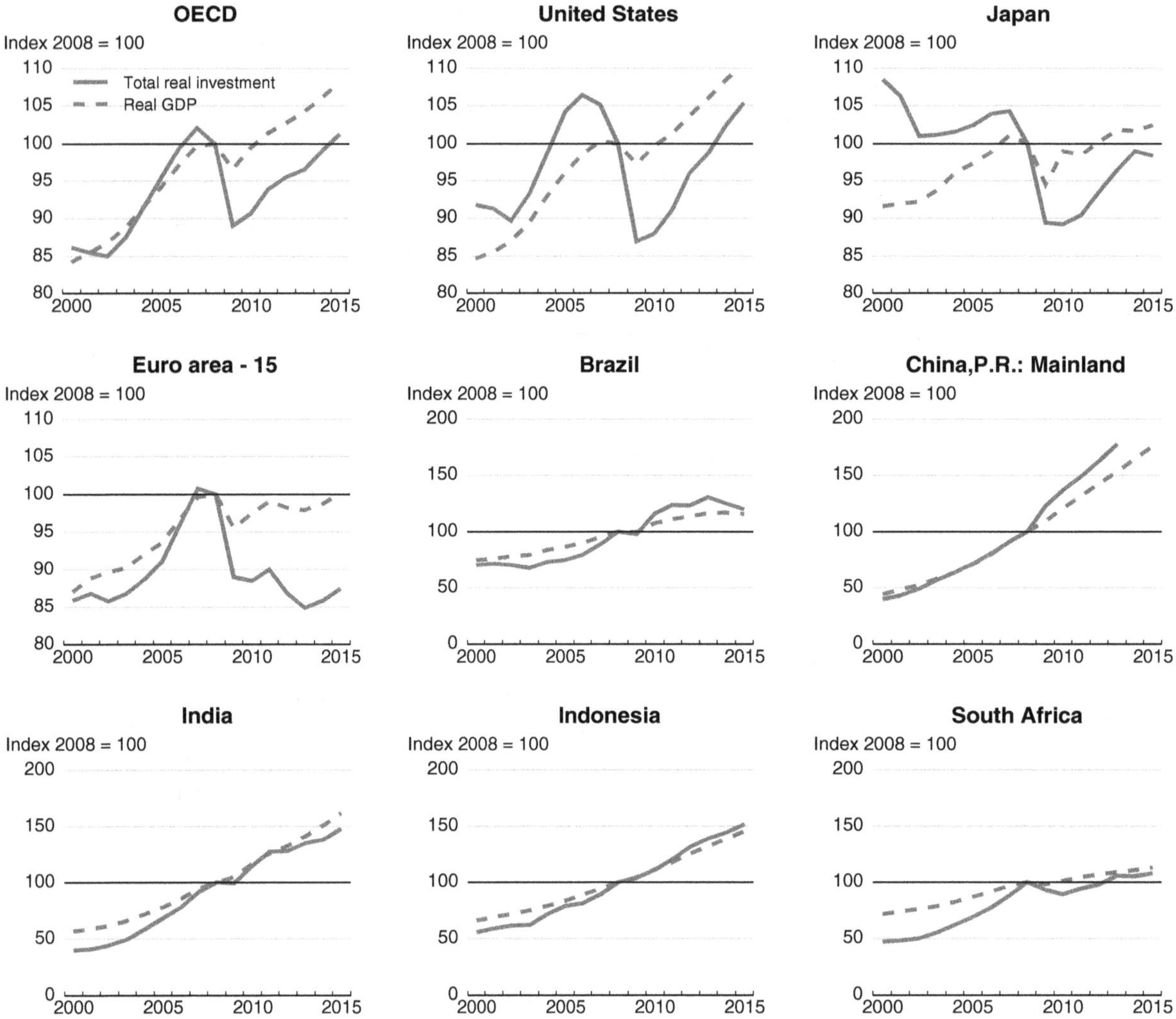

Source: *OECD Economic Outlook 97 database;* and *UN National Accounts Main Aggregates Database.*

StatLink http://dx.doi.org/10.1787/888933221393

Volkswirtschaften. Die Investitionen in den großen aufstrebenden Volkswirtschaften als Gruppe betrachtet sind in den vergangenen zehn Jahren u.a. auf Grund der robusten Investitionen in China, Indien und Indonesien in ununterbrochenem und raschem Tempo gestiegen. Infolgedessen tendieren die Investitionsquoten in vielen aufstrebenden Marktwirtschaften, anders als in vielen fortgeschrittenen Volkswirtschaften, darunter insbesondere der Euroraum, aufwärts. Mit Blick auf die Zukunft werden die Bruttoinvestitionen den Projektionen zufolge rascher steigen als das BIP, so dass sich die Kapitalkoeffizienten für diese Volkswirtschaften erhöhen, was für einige Länder, aber nicht für alle, in ihrem derzeitigen Entwicklungsstadium angemessen ist.

Da die durchschnittlichen Abschreibungssätze angesichts des wachsenden Anteils an kurzlebigen Informations- und Kommunikationstechnologien sowie immateriellen Gütern am Gesamtkapital gestiegen sind, müssten die Bruttoinvestitionen höher sein als die historischen Benchmarks, um einen Rückgang der Nettoinvestitionen und des Kapitalstocks zu verhindern. Von neuen OECD-Schätzungen des realen produktiven Kapitalstocks

Figure 3.3. **Net investment and capital stock growth have been weak following the crisis**

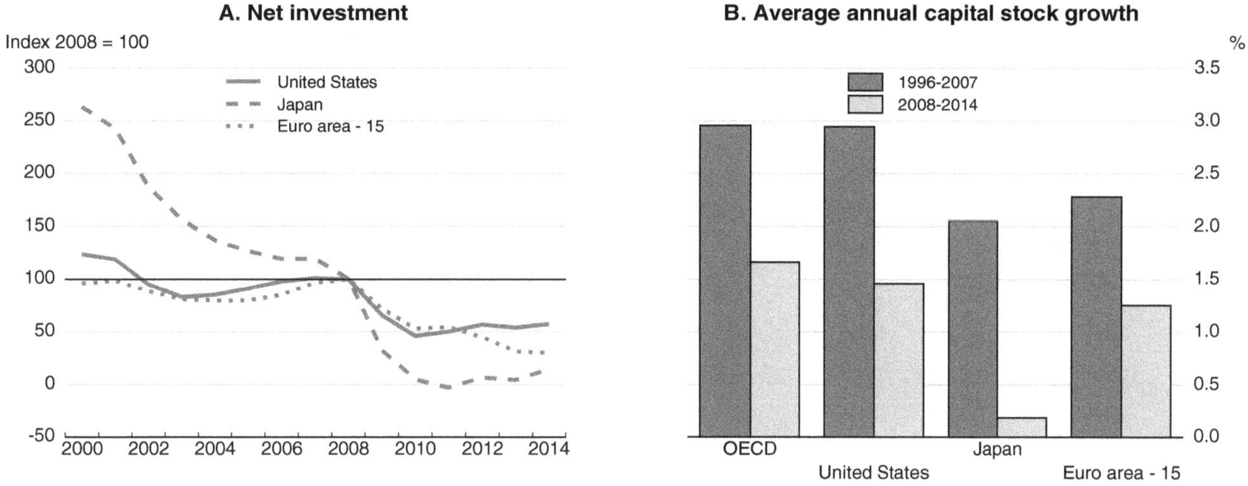

Source: OECD Economic Outlook 97 database; and OECD calculations.

StatLink http://dx.doi.org/10.1787/888933221408

abgeleitete Schätzwerte für die realen Nettoinvestitionen von Wirtschaft und Staat insgesamt lassen vermuten, dass sie weit niedriger ausfallen als im Vorfeld der Krise (Abb. 3.3). Insgesamt ist der produktive Kapitalstock per saldo in einem sehr viel langsameren Tempo gestiegen als in der Zeit vor der Krise und konnte mit dem moderaten Produktionszuwachs während der Erholung in den Vereinigten Staaten, Japan und dem Euroraum nicht Schritt halten. Das ist ein wichtiger Faktor, der mit zur Schwäche des Potenzialwachstums nach der Krise beigetragen hat (Kasten 1.3 in Kapitel 1).

Wandel in der weltweiten Investitionsverteilung

Der Anteil der in die aufstrebenden Marktwirtschaften fließenden globalen Investitionen ist in den vergangenen zehn Jahren drastisch gestiegen (Abb. 3.4). Dies ist auf eine Reihe von Faktoren zurückzuführen, u.a. das relativ kräftige Wachstum in diesen Volkswirtschaften, ihre investitionsbasierten Entwicklungspfade und den Wandel in der internationalen Produktionsspezialisierung. Besonders augenfällig sind die Veränderungen beim Anteil Chinas. Unter Berücksichtigung aller Formen von Investitionen und Investoren vereint China mittlerweile etwa 16½% der weltweiten Produktion (in KKP gerechnet), aber über 30% der globalen Investitionsausgaben auf sich, wobei ein Sechstel der chinesischen Investitionen dem Wohnungsbau gilt. Gleichzeitig hat sich China zum führenden Standort für internationale ausländische Direktinvestitionen (ADI) entwickelt (siehe weiter unten).

Die grenzüberschreitenden globalen Investitionsbewegungen lassen sich anhand einer Reihe unterschiedlicher Indikatoren und Messgrößen untersuchen. Am häufigsten werden die ADI-Ströme und -Bestände verwendet, die für alle Volkswirtschaften und auch auf bilateraler Basis zur Verfügung stehen. Anhand dieser Daten werden grenzüberschreitende Finanzströme gemessen, die Besitz- und Kontrollstrukturen widerspiegeln. Wenngleich diese Finanzströme größtenteils auf Fusionen und Übernahmen zurückzuführen sind, tragen diese Daten auch den von multinationalen Unternehmen tatsächlich getätigten Bruttoanlageinvestitionen Rechnung[1]. Zusätzliche Informationen liefern neue ADI-Projekte, die auf der grünen Wiese entstehen, sog. „Greenfield"-Projekte (eine Untergruppe der Gesamt-ADI), sowie direkte Angaben multinationaler Unternehmen über die von ihnen getätigten Anlageinvestitionen aus Ländern, die über entsprechende Daten verfügen[2]. Veränderungen in der Geografie der

Figure 3.4. **Global fixed capital investment has shifted to emerging market economies**

In per cent of world gross fixed capital investment

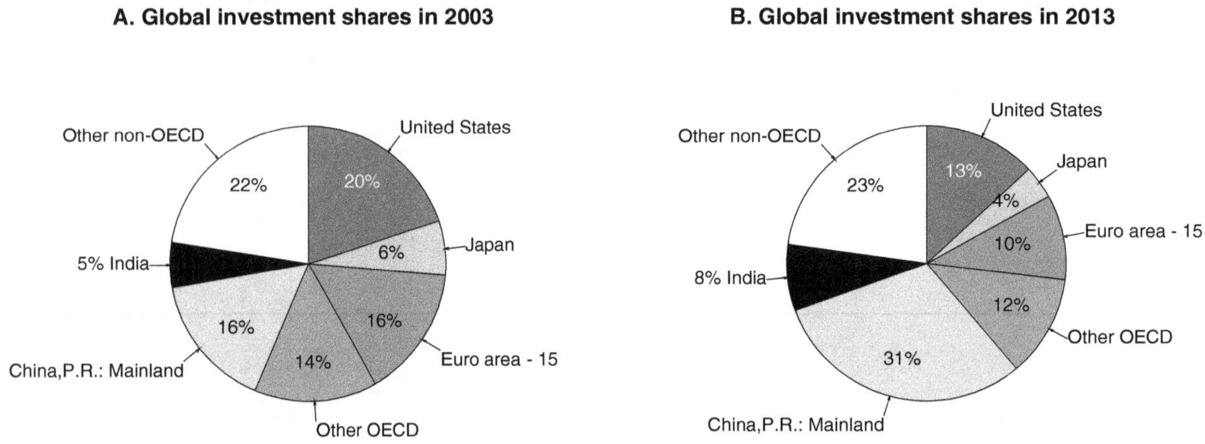

Note: Calculations based on PPPs.
Source: World Bank; and OECD calculations.

StatLink http://dx.doi.org/10.1787/888933221417

Besitz- und Kontrollstrukturen könnten Auswirkungen auf das Investitionsniveau in den fortgeschrittenen Volkswirtschaften haben, insbesondere, wenn sie das Ausmaß erhöhen, in dem Investitionsentscheidungen in einer Volkswirtschaft nicht nur von den Entwicklungen in dieser Volkswirtschaft abhängen, sondern auch von der weltweiten Nachfrage und den relativen Kosten, die mit Investitionen in anderen Volkswirtschaften verbunden sind (Young, 1999; Belderbos et al., 2012). Zugleich könnte dies die globalen Investitionsrenditen multinationaler Unternehmen in fortgeschrittenen Volkswirtschaften erhöhen.

Die globale Verteilung der ADI-Zuflüsse – unter Berücksichtigung sowohl der Transaktionen im Rahmen von Fusionen und Übernahmen als auch von Unternehmensneugründungen – hat sich im Lauf der Zeit etwas verlagert, wobei in die OECD-Länder im Zeitraum 2011-2013 weniger als die Hälfte der Gesamtzuflüsse ging, gegenüber etwa vier Fünfteln der Gesamtzuflüsse in der zweiten Hälfte der 1990er Jahre (Abb. 3.5). Seit der Krise ist dieser Rückgang im Euroraum besonders ausgeprägt. Zugleich ist der Anteil der Zuflüsse nach China und in einige andere aufstrebende Marktwirtschaften drastisch gestiegen. Zurückzuführen ist diese Entwicklung weitgehend auf das positive Wachstumsgefälle, die Kostenunterschiede und den Abbau der Regulierungslücken in den aufstrebenden Marktwirtschaften gegenüber den fortgeschrittenen Ländern (Arbatli, 2011).

- Auch die Mehrzahl der neuen Greenfield-ADI-Projekte ist außerhalb des OECD-Raums angesiedelt, ihre geografische Verteilung war im Zeitverlauf aber relativ stabil (Abb. 3.6). China bleibt ein wichtiger Standort, doch werden nur etwa 10% der neuen Greenfield-ADI-Projekte in China umgesetzt. Unter den OECD-Volkswirtschaften ist der Anteil der neuen, in den Vereinigten Staaten (und auch im Vereinigten Königreich) angesiedelten Projekte seit Ausbruch der Krise gestiegen, während er in den Ländern des Euroraums erneut gesunken ist, was möglicherweise auf Unterschiede im Erholungstempo zwischen diesen Volkswirtschaften zurückzuführen ist.
- China ist außerdem zu einer wichtigen Quelle von ADI geworden. UNCTAD-Daten zufolge ist der aus China stammende Anteil an den weltweiten ADI, der während des größten Teils der vergangenen 20 Jahre weniger als 1% der globalen ADI-Abflüsse

Figure 3.5. **FDI flows are increasingly to non-OECD countries**

Shares of global FDI inflows

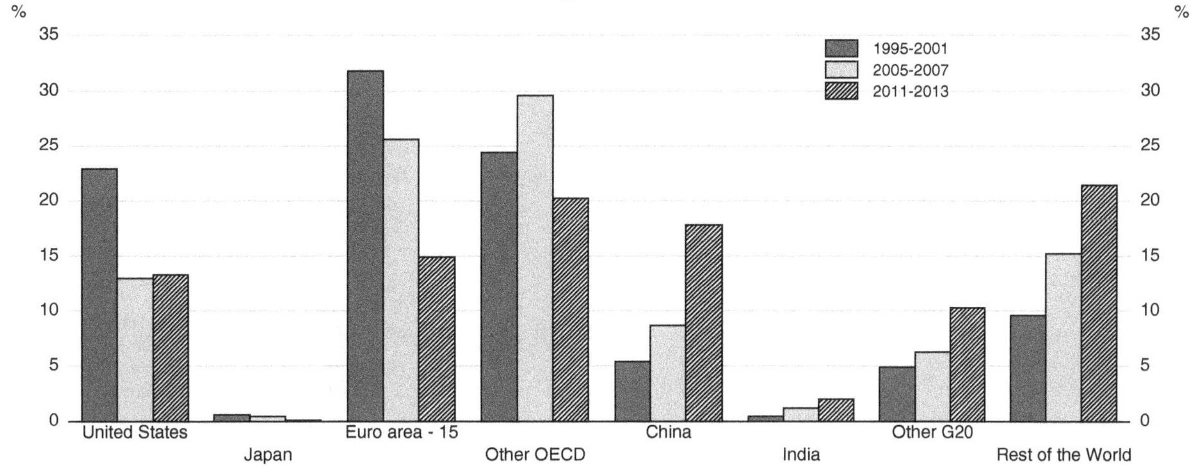

Source: OECD FDI Databases; and OECD calculations.

StatLink http://dx.doi.org/10.1787/888933221421

betragen hatte, seit 2008 rasch gestiegen und machte 2013 mehr als 7% der globalen ADI-Abflüsse aus. Dennoch entfällt auf China in den meisten OECD-Ländern weniger als 1% des ADI-Bestands (etwas höher ist der Anteil der chinesischen ADI in Australien, Kanada, Korea, Norwegen und Schweden, er verharrt aber auch hier unter 3%).

- Die gesamtwirtschaftlichen Informationen zu den Kapitalinvestitionen multinationaler Unternehmen beschränken sich weitgehend auf materielle Anlageinvestitionen von Unternehmen in ausländischem Besitz in den Zielländern. Deutlich weniger Informationen stehen über die Investitionen von Tochtergesellschaften inländischer Unternehmen im Ausland zur Verfügung (Kasten 3.1). In der Mehrzahl der OECD-Länder, für die Daten vorhanden sind, bewegt sich der Anteil der Investitionen von Unternehmen in ausländischem Besitz in materielle Vermögenswerte zwischen 1% und 2½% des inländischen BIP, wohingegen er in einer Handvoll kleinerer, offener Volkswirtschaften in Europa zwischen 4% und 6% des BIP liegt (Abb. 3.7)[3]. Japan nimmt auf Grund des vergleichsweise geringen Investitionsniveaus von Unternehmen in ausländischem Besitz eine Sonderstellung ein. Es ist nicht anzunehmen, dass die Investitionsentscheidungen von Unternehmen in ausländischem Besitz das in allen OECD-Ländern seit der Krise beobachtete geringe Investitionsniveau erklären können, da ihre Investitionen in etwa der Hälfte der untersuchten Länder (in Prozent des BIP) gestiegen sind, darunter auch in der Gesamtheit der Länder des Euroraums, für die Daten sowohl für 2006 als auch für 2012 zur Verfügung stehen.

Die internationale Mobilität der Anlageinvestitionen erweitert das Spektrum der Faktoren, die die Anlageinvestitionen an den einzelnen Standorten beeinflussen. ADI-Abflüsse bzw. Anlageinvestitionen ausländischer Tochtergesellschaften inländischer Unternehmen könnten Auswirkungen auf das Gesamtniveau der Anlageinvestitionen im Herkunftsland haben. A priori gibt es keine eindeutigen theoretischen Auswirkungen, wobei die Verflechtungen von einem breiten Spektrum an Faktoren abhängen, darunter die Motivation, im Ausland zu investieren, der Effekt von Auslandsinvestitionen auf die Größe der Auslandsmärkte sowie die Frage, ob Unternehmen finanziellen Einschränkungen unterliegen. Die verfügbare empirische Literatur liefert keine klare Antwort auf die Frage, ob ADI-Ströme an die Stelle inländischer Investitionen treten oder diese ergänzen (Globerman, 2012).

Figure 3.6. **The location of greenfield FDI projects**

Shares of global greenfield FDI

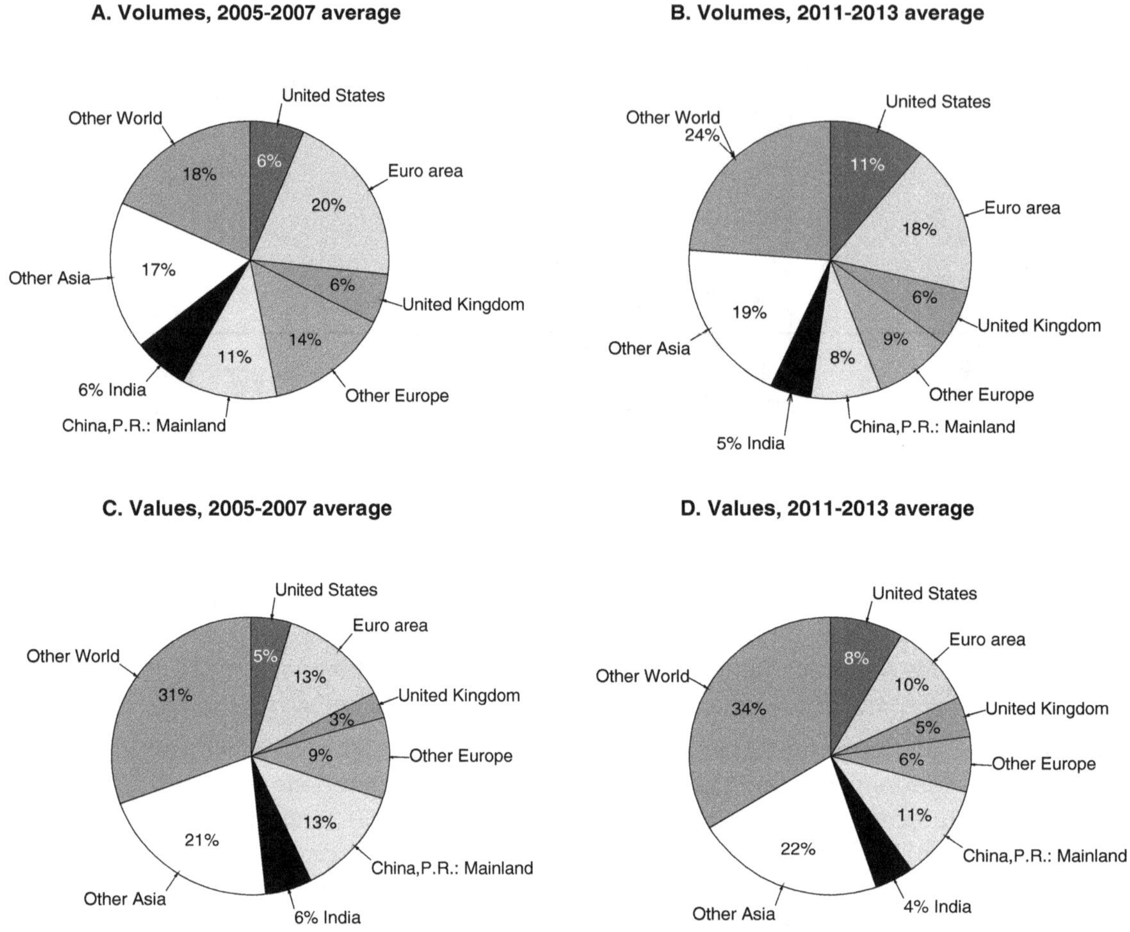

Source: UNCTAD; and OECD calculations.

StatLink http://dx.doi.org/10.1787/888933221433

Kasten 3.1 **Anlageinvestitionen ausländischer Tochtergesellschaften inländischer Unternehmen**

Die Informationen zu den Anlageinvestitionen ausländischer Tochtergesellschaften inländischer Unternehmen halten sich in Grenzen, und die meisten Daten zu den Investitionen inländischer Unternehmen im Ausland betreffen Produktion und Beschäftigung. Gleichwohl stehen für die Vereinigten Staaten und Japan vergleichsweise umfangreiche Datensets zur Verfügung (Abbildung im Kasten)[1].

- In den Vereinigten Staaten ist die Investitionsintensität (gemessen im Verhältnis zur Wertschöpfung) sowohl der US-amerikanischen Muttergesellschaften als auch der in ihrem Mehrheitsbesitz befindlichen ausländischen Tochtergesellschaften im Zeitverlauf gesunken und lag 2012 bei etwa 18% bzw. 15½% der Wertschöpfung. Der Anteil der ausländischen Tochtergesellschaften an den Gesamtinvestitionen in materielle Vermögenswerte ist im Lauf der Zeit geringfügig gestiegen, insbesondere im nichtverarbeitenden Gewerbe. Die Investitionen dieser Tochtergesellschaften sind auch im Verhältnis zu den gesamten US-amerikanischen Unternehmensinvestitionen (materielle und immaterielle Vermögenswerte) gestiegen. 2012 beliefen sich die Investitionen der ausländischen Tochtergesellschaften auf knapp über 11% der gesamten inländischen Unternehmensinvestitionen in den Vereinigten Staaten, gegenüber 8¼% im Durchschnitt der Jahre 2001-2007. Zurückzuführen ist dies möglicherweise auf einen wachsenden Trend

(Fortsetzung nächste Seite)

(Fortsetzung)

Investment by the foreign affiliates of US and Japanese companies

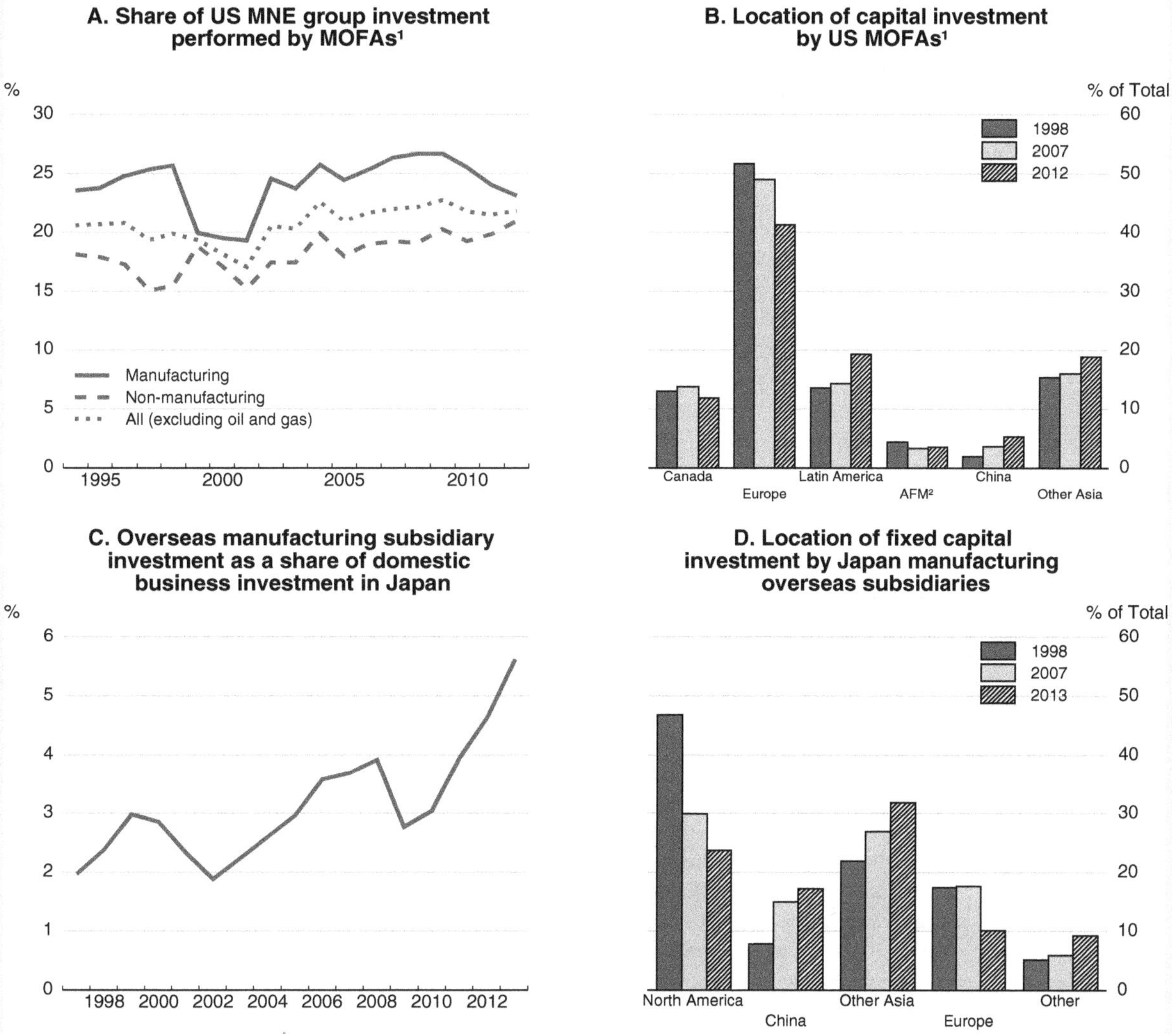

1. MOFAs stands for majority-owned foreign affiliates.
2. Africa and Middle East.

Source: OECD Economic Outlook 97 database; National Statistical Offices; and OECD calculations.

StatLink http://dx.doi.org/10.1787/888933221656

zur Lokalisierung neuer Investitionen außerhalb der Vereinigten Staaten, es könnte aber auch nur die stärkere Finanzkraft widerspiegeln, über die viele multinationale Unternehmen verfügen.

- Der Hauptstandort für Anlageinvestitionen ausländischer Tochterunternehmen in US-amerikanischem Mehrheitsbesitz bleibt Europa, doch ist der Anteil der dort getätigten Investitionen im Zeitverlauf drastisch gesunken, und die Anteile in Asien und Lateinamerika sind gestiegen. Wenngleich der Anteil der aufstrebenden Marktwirtschaften außerhalb des OECD-Raums an den Gesamtkapitalausgaben ausländischer Tochterunternehmen in US-amerikanischem Mehrheitsbesitz im Vorfeld der weltweiten Finanzkrise rasch zugenommen hatte, erhöhte er sich zwischen 2007 und 2012 (dem letzten Jahr, für das Daten zur Verfügung stehen) nur geringfügig auf knapp über ein Drittel. Das entsprach etwa ½% des US-amerikanischen BIP und lag um 0,2 Prozentpunkte über dem Wert von 2004.

(Fortsetzung nächste Seite)

(Fortsetzung)

- In Japan sind die materiellen Anlageinvestitionen von Tochterunternehmen japanischer Hersteller im Ausland in Prozent der gesamten Unternehmensinvestitionen im Inland (sog. „Hollowing out" – Aushöhlen) insbesondere seit der weltweiten Finanzkrise gestiegen. Anlageinvestitionen werden zunehmend in Asien getätigt (Hauptempfänger), zu Lasten von Europa und Nordamerika. Insgesamt sind die Investitionen ausländischer Tochtergesellschaften in aufstrebenden Marktwirtschaften, im Vergleich zum BIP in Japan gemessen, zwischen 2007 und 2013 um 0,2 Prozentpunkte auf 0,5% des BIP gestiegen.

1. In Europa stehen Schätzungen für die Investitionen ausländischer Tochtergesellschaften anderer Länder im Inland zur Verfügung, kaum Informationen gibt es indessen über die Investitionen von Tochtergesellschaften im Ausland.

Figure 3.7. **Domestic tangible capital investment by foreign-owned firms**

In per cent of GDP

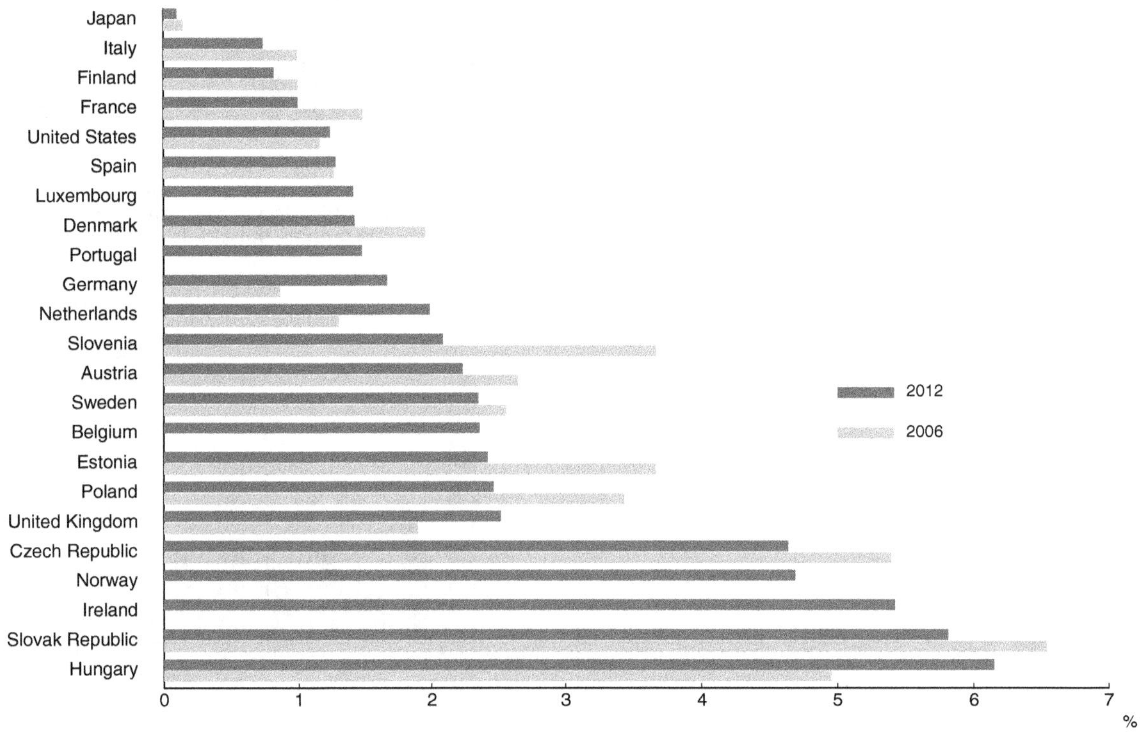

Note: Data refer to 2007 for Austria, the Netherlands and Poland; and to 2011 for Japan.

Source: *OECD Activity of Multinational Enterprises (AMNE) Database*; Bureau of Economic Analysis; Eurostat; and OECD calculations.

StatLink http://dx.doi.org/10.1787/888933221447

- Horizontale multinationale Unternehmen sind Firmen mit zahlreichen Produktionsstandorten, die in den Herkunfts- und Zielländern ähnliche Erzeugnisse herstellen, wodurch sie die Exportkosten sparen. Die Wahrscheinlichkeit, dass diese Unternehmensformen angetroffen werden, nimmt zu, wenn die Empfängerländer von ähnlicher Größe sind (um zu verhindern, dass kostenintensive Kapazitäten an kleinen Märkten unterhalten werden), über eine ähnliche Faktorausstattung verfügen und der Marktzutritt über den Handel mit positiven Kosten verbunden ist. Investitionen dieser Art treten mit größerer Wahrscheinlichkeit direkt an die Stelle inländischer Aktivitäten, wenn zuvor exportiert wurde. Die Ergebnisse länderübergreifender Studien auf aggregierter Ebene, die sich auf das Verhältnis zwischen Ersparnis und Investitionen stützen und in der Regel Hinweise auf

Substitutionseffekte enthalten, wobei die ADI-Abflüsse die Inlandsinvestitionen generell in einem Verhältnis von eins zu eins reduzieren (Feldstein, 1995; Desai et al., 2005) könnten die Bedeutung der Investitionen horizontal verbundener multinationaler Unternehmen widerspiegeln[4,5]. Belege für Substitutionseffekte auf Unternehmensebene, insbesondere bei Investitionen in Volkswirtschaften mit niedrigeren Kosten, wurden für Japan (Belderbos et al., 2013) und jene US-Unternehmen gefunden, die nach Produktionsverlagerungen ins Ausland Entlassungen vorgenommen hatten (Monarch et al., 2014)[6].

- Vertikal verbundene multinationale Unternehmen teilen die Phasen und Schritte des Produktionsprozesses sowie die Aufgaben in den globalen Wertschöpfungsketten auf verschiedene Länder auf, wobei die Auswahl des Standorts für die einzelnen Phasen bzw. Schritte von den relativen Kosten sowie anderen Faktoren, wie Steuern und Vorschriften, abhängt. Der Effekt von Investitionen dieser Art auf die inländischen Investitionen ist unklar. Er könnte negativ sein, wenn die Unternehmen den Standort von Aktivitäten verlagern, die zuvor im Inland durchgeführt wurden. Ist der Produktionsprozess aber einmal aufgeteilt, werden sich die Aktivitäten im In- und Ausland wahrscheinlich ergänzen, und dies sowohl über die Produktion von Vorleistungen als auch dank der so geschaffenen Möglichkeit, wissensbasierte, firmenspezifische Vermögenswerte, über die multinationale Unternehmen verfügen, besser ausschöpfen zu können. Belege für eine derartige Komplementarität wurden für die Vereinigten Staaten gefunden, und Schätzungen von Desai et al. (2009) zufolge dürfte ein Anstieg der Auslandsinvestitionen um 10% mit einer Erhöhung der Inlandsinvestitionen um 2,6% einhergehen.

Vom potenziellen Effekt des Offshoring einmal abgesehen, ist nicht auszuschließen, dass die Investitionen in fortgeschrittenen Volkswirtschaften, insbesondere im Bereich der Schwerindustrie, durch Entwicklungen in den aufstrebenden Marktwirtschaften indirekt geschwächt worden sind. Der Kapazitätsausbau in den aufstrebenden Marktwirtschaften hat in einigen Sektoren auf internationaler Ebene zu Kapazitätsüberschüssen geführt, die in diesen Sektoren einen Preisrückgang, niedrigere Gewinne sowie Beeinträchtigungen der Rentabilität zusätzlicher Investitionen zur Folge hatten (OECD, 2015c, 2015d). Der übermäßige Kapazitätsausbau in einigen aufstrebenden Marktwirtschaften ist möglicherweise auf staatliche Interventionen zurückzuführen, wie die administrierte Kreditzuteilung oder die Schaffung von Managementanreizstrukturen in staatseigenen Unternehmen, die den Kapazitätsausbau als ein wichtiges Ziel an sich fördern. Geringe Eigenkapitalrenditen börsennotierter Unternehmen in aufstrebenden Marktwirtschaften, sowohl in Bezug auf die Kapitalkosten als auch die Investitionsrenditen der Kontrahenten in fortgeschrittenen Volkswirtschaften könnten ein Hinweis auf derartige Überinvestitionen sein (Blundell-Wignall und Roulet, 2015; OECD, 2015d).

Verlagerung in Richtung des weniger investitionsintensiven Dienstleistungssektors

Der in fortgeschrittenen Volkswirtschaften erfolgte Wandel in Richtung einer geringeren Investitionsintensität kann z.T. durch die Veränderung der sektoralen Struktur der Wirtschaft erklärt werden. Gemessen am Bruttowertschöpfungsanteil sind die weniger investitionsintensiven Sektoren auf Kosten der stärker investitionsintensiven Sektoren gewachsen, was sich insgesamt in einem schrumpfenden Anteil des das Verarbeitende Gewerbe, den Bergbau und die Versorgungsunternehmen umfassenden Industriesektors und einem wachsenden Anteil des Dienstleistungssektors niederschlägt (Abb. 3.8). In den in Abbildung 3.6 dargestellten Ländern wies der Dienstleistungssektor im Jahr 2013, gemessen am Anteil der Investitionen an der Bruttowertschöpfung, eine bis zu 11 Prozentpunkte geringere Investitionsintensität auf als der Industriesektor. Die Veränderung der sektoralen Struktur brachte in allen untersuchten Volkswirtschaften einen Rückgang der Investitionsintensität mit

Figure 3.8. **Changing sectoral composition has affected aggregate investment intensity**

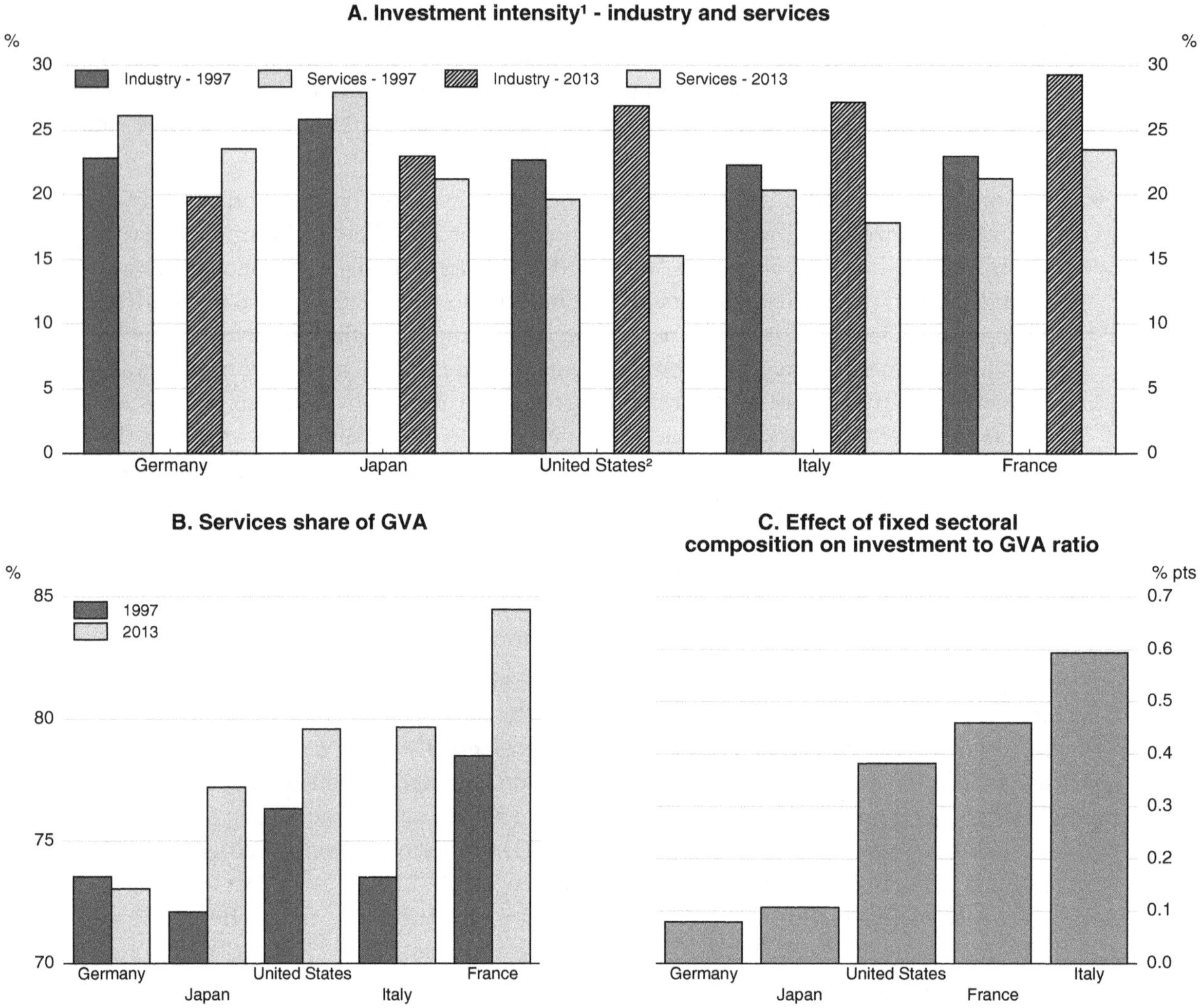

1. Investment intensity is measured as the ratio of nominal investment to nominal gross value added (GVA).
2. Data for the United States based on the private sector only.

Source: Bureau of Economic Analysis; European Commission; Cabinet Office of Japan; and OECD calculations.

StatLink http://dx.doi.org/10.1787/888933221455

sich. Ein Vergleich der tatsächlichen Investitionsintensitäten im Jahr 2013 und der auf Basis einer seit 1997 unveränderten sektoralen Zusammensetzung geschätzten Investitionsintensitäten zeigt allerdings, dass die Auswirkungen dieser Veränderung moderat waren, dass sie sich in Italien und Frankreich aber immer noch auf rd. ½ Prozentpunkt beliefen[7].

Verschiebung hin zu wissensbasiertem Kapital

In den OECD-Ländern verlagerte sich die Investitionstätigkeit nach und nach von den traditionellen Bereichen materieller Investitionen hin zu IKT- und immateriellen/wissensbasierten Investitionen. Dies ist auf eine Reihe von Entwicklungen zurückzuführen, u.a. auf den technischen Fortschritt, den Aufschwung der digitalen Wirtschaft, die Schwerpunktverlagerung vom Industrie- zum Dienstleistungssektor und den weiter oben erörterten Wandel in der globalen Produktionsspezialisierung. In Anbetracht dieser Schwerpunktverlagerung ist es umso wichtiger, die für die derzeit gedämpfte Investitionstätigkeit verantwortlichen Hauptfaktoren zu verstehen, da immaterielle, wissensbasierte Investitionen nicht nur unmittelbare Auswirkungen auf die Nachfrage haben, sondern auch für die Entwicklung neuer Ideen und Technologien bzw. die erfolgreiche Verbreitung bereits existierender Technologien von zentraler Bedeutung sind (OECD, 2015a).

In den neuen Systemen der Volkswirtschaftlichen Gesamtrechnungen (SNA 2008 und ESA 2010)[8] werden zahlreiche immaterielle Investitionen – etwa in den Bereichen FuE, Software, Urheberrechte (Originale der Unterhaltungsindustrie, literarische und künstlerische Originale) und Suchbohrungen – als Anlageinvestitionen erfasst, was sich in einem höheren BIP-Anteil der Investitionen niedergeschlagen hat. Die erfassten immateriellen Anlagen werden zusammen mit einem breiteren Spektrum an investitionsähnlichen Aktivitäten, die Unternehmen zur Wertschöpfung nutzen, als wissensbasiertes Kapital bezeichnet. Zu den Komponenten des wissensbasierten Kapitals, die in den Volkswirtschaftlichen Gesamtrechnungen nicht erfasst werden, zählen u.a. Investitionen in Design, neue Finanzprodukte, Werbung, Marktforschung, Fort- und Weiterbildung sowie Organisationskapital. Auf der Basis von Schätzungen der wissensbasierten Gesamtinvestitionen im Jahr 2010 (Corrado et al., 2012) decken die in den Volkswirtschaftlichen Gesamtrechnungen verbuchten immateriellen Investitionen im Länderdurchschnitt 56% der wissensbasierten Gesamtinvestitionen ab, wobei die Anteile von 34% in Luxemburg bis 80% in Griechenland reichen.

Die Erfassung immaterieller Investitionen in den Volkswirtschaftlichen Gesamtrechnungen führte in einigen Volkswirtschaften zu einer deutlichen Veränderung des verzeichneten Investitionsniveaus. Der Anteil der immateriellen Anlagen an den Gesamtinvestitionen schwankt im OECD-Vergleich stark. In mehreren Ländern, darunter Irland, Schweden, Dänemark, die Vereinigten Staaten, die Schweiz und Frankreich, entfällt jedoch mehr als ein Fünftel der Gesamtinvestitionen auf immaterielle Anlagen (Abb. 3.9).

Die immateriellen Investitionen hatten seit Beginn der Krise Auswirkungen auf die Elastizität der Gesamtinvestitionen. In den meisten Ländern erhöhte sich der Anteil der im neuen System der Volkswirtschaftlichen Gesamtrechnung erfassten immateriellen Investitionen an den nicht dem Wohnungsbau geltenden Investitionen während der

Figure 3.9. **Intangibles account for a significant share of investment in most OECD countries**

In per cent of nominal non-residential investment

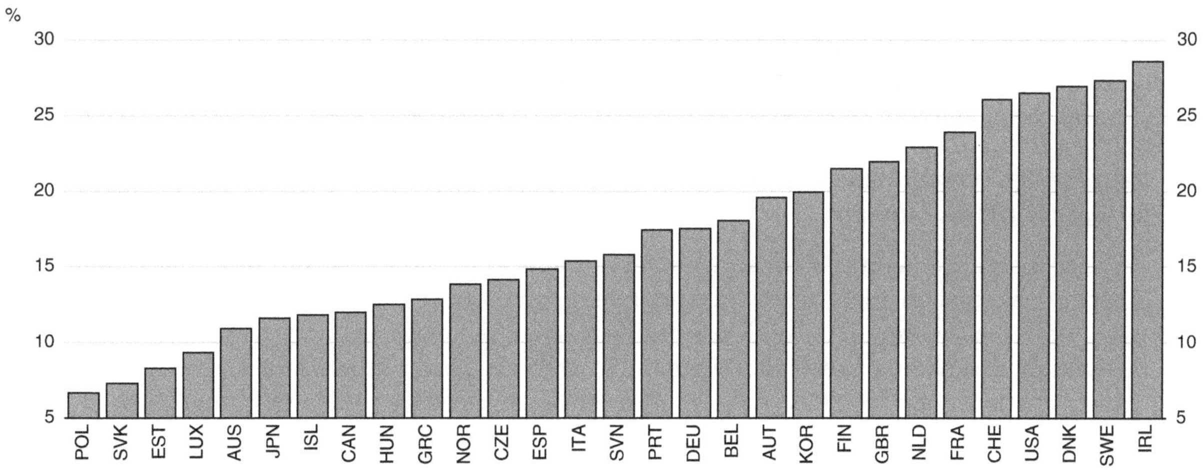

Note: Latest available annual data.

Source: *OECD Economic Outlook 97 database*; national statistical offices; and OECD calculations.

StatLink http://dx.doi.org/10.1787/888933221462

Figure 3.10. **Intangible investment remained strong throughout the crisis**

In per cent of nominal non-residential investment, change from 2007 to 2011

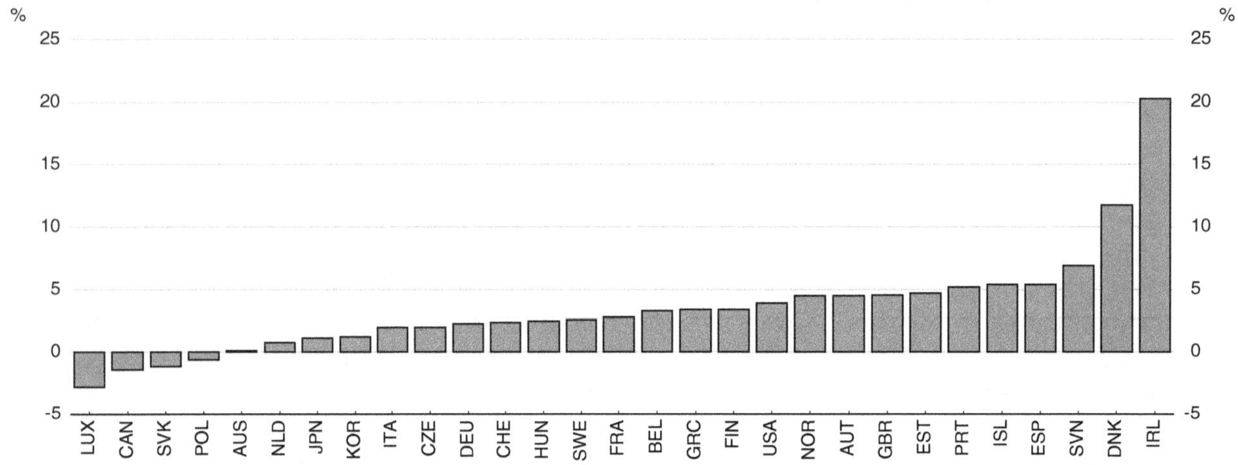

Source: OECD *Economic Outlook 97 database*; national statistical offices; and OECD calculations.

StatLink http://dx.doi.org/10.1787/888933221471

Krise, was darauf hindeutet, dass die generelle Investitionsschwäche im Allgemeinen der Schwäche der materiellen Investitionen, etwa in Bauten und Unternehmensausrüstungen, zuzuschreiben ist (Abb. 3.10)[9].

Die relative Stabilität der immateriellen Investitionen könnte darauf hindeuten, dass immaterielle Investitionen weniger konjunkturabhängig sind als Sachinvestitionen, oder aber darauf, dass sie zu Beginn der Krise stärker von staatlichen Maßnahmen profitierten. Sie könnte auch von einem längerfristigen Wandel in Richtung eines höheren Anteils immaterieller Investitionen bei zahlreichen Waren und Dienstleistungen herrühren. Letztlich ist wahrscheinlich von einer starken Komplementarität immaterieller und materieller Anlagen auszugehen. Erfolgreiche FuE-Investitionen etwa können mit zeitlicher Verzögerung Sachinvestitionen nach sich ziehen, und Investitionen in Unternehmenssoftware stellen eine Ergänzung zu Investitionsausgaben für IKT-Kapitalgüter dar. Auf desaggregierter Ebene sind starke komplementäre Effekte zwischen den verschiedenen Investitionsarten festzustellen. Ein Beispiel hierfür ist der signifikante Komplementäreffekt zwischen dem (in den Volkswirtschaftlichen Gesamtrechnungen nicht erfassten) Organisationskapital und Investitionen in IKT-Anlagegüter (Andrews und Criscuolo, 2013).

Beiträge der verschiedenen Sektoren zur Investitionsschwäche in den fortgeschrittenen Ländern

Der Anteil der nominalen Bruttoinvestitionen am nominalen BIP misst den für Investitionsausgaben aufgewendeten Anteil des Produktionswerts. Die bereits erörterten Volumenmaße messen den Anteil der realen Ressourcen einer Volkswirtschaft, die für Investitionsausgaben aufgewendet werden. Da sich die relativen Preise der verschiedenen Investitionsgüter im Zeitverlauf ändern (man denke an den Preisrückgang bei IKT-Anlagegütern und den Preisanstieg bei anderen Arten von Investitionsgütern), können die aggregierten Volumenmaße zum Investitionsniveau nicht für einen Vergleich auf Sektorebene aufgeschlüsselt werden[10]. Die nominale Investitionsquote dagegen kann nach Sektoren aufgeschlüsselt werden, so dass sich der Beitrag der einzelnen Sektoren zu der derzeit im Vergleich zum Vorkrisendurchschnitt bestehenden Investitionslücke ermitteln lässt.

Table 3.1. **Gross investment levels remain weak across OECD countries**

Per cent of GDP

	2014	Pre-crisis average (1996-2007)	Difference
Total	20.3	22.4	-2.1
Business	12.8	13.4	-0.6
Housing	4.2	5.3	-1.2
Government	3.4	3.7	-0.3

Note: Aggregate based on PPP weights. Only includes countries where component level data are available.

Source: OECD Economic Outlook 97 database.

StatLink http://dx.doi.org/10.1787/888933222437

In den meisten OECD-Ländern ist der nominale Anteil der Bruttoinvestitionen am BIP unter den historischen Vorkrisendurchschnitt gesunken. 2014 lagen die Ausgaben für Anlageinvestitionen im OECD-Raum immer noch etwa 2% des BIP unter ihrem langfristigen Vorkrisendurchschnitt (Tabelle 3.1). Die einzelnen Wirtschaftssektoren haben in unterschiedlichem Maße zur Gesamtlücke zwischen den Bruttoinvestitionen 2014 und ihrem langfristigen historischen Durchschnitt im OECD-Raum beigetragen (Tabelle 3.1):

- Auf die Ausgaben der privaten Haushalte für Wohnungsbauinvestitionen (im Folgenden als Wohnungsbauinvestitionen bezeichnet) entfällt trotz ihres geringen Anteils an den aggregierten Investitionen gemessen am BIP der größte Teil der Gesamtlücke.
- Auf die staatlichen Investitionen (im Verhältnis zum BIP), die sich zu Beginn des Abschwungs auf Grund fiskalischer Impulse erhöhten und anschließend im Zuge der Haushaltskonsolidierung abnahmen, war 2014 etwas mehr als ein Zehntel der Gesamtlücke zurückzuführen.
- Die Unternehmensinvestitionen – die Hauptkomponente der Gesamtinvestitionen – haben sich von ihrem starken Rückgang zu Beginn der Krise nach und nach erholt. Sie erklärten 2014 knapp ein Drittel der Gesamtlücke.
- Wie oben erörtert, konzentrierte sich der Rückgang der Unternehmensinvestitionen und der staatlichen Investitionen auf materielle Investitionen. Tatsächlich liegen die immateriellen Investitionen im Verhältnis zum BIP heute lediglich in 6 von 29 OECD-Ländern, für die Daten zur Verfügung stehen, unter dem Vorkrisendurchschnitt, und die Differenz ist in jedem dieser Länder gering (0,6% des BIP oder weniger).

Die OECD-weite Lücke, die die Bruttoinvestitionen von ihrem längerfristigen historischen Durchschnitt trennt, und der OECD-weite relative Beitrag der verschiedenen Sektoren verdecken die Tatsache, dass zwischen den großen OECD-Volkswirtschaften maßgebliche Unterschiede bestehen (Abb. 3.11 und 3.A1; CPB, 2015). In den Vereinigten Staaten und in Japan sind die Gesamtinvestitionen im Vergleich zum Vorkrisenniveau stärker zurückgegangen als im OECD-Durchschnitt, was im Fall der Vereinigten Staaten auf die schwachen Wohnungsbauinvestitionen und im Fall Japans auf die Schwäche der staatlichen Investitionen zurückzuführen war. Im Euroraum fällt die Investitionslücke insgesamt etwas geringer aus als im OECD-Durchschnitt. In anderen Volkswirtschaften wurden stärkere Abweichungen verzeichnet:

- In ein paar, von der Krise besonders hart getroffenen Ländern beträgt der Investitionsrückstand gegenüber den historischen Durchschnittswerten insgesamt 7% des BIP oder mehr. In manchen Ländern (Griechenland, Irland und Spanien) war der Gesamtrückstand

Figure 3.11. **The composition of gross investment shortfalls differs across countries**

In per cent of GDP, 2014 minus 1996-2007 average

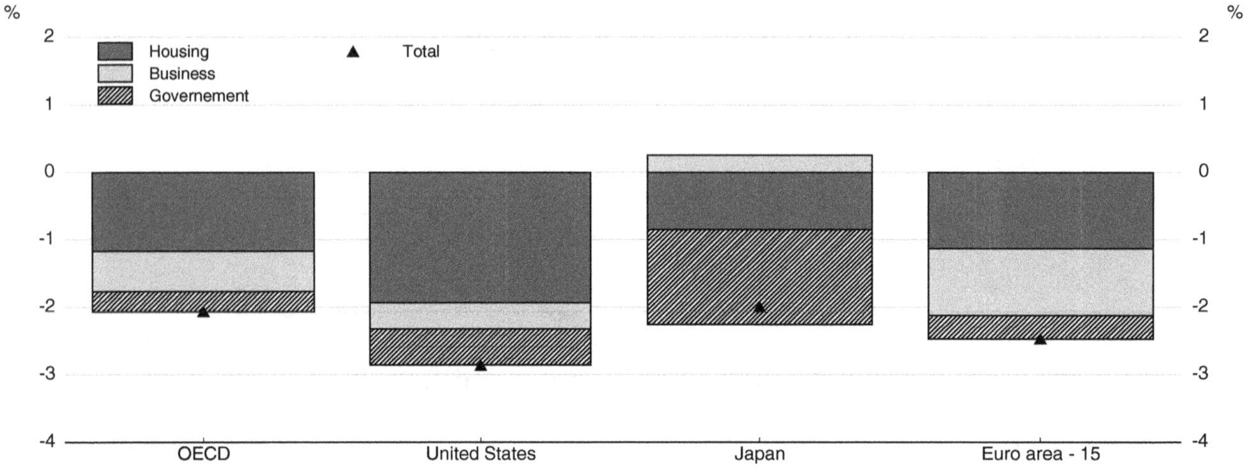

Source: *OECD Economic Outlook 97 database*; European Commission; and OECD calculations.

StatLink http://dx.doi.org/10.1787/888933221485

in erster Linie auf die Wohnungsbauinvestitionen und, wenn überhaupt, nur in geringem Maße auf den Rückgang der Unternehmensinvestitionen und der staatlichen Investitionen zurückzuführen. In anderen Ländern wiederum (darunter Island und die Slowakische Republik) waren schwache Unternehmensinvestitionen der Hauptfaktor.

- In einigen Ländern, darunter eine Reihe von Rohstoffexporteuren wie Australien, Kanada und Norwegen, lagen die Bruttoinvestitionsquoten 2014 über dem Vorkrisendurchschnitt. In diesen Ländern waren die einzelnen Investitionskomponenten in der Regel im positiven Bereich bzw. unverändert. Überraschender ist, dass die nominalen Bruttoinvestitionen in Frankreich und Belgien – trotz der grundlegenden Schwäche der Inlandsnachfrage in diesen Volkswirtschaften und der Investitionsschwäche im Jahr 2014 – über den historischen Durchschnittswerten lagen.

Eine im Vergleich zu den historischen Normwerten geringere Investitionstätigkeit in bestimmten Sektoren bedeutet nicht, dass die Investitionen in Zukunft wieder die früheren Normwerte erreichen müssen. Möglicherweise war das Investitionsniveau vor der Krise auf Grund besonderer Umstände erhöht. Dies trifft insbesondere auf den Wohnungsbausektor zu: Der einfache Zugang zu niedrig verzinsten Hypothekenkrediten hat den Wohnungsbausektor in einer Reihe von Ländern weit über das tragfähige Niveau hinaus aufgebläht. Damit waren die Voraussetzungen für den anschließenden Einbruch der Wohnungsbauinvestitionen geschaffen, der gravierende Auswirkungen auf die übrige Volkswirtschaft und, auf Grund der hohen Arbeitsintensität des Wohnungsbausektors, insbesondere auf die Beschäftigung hatte. Vor dem Hintergrund der geplatzten Wohnimmobilienblase und der Verlangsamung des Bevölkerungswachstums bzw. des Bevölkerungsrückgangs in zahlreichen OECD-Ländern dürften die Wohnungsbauinvestitionen in Zukunft unter ihrem Vorkrisenniveau bleiben. Dass die Bevölkerungsalterung in den OECD-Ländern einen signifikanten negativen Einfluss auf die Wohnungsbauinvestitionen hat, ist empirisch erwiesen (Lindh und Malmberg, 2008)[11]. Geringere Wohnungsbauinvestitionen können sich negativ auf den Konsum von Gebrauchsgütern und auf die Beschäftigung auswirken. Eine frühere Forschungsarbeit der OECD setzt sich ausführlich mit dem Thema Wohnungsbauinvestitionen auseinander (Andrews et al., 2011).

Figure 3.12. **Global capital spending departure from average for OECD listed companies**

Nominal gross capital spending, in per cent of net global sales, 2013 minus 2002-2007 average

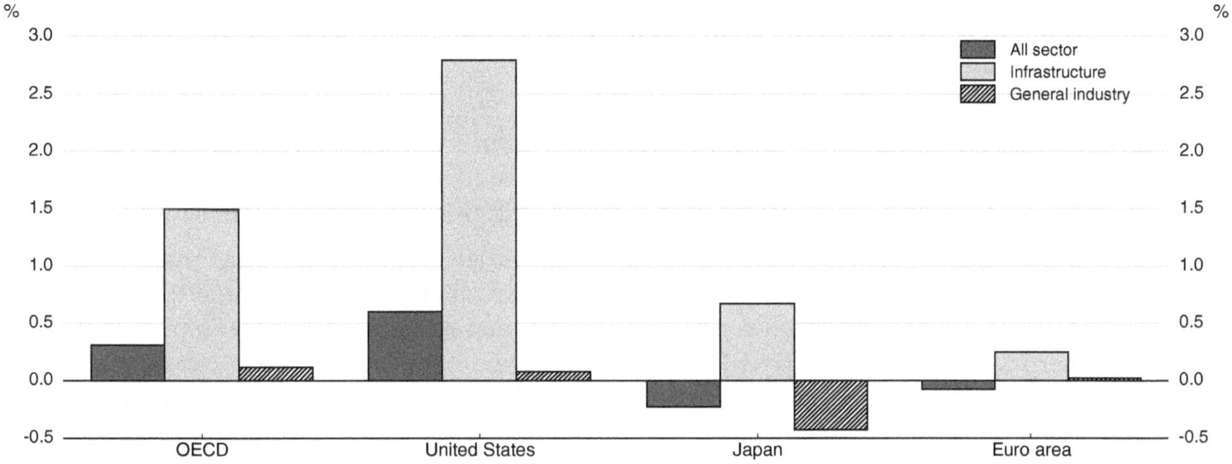

Source: Datastream; and Blundell-Wignall and Roulet (2015).

StatLink http://dx.doi.org/10.1787/888933221491

Anhaltend geringe Investitionsausgaben von Unternehmen und öffentlicher Hand würden sowohl die derzeitige und künftige Nachfrage als auch das Wachstumspotenzial dämpfen. Dies wiederum würde die Beschäftigungsaussichten, den Konsum und die Kapazität der Volkswirtschaften beeinträchtigen, die Bedürfnisse der Bevölkerung zu decken, die Verbreitung von Innovationen zu fördern und den fiskalischen Verpflichtungen nachzukommen. Im verbleibenden Teil dieses Kapitels stehen die Bestimmungsfaktoren der Investitionsausgaben von Unternehmen und Staaten sowie die zu ihrer Erhöhung erforderlichen Maßnahmen im Fokus.

Die Daten der börsennotierten (und damit relativ großen) Unternehmen im OECD-Raum zu den globalen Bruttoinvestitionen (ausgedrückt im Verhältnis zum globalen Umsatz und nicht zur Wertschöpfung) vermitteln ein differenzierteres Bild der Investitionsausgaben. Im Fall dieser großen Unternehmen lagen die globalen Investitionsausgaben im Verhältnis zum globalen Nettoumsatz 2013 tatsächlich über dem OECD-Durchschnitt des Zeitraums 2002-2007 (Abb. 3.12; Tabelle 3.A1 zeigt die Daten für die meisten OECD-Länder; OECD, 2015d). Die Abweichung von den (oben diskutierten) Daten der Volkswirtschaftlichen Gesamtrechnung steht mit einer Reihe von Erklärungsansätzen in Einklang. Erstens könnte ein großer Teil der Investitionslücke in den OECD-Ländern auf kleinere Unternehmen zurückzuführen sein, die vom Abschwung u.U. stärker in Mitleidenschaft gezogen wurden als größere Unternehmen. Tatsächlich weisen kleinere Unternehmen höhere Investitionsquoten (d.h. Investitionen im Verhältnis zum Anlagevermögen) auf als größere Unternehmen – zumindest in den Vereinigten Staaten (Gala und Julio, 2012). Zweitens könnte die Diskrepanz zwischen den Unternehmensdaten und den Volkswirtschaftlichen Gesamtrechnungen einem Rückgang der Investitionen der börsennotierten Unternehmen in den OECD-Volkswirtschaften geschuldet sein, der durch höhere Investitionen in Nicht-OECD-Volkswirtschaften ausgeglichen wurde. Für diese Interpretation spräche insbesondere die nachstehende Evaluierung der Eigenkapitalrenditen.

Infrastrukturinvestitionen

Besonderes Augenmerk gilt den Infrastrukturinvestitionen, zumal die gesellschaftlichen Kosten unzureichender Infrastrukturinvestitionen beträchtlich sein könnten. Zum Infrastrukturbereich zählten üblicherweise die Verkehrs-, die Versorgungs- und die Telekommunikationsinfrastruktur, heute umfasst der Begriff im Prinzip jedoch auch die Wissensinfrastruktur und die digitale Infrastruktur, insbesondere Breitbandnetze[12]. Das in jüngster Zeit beobachtete Gesamtniveau klassischer Infrastrukturinvestitionen ist – verglichen mit den vor der Krise getätigten Investitionsausgaben – nicht besonders niedrig (Abb. 3.13), und die globalen Infrastrukturinvestitionen der im OECD-Raum ansässigen börsennotierten Unternehmen liegen Schätzungen zufolge über dem Vorkrisenniveau (Abb. 3.12). In der Vergangenheit waren die Infrastrukturausgaben jedoch in vielen OECD-Ländern, u.a. in den Vereinigten Staaten, zu gering, um die Wertminderung des Anlagevermögens auszugleichen, so dass ein Erhaltungs- und Ersatzinvestitionsstau entstanden ist (Dobbs et al., 2013; American Society of Civil Engineers, 2013).

Auch als Beitrag zum Erreichen langfristiger Politikziele, etwa im Zusammenhang mit Klimawandel und Umweltqualität, sind zusätzliche Investitionsausgaben erforderlich. Der künftige Investitionsbedarf ist schwer abzuschätzen (zumal er von den durch die Einpreisung von Externalitäten bewirkten Nachfrageänderungen abhängt), im Energie-, Wasser- und Verkehrssektor ist allerdings mit besonders hoher Wahrscheinlichkeit mit diesbezüglichen Herausforderungen zu rechnen.

- Damit im OECD-Raum die bestehende Infrastruktur erhalten bzw. veraltete Anlagen und Bauten ersetzt werden können, müssen die jährlichen Investitionsausgaben im Energiesektor, Schätzungen der IEA zufolge, in den kommenden Jahrzehnten im Schnitt 1% des BIP höher sein als die durchschnittlichen jährlichen Investitionsausgaben im Zeitraum 2000-2013 (IEA, 2014)[13]. Zur Verbesserung der Energieeffizienz werden weitere Ausgaben in Höhe von 1,3% des BIP pro Jahr erforderlich sein, und zur Begrenzung des globalen Temperaturanstiegs auf 2°C werden u.U. zusätzliche Investitionen in Höhe von 0,6% des BIP nötig sein. Außerdem wird es gezielter Investitionen in Speicher- und Netzmanagement-Technologien bedürfen, um den zum Erreichen der staatlichen Zielvorgaben notwendigen stärkeren Ausbau erneuerbarer Energien zu ermöglichen (Johnstone und Hascic, 2012).
- Im Wassersektor werden die jährlichen Investitionen im OECD-Raum zwischen 2015 und 2025 Schätzungen zufolge im Schnitt auf etwa 1,3% des BIP steigen müssen, damit die bestehende Infrastruktur erhalten und den mit sozioökonomischen und ökologischen

Figure 3.13. **Infrastructure investment has been weak across the OECD**

Nominal infrastructure investment share of GDP

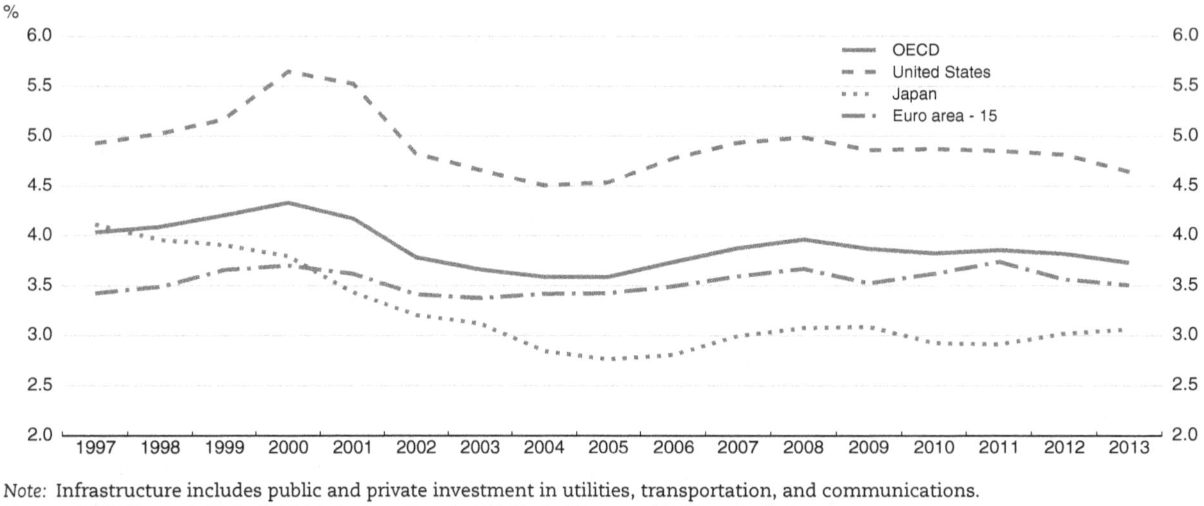

Note: Infrastructure includes public and private investment in utilities, transportation, and communications.
Source: *OECD Economic Outlook 97 database*; national statistical offices; and OECD calculations.

StatLink http://dx.doi.org/10.1787/888933221507

Faktoren – wie der steigenden Erwartung in Bezug auf die Wasserqualität, dem Anstieg der mit der Bekämpfung der Umweltverschmutzung verbundenen Kosten und den durch die zunehmenden Klimaschwankungen verursachten Ressourcenengpässen – in Zusammenhang stehenden Anforderungen Rechnung getragen werden kann (Ashley und Cashman, 2006)[14].

- Schätzungen für den Verkehrssektor ergeben, dass zwischen 2015 und 2030 weiterhin Investitionen in die strategische Verkehrsinfrastruktur von durchschnittlich rd. 1,4 % des BIP pro Jahr nötig sein werden (OECD, 2012)[15]. Laut Schätzungen der OECD, die Fahrzeiten, Unfälle und Emissionen berücksichtigen, ist der Straßenverkehrssektor in einer Reihe von Ländern zudem durch eine geringe soziale Effizienz gekennzeichnet (Braconier et al., 2013).

In den aufstrebenden Volkswirtschaften dürfte der Bedarf an Infrastrukturinvestitionen steigen, auch wenn einige der größten aufstrebenden Volkswirtschaften bereits ein hohes Investitionsniveau aufweisen. In diesen Ländern besteht auf Grund des nach wie vor beispiellosen Tempos des Industrialisierungs- und Verstädterungsprozesses ein enormer Druck und dringender Bedarf, die bestehenden Infrastrukturnetze auszubauen und zu modernisieren. Der tatsächliche Investitionsbedarf wird jedoch, wie im Fall der OECD-Länder, davon abhängen, inwieweit negative Externalitäten eingepreist werden[16]. Außerhalb des OECD-Raums beispielsweise müssten die jährlichen Gesamtinvestitionen in den Energiesektor im Zeitraum 2014-2035 im Vergleich zum Durchschnitt der jährlichen Investitionen im Zeitraum 2000-2013 im Schnitt um mehr als 60% erhöht werden, damit der wachsende Primärenergiebedarf gedeckt werden kann (IEA, 2014).

Investitionen in die Verkehrsinfrastruktur werden in Zukunft besonders wichtig sein. Dem *ITF Transport Outlook 2015* (OECD/ITF, 2015) des Weltverkehrsforums zufolge wird der Personenverkehr auf Straße und Schiene weltweit um 120-230% wachsen, und das Volumen des weltweiten Straßen- und Schienengüterverkehrs wird sich um 230-420% erhöhen. Der überwiegende Teil dieses Wachstums wird auf die aufstrebenden Volkswirtschaften entfallen, zumal bis 2050 90% der Stadtbewohner in aufstrebenden Volkswirtschaften leben werden. Mehr als 50% des weltweiten Land- und Seeverkehrs werden 2050 auf China und Indien entfallen, gegenüber derzeit 35%.

Die Unternehmensinvestitionen beeinflussende Faktoren

Im vorliegenden Abschnitt werden die potenziellen Bestimmungsfaktoren der Anlageinvestitionen des Unternehmenssektors untersucht, auf die der Großteil der Gesamtinvestitionen entfällt, und geprüft, in welchem Maße diese Faktoren das Wachstum der Investitionstätigkeit seit Beginn der Krise eingeschränkt haben. Das Augenmerk liegt dabei zunächst auf dem Wachstum der gesamtwirtschaftlichen Produktion und den Kapitalnutzungskosten, die in vielen empirischen Modellen zwei der wichtigsten Bestimmungsfaktoren der Investitionstätigkeit sind (Kasten 3.2; Anhang 3.1). Dann werden die Faktoren im Zusammenhang mit den Unternehmensbilanzen, der Unsicherheit und den gesetzlichen Bestimmungen analysiert.

Die Rolle der Gesamtnachfrage

Das verhaltene Tempo der Konjunkturerholung in den fortgeschrittenen OECD-Volkswirtschaften nach der Krise ist einer der Faktoren gewesen, die das Wachstum der Investitionstätigkeit gebremst haben. Empirische Untersuchungen gelangen in der Regel zu dem Schluss, dass dem Produktionswachstum bei der Erklärung kurzfristiger Umschwünge bei den Investitionen eine entscheidende Rolle zukommt (Chirinko, 1993). Eine neue empirische Analyse der OECD, die auf einem Modell beruht, das die Investitionstätigkeit mit dem BIP verknüpft, bestätigt die Bedeutung der Produktionsentwicklung als Erklärung für die Entwicklung der Unternehmensinvestitionen (Abb. 3.14, Kasten 3.2, Anhang 3.1)[17]. Auch wenn sich die Ergebnisse zwischen den untersuchten Volkswirtschaften leicht unterscheiden, erfasst das Modell zu großen Teilen den Abschwung bei den Investitionen auf dem Höhepunkt der Krise und die Entwicklung der Investitionstätigkeit in den vergangenen Jahren. Demnach ist der vorherrschende Faktor im Zusammenhang mit der schleppenden Entwicklung der Investitionstätigkeit seit der Krise die anhaltend schwache Entwicklung der Produktion, sowohl auf nationaler Ebene als auch weltweit. Viele Volkswirtschaften sind effektiv in einer Situation gefangen, in der sich das Wachstums- und Investitionsgleichgewicht auf niedrigem Niveau eingependelt hat, wobei die Arbeitslosigkeit anhaltend hoch ist, die Löhne stagnieren und der Verbrauch instabil ist. Das Modell und die empirischen Arbeiten würden jedoch auch mit einem höheren Gleichgewichtsniveau im Einklang stehen, wobei eine kräftigere Investitionstätigkeit zu mehr Arbeitsplätzen, höheren Löhnen und kräftigerem Verbrauch führen würde, der dann die stärkere Investitionstätigkeit rechtfertigt. Die entscheidende Frage ist, wie der Sprung vom niedrigen Gleichgewichtsniveau zum höheren gelingen kann.

Kasten 3.2 **Die treibenden Faktoren der Unternehmensinvestitionen in den fortgeschrittenen OECD-Ländern**

Im vorliegenden Kasten werden die OECD-Schätzungen der treibenden Faktoren des Kapitalstocks der Unternehmen und seiner Veränderungen zusammengefasst (Tabelle unten). Die empirische Untersuchung stützt sich auf das neoklassische Investitionsmodell. Es beruht auf einem zweistufigen Fehlerkorrekturmodell für ein Panel von 15 fortgeschrittenen OECD-Volkswirtschaften (vgl. Anhang 3.1 wegen weiterer Einzelheiten).

Eine wettbewerbshemmende Regulierung behindert langfristig die Kapitalbildung

Langfristig sollte der Kapitalstock der Unternehmen (Kapitalstock ohne Wohnungsbau) mit dem Niveau der gesamtwirtschaftlichen Produktion, den Kapitalnutzungskosten und der Produktmarktregulierung im Zusammenhang stehen. Die Schätzungsergebnisse deuten darauf hin, dass die Produktionselastizität des Kapitalstocks nahe bei 1 liegt, was auf ein langfristig stabiles Verhältnis Kapital/Produktion hindeutet. Es stellt sich heraus, dass die Kapitalkosten den Kapitalstock nicht wesentlich beeinflussen, was früheren Ergebnissen entspricht (Sharpe und Suarez, 2014). Lediglich der nominale Zinssatz weist das erwartete negative Vorzeichen auf, im Gegensatz zum realen Zinssatz und den relativen Investitionskosten, die in den Kapitalnutzungskosten berücksichtigt sind (Kasten 3.4). Die Elastizität der Produktmarktregulierung, die durch den OECD-Indikator für die Regulierung des Energie-, Verkehrs- und Kommunikationssektors gemessen wird, ist stark negativ und erhöht sich mit der Zeit. Dies lässt darauf schließen, dass eine strengere Produktmarktregulierung mit einem niedrigeren Kapitalstock verbunden ist.

Die Akzeleratoreffekte werden durch das Wachstum der Auslandsnachfrage verstärkt

Die Schätzungen der kurzfristigen Dynamik im Fehlerkorrekturmodell, bei dem ein Akzeleratoreffekt berücksichtigt ist, bestätigen die Bedeutung der Expansion der inländischen Produktion für Veränderungen des Kapitalstocks (Nettoinvestitionen des Unternehmenssektors ohne Wohnungsbau im Verhältnis zum verzögerten Kapitalstock). Sie zeigen darüber hinaus, dass das Wachstum der Auslandsnachfrage mit Veränderungen des Kapitalstocks über den unmittelbaren Effekt der Nettoausfuhren hinaus positiv korreliert ist.

Der Anstieg der Unsicherheit und finanzielle Engpässe verlangsamen die Kapitalbildung

Zusätzliche kurzfristige Antriebskräfte lassen darauf schließen, dass ein höheres Maß an länderspezifischer wirtschaftspolitischer Unsicherheit, ein Anstieg der Unsicherheit in Bezug auf die globalen politischen Entwicklungen und die höhere Volatilität der Inflation mit geringeren Veränderungen des Kapitalstocks verbunden sind. Zunehmende finanzielle Engpässe sind in einer Untergruppe europäischer Länder negativ mit den Investitionen korreliert.

(Fortsetzung nächste Seite)

(Fortsetzung)

The long- and short-term drivers of business capital stock

LONG-RUN RELATIONSHIP
dependent variable = log capital stock

	1985 2013	1993 2013
log real output	1.23 **	1.05 **
log long-term interest rate	-0.08 **	-0.02
log ETCR indicator	-0.06 **	-0.09 **
No. obs	1674	1239
No. of countries	15	15

SHORT-RUN DYNAMICS
dependent variable = d(log capital stock)

	1985 2013	1993 2013	1985 2013	1985 2013	1985 2013
d(log real output) (-1 to -3)	0.467	0.309	0.249	0.462	0.264
d(log foreign output) (-1)	0.353 **	0.339 **	0.243 **	0.302 **	0.221 **
cpi_volatility(-1)	-0.0004	-0.0004 *			
cpi_volatility(-1)^2	-8.E-06	*			
log economic policy uncertainty (-1)			-0.0020 **		
d(log global uncertainty) (-1)				-0.0018 **	
financial constraints (-1)					-0.0003 **
No. obs	1634	1243	1230	1644	805
No. of countries	15	15	15	15	8

Note: * and ** denote statistical significance at the 10% and 5% levels, based on robust standard errors. The long-term relationship includes country and year fixed effects, the short-term dynamics include country fixed effects. The full short-run dynamics including the error correction term and the lagged dependent variable is reported in Annex 3.1. The coefficient estimates for the short-run dynamics are normalised by the lagged dependent variable. d(log real output) (-1 to -3) sums up the effect of d(log real output)(-1), d(log real output)(-2) and d(log real output)(-3).

Source: OECD calculations.

StatLink http://dx.doi.org/10.1787/888933222466

Das verhaltene Wachstum der Inlandsnachfrage und damit die schwache Investitionstätigkeit auf Grund des Akzeleratormechanismus sind z.T. durch die schleppende Entwicklung des privaten Verbrauchs bedingt. Das schwache Verbrauchswachstum ist auf eine Reihe von Faktoren zurückzuführen.

- Auf kurze Sicht sind die privaten Haushalte in manchen Ländern nach wie vor sehr hoch verschuldet (Anhang 1.1). Tatsächlich sind die Sparquoten in einigen Ländern stark gestiegen (Kapitel 1). Die Kaufkraft der privaten Haushalte erhöht sich durch den Ölpreisrückgang oder Wechselkursanpassungen zwar, diese Effekte werden jedoch zur Entschuldung genutzt. Auch wenn dieses Verhalten für die finanzielle Stabilität der privaten Haushalte im Einzelfall notwendig ist, kann es kollektiv zu einer Schwäche des privaten Verbrauchs auf der Makroebene führen.
- Ein langsames Verbrauchswachstum kann zudem auch durch die Art der Arbeitsplätze nach der Krise und die Lohndynamik bedingt sein. In unmittelbarer Reaktion auf die Krise machten die Unternehmen in manchen Ländern stärkeren Gebrauch von befristeten und anderen atypischen Arbeitsverträgen, bei denen die Aufstiegs- und Weiterbildungsmöglichkeiten gering waren. Im Zusammenhang damit haben Ausmaß und Dauer der Krise zu einem außergewöhnlich moderaten Wachstum sowohl der Nominal- als auch der Reallöhne geführt, wobei ein beträchtlicher Anteil der Arbeitskräfte Reallohneinbußen hinnehmen musste (*OECD Employment Outlook 2013*, OECD, 2013; *OECD-Beschäftigungsausblick 2014*, OECD 2014c). Diese erhebliche Lohnzurückhaltung hat zwar die Wettbewerbsfähigkeit der Wirtschaft gestärkt, was im Fall mancher europäischer Volkswirtschaften besonders wichtig ist, dürfte andererseits jedoch auch das Verbrauchswachstum (und damit die Investitionen) begrenzt und zugleich die Ungleichheit erhöht haben.

Figure 3.14. **A simple accelerator model of business investment**

Index 2007q4 = 100

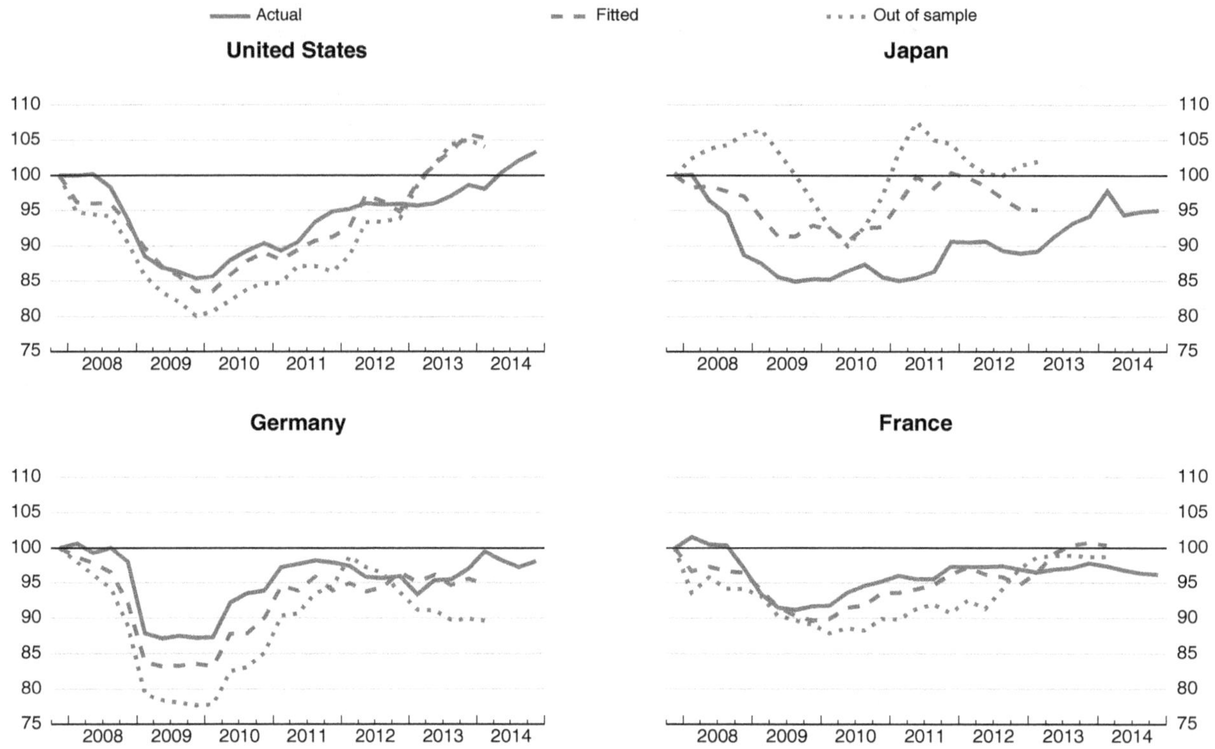

Note: The figure depicts out-of-sample forecast for and in-sample fit of investment estimated until 2007Q4 and 2014Q1, respectively, based on equation (1) in Annex 3.1. Actual GDP series are used to calculate forecast and model fit for the 2008-14 sample period.
Source: OECD Economic Outlook 97 database; and OECD calculations.

StatLink http://dx.doi.org/10.1787/888933221513

Der schwache Arbeitsmarkt und das Klima der ungleichen Einkommensverteilung, das sich in einer Beeinträchtigung der Investitionstätigkeit heute und des Potenzialwachstums in der Zukunft äußert, haben langfristig Folgen. Die zunehmende Einkommensungleichheit heute scheint die Bildungsinvestitionen zu bremsen, die ein entscheidender Faktor für das Potenzialwachstum sind (*In It Together: Why Less Inequality Benefits All* – OECD, 2015h).

In den meisten Volkswirtschaften ist ein deutlich höheres Investitionsniveau erforderlich, wenn das Potenzialwachstum – das für die Fähigkeit steht, den Lebensstandard anzuheben, die Verbreitung von Innovationen zu verbessern und Schulden zurückzuzahlen – mittelfristig gesteigert werden soll. Einen Hinweis auf die Unterschiede zwischen dem gegenwärtigen Investitionsniveau und den längerfristigen Referenzwerten liefern die kalibrierten Schätzungen des Gleichgewichtsverhältnisses zwischen Investitionen und Produktion anhand der langfristigen Projektionen der OECD, die für den OECD-Raum insgesamt ebenso wie für die Vereinigten Staaten und den Euroraum implizit eine Rückkehr zu den vor der Krise verzeichneten Potenzialwachstumsraten unterstellen (Lewis et al., 2014)[18]. Aktualisierte Schätzungen, in denen immaterielle Investitionen in den Kapitalstock und Anlageinvestitionen ohne Wohnungsbau berücksichtigt sind, deuten darauf hin, dass das gegenwärtige Investitionsniveau in den OECD-Volkswirtschaften unter dem als Bezugsgröße dienenden Gleichgewichtsniveau liegt. Die durchschnittliche Lücke für den OECD-Raum beträgt 2,5%, wobei geschätzt wird, dass die Lücke in einem Drittel der Länder größer ist

Figure 3.15. **Investment ratios are below benchmark steady-state estimates in most OECD economies**

Non-residential investment as a percentage of potential GDP

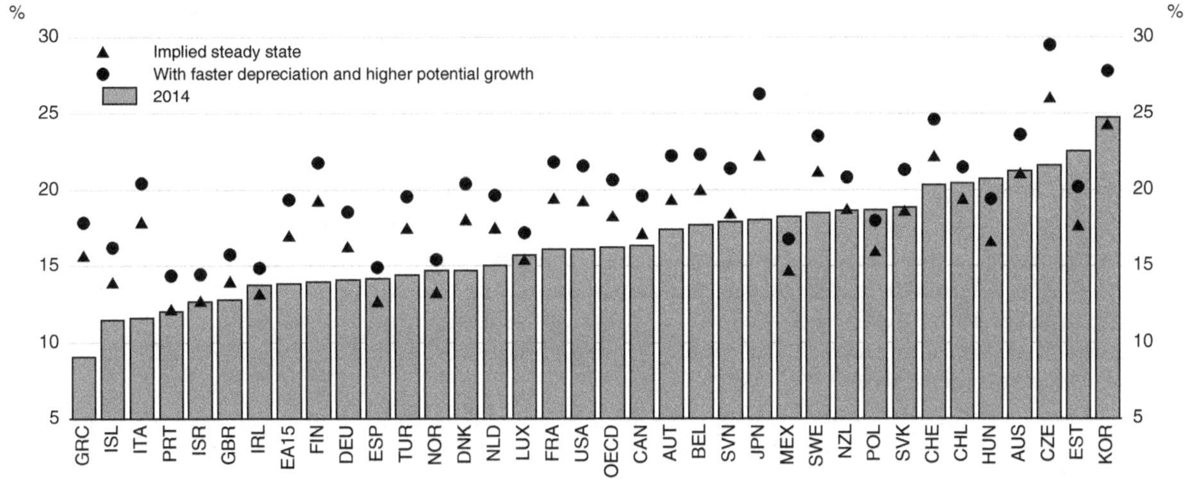

Note: Countries are ordered by the 2014 investment ratio.

Source: *OECD Economic Outlook 97 database*; Lewis et al. (2014); and OECD calculations.

StatLink http://dx.doi.org/10.1787/888933221525

(Abb. 3.15). Diese Lücke wäre sogar noch größer, wenn die Abschreibungsrate höher wäre oder wenn Strukturreformen das trendmäßige Produktionswachstum deutlich steigern würden. Wenn das trendmäßige Produktionswachstum und die Abschreibungsrate jeweils ½ Prozentpunkt höher wären, wäre das Referenzverhältnis zwischen Investitionen und Produktion und damit die gegenwärtige Investitionslücke im OECD-Raum weitere 2,4 Prozentpunkte höher, so dass sich die Gesamtlücke auf nahezu 5 Prozentpunkte belaufen würde.

Für zahlreiche Großunternehmen ist die weltweite oder regionale Nachfrage für ihre Investitionsentscheidungen möglicherweise ebenso wichtig wie die Inlandsnachfrage (Kasten 3.2). Ein weiterer Kanal könnte zudem das Geschäftsklima sein, da die Flaute an den Auslandsmärkten die Stimmung der Unternehmen im Inland beeinträchtigt, was zu dem von den schwachen Ausfuhren ausgehenden Effekt noch hinzukommt. Ungünstige internationale Rahmenbedingungen könnten darüber hinaus die Gewinne ausländischer Tochtergesellschaften inländischer Unternehmen senken und dadurch die Eigenmittel begrenzen, die für die Kapitalexpansion im Inland zur Verfügung stehen.

Neue Daten aus empirischen Studien und Erhebungen weisen auch auf die Bedeutung der Welt- ebenso wie der Inlandsnachfrage hin, die beide zum niedrigeren Investitionsniveau beitragen. Die in Kasten 3.2 und Anhang 3.1 dargestellten Forschungsarbeiten zeigen, dass ein Anstieg des Auslandsmarktwachstums das Investitionsniveau kurzfristig stärker steigert als bereits dem Effekt des höheren Exportwachstums auf die Expansion der inländischen Produktion zuzuschreiben ist. Im Business Climate Survey des Beratenden Ausschusses der Wirtschaft bei der OECD (BIAC) von 2015 nannten die Befragten die unzureichende Weltnachfrage zudem häufiger als die unzureichende Inlandsnachfrage als „sehr wichtiges" Hindernis für Investitionen im Inland (Kasten 3.3).

Kasten 3.3 **Der BIAC Business Climate Survey von 2015**

Eine Informationsquelle über die Faktoren, die die Unternehmensinvestitionen gegenwärtig bremsen, ist der vom Beratenden Ausschuss der Wirtschaft bei der OECD (BIAC) Ende März bis Anfang April 2015 durchgeführte Business Climate Survey. Diese Erhebung umfasste verschiedene Fragen zur Investitionstätigkeit, u.a. eine, bei der die Umfrageteilnehmer gebeten wurden, die gegenwärtigen Haupteinschränkungen für die Investitionstätigkeit aus einer Liste mit sechs Möglichkeiten auszuwählen, die die Inlands- und Weltnachfrage, unzureichende Finanzmittel, strenge oder schwerfällige Regulierungen, Steuern und andere Kosten sowie die Unsicherheit bezüglich der politischen bzw. regulatorischen Entwicklungen umfassten. Die Befragten konnten auswählen zwischen „sehr wichtig", „wichtig" und „weniger wichtig". Andere Fragen betrafen das allgemeine Geschäftsklima und die Beschäftigungsaussichten.

Die Antworten im Rahmen der Erhebung wichen von denen in typischen Unternehmensumfragen insofern ab, als sie von Unternehmensverbänden in den einzelnen Ländern stammten und daher eine zusammenfassende Sichtweise der an den jeweiligen Standorten vorherrschenden Bedingungen boten. Insgesamt gingen Antworten von 27 nationalen Unternehmensverbänden sowohl aus OECD-Ländern als auch aus Nichtmitgliedsländern ein.

Der prozentuale Anteil der Antworten, die auf die möglichen Einschränkungen der Investitionstätigkeit jeweils entfielen, ist unten dargestellt.

BIAC Business Climate Survey: Constraints on capital spending

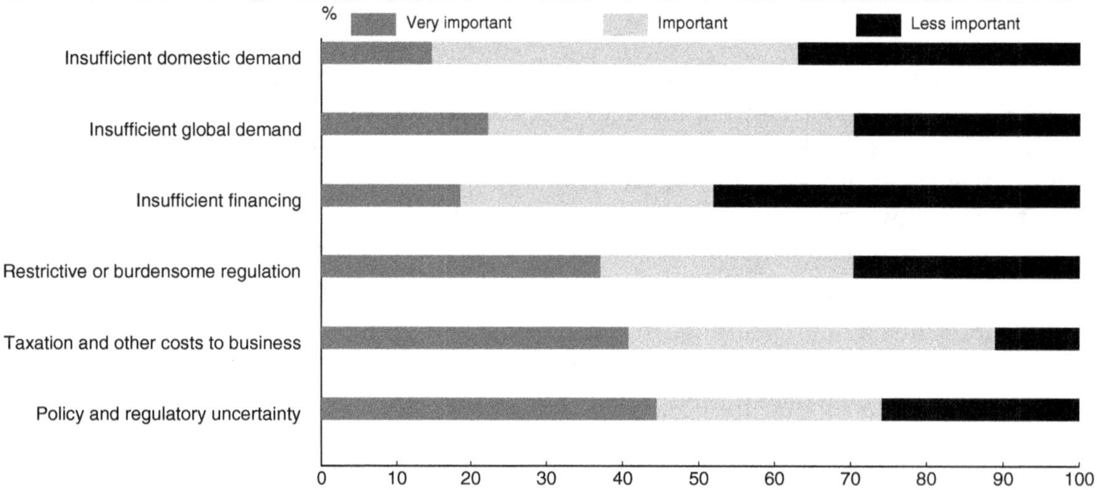

Note: As a percentage of respondents to the question 'What are the most important factors that may be constraining investment in your country at present, if any?'.
Source: BIAC Business Climate Survey 2015, available at *www.biac.org*.

StatLink *http://dx.doi.org/10.1787/888933221668*

Insgesamt identifizierten die Befragten die Unsicherheit bezüglich der politischen bzw. regulatorischen Entwicklungen sowie die Besteuerung und andere Kosten für die Unternehmen als wichtigste Investitionshindernisse, dicht gefolgt von strenger bzw. schwerfälliger Regulierung. Ein geringerer Anteil der Befragten nannte unzureichende Finanzmittel und die Welt-/Inlandsnachfrage als wichtigstes Hindernis für Investitionsausgaben im betreffenden Land, diese wurden aber dennoch von über der Hälfte der Befragten als „sehr wichtig" oder „wichtig" bezeichnet.

Die Kapitalnutzungskosten

Die Kapitalnutzungskosten und ihre Komponenten (Kasten 3.4 und Abb. 3.16), die in der Theorie langfristig einen großen Effekt auf die Investitionsausgaben der Unternehmen haben, dürften heute – zumindest für Großunternehmen – kaum ein Hindernis für das Investitionswachstum darstellen. Tatsächlich wird der Mangel an ausreichenden Finanzierungsmöglichkeiten in der BIAC-Erhebung (Kasten 3.3) lediglich in einer Handvoll Länder als sehr wichtiges Problem im Hinblick auf die Investitionstätigkeit gesehen.

Die Finanzierungskosten sind in der jüngsten Zeit auf ein außergewöhnlich niedriges Niveau gesunken. Sowohl Unternehmen mit Investment-Grade-Rating als auch solche mit Junk-Grade-Rating können sich heute Geld zu Sätzen leihen, die nicht weit über den extrem niedrigen Renditen von Staatspapieren liegen, und die Eigenkapitalkosten sind ähnlich gering, was durch die jüngste Stärke der weltweiten Aktienmärkte bedingt ist. Diese Entwicklungen wurden zumindest teilweise von der außergewöhnlich konjunkturstützenden Geldpolitik getragen, die Leitzinssätze von nahe null, Forward Guidance und Maßnahmen der quantitativen Lockerung umfasst. Die sehr niedrigen Zinssätze haben den Aktienkursen ebenfalls Auftrieb gegeben, wobei Tobins Q – dargestellt durch den Börsenwert der

Kasten 3.4 **Die Kapitalnutzungskosten**

Die Kapitalnutzungskosten lassen sich aus einer Kapitalnutzungskostenformel für die Kosten einer Kapitaleinheit nach Hall-Jorgenson ableiten. Eine repräsentative Messgröße der realen Kapitalnutzungskosten, wie in Abbildung 3.16 dargestellt, wird anhand der folgenden Formel konstruiert:

$$UCC = \frac{P^K}{P^Y}(\theta(1-\tau)i + (1-\theta)i - \pi + \delta)\left(\frac{1}{1-EMTR}\right),$$

wobei P^K/P^Y die relativen Kosten der Unternehmensinvestition im Verhältnis zum BIP darstellt, θ für den Anteil der Verschuldung an den Unternehmensverbindlichkeiten (anhand des Durchschnittswerts für den Zeitraum 1999-2013) steht, τ der Unternehmensteuerregelsatz ist, i die langfristige Staatsanleiherendite (d.h. die Differenzen zwischen den Unternehmens- und den Staatsanleiherenditen werden ausgeklammert) darstellt, π die Veränderung des BIP-Deflators ist, δ für den realen Abschreibungssatz auf den Kapitalstock der Unternehmen und des öffentlichen Sektors steht und *EMTR* der effektive Grenzsteuersatz ist, der der Oxford University Centre for Business Taxation (CBT) Tax Database entnommen wurde und die Abzugsfähigkeit des Abschreibungsaufwands berücksichtigt, jedoch keine Investitionsfreibeträge. Der Regelsatz wird mit diesen Daten verwendet, um die Steuerbelastung in denjenigen Ländern zurückzurechnen, für die für den untersuchten Beobachtungszeitraum keine vollständigen Daten in der CBT Tax Database enthalten sind.

Die oben dargestellte Formel lässt sich in drei Komponenten aufschlüsseln: die relativen Kosten der Investitionsgüter, die Finanzierungsbedingungen und die Steuerbelastung. Die Finanzierungsbedingungen lassen sich in der Folge in den realen steuerkorrigierten Zinssatz und den realen Abschreibungssatz aufschlüsseln. Wie in Abbildung 3.16 für die G7-Länder dargestellt, ist die Komponente, die am stärksten konjunkturellen Einflüssen unterliegt, der reale steuerkorrigierte Zinssatz, der im Lauf des vergangenen Jahres auf nahe null gesunken ist. Die übrigen Komponenten folgen langfristigen Trends:

- Der langfristige Rückgang der relativen Investitionsgüterpreise, der zum großen Teil durch Qualitätsverbesserungen im IKT-Sektor bedingt ist, scheint sich ungefähr seit 2005 deutlich verlangsamt zu haben.
- Der oben erörterte allmähliche Anstieg der Abschreibungssätze hat zur Erhöhung der Kapitalkosten beigetragen. Gegenwärtig sind die durchschnittlichen Abschreibungssätze von rd. 4½% in den meisten Ländern mit Abstand die größte Komponente der realen Kapitalkosten.
- Die Unternehmensteuerbelastung ist im Lauf der Zeit allmählich gesunken, was auf die staatlichen Politikmaßnahmen zur Senkung der Unternehmensbesteuerung zurückzuführen ist.

Figure 3.16. **The user cost of capital has declined over time**

Weighted average of G7 countries

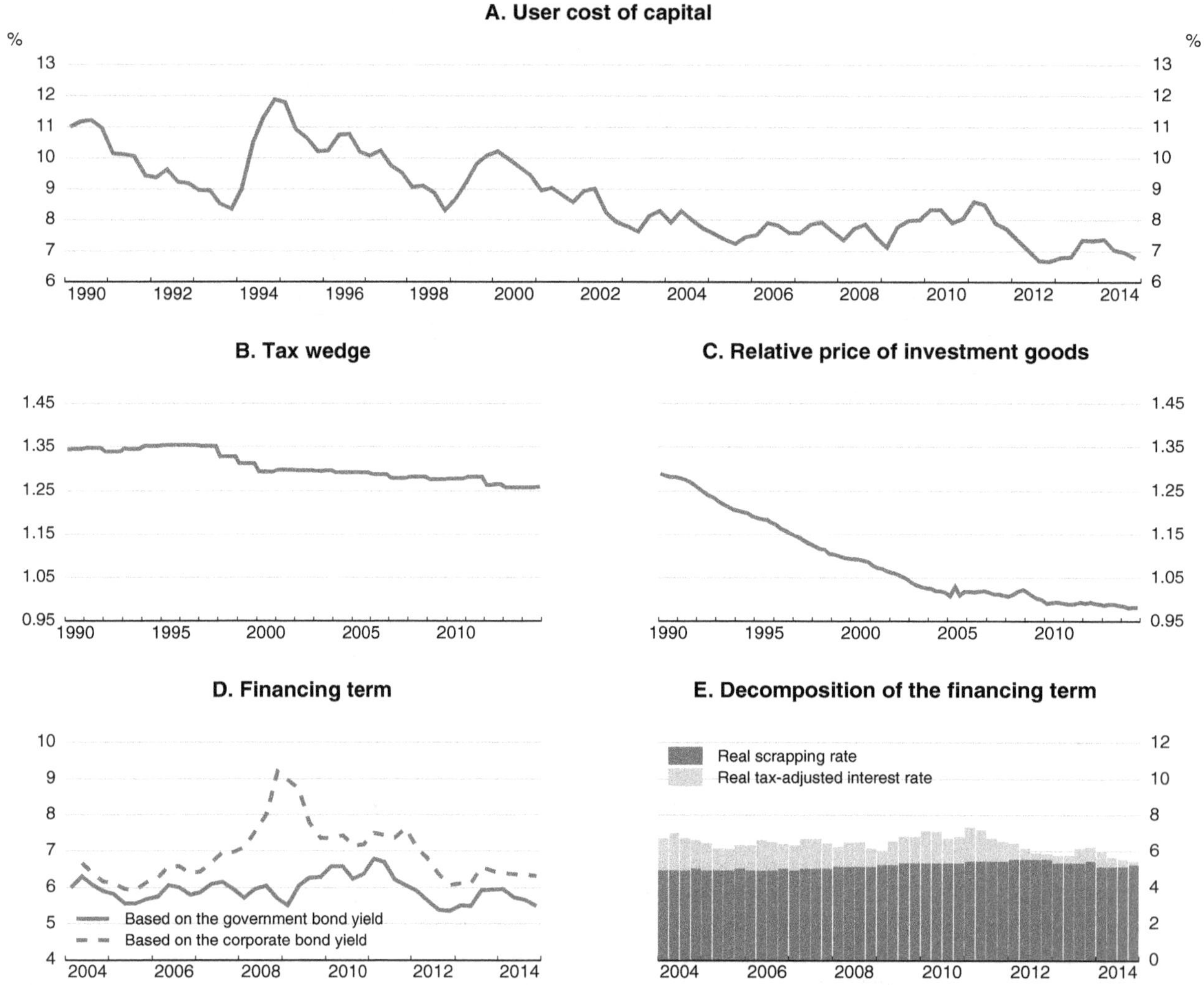

Note: The financing term incorporates the tax deductibility of debt interest payments and is inflation-adjusted.

Source: *OECD Economic Outlook 97 database*; Datastream; Oxford University Centre for Business Taxation; and OECD calculations.

StatLink http://dx.doi.org/10.1787/888933221531

Unternehmen im Verhältnis zu ihrem Nettovermögen – in den Vereinigten Staaten auf ein sehr hohes Niveau gestiegen ist[19]. Trotz der Umsetzung eines derartig konjunkturstützenden geldpolitischen Kurses über einen längeren Zeitraum ist es indessen nicht gelungen, die Investitionsausgaben deutlich zu beleben. Ein weiterer Rückgang der Finanzierungskosten wurde durch den Anstieg der Abschreibungssätze verhindert.

Für Kleinunternehmen und andere Kreditnehmer, die traditionell von der Kreditvergabe der Banken abhängig sind, sind die Kapitalnutzungskosten wahrscheinlich höher, eventuell sogar deutlich höher, als angegeben, was auf die Kreditengpässe zurückzuführen ist, die durch die schwachen bzw. angeschlagenen Bankensysteme entstanden sind. Dieser „Kreditkanal" dürfte auf dem Höhepunkt der Finanzkrise und zu Beginn der Erholung besonders groß gewesen sein, ist in mehreren Volkswirtschaften, insbesondere im Euroraum, jedoch nach wie vor vorhanden und übt wahrscheinlich eine Bremswirkung auf die Investitionstätigkeit aus (EZB, 2013; IWF, 2015; Kasten 3.2, Anhang 3.1). Daher sind

Figure 3.17. **Bank lending rates have declined but spreads have risen**

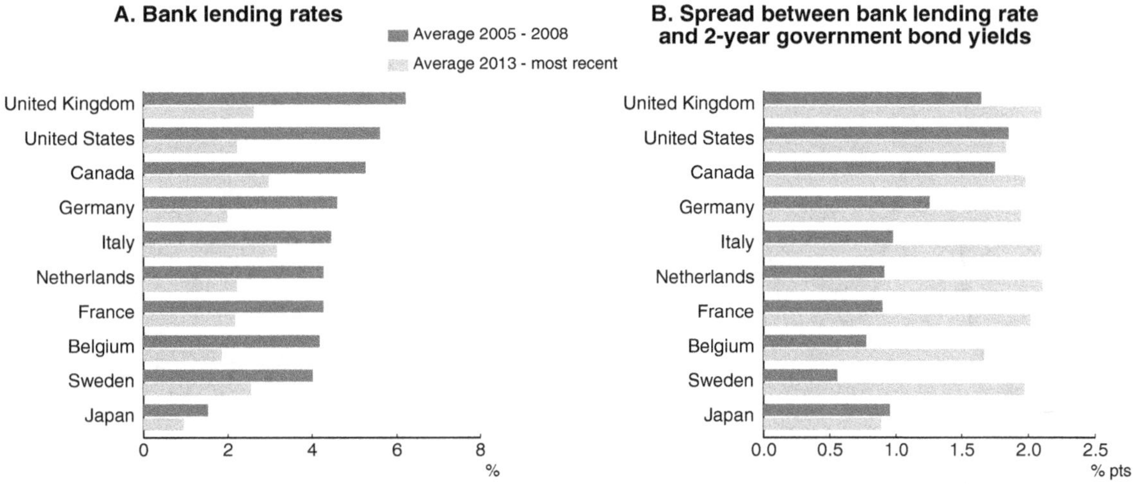

Note: Weighted average across all maturities. Average maturities may differ across countries. Data are lending rates (all maturities) for loans to non-financial corporations for the United States, rates for new loans to non-financial corporations and averages across member countries for the euro area, rates for new loans to non-financial corporations and households for Japan, rates for new loans to non-financial corporations for the United Kingdom, rates for new prime loans to non-financial corporations for Canada, rates for new loans to non-financial corporations for Sweden.
Source: Bank of England; Bank of Japan; Datastream; European Central Bank; Riksbank; US Federal Reserve; and OECD calculations.

StatLink http://dx.doi.org/10.1787/888933221542

die Spreads zwischen den durchschnittlichen Bankkreditsätzen und den Staatsanleiherenditen in den europäischen Volkswirtschaften und Kanada seit dem Zeitraum unmittelbar vor der Krise gestiegen (Abb. 3.17)[20]. Die Kreditvergabestandards der Banken werden zurzeit gelockert, die erhebliche Verschärfung unmittelbar nach der Krise wurde jedoch noch nicht ausreichend wettgemacht, insbesondere im Euroraum (Abb. 3.18). Die Daten aus einer Reihe von Unternehmensumfragen lassen darauf schließen, dass die von den schlechten Finanzierungsbedingungen während der Krise verursachten Engpässe in den meisten Volkswirtschaften nunmehr beseitigt sind, nicht jedoch im Euroraum (Abb. 3.19).

Die Investitionstätigkeit hätte den empirischen Befunden zufolge durch die niedrigeren Unternehmensteuersätze angekurbelt werden müssen (OECD, 2010). Tatsächlich hat über die Hälfte der OECD-Länder die Unternehmensteuersätze seit 2007 gesenkt. Im Fall multinationaler Konzerne, die aus Steuergründen ihre Gewinne verlagern (OECD, 2015d), ist die Investitionsbelebung indessen möglicherweise verhalten ausgefallen. Da sie ihre steuerpflichtigen Einkünfte zu einem früheren Zeitpunkt in Niedrigsteuerländer verlagert hatten, waren ihre effektiven durchschnittlichen bzw. Grenzsteuersätze bereits niedriger als die Besteuerungsparameter der jeweiligen Länder hätten vermuten lassen. Dementsprechend hatten Veränderungen der inländischen Steuersätze kaum einen Effekt auf ihre effektiven Steuersätze. Tatsächlich ergeben die jüngsten Analysen der OECD, dass die Investitionsausgaben solcher Unternehmen deutlich schwächer auf Veränderungen der inländischen Steuersysteme reagieren als dies bei Unternehmen mit begrenzten Möglichkeiten zur Verlagerung von Gewinnen in andere Länder der Fall ist (Johannson et al., 2015). Manche Länder haben seit Beginn der Krise auch zeitlich befristete Steuererleichterungen eingeführt oder die Investitionsfreibeträge für einen festgelegten Zeitraum erhöht. Dies könnte sich im Grenzbereich positiv auf die Investitionstätigkeit ausgewirkt haben, insbesondere indem Investitionspläne vorgezogen wurden, um die zeitlich befristeten Steuerentlastungen zu nutzen.

Figure 3.18. **Credit standards tightened significantly in 2008-09**

Net percentage of banks tightening standards

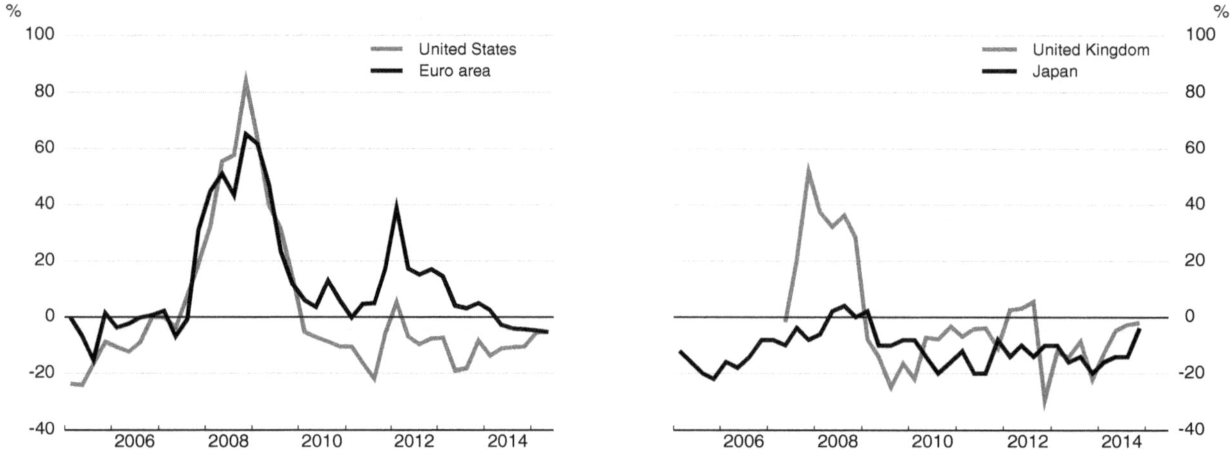

Note: Positive numbers indicate credit availability contracting and negative numbers indicate credit loosening. For the United States, the survey question relates to bank loans to large and medium-sized firms, the euro area to large enterprises, the United Kingdom to the overall corporate sector, and for Japan to large firms.

Source: Bank of England; Bank of Japan; European Central Bank; and US Federal Reserve.

StatLink http://dx.doi.org/10.1787/888933221556

Figure 3.19. **Financial factors have constrained investment in recent years**

Normalised over 1996-2007; in standard deviations

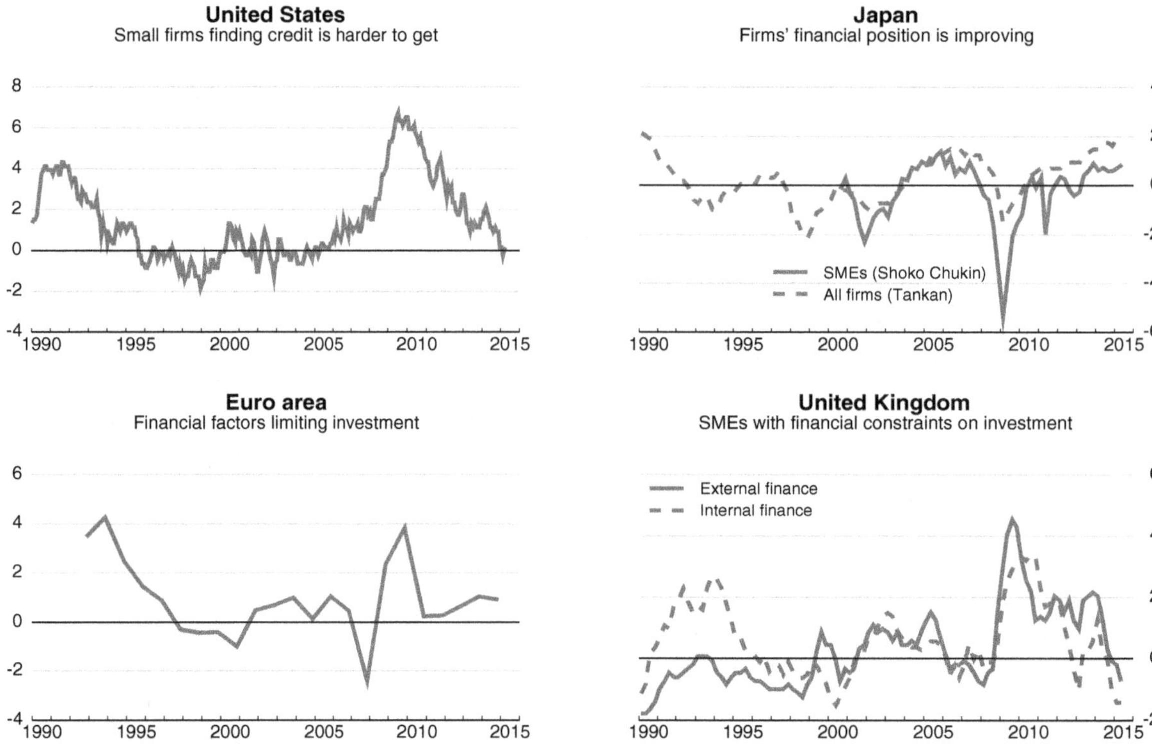

Note: US data are from the NFIB survey and smoothed using a 3-month moving average. UK data are from the CBI survey and smoothed using a 4-quarter moving average. Euro area data are for manufacturing firms.

Source: Datastream; European Commission; and OECD calculations.

StatLink http://dx.doi.org/10.1787/888933221562

Wie allgemein gemessen, sind die relativen Investitionskosten seit unmittelbar vor Beginn der Krise im Jahr 2007 weitgehend konstant geblieben und haben daher keinen Beitrag zur Senkung der Kapitalnutzungskosten geleistet. Allerdings ist die jüngste Stabilität der relativen Investitionskosten z.T. möglicherweise auf Qualitätsverbesserungen zurückzuführen, die in den IKT-Preisen noch nicht ausreichend berücksichtigt sind[21]. Weitere Arbeiten sind erforderlich, um zu beurteilen, in welchem Umfang diese Fehlmessung die Einschätzung der relativen Kosten und der Investitionsausgaben beeinträchtigt.

Bilanzverfassung und Ertragsstärke der Unternehmen

Die Bilanzstruktur von Nichtfinanzunternehmen, die zu Beginn der Krise die Investitionsausgaben hemmte, dürfte im Moment keine wesentliche Belastung für die Investitionstätigkeit der Unternehmen darstellen. Trotz erheblicher Unterschiede zwischen einzelnen Volkswirtschaften im OECD-Raum sowie dem Euroraum insgesamt fallen drei wesentliche Aspekte auf (Tabelle 3.2):

- Als die Krise 2008 ihren Lauf nahm, war der Verschuldungsgrad (im Verhältnis zum Eigenkapital) in allen Volkswirtschaften relativ hoch, was zum Teil auf den Einbruch an den Aktienmärkten sowie die massive Verschuldung der Unternehmen zurückzuführen war. Der hohe Verschuldungsgrad trug dazu bei, dass die Investitionsvolumen auf dem Höhepunkt der Krise stark verringert wurden (Davis, 2010; Lewis et al., 2014). In der Folgezeit ist der Verschuldungsgrad der Nichtfinanzunternehmen in einigen, nicht aber in allen Ländern zurückgegangen. In den Vereinigten Staaten, in Japan und im Euroraum insgesamt liegt er gegenwärtig auf oder unter dem Vorkrisenniveau für

Table 3.2. **Significant changes have occurred in non-financial corporate balance sheets since the crisis began**

	Debt-to-equity ratio			Share of cash & deposits in total assets (%)			Share of debt securities in debt (%)		
	Average 99Q1-07Q4	2008Q4	2014Q3	Average 99Q1-07Q4	2008Q4	2014Q3	Average 99Q1-07Q4	2008Q4	2014Q3
United States	0.62	0.87	0.58	8.88	7.81	9.21	24.25	20.80	25.84
Euro area	1.09	1.30	0.94	10.15	11.77	11.80	5.31	4.87	8.57
Japan	1.65	2.04	1.14	23.10	24.52	24.15	12.03	10.52	9.60
Germany	1.29	1.57	1.12	10.24	11.76	10.91	3.80	5.05	5.29
France	0.67	0.90	0.70	4.36	6.20	7.47	12.85	9.89	16.70
United Kingdom	0.86	1.30	0.89	22.20	21.58	31.01	16.21	13.00	17.27
Italy	0.80	0.88	1.20	21.12	24.72	17.73	4.24	4.42	8.40
Canada	0.87	1.09	0.90	15.20	20.69	20.82	24.00	18.20	21.90
Australia	0.57	0.91	0.71	35.40	41.75	44.19	28.80	22.48	22.25
Belgium	0.94	0.95	0.75	9.71	8.08	9.49	2.91	2.75	6.08
Greece	0.94	2.65	1.47	63.72	57.84	57.31	7.28	16.78	1.23
Ireland	1.19	1.75	1.00	20.14	19.12	8.25	2.98	1.51	2.86
Korea	3.41	2.75	1.37	3.41	2.75	1.37	3.41	2.75	1.37
Norway	1.22	1.25	0.94	10.91	10.97	10.10	8.99	6.77	11.46
Portugal	1.48	1.76	1.51	12.92	10.70	10.21	6.34	8.86	10.57
Spain	1.01	1.41	0.87	9.93	11.15	11.19	1.44	0.66	1.71
Sweden	0.79	1.01	0.57	6.13	7.41	5.90	7.11	7.41	10.19

Note: Main differences with Table 2 in Lewis et al. (2014) refer to changes in classification of non-financial corporations in the new system of national accounts.

1. Average ratio are for the period 2001Q2 to 2007Q4 for Japan and Ireland.
2. Latest date is 2014Q2 for Japan, Canada, Korea and Norway.

Source: OECD Financial Accounts database SNA2008; Eurostat ESA2010; OECD Financial accounts SNA1993 and OECD calculations.

StatLink http://dx.doi.org/10.1787/888933222440

Nichtfinanzunternehmen. Dementsprechend dürfte dieser bilanzielle Belastungsfaktor die Investitionsniveaus in diesen Volkswirtschaften nicht bedeutend schmälern, sofern die Unternehmen nicht einen noch niedrigeren Verschuldungsgrad anstreben. Dagegen liegt der Verschuldungsgrad in Italien und Australien – sowie in geringerem Ausmaß auch in Frankreich, Portugal und dem Vereinigten Königreich – nach wie vor deutlich über dem Niveau zu Beginn der Krise und könnte demnach die Neuinvestitionen hemmen.

- Die Liquidität scheint kein einschränkender Faktor für die Investitionsausgaben der Unternehmen zu sein. In den meisten großen OECD-Volkswirtschaften liegt der in Form von Bargeld und Einlagen gehaltene Anteil der Finanzaktiva von Nichtfinanzunternehmen gegenwärtig über den längerfristigen Durchschnittswerten. Diese höheren Liquiditätsniveaus lassen den Schluss zu, dass Großunternehmen mittlerweile bei neuen Investitionsvorhaben möglicherweise nur in begrenztem Umfang auf Außenfinanzierung angewiesen sind. Die gegenwärtigen Liquiditätsniveaus der Unternehmen implizieren, dass sich ihre Ausgabentätigkeit in vielen Bereichen – darunter Fusionen und Übernahmen, Anlageinvestitionen und Dividenden – bei nachlassender Unsicherheit und steigender privater Nachfrage deutlich ausweiten könnte. Würde beispielsweise der Anteil von Bargeld und Einlagen an den gesamten Finanzaktiva von den Niveaus des Jahres 2014 wieder auf den Durchschnitt des Zeitraums 1999-2007 reduziert, so würden sich dadurch die Bestände an Bargeld und Einlagen in einer Größenordnung verringern, die in Japan 15%, in Deutschland 7% und in den Vereinigten Staaten 3% der Unternehmensinvestitionen des Jahres 2014 entspräche. Soweit aber der Liquiditätsaufbau auf Vorsorgeerwägungen wegen der anhaltenden Unsicherheit über die Entwicklung der Nachfrage und der Bedingungen für die Außenfinanzierung zurückzuführen ist (Bates et al., 2009; Sanchez und Yurdagul, 2013), könnte es einige Zeit dauern, bis sich die bessere Liquiditätsposition in Investitionen und anderweitigen Unternehmensausgaben niederschlägt.

In einigen Volkswirtschaften hat sich der Anteil von Schuldtiteln an der Gesamtverschuldung seit Ausbruch der Finanzkrise erhöht. Diese Entwicklung war in Frankreich, Italien, Norwegen, dem Vereinigten Königreich und den Vereinigten Staaten besonders ausgeprägt. Dagegen waren in Japan und Deutschland, wo die Außenfinanzierung traditionell überwiegend auf Bankkrediten beruht, nur geringfügige Veränderungen festzustellen. Angesichts der niedrigen langfristigen Zinssätze, der schwachen Bankensysteme und der steigenden Risikoneigung der Anleger stellt die Begebung zusätzlicher Unternehmensanleihen für Unternehmen in allen größeren Ländern eine Möglichkeit dar, zu relativ geringen Kosten zusätzliche Finanzmittel aufzunehmen (Abb. 3.20; OECD, 2015d). Dies dürfte der Ausgabentätigkeit der Unternehmen und damit möglicherweise auch den Investitionen zugute kommen[22]. Allerdings nehmen viele Unternehmen auf Grund der niedrigen Kosten von Fremdkapital im Vergleich zu Eigenkapital Schulden auf, um über Aktienrückkäufe und Dividenden Mittel an die Aktionäre zurückzuführen (Blundell-Wignall und Roulet, 2015; OECD, 2015d). So kauften beispielsweise 2014 die im US-amerikanischen S&P 500 Index notierten Unternehmen eigene Aktien im Wert von knapp über 565 Mrd. US-$ zurück; dieser Betrag entsprach ungefähr drei Viertel ihrer gesamten Investitionsausgaben (FactSet, 2015).

In vielen Ländern verschlechterten sich die Bankbilanzen mit dem Ausbruch der Finanzkrise erheblich und gefährdeten auf Grund hoher Verluste die Solvenz der Bankensysteme. Zwar wurde ein Zusammenbruch des Finanzsystems durch staatliche Interventionen verhindert, doch die Banken gingen geschwächt aus der Krise hervor, wodurch sich ihre Bereitschaft, Kredite zu vergeben, verringerte. Dies betraf insbesondere die Krisenländer des Euroraums, wo die Banken anfänglich Schwierigkeiten hatten, sich zu vertretbaren Kosten zu finanzieren, und wo zudem die Rekapitalisierung der Banken zunächst nur schleppend vorankam und die Banken weiterhin durch einen hohen Anteil an notleidenden Krediten belastet werden

Figure 3.20. **Non-financial corporations' gross bond issuance has recovered**

Four-quarter moving average, in per cent of GDP

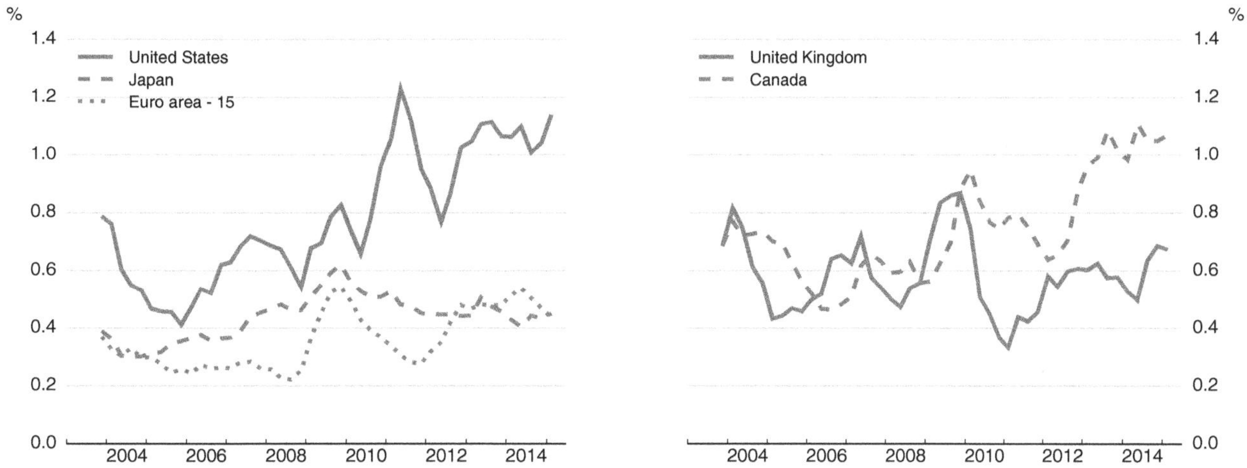

Note: Gross bond issuance of private non-financial corporations in national and foreign currencies. Issuance covers publicly-offered private bonds for Japan, long-term securities other than shares at nominal value for the euro area, and non-financial corporate new bond issues for the United States.

Source: *OECD Economic Outlook 97 database*; Bank of England; European Central Bank; Japan Securities Dealers Association; US Federal Reserve; and OECD calculations.

StatLink http://dx.doi.org/10.1787/888933221577

(Anhang 1.1). Dem Bank Lending Survey der EZB zufolge hat jedoch in den letzten Jahren die Bedeutung der Finanzierungskosten und bilanzieller Restriktionen für die Beschränkung der Kreditvergabe im Euroraum insgesamt abgenommen (EZB, 2015).

In den Vereinigten Staaten dürften die Investitionsausgaben der Unternehmen nicht mehr durch mangelnde Rentabilität gehemmt werden, doch in einer Reihe anderer Volkswirtschaften muss sich die Ertragslage u.U. noch verbessern, um höhere Investitionsausgaben zu ermöglichen. Die Verfügbarkeit von Innenfinanzierung durch Gewinne und Cashflows kann für die Investitionstätigkeit eine wichtige Rolle spielen (Bond et al., 2003). Ein schwächerer Cashflow kann den Bedarf an Außenfinanzierung erhöhen und negative Auswirkungen auf die Kreditaufnahmefähigkeit und die Kreditkosten eines Unternehmens haben. Den verfügbaren Daten zufolge sind die realen Unternehmensgewinne (von Finanz- und Nichtfinanzunternehmen) insgesamt in den letzten vier Jahren um durchschnittlich 1% pro Jahr gestiegen, verglichen mit einem Durchschnittswert von rd. 3% für vier Jahrzehnte (Abb. 3.21). Dabei bestehen jedoch erhebliche Unterschiede zwischen den einzelnen Ländern: So ist beispielsweise das Gewinnwachstum in den Vereinigten Staaten vergleichsweise robust geblieben, während sich das Gewinnniveau im Euroraum und in Japan in realer Rechnung kaum verändert hat. Durch die Gewinnerholung hat die Eigenkapitalrendite (d.h. der Nettogewinn im Verhältnis zum Eigenkapital) börsennotierter Unternehmen in den Vereinigten Staaten wieder das Vorkrisenniveau erreicht oder sogar übertroffen, während sie im Euroraum und in Japan sowie insbesondere in aufstrebenden Volkswirtschaften weiter unter dem Vorkrisenstand verharrt (Blundell-Wignall und Roulet, 2015; OECD, 2015d).

Unsicherheit

Eine mögliche Erklärung für die Investitionszurückhaltung der Unternehmen besteht darin, dass die Wirtschaftsaussichten und politischen Entwicklungen von den Unternehmen u.U. als deutlich unsicherer eingeschätzt werden als früher. In Zeiten erhöhter

Figure 3.21. **Growth in real corporate profits has been solid in the United States but weaker elsewhere**

Annual percentage changes

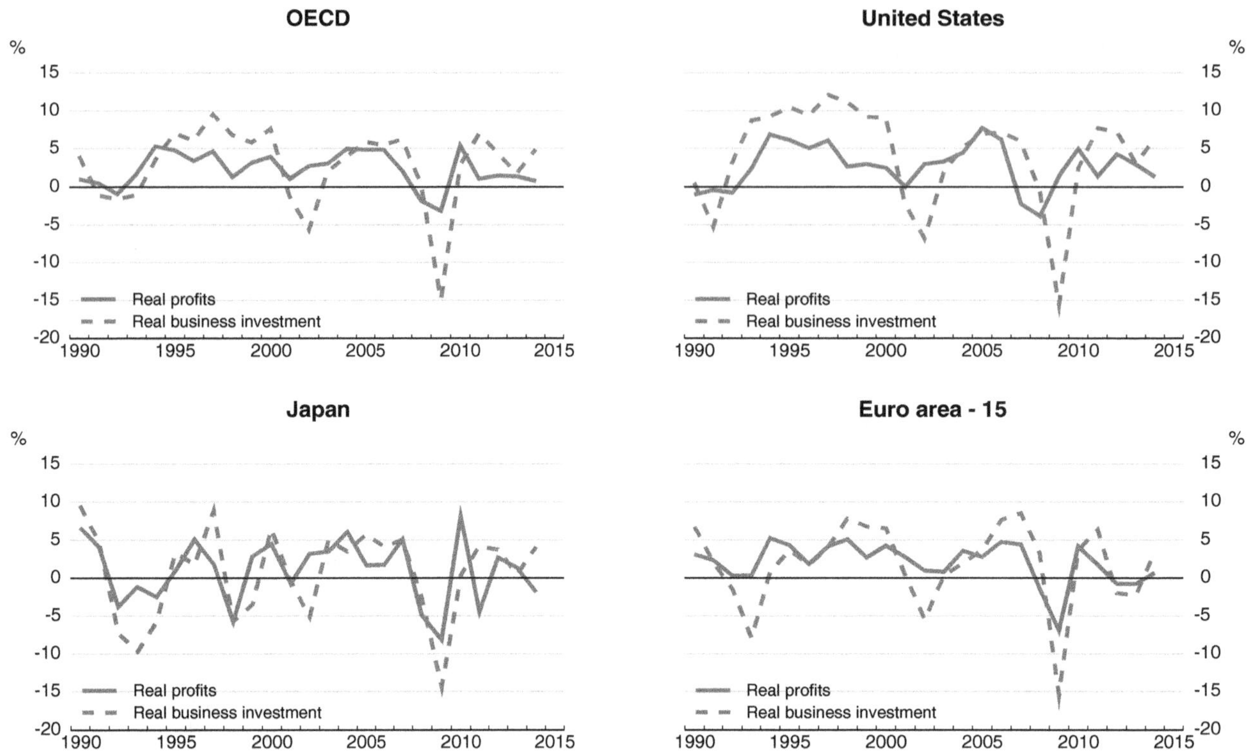

Note: Real profits are gross operating surplus less income from self-employment, deflated by the GDP deflator. Countries with less than 19 years of profits data are excluded from the OECD aggregate; there are breaks prior to 1996 in years where additional countries are incorporated.

Source: OECD *Economic Outlook 97 database*; OECD National Accounts database; and OECD calculations.

StatLink http://dx.doi.org/10.1787/888933221584

Unsicherheit kann ein Aufschub geplanter, aber schwer umkehrbarer Entscheidungen, wie z.B. Anlageinvestitionen, eine wertvolle Option darstellen (Bernanke, 1983; Dixit und Pindyck, 1994), sofern sich dieselben Investitionsmöglichkeiten auch in Zukunft bieten. Dementsprechend wirkt sich höhere Unsicherheit negativ auf die Investitionstätigkeit aus, was durch empirische Studien bestätigt wird (siehe weiter unten und Kasten 3.2), die sich u.a. mit den Erfahrungen seit der jüngsten Krise und insbesondere bei Bauinvestitionen befassen (Ferrara und Guérin, 2015). Dies lässt sich auch daran ablesen, dass wirtschaftliche und regulatorische Unsicherheit von den Befragten in der BIAC-Erhebung (Kasten 3.3) am häufigsten als sehr wichtiges Investitionshemmnis bezeichnet wurde.

Die Frage der geeigneten Messgröße für wirtschaftliche Unsicherheit ist nicht abschließend geklärt (Davis, 2010); in empirischen Studien wird eine Reihe von unterschiedlichen Indikatoren verwendet.

- Die finanziellen Unsicherheitsmaße haben sich nach einem sprunghaften Anstieg auf dem Höhepunkt der Krise in den letzten Jahren unterschiedlich entwickelt. Eine häufig verwendete Messgröße ist die Aktienmarktvolatilität[23]. Diese stieg nach dem Zusammenbruch von Lehman Brothers 2008 und im Zuge der deutlichen Verschärfung der Eurokrise 2010 sowie Mitte 2011 extrem stark an (Abb. 3.22). Schätzungen zufolge hat sich dadurch die Investitionstätigkeit seit dem Ausbruch der Krise in den Vereinigten

Figure 3.22. **The implied volatility of share prices has moderated**

Monthly averages

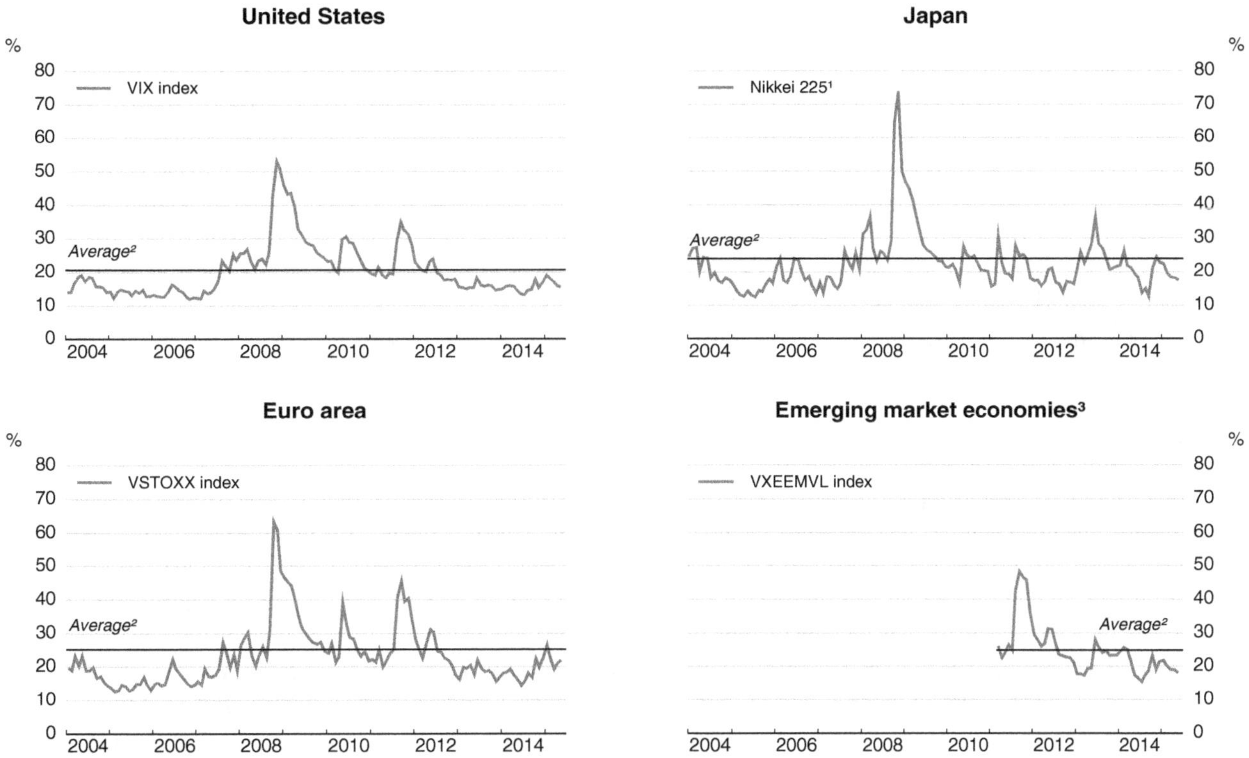

Note: Implied volatility can be interpreted as market expectation of risk (future volatility) and is derived from at-the-money call option prices.

1. AMEX prior July 2007.
2. Average implied volatility for the period January 1999 to May 2015 for all countries but emerging market economies where the average refers to the period March 2011 to May 2015.
3. CBOE Emerging Markets ETF Volatility Index Options.

Source: Datastream.

StatLink http://dx.doi.org/10.1787/888933221599

Staaten, im Euroraum und in Japan reduziert (Davis, 2010; OECD, 2011a). Allerdings lag die Aktienmarktvolatilität in den letzten zwei Jahren in der Nähe ihres historischen Durchschnitts und dürfte auf ihrem in jüngster Zeit verzeichneten Niveau keine bedeutenden negativen Auswirkungen auf die Investitionstätigkeit haben.

- Die Indikatoren für die politische Unsicherheit sind zwar zurückgegangen, liegen aber nach wie vor über den Vorkrisenniveaus. Der Economic Policy Uncertainty Index (EPU-Index) beruht auf der Anzahl von Zeitungsberichten, in denen Unsicherheit im Zusammenhang mit Wirtschaft und Politik erwähnt wird, sowie der Streuungsbreite von Expertenprognosen zur Inflationsentwicklung und zum Haushaltsdefizit (Baker et al., 2013)[24]. Die relativ neuen Studien, die diesen Index oder ähnliche Variablen verwenden, haben auf mögliche Zusammenhänge zwischen Unsicherheit, Investitionswachstum (Europäische Kommission, 2013, 2014; IWF, 2015; Kasten 3.2; Anhang 3.1) und BIP-Wachstum (Haddow et al., 2013) hingewiesen. Der EPU-Index weist für den Zeitraum 2007-2011 erhöhte Unsicherheit aus, wobei auf einen deutlichen Anstieg zu Beginn der Finanzkrise mit der Zuspitzung der Eurokrise in der zweiten Jahreshälfte 2011 eine weitere Zunahme der Unsicherheit folgte (Abb. 3.23). In dieser Hinsicht ergibt sich aus dem Indikator der politischen Unsicherheit ein weitgehend ähnliches Bild wie aus der Aktienmarkt-

Figure 3.23. **Measures of policy uncertainty have fallen but remain elevated**

3-month-moving average of non-seasonally adjusted data, normalised over 1997-2007, in standard deviations

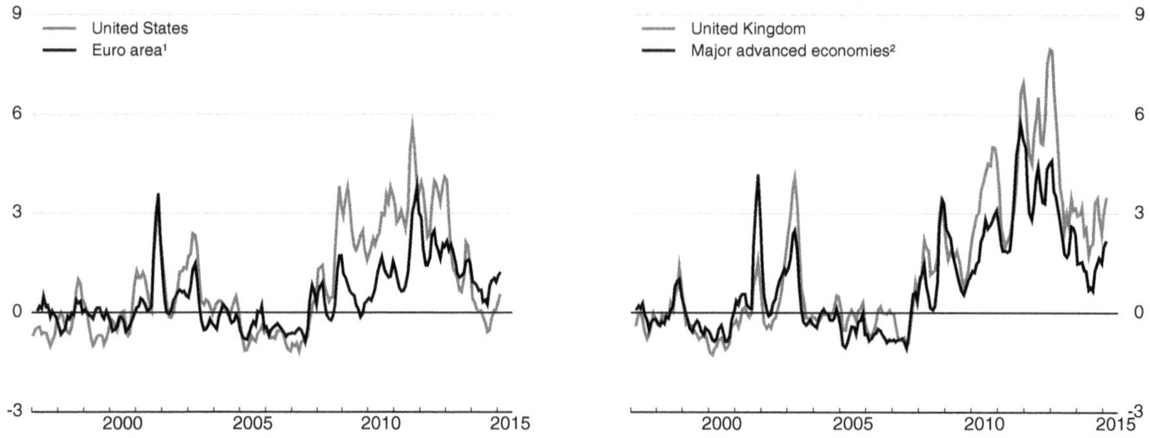

1. Weighted average of the index in the three largest euro area economies.
2. Excluding Japan; first principal component calculated from the Economic Policy Uncertainty Indices for Canada, France, Germany, Italy, the United Kingdom and the United States.

Source: Scott Baker, Nicolas Bloom and Stephen J. Davis at *www.PolicyUncertainty.com*; and OECD calculations.

StatLink http://dx.doi.org/10.1787/888933221604

volatilität. Zuletzt aber haben sich die verschiedenen Unsicherheitsmaße auseinanderentwickelt. Die Aktienmarktvolatilität ist in Richtung ihrer Vorkrisenniveaus gesunken, während die Indizes der politischen Unsicherheit zwar zurückgegangen sind, aber mit Ausnahme der Vereinigten Staaten weiterhin über dem Vorkrisenniveau liegen.

- Erhebungsdaten lassen den Schluss zu, dass die Geschäftstätigkeit der Unternehmen in den Vereinigten Staaten nach wie vor durch Besorgnis über regulatorische und steuerliche Unsicherheit gehemmt wird. Die durch den EPU-Index erfasste Unsicherheit war wahrscheinlich auf das Auslaufen steuerrechtlicher Bestimmungen und die Erwartung neuer Steuern zurückzuführen. Die Komponente der auslaufenden Steuervorschriften im Index für die Vereinigten Staaten stieg 2009, 2010 und 2012 stark an und erreichte vor der drohenden „Fiskalklippe" Ende 2012 ein Rekordniveau (Abb. 3.24). Anschließend wurde durch die Einigung über den US-Haushalt und die Schuldengrenze ein bedeutender Unsicherheitsfaktor beseitigt. Zum Jahreswechsel 2014/2015 aber stieg diese Indexkomponente erneut an, da viele befristete Steuervorschriften ausliefen, was negative Auswirkungen auf die Unternehmensinvestitionen haben könnte. Kleine Unternehmen in den Vereinigten Staaten betrachten regulatorische Unsicherheit nach wie vor als das größte Hemmnis für ihre Geschäftsaktivitäten. Gegenwärtig werden schwache Umsätze sowie Steuern und Regulierung von kleinen Unternehmen als wichtigste Probleme genannt (Abb. 3.24). Eine weitere potenzielle Quelle für Unsicherheit stellt die Besorgnis über die Wachstumsaussichten und finanzielle Risiken in aufstrebenden Volkswirtschaften dar; sollten diese Befürchtungen eintreten, würden sie den für Investitionsentscheidungen wichtigen Faktor des globalen Wirtschaftswachstums schwächen. Die Indizes wirtschaftspolitischer Unsicherheit für China und Indien lassen auf erhöhte Unsicherheit in den letzten Jahren schließen, insbesondere von Mitte 2011 bis Mitte 2013 sowie seit Mitte 2014. Die Indizes der Aktienmarktvolatilität in den aufstrebenden Volkswirtschaften deuten ebenfalls darauf hin, dass die Unsicherheit 2011 erhöht war, sich mittlerweile aber – trotz mehrerer kleinerer Volatilitätsschübe – wieder einem normalen Niveau genähert hat.

Figure 3.24. **Regulatory and taxation issues appear to have added to uncertainty in the United States**

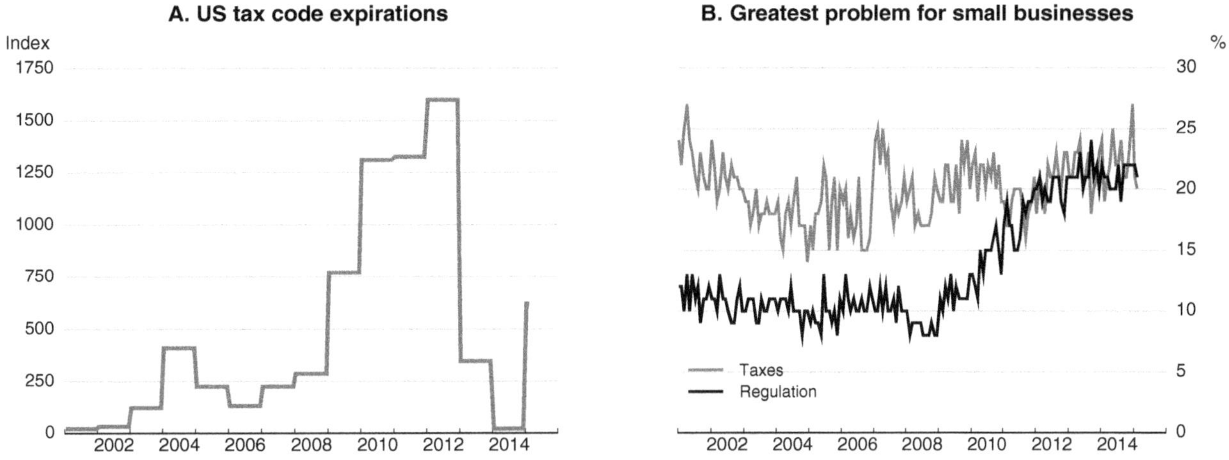

Note: Small business responses are a percentage of total responses from the NFIB survey. Tax code expirations are the weighted sum of the discounted total dollar amount of federal tax code provisions expiring in the following 10 years.
Source: Datastream; Scott Baker, Nicolas Bloom and Stephen J. Davis at *www.PolicyUncertainty.com*.

StatLink http://dx.doi.org/10.1787/888933221619

- Verzögerungen beim Abschluss multilateraler Handelsübereinkommen tragen ebenfalls zur Unsicherheit bei und könnten zum Aufschub von Investitionsentscheidungen bei Unternehmen in den betreffenden Ländern geführt haben.

Einige längerfristige Unsicherheitsfaktoren, die die Ausgabebereitschaft für langfristige Projekte hemmen könnten, werden möglicherweise von keinem der oben genannten Indizes in angemessener Weise erfasst. Sie hängen in der Regel mit Unwägbarkeiten im Hinblick auf die Bewältigung fundamentaler gesellschaftlicher Herausforderungen zusammen:

- Die Bevölkerungsalterung belastet in vielen Ländern bereits jetzt die Staatsfinanzen, und die gesamten Ex-ante-Kosten für die Haushalte auf Grund höherer Ausgaben für Renten, Gesundheitsversorgung und Langzeitpflege könnten sich auf durchschnittlich 2½% des BIP summieren (Tabelle 3.3), wobei in mehreren Ländern deutlich höhere Kosten zu erwarten sind. Solange nicht entschieden ist, wie diese zukünftigen Haushaltsengpässe bewältigt werden sollen, könnte das Risiko, dass Unternehmen und Investoren über höhere Steuern zur Finanzierung der steigenden alterungsbedingten Ausgaben herangezogen werden, bereits heute die Investitionstätigkeit beeinträchtigen. Diese Sorgen dürften durch die relativ hohe Staatsverschuldung und die sehr niedrigen Renditen auf sichere Vermögenswerte noch verstärkt werden, die sich negativ auf die Positionen leistungsorientierter betrieblicher Pensionspläne auswirken.
- Die Zielsetzung der Klimaschutzpolitik, den globalen Temperaturanstieg auf 2°C zu begrenzen, wird erhebliche steuerliche und regulatorische Änderungen auf nationaler und internationaler Ebene erfordern. Die Unsicherheit darüber, wie die Weltgemeinschaft mit dieser Herausforderung umgehen wird, könnte vor allem die privaten Investitionsausgaben im Energie- und Verkehrssektor belasten, aber auch weitreichendere Auswirkungen haben. Eine frühzeitige und eindeutige Klärung dieser Frage könnte eine positive Entwicklung der Investitionsausgaben fördern, wenn die Unternehmen die Chancen nutzen, die sich auf Grund von Maßnahmen zur Eindämmung des Klimawandels eröffnen.

Table 3.3. **Changes in public spending on health and pensions for selected OECD countries**

Change 2015-30, per cent of GDP

	Health care[1]	Long-term care[1]	Pensions	Total
Australia	1.2	0.2	0.7	2.1
Austria	1.3	0.2	2.3	3.9
Belgium	1.1	0.3	3.6	5.0
Canada	1.4	0.2	1.2	2.9
Chile	1.4	0.5	-0.7	1.2
Czech Republic	1.1	0.2	0.3	1.7
Denmark	1.3	0.2	0.3	1.8
Estonia	0.9	0.2	0.4	1.5
Finland	1.2	0.2	2.8	4.2
France	1.2	0.2	0.5	1.9
Germany	1.3	0.3	1.5	3.1
Greece	1.2	0.3	0.0	1.5
Hungary	0.9	0.3	-0.8	0.4
Ireland	1.2	0.1	0.7	2.0
Iceland	1.2	0.2	1.1	2.5
Israel	1.3	0.3	0.5	2.1
Italy	1.3	0.3	-0.4	1.2
Japan	1.4	0.3	..	1.7
Korea	1.7	0.4	1.4	3.5
Luxembourg	1.4	0.3	4.1	5.8
Mexico	1.3	0.4	0.4	2.1
Netherlands	1.4	0.3	2.3	4.0
Norway	1.3	0.2	2.0	3.5
New Zealand	1.1	0.1	1.9	3.1
Poland	1.1	0.2	0.2	1.6
Portugal	1.3	0.2	-0.1	1.4
Slovak Republic	1.2	0.3	1.4	2.9
Slovenia	1.3	0.3	1.5	3.1
Spain	1.3	0.4	0.2	1.8
Sweden	1.0	0.1	0.4	1.6
Switzerland	1.3	0.2	1.5	3.0
Turkey	1.2	0.3	1.5	3.0
United Kingdom	1.1	0.2	0.3	1.6
United States	1.2	0.1	0.1	1.5
OECD (unweighted) average	**1.2**	**0.3**	**1.0**	**2.5**

Note: Where projections are not available over the period 2015-30, linear interpolation has been applied.

1. Based on "Cost-containment scenario" (Oliveira Martins and de la Maisonneuve, 2013).

Source: European Commission (2012); OECD Pensions at a Glance (2011); Merola and Sutherland (2012) and Bank of Israel.

StatLink http://dx.doi.org/10.1787/888933222458

Regulierung und Wettbewerb

Der Abbau der Produktmarktregulierung im OECD-Raum seit Beginn der Krise, insbesondere in den Krisenländern des Euroraums, dürfte die Aussichten für das zukünftige Investitionswachstum verbessern (Abb. 3.25). Dies steht in Einklang mit empirischen Befunden der OECD, wonach eine wettbewerbshemmende Produktmarktregulierung, insbesondere Marktzutritts-, Handels- und Wettbewerbsbeschränkungen, einen negativen Zusammenhang mit Investitionen und Kapitalbildung aufweist (Alesina et al., 2005; Nicoletti und Scarpetta, 2005)[25]. Die in dieser Untersuchung angeführten Erhebungsdaten und empirischen Befunde zeigen auch, in welchem Ausmaß Regulierung die Investitionstätigkeit der Unternehmen hemmt:

- In Kasten 3.2 und Anhang 3.1 angeführte empirische Analysen deuten darauf hin, dass die anhand des OECD-Indikators für die Regulierung des Energie-, Verkehrs- und Kommunikationssektors gemessene Produktmarktregulierung auf lange Sicht den Kapitalstock und auf kurze Sicht das Investitionsniveau reduziert.

Figure 3.25. **Product market regulation has fallen in some but not all countries**

Index scale of 0-6 from least to most restrictive

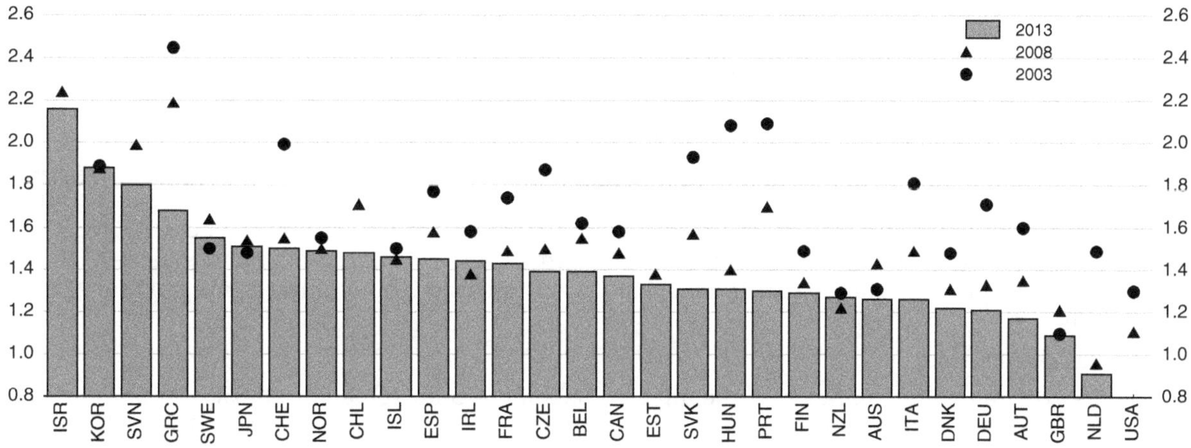

Note: 2013 observation is not available for the United States.
Source: OECD Product Market Regulation Database.

StatLink http://dx.doi.org/10.1787/888933221623

- Erhebungsdaten zeigen, dass Regulierung nach Ansicht der Unternehmen die Investitionstätigkeit hemmt. Dementsprechend wurde im BIAC Business Climate Survey eine restriktive oder mit erheblichen Belastungen verbundene Regulierung von einem größeren Anteil der Befragten als „sehr wichtiges“ Hindernis für Investitionen im Inland bezeichnet als eine zu geringe Inlands- oder Weltmarktnachfrage (Kasten 3.3).
- Angesichts der Fortschritte in der Digitaltechnologie und ihres Potenzials, Transaktionen zu vereinfachen, dürften in Zukunft Regelungen, die sich darauf auswirken, wie leicht digitale Plattformen und andere computergestützte Transaktionen eingeführt werden können, ein wichtigerer Bestimmungsfaktor für Investitionen werden.

ADI-spezifische Regulierung wirkt sich unmittelbar auf die Fähigkeit eines Landes aus, international mobile Anlageinvestitionen zu gewinnen. Der OECD-Index des Restriktionsgrads der ADI-Regulierung misst die offensichtlichen regulatorischen Restriktionen, die in den einzelnen Ländern für ausländische Direktinvestitionen bestehen. Dabei werden vier wesentliche Aspekte untersucht: Beschränkungen ausländischer Kapitalbeteiligungen, Prüf- und Genehmigungsverfahren, Beschränkungen für die Beschäftigung von Ausländern in Schlüsselpositionen sowie andere operative Restriktionen (wie z.B. Einschränkungen beim Grunderwerb oder bei der Rückführung von Gewinnen und Kapital). Die Restriktionen für ADI-Zuflüsse wurden im Zeitverlauf sowohl in OECD-Volkswirtschaften als auch in den BRIICS-Ländern gelockert, sind jedoch im Durchschnitt in den BRIICS immer noch deutlich größer als im OECD-Raum[26].

Reformen zum Abbau von Beschränkungen der ADI-Zuflüsse könnten einen bedeutenden und umfangreichen positiven Effekt auf die Höhe der ADI-Zuflüsse haben, insbesondere in Europa (Nicoletti et al., 2003). Neuere OECD-Schätzungen zeigen auch die potenziellen Vorteile einer weiteren regulatorischen Harmonisierung in Europa, wonach eine Verringerung der Regulierungsunterschiede zwischen zwei Ländern um ein Fünftel eine geschätzte Zunahme der ADI-Zuflüsse um rd. 15% bewirken dürfte (Kasten 3.5). Umweltschutzbestimmungen können ebenfalls die Standortwahl für international mobile Investitionen beeinflussen, insbesondere bei Unternehmensneugründungen (Bialek und Weichenrieder, 2015; Kasten 3.1).

Kasten 3.5 **Der Effekt der Heterogenität der Produktmarktregulierung (PMR) auf die ADI**

Der Effekt von Politikmaßnahmen auf die bilateralen ADI-Bestände wird in vorläufigen OECD-Arbeiten (Fournier, 2015b; Anhang 3.3) mit einem Gravitätsmodell untersucht (Tabelle unten). In Anlehnung an Santos Silva und Tenreyro (2006) wird eine Poisson-Pseudo-Maximum-Likelihood-Schätzung (PPML) durchgeführt. Zur Überprüfung der Robustheit wird bei einigen Regressionen auch eine lineare Schätzmethode angewendet, wobei der Logarithmus des ADI-Bestands als abhängige Variable dient.

Zu den wichtigsten Erkenntnissen gehört, dass die Heterogenität der Produktmarktregulierung (PMR) einen erheblichen negativen Effekt auf die ADI hat. Heterogenität wird definiert als der Anteil unterschiedlicher Regulierungsrahmen zwischen zwei Ländern auf der Basis des PMR-Indikators der OECD in Bezug auf die jeweilige Frage (Fournier, 2015a; Anhang 3.3). Daraus ergibt sich, dass ein breit gefasstes Reformpaket, das die Regulierungsunterschiede zwischen zwei Ländern um ein Fünftel verringert, die ADI um rd. 15% erhöht.

Weitere Erkenntnisse:

- Was die konkreten Politikbereiche anbelangt, so haben die Unterschiede in Bezug auf kartellrechtliche Freistellungen, Zugangshindernisse im Dienstleistungssektor und in den Netzindustrien sowie auflagenpolitische Instrumente erhebliche negative Auswirkungen auf die ADI.
- Die anhand des ADI-Regulierungsindex gemessenen ADI-Beschränkungen haben ebenfalls eindeutig negative Auswirkungen.
- Die Komplexität von Regulierungsverfahren hat negative Auswirkungen auf die ADI. Wenn die Länder mit den komplexesten Regulierungsverfahren sich dem Durchschnitt der Hälfte der Länder mit den am wenigsten komplexen Regulierungen annähern würden, könnten die ADI um rd. 15% steigen.
- Es gibt Befunde dafür, dass die Teilnahme am Binnenmarkt der EU zusätzlich zu dem bereits von den Regulierungsindikatoren erfassten Effekt positive Auswirkungen auf die ADI haben kann. Im Gegensatz dazu ist im NAFTA-Raum ein negativer Effekt festzustellen, der möglicherweise auf einen Substitutionseffekt zu Gunsten des Handels zurückzuführen ist (vgl. Fournier et al., 2015, wegen Belegen für den großen positiven Effekt des NAFTA-Abkommens auf den Handel).

FDI determinants

Estimation method	Poisson			Linear		
PMR^h_{ijt}	**-1.67*****	**-1.54****	**-0.71**	**-2.83*****	**-2.95*****	**-2.55*****
Same legal system$_{ij}$	0.46***	0.45***	0.43***	0.61***	0.61***	0.63***
FDI restrictiveness$_{it}$	-0.25*		-0.37**	-0.056		-0.14
Complexity of Regulatory Procedures$_{it}$	-0.15***	-0.16***	-0.17***	0.021	0.0100	-0.0092
European Economic Area$_{it}$	-0.13	-0.21	-0.53*	0.92***	0.66**	0.84***
European Economic Area$_{jt}$	-0.036	-0.056	-0.54	-0.039	0.13	-0.051
European Economic Area$_{ijt}$	0.32	0.33	0.54**	0.12	0.11	0.13
NAFTA$_{ij}$	-1.22***	-1.20***	-0.85***	-0.99	-1.02	-1.25*
N	2,017	2,017	1,951	2,017	2,017	1,951
R^2	0.893	0.889	0.913	0.817	0.818	0.819
Country and year fixed effects	YES	YES	YES	YES	YES	YES
Controls for PMR levels in seven subdomains	NO	YES	NO	NO	YES	NO
Controls for size and factor dissimilarities	NO	NO	YES	NO	NO	YES

Note: Asterisks (*, **, ***) indicate the significance level (10%, 5%, 1%) of the coefficients. i denotes the inward country and j the outward country. PMR^h_{ijt} = Heterogeneity of the PMR indicator; NAFTA$_{ij}$ = North America Free Trade Agreement pair dummy; FDI restrictiveness$_{it}$= PMR sub-component built with the OECD FDI restrictiveness index. Poisson = Poisson pseudo-maximum likelihood. Linear = Log-linear specification. Standard gravity model determinants and various other determinants are added on top of the variables shown in this table (Annex 3.3)

Source: OECD calculations.

StatLink http://dx.doi.org/10.1787/888933222474

Einflussfaktoren für öffentliche bzw. Infrastrukturinvestitionen

Öffentliche Investitionen umfassen Investitionen in die wirtschaftliche und soziale Infrastruktur, in Verteidigungsausrüstung und in geistiges Eigentum. Neben den direkten Auswirkungen, höherer Investitionsausgaben auf die Nachfrage, gibt es eine Reihe unterschiedlicher Kanäle, durch die sie darüber hinaus das langfristige Niveau des Produktionspotenzials beeinflussen können:

- Empirische Befunde lassen darauf schließen, dass die öffentliche Infrastruktur erhebliche positive Auswirkungen auf die Produktivität (Fernald, 1999) und auch das Wirtschaftswachstum hat (Bom und Ligthart, 2014). Diese Effekte können jedoch nichtlinear sein, beispielsweise auf Grund von Schwelleneffekten in Netzexternalitäten (Fernald, 1999; Sutherland et al., 2009). Die öffentlichen Ausgaben für Bildung und Gesundheitsversorgung haben Schätzungen zufolge ebenfalls erhebliche positive Auswirkungen auf das langfristige Produktionspotenzial (Barbiero und Cournède, 2013).
- Öffentlich finanzierte Grundlagenforschung hat zur anschließenden Entwicklung vieler wichtiger Technologien geführt (Singer, 2014). Es gibt auch Nachweise für positive Auswirkungen auf die Innovationstätigkeit des Privatsektors (Azoulay et al., 2015) sowie auf das Wachstum der Gesamtfaktorproduktivität (Guellec und van Pottelsberghe de la Potterie, 2004). Forschungsarbeiten der OECD zufolge stärken hohe öffentliche Ausgaben für Grundlagenforschung außerdem die Absorptionskapazität und verbessern die Fähigkeit, von den neuesten zukunftsgerichteten Innovationen weltweit zu lernen (OECD, 2015a).

Effekte der Haushaltskonsolidierung

Kürzungen bei den öffentlichen Investitionen zur Reduzierung von Haushaltsdefiziten sind kostspielig in Bezug auf die Stabilisierung der Nachfrage, wobei mehrere Studien darauf hindeuten, dass der mit den öffentlichen Investitionsausgaben verbundene fiskalische Multiplikator größer als 1 und höher als bei anderen fiskalischen Instrumenten ist. So ermitteln Auerbach und Gorodnichenko (2012) beispielsweise unter Verwendung von Daten aus den Vereinigten Staaten für öffentliche Ausgaben allgemein einen Fiskalmultiplikator von 1, für öffentliche Investitionen dagegen einen Multiplikator von 2,1. Die Evidenz aus verschiedenen Volkswirtschaften deutet ebenfalls darauf hin, dass die Multiplikatoren bei öffentlichen Investitionen im Allgemeinen größer sind als bei konsumptiven Staatsausgaben und in einigen Fällen den Wert 1 übersteigen (Ilzetzki et al., 2011). Aus diesem Grund gehören Kürzungen bei den öffentlichen Investitionen zu den am wenigsten wünschenswerten Instrumenten der Haushaltskonsolidierung (Cournède et al., 2013). Dies ist mit besonders großer Wahrscheinlichkeit der Fall, wenn die Reduzierung der öffentlichen Investitionsausgaben in strategischen Bereichen mit erheblichen Netzwerkeffekten oder in Bereichen mit hoher gesellschaftlicher Rendite erfolgt, da eine solche Politik Investitionen in damit verbundene Aktivitäten blockieren würde.

Viele Regierungen haben die Anlageinvestitionen aber dennoch gekürzt, um ihre Haushaltskonsolidierungsziele im Anschluss an die Krise zu erreichen. Die öffentlichen Anlageinvestitionen sind in den OECD-Ländern zwischen 2010 und 2013 um durchschnittlich 0,6% des BIP zurückgegangen, was rund einem Viertel der fiskalischen Konsolidierungsanstrengungen entspricht. Der Rückgang war in einigen Ländern wesentlich stärker, wobei er in Griechenland, Spanien und Irland 2,5% des BIP überstieg und in Spanien rund zwei Fünftel der Konsolidierung ausmachte. Es besteht offensichtlich eine Beziehung zwischen den in diesem Zeitraum ergriffenen fiskalischen Konsolidierungsmaßnahmen der einzelnen Länder und den Kürzungen bei den öffentlichen Anlageinvestitionen – eine Konsolidierung um 1% des BIP ist im Durchschnitt mit

Figure 3.26. **Public investment has declined the most in countries with high fiscal consolidation**

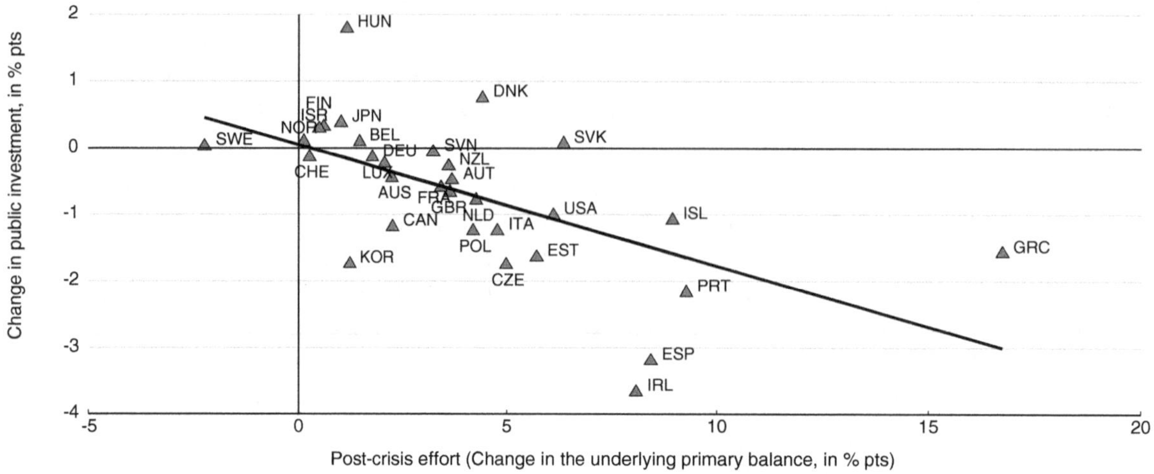

Note: Underlying primary balance and public investment are expressed in per cent of potential GDP. Consolidation denotes change in the underlying primary balance since start of post-crisis consolidation (2009/10 for most countries) until 2013. Greece is not included in the chart.
Source: *OECD Economic Outlook 97 database*; and OECD calculations.

StatLink http://dx.doi.org/10.1787/888933221632

einer Kürzung der öffentlichen Investitionen um 0,3% des BIP verbunden (Abb. 3.26). Derartige Konsolidierungsanstrengungen erhöhen also tendenziell die Staatsschuldenquoten, anstatt sie zu reduzieren, so dass es für die betroffenen Volkswirtschaften noch schwieriger wird, die mittelfristige Tragfähigkeit zu erreichen.

Es scheint außerdem einen Zusammenhang zwischen den fiskalischen Konsolidierungsanstrengungen nach der Krise und den unzureichenden Infrastrukturinvestitionen nach der Krise zu geben (Abb. 3.27)[27]. Diese Fehlbeträge werden gemessen, indem der seit 2007 verzeichnete Anteil der Infrastrukturinvestitionen am BIP in Relation zum Durchschnittswert

Figure 3.27. **High levels of fiscal consolidation are associated with larger gross infrastructure investment shortfalls**

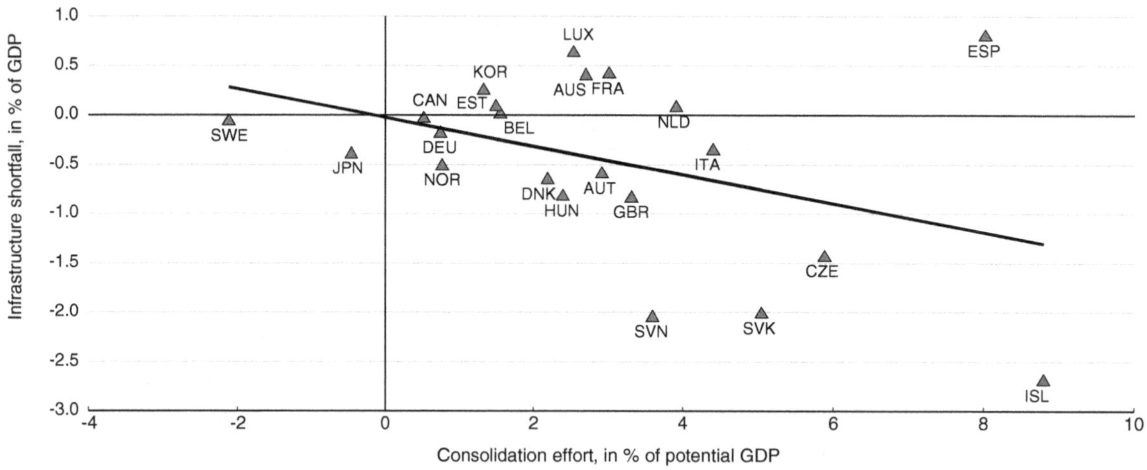

Note: Greece is excluded from the correlation. The infrastructure shortfall is the difference between post-2009 and 1997-2007 averages.
Source: *OECD Economic Outlook 97 database*; national statistical offices; and OECD calculations.

StatLink http://dx.doi.org/10.1787/888933221646

einer langen Vorkrisenperiode gesetzt wird. Die negative Korrelation ist zwar schwächer als bei öffentlichen Anlageinvestitionen (vorstehend behandelt), einige Länder, die relativ große Haushaltskonsolidierungen durchgeführt haben, weisen seit der Krise jedoch auch relativ große Lücken bei den Infrastrukturinvestitionen auf (Griechenland, Island, die Slowakische Republik, Slowenien und die Tschechische Republik).

Regulierungspolitische Maßnahmen in Bezug auf Infrastrukturinvestitionen

Infrastrukturprojekte sind häufig mit hohen Fixkosten verbunden, die Investitionsentscheidungen sind irreversibel, und die Projekte sind normalerweise auf eine Form von Marktversagen zurückzuführen (wie beispielsweise Externalitäten oder natürliche Monopole), dem durch staatliches Handeln begegnet werden muss. Die Bereitstellung und Nutzung von Infrastruktur variiert deshalb je nach Regulierung, insbesondere im Hinblick auf die gewünschte Marktstruktur, Marktzutrittsregelung und Preissetzung sowie hinsichtlich der Risikolast. OECD-Schätzungen lassen darauf schließen, dass der Abbau von Marktzutrittsschranken in den Netzindustrien zu höheren Infrastrukturinvestitionen führen kann (Sutherland et al., 2009).

Die OECD-Indikatoren für die Regulierung des Energie-, Verkehrs- und Kommunikationssektors, die sieben Netzsektoren abdecken (Telekommunikation, Strom, Gas, Post, Schienenverkehr, Personenluftverkehr und Straßengüterverkehr), deuten für den Zeitraum 2008-2013 in fast allen OECD-Ländern auf einen Rückgang der regulatorischen Schranken hin. Bei Betrachtung der einzelnen Sektoren zeigt sich jedoch eine breite Streuung zwischen den einzelnen Ländern. Dies kann die Effizienz und die Investitionen beeinträchtigen, insbesondere bei grenzüberschreitenden Netzinfrastrukturen. Qualitätsverbesserungen in der Handels- und Verkehrsinfrastruktur könnten in vielen Ländern, darunter die Türkei, auch erhebliche Auswirkungen auf das Volumen des internationalen Handels haben (Ojala und Çelebi, 2015). Neue OECD-Daten auf Unternehmensebene deuten darauf hin, dass Produktmarktregulierungen (u.a. im Energie-, Verkehrs- und Kommunikationssektor) und ADI-Beschränkungen negative Auswirkungen auf die Investitionen von in Infrastruktursektoren tätigen Unternehmen haben (Anhang 3.2).

Fehlfunktionen des Marktes lassen darauf schließen, dass öffentliche Maßnahmen notwendig sind, um die Treibhausgasemissionen zu reduzieren. Zu diesem Zweck fördern mehrere Regierungen durch direkte Subventionen oder garantierte Einspeisetarife Investitionen in saubere Energien, insbesondere Windenergie und Photovoltaik. Dies hat zu einer erheblichen Ausweitung der Energieerzeugung durch Wind und Photovoltaik sowie zu Effizienzsteigerungen im Sektor der sauberen Energien geführt. Der internationale Handel und internationale Investitionen haben in diesem Prozess eine wichtige Rolle gespielt. Es gibt jedoch Bedenken, dass staatliche Maßnahmen den Handel und die ausländischen Direktinvestitionen (ADI) in diesem Energiebereich zeitweilig möglicherweise beeinträchtigt haben. Neuere Forschungsarbeiten der OECD deuten darauf hin, dass die Einführung von Local-Content-Auflagen für die Gewährung von Subventionen oder Einspeisetarifen die ADI in die Energieerzeugung durch Photovoltaik reduziert (Kasten 3.6).

Die Bedeutung von Kosten-Nutzen-Analysen

Um sicherzustellen, dass öffentliche Investitionen einen langfristigen Nutzen bringen, ist es notwendig, die Projekte auf der Basis einer strengen Kosten-Nutzen-Analyse auszuwählen.

- Viele Länder greifen bereits auf Kosten-Nutzen-Analysen zurück, um die besten Projekte zu identifizieren. Eine Schlüsselkomponente der Investitionsoffensive für Europa, des sogenannten Juncker-Plans, besteht darin, die Tragfähigkeit vorgeschlagener

Kasten 3.6 **Überwindung von Hindernissen für internationale Investitionen in saubere Energie**[1]

In den letzten zehn Jahren wurden saubere Energien in großem Umfang staatlich gefördert, wovon sowohl die inländischen als auch die internationalen Investitionen profitiert haben. 2013 belief sich die öffentliche Unterstützung für saubere Energien weltweit auf 121 Mrd. US-$ (IEA, 2014b). Anfang 2014 hatten mindestens 138 Länder Förderprogramme für saubere Energien aufgelegt (REN21, 2014). Den Anreizsystemen standen zwar auch negative Investitionsanreize gegenüber – z.B. Subventionen für fossile Energieträger sowie andere Markt- und regulatorische Rigiditäten, die die traditionelle Stromerzeugung auf der Basis von fossilen Energieträgern begünstigen –, sie haben jedoch weltweit zur Stärkung der Investitionen in saubere Energien beigetragen. Außerdem ist die Wettbewerbsfähigkeit der Photovoltaik und der Windenergie ständig gestiegen, weil der internationale Handel und internationale Investitionen maßgeblich dazu beitrugen, die Vorleistungspreise zu senken. Die Wertschöpfungskette und die Aufgabenspezialisierung im Photovoltaiksektor werden in der folgenden Abbildung beschrieben.

Overview of the solar PV energy value chain (Crystalline silicon technology)

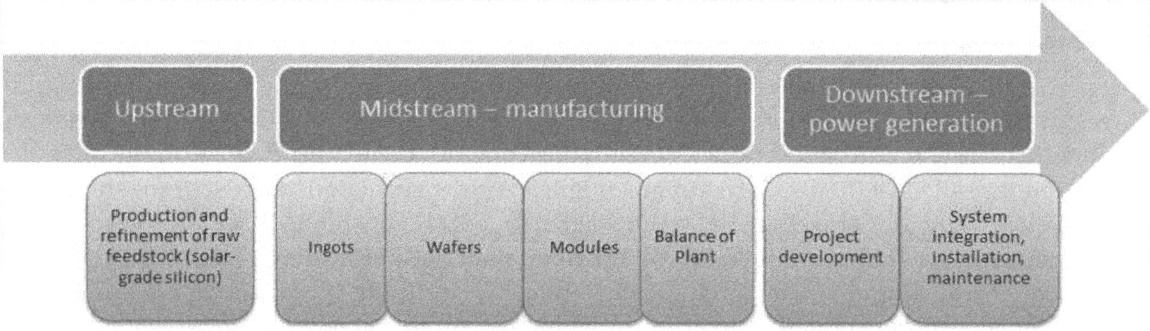

Source: OECD (2015e), *Overcoming Barriers to International Investment in Clean Energy*, OECD Publishing, Paris.

Die Neuinvestitionen in saubere Energien sind zwischen 2004 und 2011 um das Sechsfache gestiegen und erreichten 2011 einen Wert von 279 Mrd. US-$, bevor sie 2012-2013 wieder zurückgingen. Auf Solar- und Windenergie entfiel der größte Anteil der Neuinvestitionen – 114 Mrd. US-$ bzw. 80 Mrd. US-$ im Jahr 2013.

Seit der Finanzkrise von 2008 hat das wahrgenommene Potenzial der sauberen Energien, als Hebel für Wachstum und Beschäftigung zu dienen, mehrere OECD-Länder und aufstrebende Volkswirtschaften jedoch dazu veranlasst, eine ökologische Industriepolitik zu konzipieren, die darauf abzielt, die inländischen Hersteller zu schützen, insbesondere durch Local-Content-Auflagen. Local-Content-Vorschriften verpflichten die Solar- oder Windenergieunternehmen, einen bestimmten Anteil der Fertigung vor Ort auszuführen (Arbeitsplätze, Bauteile, Kosten), um Anspruch auf politische Unterstützung oder die Teilnahme an öffentlichen Ausschreibungen zu haben. Der demnächst erscheinende OECD-Bericht *Overcoming Barriers to International Investment in Clean Energy* zeigt, dass mindestens 21 Länder, darunter 16 OECD-Länder und aufstrebende Volkswirtschaften, derartige Auflagen konzipiert oder eingeführt haben, überwiegend seit 2009[2], und er beurteilt ihre Auswirkungen in den Wertschöpfungsketten der Photovoltaik und der Windenergie (Tabelle unten).

Empirische Befunde zeigen, dass Local-Content-Vorschriften die globalen internationalen Investitionen in Photovoltaik und Windenergie in einem Kontext globaler Wertschöpfungsketten behindern. Dies könnte damit zusammenhängen, dass derartige Politiken bei den Vorleistungen zu einer Erhöhung der Kosten oder einer Verringerung der Qualität führen, so dass die Aktivitäten in den nachgelagerten Segmenten der Wertschöpfungskette, die mit einer höheren Wertschöpfung verbunden sind, an Wettbewerbsfähigkeit verlieren (Abb. unten). Der negative Effekt von Local-Content-Vorschriften wird etwas größer eingeschätzt, wenn sowohl die inländischen als auch die internationalen Investitionen berücksichtigt werden. Dies lässt darauf schließen, dass Local-Content-Auflagen keine positiven Auswirkungen auf die inländischen Investitionsströme haben.

(Fortsetzung nächste Seite)

(Fortsetzung)

Darüber hinaus stellen Local-Content-Vorschriften laut den Ergebnissen der 2014 durchgeführten neuen Anlegerumfrage (Investor Survey) der OECD zu dem Thema „Achieving a Level Playing Field for International Investment in Clean Energy"[3] das wichtigste politische Hindernis für internationale Investitionen in Photovoltaik und Windenergie dar. Es ist nicht überraschend, dass die meisten internationalen Investoren, die in nachgelagerten Bereichen des Photovoltaik- und Windenergiesektors engagiert sind, Local-Content-Vorschriften als Hindernis betrachteten (Tabelle unten). Überraschend ist jedoch, dass die meisten internationalen Investoren, die im Upstream- oder Midstream-Bereich engagiert sind, Local-Content-Vorschriften ebenfalls als Hindernis bezeichneten. Dieses Ergebnis lässt darauf schließen, dass Local-Content-Auflagen internationale Investitionen entlang der gesamten Wertschöpfungskette behindern können.

Die politisch Verantwortlichen sollten deshalb überprüfen, ob diskriminierende Maßnahmen zu Gunsten inländischer Hersteller die Arbeitsplatzschaffung und Wertschöpfung im Sektor der sauberen Energien fördern oder nicht.

Summary of local-content requirements (LCR) in wind and solar energy across OECD countries and EMEs

Country	Level	Type of measure and sector(s)[1]	Year of implementation (status)
Brazil	National	Access to financing for wind	2009 (Ongoing)
	National	Access to financing for solar	Forthcoming - 2017
Canada	Subnational	Ontario: FiT eligibility for solar and wind	2009-2014
	Subnational	Quebec: Tender eligibility for wind	2003
China	National	Tender eligibility for wind	2003 (abandoned in 2009)
	National	Access to financing for wind	2008 (abandoned in 2011)
France	National	FiT bonus eligibility for solar	2013 (repealed in 2014)
Greece	National	FiT bonus eligibility for solar	2012 (ongoing)
India	National	Tender and FiT eligibility for solar	2010-22 (ongoing)
Indonesia	National	FiT bonus eligibility for solar	2013 (ongoing)
Italy	National	FiT bonus eligibility for solar	2012-13 (FiT expired in July 2013)
Russia	National	Tender eligibility for solar and wind	2013 (ongoing)
South Africa	National	Tender or FiT eligibility for wind and solar	2012 (ongoing)
Spain	Subnational	Galicia, Navarra, Castile and Leon, and Valencia: FiT or tender eligibility for wind	1999 for Navarra; 2004 for Galicia; Abandoned in 2012-13 via retroactive changes.
Turkey	National	FiT bonus eligibility for solar and wind	2010 (ongoing)
United States	Subnational	FiT bonus eligibility for solar and wind on state FiT or resale price of electricity in California, Ohio, Washington and New Jersey; tax rebate eligibility in Massachusetts	2012 for California and Massachusetts (ongoing); 2007 for Ohio (only in the 2007 solicitaition round); 2006 for Washington (abandoned in 2011); ongoing for New Jersey

1. FiT: feed-in tariff.

Source: OECD (2015e), *Overcoming Barriers to International Investment in Clean Energy*, OECD Publishing, Paris, forthcoming; updated as of September 2014.

Percentage of international investors from different segments of the solar and wind energy value chains who identified LCRs as an impediment

Solar PV energy		Wind energy	
Upstream or midstream	Downstream	Upstream or midstream	Downstream
75%	**73%**	**70%**	**72%**

Note: Based on a sample of 42 international investor respondents. The results include responses from 8 international investors who operate across upstream, midstream and downstream segments.

Source: OECD 2014 Investor Survey, in OECD (2015e).

(Fortsetzung nächste Seite)

(Fortsetzung)

Box 3.6. **Overcoming barriers to international investment in clean energy**[1] *(cont.)*

More than half of generated value lies downstream of module production

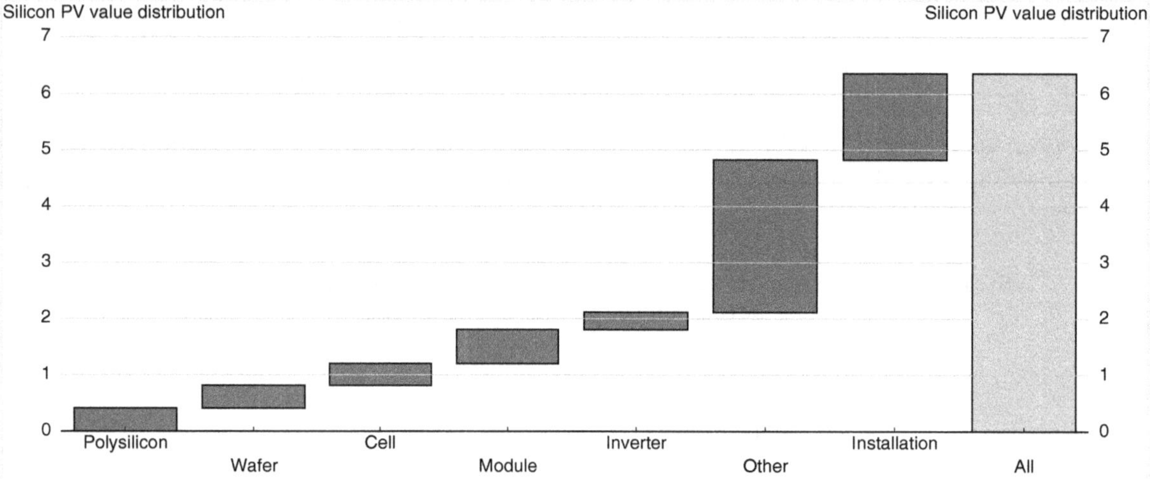

Source: Natural Resources Defence Council (NRDC) (2012), Laying the Foundation for a Bright Future: Assessing Progress Under Phase 1 of India's National Solar Mission, Interim Report, April 2012; quoting GTM Research, 2011; European Photovoltaic Industry Association (EPIA) and Greenpeace, 2006, 2011; Rutovitz and Atherton, 2009; The Solar Foundation, 2011; Based on unsubsidised value chain analysis of U.S. silicon PV market. Roughly similar value distribution for thin-film technologies.

StatLink http://dx.doi.org/10.1787/888933225464

1. Auf der Grundlage von OECD (2015e).
2. Mit Stand von September 2014.
3. Die Umfrage wurde von April bis Juni 2014 über einen Online-Fragebogen durchgeführt, der an weltweit führende Hersteller, Projektentwickler und Finanzierer im Photovoltaik- und Windenergiesektor versandt wurde. Die Ergebnisse basieren auf einer Stichprobe von 62 Befragten, die für 59 Unternehmen arbeiten, die in den Upstream-, Midstream- und Downstream-Segmenten der Wertschöpfungsketten des Photovoltaik- und Windenergiesektors tätig sind.

langfristiger Investitionsprojekte zu beurteilen und den politischen Entscheidungsträgern sowie den potenziellen privaten Investoren die entsprechenden Informationen zur Verfügung zu stellen (Kasten 3.7).

- Eine besondere Herausforderung für die politisch Verantwortlichen besteht darin, Projekte unter den gegenwärtigen Umständen, in denen die Investitionskosten ungewöhnlich niedrig sind, auszuwählen, was dazu führen kann, dass die Tragfähigkeit einiger Projekte überschätzt wird.
- Auf Grund der Beschaffenheit der Netzinfrastruktur können die Nutzeffekte unterschätzt werden, wenn die Auswirkungen der Externalitäten auf andere Wirtschaftsbereiche in der Analyse nicht genau erfasst werden (Sutherland et al., 2009).
- Die Auswirkungen des Klimawandels und die Ungewissheit in Bezug auf die globalen Politikreaktionen sind für die politischen Entscheidungsträger, die Externalitäten und unbekannte langfristige Kosten berücksichtigen müssen, mit weiteren Herausforderungen im Hinblick auf Kosten und Nutzen verbunden.

Konsequenzen für die Politik

Es sind stärkere Investitionen erforderlich, um die Volkswirtschaften auf einen Pfad mit höherem Wachstumsgleichgewicht zu bringen. Effektiv umgesetzte makroökonomische Politikmaßnahmen, die die gesamtwirtschaftliche Nachfrage ankurbeln, werden bei der Belebung der globalen Investitionen eine bedeutende Rolle spielen. Sie müssen von Strukturreformen flankiert werden, die die wirtschaftlichen Wachstumsaussichten auf lange Sicht steigern und auf kurze Sicht das Vertrauen stärken und den Wohlstand sowie die gesamtwirtschaftliche Nachfrage erhöhen. Der jeweils angemessene Kurs bei der Nachfragesteuerung und in der Strukturpolitik wird in den Kapiteln 1 und 2 erörtert. Angesichts der Erkenntnis, dass die Inlandsinvestitionen das Ergebnis der inländischen wie auch der weltweiten Nachfrage sind, sollte eine effektive internationale Koordinierung der Maßnahmen zur Nachfragesteuerung gefördert werden. Gemeinsame Aktionen sind wirkungsvoller als Ad-hoc-Maßnahmen, die von einzelnen Volkswirtschaften isoliert umgesetzt werden. Desgleichen sind kohärente strukturpolitische Maßnahmen, die den Außenschutz beseitigen oder verringern, wahrscheinlich ein besonders wirksames Instrument zur Schaffung gewinnträchtiger Investitionsmöglichkeiten. Auch potenziell wichtigen Synergieeffekten zwischen unterschiedlichen Investitionsformen muss Rechnung getragen werden, die positive Rückkopplungseffekte haben können. Beispielsweise könnte eine Stärkung der inländischen Forschungsbasis und Infrastruktur zur Erhöhung des Wachstumspotenzials beitragen und auch international mobile Investitionen anziehen (Barrell und Pain, 1999). Diese könnten wiederum die Inlandsinvestitionen über Spillover-Effekte sowohl direkt als auch indirekt in die Höhe treiben.

Politikmaßnahmen zur Ankurbelung der gesamtwirtschaftlichen Nachfrage

In den großen OECD-Regionen verleiht die Geldpolitik der Wirtschaft bereits außergewöhnlich starke Impulse, und der geldpolitische Kurs wird angesichts des Aufkaufs von Aktiva in Japan und im Euroraum in den Jahren 2015 und 2016 voraussichtlich weiter gelockert werden. Die damit einhergehende Reduzierung der Finanzierungskosten, insbesondere für Großunternehmen, dürfte die Investitionstätigkeit prinzipiell beflügeln. Die Vorteile einer Lockerung der Geldpolitik über das derzeit geplante Maß hinaus müssen gegen die potenziellen negativen Nebenwirkungen auf die künftige Finanzstabilität und die Möglichkeit, Investitionsprojekte mit geringer Rentabilität zu induzieren, aufgewogen werden. Eine Aufsicht auf Makroebene und eine sachgerechte Kosten-Nutzen-Analyse würden die Geldpolitik weniger stark belasten. Ferner bedarf es Maßnahmen, die die Transmission der Geldpolitik namentlich im Euroraum verbessern, damit Unternehmen, und insbesondere KMU, von günstigen Kreditbedingungen profitieren können. Das setzt Maßnahmen zur Stärkung der finanziellen Solidität der Banken voraus, darunter Schritte zur Verbesserung der Qualität und Quantität ihrer Kapitalausstattung.

Die Fiskalpolitik verfügt über Optionen, um das Wachstum und einen der sozialen Gerechtigkeit dienenden fiskalpolitischen Kurs zu unterstützen.

- Eine budgetneutrale Reallokation der öffentlichen Ausgaben in Richtung Investitionen würde der Nachfrage Impulse verleihen, da die Multiplikatoren bei den Investitionen häufig größer sind als bei anderen Ausgabenkomponenten (Ilzetzki et al., 2011; Auerbach und Gorodnichenko, 2012). Mit den oben diskutierten Differenzialmultiplikatoren könnte eine Reallokation der Ausgaben in Höhe von 1% des BIP in Investitionskategorien mit geringem Multiplikator das BIP beispielsweise um bis zu 1% erhöhen.

- Es gibt gute Argumente, die für eine Ausweitung der öffentlichen Investitionen sprechen, selbst wenn sich dadurch die staatliche Kreditaufnahme erhöht. Die Infrastruktur wird als unzureichend empfunden, und die meisten Regierungen können zu sehr niedrigen Zinssätzen Kredite mit langen Laufzeiten aufnehmen. Öffentliche Investitionen würden die Nachfrage auf kurze Sicht zwar stärken, doch hängen das Ausmaß der kurzfristigen Nachfrageeffekte wie auch die nutzbringenden Langzeiteffekte von der Art und Qualität der staatlichen Investitionen ab. Zu den besonders wirkungsvollen und nutzbringenden staatlichen Investitionen zählen:
  - *Staatliche Investitionen, die als Wegbereiter für private Investitionen dienen.* Bei diesen synergetischen Investitionsausgaben sind die Renditen für die Gesellschaft höher als für den privaten Sektor. Hierbei könnte es sich beispielsweise um zusätzliche öffentliche FuE-Ausgaben im Bereich der Grundlagenforschung handeln, die später den Anstoß zu gewerblichen FuE-Investitionen und schließlich neuen materiellen Investitionen geben könnten, oder um öffentliche Infrastrukturausgaben, die private Ausgaben stützen, um Standortvorteile optimal zu nutzen. Sie können auch Investitionen in die Wissensinfrastruktur umfassen, wie Hochgeschwindigkeits-Breitbandnetze, mit potenziell positiven Auswirkungen auf die Produktivität.
  - *Staatliche Investitionen mit positiven Nebeneffekten in anderen Bereichen der staatlichen Politik, namentlich Klimawandel und Umwelt.* Abgesehen von grundlegenden FuE-Investitionen in Technologien zur Senkung der Treibhausgasemissionen könnten derartige öffentliche Investitionen gewährleisten, dass mangelnde Versorgungsnetze (z.B. von Ladestationen für Elektrofahrzeuge oder Entsorgungsstellen für Sondermüll) einschlägige private Investitionsprojekte nicht bremsen. Alternativ hierzu können die Regierungen solche Investitionen finanziell fördern oder entsprechende Regulierungen erlassen. Derartige Maßnahmen dürften vergleichsweise kostengünstig sein, wenn die Monitoringkosten hoch oder die Emittenten weit verteilt sind.
  - *Öffentlich-private Partnerschaften, die eine Hebelwirkung auf öffentliche Investitionen auslösen und die Effizienz steigern.* Wenngleich wahrscheinlich etwas Spielraum für einen Ausbau öffentlich-privater Partnerschaften vorhanden ist, die die Investitionen und die operative Effizienz zu akzeptablen Kosten und Risiken für künftige öffentliche Haushalte erhöhen, sollte der Abschluss öffentlich-privater Partnerschaften, die in erster Linie durch bilanztechnische Erwägungen motiviert sind, vermieden werden (Araújo und Sutherland, 2010). Es muss besonders darauf geachtet werden, wie Risiken zu bewerten und angemessen zwischen dem öffentlichen und privaten Sektor zu verteilen sind. In Europa, wo die Investitionen in einer Reihe von Ländern schwach waren, ist die Umsetzung des Juncker-Plans – der auf öffentlich-private Partnerschaften setzt und ein investitionsfreundliches Regulierungsumfeld schaffen will – ein Schritt in die richtige Richtung (Kasten 3.7).

Auch indirekte fiskalische Mechanismen bieten Potenzial zur Förderung von Privatinvestitionen, beispielsweise durch die Einführung zeitlich befristeter Steuererleichterungen oder eine beschleunigte steuerliche Abschreibung von Investitionsgütern. Solche Instrumente werden seit Beginn der Krise in vielen Ländern genutzt (siehe oben). Zu den Beispielen zählen die vorübergehende 100%ige Anrechenbarkeit von Unternehmensinvestitionen in den Vereinigten Staaten, die 2010 verabschiedet wurde, sowie zeitlich befristete Steuerentlastungen für Unternehmen in Japan im Jahr 2014 sowie im Vereinigten Königreich und Frankreich im Jahr 2015. Vorübergehende Steuererleichterungen, wie eine zeitlich befristete Beschleunigung der Abschreibungsabzüge, können grundsätzlich wirkungsvolle Effekte haben, indem sie dafür sorgen, dass Investitionsausgaben vorgezogen werden (House und Shapiro, 2008; Eichfelder

Kasten 3.7 **Der Juncker-Plan – Investitionsoffensive für Europa**

Bei der von der Europäischen Kommission unter dem Vorsitz von Jean-Claude Juncker lancierten Investitionsoffensive für Europa handelt es sich um ein Maßnahmenpaket, mit dem im Zeitraum 2015-2017 öffentliche und private Investitionen für die Wirtschaft in der Europäischen Union mobilisiert werden sollen. Der Plan und seine potenziellen Auswirkungen auf die Investitionen werden in diesem Kasten beschrieben.

Der Drei-Säulen-Plan

- *Investitionsfinanzierung durch einen neuen Europäischen Fonds für strategische Investitionen* (EFSI). Der EFSI soll von der Europäischen Kommission und der Europäischen Investitionsbank (EIB) bis September 2015 eingerichtet werden. Sein Kapital besteht aus einem Beitrag der EIB in Höhe von 5 Mrd. Euro und einer Garantie aus EU-Haushaltsmitteln im Umfang von 16 Mrd. Euro. Die Hälfte dieser 16 Mrd. Euro wird zeitlich etwas verschoben in den Jahren 2016-2020 durch eine Reallokation von Mitteln aus bestehenden Fonds aufgebracht. Der EFSI steht auch für Beiträge Dritter offen. Beiträge von EU-Mitgliedsländern zum EFSI-Kapital werden gemäß den europäischen Haushaltsregeln begünstigt behandelt (siehe weiter unten). Mit den 21 Mrd. Euro des Fonds sollen durch die Emission von Verbindlichkeiten etwa dreimal so viel Mittel mobilisiert werden, und die so erhobenen Finanzmittel werden als Sicherheitspuffer und Schutz vor schlechter Bonität (First Loss Protection) genutzt, um weitere private und öffentliche Beiträge für die Finanzierung von Projekten zu gewinnen, die etwa die vierfache Risikoübernahmekapazität erfordern. Es wird davon ausgegangen, dass jeder Euro EFSI-Kapital durch die Multiplikatorwirkung 15 Euro an Investitionen in die Realwirtschaft erbringt, bei einem geschätzten Gesamtinvestitionsvolumen von rd. 315 Mrd. Euro (2,2% des BIP von 2014).
- *Erstellung einer Projekt-Pipeline auf EU-Ebene und technische Unterstützung.*
  - ❖ Ein Projektverzeichnis wird erstellt, das leicht erhältliche und regelmäßig aktualisierte Informationen zu wirtschaftlich rentablen Projekten zur Verfügung stellt. Eine aus Vertretern von EU-Kommission und EIB bestehende Taskforce hat etwa 2 000 potenzielle Investitionsprojekte mit einem Investitionsvolumen von insgesamt 1,3 Bill. Euro ermittelt, darunter auch Vorhaben mit einem Wert von 500 Mrd. Euro, die im Zeitraum 2015-2017 umgesetzt werden könnten. Folgende Schlüsselbereiche sollen gefördert werden: Aus- und Fortbildung, Innovation und digitale Wirtschaft, Energieunion, Verkehrsinfrastruktur, soziale Infrastruktur, Naturressourcen und die Umwelt. Etwa ein Viertel der Finanzmittel sind für KMU und Mid-Cap-Unternehmen (Unternehmen mit mittlerer Kapitalisierung) bestimmt. Zu den Schlüsselkriterien für die Projektauswahl zählen: EU-Mehrwert (obwohl es sich nicht unbedingt um grenzüberschreitende Projekte handeln muss), Wirtschaftlichkeit und ökonomischer Wert, wobei Projekte mit hoher sozioökonomischer Rendite Vorrang genießen, sowie Möglichkeit des Projektstarts innerhalb der nächsten drei Jahre.
  - ❖ Für Projektträger, Investoren und Verwaltungsbehörden wird eine Europäische Plattform für Investitionsberatung eingerichtet, die auch technische Unterstützung anbietet. Der Einsatz innovativer Finanzinstrumente, wie Darlehen, Eigenkapital und Garantien im Gegensatz zu traditionellen Zuschüssen oder hochwertigen Verbriefungen wird beispielsweise im Rahmen des bestehenden Europäischen Struktur- und Investitionsfonds gefördert.
- *Die Schaffung eines investitionsfreundlichen Umfelds durch die Beseitigung von Regulierungs- und Finanzierungsschranken für Investitionen.* Die Kommission hat sich selbst zur Schaffung eines investitionsfreundlicheren Umfelds verpflichtet, indem sie für eine stärkere regulatorische Vorhersehbarkeit, einen Abbau von Investitionsschranken in Europa und die weitere Stärkung des Binnenmarkts sorgt. Zu den Schlüsselproblemen, die angegangen werden müssen, zählen: die Schaffung einer Kapitalmarktunion, um die Fragmentierung an den EU-Finanzmärkten zu reduzieren und die nach wie vor dominierende Bankenfinanzierung zu ergänzen, die Finanzierungskosten zu senken und den Zugang zu Finanzmitteln für KMU und Mid-Cap-Unternehmen zu erhöhen; die Einrichtung und/oder volle Umsetzung der Europäischen Energieunion und des Digitalen Binnenmarkts sowie die weitere Integration der Telekommunikations- und Verkehrsmärkte. Eine stärkere Vereinheitlichung und Reduzierung der Schranken an anderen Dienstleistungs- und Produktmärkten ist ebenfalls wichtig.

(Fortsetzung nächste Seite)

(Fortsetzung)

Auswirkungen auf die Investitionen

Die Offensive legt den Schwerpunkt auf die Infrastruktur, Netzindustrien und Innovation, Bereiche, die starke positive Externalitäten und mithin das Potenzial zur Ankurbelung der Investitionen des privaten Sektors haben. Der EFSI wird über eine eigene Führungsstruktur verfügen, und die Projektauswahl wird auf vorab definierten Kriterien basieren, ohne regionale, nationale oder sektorspezifische Verzerrungen, was zur Gewährleistung hoher sozioökonomischer Renditen beitragen dürfte. Dies dürfte zusammen mit der Anwendung der Regeln über staatliche Beihilfen auch die Verdrängung privater Investitionen verhindern, indem sichergestellt wird, dass nur Projekte mit hohem Risikogehalt gefördert werden, die anderweitig nicht durchgeführt werden könnten. Es wird sich aber noch herausstellen, ob die unterstützten Projekte eine hinreichend hohe finanzielle Rendite abwerfen können, um genügend private Kofinanzierung zu mobilisieren, wenn der Mehrwert für die Gesellschaft eines der Hauptauswahlkriterien ist, da ein hoher Mehrwert für die Gesellschaft häufig mit niedrigeren finanziellen Renditen und/oder Renditen verbunden ist, die über sehr viel längere Zeiträume erwirtschaftet werden.

Der Plan könnte mit öffentlicher Unterstützung in Form einer gezielten Lockerung einiger der bestehenden Haushaltszwänge eine Katalysatorwirkung für Investitionen des privaten Sektors entfalten. Die Beiträge der EU-Mitgliedsländer zum EFSI-Kapital werden bei der Prüfung im Rahmen des Stabilitäts- und Wachstumspakts positiv gewertet. Sie werden die strukturellen Haushaltspositionen nicht beeinträchtigen, da es sich dabei effektiv um Einmalmaßnahmen handelt. Bei der Beurteilung von Abweichungen von den Schulden- und Defizitzielen werden die Beiträge als wichtiger abschwächend wirkender Faktor behandelt (analog zu den Beiträgen zum Europäischen Stabilitätsmechanismus), wenn davon ausgegangen werden kann, dass die Zielverfehlung geringfügig und von vorübergehender Dauer ist. Bisher hat aber noch kein Land Interesse daran bekundet, direkte Kapitalbeiträge zum EFSI-Fonds zu leisten. Fünf Länder haben sich bisher dazu verpflichtet, über ihre nationalen Förderbanken durch die Kofinanzierung von Plattformen oder Projekten, die EFSI-Mittel erhalten würden, Beiträge zu leisten, wobei sich die Verpflichtungen für Frankreich, Deutschland und Italien auf jeweils 8 Mrd. Euro, für Spanien auf 1,5 Mrd. Euro und für Luxemburg auf 80 Mio. Euro belaufen[1]. Die nationalen Förderbanken werden in der Regel außerhalb des öffentlichen Sektors kategorisiert, so dass ihre Transaktionen keinen Einfluss auf die öffentlichen Finanzen haben. Werden derartige Beiträge zur Projektkofinanzierung aber direkt von einem Mitgliedstaat geleistet, wäre die positive Beurteilung im Rahmen des Stabilitäts- und Wachstumspakts nur möglich, wenn das Land die Voraussetzungen für die Anwendung der sogenannten „Investitionsklausel" erfüllt[2].

1. Das entspricht etwa 0,4%, 0,3%, 0,5%, 0,15% bzw. 0,2% des nationalen nominalen BIP von 2014. Die tatsächlichen jährlichen BIP-Anteile würden je nach Verteilung der Beiträge im Zeitverlauf niedriger ausfallen.
2. Das trifft zu, wenn das BIP-Wachstum des Landes negativ ist oder die negative Produktionslücke des Landes 1,5% des BIP überschreitet, das Gesamtdefizit die Referenzgröße von 3% des BIP nicht übersteigt und eine Sicherheitsmarge um diesen Referenzwert herum gewahrt bleibt und wenn die öffentlichen Gesamtinvestitionen nicht sinken können (d.h. die vom EFSI kofinanzierten Ausgaben treten nicht an die Stelle nationaler Ausgaben).

und Schneider, 2014), sie können zugleich aber auch mit Wohlfahrtsverlusten verbunden sein. Die Wirksamkeit derartiger Maßnahmen zu einem Zeitpunkt, an dem die grundlegende Investitionstendenz sehr schwach ist, bleibt eine offene Frage, wenngleich sie bei der Lockerung der finanziellen Einschränkungen für KMU eine besonders effektive Rolle spielen dürften.

Rechtsunsicherheit verringern

Die zuständigen Stellen tragen bei der Verringerung der politikbedingten Rechtsunsicherheit, die auf den Investitionsentscheidungen der Unternehmen und Investoren lastet, eine besondere Verantwortung. Hieraus ergibt sich, dass in den Ländern in mehreren Bereichen Maßnahmen ergriffen werden müssen:

- In der Haushaltspolitik müssen einige Länder den Schwerpunkt auf die Verabschiedung glaubwürdiger Strategien legen, um Haushaltspositionen zu begegnen, die angesichts der aktuellen (und in manchen Fällen nahezu unerreichbaren) Wachstumsraten untragbar sind. Dies bedeutet, dass beide Seiten der Haushaltskonten aufmerksam verfolgt werden müssen und ein glaubwürdiger Pfad wie auch glaubhafte Strategien zur Berücksichtigung der Wachstumsraten und der Folgen strukturpolitischer Maßnahmen auf Inklusivität und Wachstum angekündigt werden müssen.

- Auf Grund vergangener Abweichungen vom vorgesehenen Haushaltspfad werden einige Länder des Euroraums die Nutzeffekte, die mit dem Einschlagen eines glaubwürdigen Pfads verbunden sind, als geringer empfinden im Vergleich zu den Vorteilen, die andere Länder, bei denen solche Abweichungen weniger häufig waren, am Markt erhalten. Die Auseinandersetzung mit den Auswirkungen dieser unterschiedlichen Behandlung auf die Politik könnte die Ungewissheit erhöhen.
- In Japan muss die Tragfähigkeit der öffentlichen Finanzen gewährleistet sein, um eine große Quelle fiskalpolitischer Unsicherheit zu beseitigen. In dieser Hinsicht bedarf es eines glaubwürdigen haushaltspolitischen Konsolidierungsplans und eines rascheren Produktionswachstums durch mutige Strukturreformen, u.a. im Rahmen der japanischen Wachstumsstrategie.
- Die Ungewissheit im Zusammenhang mit der Frage, wie die fiskalischen Kosten der Alterung und höherer Gesundheitsausgaben finanziert werden, wäre geringer, wenn rechtzeitig Reformen umgesetzt würden, die beschreiben und gesetzlich festlegen, wie sich die Versicherungs- und Leistungsansprüche, Steuern und Abgaben in Zukunft entwickeln werden.
- In einigen Ländern muss sichergestellt werden, dass Vabanquespiele in der Haushaltspolitik keine Unsicherheit hervorrufen. Wiederholte Situationen, in denen es im Zusammenhang mit der Anhebung der Schuldenobergrenze und anderen haushaltspolitischen Entscheidungen in den Vereinigten Staaten zu Spannungen kam, haben das Vertrauen belastet, und komplexe Haushaltsregeln sowie die Ad-hoc-Gewährung von Ausnahmeregelungen im Euroraum haben die Glaubwürdigkeit der Haushaltsrahmen geschwächt.

- Im Hinblick auf die Normalisierung der Geldpolitik würde größere Klarheit über die wahrscheinliche Strategie dazu beitragen, die Ungewissheit zu reduzieren. Angesichts des bevorstehenden Beginns der Normalisierung der Geldpolitik hat die Federal Reserve Orientierungen im Hinblick auf die Frage vorgegeben, wie sie die Zinssätze anzuheben und den Umfang ihrer Bilanz anzupassen gedenkt. Die Währungsbehörden anderer Länder werden dieser Richtung folgen müssen, können potenziell aber von der Erfahrung der Normalisierung der US-amerikanischen Geldpolitik profitieren.

Zudem sind Aktionen auf internationaler Ebene nötig:

- Ein rasches globales Abkommen zur Beantwortung der Frage, wie und wo Gewinne multinationaler Unternehmen besteuert werden, würde für diese Unternehmen eine potenzielle Quelle der Unsicherheit beseitigen.
- Die internationale Gemeinschaft muss auch die Regulierungsreform des Finanzsektors abschließen. Insbesondere würden mehr Klarheit im Zusammenhang mit der Abwicklung grenzüberschreitender Finanzinstitute sowie Regelungen zur langfristigen Kreditvergabe die Ungewissheit reduzieren helfen, die die Kreditvergabe- und Investitionsentscheidungen der Banken beeinträchtigen können.
- Ein rascher Abschluss multilateraler Handelsabkommen und insbesondere der Transpazifischen Partnerschaft und der Transatlantischen Handels- und Investitionspartnerschaft könnte die Regulierungsunsicherheit in den betroffenen Ländern reduzieren.

- Die internationale Gemeinschaft muss noch eine Einigung in der Frage erzielen, wie der Klimawandel in Zukunft begrenzt werden kann, und von den getroffenen Entscheidungen wird abhängen, welche großen Investitionsprojekte aus kommerzieller Sicht solide sind und welche nicht. Weitere Verzögerungen in diesem Bereich werden das Ziel letztlich in Frage stellen und zur Folge haben, dass die Investoren eine abwartende Haltung einnehmen, wenn es darum geht, langfristige Mittel für bestimmte Investitionsvorhaben (lumpy investment) zu gewähren, bei denen die Gefahr der Pfadabhängigkeit groß ist.

Langfristige strukturpolitische Maßnahmen zur Förderung von Investitionen in die Faktoren Kapital und Arbeit

Finanzmarktpolitik

Es muss ein geeigneter Rahmen geschaffen werden, um sicherzustellen, dass die Finanzinstitute angemessene Finanzierungen für solide langfristige Investitionsprojekte zur Verfügung stellen. Prinzipiell sind die Anreize für die Bereitstellung derartiger Finanzmittel für längerfristige Projekte mit klar definierten Renditen und Risikoallokationen groß.

- Seit der Krise zielen globale Finanzmarktreformen unter der Federführung der G20 sowie inländische Reformen darauf ab, die Widerstandsfähigkeit des Finanzsystems gegenüber Schocks zu erhöhen und eine Wiederholung von Übertreibungen auf den Finanzmärkten zu verhindern. In diesem Prozess haben sich die Kosten, die institutionellen Investoren durch die Bereitstellung langfristiger Mittel für Infrastruktur- und sonstige langfristige Investitionen entstehen, erhöht, da von den Pensionsfonds und Versicherungsunternehmen eine stärkere Kapitaldeckung dieser illiquiden Vermögenswerte gefordert wurde. Es ist wichtig zu gewährleisten, dass diese Veränderungen die Institute nicht davon abhalten, langfristige Mittel bereitzustellen (OECD, 2014a).
- Wie in OECD-Berichten für die G20 hervorgehoben wurde, müssen die Rahmenbedingungen generell verbessert werden, um institutionelle Investoren dazu zu bringen, langfristige Finanzierungen bereitzustellen. Im Energiesektor, wo für gesellschaftliche Externalitäten ein unangemessener Preis festgelegt wird und wo die politischen und projektbezogenen Risiken u.U. groß sind, könnte dies beispielsweise eine Reduzierung der mit grünen Anleihen (d.h. Anleihen, die speziell zur Finanzierung von Investitionen in den Klimaschutz ausgegeben werden) assoziierten Risiken durch Zusatzsicherheiten bedeuten, so dass diese Anleihen ein Investment-Grade-Rating bekommen und dadurch zu interessanten Instrumenten für institutionelle Investoren werden. Eine umfassende Beurteilung der Maßnahmen, die zur Förderung einer stärkeren Beteiligung institutioneller Investoren an der Finanzierung langfristiger Investitionen erforderlich sind, findet sich in OECD (2014a; 2015d).

Regulierungsrahmen an privaten Produkt- und Infrastrukturmärkten im In- und Ausland

Die Lockerung der Zugangs- und Funktionskontrollen an Märkten, an denen Wettbewerb möglich ist, und die Einrichtung eines gut funktionierenden Regulierungsregimes für die Bereitstellung einer angemessenen Infrastruktur würde langfristige Investitionen stützen.

- Eine Lockerung der Einschränkungen und Auflagen an den Produktmärkten ist ebenfalls ein wichtiger Bereich, in dem Regierungen Investitionen fördern können. Eine Senkung der Zugangsschranken und Reduzierung der Regulierungslasten würde die Kosten verringern, die die Unternehmen für die Anpassung ihres bestehenden Kapitalstocks zu tragen haben (Alesina et al., 2005). In diesem Bereich sind die Fortschritte im gesamten OECD-Raum zum Stillstand gekommen. Wie weiter oben ausgeführt, legen aktualisierte

Indikatoren der Produktmarktregulierung den Schluss nahe, dass in den vergangenen fünf Jahren nur geringfügige Reformen durchgeführt worden sind, um die Regulierungslast zu reduzieren (Koske et al., 2015). Eine Auseinandersetzung mit dieser Thematik ist nicht nur für die Investitionsleistung von Bedeutung, sondern für das Wachstum insgesamt.

- Die Regierungen spielen auch bei der Verbesserung des Regulierungsumfelds und der Finanzierungsmodalitäten eine wichtige Rolle, damit die Bereitstellung einer angemessenen Infrastruktur gewährleistet ist. Eine Langzeitplanung ist vor allem im Bereich der Infrastrukturinvestitionen von Bedeutung, wo die Bauzeiten und Lebenszyklen relativ lang sind und es u.U. privater Investitionen bedarf, um die Finanzierungslücken durch öffentlich-private Partnerschaften zu schließen (siehe weiter oben). In diesem Kontext könnte u.a. ein stärkerer Einsatz von Nutzergebühren gewährleisten, dass die Infrastruktur effizient genutzt wird, und Hinweise darauf liefern, wo eindeutige Schwachstellen bestehen (de Mello und Sutherland, 2014). Ein stärkerer Informationsaustausch über die langfristigen finanziellen Ergebnisse vergangener Investitionen in Infrastrukturanlagen und die mit ihnen verbundenen Risiken würde potenziellen institutionellen Infrastrukturinvestoren ebenfalls zugute kommen.
- Staatliche Planung und ein klarer Regulierungsrahmen sind in aufstrebenden Marktwirtschaften besonders wichtig, wo die stärker empfundene Instabilität und Unsicherheit die privaten Investoren an der Bereitstellung der so nötigen Finanzierung hindern könnten. Um die Ungewissheit in Grenzen zu halten, müssen die aufstrebenden Marktwirtschaften sicherstellen, dass geeignete Streitbeilegungsverfahren, Vertragsneuverhandlungsmechanismen sowie Landerwerbspolitiken im Hinblick auf potenzielle Infrastrukturprojekte in Kraft sind (OECD, 2015f). Eine Reform der Managementpraktiken und Effizienzsteigerungen bei großen staatseigenen Unternehmen, die in einigen aufstrebenden Marktwirtschaften zahlreiche Infrastrukturinvestitionen koordinieren und durchführen, ist ebenfalls wichtig, um Zugang zur Finanzierung durch institutionelle Investoren zu ermöglichen.
- Die ausländischen Direktinvestitionen sollten keinen Schranken unterliegen, da ein offenes ADI-Regime die beste Verteilung globaler Investitionen fördert. Sind vertikale ADI beteiligt, können die Investitionsausgaben in den Herkunfts- und Zielländern steigen, wodurch globale Wertschöpfungsketten entstehen. Wie anhand des ADI-Regulierungsindex der OECD gemessen, unterliegen die ADI-Zuflüsse in mehreren OECD-Ländern und Nicht-OECD-Volkswirtschaften Beschränkungen, wie der Liste der Vorbehalte zu entnehmen ist, die die Teilnehmerstaaten im Rahmen des Kodex der Liberalisierung des Kapitalverkehrs der OECD anbringen. Ein neuer Elan zur Lockerung oder Beseitigung solcher offenen Schranken würde die Investitionsausgaben ankurbeln. Sofern die Hauptabsicht dieser Einschränkungen nicht darin besteht, Auslandskapital aus dem Land zu halten, sollten zur Erreichung dieser Ziele besser ausgerichtete Instrumente eingesetzt werden.

Beseitigung von Hindernissen für Investitionen in immaterielle Güter und sonstige wissensbasierte Investitionen

Investitionen in immaterielle Vermögenswerte und andere Formen wissensbasierter Investitionen profitieren von Maßnahmen, die ein günstiges Umfeld für die Einführung und Verbreitung der neuesten Ideen und Technologien schaffen. Viele der in der OECD-Innovationsstrategie 2015 (OECD, 2015g) identifizierten Politikprioritäten würden dazu beitragen, die Investitionen in wissensbasiertes Kapital sowie Investitionsausgaben insgesamt in die Höhe zu treiben. Abgesehen von den oben erwähnten Maßnahmen zur Einrichtung gut funktionierender Produkt- und Kapitalmärkte sollten spezifische Maßnahmen zur Förderung wissensbasierter Investitionen umgesetzt werden (Andrews und Criscuolo, 2013).

- Steueranreize für FuE-Vorhaben sollten rückzahlbar sein, Übertragsregelungen enthalten oder Gutschriften für an der Quelle einbehaltene Steuern für FuE-Löhne vorsehen, um eine zu starke Begünstigung marktbeherrschender Unternehmen zu Lasten junger Unternehmen zu verhindern.
- Die Systeme für geistige Eigentumsrechte sollten aktualisiert werden, damit sie stärker mit dem sich rasch wandelnden Charakter der Innovationen von heute in Einklang stehen. So können gut definierte Patentrechte Unternehmen insbesondere in der Chemie- und pharmazeutischen Industrie zwar Innovationsanreize bieten, doch untergraben die steigenden Kosten von Rechtsstreitigkeiten die Wirksamkeit des Patentsystems bei der Förderung von Investitionen im Softwarebereich. Insgesamt müssen die Systeme für geistige Eigentumsrechte mit wettbewerbsfreundlichen Maßnahmen gekoppelt werden, um einen optimalen Effekt zu garantieren.
- Der freie Datenfluss sollte gefördert werden, um computergestützte Transaktions- und Managementverfahren sowie den damit verbundenen Aufbau von privatem wissensbasiertem Kapital zu erleichtern. Vor allem Bestimmungen, die die Entwicklung digitaler Plattformen behindern, sollten angepasst werden, wobei zu gewährleisten ist, dass die Qualitäts-, Sicherheits- und Arbeitsstandards eingehalten werden.
- Insolvenzregelungen, die bei unternehmerischen Misserfolgen keine übermäßig harten Folgen haben, werden mit einer rascheren Technologieverbreitung, einem verstärkten Gründungsgeschehen (Unternehmensneugründungen bilden eine wichtige Quelle für die Schaffung neuer Technologien) und einer effizienteren Ressourcenallokation zur Stützung des Wachstums innovativer Firmen assoziiert.

Sicherstellung der Verfügbarkeit von Humankapital für Langzeitinvestitionen und Wachstum

Jüngste Arbeiten der OECD legen den Schluss nahe, dass die hohe und steigende Einkommensungleichheit in vielen OECD-Ländern nicht nur schädliche Folgen für die Gesellschaft haben, sondern auch das Wirtschaftswachstum auf lange Sicht bremsen kann, was hauptsächlich der Beeinträchtigung der Humankapitalinvestitionen der unteren 40% der Bevölkerung zuzuschreiben ist (OECD, 2015h). Die Erhöhung der Chancen der untersten 40% der Bevölkerung kann dazu beitragen, dass Wirtschaft und Gesellschaft auf mittlere und lange Sicht aus der Falle eines Wachstumsgleichgewichts auf niedrigem Niveau befreit werden. Eine Verbesserung der Anpassungsfähigkeit des Arbeitsmarkts auf kurze Sicht kann die Humankapitalinvestitionen auf lange Sicht stützen helfen. Maßnahmen zur Erhöhung der Einkommen von Niedriglohnempfängern sind von Land zu Land verschieden und hängen von den konkreten Umständen und dem bestehenden Politikrahmen ab, sie könnten aber Veränderungen bei den gesetzlichen Mindestlöhnen, den Lohnergänzungsleistungen und den auf Niedrigeinkommenshaushalte ausgerichteten steuerpolitischen Maßnahmen umfassen (OECD, 2015i).

Anmerkungen

1. Konkret entsprechen ADI-Ströme in den Zahlungsbilanzen der Summe der Kapitalströme vom In- ins Ausland, darunter Transaktionen im Rahmen von Fusionen und Übernahmen sowie Unternehmensneugründungen, Schuldtiteltransfers zwischen Mutter- und Tochterunternehmen, Reinvestitionen einbehaltener Gewinne in Tochterunternehmen sowie Kapitalerhöhungen in existierenden Tochtergesellschaften und Investitionen in finanzielle Umstrukturierungen (z.B. bei Schuldenrückzahlungen oder Verlustabbau, vgl. OECD, 2008, wegen näherer Informationen). Durch diese Methoden zur Messung von Auslandsinvestitionen werden die ADI zu einer besseren Messgröße für die Finanzierung von Auslandsgeschäften, da die Bewegungen an internen Kapitalmärkten zu Grunde gelegt werden und nicht die tatsächlichen Investitionsausgaben ausländischer Tochtergesellschaften.
2. Zusätzlich zu Fusionen und Übernahmen sowie Unternehmensneugründungen umfassen die ADI-Ströme auch Kapitalerhöhungen in existierenden Tochtergesellschaften und Investitionen in finanzielle Umstrukturierungen (z.B. bei Schuldenrückzahlungen oder Verlustabbau, vgl. OECD, 2008 wegen näherer Informationen).
3. Der Anteil der materiellen Investitionen von Unternehmen in ausländischem Besitz an der Gesamtheit der materiellen Inlandsinvestitionen im Jahr 2012 erreichte in den Ländern einen sehr unterschiedlichen Umfang und reichte von etwa 4-6% in Frankreich und Italien über 9-10% in den Vereinigten Staaten und in Deutschland und nahezu 20% im Vereinigten Königreich bis zu 30-35% in Ungarn und der Slowakischen Republik sowie über 50% in Irland.
4. Selbst wenn zwischen Auslands- und Inlandsinvestitionen eine Substitutionsbeziehung besteht, könnte das relativ niedrige Investitionsniveau ausländischer Tochtergesellschaften US-amerikanischer und japanischer Unternehmen in aufstrebenden Marktwirtschaften im Vergleich zu den Unternehmensinvestitionen im Herkunftsland oder zum BIP-Niveau (Kasten 3.1) zur Folge haben, dass ihr Effekt auf die Inlandsinvestitionen nur leicht negativ war. Eine derartige Reallokation der Investitionen würde noch immer für das Herkunfts- wie auch das Zielland mit Vorteilen verbunden sein – in Form von höheren Gewinnen für Unternehmen in den Herkunftsländern, die wiederum zu Rückkopplungseffekten auf die Unternehmensinvestitionen führen könnten sowie von höheren ausländischen Investitionen mit Technologietransfers in den aufstrebenden Marktwirtschaften unter den Zielländern.
5. Auf länderspezifischer Ebene liefern die vorhandenen Daten kein einheitliches Bild, wobei zwischen den ADI-Abflüssen und den Inlandsinvestitionen in den Vereinigten Staaten und Italien ein positiver langfristiger Zusammenhang nachgewiesen wurde, in Deutschland hingegen ein negativer Zusammenhang (Herzer und Schrooten, 2008; Herzer, 2008). Der Zusammenhang kann auch von Branche zu Branche abweichen (Braunerhjelm et al., 2005).
6. Die untersuchte Stichprobe erstreckt sich nur auf jene Unternehmen, die Entlassungen entweder über firmeninterne Investitionen im Ausland oder über die Auftragsvergabe an Dritte vornehmen.
7. Der Vergleich der nominalen Anteile wird u.U. durch den rascheren Rückgang der relativen IKT-Preise erschwert. Auf Grund der begrenzten Informationen über die relative sektorspezifische Nutzung von IKT-Investitionen im Zeitverlauf ist dieser Effekt allerdings schwer zu messen.
8. In einigen Ländern, darunter Japan, wurde das neue System der Volkswirtschaftlichen Gesamtrechnungen nicht eingeführt.
9. Wo Daten zu nicht in den Volkswirtschaftlichen Gesamtrechnungen erfassten immateriellen Investitionen vorliegen, ist dies nur bis zum Jahr 2010 der Fall. In vielen Ländern war der Anteil derartiger immaterieller Investitionen am BIP 2010 höher als vor der Krise.
10. Die verketteten Volumenmaße einzelner Komponenten sind nicht additiv, und Veränderungen der Anteile der verschiedenen Komponenten an den Gesamtinvestitionen bzw. am BIP können bei einer Veränderung der relativen Preise leicht zu unzutreffenden Annahmen verleiten (Whelan, 2000).
11. Der Rückgang der Wohnungsbauinvestitionen auf Grund der durch die Bevölkerungsalterung bedingten geringeren Wohnimmobiliennachfrage kann durch Umbauarbeiten zur Anpassung von Wohnungen an die Bedürfnisse älterer Menschen und durch Investitionen in Renovierungsarbeiten etwas abgefedert werden.

12. Die Bedeutung des Begriffs digitale Infrastruktur hat sich im Lauf der letzten Jahre ausgeweitet, wobei der Zugang zum Frequenzspektrum und zu IP-Adressen eine zunehmend wichtige Rolle spielt. Vgl. OECD (2014b) wegen mehrerer Indikatoren der digitalen Infrastruktur.
13. Es sei festgehalten, dass die Investitionen 2013 deutlich über dem Schnitt des Zeitraums 2000-2013 lagen und sich in der Nähe des in Zukunft für Ersatz- und Erhaltungsinvestitionen erforderlichen Niveaus bewegten.
14. Zum Vergleich: In den Vereinigten Staaten beliefen sich die Investitionen in die Wasserinfrastruktur im Zeitraum 2000-2013 im Schnitt auf 0,2% des BIP.
15. In den Bereich der strategischen Verkehrsinfrastruktur fallen u.a. Flughäfen, Häfen, der Bau neuer Bahnstrecken sowie der Transport und die Verteilung von Erdöl und Erdgas.
16. In den meisten Ländern werden die Inlandspreise für fossile Brennstoffe durch hohe staatliche Subventionen erheblich verzerrt. Die jüngsten Schätzungen des IWF deuten darauf hin, dass durch den Abbau der existierenden Energiesubventionen die weltweiten CO_2-Emissionen um mehr als 20% gesenkt und die Staatseinnahmen um 3,6% des globalen BIP erhöht werden könnten (Coady et al., 2015).
17. Die länderspezifischen Schätzungen beruhen auf Gleichung (1) in Anhang 3.1, wo sich das Investitionsniveau durch die aktuellen und zeitverzögerten Veränderungen des realen BIP sowie die Ersatzinvestitionen erklärt. Eine automatische Modellauswahl wird durchgeführt, die bis zu 16 Verzögerungen (Lags) berücksichtigt. Für Japan ergibt die Modellauswahl eine Verzögerung (Lag-Länge) von null. Daher beruhen die in Abbildung 3.14 dargestellten Ergebnisse auf einem Modell, das 8 Lags der Produktionsveränderungen für dieses Land umfasst.
18. Das Gleichgewichtsniveau zwischen Investitionen und Produktion(-spotenzial) lässt sich anhand folgender Formel berechnen:

    $$i^* = \frac{k^*(g+\delta)}{(1+g)},$$

    wobei k^* für den gleichgewichtigen Kapitalkoeffizienten steht, δ für die Abschreibungsrate und g für die endogene Potenzialwachstumsrate bei Vollbeschäftigung, die vom Arbeitseinsatz, von der Intensität der Nutzung des Sach- bzw. Humankapitals sowie der Multifaktorproduktivität abhängig ist.
19. Tobins Q beträgt heute über 1,1, was mit Ausnahme der Zeit des Dotcom-Booms, als der Quotient auf 1,6 stieg, der höchste Wert seit 1945 ist. Wie in Anhang 3.1 erwähnt, konnte dieser Indikator die aggregierten Investitionen jedoch nicht erklären.
20. Dies ist nur eine unvollkommene Ersatzvariable für die Grenzkosten neuer Finanzmittel.
21. Neue Arbeiten von Byrne et al. (2015) zeigen tatsächlich, dass große Diskrepanzen zwischen dem öffentlichen EPI-Preis für Mikroprozessoreinheiten und den Preisen bestehen, die anhand einer hedonischen Preismessung geschätzt werden, in der Qualitätsverbesserungen vor dem Hintergrund des vorherrschenden Marktpreissystems für Halbleiter berücksichtigt sind. Dort wird geschätzt, dass die Preise zwischen 2008 und 2013 mit einer durchschnittlichen Jahresrate von 43% gesunken sind, verglichen mit einem durchschnittlichen Rückgang um 8% laut den EPI-Daten.
22. Die Finanzierungsquelle beeinflusst auch die Art der Investition: Risikoreiche Investitionen in Innovationen werden in der Regel eher durch Eigenkapitalbeteiligungen als durch Fremdkapital finanziert (Andrews und Criscuolo, 2013).
23. Empirische Befunde lassen im Allgemeinen den Schluss zu, dass eine erhöhte Aktienmarktvolatilität, und zwar insbesondere die Volatilitätsspitzen, einen Aufschub von Investitionsentscheidungen bewirken (Bloom et al., 2007; Bloom, 2009).
24. Die Messgrößen für politische Unsicherheit können Revisionen unterliegen. Seit April 2014 beruhen die EPU-Indizes für Europa und Kanada nur noch auf der Auswertung von Zeitungsartikeln, während der Indikator für die Vereinigten Staaten weiterhin auf drei Komponenten – Zeitungsmeldungen, der Streuungsbreite von Prognosen zu wesentlichen ökonomischen Variablen und einem Index auslaufender Steuervorschriften – basiert. Zwar wird hier der vollständige Unsicherheitsindex für die Vereinigten Staaten verwendet, dabei ist jedoch zu beachten, dass sich die auf Zeitungsmeldungen beruhende Komponente volatiler entwickelt hat und auf einem höheren Niveau verharrte als der Gesamtindikator der Politikunsicherheit.

25. Theoretisch betrachtet ist der Effekt eines stärkeren Produktmarktwettbewerbs auf die Investitionstätigkeit unsicher. Er kann entweder die Anreize für Unternehmen erhöhen, sich durch neue Investitionen einen Wettbewerbsvorsprung zu sichern, oder die Ertragslage der etablierten Anbieter beeinträchtigen und dadurch ihre Möglichkeiten einschränken, problemlos neue Investitionen zu finanzieren.

26. Einige OECD-Volkswirtschaften, darunter Neuseeland, Mexiko, Kanada, Korea und Island, verfügten 2014 gemessen am OECD-Index des Restriktionsgrads der ADI-Regulierung nach wie vor über vergleichsweise starke ADI-Restriktionen.

27. Infrastrukturinvestitionen umfassen Ausgaben des Privatsektors, beispielsweise durch Öffentlich-Private Partnerschaften (ÖPP). Darüber hinaus werden einige für Infrastruktur vorgesehene öffentliche Ausgaben – z.B. Mittel der EU-Strukturfonds – in den Volkswirtschaftlichen Gesamtrechnungen möglicherweise nicht als Investitionsausgaben sondern als Kapitaltransfers ausgewiesen. Und wenn diese Mittel schließlich an private Akteure übertragen und von diesen ausgegeben werden, werden sie möglicherweise als Privatinvestitionen ausgewiesen.

Literaturverzeichnis

Alesina, A. et al. (2005), "Regulation and Investment", *Journal of the European Economic Association*, Vol. 3, S. 791-825.

American Society of Civil Engineers (2013), "2013 Report Card for America's Infrastructure", *http://www.infrastructurereportcard.org/wp-content/uploads/2013ReportCardforAmericasInfrastructure.pdf.*

Anderson, J. E. und E. van Wincoop (2003), "Gravity with Gravitas: A Solution to the Border Puzzle", *American Economic Review*, Vol. 93(1), S. 170-192.

Andrews, D., A. Caldera Sánchez und Å. Johansson (2011), "Housing Markets and Structural Policies in OECD Countries", *OECD Economics Department Working Papers*, No. 836, OECD Publishing, Paris.

Andrews, D. und C. Criscuolo (2013), "Knowledge Based Capital, Innovation and Resource Allocation", *OECD Economics Department Working Papers*, No. 1046, OECD Publishing, Paris.

Araújo, S. und D. Sutherland (2010), "Public-Private Partnerships and Investment in Infrastructure," *OECD Economics Department Working Papers*, No. 803, OECD Publishing, Paris.

Arbatli, E. (2011), "Economic Policies and FDI Inflows to Emerging Market Economies", *IMF Working Papers*, No. WP/11/192.

Ashley, R. und A. Cashman (2006), "The Impacts of Change on the Long-term Future Demand for Water Sector Infrastructure", *Infrastructure to 2030: Telecom, Land Transport, Water and Electricity*, OECD Publishing, Paris.

Auerbach, A.J. und Y. Gorodnichenko (2013), "Fiscal Multipliers in Recession and Expansion," in A. Alesina und F. Giavazzi (Hrsg.), "Fiscal Policy after the Financial Crisis," University of Chicago Press.

Azouley, P., J. Graff Zevin, D. Li und B. Sampat (2015), "Public R&D and Private Sector Patenting: Evidence from NIH Funding Rules", *NBER Working Papers*, No. 20889.

Baker, S., N. Bloom und S. Davis (2013), "Measuring Economic Policy Uncertainty", *Chicago Booth Research Papers*, No 13-02.

Barbiero, O. und B. Cournède (2013), "New Econometric Estimates of Long-Term Growth Effects of Different Areas of Public Spending", *OECD Economics Department Working Papers*, No. 1100, OECD Publishing, Paris.

Barrell, R. und N. Pain (1999), "Domestic Institutions, Agglomerations and Foreign Direct Investment in Europe", *European Economic Review*, Vol. 43.

Bates, T.W., K.M. Kahle und R.M. Stulz (2009), "Why Do U.S. Firms Hold so Much More Cash than They Used To?", *Journal of Finance*, Vol. 64.

Belderbos, R., K. Fukao, K. Ito und W. Letterie (2013), "Global Fixed Capital Investment by Multinational Firms", *Economica*, Vol. 80.

Bernanke, B. (1983), "Irreversibility, Uncertainty and Cyclical Investment", *Quarterly Journal of Economics*, Vol. 98.

Bialek, S. und A. Weichenrieder (2015), "Do Stringent Environmental Policies Deter FDI? M&A versus Greenfield", *CESIFO Working Papers*, No. 5262.

Bloom, N. (2009), "The Impact of Uncertainty Shocks", *Econometrica*, Vol. 77.

Bloom, N., S. Bond und J. van Reenen (2007), "Uncertainty and Investment Dynamics", *Review of Economic Studies*, Vol. 74, No. 3, S. 391-415.

Blundell-Wignall, A. und C. Roulet (2015), "Infrastructure versus other investments in the global economy and stagnation hypotheses: What do company data tell us?", *OECD Journal: Financial Market Trends*, Vol. 2014(2), S. 7-45.

Bom, P. und J. Ligthart (2014), "What Have We Learned from Three Decades of Research on the Productivity of Public Capital", *Journal of Economic Surveys*, Vol. 28.

Bond, S., J.A. Elston, J. Mairesse und B. Mulkay (2003), "Financial Factors and Investment in Belgium, France, Germany and the United Kingdom: A Comparison Using Company Panel Data", *Review of Economics and Statistics*, Vol. 85.

Braconier, H., M. Pisu und D. Bloch (2013), "The Performance of Road Transport Infrastructure and its Links to Policies", *OECD Economics Department Working Papers*, No. 1016, OECD Publishing, Paris.

Braunerhjelm, P., L. Oxelheim und P. Thulin (2005), "The Relationship between Domestic and Outward Foreign Direct Investment: The Role of Industry-Specific Factors", *International Business Review*, Vol. 14.

Byrne, D., D. Oliner und D. Sichel (2015), "How Fast are Semiconductor Prices Falling?", *NBER Working Papers*, No. 21074.

Chirinko, R. (1993), "Business Fixed Investment Spending: Modelling Strategies, Empirical Results, and Policy Implications", *Journal of Economic Literature*, Vol. XXXI, S. 1875-1911.

Coady, D., I. Parry, L. Sears und B. Shang (2015), "How Large are Global Energy Subsidies", *IMF Working Papers*, No. 15/105, Washington.

Coiteux, M., P. Rizzetto, L. Suchanek und J. Voll (2014), "Why Do Canadian Firms Invest and Operate Abroad? Implications for Canadian Exports", *Bank of Canada Discussion Paper*, No. 2014-7.

Corrado, C., J. Haskel, C. Jona-Lasinio und M. Iommi (2012), "Intangible Capital and Growth in Advanced Economies: Measurement Methods and Comparative Results", INTAN-Invest, *Mimeo*.

Cournède, B., A. Goujard, A. Pina und A. de Serres (2013), "Choosing Fiscal Consolidation Instruments Compatible with Growth and Equity", *OECD Economic Policy Papers*, No. 7, OECD Publishing, Paris.

CPB (2015), "Investment in the OECD: Pre- and Post-crisis Developments", *CPB Communication*, 19. Mai, CPB Netherlands Bureau for Economic Policy Analysis.

Davis, E. P. (2010), "Asset Prices and Real Economic Activity", *OECD Economics Department Working Papers*, No. 764, OECD Publishing, Paris.

Desai, M., C. Foley und J. Hines (2005), "Foreign Direct Investment and the Domestic Capital stock", *American Economic Review*, Vol. 95.

Desai, M., C. F. Foley und J. R. Hines (2009), "Domestic Effects of the Foreign Activities of U.S. Multinationals" *American Economic Journal: Economic Policy*, Vol. 1.

Dixit, A. und R.S. Pindyck (1994), *Investment Under Uncertainty*, Princeton University Press.

Dobbs et al., (2013), *Infrastructure productivity: How to save $1 trillion a year*, McKinsey Global Institute.

Eichfelder, S. und K. Schneider (2014), "Tax Incentives and Business Investment: Evidence from German Bonus Depreciation", *CESIFO Working Papers*, No. 4805.

Europäische Kommission (2012), "The 2012 Ageing Report: Economic and budgetary projections for the 27 EU Member States (2010-60), *European Economy*, 2012 (2).

Europäische Kommission (2013), "Box 1.2: The Impact of Uncertainty on Productive Investment", *Quarterly report on the euro area*, No 12/2.

Europäische Kommission (2014), "Box 1.1: The Economic Effects of Policy Uncertainty", *European Economic Forecast – Winter 2014*.

EZB (2013), "Indikator der wahrgenommenen Außenfinanzierungslücke kleiner und mittlerer Unternehmen im Euro-Währungsgebiet", Kasten 2, *EZB Monatsbericht*, August, S. 22-28.

EZB (2015), *The Euro Area Bank Lending Survey. First quarter of 2015*, April 2015.

FactSet (2015), *FactSet Buyback Quarterly*, 16. März.

Feldstein, M. (1995), "The Effects of Outbound Foreign Direct Investment on the Domestic Capital Stock," in *The Effects of Taxation on Multinational Corporations*, M. Feldstein, J. Hines und R.G. Hubbard (Hrsg.), University of Chicago Press.

Fernald, J. G. (1999), "Roads to Prosperity? Assessing the Link between Public Capital and Productivity", *American Economic Review*, Vol. 89.

Ferrara, L. und P. Guérin (2015), "What Are The Macroeconomic Effects of High-Frequency Uncertainty Shocks?", *Economix Working Papers*, No. 2015-12.

Fournier, J. (2015a), "The Heterogeneity of Product Market Regulations", *OECD Economics Department Working Papers*, No. 1182, OECD Publishing, Paris.

Fournier, J. (2015b), "The negative effect of regulatory divergence on foreign direct investment", *OECD Economics Department Working Papers*, OECD Publishing, Paris (erscheint demnächst).

Fournier, J. et al. (2015), "Implicit Regulatory Barriers in the EU Single Market: New Empirical Evidence from Gravity Models", *OECD Economics Department Working Papers*, No. 1181, OECD Publishing, Paris.

Gala, V.D. und B. Julio (2012), "Convergence in Corporate Investment", *Mimeo*, London Business School.

Globerman, S. (2012), *Canadian Outward FDI and Its Implications for the Canadian Economy*, Bericht für The Conference Board of Canada, Mai 2012.

Guellec, D. und B. van Pottelsberghe de la Potterie (2004), "From R&D to Productivity Growth: Do the Institutional Settings and the Source of Funds of R&D Matter?" *Oxford Bulletin of Economics and Statistics*, Vol. 66.

Haddow, A., C. Hare, J. Hooley und T. Shakir (2013), "Macroeconomic Uncertainty: What Is It, How Can We Measure It and Why Does It Matter?", *Bank of England Quarterly Bulletin*, Q2 2013.

Head, K. und J. Ries (2008), "FDI as an Outcome of the Market for Corporate Control: Theory and Evidence", *Journal of International Economics*, Vol. 74 (1), S. 2-20.

Herzer, D. (2008), "The Causal Relationship Between Domestic and Outward Investment: Evidence For Italy", *Applied Financial Economics Letters*, Vol. 4.

Herzer, D. und M. Schrooten (2008), "Outward FDI and Domestic Investment in Two Industrialised Countries", *Economics Letters*, Vol. 99.

House, C. und M. Shapiro (2008), "Temporary Investment Tax Incentives: Theory With Evidence from Bonus Depreciation", *American Economic Review*, Vol. 98.

IEA (2014a), *World Energy Investment Outlook – Special Report*, IEA, Paris, *https://www.iea.org/publications/freepublications/publication/WEIO2014.pdf*.

IEA (2014b), *World Energy Outlook 2014*, OECD/IEA Publishing, Paris.

Ilzetzki, E., E. G. Mendoza und C. A. Végh (2011), "How Big (Small?) Are Fiscal Multipliers?" *IMF Working Papers*, No. 11/52, Washington.

IWF (2015), "Private Investment: What's the Holdup?", Kapitel 4 in *World Economic Outlook*, April, Internationaler Währungsfonds, S. 111-143.

Johannson et al. (2015), "Economic Implications of Multinational Tax Planning", *OECD Economics Department Working Papers*, OECD Publishing, Paris (erscheint demnächst).

Johnstone, N. und I. Hascic (2012), "Increasing the penetration of intermittent renewable energy: Innovation in energy storage and grid management", in OECD, *Energy and Climate Policy: Bending the Technological Trajectory*, OECD Publishing, Paris.

Koske, I., et al. (2015), "The 2013 update of the OECD's database on product market regulation: Policy insights for OECD and non-OECD countries", *OECD Economics Department Working Papers*, No. 1200, OECD Publishing, Paris.

Lewis, C. et al. (2014), "Investment Gaps after the Crisis", *OECD Economics Department Working Papers*, No. 1168, OECD Publishing, Paris.

Lindh, T. und B. Malmberg (2008), "Demography and Housing Demand – What Can We Learn from Residential Construction Data?", *Journal of Population Economics*, Vol. 21(3), Juli, S. 521-539.

de Mello, L. und D. Sutherland (2014), "Financing Infrastructure", *International Centre for Public Policy Working Papers*, No. 14-09.

Merola, R. und D. Sutherland (2012), "Fiscal Consolidation: Part 3. Long-Run Projections and Fiscal Gap Calculations", *OECD Economics Department Working Papers*, No. 934, OECD Publishing, Paris.

Monarch, R., J. Park und J. Sivadasan (2014), "Gains From Offshoring? Evidence from US Microdata", *Federal Reserve International Finance Discussion Papers*, No. 1124.

Nicoletti, G., S. Golub, D. Hajkova, D. Mirza und K-Y. Yoo (2003), "The Influence of Policies on Trade and FDI", *OECD Economic Studies*, No. 36.

Nicoletti, G. und S. Scarpetta (2005), "Regulation and Economic Performance: Product Market Reforms and Productivity in the OECD", *OECD Economics Department Working Papers*, No. 460, OECD Publishing, Paris.

OECD (2007), "Water Infrastructure and Water-related Services: Trends and Challenges Affecting Future Development", *Infrastructure to 2030 – Vol. 2*, OECD Publishing, Paris.

OECD (2008), *OECD Benchmark Definition of Foreign Direct Investment, Fourth Edition*, OECD Publishing, Paris.

OECD (2010), *Tax Policy Reform and Economic Growth*, OECD Publishing, Paris.

OECD (2011a), "Risikobewusstsein, Unsicherheit und Vertrauen", Kasten 1.1 in *OECD-Wirtschaftsausblick*, November 2011, OECD Publishing, Paris.

OECD (2011b), *OECD Pensions at a Glance*, OECD Publishing, Paris.

OECD (2012), *Strategic Transport Infrastructure Needs to 2030*, OECD Publishing, Paris.

OECD (2013), *OECD Employment Outlook 2013*, OECD Publishing, Paris.

OECD (2014a), *Private Financing and Government Support to Promote Long-Term Investment in Infrastructure*, OECD Publishing, Paris.

OECD (2014b), *Measuring the Digital Economy: A New Perspective*, OECD Publishing, Paris.

OECD (2014c), *OECD-Beschäftigungsausblick 2014*, OECD Publishing, Paris.

OECD (2015a), "The Future of Productivity", *OECD Economics Department Working Papers*, OECD Publishing, Paris (erscheint demnächst).

OECD (2015b), *Mapping Channels to Mobilise Institutional Investment in Sustainable Energy*, OECD Publishing, Paris.

OECD (2015c), "Excess Capacity in the Global Steel Industry and the Implications of New Investment Projects", *OECD Science, Technology and Industry Policy Papers*, No. 18, OECD Publishing, Paris.

OECD (2015d), *OECD Business and Finance Outlook*, OECD Publishing, Paris (erscheint demnächst).

OECD (2015e), "Overcoming Barriers to International Investment in Clean Energy", OECD Publishing, Paris (erscheint demnächst).

OECD (2015f), "Fostering Investment in Infrastructure: Lessons Learned from OECD Investment Policy Reviews", OECD Publishing, Paris, *http://www.oecd.org/daf/inv/investment-policy/Fostering-Investment-in-Infrastructure.pdf*.

OECD (2015g), *Innovation Strategy*, OECD Publishing, Paris.

OECD (2015h), *In It Together: Why Less Inequality Benefits All*, OECD Publishing, Paris.

OECD (2015i), *OECD Employment Outlook 2015*, OECD Publishing, Paris (erscheint demnächst).

OECD/ITF (2015), *ITF Transport Outlook 2015*, OECD Publishing, Paris/ITF, Paris.

Ojala, L. und D. Çelebi (2015), "The World Bank's Logistics Performance Index (LPI) and Drivers of Logistics Performance", Paper für den International Transport Forum Roundtable on Logistics Development Strategies and their Performance Measurements (9.-10. März 2015, Queretaro).

Oliveira Martins, J. und C. de la Maisonneuve (2014), "The Future of Health and Long-Term Care Spending", *OECD Economic Studies*, OECD Publishing, Paris.

REN21 (2014), *Renewables 2014: Global Status Report*, Renewable Energy Policy Network for the 21st Century.

Sánchez, J.M. und E. Yurdagul (2013), "Why are Corporations Holding So Much Cash?", *The Regional Economist*, Januar, Federal Reserve Bank of St. Louis.

Santos Silva, J.M.C. und S. Tenreyro (2006), "The Log of Gravity", *The review of Economics and Statistics*, Vol. 88(4), S. 641-658.

Singer, P. (2014), "Federally Supported Innovation: 22 Examples of Major Technology Advances that Stemmed from Federal Research Support", The Information Technology and Innovation Foundation, Februar.

Sutherland, D., S. Araújo, B. Égert und T. Kozluk (2009), "Infrastructure Investment: Links to Growth and the Role of Public Policies", *OECD Economics Department Working Papers*, No. 686, OECD Publishing, Paris.

Whelan, K. (2000), "A Guide to the Use of Chain Aggregated NIPA Data", *Board of Governors of the Federal Reserve, Finance and Economics Discussion Series*, FEDS 2000-35, Washington DC.

Young, G. (1999), "The Influence of Foreign Factor Prices and International Taxation on Fixed Investment in the UK", *Oxford Economic Papers*, Vol. 51.

Figure 3.A1. **The composition of investment shortfalls differs across countries**

Per cent of GDP, 2014 minus 1996-2007 average

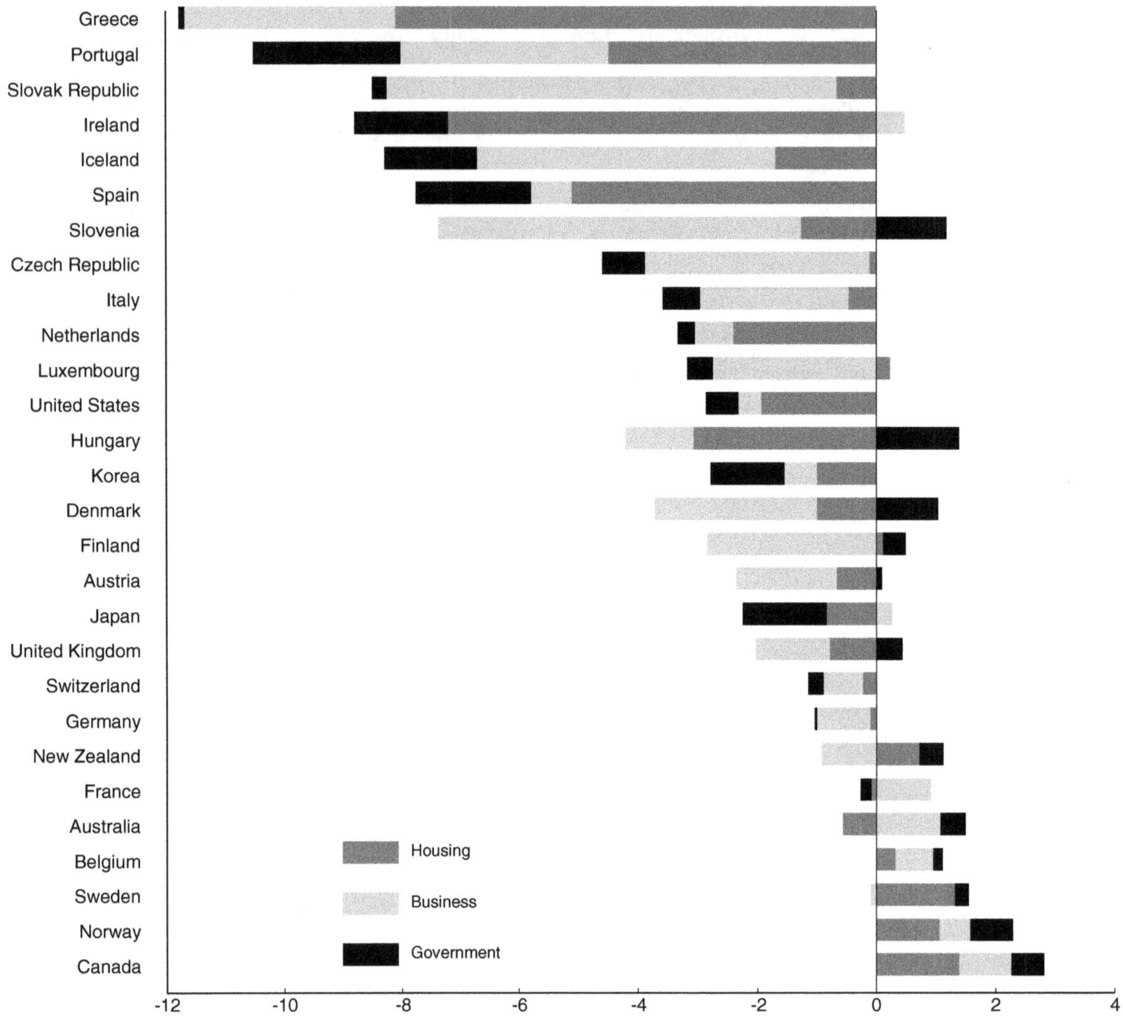

Note: In countries where either government or housing investment data for 2014 are not yet available, OECD Economic Outlook 97 projections are used (Hungary, Ireland, Korea, Luxembourg, Poland, Switzerland). In countries where no business investment data exist, it is calculated as a residual.

Source: OECD Economic Outlook 97 database; European Commission; and OECD calculations.

StatLink http://dx.doi.org/10.1787/888933225475

Table 3.A1. **Global capital spending shortfalls of OECD listed companies**

As a per cent of global sales, 2013 minus 2002-2007 average

	All sectors			Infrastructure			General Industry		
	Average	Latest	Gap	Average	Latest	Gap	Average	Latest	Gap
	2002-07	2013		2002-07	2013		2002-07	2013	
Australia	10.20	10.45	0.24	14.78	14.00	-0.79	9.43	9.82	0.40
Austria	10.18	9.00	-1.18	-	-	-	10.18	9.00	-1.18
Belgium	7.73	5.86	-1.87	16.03	10.26	-5.77	6.51	5.27	-1.24
Canada	11.75	14.61	2.85	25.69	27.29	1.60	8.74	11.51	2.77
Chile	10.59	9.81	-0.78	13.32	12.59	-0.72	9.87	9.42	-0.45
Czech Republic	8.80	9.32	0.51	-	-	-	8.80	9.32	0.51
Denmark	10.62	7.67	-2.95	13.85	8.98	-4.86	5.43	5.51	0.08
Finland	4.82	4.31	-0.51	-	-	-	4.82	4.31	-0.51
France	6.70	7.14	0.44	9.05	10.63	1.59	6.28	6.69	0.41
Germany	5.33	5.17	-0.17	7.87	6.98	-0.88	5.03	4.99	-0.05
Greece	9.59	6.66	-2.93	12.56	7.56	-5.00	8.14	5.89	-2.25
Ireland	4.51	2.77	-1.74	-	-	-	4.51	2.77	-1.74
Israel	10.37	6.34	-4.03	6.99	4.03	-2.96	11.94	7.10	-4.84
Italy	8.82	7.85	-0.97	12.58	11.41	-1.17	7.86	7.24	-0.62
Japan	5.64	5.41	-0.23	8.69	9.36	0.67	5.25	4.82	-0.43
Korea	7.79	5.72	-2.08	6.41	5.85	-0.57	8.04	5.70	-2.34
Luxembourg	5.48	5.96	0.48	-	-	-	5.48	5.96	0.48
Mexico	10.62	10.09	-0.52	12.91	7.84	-5.06	9.94	10.34	0.40
Netherlands	4.51	7.55	3.04	8.64	9.94	1.31	4.18	7.48	3.30
New Zealand	7.66	8.57	0.91	15.28	21.18	5.89	5.38	5.27	-0.11
Norway	10.79	12.00	1.21	21.94	16.78	-5.16	9.05	11.20	2.15
Poland	9.85	7.78	-2.07	9.90	6.31	-3.60	9.45	9.33	-0.12
Portugal	10.40	7.34	-3.07	19.65	12.47	-7.18	8.42	6.84	-1.58
Slovenia	8.40	4.40	-4.01	-	-	-	8.40	4.40	-4.01
Spain	11.29	7.63	-3.66	12.99	15.71	2.72	10.85	5.15	-5.70
Sweden	5.41	5.13	-0.28	9.75	17.06	7.31	5.08	4.42	-0.66
Switzerland	4.82	5.59	0.77	6.86	8.51	1.65	4.67	5.31	0.64
Turkey	5.68	7.23	1.55	4.48	8.69	4.21	6.04	6.81	0.77
United Kingdom	7.27	8.05	0.78	14.15	17.25	3.10	6.35	6.75	0.40
United States	6.37	6.97	0.60	12.63	15.43	2.80	5.38	5.46	0.08
Euro area	6.63	6.56	-0.08	10.24	10.48	0.25	6.10	6.12	0.02
Total OECD	6.64	6.95	0.31	11.89	13.38	1.50	5.84	5.95	0.11
Brazil	8.10	14.93	6.83	13.16	18.30	5.15	7.17	14.37	7.21
China	14.18	8.55	-5.64	28.85	20.15	-8.70	12.41	7.60	-4.81
India	10.49	10.31	-0.17	10.64	9.84	-0.80	10.40	10.70	0.30
Indonesia	11.48	10.73	-0.75	37.36	26.58	-10.78	5.46	7.98	2.51
Russian Federation	13.96	16.76	2.80	24.63	15.54	-9.09	13.39	16.88	3.49
South Africa	9.11	8.82	-0.29	16.89	10.28	-6.61	8.53	8.74	0.21
Total BRIICS	12.82	11.51	-1.31	19.14	15.67	-3.47	11.87	10.97	-0.90

Source: Bloomberg; Blundell-Wignall and Roulet (2015).

StatLink http://dx.doi.org/10.1787/888933222488

ANHANG 3.1

Die treibenden Faktoren der Unternehmensinvestitionen in den fortgeschrittenen OECD-Ländern

Im vorliegenden Anhang werden frühere empirische Arbeiten zu den Antriebsfaktoren der Veränderungen des Kapitalstocks der Unternehmen aufgegriffen und fortgeführt.

Die Modellierung der Investitionstätigkeit

Ein Akzeleratormodell ist eine einfache und weit verbreitete Möglichkeit zur Modellierung der Investitionstätigkeit. Dabei wird unterstellt, dass sich die (Brutto-)Investitionen (I_t) in Nettoinvestitionen und Ersatzinvestitionen aufspalten lassen. Die Ersatzinvestitionen im Zeitraum t entsprechen der Abschreibung des Kapitalstocks in t-1 (, wobei δK_{t-1}) dem Abschreibungssatz entspricht). Es wird unterstellt, dass die Nettoinvestitionen den Veränderungen des gewünschten Kapitalstocks entsprechen. Der gewünschte Kapitalstock (K^*)wird wiederum als lineare Funktion der Produktion (Y) betrachtet. Daher lässt sich die reale Investitionstätigkeit als gegenwärtiges und vergangenes BIP-Wachstum und verzögerter Kapitalstock formulieren[1]:

$$I_t = \sum_{i=0}^{n} \beta_i \Delta Y_{t-i} + \delta K_{t-1} \qquad (1)$$

Natürlich kann die Investitionstätigkeit von mehr Faktoren abhängig sein als lediglich vom Produktionswachstum und vom verzögerten Kapitalstock. Dem neoklassischen Modell zufolge ist der gewünschte Kapitalstock nicht nur eine positive Funktion der Produktion, sondern er hängt darüber hinaus negativ von den Kapitalnutzungskosten (UCC) ab (Kasten 3.4; Chirinko, 1993; Oliner et al., 1995):

$$I_t = \sum_{i=0}^{n} \beta_i \Delta (Y_{t-i}\, UCC_{t-i}^{-\sigma}) + \delta K_{t-1} \qquad (2)$$

wobei σ eine konstante Substitionselastizität zwischen Kapital und Arbeit in der Produktionsfunktion darstellt (Chirinko, 1993). Tevlin und Whelan (2003) sind der Auffassung, dass der Kapitalstock eine nichtstationäre Variable ist, und schlagen eine stationarisierte Variante von Gleichung (2) in Wachstumsraten vor:

$$I_t = \sum_{i=0}^{n} \beta_i \Delta (Y_{t-i}\, UCC_{t-i}^{-\sigma}) + \delta K_{t-1} \qquad (3)$$

Grundsätzlich besteht eine langfristige Beziehung, die den gewünschten Kapitalstock mit dem Produktionsniveau und den Kapitalnutzungskosten in Relation setzt:

$$K^* = \alpha Y \cdot UCC^{-\sigma} \qquad (4)$$

Aus der Log-Linearisierung und der Fehlerkorrekturdarstellung ergibt sich folgende Gleichung[2]:

$$\Delta k_t = \gamma k_{t-1} + \beta y_{t-1} + \delta ucc_{t-1} + \theta \Delta y_t + \pi \Delta ucc_t \quad (5)$$

Neue empirische Daten über die treibenden Faktoren des Kapitalstocks der Unternehmen in den fortgeschrittenen OECD-Ländern

Die Modellierung der Veränderungen des Kapitalstocks der Unternehmen (Investitionen)[3] im vorliegenden Anhang baut auf Gleichung (5) auf, die im Hinblick auf zwei Aspekte ergänzt wird.

- Erstens wird der durch den OECD-Indikator für die Regulierung des Energie-, Verkehrs- und Kommunikationssektors erfasste Grad der Rigidität der Produktmarkregulierung in die Langfristbeziehung eingeführt. Es ist davon auszugehen, dass eine strengere Regulierung langfristig zu einer Abnahme der Investitionen und einer Verringerung des Kapitalstocks führt.
- Zweitens wird die kurzfristige Dynamik durch Variablen erhöht, die oftmals in empirischen Investitionsmodellen eingesetzt werden. Diese Variablen lassen keinen langfristigen Trend erkennen. Hierzu zählen Variablen, die eine negative Beziehung zu den Investitionen/Veränderungen des Kapitalstocks aufweisen – z.B. die weltweite und die länderspezifische wirtschaftspolitische Unsicherheit, die Volatilität an den Aktienmärkten sowie der Inflation und finanzielle Einschränkungen –, und solche, die eine positive Beziehung aufweisen, z.B. überhöhte Eigenkapitalrenditen. Zudem wird die Hypothese getestet, ob Veränderungen der Auslandsnachfrage (globale Produktion abzüglich der Produktion eines bestimmten Landes) den Kapitalstock über den Effekt der Nettoexporte hinaus beeinflussen.

Die überprüfbare Gleichung nimmt folgende Form an:

$$\Delta k_t = c + \gamma k_{t-1} + \sum_{i=1}^{n} \beta_i x_{i,t-1} + \mu \Delta k_{t-1} + \sum_{i=1}^{n} \delta_i \Delta x_{i,t} + \sum_{j=1}^{m} \theta_j z_{j,t} + \varepsilon_t \quad (6)$$

wo $\gamma k_{t-1} + \sum_{i=1}^{n} \beta_i x_{i,t-1}$ die Langfristbeziehung einschließlich der n langfristigen Kovariaten angibt, $\sum_{i=1}^{n} \delta_i \Delta x_{i,t}$ die dynamischen Terme der langfristigen Variablen (Produktion, Kapitalnutzungskosten und Regulierung des Energie-, Verkehrs- und Kommunikationssektors) darstellen und $\sum_{i=1}^{m} \theta_j z_{j,t}$ die zusätzlichen m Kovariaten sind, die in die kurzfristige Dynamik einfließen.

Gleichung (6) wird für ein Panel von 15 OECD-Ländern für 1985Q4 bis 2013Q4 mit vierteljährlicher Frequenz geschätzt[4]. Die Schätzung umfasst zwei Stufen[5]. In der ersten Stufe wird die Langfristbeziehung, die den Kapitalstock, die gesamtwirtschaftliche Produktion, die Kapitalnutzungskosten und die Produktmarktregulierung miteinander in Relation setzt, anhand des dynamischen OLS-(DOLS-)Schätzers geschätzt[6]. Der DOLS berücksichtigt die Endogenität und die Reihenkorrelation der Residuen. In der zweiten Stufe wird anhand der verzögerten Abweichung der in der ersten Stufe geschätzten Langfristbeziehung, der ersten Differenzen der Langfristvariablen[7] und der Variablen, die Unsicherheit und Volatilität, Kreditrestriktionen und Eigenkapitalrenditen erfassen, ein Fehlerkorrekturmodell geschätzt. In einem endogenen Lag-Auswahlverfahren werden drei Verzögerungen (Lags) für das Wachstum der realen inländischen Produktion festgelegt.

Für die Paneldaten wurden Einheitswurzel- und Kointegrationstests durchgeführt, um die Integrationsordnung der Variablen zu testen und zu prüfen, ob sie durch einen Kointegrationsvektor miteinander verbunden sind. Die Einheitswurzeltests für die Paneldaten (Im et al., 2003) lassen darauf schließen, dass die potenziell treibenden Faktoren in ihrem

Table 3.A1.1. **The long-run drivers of the capital stock: panel unit root and cointegration tests**

OECD, 1985-2013, quarterly data

PANEL UNIT ROOT TESTS — **Im, Pesaran and Shin test**

null hypothesis: unit root (heterogenous unit roots)

p-value

	level		first differences		second differences	
	c	c+t	c	c+t	c	c+t
log(capital stock)	0.076	0.889	0.807	0.003	0.000	0.000
log(real output)	0.161	0.993	0.000	0.000	0.000	0.000
log(long interest rates)	0.997	0.000	0.000	0.000	0.000	0.000
log(relative investment prices)	0.592	0.684	0.000	0.000	0.000	0.000
log(etcr)	0.999	0.785	0.000	0.000	0.000	0.000
real business investment/capital stock	0.248	0.129	0.000	0.000	0.000	0.000

PANEL COINTEGRATION TESTS — **Pedroni cointegration test**

log(capital stock), log(real output), log(long-term interest rate), log(etcr)

null hypothesis: no cointegration

p-value

	no deterministic trend	with deterministic trend
Panel v-Statistic	0.032	0.000
Panel rho-Statistic	0.968	0.974
Panel PP-Statistic	0.956	0.988
Panel ADF-Statistic	0.960	0.985
Group rho-Statistic	0.999	0.997
Group PP-Statistic	0.992	0.996
Group ADF-Statistic	0.984	0.993

Note: c = constant included in the panel unit root test, c+t = constant and trend included in the panel unit root test.
Source: OECD calculations.

StatLink http://dx.doi.org/10.1787/888933222491

Niveau zwar eine Einheitswurzel aufweisen, aber in den ersten Differenzen stationär sind. Der Kapitalstock selbst scheint einem stochastischen Trend zu folgen, auch wenn Tests mit einer Konstanten darauf hindeuten, dass es sich sogar um einen I(2)-Prozess handeln könnte (nur in den zweiten Differenzen stationär)[8]. In Anbetracht des nichtstationären Charakters der Daten ist es notwendig, zu prüfen, ob die fünf interessierenden Datenreihen durch einen Kointegrationsvektor verknüpft sind. Die Varianten des Kointegrationstests von Pedroni (mit Ausnahme der Panel-v-Statistik) verwerfen die Nullhypothese fehlender Kointegration (Pedroni, 1999). Dies bestätigt, dass es sich bei der Niveaubeziehung, die den Kapitalstock mit seinen treibenden Faktoren verbindet, nicht um eine Scheinbeziehung („spurious relationship") handelt (Tabelle 3.A1.1).

Eine wettbewerbshemmende Regulierung behindert langfristig die Bildung eines Kapitalstocks

Die geschätzte Langfristbeziehung lässt darauf schließen, dass die Produktionselastizität nahe bei 1 liegt, was auf ein langfristig stabiles Verhältnis Kapital/Produktion hindeutet (Tabelle 3.A1.2). Die Elastizitäten der nominalen langfristigen Zinssätze und der Produktmarktregulierung sind negativ. Die relativen Investitionskosten und die langfristigen realen Zinssätze haben in der Tendenz ein positives Vorzeichen – daher sind sie in der

Table 3.A1.2. **The long-run drivers of the capital stock: coefficient estimates**

OECD, 1985-2013, quarterly data

LONG-RUN RELATIONSHIP (Dynamic OLS estimates)

dependent variable = log capital stock

	FULL	SUBPERIODS				
	1985/2013	**1986/2006**	**1987/2007**	**1989/2009**	**1991/2011**	**1993/2013**
c	**-5.58 ****	-4.36 **	-3.94 **	-1.76	-0.05	-0.49
log real output	**1.23 ****	1.19 **	1.18 **	1.10 **	1.04 **	1.05 **
log long-term interest rate	**-0.08 ****	-0.12 **	-0.13 **	-0.14 **	-0.09 **	-0.02
log ETCR indicator	**-0.06 ****	0.01	-0.02	-0.05 **	-0.07 **	-0.09 **
No. obs	**1674**	1260	1260	1260	1260	1239
No. of countries	15	15	15	15	15	15

Note: * and ** denote statistical significance at the 10% and 5% levels, based on robust standard errors. The estimations include country and time fixed effects.
Source: OECD calculations.

StatLink http://dx.doi.org/10.1787/888933222508

Langfristbeziehung nicht berücksichtigt[9]. Dies steht mit den früheren empirischen Ergebnissen im Einklang (Sharpe und Suarez, 2014) und könnte auf die sehr unterschiedliche Realzinselastizität der Kapitalstockkomponenten zurückzuführen sein. Schätzungen für rollende Beoabachtungsperioden lassen darauf schließen, dass die Zinselastizität im Lauf der Zeit ab- und die negative Elastizität des Indikators für die Regulierung des Energie-, Verkehrs- und Kommunikationssektors zunimmt.

Die Akzeleratoreffekte werden durch das Wachstum der Auslandsnachfrage verstärkt

In der zweiten Stufe der Schätzung, bei der die kurzfristige Dynamik betrachtet wird, zeigt das Wachstum der Auslandsnachfrage neben den inländischen Produktionseffekten eine positive Korrelation mit Veränderungen des Unternehmenskapitalstocks (Nettoinvestitionen im Verhältnis zum verzögerten Kapitalstock), die über die unmittelbaren Auswirkungen der Nettoexporte hinausgehen[10].

Unsicherheit und finanzielle Einschränkungen

Zusätzliche kurzfristige Antriebskräfte im Fehlerkorrekturmodell lassen darauf schließen, dass ein höheres Maß an länderspezifischer wirtschaftspolitischer Unsicherheit, ein Anstieg der Unsicherheit in Bezug auf die globalen politischen Entwicklungen und eine höhere Volatilität der Inflation mit geringeren Investitionen im Zusammenhang stehen[11]. Die zunehmenden finanziellen Einschränkungen, gemessen an dem Anteil der Unternehmen, die laut Umfragen der Europäischen Kommission Schwierigkeiten beim Zugang zu externer Finanzierung haben, stehen in einer Untergruppe europäischer Länder negativ mit Veränderungen des Kapitalstocks im Zusammenhang (Tabelle 3.A1.3). Hingegen weist die Volatilität an den Aktienmärkten kaum Parallelentwicklungen mit den Veränderungen des Kapitalstocks auf. Die überhöhten Eigenkapitalrenditen und die Aktienrenditen weisen wie erwartet ein positives Vorzeichen auf.

Table 3.A1.3. **The short-run drivers of the capital stock: coefficient estimates**

OECD, 1985-2013, quarterly data

SHORT-RUN DYNAMICS	*dependent variable = d(log capital stock)*											
	1985 2013	1987 2007	1993 2013	**1985 2013**	1987 2007	1993 2013	**1985 2013**	1987 2007	1993 2013	**1985 2013**	1987 2007	1993 2013
coefficient estimates such as estimated in the error correction model												
c	**-4.3E-05**	1.2E-04	-1.2E-05	**5.5E-04** **	1.0E-03 **	5.4E-04 **	**4.2E-06**	1.6E-04 *	3.7E-05	**2.0E-04** **	5.6E-04 **	2.5E-04 **
error correction term	**-0.001** **	-0.002 **	-0.001 **	**-0.002** **	-0.003 **	-0.002 **	**-0.001** **	-0.002 **	-0.001 **	**-0.001** *	-0.001	-0.001 *
d(log capital stock)(-1)	**0.960** **	0.947 **	0.950 **	**0.950** **	0.934 **	0.947 **	**0.958** **	0.944 **	0.950 **	**0.919** **	0.875 **	0.902 **
d(log real output) (-1)	**0.004**	0.003	0.004	**0.003**	0.002	0.006 *	**0.004**	0.004	0.005 *	**0.002**	0.000	0.000
d(log real output) (-2)	**0.009** **	0.011 **	0.007 **	**0.006** **	0.008 **	0.004 *	**0.010** **	0.011 **	0.008 **	**0.012** **	0.015 **	0.012 **
d(log real output) (-3)	**0.006** **	0.007 **	0.004 *	**0.004** *	0.004	0.003	**0.006** **	0.007 **	0.004 *	**0.008** **	0.011 **	0.007 **
d(log foreign output) (-1)	**0.014** **	0.006	0.017 **	**0.012** **	0.000	0.013 **	**0.013** **	0.006	0.015 **	**0.018** **	0.010 *	0.021 **
cpi_volatility(-1)	**-1.6E-05**	-1.4E-05	-2.0E-05 *									
cpi_volatility(-1)^2	**-3.0E-07**	-2.0E-07	-3.0E-07 *									
log economic policy uncertainty (-1)				-1.02E-04 **	-0.0002 **	-1E-04 **						
d(log global uncertainty) (-1)							-7.47E-05 **	-4E-05	-8E-05 **			
financial constraints (-1)										-2.19E-05 **	-4E-05 **	-2E-05 **
coefficient estimates adjusted for the lagged dependent variable: coeff(adj)=coeff(unadj)/(1-coeff(lagged dependent))												
c	**-4.E-05**	1.2E-04	-1.2E-05	**6.E-04**	1.0E-03	5.4E-04	**4.E-06**	1.6E-04	3.7E-05	**2.E-04**	5.6E-04	2.5E-04
error correction term	**-0.033**	-0.033	-0.024	**-0.042**	-0.044	-0.030	**-0.032**	-0.032	-0.023	**-0.011**	-0.007	-0.010
d(log capital stock)(-1)	**0.960**	0.947	0.950	**0.950**	0.934	0.947	**0.958**	0.944	0.950	**0.919**	0.875	0.902
d(log real output) (-1 to -:	**0.467**	0.404	0.309	**0.249**	0.217	0.253	**0.462**	0.397	0.333	**0.264**	0.216	0.191
d(log foreign output) (-1)	**0.353**	0.112	0.339	**0.243**	-0.001	0.244	**0.302**	0.106	0.299	**0.221**	0.084	0.213
cpi_volatility(-1)	**-4.E-04**	-2.6E-04	-4.0E-04									
cpi_volatility(-1)^2	**-8.E-06**	-3.8E-06	-6.0E-06									
log economic policy uncertainty (-1)				**-0.002**	-0.002	-0.002						
d(log global uncertainty) (-1)							**-0.002**	-0.001	-0.002			
financial constraints (-1)										**-0.00027**	-0.0003	-0.0002
No. obs	**1634**	1253	1243	**1230**	890	1099	**1644**	1260	1252	**805**	609	660
No. of countries	**15**	15	15	**15**	15	15	**15**	15	15	**8**	8	8

Note: * and ** denote statistical significance at the 10% and 5% levels, based on robust standard errors. The estimations include country fixed effects. Two sets of coefficient estimates are reported. The upper block gives the size and the significance of the coefficient estimates such as estimated in the error correction model. The lower block provides the coefficient estimates normalised by the lagged dependent variable: coeff(adj)=coeff(unadj)/(1-coeff(lagged dependent)). The coefficient reported on real output growth is obtained as the sum of the coefficients on d(log real output)(-1), d(log real output)(-2) and d(log real output)(-3), corrected for the lagged dependent variable. Statistical significance is not reported in the lower block, it corresponds to the ones reported in the upper block.

Source: OECD calculations.

StatLink http://dx.doi.org/10.1787/888933222519

Anmerkungen

1. Gleichung (1) wird in der Regel in konstanten Inlandspreisen geschätzt (Oliner et al., 1995; Lee und Rabanal, 2010; Barkbu et al., 2015; IWF, 2015).
2. Alternative Modelle sind Tobins Q und die Eulergleichungen. Tobins Q setzt die Investitionen mit dem Verhältnis des Marktwerts der unternehmerischen Vermögenswerte und der Wiederbeschaffungskosten dieser Vermögenswerte in Relation. Die Schwierigkeit besteht darin, dass Tobins Q auf der Makroebene anhand von betrieblichen Daten zu börsennotierten Gesellschaften konstruiert werden kann. Diese Daten sind zudem für Länder, die sich vorwiegend auf Bankfinanzierungen stützen, u.U. nicht repräsentativ. Die Eulergleichungen beruhen auf dem dynamischen Optimierungsproblem eines repräsentativen Unternehmens, das seinen Ist-Wert maximieren will, und beschreiben die Investitionen in Bezug auf ihre in der Vergangenheit beobachtete lineare und quadratische Form. Diesen Modellen ist es nicht sonderlich gut gelungen, die aggregierten Investitionen zu erklären (Oliner et al., 1995; Philippon, 2009). Neuere empirische Arbeiten des IWF (Lee und Rabanal, 2010; Barkbu et al., 2015) stützten sich jedoch auf das Q-Modell.

3. Das Verhältnis Kapitalstock der Unternehmen/Investitionen ist definiert als Gesamtkapitalstock/Investitionen ohne Kapitalstock der Wohngebäude/Investitionen.
4. Fünfzehn OECD-Länder wurden berücksichtigt: Australien, Belgien, Dänemark, Deutschland, Finnland, Frankreich, Japan, Kanada, Korea, Neuseeland, die Niederlande, Schweden, die Schweiz, das Vereinigte Königreich und die Vereinigten Staaten.
5. Der zweistufige Ansatz bietet verglichen mit einem aus nur einer Gleichung bestehenden Fehlerkorrekturmodell größere Flexibilität. Erstens ermöglicht er die Berücksichtigung fixer Länder- und Jahreseffekte in der Langfristbeziehung und die Einbeziehung lediglich der fixen Ländereffekte in die kurzfristige Dynamik. Arbeitet man mit nur einer Gleichung, so können entweder nur fixe Ländereffekte oder müssen fixe Länder- und fixe Jahreseffekte sowohl in der Langfrist- als auch in der Kurzfristbeziehung berücksichtigt werden. Wenn beispielsweise die Messgröße der weltweiten Unsicherheit, die allgemeine Trends erfasst, in der kurzfristigen Dynamik berücksichtigt wird, können die fixen Jahreseffekte nicht verwendet werden. Dies bedeutet, dass die fixen Jahreseffekte auch in der Langfristbeziehung nicht berücksichtigt würden.
6. Der hier berücksichtigte Kapitalstock ist der gesamte Kapitalstock ohne den Kapitalstock der Wohngebäude. Die Kapitalnutzungskosten werden in die nominalen langfristigen Sätze und die relativen Investitionskosten aufgeschlüsselt (Deflator der Unternehmensinvestitionen im Verhältnis zum BIP-Deflator). Die Steuerkomponente bleibt hier aus Gründen der Datenverfügbarkeit unberücksichtigt. Der jährliche Indikator für die Regulierung des Energie-, Verkehrs- und Kommunikationssektors wird in eine Quartalsreihe konvertiert, indem die vier Quartale des betreffenden Jahres so festgelegt werden, dass sie der für das ganze Jahr gemachten Beobachtung entsprechen.
7. Diese stellen sich als statistisch nicht signifikant heraus.
8. Unter Verwendung des Produktionswachstums im Gleichgewichtszustand und des Abschreibungssatzes des Kapitalstocks dürfte das Verhältnis zwischen Bruttoinvestitionen und Kapitalstock konstant sein. Folglich ließe sich der Kapitalstock durch die Bruttoinvestitionen ersetzen. Dennoch trifft dies in der Praxis auf unsere Stichprobe nicht zu: Das Verhältnis zwischen den Bruttoinvestitionen und dem Kapitalstock hat eine Einheitswurzel (Tabelle 3.A1.1).
9. Diese Ergebnisse werden hier nicht dargelegt. Künftige Arbeiten sollten zunächst zwischen öffentlichem und privatem Unternehmenskapital unterscheiden und in einem zweiten Schritt die unterschiedlichen Arten des privaten Unternehmenskapitals betrachten.
10. Das aktuelle Wachstum der gesamtwirtschaftlichen Produktion wird nicht verwendet, um einen Simultaneitätsbias zu vermeiden. Dies kann jedoch zu einer Verzerrung durch ausgelassene Variablen führen. Tatsächlich verringert sich durch die Mitberücksichtigung des aktuellen Wachstums der gesamtwirtschaftlichen Produktion die Koeffizientenschätzung des Wachstums der Auslandsproduktion, und die Koeffizientenschätzungen werden hierdurch oftmals statistisch nicht signifikant (hier nicht dargelegt).
11. Die Datenreihen zur länderspezifischen und zur weltweiten wirtschaftspolitischen Unsicherheit sind *http://www.policyuncertainty.com/research.html* entnommen. Der Indikator zur länderspezifischen politischen Unsicherheit steht nur für eine begrenzte Anzahl von Ländern zur Verfügung. Aus diesem Grund wurden die folgenden Approximierungen durchgeführt: Die Datenreihen für Deutschland wurden auch für Dänemark, Finnland, die Niederlande, Schweden und die Schweiz verwendet, die Datenreihen für Frankreich auch für Belgien, die Datenreihen für Kanada auch für Australien und Neuseeland und die Datenreihen für Japan auch für Korea.

Literaturverzeichnis

Barkbu, B., S. P. Berkmen, P. Lukyantsau, S. Saksonovs und H. Schoelermann (2015), "Investment in the euro area: why has it been weak?", *IMF Working Papers*, No. WP/815/832.

Chirinko, R. (1993), "Business fixed investment spending: modelling strategies, empirical results, and policy implications", *Journal of Economic Literature*, Vol. 31(4), S. 1875-1911.

Im, K. S., M. H. Pesaran und Y. Shin (2003), "Testing for Unit Roots in Heterogeneous Panels", *Journal of Econometrics*, Vol. (115), S. 53-74.

Lee, J. und P. Rabanal (2010), "Forecasting U.S. investment", *IMF Working Papers*, No. WP/10/246.

Oliner, S., G. Rudebusch und D. Sichel (1995), "New and old models of business investment: a comparison of forecasting performance", *Journal of Money, Credit and Banking*, Vol. 27(3), S. 806-826.

Pedroni, P. (1999), "Critical Values for Cointegration Tests in Heterogeneous Panels with Multiple Regressors", *Oxford Bulletin of Economics and Statistics*, Vol. 61, S. 653-670.

Philippon, T. (2009), "The bond market's Q", *The Quarterly Journal of Economics*, Vol. 124(3), S. 1011-1056.

Sharpe, S. A. und G. A. Suarez (2014), "The sensitivity of investment to interest rates: Evidence from a survey of CFOs", Federal Reserve Board, *Finance and Economics Discussion Series*, No. 2014-02.

Tevlin, S. und K. Whelan (2003), "Explaining the investment boom in the 1990s", *Journal of Money, Credit and Banking*, Vol. 35(1), S. 1-22.

ANHANG 3.2

Prüfung der OECD-Strukturindikatoren anhand von Daten über Unternehmensinvestitionen

Die OECD hat eine umfangreiche Untersuchung durchgeführt, die 10 000 börsennotierte Unternehmen in 75 Ländern und den Zeitraum von 2002 bis 2013 umfasste und in der Unternehmensdaten über Investitionsausgaben sowie alle damit verbundenen Finanzdaten, einschließlich Eigenkapitalrenditen (ROE) und Eigenkapitalkosten (COE), gesammelt wurden. Die Daten wurden in Infrastrukturunternehmen (nach Maßgabe der sektorbezogenen Leitlinien des MSCI) und einen allgemeinen Industriesektor unterteilt und auf Länderbasis aggregiert (Kasten A2.1). Es handelt sich um die größten Unternehmen der Welt, die in den meisten Fällen multinationale Unternehmen sind. Im allgemeinen Industriesektor erstreckt sich die Geschäftstätigkeit der Unternehmen auf viele Länder, so dass sich die Strukturpolitik eines einzelnen Landes weniger stark auswirkt. Diese Unternehmen können Teile ihrer Geschäftstätigkeit grenzüberschreitend verlagern, was die Länder mit profitableren Möglichkeiten begünstigt. Für den Infrastruktursektor gilt dies jedoch weniger, da die Unternehmen in diesem Sektor tendenziell den Großteil ihrer Geschäftstätigkeit in dem Land ausüben, in dem sie an der Börse notiert sind. Bei diesen Unternehmen wirkt sich die Strukturpolitik des Ansässigkeitsstaats direkter auf die Investitionen aus.

Zur Erklärung der Investitionen wurde in Blundell-Wignall und Roulet (2015) ein Investitionsausgabenmodell für Infrastrukturunternehmen entwickelt. Daraus geht hervor, dass die Investitionsausgaben entsprechend den Umsätzen wachsen (der Akzelerator-Mechanismus), jedoch auf Grund von Schwankungen bei mehreren erklärenden Variablen von diesem Trend abweichen. Dazu gehören die Eigenkapitalrendite (ROE), die Eigenkapitalkosten (COE), die Fremdfinanzierungskosten approximiert durch die Rendite von Anleihen mit erstklassiger Bonität (AAA) in dem betreffenden Land, eine Dummy-Variable für den Steuerstatus eines Landes, das Steuerbefreiungen zur Förderung von Investitionen gewährt (TAX), der Unternehmensteuersatz (CITR), eine Variable für die Gewinnerwartung approximiert durch die Relation zwischen Börsenkapitalisierung und BIP (MCAP) sowie eine Messgröße für die Offenheit des Bankensystems, die durch eine Variable auf der Basis der Persistenz der Abweichungen von der gedeckten Zinsparität erfasst wird (VCIP). Anschließend wurde dieses Basismodell herangezogen, um eine Reihe von Strukturindikatoren der OECD zu testen und zu prüfen, ob sie die Investitionen beeinflusst haben. Der Test von sechs Strukturindikatoren ergab folgende Ergebnisse[1]:

- *Der effektive Grenzsteuersatz auf Kapital (EMTR).* Der geschätzte Koeffizient dieser Variable hat ein falsches Vorzeichen. Er korreliert jedoch stark mit dem Unternehmensteuersatz (Korrelation von 0,7), der im Basismodell das korrekte negative Vorzeichen hat, wertmäßig jedoch mit dem effektiven Steuersatz zurückgeht. Die letztgenannte ist die bevorzugte Variable.

Kasten A2.1 **Regressionsmodelltest**

Die Regressionsanalysen werden mit einem globalen balancierten Panel aus 50 Ländern für die Jahre 2002-2013 durchgeführt. Die Unternehmensdaten, die 1 328 im Infrastruktursektor tätige Nichtfinanzunternehmen umfassen, werden für die Hauptvariablen in Millionen US-Dollar angegeben und nach Ländern aggregiert. Aus diesem Modell geht hervor, dass die Investitionsausgaben entsprechend den Umsätzen wachsen (d.h. als abhängige Variable dienen die globalen Investitionsausgaben im Verhältnis zu den globalen Umsätzen), aber auf Grund von Schwankungen bei den erklärenden Variablen von diesem Trend abweichen.

The determinants of aggregate corporate capital spending in infrastructure sector

	[1]	[2]	[3]	[4]	[5]	[6]	[7]	[8]
ROE	0.09 *** (3.71)	0.06 *** (3.20)	0.07 *** (3.81)	0.08 *** (4.16)	0.07 *** (3.78)	0.07 *** (3.54)	0.07 *** (3.91)	0.08 *** (4.28)
COE	0.04 (1.57)	0.02 (0.62)	0.004 (0.12)	0.03 (0.77)	0.003 (0.00)	-0.002 (-0.05)	0.005 (0.12)	0.03 (0.93)
COD	-0.17 ** (-2.15)	-0.25 *** (-3.00)	-0.26 *** (-3.12)	-0.26 *** (-3.12)	-0.28 *** (-3.17)	-0.26 *** (-3.09)	-0.26 *** (-3.10)	-0.27 *** (-3.32)
MCAP	0.01 *** (3.84)	0.03 *** (7.47)	0.03 *** (5.74)	0.03 *** (7.23)	0.03 *** (7.43)	0.03 *** (7.86)	0.03 *** (8.02)	0.03 *** (7.87)
VCIP	-0.04 *** (-4.93)	-0.03 *** (-3.18)	-0.03 *** (-2.88)	-0.05 *** (-4.85)	-0.04 *** (-3.99)	-0.03 *** (-3.06)	-0.03 *** (-2.97)	-0.06 *** (-6.27)
CITR	-0.12 *** (-2.88)	-0.65 *** (-8.97)	-0.17 *** (-3.68)	-0.13 *** (-2.99)	-0.10 *** (-2.49)	-0.13 *** (-2.91)	-0.16 *** (-3.72)	-0.07 * (-1.70)
TAX	0.04 *** (3.15)	0.09 *** (2.36)	0.10 *** (3.08)	0.17 *** (6.52)	0.23 *** (4.39)	0.15 *** (3.88)	0.05 (1.48)	0.30 *** (5.60)
EMTR	-	0.55 *** (9.77)	-	-	-	-	-	-
EPL	-	-	0.002 (0.45)	-	-	-	-	-
ETCR	-	-	-	-0.82 * (-1.81)	-	-	-	-0.34 (-0.57)
FDI	-	-	-	-	-0.23 *** (-5.56)	-	-	-0.28 *** (-4.78)
PMR	-	-	-	-	-	-0.01 ** (-2.10)	-	-0.004 (-0.68)
RCP	-	-	-	-	-	-	-0.0005 *** (-4.88)	-0.0001 (-0.38)
C	0.12 *** (6.22)	0.11 *** (5.29)	0.11 *** (3.55)	0.09 *** (3.87)	0.05 ** (2.29)	0.10 *** (4.55)	0.16 *** (8.55)	0.03 (0.77)
R^2	0.67	0.69	0.69	0.69	0.69	0.69	0.69	0.69
F-Stat	103.21	91.30	89.26	87.54	90.69	89.43	89.47	66.71
Prob(F)	0.00	0.00	0.00	0.00	0.00	0.00	0.00	0.00
Durbin-Watson stat	1.34	1.14	1.12	1.13	1.14	1.12	1.13	1.15
Total Obs.	462	373	373	367	373	373	373	367

Note: ROE: return on equity; COE: cost of equity (dividend yield plus the trend rate of growth of earnings); COD: cots of debt (yield of AAA-rating corporate bond index by country minus 1-year government bond yield); MCAP (market cap to GDP as an equity bullishness expected earnings variable); CITR (corporate gross income tax rate of the host country); TAX (the % of countries in the region that offer tax holidays & exemptions); EMTR (effective marginal tax rates on capital of the host country); EPL (OECD employment protection legislation indicator); ETCR (regulation in energy, transportation and communication indicator); FDI (FDI restrictiveness index); PMR (product market regulation indicator); and RCP (country rank number of corruption perception score).

Source: Bloomberg; PMR database; Oxford University Centre for Business Taxation; Transparency International and OECD calculations.

StatLink http://dx.doi.org/10.1787/888933222529

- *Der OECD-Beschäftigungsschutzindikator (EPL)*. Der EPL ist von 0 (geringste Restriktionen) bis 6 (stärkste Restriktionen) skaliert. Der EPL-Koeffizient ist nicht signifikant.
- *Der OECD-Indikator für die Regulierung des Energie-, Verkehrs- und Kommunikationssektors (ETCR)*. Der ETCR ist von 0 (geringste Restriktionen) bis 6 (stärkste Restriktionen) skaliert. Der ETCR hat das korrekte negative Vorzeichen und weicht auf dem 10%-Konfidenzniveau erheblich von null ab.
- *Der Index des Restriktionsgrads der ausländischen Direktinvestitionen (FDI)*. Der FDI ist von 0 (offen) bis 1 (geschlossen) skaliert. Der FDI-Koeffizient hat das korrekte negative Vorzeichen und wird auf dem 1%-Konfidenzniveau durch die Daten bestätigt.
- *Der OECD-Indikator der Produktmarktregulierung (PMR)*. Der PMR ist von 0 (geringste Restriktionen) bis 6 (stärkste Restriktionen) skaliert. Dieser PMR-Koeffizient hat das korrekte negative Vorzeichen und ist signifikant auf dem 5%-Konfidenzniveau.
- *Die Platzierung in der Länderrangfolge des Korruptionswahrnehmungsindex (RCP)*. Der RCP-Koeffizient hat das korrekte (negative) Vorzeichen und ist signifikant auf dem 1%-Konfidenzniveau.

Wenn alle Variablen mit korrektem Vorzeichen zusammen berücksichtigt werden, dominiert die FDI-Variable, und sie bleibt signifikant auf dem 1%-Konfidenzniveau. Diese Ergebnisse lassen darauf schließen, dass es sinnvoll ist, die Variablen EPL, ETCR, FDI, PMR und RCP weiter im Hinblick auf ihre Auswirkungen auf die Investitionen zu untersuchen.

Anmerkungen

1. Es gibt offensichtlich eine gewisse Interaktion zwischen der Dummy-Variable für die Steuerbefreiung und einigen der anderen Indikatoren. Die Variable für die Steuerbefreiung (TAX) ist in den aufstrebenden Marktwirtschaften am höchsten, insbesondere in den Ländern Südasiens, Ostasiens, des Pazifikraums und Osteuropas sowie in den MENA-Ländern. Es ist zu erwarten, dass einige der Indexwerte des Restriktionsgrads mit einer Variable in Bezug auf die Rangfolge der aufstrebenden Volkswirtschaften korrelieren würden.

Literaturverzeichnis

Blundell-Wignall, A. und C. Roulet (2015), "Infrastructure versus other investments in the global economy and stagnation hypotheses: What do company data tell us?", *OECD Journal: Financial Market Trends*, Vol. 2014(2), S. 7-45.

ANHANG 3.3

Werden ausländische Direktinvestitionen durch die Heterogenität der Produktmarktregulierungen beeinflusst?

Dieser Anhang bietet einen Überblick über die Methoden und Daten, die bei der Schätzung der Auswirkungen von Wirtschaftspolitiken und anderen Faktoren auf die Bestände an ausländischen Direktinvestitionen (ADI) angewendet wurden. Darüber hinaus werden empirische Ergebnisse aufgeführt.

Modellierung der Bestände an ausländischen Direktinvestitionen

Die Schätzung der Auswirkungen von Politikmaßnahmen auf die bilateralen ADI-Bestände erfolgt anhand eines Gravitationsmodells. Dieser empirische Ansatz wird in der Fachliteratur über den internationalen Handel die Regel und baut auf den theoretischen Grundlagen von Anderson und Van Wincoop (2003) auf. Head und Ries (2008) bieten eine theoretische Grundlage der Gravitationsmodelle für grenzüberschreitende Investitionen, in denen die ADI-Bestände durch die Merkmale von Ländern und einen Vektor von paarspezifischen Variablen, die die Monitoringkosten widerspiegeln, bestimmt werden.

In Anlehnung an Santos Silva und Tenreyro (2006) wird eine Poisson-Pseudo-Maximum-Likelihood-Schätzung (PPML) durchgeführt, da diese Methode eine Reihe von Vorteilen im Vergleich zur linearen Schätzung einer Gravitationsgleichung hat. Santos Silva und Tenreyro (2006) zeigen, dass eine lineare Schätzung der log-linearisierten Gravitationsgleichung von einer bestimmten Annahme über die Verteilung der Residuen abhängt, die in der Praxis nicht zwangsläufig zutrifft. Insbesondere ist zu berücksichtigen, dass die Schätzungen bei Vorliegen von Heteroskedastizität verzerrt sein können. Außerdem ermöglicht das Poisson-Modell die Berücksichtigung von Fällen, bei denen die abhängige Variable gleich null ist. Die Gravitationsgleichung hat folgende Spezifikation:

$$FDI_{ijt} = \exp(\beta_1 ln(Y_{it}) + \beta_2 ln(Y_{jt}) + \sum_k \beta_{3,k} d_{ij}^k + \beta_4 \ln(R_{it}) + \beta_5 \ln(R_{jt}) + \sum_k \beta_{6,k} X_{it}^k + \sum_k \beta_{7,k} X_{jt}^k + \beta_8 FTA_{ijt} + \beta_9 FTA_{it} + \beta_{10} FTA_{jt} + \beta_{11} EA_{ijt} + \gamma PMR_{ijt}^h + u_i + v_j + \alpha_t) + \varepsilon_{ijt}$$

FDI_{ijt} bezeichnet den Bestand an ausländischen Direktinvestitionen von Land *i* aus Land *j* im Jahr *t*, Y_{it} bezeichnet das BIP, d_{ij}^k bezeichnet einen Satz von vier Variablen, die normalerweise in Gravitationsmodellen enthalten sind: geografische Entfernung, räumliche Kontingenz, das Vorliegen einer gemeinsamen Sprache und eine Dummy-Variable, die gleich eins ist, wenn das Anlageland und das Investorenland das gleiche Rechtssystem haben. R_{it} bezeichnet die Abgelegenheit, definiert als der BIP-gewichtete Durchschnitt der Entfernung zwischen einem

Land und seinen Partnern, und X_{it}^{k} ist ein Satz von länderspezifischen Variablen. FTA_{it}, FTA_{jt} und FTA_{ijt} sind Dummy-Variablen, die angeben, ob einzelne Länder Teil einer Freihandelszone sind oder ob Länderpaare Teil der gleichen Freihandelszone sind, und EA_{ijt} ist eine Dummy-Variable, die den Wert eins hat, wenn das Länderpaar Teil des Euroraums ist. PMR_{ijt}^{h} bezeichnet die bilaterale Heterogenität des Indikators der Produktmarktregulierung (PMR). u_i, v_j und α_t bezeichnen das Anlageland, das Investorenland und jahresspezifische fixe Effekte. ε_{ijt} bezeichnet einen mittleren Fehler von null.

Um zu überprüfen, ob die Ergebnisse von der Art der Schätzfunktion abhängen, wird außerdem eine lineare Schätzfunktion verwendet, in der der Logarithmus des ADI-Werts als abhängige Variable dient. In alternativen Regressionsanalysen werden Faktorunähnlichkeit, Humankapitalunähnlichkeit und Größenähnlichkeit als Kontrollvariablen hinzugefügt, da sie ebenfalls Determinanten von ADI sein können (Markussen et al., 1996, und Markussen, 1997). Um zu überprüfen, ob es eine auf die Auslassung von länderspezifischen Merkmalen, die im Zeitverlauf variieren können, zurückzuführende schiefe Verteilung gibt, wird ein Robustheitstest mit zeitvariablen Dummy-Variablen für das Anlageland (u_{it}) und das Investorenland (v_{jt}) durchgeführt. Derartige zeitvariable fixe Effekte erfassen den Effekt der Regulierungsstrenge von länderspezifischen politischen Rahmenbedingungen, die sich im Zeitverlauf verändern können (z.B. die Besteuerung), sowie den Effekt länderspezifischer makroökonomischer Entwicklungen (z.B. Wechselkursänderungen).

$$FDI_{ijt} = \exp(\sum_{k} \beta_{3,k} d_{ij}^{k} + \beta_8 FTA_{ijt} + \beta_{11} EA_{ijt} + \gamma PMR_{ijt}^{h} + u_{it} + v_{jt}) + \varepsilon_{ijt}$$

Messung der Heterogenität von Produktmarktregulierungen und ADI-Beständen

Die bilaterale Heterogenität der Regulierung wird anhand des in Fournier (2015b) beschriebenen PMR-Indikators der OECD gemessen als der Anteil der Regulierungsrahmen, der sich zwischen zwei Ländern unterscheidet. Es handelt sich hierbei um einen gesamtwirtschaftlichen Indikator, der zwischen 1998 und 2013 alle fünf Jahre gemessen wurde und einen breiten Fächer von Produkt- und Dienstleistungssektoren abdeckt (Koske et al., 2015). Die Methodik ähnelt der von Kox et al. (2004) verwendeten Methode. Für jede in dem Fragebogen behandelte Frage wird einem Länderpaar der Wert 1 zugewiesen, wenn die Antwort unterschiedlich ist, und der Wert 0, wenn dies nicht der Fall ist[1]. Die Daten werden mit der gleichen Gewichtung wie im PMR-Indikator insgesamt aggregiert. Für ein bestimmtes Land kann die Heterogenität im Hinblick auf jedes andere OECD-Land berechnet werden, und ein Durchschnittswert all dieser bilateralen Messwerte liefert Erkenntnisse zu der Frage, inwieweit ein Land sich von anderen OECD-Ländern unterscheidet. Der sich daraus ergebende gesamtwirtschaftliche Messwert ist eine Untergrenze der regulatorischen Heterogenität, da die Regulierung – selbst wenn die Antworten gleich sind – im Hinblick auf einige Aspekte, die von diesem Fragebogen nicht erfasst werden, variieren kann (z.B. eine unterschiedliche Umsetzung der gleichen regulatorischen Rahmenbedingungen).

In den folgenden Schätzungen werden die in den ADI-Datenbanken der OECD wertmäßig (in US-Dollar) aufgeführten ADI-Bestände verwendet. Bei ADI handelt es sich um die Kategorie internationaler Investitionen, in der sich die Absicht einer Unternehmenseinheit niederschlägt, eine dauerhafte Beteiligung an einem in einem anderen Land ansässigen Unternehmen zu erwerben. Ein direkter oder indirekter Stimmrechtsanteil von mindestens 10% gilt als Nachweis für das Vorliegen einer derartigen dauerhaften Beteiligung: Kleinere Beteiligungen, die normalerweise nicht mit einem maßgeblichen Einfluss verbunden sind, werden nicht berücksichtigt. Diese ADI-Bestände können auf Unternehmensneugründungen oder Fusionen und Übernahmen zurückzuführen sein. Der ADI-Bestand wird als Nettobetrag angegeben: Er wird gemessen als der Marktwert des Grundkapitals und der Rücklagen zuzüglich der Verbindlichkeiten gegenüber den Direktinvestoren abzüglich der Verbindlichkeiten gegenüber Tochtergesellschaften. Die bilateralen ADI-Daten weisen etwas mehr als 10% an Nullbeständen auf, die in der Stichprobe verbleiben. In diesen Fällen wird der Logarithmus des ADI-Werts in den log-linearen Schätzungen durch Nullen ersetzt.

Neue empirische Befunde für die treibenden Faktoren von ausländischen Direktinvestitionen

Der Effekt der Heterogenität der Produktmarktregulierung auf die ADI ist eindeutig negativ, da der Unterschied in den Produktmarktregulierungen Kosten verursacht, die die Entscheidungen der Unternehmen, im Ausland zu investieren, beeinflussen (Tabelle 3.A3.1). Die Einführung eines breit gefassten Reformpakets, das die Regulierungsunterschiede zwischen zwei Ländern um ein Fünftel verringert, würde die ADI-Bestände um rd. 15% erhöhen. Was die konkreten Politikbereiche anbelangt, so haben die Unterschiede in Bezug auf Freistellungen im Kartellrecht, Zugangshindernisse im Dienstleistungssektor und in den Netzindustrien sowie auflagenpolitische Instrumente erhebliche negative Auswirkungen auf die ADI (Fournier, 2015a). Der negative Effekt der Heterogenität bleibt insgesamt bestehen, wenn die Strenge der Produktmarktregulierung (Tabelle 3.A3.1, Spalten 2 und 5) und nicht politikbezogene Unähnlichkeitsindikatoren (Tabelle 3.A3.1, Spalten 3 und 6) berücksichtigt werden und wenn eine lineare anstelle der Poisson-Schätzfunktion verwendet wird (Tabelle 3.A3.1, Spalten 4 bis 6). Darüber hinaus zeigen die alternativen Regressionsanalysen mit zeitvariablen länderspezifischen fixen Effekten (Tabelle 3.A3.2), dass dieser Effekt robust ist, wenn länderspezifische Veränderungen berücksichtigt werden. Zusätzliche in Fournier (2015a) aufgeführte Robustheitstests zeigen, dass der negative Effekt der regulatorischen Heterogenität auf die ADI-Bestände ebenfalls robust ist, wenn die Länder, die im Verhältnis zum BIP die höchsten ADI-Zuflüsse aufweisen, ausgeklammert werden oder wenn ein Heterogenitätsindikator auf der Basis der „Doing Business"-Datenbank der Weltbank verwendet wird.

Diese Schätzungen erhellen außerdem den Effekt anderer politikbezogener Determinanten:

- Insbesondere ist festzustellen, dass die Strenge der Produktmarktregulierungen für sich betrachtet in bestimmten Bereichen zusätzlich zum Effekt der regulatorischen Heterogenität eine Rolle spielt: Die Schätzung anhand des Poisson-Modells zeigt, dass die Komplexität der Regulierungsverfahren einen negativen Effekt auf die ADI hat.
- Wie erwartet, reduzieren die anhand des ADI-Regulierungsindex der OECD gemessenen ADI-Beschränkungen die ADI (Kalinova et al., 2010).
- Es gibt Befunde dafür, dass die Teilnahme am Binnenmarkt der EU zusätzlich zu dem bereits von den Regulierungsindikatoren erfassten Effekt einen positiven Effekt auf die ADI haben kann. Dieser Binnenmarkteffekt gilt nicht nur für ADI innerhalb des Binnenmarkts: ADI aus OECD-Ländern in die Länder des Binnenmarkts werden ebenfalls gesteigert. Im Gegensatz dazu ist im NAFTA-Raum ein negativer Effekt festzustellen, der möglicherweise auf einen Substitutionseffekt zu Gunsten des Handels zurückzuführen ist (vgl. Fournier et al., 2015, wegen Belegen für den großen positiven Effekt des NAFTA-Abkommens auf den Handel).
- Die Schätzungen zeigen einen positiven Effekt von Handelsschranken, was darauf schließen lässt, dass ADI genutzt werden können, um derartige Hemmnisse zu umgehen.

Table 3.A3.1. **FDI determinants: baseline results**

Estimation method	Poisson			Linear		
$\ln(Y_{it})$	1.22***	1.37***	0.55*	0.93***	1.30***	0.92***
	(0.30)	(0.32)	(0.32)	(0.34)	(0.38)	(0.35)
$\ln(Y_{jt})$	1.45***	1.15***	0.82***	1.20***	1.08***	1.07***
	(0.31)	(0.36)	(0.25)	(0.30)	(0.37)	(0.30)
$\ln(dist_{ij})$	-0.64***	-0.64***	-0.58***	-1.16***	-1.16***	-1.18***
	(0.11)	(0.11)	(0.096)	(0.11)	(0.11)	(0.11)
$Cont_{ij}$	0.15	0.15	0.20	-0.17	-0.17	-0.18
	(0.16)	(0.16)	(0.13)	(0.23)	(0.23)	(0.23)
Same legal system$_{ij}$	0.46***	0.45***	0.43***	0.61***	0.61***	0.63***
	(0.097)	(0.098)	(0.088)	(0.12)	(0.12)	(0.12)
Common official language$_{ij}$	0.096	0.11	0.17	0.55***	0.55***	0.65***
	(0.15)	(0.15)	(0.13)	(0.21)	(0.21)	(0.22)
PMR^{h}_{ijt}	-1.67***	-1.54**	-0.71	-2.83***	-2.95***	-2.55***
	(0.60)	(0.72)	(0.55)	(0.82)	(0.85)	(0.83)
European Economic Area$_{it}$	-0.13	-0.21	-0.53*	0.92***	0.66**	0.84***
	(0.22)	(0.23)	(0.27)	(0.30)	(0.30)	(0.30)
European Economic Area$_{jt}$	-0.036	-0.056	-0.54	-0.039	0.13	-0.051
	(0.49)	(0.57)	(0.47)	(0.38)	(0.37)	(0.39)
European Economic Area$_{ijt}$	0.32	0.33	0.54**	0.12	0.11	0.13
	(0.27)	(0.26)	(0.26)	(0.20)	(0.20)	(0.20)
Euro Area$_{ijt}$	0.18	0.17	0.18	0.23	0.19	0.28*
	(0.15)	(0.15)	(0.12)	(0.17)	(0.17)	(0.17)
$NAFTA_{ij}$	-1.22***	-1.20***	-0.85***	-0.99	-1.02	-1.25*
	(0.29)	(0.29)	(0.27)	(0.65)	(0.65)	(0.65)
ln(Nominal exchange rate$_{it}$)	-0.62	-0.73*	-0.032	-0.94**	-0.99**	-0.65
	(0.39)	(0.41)	(0.41)	(0.47)	(0.47)	(0.51)
ln(Nominal exchange rate$_{jt}$)	-0.89**	-0.43	-0.32	0.16	0.31	0.15
	(0.44)	(0.47)	(0.47)	(0.34)	(0.38)	(0.35)
Employment Protection Legislation$_{it}$	-0.18	-0.26	-0.062	-0.11	-0.31	-0.13
	(0.18)	(0.20)	(0.17)	(0.19)	(0.20)	(0.19)
Employment Protection Legislation$_{jt}$	-0.52*	-0.35	-0.43*	-0.17	0.036	-0.12
	(0.28)	(0.27)	(0.26)	(0.24)	(0.25)	(0.25)
Tariff$_{it}$	-0.045		-0.016	0.41***		0.37***
	(0.13)		(0.11)	(0.14)		(0.14)
Tariff$_{jt}$	0.24**		0.31**	-0.14		-0.15
	(0.12)		(0.13)	(0.15)		(0.15)
Complexity of Regulatory Procedures$_{it}$	-0.15***	-0.16***	-0.17***	0.021	0.0100	-0.0092
	(0.051)	(0.047)	(0.046)	(0.071)	(0.070)	(0.070)
FDI restrictiveness$_{it}$	-0.25*		-0.37**	-0.056		-0.14
	(0.14)		(0.19)	(0.13)		(0.14)
Constant	-14.5	-10.2	11.5	-19.6	-24.2	-15.1
	(9.65)	(11.3)	(8.30)	(14.5)	(16.1)	(15.0)
N	2,017	2,017	1,951	2,017	2,017	1,951
R^2	0.893	0.889	0.913	0.817	0.818	0.819
Controls for remoteness	YES	YES	YES	YES	YES	YES
Country and year fixed effects	YES	YES	YES	YES	YES	YES
Controls for PMR levels in seven subdomains	NO	YES	NO	NO	YES	NO
Controls for size and factor dissimilarities	NO	NO	YES	NO	NO	YES

Note: Asterisks (*, **, ***) indicate the significance level (10%, 5%, 1%) of the coefficients. i denotes the inward country and j the outward country. Standard errors adjusted for country-pair clusters are in parentheses. $Dist_{ij}$ = geographical distance, $Cont_{ij}$ = contiguity dummy, PMR^{h}_{ijt} = Heterogeneity of product market regulation, NAFTAij = North America Free Trade Agreement pair dummy; Nominal exchange rate$_{it}$ = Nominal dollar exchange rate, Tariff$_{it}$ = PMR indicator of trade tariffs. Poisson = Poisson pseudo-maximum likelihood.

Source: OECD calculations.

StatLink http://dx.doi.org/10.1787/888933225327

Table 3.A3.2. **FDI determinants: robustness check with time varying fixed effects**

Estimation method	Poisson			Linear		
ln(dist$_{ij}$)	-0.61***	-0.57***	-0.56***	-1.18***	-1.21***	-1.14***
	(0.11)	(0.10)	(0.11)	(0.11)	(0.11)	(0.11)
Cont$_{ij}$	0.16	0.23*	0.17	-0.19	-0.22	-0.19
	(0.16)	(0.13)	(0.16)	(0.23)	(0.24)	(0.24)
Same legal system$_{ij}$	0.47***	0.40***	0.48***	0.64***	0.65***	0.69***
	(0.098)	(0.085)	(0.098)	(0.12)	(0.12)	(0.12)
Common official language$_{ij}$	0.065	0.12	0.0076	0.58***	0.70***	0.54**
	(0.14)	(0.13)	(0.15)	(0.22)	(0.22)	(0.21)
PMR$^{h}_{ijt}$	-1.81***	-1.29**	-2.34***	-2.31***	-1.87**	-2.08**
	(0.69)	(0.59)	(0.77)	(0.78)	(0.80)	(0.81)
European Economic Area$_{ijt}$	0.43*	0.52**	0.40	0.047	0.047	-0.086
	(0.25)	(0.25)	(0.26)	(0.20)	(0.20)	(0.20)
Euro Area$_{ijt}$	0.16	0.14	0.13	0.25	0.31	0.28
	(0.17)	(0.13)	(0.17)	(0.20)	(0.20)	(0.21)
NAFTA$_{ij}$	-1.08***	-0.88***	-1.20***	-1.00	-1.28**	-0.67
	(0.30)	(0.26)	(0.32)	(0.64)	(0.65)	(0.67)
Human capital dissimilarity$_{ijt}$		0.52			0.37	
		(0.39)			(0.49)	
Factor dissimilarity$_{ijt}$		-0.90***			0.16	
		(0.15)			(0.11)	
Size similarity$_{ijt}$		0.44***			0.35***	
		(0.051)			(0.066)	
Constant	13.3***	14.1***	13.1***	13.4***	21.2***	9.88***
	(1.45)	(1.24)	(1.42)	(1.40)	(1.91)	(1.34)
N	2,243	2,175	1,742	2,247	2,179	1,746
R^2	0.932	0.950	0.925	0.840	0.842	0.842
End of sample	2013	2013	2008	2013	2013	2008
Time varying country fixed effects	YES	YES	YES	YES	YES	YES

Note: Asterisks (*, **, ***) indicate the significance level (10%, 5%, 1%) of the coefficients. i denotes the inward country and j the outward country. Standard errors adjusted for country-pair clusters are in parentheses. Dist$_{ij}$ = geographical distance, Cont$_{ij}$ = contiguity dummy, PMR$^{h}_{ijt}$ = Heterogeneity of product market regulation, Human capital dissimilarity$_{ijt}$ = absolute difference of the logarithm of the average number of years of schooling, Factor dissimilarity$_{ijt}$ = absolute difference of the logarithm of GDP per capita, which is a proxy for the capital stock per worker, Size similarity$_{ijt}$ = variable that captures the similarity of the size of GDP. Poisson = Poisson pseudo-maximum likelihood.

Source: OECD calculations.

StatLink http://dx.doi.org/10.1787/888933225337

- Abschließend können Beschäftigungsschutzbestimmungen (BSB) abschreckend auf grenzüberschreitende Investitionen wirken, indem sie die mit Fusionen und Übernahmen verbundenen Restrukturierungen verhindern. Weiteres Datenmaterial zu den Auswirkungen von BSB auf die ADI-Bestände findet sich in den in Fournier (2015a) aufgeführten längerfristigen Schätzungen.

Anmerkungen

1. Einige Fragen mussten speziell angepasst werden, vgl. Fournier (2015a) wegen näherer Einzelheiten.

Literaturverzeichnis

Anderson, J. E. und Van Wincoop (2003), "Gravity with Gravitas: A Solution to the Border Puzzle", *American Economic Review*, Vol. 93, S. 170-192.

Fournier, J.-M. (2015a), "The Negative Effect of Regulatory Divergence on Foreign Direct Investment", *OECD Economics Department Working Papers*, erscheint demnächst, OECD Publishing, Paris.

Fournier, J.-M. (2015b), "The Heterogeneity of Product Market Regulations", *OECD Economics Department Working Papers*, No. 1182, OECD Publishing, Paris.

Fournier, J.-M. et al (2015), "Implicit Regulatory Barriers in the EU Single Market: New Empirical Evidence from Gravity Models", *OECD Economics Department Working Papers*, No. 1181, OECD Publishing.

Head, K. und J. Ries (2008), "FDI as an Outcome of the Market for Corporate Control: Theory and Evidence", *Journal of International Economics*, Vol. 74 (1), S. 2-20.

Kalinova, B., Palerm, A. und S. Thomsen (2010), "OECD's FDI Restrictiveness Index: 2010 Update", *OECD Working Papers on International Investment*, No. 2010/3.

Koske, I. et al. (2015), "The 2013 Up-date of the OECD Product Market Regulation Indicators: Policy Insights for OECD and non-OECD Countries", *OECD Economics Department Working Papers*, No. 1200, OECD Publishing, Paris.

Kox, H., A. Lejour und R. Montizaan (2004), "The free movement of services within the EU", *CPB Document*, No. 69.

Markussen, J.R. (1997), "Trade versus Investment Liberalisation", *NBER Working Papers*, No. 6231.

Markussen, J.R. et al. (1996), "A Unified Treatment of Horizontal Direct Investment, Vertical Direct Investment, and the Pattern of Trade in Goods and Services", *NBER Working Papers*, No. 5696.

Santos Silva, J.M.C. und S. Tenreyro (2006), "The Log of Gravity", *The Review of Economics and Statistics*, Vol. 88(4), S. 641-658.

STATISTISCHER ANHANG

Dieser Anhang enthält Angaben zu den wichtigsten ökonomischen Datenreihen, die als Hintergrundmaterial für die im Hauptteil des Berichts beschriebenen jüngsten wirtschaftlichen Entwicklungen im OECD-Raum dienen. Bei den Daten für den Zeitraum 2015-2016 handelt es sich um Schätzungen und Projektionen der OECD. In einigen Tabellen wurden die Daten angepasst, um international vereinbarten Konzepten und Definitionen zu entsprechen sowie eine bessere Vergleichbarkeit zwischen den Ländern und zugleich die Konsistenz mit früheren Daten in anderen OECD-Publikationen zu gewährleisten. Die regionalen Aggregate basieren auf Gewichtungskoeffizienten, die für jeden Beobachtungszeitraum neu definiert werden, wobei die Koeffizienten von den jeweiligen Datenreihen abhängen. Wegen Einzelheiten bezüglich der Aggregierung, vgl. *OECD Economic Outlook Sources and Methods.*

Die Methoden und die statistischen Konzepte und Quellen, die den OECD-Projektionen zu Grunde liegen, werden in *OECD Economic Outlook, Sources and Methods (www.oecd.org/eco/sources-and-methods.htm)* detailliert beschrieben.

Korrigenda für die aktuelle sowie gegebenenfalls frühere Ausgaben finden sich unter *www.oecd.org/publishing/corrigenda.htm.*

Die statistischen Daten für Israel wurden von den zuständigen israelischen Stellen bereitgestellt, die für sie verantwortlich zeichnen. Die Verwendung dieser Daten durch die OECD erfolgt unbeschadet des völkerrechtlichen Status der Golanhöhen, von Ost-Jerusalem und der israelischen Siedlungen im Westjordanland.

ANMERKUNG ZU DEN QUARTALSPROJEKTIONEN

Die vierteljährlichen Projektionen der OECD für ausgewählte Schlüsselvariable werden auf saison- und arbeitstagbereinigter Basis erstellt. Das bedeutet, dass zwischen den bereinigten und unbereinigten Jahresdaten u.U. Differenzen entstehen können, wenn diese auch im Allgemeinen verhältnismäßig klein sind. In einigen Ländern enthalten die amtlich projizierten Jahresdaten keine arbeitstäglichen Bereinigungen. Selbst wenn die amtlichen Prognosen auf der Basis der Arbeitstage erstellt wurden, kann der Umfang der entsprechenden Anpassung in einigen Fällen von dem der OECD-Praktiken abweichen.

Zusätzliche Informationen

Gewichtungskoeffizienten von 2014 für die regionalen realen BIP-Aggregate

	OECD-Euroraum[1]	OECD	Weltweit		OECD-Euroraum[1]	OECD	Weltweit
Australien		2.2	1.0	Slowenien	0.5	0.1	0.1
Belgien	3.7	1.0	0.5	Spanien	12.3	3.2	1.5
Chile		0.8	0.4	Tschechische Republik		0.6	0.3
Dänemark		0.5	0.2	Türkei		3.0	1.4
Deutschland	28.3	7.4	3.5	Ungarn		0.5	0.2
Estland	0.3	0.1	0.0	Vereinigtes Königreich		5.2	2.4
Finnland	1.7	0.4	0.2	Vereinigte Staaten		35.3	16.6
Frankreich	19.5	5.1	2.4	Euroraum	100.0	26.1	12.3
Griechenland	2.2	0.6	0.3	OECD insgesamt		100.0	47.0
Irland	1.8	0.5	0.2				
Island		0.0	0.0			Nicht-OECD	Welt
Israel		0.6	0.3				
Italien	16.7	4.3	2.0	Argentinien		1.8	0.9
Japan		9.5	4.5	Brasilien		5.9	3.2
Kanada		3.2	1.5	China		31.2	16.6
Korea		3.5	1.7	Indien		13.1	6.9
Luxemburg	0.4	0.1	0.0	Indonesien		4.8	2.5
Mexiko		4.2	2.0	Russische Föderation		6.5	3.5
Neuseeland		0.3	0.2	Saudi-Arabien		2.9	1.5
Niederlande	6.2	1.6	0.8	Südafrika		1.3	0.7
Norwegen		0.7	0.3	Dynam. Volkswirtschaften Asiens		8.7	4.6
Österreich	3.0	0.8	0.4	Sonstige große Ölförderländer		11.3	6.0
Polen		1.9	0.9	Übrige Nicht-OECD-Länder		12.5	6.6
Portugal	2.3	0.6	0.3				
Schweden		0.9	0.4				
Schweiz		1.0	0.5	Nicht-OECD-Länder		100.0	53.0
Slowakische Republik	1.2	0.3	0.1	Weltweit			100.0

Anmerkung: Die Gewichtungskoeffizienten werden anhand des nominalen BIP zu KKP-Kursen von 2014 berechnet. Die regionalen Aggregate werden anhand der zu KKP-Kursen evaluierten gleitenden nominalen BIP-Gewichtungen berechnet. Daher weichen die Ländergewichtungen von Jahr zu Jahr ab. Außerdem können die Gewichtungskoeffizienten für verschiedene BIP-Komponenten unterschiedlich ausfallen, da die Gewichtungen auf den Länderanteilen am Gesamtwert der spezifischen Komponente basieren.

1. Länder, die sowohl Mitglied des Euroraums als auch der OECD sind.

Quelle: OECD Economic Outlook 97 Database.

Unwiderruflich festgelegte Euro-Umrechnungskurse

Nationale Währungseinheit je Euro

Belgien	40.3399	Luxemburg	40.3399
Deutschland	1.95583	Niederlande	2.20371
Estland	15.6466	Österreich	13.7603
Finnland	5.94573	Portugal	200.482
Frankreich	6.55957	Slowakische Republik	30.126
Griechenland	340.75	Slowenien	239.64
Irland	0.78756	Spanien	166.386
Italien	1 936.27		

Quelle: Europäische Zentralbank.

Nicht-OECD-Handelsregionen

Sonstige Industrieländer Asiens	Dynamische Volkswirtschaften Asiens (Chinesisch Taipeh, Hongkong-China, Malaysia, Philippinen, Singapur, Thailand und Vietnam) plus Indonesien und Indien.
Sonstige Ölförderländer	Aserbaidschan, Kasachstan, Turkmenistan, Brunei, Timor-Leste, Bahrain, Iran, Irak, Kuweit, Libyen, Oman, Katar, Saudi-Arabien, Vereinigte Arabische Emirate, Jemen, Ecuador, Trinidad und Tobago, Venezuela, Algerien, Angola, Tschad, Republik Kongo, Äquatorialguinea, Gabun, Nigeria, Sudan.

National accounts reporting systems, base years and latest data updates

The status of national accounts in the OECD countries is as follows :

	Expenditure accounts	Household accounts	Benchmark/ base year
Australia	SNA08 (1959q3-2014q4)	SNA08 (1959q3-2014q4)	2011/2012
Austria	ESA10 (1996q1-2014q4)	ESA10 (1995-2014)	2010
Belgium	ESA10 (1995q1-2014q4)	ESA10 (1995-2013)	2012
Canada	SNA08 (1961q1-2014q4)	SNA08 (1961q1-2014q4)	2007
Chile	SNA93 (1996q1-2015q1)	..	2008
Czech Republic	ESA10 (1996q1-2014q4)	ESA10 (1995-2013)	2010
Denmark	ESA10 (1995q1-2014q4)	ESA10 (1995-2014)	2010
Estonia	ESA10 (2000q1-2014q4)	ESA95 (2000-2013)	2010
Finland	ESA10 (1990q1-2014q4)	ESA10 (1995-2013)	2010
France	ESA10 (1949q1-2015q1)	ESA10 (1978-2013)	2010
Germany	ESA10 (1991q1-2015q1)	ESA10 (1991-2014)	2010
Greece	ESA10 (1995q1-2014q4)	..	2010
Hungary	ESA10 (1995q1-2014q4)	ESA10 (1999-2013)	2005
Iceland	SNA08 (1997q1-2014q4)	..	2005
Ireland	ESA10 (1997q1-2014q4)	ESA95 (1970-2013)	2012
Israel	SNA08 (1995q1-2015q1)	..	2010
Italy	ESA10 (1995q1-2014q4)	ESA10 (1995-2014)	2010
Japan	SNA93 (1994q1-2015q1)	SNA93 (1980-2013)	2005
Korea	SNA08 (1970q1-2015q1)	SNA08 (1975-2014)	2010
Luxembourg	ESA10 (1995q1-2014q3)	ESA95 (2007-2012)	2005
Mexico	SNA08 (1993q1-2014q4)	..	2008
Netherlands	ESA10 (1995q1-2015q1)	ESA10 (1995-2014)	2010
New Zealand	SNA93 (1987q4-2014q4)	SNA93 (1986-2013)	2009/2010
Norway	SNA08 (1978q1-2015q1)	SNA93 (1978-2013)	2012
Poland	ESA10 (2002q1-2014q4)	ESA95 (1995-2012)	2010
Portugal	ESA10 (1995q1-2014q4)	ESA10 (1999-2014)	2011
Slovak Republic	ESA10 (1997q1-2014q4)	ESA10 (1995-2013)	2010
Slovenia	ESA10 (1995q1-2014q4)	ESA10 (1995-2014)	2000
Spain	ESA10 (1995q1-2014q4)	ESA10 (2000-2013)	2010
Sweden	ESA10 (1995q1-2014q4)	ESA10 (1993q1-2014q4)	2013
Switzerland	ESA10 (1980q1-2014q4)	ESA10 (1995-2012)	2010
Turkey	SNA93 (1998q1-2014q4)	..	1998
United Kingdom	ESA10 (1963q1-2015q1)	ESA95 (1987q1-2014q4)	2011
United States	NIPA (SNA08) (1947q1-2015q1)	NIPA (SNA08) (1947q1-2015q1)	2009

Note: SNA: System of National Accounts. ESA: European Standardised Accounts. NIPA: National Income and Product Accounts. The numbers in brackets indicate the starting year for the time series and the latest available historical data included in this Outlook database.
BPM: Balance of Payments and International Investment Position Manual, edition 5 or 6.

National accounts reporting systems, base years and latest data updates *(con't)*

The status of national accounts in the OECD countries is as follows :

Government accounts: Financial	Government accounts: Non financial	Balance of payments	
SNA08 (1959q3-2014q4)	SNA08 (1959q3-2014q4)	BPM6 (1959q3-2014q4)	Australia
ESA10 (1995-2014)	ESA10 (1995-2014)	BPM5 (1992q1-2014q4)	Austria
ESA10 (1998-2014)	ESA10 (1995-2014)	BPM6 (2008q1-2014q4)	Belgium
SNA08 (1961q1-2014q4)	SNA08 (1961q1-2014q4)	BPM6 (1981q1-2014q4)	Canada
..	..	BPM5 (2003q1-2014q4)	Chile
ESA10 (1998-2014)	ESA10 (1995-2014)	BPM6 (1993q1-2014q4)	Czech Republic
ESA10 (1994-2014)	ESA10 (1995-2014)	BPM6 (1995q1-2014q4)	Denmark
ESA10 (2000-2014)	ESA10 (2000-2014)	BPM6 (1993q1-2014q4)	Estonia
ESA10 (1995-2013)	ESA10 (1975-2014)	BPM6 (2006q1-2014q4)	Finland
ESA10 (1995-2014)	ESA10 (1978-2014)	BPM6 (2008q1-2014q4)	France
ESA10 (1991-2014)	ESA10 (1991-2014)	BPM6 (1991q1-2015q1)	Germany
ESA10 (1995-2014)	ESA10 (1995-2014)	BPM5 (1985q1-2014q4)	Greece
ESA10 (1995-2014)	ESA10 (1995-2014)	BPM6 (1995q1-2014q4)	Hungary
SNA08 (2003-2013)	SNA93 (1995-2013)	BPM6 (1995q1-2014q4)	Iceland
ESA10 (1990-2014)	ESA10 (1990-2014)	BPM6 (2002q1-2014q4)	Ireland
SNA08 (1995-2014)	SNA08 (1995-2013)	BPM5 (1995q1-2014q4)	Israel
ESA10 (1995-2014)	ESA10 (1995-2014)	BPM6 (1995q1-2014q4)	Italy
SNA93 (1994-2013)	SNA93 (1994-2013)	BPM6 (1994q1-2015q1)	Japan
SNA93 (2002-2012)	SNA08 (1975-2014)	BPM6 (1980q1-2014q4)	Korea
ESA10 (1990-2014)	ESA10 (1995-2014)	BPM6 (2002q1-2014q4)	Luxembourg
..	..	..	Mexico
ESA10 (1995-2014)	ESA10 (1995-2014)	BPM6 (2008q1-2014q4)	Netherlands
SNA93 (1960-2013)	SNA93 (1960-2013)	BPM6 (1987q1-2014q4)	New Zealand
SNA08 (1995-2014)	SNA08 (1995-2014)	BPM6 (1981q1-2014q4)	Norway
ESA10 (1998-2014)	ESA10 (2010-2014)	BPM6 (2004q1-2014q4)	Poland
ESA10 (1995-2014)	ESA10 (1995-2014)	BPM6 (1996q1-2014q4)	Portugal
ESA10 (1995-2013)	ESA10 (1995-2014)	BPM6 (2009q1-2014q4)	Slovak Republic
ESA10 (1995-2014)	ESA10 (1995-2014)	BPM6 (1996q1-2014q4)	Slovenia
ESA10 (1995-2014)	ESA10 (1995-2014)	BPM6 (1995q1-2014q4)	Spain
ESA10 (1997-2014)	ESA10 (1993-2014)	BPM6 (2006q1-2014q4)	Sweden
ESA10 (1999-2012)	ESA10 (1995-2014)	BPM6 (2000q1-2014q4)	Switzerland
..	..	BPM5 (1984q1-2014q4)	Turkey
ESA95 (1987q1-2014q4)	ESA95 (1987q1-2014q4)	BPM6 (1955q1-2014q4)	United Kingdom
NIPA (SNA08) (1952q1-2014q4)	NIPA (SNA08) (1947q1-2015q1)	BPM6 (1960q1-2014q4)	United States

Note: SNA: System of National Accounts. ESA: European Standardised Accounts. NIPA: National Income and Product Accounts. The numbers in brackets indicate the starting year for the time series and the latest available historical data included in this Outlook database.
BPM: Balance of Payments and International Investment Position Manual, edition 5 or 6.

Anhangstabellen

(englische Fassung)

Demand and Output

Wages, Costs, Unemployment and Inflation

Key Supply-Side data

Saving

Fiscal Balances and Public Indebtedness

Interest Rates and Exchange Rates

External Trade and Payments

Other background Data

Annex Table 1. Real GDP

Percentage change from previous year

	Average 1990-00	2001	2002	2003	2004	2005	2006	2007	2008	2009	2010	2011	2012	2013	2014	2015	2016	Fourth quarter 2014	2015	2016
Australia	3.4	2.6	4.0	3.0	4.0	3.2	2.7	4.5	2.5	1.6	2.3	2.6	3.7	2.0	2.7	2.3	2.9	2.5	2.5	3.1
Austria	2.6	1.2	1.6	0.7	2.6	2.2	3.6	3.5	1.3	-3.7	1.8	3.2	1.0	0.1	0.4	0.6	1.7	0.0	1.2	1.8
Belgium	2.2	0.9	1.6	0.9	3.4	1.9	2.6	3.0	1.0	-2.6	2.5	1.6	0.1	0.3	1.1	1.3	1.8	1.0	1.6	1.8
Brazil	..	1.3	3.0	1.3	5.6	3.2	4.0	6.0	5.0	-0.2	7.6	3.9	1.8	2.7	0.2	-0.8	1.1	..	..	..
Canada	2.9	1.7	2.8	1.9	3.1	3.2	2.6	2.0	1.2	-2.7	3.4	3.0	1.9	2.0	2.4	1.5	2.3	2.5	1.2	2.4
Chile	6.6	3.3	2.7	3.8	6.9	6.2	5.8	5.2	3.2	-1.0	5.7	5.8	5.5	4.3	1.8	2.9	3.7	1.9	3.3	4.2
China	10.4	8.3	9.1	10.0	10.1	11.3	12.7	14.2	9.6	9.2	10.6	9.5	7.7	7.7	7.4	6.8	6.7	..	..	..
Colombia	..	1.7	2.5	3.9	5.3	4.7	6.7	6.9	3.5	1.7	4.0	6.6	4.0	4.9	4.6	3.3	3.7	..	..	..
Czech Republic	..	3.0	1.6	3.6	4.8	6.5	7.1	5.5	2.5	-4.7	2.1	2.0	-0.7	-0.7	2.0	3.1	2.5	1.4	3.2	3.0
Denmark	2.7	0.8	0.5	0.4	2.6	2.4	3.8	0.8	-0.7	-5.1	1.6	1.2	-0.7	-0.5	1.1	1.9	2.3	1.6	2.0	2.4
Estonia	..	6.2	6.1	7.5	6.5	9.5	10.4	7.9	-5.3	-14.7	2.5	8.3	4.7	1.6	2.1	2.1	3.3	2.9	1.5	4.2
Finland	2.3	2.6	1.7	2.0	3.9	2.8	4.1	5.2	0.7	-8.3	3.0	2.6	-1.4	-1.3	-0.1	0.4	1.3	-0.2	1.0	1.3
France	2.1	1.9	1.1	0.8	2.6	1.6	2.6	2.3	0.1	-2.9	1.9	2.1	0.2	0.7	0.2	1.1	1.7	0.0	1.5	1.9
Germany	2.0	1.8	0.0	-0.7	0.7	0.9	3.9	3.4	0.8	-5.6	3.9	3.7	0.6	0.2	1.6	1.6	2.3	1.5	1.8	2.5
Greece	2.5	3.6	3.1	6.5	4.9	1.1	5.7	3.4	-0.4	-4.4	-5.3	-8.9	-6.6	-4.0	0.7	0.1	2.3	1.3	0.4	3.2
Hungary	..	3.8	4.5	3.8	4.7	4.4	4.0	0.5	0.7	-6.5	0.8	1.8	-1.8	1.7	3.6	3.0	2.2	3.3	2.7	2.0
Iceland	2.6	3.8	0.5	2.7	8.2	6.0	4.2	9.7	1.2	-5.1	-3.1	2.4	1.3	3.6	1.9	3.7	2.9	1.9	2.7	2.7
India	..	4.0	4.6	7.0	8.1	9.2	9.3	10.0	6.0	5.4	11.1	7.7	5.2	6.4	7.2	6.9	7.6	..	..	..
Indonesia	..	3.6	4.5	4.8	5.0	5.7	5.5	6.3	6.0	4.7	6.4	6.2	6.0	5.6	5.0	4.9	5.5	..	..	..
Ireland	7.2	5.3	5.9	3.0	4.6	5.7	5.5	4.9	-2.7	-6.4	-0.3	2.8	-0.3	0.2	4.8	3.5	3.3	4.1	4.6	2.6
Israel	6.0	0.1	-0.1	1.1	5.0	4.3	5.6	6.1	3.9	1.6	5.7	4.2	3.0	3.4	2.8	3.4	3.5	3.0	3.2	3.4
Italy	1.6	1.6	0.3	0.2	1.4	1.1	2.1	1.4	-1.1	-5.5	1.7	0.7	-2.8	-1.7	-0.4	0.6	1.5	-0.5	1.2	1.7
Japan	1.1	0.4	0.3	1.7	2.4	1.3	1.7	2.2	-1.0	-5.5	4.7	-0.5	1.7	1.6	-0.1	0.7	1.4	-0.8	1.9	1.3
Korea	6.9	4.5	7.4	2.9	4.9	3.9	5.2	5.5	2.8	0.7	6.5	3.7	2.3	2.9	3.3	3.0	3.6	2.7	3.7	3.5
Latvia	..	7.2	7.2	8.6	8.9	10.2	11.6	9.8	-3.2	-14.2	-2.9	5.0	4.8	4.2	2.4	2.4	3.6	..	..	..
Luxembourg	5.0	2.0	3.3	1.2	4.9	4.1	4.9	6.4	0.5	-5.4	5.1	2.6	-0.1	2.0	3.0	2.7	2.9	4.3	2.0	3.2
Mexico	3.3	-0.3	0.1	1.4	4.0	3.3	5.0	3.1	1.2	-4.5	5.1	4.0	3.8	1.7	2.1	2.9	3.5	2.6	3.2	3.4
Netherlands	3.2	1.7	0.0	0.3	1.6	2.4	3.9	4.2	2.0	-3.3	1.0	1.7	-1.6	-0.7	0.9	2.0	2.2	1.4	1.8	2.3
New Zealand	3.0	2.2	5.2	4.6	4.4	2.8	2.4	3.7	-0.8	0.5	2.0	1.4	2.9	2.5	3.1	3.4	3.0	3.7	3.1	3.0
Norway	3.7	2.1	1.4	0.9	4.0	2.6	2.4	2.9	0.4	-1.6	0.6	1.0	2.7	0.7	2.2	1.2	1.5	3.0	0.3	2.4
Poland	..	1.3	1.4	3.6	5.1	3.5	6.2	7.2	3.9	2.6	3.7	4.8	1.8	1.7	3.4	3.5	3.7	3.5	3.6	3.8
Portugal	2.9	1.9	0.8	-0.9	1.8	0.8	1.6	2.5	0.2	-3.0	1.9	-1.8	-4.0	-1.6	0.9	1.6	1.8	0.7	1.6	1.8
Russian Federation	..	5.1	4.7	7.3	7.2	6.4	8.2	8.5	5.2	-7.8	4.5	4.3	3.4	1.3	0.6	-3.1	0.8	..	..	..
Slovak Republic	..	3.3	4.7	5.4	5.2	6.5	8.3	10.7	5.4	-5.3	4.8	2.7	1.6	1.4	2.4	3.0	3.4	2.6	3.1	3.5
Slovenia	1.8	2.9	3.8	2.8	4.4	4.0	5.7	6.9	3.3	-7.8	1.2	0.6	-2.6	-1.0	2.6	2.1	1.9	2.2	1.9	2.5
South Africa	..	2.7	3.7	2.9	4.6	5.3	5.6	5.4	3.2	-1.5	3.0	3.2	2.2	2.2	1.5	1.9	2.2	..	..	..
Spain	2.8	4.0	2.9	3.2	3.2	3.7	4.2	3.8	1.1	-3.6	0.0	-0.6	-2.1	-1.2	1.4	2.9	2.8	2.0	3.1	2.8
Sweden	2.1	1.7	2.1	2.5	3.8	2.8	4.9	3.5	-0.7	-5.1	5.7	2.7	0.0	1.3	2.3	2.8	3.0	2.6	2.6	3.1
Switzerland	1.2	1.4	0.1	0.0	2.8	3.0	4.0	4.1	2.3	-2.1	3.0	1.8	1.1	1.9	2.0	0.8	1.7	2.0	0.2	2.3
Turkey	3.7	-5.7	6.2	5.3	9.4	8.4	6.9	4.7	0.7	-4.8	9.2	8.8	2.1	4.2	2.9	3.1	3.9	..	..	..
United Kingdom	2.4	2.7	2.5	4.3	2.5	2.8	3.0	2.6	-0.3	-4.3	1.9	1.6	0.7	1.7	2.8	2.4	2.3	3.0	2.4	2.1
United States	3.4	1.0	1.8	2.8	3.8	3.3	2.7	1.8	-0.3	-2.8	2.5	1.6	2.3	2.2	2.4	2.0	2.8	2.4	1.7	2.8
Euro area	2.2	2.1	0.9	0.6	2.0	1.7	3.3	3.0	0.4	-4.5	2.0	1.7	-0.8	-0.3	0.9	1.4	2.1	0.8	1.8	2.2
Total OECD	2.8	1.3	1.7	2.1	3.2	2.8	3.2	2.7	0.3	-3.4	3.0	1.9	1.3	1.4	1.8	1.9	2.5	1.8	2.1	2.6

Note: The adoption of national accounts systems has been proceeding at an uneven pace among OECD member countries, both with respect to variables and the time period covered. As a consequence, there are breaks in many national series. For further information, see table "National Accounts Reporting Systems, base years and latest data updates" at the beginning of the Statistical Annex.

Source: OECD Economic Outlook 97 database.

StatLink http://dx.doi.org/10.1787/888933222538

Annex Table 2. **Nominal GDP**

Percentage change from previous year

	Average 1990-00	2001	2002	2003	2004	2005	2006	2007	2008	2009	2010	2011	2012	2013	2014	2015	2016	Fourth quarter 2014	Fourth quarter 2015	Fourth quarter 2016
Australia	5.2	6.3	7.2	6.2	7.7	7.9	7.9	9.1	9.1	1.7	8.0	7.1	3.3	3.3	3.1	1.9	4.9	1.6	3.0	5.4
Austria	4.5	3.1	2.8	2.0	4.4	4.9	5.5	5.9	3.2	-1.9	2.7	5.0	2.8	1.6	2.0	1.7	3.2	1.7	2.2	3.5
Belgium	4.2	3.0	3.5	2.8	5.7	4.3	5.2	5.4	2.9	-1.5	4.6	3.9	2.2	1.8	1.7	1.9	3.1	1.4	2.3	3.4
Brazil	..	9.5	13.3	15.3	13.9	10.9	11.0	12.8	14.3	7.1	16.8	12.6	7.7	9.4	7.1	6.2	7.1	..	..	..
Canada	4.7	3.3	4.1	5.3	6.5	6.5	5.4	5.3	5.1	-4.8	6.1	6.5	3.5	3.4	4.3	1.2	4.1	3.8	1.6	4.6
Chile	14.9	7.6	6.7	8.9	15.0	13.8	19.1	10.3	3.8	2.8	15.1	9.3	6.4	6.2	7.4	8.0	7.1	7.8	7.3	8.1
China	..	10.5	9.7	12.9	17.7	15.7	17.1	23.1	18.2	9.1	18.3	18.4	10.3	10.1	8.2	6.7	7.6	..	..	..
Colombia	..	8.3	8.6	11.0	13.0	10.5	12.9	12.3	11.4	5.1	8.0	13.8	7.2	6.9	6.5	6.0	7.0	..	..	..
Czech Republic	..	8.0	4.3	4.7	9.0	6.6	7.8	9.2	4.6	-2.2	0.7	1.7	0.7	0.9	4.4	4.3	4.1	3.3	4.5	4.7
Denmark	4.5	3.4	2.8	1.9	4.8	5.4	6.1	3.4	3.4	-4.6	4.9	1.9	1.8	1.1	1.7	3.2	3.6	2.8	3.0	4.1
Estonia	..	12.8	11.4	12.1	11.6	16.0	20.1	20.1	1.7	-14.4	4.0	11.5	7.5	6.2	4.2	3.2	5.3	4.5	2.6	6.5
Finland	4.1	6.0	2.7	2.2	4.6	3.7	5.0	8.1	3.8	-6.5	3.4	5.2	1.5	1.1	1.0	0.9	1.9	0.7	1.1	2.2
France	3.4	4.0	3.2	2.7	4.3	3.6	4.8	4.9	2.5	-2.8	3.0	3.1	1.4	1.5	0.7	2.1	2.5	0.9	2.4	2.8
Germany	3.8	3.1	1.4	0.5	1.8	1.5	4.2	5.1	1.6	-3.9	4.7	4.8	2.1	2.3	3.3	3.4	3.8	3.0	3.8	4.0
Greece	12.0	7.1	6.7	10.0	8.2	3.1	9.3	6.9	3.9	-1.8	-4.5	-8.3	-6.6	-6.2	-1.9	-1.0	2.2	-0.7	0.7	3.0
Hungary	..	15.7	13.3	9.3	9.5	6.8	8.2	5.9	5.4	-2.6	2.9	4.1	1.8	4.9	6.7	4.7	5.1	6.6	5.0	5.1
Iceland	6.3	12.8	6.1	3.2	11.0	9.7	13.4	14.5	12.7	2.4	2.2	5.1	4.5	5.7	6.0	9.8	6.3	9.2	6.1	5.5
India	..	7.6	7.9	11.0	13.9	14.0	15.8	16.4	15.7	10.0	21.7	17.2	13.2	13.6	11.7	11.6	13.2	..	..	..
Indonesia	..	18.5	10.7	10.5	14.0	20.8	20.4	18.3	25.3	11.0	14.2	14.1	10.0	10.6	10.7	10.4	10.3	..	..	..
Ireland	11.0	12.5	11.5	7.2	7.4	8.8	8.7	7.0	-5.0	-10.0	-1.9	3.7	1.0	1.2	6.1	5.8	5.2	7.2	5.5	5.0
Israel	16.4	1.7	4.2	0.6	5.1	5.5	7.0	7.0	5.8	5.8	7.3	6.2	7.3	5.8	3.8	6.4	4.6	4.9	5.2	4.8
Italy	5.5	4.6	3.6	3.4	4.0	3.0	4.0	3.8	1.4	-3.7	2.0	2.2	-1.5	-0.4	0.5	1.1	2.4	0.1	1.7	2.9
Japan	1.3	-0.8	-1.3	-0.1	1.0	0.0	0.6	1.2	-2.3	-6.0	2.4	-2.3	0.8	1.0	1.6	3.0	2.5	1.5	3.7	2.8
Korea	12.4	8.3	10.7	6.4	8.0	5.0	5.0	8.0	5.9	4.3	9.9	5.3	3.4	3.8	3.9	4.1	4.6	3.4	5.3	4.5
Latvia	..	9.6	12.7	14.0	16.3	22.5	25.5	32.0	8.3	-22.6	-3.8	11.7	8.6	5.3	3.6	3.5	6.1	..	..	..
Luxembourg	7.7	1.5	5.5	4.1	6.9	8.0	11.9	8.0	4.4	-3.9	9.1	7.8	3.3	3.4	4.6	4.5	4.3	6.3	2.9	5.0
Mexico	21.5	4.8	5.8	7.5	12.9	8.6	11.6	8.2	7.5	-1.3	9.8	9.5	7.4	3.2	5.8	6.1	6.5	6.2	6.4	6.6
Netherlands	5.7	6.2	3.7	2.5	2.7	4.0	6.1	6.1	4.4	-2.8	2.2	1.9	-0.4	0.4	1.9	2.3	3.6	2.5	2.7	3.7
New Zealand	4.4	6.7	5.9	6.1	7.9	5.3	4.8	8.1	2.9	1.3	5.0	4.3	2.5	5.4	5.6	2.6	4.6	1.9	3.8	4.6
Norway	7.2	3.8	-0.3	3.8	10.0	11.6	11.4	6.1	10.9	-6.7	6.6	7.8	6.2	3.5	2.6	0.7	4.1	0.9	1.9	4.4
Poland	..	5.0	3.6	4.4	9.6	6.2	8.2	11.4	7.6	6.6	5.5	8.1	4.0	2.9	3.8	3.6	5.1	2.7	4.8	5.3
Portugal	8.7	5.7	5.0	2.5	4.3	4.1	4.8	5.5	1.9	-1.9	2.6	-2.1	-4.4	0.6	2.2	2.1	2.1	1.1	2.3	2.3
Russian Federation	..	22.4	21.1	22.3	28.9	26.9	24.6	23.5	24.2	-6.0	19.3	20.9	11.1	6.5	7.9	7.4	7.9	..	..	..
Slovak Republic	..	8.6	8.9	11.1	11.3	9.2	11.4	11.9	8.4	-6.4	5.3	4.4	2.9	2.0	2.2	3.2	4.7	2.6	3.7	5.1
Slovenia	36.3	11.9	11.7	8.7	7.8	5.6	8.0	11.4	8.0	-4.7	0.1	1.8	-2.3	0.4	3.0	3.0	1.4	1.7	3.3	1.6
South Africa	..	10.5	16.4	8.9	11.4	11.0	12.2	14.7	12.3	5.9	9.6	10.1	7.9	8.3	7.4	7.1	7.9	..	..	..
Spain	7.0	8.2	7.1	7.2	7.2	8.0	8.3	7.2	3.3	-3.3	0.2	-0.5	-1.9	-0.6	0.9	4.1	3.6	1.4	4.9	3.3
Sweden	4.5	4.2	3.7	4.3	4.4	3.6	6.8	6.5	2.6	-2.8	6.8	3.9	1.0	2.4	3.6	4.3	4.7	3.8	4.1	4.9
Switzerland	2.5	2.5	-0.2	1.0	3.2	3.7	6.0	6.5	4.2	-1.7	3.3	2.0	1.0	1.7	2.0	0.2	2.1	2.0	-0.2	2.8
Turkey	77.8	44.1	45.9	29.8	22.9	16.1	16.9	11.2	12.7	0.2	15.4	18.1	9.2	10.6	11.6	10.4	10.6	..	..	..
United Kingdom	5.2	3.8	5.2	6.6	5.4	5.7	5.8	5.5	2.5	-2.4	5.1	3.8	2.3	3.5	4.6	2.8	3.5	4.4	2.6	3.6
United States	5.6	3.3	3.3	4.9	6.6	6.7	5.8	4.5	1.7	-2.0	3.8	3.7	4.2	3.7	3.9	3.1	4.6	3.7	3.1	4.7
Euro area	..	4.6	3.4	2.9	4.0	3.6	5.3	5.4	2.3	-3.5	2.7	2.7	0.4	1.0	1.7	2.6	3.2	1.7	3.0	3.4
Total OECD	7.4	4.5	4.2	4.5	5.9	5.3	5.8	5.2	2.6	-2.4	4.4	3.8	2.8	2.8	3.4	3.3	4.2	3.2	3.6	4.4

Note: The adoption of national accounts systems has been proceeding at an uneven pace among OECD member countries, both with respect to variables and the time period covered. As a consequence, there are breaks in many national series. For further information, see table "National Accounts Reporting Systems, base years and latest data updates" at the beginning of the Statistical Annex.

Source: OECD Economic Outlook 97 database.

StatLink http://dx.doi.org/10.1787/888933222546

Annex Table 3. **Real private consumption expenditure**

Percentage change from previous year

	Average 1990-00	2001	2002	2003	2004	2005	2006	2007	2008	2009	2010	2011	2012	2013	2014	2015	2016	Fourth quarter 2014	Fourth quarter 2015	Fourth quarter 2016
Australia	3.4	3.1	4.2	3.9	5.7	3.2	3.8	5.6	1.9	0.8	3.3	3.1	2.5	1.7	2.5	2.7	3.0	2.8	2.6	3.1
Austria	2.1	1.3	0.7	1.7	2.1	2.5	2.2	1.0	0.6	0.8	1.3	1.0	0.6	-0.2	0.2	0.8	1.8	0.1	1.3	1.6
Belgium	1.7	1.2	0.4	0.6	1.5	1.3	1.5	1.8	1.8	0.2	2.8	0.6	0.8	0.3	0.9	1.5	1.3	1.8	1.3	1.4
Brazil	..	0.6	1.2	-0.7	3.9	4.3	5.4	6.3	6.4	4.2	6.4	4.8	3.9	2.9	0.9	0.6	1.2	..	..	..
Canada	2.6	2.4	3.7	3.0	3.0	3.6	4.1	4.3	2.9	0.4	3.4	2.3	1.9	2.5	2.7	2.1	2.3	2.6	2.1	2.2
Chile	..	2.7	2.8	4.5	8.4	8.5	7.8	7.6	5.2	-0.8	10.8	8.9	6.1	5.9	2.2	2.2	3.3	1.1	2.4	3.8
China	..	..	..	..	..	..	..	..	..	..	..	..	..	..	..	..	..	..	..	..
Colombia	..	1.5	2.0	2.9	3.9	4.1	6.4	7.2	3.5	0.6	5.0	6.0	4.4	3.8	4.3	3.6	3.2	..	..	..
Czech Republic	..	2.8	2.9	4.8	3.4	3.3	3.9	4.1	2.8	-0.6	0.9	0.2	-1.7	0.4	1.7	2.7	2.4	2.0	2.3	2.5
Denmark	2.0	0.2	1.4	1.3	4.6	3.7	2.9	1.8	0.5	-3.4	0.8	0.2	0.4	0.0	0.5	1.9	2.2	2.0	1.6	2.5
Estonia	..	6.5	9.5	9.1	7.7	9.3	12.7	9.0	-4.9	-15.3	-1.6	2.5	5.1	3.8	4.6	4.3	4.3	5.8	3.7	4.4
Finland	1.4	2.9	2.6	4.2	3.6	3.2	4.1	3.5	2.1	-2.7	3.1	2.9	0.3	-0.6	-0.2	0.6	1.2	-0.4	1.2	1.2
France	1.9	2.5	2.0	1.5	1.9	2.5	2.4	2.4	0.4	0.3	1.8	0.4	-0.2	0.5	0.7	1.6	1.7	0.6	1.7	2.1
Germany	2.0	1.7	-0.8	0.1	0.5	0.5	1.6	0.0	0.4	0.2	0.5	2.3	0.6	0.9	1.2	2.3	2.0	2.2	2.2	1.9
Greece	2.6	4.2	4.9	3.9	4.3	4.6	2.9	3.4	2.7	-0.7	-6.9	-10.7	-7.9	-2.2	1.4	0.9	1.1	..	..	..
Hungary	..	4.5	8.1	8.3	1.9	2.8	1.5	1.1	-1.1	-6.7	-2.8	0.8	-1.9	-0.1	1.6	2.4	2.0	1.7	2.6	1.8
Iceland	3.4	-3.0	-0.8	6.7	7.4	10.7	2.5	7.0	-6.9	-9.9	-0.2	2.6	2.0	0.5	3.7	3.9	2.8	4.7	3.3	2.6
India	..	6.0	3.3	5.4	5.2	7.8	8.6	9.0	8.1	7.0	8.2	9.6	6.4	5.7	6.0	6.6	6.9	..	..	..
Indonesia	..	3.5	3.8	3.9	5.0	4.0	3.2	5.0	5.3	4.7	4.1	5.1	5.5	5.4	5.3	4.9	5.4	..	..	..
Ireland	5.8	4.5	3.5	2.7	3.7	7.1	6.6	6.6	-0.2	-5.9	0.4	-1.1	-1.4	-0.4	1.2	2.4	2.2	2.1	2.0	2.4
Israel	..	3.9	1.8	0.3	5.1	3.4	5.1	7.6	1.4	2.1	4.7	2.9	3.0	3.5	4.0	5.2	3.7	5.2	4.2	3.6
Italy	1.7	0.7	0.0	0.8	1.0	1.3	1.4	1.2	-1.1	-1.5	1.2	0.0	-4.0	-2.8	0.3	0.4	1.1	0.5	0.6	1.2
Japan	1.3	1.6	1.2	0.5	1.2	1.5	1.1	0.9	-0.9	-0.7	2.8	0.3	2.3	2.1	-1.3	0.3	2.0	-2.4	1.9	2.0
Korea	6.1	5.7	8.9	-0.5	0.3	4.4	4.6	5.1	1.4	0.2	4.4	2.9	1.9	1.9	1.8	2.3	2.8	1.4	2.6	2.8
Latvia	..	4.9	6.7	7.5	10.2	10.8	20.2	10.9	-8.0	-16.2	3.1	2.9	3.0	6.2	2.3	2.8	3.6	..	..	..
Luxembourg	3.4	2.7	4.4	1.1	0.3	3.3	3.8	2.6	0.0	0.8	2.0	1.2	1.9	1.5	2.7	2.0	2.8	2.6	2.0	3.0
Mexico	3.2	2.3	1.4	1.1	5.3	4.7	5.5	3.0	1.7	-6.3	5.7	4.8	4.7	2.5	2.0	2.7	3.1	2.7	3.0	3.1
Netherlands	3.3	2.1	1.1	-0.1	0.2	0.8	-0.6	2.1	1.0	-1.8	-0.1	0.2	-1.5	-1.5	0.1	1.5	1.6	0.8	1.4	1.6
New Zealand	2.7	2.1	4.2	6.3	6.1	4.9	2.6	3.6	0.4	-0.7	3.0	2.1	2.8	2.9	3.2	3.7	2.8	3.7	3.3	2.6
Norway	3.4	2.1	3.1	3.2	5.4	4.4	5.0	5.3	1.7	0.0	3.8	2.3	3.5	2.1	2.0	1.8	1.9	2.5	1.4	2.6
Poland	..	2.3	3.3	1.6	4.2	2.4	4.7	6.4	6.1	3.4	2.7	2.9	0.9	1.0	3.0	3.5	3.6	3.4	3.5	3.6
Portugal	3.2	0.9	1.3	-0.3	2.6	1.6	1.5	2.5	1.4	-2.3	2.4	-3.6	-5.5	-1.5	2.1	1.8	1.5	1.9	1.7	1.3
Russian Federation	..	9.3	8.3	7.4	11.9	11.7	12.0	14.2	10.4	-5.1	5.5	6.7	7.7	4.9	1.2	-4.7	0.2	..	..	..
Slovak Republic	..	5.0	6.1	2.9	5.0	5.8	5.9	7.5	6.0	-0.5	0.1	-0.7	-0.4	-0.7	2.2	2.6	2.6	2.6	2.8	2.5
Slovenia	2.7	2.4	2.5	3.4	3.0	2.2	1.2	6.4	2.4	0.9	1.0	-0.1	-3.0	-3.9	0.3	0.4	1.3	-0.8	1.4	1.5
South Africa	..	3.5	3.2	2.8	6.2	6.1	8.3	5.7	1.0	-1.8	4.5	4.9	3.4	2.9	1.4	1.7	2.1	..	..	..
Spain	2.5	3.7	3.0	2.4	4.0	4.0	3.8	3.3	-0.7	-3.6	0.3	-2.0	-2.9	-2.3	2.4	3.8	2.6	3.3	3.5	2.3
Sweden	1.6	0.8	2.6	2.4	2.6	2.8	2.8	3.9	0.2	0.4	3.8	1.9	0.9	2.0	2.4	2.5	2.7	2.5	2.5	2.7
Switzerland	1.3	2.1	0.3	0.4	1.8	1.5	1.5	2.3	1.5	1.3	1.6	0.8	2.8	2.2	1.0	1.6	1.5	1.0	1.4	1.8
Turkey	3.7	-6.6	4.7	10.2	11.0	7.9	4.6	5.5	-0.3	-2.3	6.7	7.7	-0.5	5.1	1.3	3.0	3.6	..	..	..
United Kingdom	3.2	3.8	4.0	3.9	3.6	3.0	2.1	2.6	-0.5	-3.1	0.4	0.1	1.1	1.7	2.5	2.5	2.3	3.0	2.3	2.1
United States	3.7	2.6	2.6	3.1	3.8	3.5	3.0	2.2	-0.3	-1.6	1.9	2.3	1.8	2.4	2.5	3.0	3.0	2.9	2.9	2.8
Euro area	2.1	2.0	0.9	1.0	1.6	1.9	2.1	1.7	0.2	-0.9	0.8	0.2	-1.3	-0.6	1.0	1.8	1.8	1.5	1.8	1.8
Total OECD	2.9	2.2	2.3	2.3	3.1	3.1	2.8	2.5	0.2	-1.4	2.1	1.7	1.1	1.6	1.7	2.4	2.6	1.9	2.4	2.5

Note: The adoption of national accounts systems has been proceeding at an uneven pace among OECD member countries, both with respect to variables and the time period covered. As a consequence, there are breaks in many national series. For further information, see table "National Accounts Reporting Systems, base years and latest data updates" at the beginning of the Statistical Annex.

Source: OECD Economic Outlook 97 database.

StatLink http://dx.doi.org/10.1787/888933222551

Annex Table 4. **Real public consumption expenditure**

Percentage change from previous year

	Average 1990-00	2001	2002	2003	2004	2005	2006	2007	2008	2009	2010	2011	2012	2013	2014	2015	2016	Fourth quarter 2014	2015	2016
Australia	2.9	2.3	2.6	3.9	3.8	2.8	3.7	3.1	4.3	1.6	3.4	3.6	2.3	0.8	2.0	1.3	1.6	2.0	0.7	2.0
Austria	2.5	-0.3	1.3	1.3	1.1	2.3	3.0	1.6	3.7	2.5	0.4	0.3	0.3	0.4	1.0	1.0	-0.6	0.8	0.6	-0.4
Belgium	1.7	1.5	2.6	1.5	1.6	0.7	1.2	1.8	2.9	1.5	1.2	0.8	1.5	1.1	1.0	-0.3	-0.1	1.1	-1.0	0.2
Brazil	..	2.6	3.8	1.6	3.9	2.0	3.6	4.1	2.1	2.9	3.9	2.2	3.2	2.2	1.4	-1.5	-0.5	..	..	..
Canada	0.6	3.3	2.2	2.9	2.0	1.6	3.1	2.8	4.6	3.3	2.7	0.8	1.2	0.4	0.2	0.1	1.0	0.4	0.1	1.3
Chile	..	2.4	2.3	0.8	6.1	5.9	6.4	7.0	0.3	9.2	4.6	2.5	3.5	3.4	4.4	7.0	5.1	5.4	6.6	5.0
Colombia	..	2.2	-0.6	1.8	6.4	5.2	5.5	6.1	3.2	6.0	5.6	3.5	6.4	9.3	6.2	1.9	2.2	..	..	..
Czech Republic	..	3.3	8.2	6.0	-1.5	0.6	0.4	0.4	1.1	3.0	0.4	-2.9	-1.0	2.3	2.3	0.9	2.3	4.2	-1.4	1.9
Denmark	2.3	1.9	2.1	0.2	1.5	1.2	2.5	1.2	3.2	3.0	1.3	-1.4	-0.2	-0.5	1.4	0.9	0.6	1.0	1.0	0.4
Estonia	..	3.2	3.1	4.1	3.0	3.0	5.4	6.6	4.5	-3.2	-0.4	1.7	3.3	2.8	2.3	3.2	1.7	5.2	1.6	1.8
Finland	0.8	2.3	2.4	1.3	1.5	1.9	1.1	1.3	1.6	1.6	-0.1	-0.1	0.5	0.6	0.2	0.5	0.0	0.6	0.0	0.0
France	1.7	1.0	1.8	1.9	2.1	1.3	1.4	1.8	1.1	2.5	1.2	1.1	1.6	1.7	1.5	1.2	0.3	1.6	0.6	0.3
Germany	2.3	0.5	1.2	0.5	-0.8	0.5	1.0	1.5	3.4	3.0	1.3	0.7	1.2	0.7	1.2	2.2	1.8	1.7	2.2	1.7
Greece	1.8	4.0	2.1	5.8	4.1	4.6	5.5	4.8	-2.2	1.8	-4.4	-6.3	-6.7	-5.1	-0.8	-1.7	-0.9	..	..	..
Hungary	..	3.5	5.4	5.0	2.2	3.1	1.4	-6.6	3.1	1.4	-0.6	0.0	-1.3	3.2	2.4	2.0	0.3	3.3	0.8	0.2
Iceland	2.7	4.0	5.5	2.0	2.5	3.5	4.1	4.5	4.7	-1.7	-3.0	1.2	-1.7	0.7	1.8	0.7	1.2	2.1	0.4	1.4
India	..	5.5	-2.5	5.3	-1.5	12.0	3.8	5.4	14.3	11.3	7.9	5.8	3.6	8.3	6.9	4.2	9.7	..	..	..
Indonesia	..	7.6	13.0	10.0	4.0	6.6	9.6	3.9	10.4	11.2	4.0	5.5	4.5	6.9	2.0	2.9	3.9	..	..	..
Ireland	4.3	10.5	6.4	3.1	1.8	4.5	5.4	6.7	1.2	-2.6	-4.8	-2.3	-1.3	-0.1	0.3	-0.4	1.3	-2.4	0.0	2.1
Israel	..	3.5	5.0	-3.0	-1.7	1.9	3.5	2.4	2.3	2.9	2.9	2.7	3.6	3.5	4.2	3.1	1.9	5.5	1.5	1.9
Italy	0.3	4.2	1.2	1.3	1.0	0.6	-0.4	0.4	1.0	0.4	0.6	-1.8	-1.2	-0.3	-0.9	-0.5	-0.9	-0.3	-1.6	0.4
Japan	3.1	4.2	2.6	1.9	1.5	0.8	0.0	1.1	-0.1	2.3	1.9	1.2	1.7	1.9	0.3	0.9	0.1	0.6	1.1	-1.2
Korea	4.2	6.2	5.6	3.8	4.5	4.5	7.4	6.1	5.1	5.2	3.8	2.2	3.4	3.3	2.8	3.2	4.0	3.1	3.3	4.0
Latvia	..	5.5	3.5	4.4	3.6	2.7	6.5	3.3	2.4	-10.7	-8.1	3.1	0.4	2.9	3.4	3.0	2.8	..	..	..
Luxembourg	4.2	6.8	4.5	3.7	3.4	4.0	0.6	1.4	2.4	4.1	3.2	1.3	3.8	5.1	3.2	1.2	2.4	2.4	1.7	2.7
Mexico	1.8	-3.2	-1.0	-0.6	2.5	2.9	3.3	2.4	3.2	2.3	1.6	2.5	3.3	1.6	2.5	-0.3	-0.2	1.8	-0.7	-0.8
Netherlands	2.1	3.5	4.8	3.0	0.4	2.0	10.2	3.2	4.1	4.0	1.1	-0.2	-1.5	-0.2	-0.3	0.0	-0.3	-0.4	0.3	-0.1
New Zealand	1.2	4.3	1.7	3.5	5.0	7.1	4.8	4.2	4.5	0.6	0.8	2.5	-0.9	1.9	3.6	1.4	0.3	3.2	0.7	0.1
Norway	3.2	4.1	2.9	1.3	1.3	1.9	1.9	2.0	2.4	4.1	2.2	1.0	1.6	1.7	2.7	2.4	2.4	2.6	2.4	2.3
Poland	..	2.6	1.7	3.5	3.8	3.6	5.5	3.0	5.1	3.6	3.3	-2.3	0.2	2.1	2.8	2.9	2.5	3.2	2.6	2.5
Portugal	3.3	3.6	2.6	1.6	2.9	2.7	-0.2	0.6	0.4	2.6	-1.3	-3.8	-3.3	-2.4	-0.3	-0.5	0.2	-1.4	0.1	0.2
Russian Federation	..	-0.8	2.6	2.3	2.1	1.4	2.3	2.7	3.4	-0.6	-1.5	1.4	2.6	1.1	-0.1	0.0	0.5	..	..	..
Slovak Republic	..	5.5	3.5	5.8	-2.8	5.9	8.3	-0.5	5.6	6.9	1.7	-2.1	-2.0	2.4	4.4	3.2	1.8	4.1	2.6	1.5
Slovenia	2.7	2.8	3.2	2.7	2.7	2.7	3.1	1.9	4.9	2.4	0.1	-1.3	-1.5	-1.1	-0.5	-0.3	-0.2	1.1	-1.1	-0.2
South Africa	..	3.1	4.6	5.7	5.2	5.1	4.9	4.0	5.8	4.6	3.0	1.7	3.4	3.3	1.9	1.5	0.8	..	..	..
Spain	3.1	3.8	3.9	4.9	6.3	5.6	5.0	6.2	5.9	4.1	1.5	-0.3	-3.7	-2.9	0.1	-0.8	0.0	-0.5	0.1	0.0
Sweden	1.0	0.3	2.0	0.9	-0.8	0.2	1.8	0.9	1.2	2.1	1.0	0.9	1.5	0.8	2.0	1.8	1.7	2.5	1.5	1.9
Switzerland	1.0	2.3	1.6	2.4	0.8	1.1	0.1	0.1	-1.9	3.5	0.2	2.1	2.9	1.4	1.1	2.5	2.2	1.4	1.7	2.2
Turkey	4.7	-1.1	5.8	-2.6	6.0	2.5	8.4	6.5	1.7	7.8	2.0	4.7	6.1	6.5	4.6	2.7	4.2	..	..	..
United Kingdom	1.4	4.0	4.2	4.6	2.8	2.3	2.2	1.2	2.0	1.2	0.0	0.0	2.3	-0.3	1.7	1.3	-0.7	2.1	1.0	-1.5
United States	1.0	3.5	3.9	1.8	1.5	0.8	1.1	1.4	2.5	3.7	0.1	-2.7	-0.6	-1.3	0.4	0.5	0.5	1.1	0.6	0.5
Euro area	1.8	2.0	2.0	1.8	1.4	1.6	2.2	2.1	2.5	2.4	0.8	-0.2	-0.2	0.2	0.6	0.7	0.4	0.8	0.5	0.6
Total OECD	1.7	2.9	3.0	2.0	1.8	1.5	2.0	1.9	2.4	3.0	1.0	-0.5	0.5	0.3	1.0	0.9	0.7	1.2	0.9	0.6

Note: The adoption of national accounts systems has been proceeding at an uneven pace among OECD member countries, both with respect to variables and the time period covered. As a consequence, there are breaks in many national series. For further information, see table "National Accounts Reporting Systems, base years and latest data updates" at the beginning of the Statistical Annex.

Source: OECD Economic Outlook 97 database.

StatLink http://dx.doi.org/10.1787/888933222564

Annex Table 5. **Real total gross fixed capital formation**

Percentage change from previous year

	Average 1990-00	2001	2002	2003	2004	2005	2006	2007	2008	2009	2010	2011	2012	2013	2014	2015	2016	Fourth quarter 2014	2015	2016
Australia	4.1	-3.3	14.6	8.8	7.2	9.0	4.7	9.2	7.8	-1.4	4.3	7.0	9.0	-2.2	-2.0	-1.3	0.7	-2.7	0.0	1.3
Austria	2.8	-1.3	-2.9	3.8	0.8	0.2	1.2	4.6	1.3	-7.3	-2.3	6.8	0.6	-1.4	0.4	-1.9	2.5	-2.0	0.8	3.4
Belgium	1.7	1.8	-3.7	0.2	8.3	6.5	3.5	6.3	2.9	-7.3	-0.1	4.1	0.0	-2.1	5.1	1.2	3.1	4.3	2.8	3.2
Brazil	..	1.1	-1.6	-3.8	8.4	2.3	6.0	11.9	12.7	-1.9	18.1	6.7	-0.6	6.0	-4.3	-3.7	0.9	..	..	..
Canada	2.7	4.8	1.0	5.2	8.4	9.2	6.3	3.2	1.6	-11.5	11.5	4.8	4.8	0.4	0.3	-1.5	0.9	1.5	-2.4	1.3
Chile	8.1	3.5	2.2	6.5	11.3	23.5	4.3	10.8	17.9	-12.1	11.6	15.0	11.6	2.1	-6.1	1.2	1.2	1.4	1.4	1.7
Colombia	..	9.7	11.1	11.5	11.1	13.2	18.1	14.4	9.9	-1.3	4.9	19.0	4.7	6.0	10.9	3.0	3.6	..	..	..
Czech Republic	..	5.5	2.0	1.8	3.5	6.6	6.3	13.5	2.2	-9.8	0.9	1.1	-2.8	-4.4	4.5	4.4	3.7	4.3	5.4	2.4
Denmark	4.2	-0.5	-0.7	0.0	4.2	4.8	15.1	0.7	-3.3	-14.3	-4.0	0.3	0.6	1.0	3.7	3.4	3.2	7.5	1.6	3.6
Estonia	..	12.3	23.9	17.8	5.5	15.3	22.9	10.3	-13.1	-36.7	-2.6	32.7	10.9	2.3	-2.8	-2.7	3.7	-7.8	2.0	4.6
Finland	0.6	1.8	-3.0	2.8	4.7	3.2	1.3	10.0	0.3	-12.5	1.1	4.1	-2.2	-5.3	-5.1	-0.5	2.9	-5.5	2.9	3.0
France	1.7	2.3	-0.9	1.9	3.1	2.9	4.0	5.5	0.7	-9.0	1.9	2.1	0.3	-0.4	-1.2	-0.6	1.8	-2.1	0.5	2.2
Germany	1.9	-2.1	-5.8	-1.4	-1.0	0.5	7.6	4.6	0.6	-9.9	4.6	7.5	0.0	-0.4	3.3	2.5	4.3	0.9	4.4	4.5
Greece	4.0	1.3	-1.0	15.5	5.4	-12.8	17.0	17.6	-6.5	-13.3	-20.8	-17.0	-28.5	-9.5	3.0	0.6	5.0	..	..	..
Hungary	..	2.6	7.8	1.2	7.5	3.5	0.8	4.3	1.1	-8.2	-9.5	-2.2	-4.2	5.2	11.7	3.7	1.5	6.3	3.3	0.8
Iceland	4.5	-3.1	-12.7	9.7	26.5	31.9	23.3	-11.2	-18.9	-47.7	-8.6	11.6	5.6	-1.0	13.7	13.4	14.5	14.2	15.6	14.0
India	..	3.0	8.2	10.7	18.4	16.9	13.9	17.4	9.1	-0.4	15.1	11.5	0.3	5.1	2.6	7.0	7.7	..	..	..
Indonesia	..	6.5	4.7	0.6	14.7	10.9	2.6	9.3	11.9	3.9	6.7	8.9	9.1	5.3	4.1	5.0	6.0	..	..	..
Ireland	7.8	5.3	5.5	5.2	10.6	14.6	3.9	2.4	-9.6	-20.6	-17.9	-3.1	4.3	-1.9	11.7	10.5	9.6	7.5	9.9	9.5
Israel	7.4	-3.1	-5.8	-5.5	1.9	3.5	6.5	10.5	5.5	-3.3	10.3	14.5	3.2	1.1	-2.9	0.7	5.4	-3.7	2.3	5.5
Italy	1.3	2.8	4.2	-0.2	1.7	2.0	3.4	1.3	-3.2	-10.0	-0.6	-1.7	-9.4	-5.8	-3.2	1.6	1.9	-3.0	2.9	2.0
Japan	-0.6	-2.1	-4.9	0.2	0.4	0.8	1.5	0.3	-4.1	-10.6	-0.2	1.4	3.4	3.2	2.6	-0.6	0.1	-1.6	1.0	0.5
Korea	5.4	1.5	6.9	4.8	2.9	2.0	3.6	5.0	-0.9	0.3	5.5	0.8	-0.5	3.3	3.1	4.0	4.4	0.7	7.5	4.5
Latvia	..	19.9	-3.5	10.4	28.9	20.5	15.1	22.5	-9.2	-33.3	-20.0	24.2	14.5	-5.2	1.3	1.1	4.3	..	..	..
Luxembourg	5.3	8.2	-3.4	2.9	7.8	-3.2	2.0	8.6	10.0	-12.4	-0.3	14.3	2.7	-4.4	5.5	6.8	1.1	18.1	2.4	-0.3
Mexico	5.9	-3.3	0.6	3.0	7.4	5.8	8.7	5.9	5.1	-9.3	1.2	7.8	4.8	-1.5	2.2	4.9	5.1	5.7	4.1	5.4
Netherlands	4.3	0.6	-4.3	-2.0	-0.7	3.0	7.2	6.6	4.7	-9.2	-5.7	5.6	-6.0	-3.9	3.5	7.0	4.0	4.5	3.8	4.6
New Zealand	4.0	-0.4	12.0	10.5	13.6	3.8	-1.5	7.7	-3.3	-11.8	0.6	5.7	7.9	8.6	8.6	7.5	6.1	7.5	8.3	4.7
Norway	3.8	-0.6	-0.4	0.4	10.0	12.0	9.1	11.7	0.9	-6.8	-6.6	7.4	7.6	6.8	0.6	-3.6	0.5	-3.9	-1.1	2.1
Poland	..	-8.6	-6.9	1.2	6.7	8.7	13.3	19.2	8.3	-1.9	-0.4	9.3	-1.5	0.9	9.5	6.4	6.0	9.4	6.0	6.0
Portugal	5.2	1.0	-3.4	-7.3	0.1	0.1	-0.8	3.1	0.4	-7.6	-0.9	-12.5	-16.6	-6.7	2.5	2.9	3.1	2.4	2.0	3.3
Russian Federation	..	10.9	3.1	13.9	12.0	10.2	17.9	21.1	9.7	-14.7	6.4	9.2	7.0	0.6	-2.1	-18.5	5.0	..	..	..
Slovak Republic	..	12.9	0.0	-3.2	4.7	16.5	9.1	8.9	1.6	-18.7	7.2	12.7	-9.3	-2.7	5.7	4.8	4.0	5.8	2.0	4.3
Slovenia	5.6	2.0	0.5	5.8	5.4	3.5	10.2	12.0	7.0	-22.0	-13.7	-4.6	-8.9	1.9	4.8	2.1	0.0	-0.6	6.3	-1.9
South Africa	..	2.8	3.5	10.2	12.9	11.0	12.1	13.8	12.8	-6.7	-3.9	5.7	3.6	7.6	-0.4	2.6	4.1	..	..	..
Spain	3.2	4.9	4.6	7.0	5.1	7.5	7.4	4.4	-3.9	-16.9	-4.9	-6.3	-8.1	-3.8	3.4	5.4	6.3	5.1	5.3	6.9
Sweden	0.5	2.7	-2.3	2.8	5.0	5.1	9.6	8.3	0.3	-13.3	5.5	5.8	0.3	-0.3	6.6	5.4	5.2	8.3	4.1	5.3
Switzerland	1.1	-2.0	0.2	-1.0	5.1	3.2	4.7	4.9	0.7	-7.5	4.4	4.3	2.4	1.7	1.5	0.9	0.9	1.0	0.5	1.5
Turkey	4.4	-30.0	14.7	14.2	28.4	17.4	13.3	3.1	-6.2	-19.0	30.5	18.0	-2.7	4.4	-1.3	2.6	5.4	..	..	..
United Kingdom	0.7	-1.3	2.5	3.1	3.2	1.6	3.3	5.3	-4.7	-14.4	5.9	2.3	0.7	3.4	7.8	4.7	6.2	5.1	6.4	6.2
United States	5.7	-0.5	-1.8	3.9	5.8	5.6	2.2	-1.2	-4.8	-13.1	1.1	3.7	5.3	2.7	3.9	3.0	5.4	4.4	2.5	5.9
Euro area	2.1	1.1	-1.2	1.2	2.2	2.7	5.6	4.8	-0.8	-11.1	-0.5	1.7	-3.5	-2.3	1.2	2.0	3.5	0.6	2.9	3.8
Total OECD	3.2	-0.7	-0.6	2.9	4.5	4.5	4.2	2.7	-2.0	-11.0	2.0	3.5	1.6	1.0	2.7	2.3	3.9	2.2	2.8	4.3

Note: The adoption of national accounts systems has been proceeding at an uneven pace among OECD member countries, both with respect to variables and the time period covered. As a consequence, there are breaks in many national series. For further information, see table "National Accounts Reporting Systems, base years and latest data updates" at the beginning of the Statistical Annex.

Source: OECD Economic Outlook 97 database.

StatLink http://dx.doi.org/10.1787/888933222579

Annex Table 6. **Real gross private non-residential fixed capital formation**

Percentage change from previous year

	Average 1990-00	2001	2002	2003	2004	2005	2006	2007	2008	2009	2010	2011	2012	2013	2014	2015	2016	Fourth quarter 2014	Fourth quarter 2015	Fourth quarter 2016
Australia	3.9	-1.8	13.5	11.9	7.6	12.9	7.9	11.6	7.0	-2.2	0.4	12.5	14.9	-2.9	-5.5	-3.3	-0.6	-5.5	-2.3	0.2
Belgium	2.0	5.1	-4.2	-1.2	10.1	3.3	4.5	6.0	4.8	-8.2	-1.9	5.2	-0.3	-1.2	6.8	1.3	4.2	5.4	4.0	4.3
Canada	4.4	1.4	-5.3	6.3	9.2	11.3	9.0	2.6	3.9	-20.0	14.0	11.5	7.5	1.4	-0.1	-4.7	3.4	0.3	-4.6	4.9
Denmark	4.4	1.1	0.0	-3.6	0.2	1.7	17.7	2.0	2.5	-15.4	-5.4	-5.8	1.3	3.3	1.1	3.6	3.4	5.6	2.0	4.2
Finland	0.9	7.5	-4.7	0.3	3.2	3.6	0.3	18.2	5.3	-15.1	-7.1	4.9	-2.3	-8.6	-6.7	-1.6	3.5	-8.0	3.2	4.0
France	2.3	3.5	-2.8	0.9	2.7	2.4	5.3	8.0	3.8	-11.7	3.1	4.8	0.9	-0.3	2.2	0.7	2.7	0.7	1.3	3.2
Germany	1.9	-1.1	-6.3	-0.7	1.3	3.2	8.2	7.7	1.6	-15.1	5.4	7.5	-1.8	-1.1	4.0	3.4	4.9	2.1	5.5	5.1
Iceland	6.2	-9.1	-18.4	17.4	31.7	53.4	25.8	-21.8	-21.5	-50.5	-0.2	23.5	8.1	-6.8	15.1	16.4	18.1	19.6	18.2	18.0
Japan	-0.9	-0.4	-5.2	4.9	3.5	5.7	4.0	4.9	-2.6	-14.3	0.3	4.1	3.7	0.4	3.9	0.8	4.0	0.6	3.6	4.0
Korea	6.6	-1.1	7.1	2.2	3.2	2.0	6.4	7.6	0.9	-3.7	14.2	3.3	0.2	0.9	4.9	3.6	3.9	6.8	2.5	4.6
Netherlands	4.9	-1.2	-7.2	-2.6	-1.5	3.0	7.3	9.0	7.1	-10.8	-1.5	12.9	-5.0	-2.4	3.3	5.6	6.0	2.6	3.5	7.0
New Zealand	6.0	-0.7	-2.6	16.0	14.6	7.5	0.2	11.6	-0.6	-20.2	1.3	13.3	13.5	5.8	8.4	8.8	5.8	4.7	8.6	4.4
Norway	4.2	-3.2	-2.2	-3.4	10.7	16.7	10.9	15.5	2.2	-10.4	-8.9	6.2	9.4	7.1	-0.9	-6.8	-1.0	-5.0	-5.8	2.1
Sweden	2.3	1.2	-6.7	3.2	4.5	5.1	9.5	10.2	3.9	-15.3	3.3	7.1	3.0	-1.6	4.8	3.8	4.7	8.9	1.3	5.1
Switzerland	1.6	-2.0	0.3	-3.9	6.1	4.5	6.8	7.2	0.7	-10.6	4.2	5.1	3.2	2.4	2.5	0.7	0.9	1.5	0.4	1.7
United Kingdom	3.1	-5.3	-0.4	1.2	-0.4	10.5	-7.0	8.1	3.3	-14.4	3.7	6.0	4.2	5.3	7.5	4.6	6.4	3.7	7.0	6.3
United States	7.6	-2.4	-6.9	1.9	5.2	7.0	7.1	5.9	-0.7	-15.6	2.5	7.7	7.2	3.0	6.3	3.3	5.1	6.2	2.5	5.3

Note: The adoption of national accounts systems has been proceeding at an uneven pace among OECD member countries, both with respect to variables and the time period covered. As a consequence, there are breaks in many national series. For further information, see table "National Accounts Reporting Systems, base years and latest data updates" at the beginning of the Statistical Annex. National accounts data do not always have a sectoral breakdown of investment expenditures, and for some countries data are estimated by the OECD.

Source: OECD Economic Outlook 97 database.

StatLink http://dx.doi.org/10.1787/888933222580

Annex Table 7. **Real gross residential fixed capital formation**

Percentage change from previous year

	Average 1990-00	2001	2002	2003	2004	2005	2006	2007	2008	2009	2010	2011	2012	2013	2014	2015	2016	Fourth quarter 2014	Fourth quarter 2015	Fourth quarter 2016
Australia	4.4	-10.7	23.7	5.2	5.7	-1.9	-3.1	2.2	2.4	-4.4	4.9	1.5	-6.2	0.6	7.9	5.5	4.2	8.1	5.7	4.0
Austria	3.2	-6.9	-4.9	-4.1	0.5	1.4	0.9	2.0	0.2	-1.4	1.0	2.6	-1.3	-0.3	0.6	0.1	1.7	-0.8	1.2	1.8
Belgium	-0.1	-4.0	-5.5	4.7	3.9	15.6	4.8	4.7	-2.2	-9.4	3.3	1.4	-0.5	-3.5	0.7	0.9	1.3	1.0	1.1	1.4
Canada	-0.3	11.1	14.3	3.5	8.3	5.0	2.4	2.6	-4.0	-6.3	8.0	1.5	5.8	-0.4	2.7	2.7	-1.8	4.8	0.2	-2.5
Denmark	4.2	-9.8	2.3	13.5	12.1	16.7	11.4	-5.5	-16.7	-20.4	-8.9	15.8	-8.2	-5.0	6.5	3.1	4.1	1.5	4.7	4.0
Finland	0.6	-10.2	-0.5	11.3	11.2	5.0	3.8	-0.3	-10.6	-13.9	24.1	5.3	-3.5	-2.7	-5.5	-0.3	2.9	-4.8	3.0	2.8
France	1.0	0.9	2.9	2.7	4.0	4.3	4.9	2.6	-4.0	-11.9	1.6	1.1	-2.0	-1.3	-5.0	-3.3	0.3	-5.1	-1.6	0.7
Germany	3.3	-5.6	-6.1	-1.9	-4.2	-4.1	6.8	-1.6	-4.0	-3.2	3.8	10.2	4.2	0.8	3.8	1.4	3.5	0.6	3.6	3.7
Greece	-0.9	-8.6	2.4	17.8	16.3	-7.3	14.3	14.6	-23.5	-18.9	-26.5	-14.7	-33.3	-27.7	-51.5	-18.3	0.3	..	..	..
Iceland	-0.7	12.3	12.4	3.7	14.2	11.9	16.5	13.2	-21.9	-55.7	-18.0	5.4	6.9	10.8	14.9	12.5	11.2	5.7	18.5	8.0
Ireland	9.2	5.1	3.7	13.4	10.8	16.8	3.8	-8.0	-16.0	-37.3	-32.9	-18.5	-20.3	5.3	-3.4	6.4	8.7	-5.0	8.2	9.0
Italy	0.4	1.5	3.0	3.9	2.5	6.2	5.2	1.0	-1.9	-9.3	-0.2	-6.5	-7.7	-6.8	-4.1	-0.4	0.1	-2.5	0.0	0.2
Japan	-2.3	-5.0	-3.4	-1.3	1.7	-0.9	0.6	-9.8	-6.6	-16.6	-4.5	5.1	3.2	8.8	-5.1	-2.0	8.3	-15.7	7.8	9.2
Korea	-0.4	14.8	14.1	12.0	3.1	2.1	-2.3	-3.5	-9.4	-2.5	-12.0	-8.0	-2.9	23.4	8.9	-1.2	5.7	1.5	6.3	4.8
Netherlands	2.6	2.6	-5.9	-3.1	4.7	5.9	5.9	5.2	0.5	-14.2	-14.8	-4.4	-8.2	-9.2	5.6	17.2	1.9	16.1	6.0	2.0
New Zealand	2.7	-11.8	20.8	20.3	3.7	-4.0	-2.1	3.1	-18.1	-14.2	2.1	-1.6	14.8	16.5	16.5	12.9	8.2	16.2	13.4	5.1
Norway	3.6	8.1	-0.7	1.8	16.3	9.7	4.0	2.7	-9.0	-8.1	-1.6	17.0	10.9	6.4	-1.6	-1.3	1.3	-5.3	1.7	1.6
Spain	5.0	6.3	5.9	7.2	4.8	6.0	6.0	0.9	-9.7	-20.6	-11.6	-12.8	-9.0	-7.6	-1.8	2.2	2.1	2.1	1.9	2.2
Sweden	-8.1	7.0	10.7	5.1	12.9	10.0	14.4	6.6	-13.3	-18.9	12.7	8.0	-11.7	2.2	20.2	16.4	10.0	20.4	13.7	9.0
Switzerland	-1.2	-4.1	-3.7	14.4	7.0	1.1	-1.6	-3.0	-4.2	1.8	3.5	2.2	1.5	-0.3	0.9	1.1	1.5	1.5	1.2	1.6
United Kingdom	-1.7	1.5	6.5	3.7	6.6	5.9	3.4	1.9	-24.0	-27.2	13.8	1.5	-3.6	6.0	8.9	5.2	7.5	6.0	7.3	7.5
United States	4.1	0.9	6.1	9.1	10.0	6.6	-7.6	-18.8	-24.0	-21.2	-2.5	0.5	13.5	11.9	1.6	5.5	11.0	2.5	7.0	12.9

Note: The adoption of national accounts systems has been proceeding at an uneven pace among OECD member countries, both with respect to variables and the time period covered. As a consequence, there are breaks in many national series. For further information, see table "National Accounts Reporting Systems, base years and latest data updates" at the beginning of the Statistical Annex.

Source: OECD Economic Outlook 97 database.

StatLink http://dx.doi.org/10.1787/888933222595

Annex Table 8. **Real total domestic demand**

Percentage change from previous year

	Average 1990-00	2001	2002	2003	2004	2005	2006	2007	2008	2009	2010	2011	2012	2013	2014	2015	2016	urth quarter 2014	2015	2016
Australia	3.4	1.4	6.1	5.6	5.9	4.4	3.5	6.8	3.5	-0.3	3.8	4.7	4.1	0.0	1.2	1.4	2.1	1.0	1.8	2.5
Austria	2.3	0.3	-0.4	2.1	1.9	2.2	2.7	2.6	0.7	-1.5	0.7	2.7	0.4	-1.0	0.2	0.7	1.3	-1.0	1.5	1.5
Belgium	2.0	-0.2	-0.3	0.8	3.4	2.9	2.2	2.9	2.1	-2.7	2.0	2.1	-0.1	-0.9	0.9	1.1	1.4	2.0	0.9	1.6
Brazil	..	0.8	0.6	0.0	5.1	2.7	5.5	7.8	7.4	-0.1	11.1	4.9	1.8	3.5	0.1	-0.7	0.8	..	..	..
Canada	2.3	1.5	3.1	4.1	4.0	5.0	4.2	3.6	2.9	-2.8	5.4	2.4	2.2	1.9	1.4	1.1	1.7	1.4	0.7	1.8
Chile	..	2.9	3.0	4.7	8.2	11.5	8.0	7.4	8.3	-5.6	13.5	9.4	7.5	3.9	-0.5	4.8	3.1	0.1	5.7	3.5
China	..	8.9	8.6	10.5	9.5	7.9	9.4	11.5	8.1	16.8	7.4	10.0	8.3	8.3	7.9	7.2	7.0	..	..	..
Colombia	..	2.6	2.9	4.1	5.4	5.8	8.8	8.4	4.9	-0.1	5.8	9.0	4.9	5.2	6.7	3.3	3.1	..	..	..
Czech Republic	..	4.0	3.5	3.6	3.3	3.4	5.1	6.5	1.9	-5.4	1.7	0.1	-2.1	-0.8	2.2	3.2	2.1	1.9	3.4	2.4
Denmark	2.6	0.3	1.4	0.2	4.4	3.3	5.4	1.7	-0.3	-6.4	1.1	0.7	-0.3	-0.2	1.7	1.9	1.9	3.3	1.5	2.1
Estonia	..	8.3	12.1	11.1	6.6	7.4	17.4	9.2	-8.9	-20.8	0.8	13.3	5.5	1.2	4.9	2.9	3.6	5.0	2.7	3.9
Finland	1.2	1.9	1.4	3.3	3.6	4.1	2.4	4.8	1.0	-6.2	3.2	3.9	-1.1	-1.3	-0.8	0.3	1.2	-1.7	1.4	1.3
France	1.8	1.7	1.2	1.4	2.8	2.3	2.6	3.2	0.4	-2.5	2.0	2.0	-0.3	0.8	0.7	1.3	1.3	0.4	1.6	1.7
Germany	1.9	0.3	-2.1	0.3	-0.6	0.3	3.0	1.8	0.9	-3.1	2.9	3.1	-0.8	0.8	1.3	2.0	2.5	1.3	2.4	2.4
Greece	2.8	3.6	3.4	7.8	3.3	0.1	8.4	5.5	-0.4	-6.1	-7.1	-10.8	-9.6	-4.5	0.6	0.0	1.2	..	..	..
Hungary	..	1.9	6.4	5.7	4.9	1.5	1.7	-1.0	0.2	-9.2	-0.5	-0.2	-3.0	1.2	4.1	2.3	1.5	2.8	3.0	1.2
Iceland	3.6	-1.5	-1.9	6.1	9.9	13.9	8.3	1.0	-7.6	-16.7	-2.2	3.4	1.5	0.4	4.7	4.5	4.6	5.5	4.7	4.6
India	..	3.3	3.2	8.0	7.6	10.1	9.9	10.1	9.6	4.1	12.1	8.0	6.1	3.0	5.5	6.3	7.3	..	..	..
Indonesia	..	4.3	4.0	4.0	7.0	5.9	5.3	6.4	6.1	3.0	6.5	6.1	7.7	5.0	5.3	4.4	5.5	..	..	..
Ireland	6.1	5.0	5.0	4.1	4.0	9.3	6.5	4.3	-3.7	-9.6	-3.9	-0.5	-0.5	-0.2	3.9	3.4	3.6	7.0	2.1	4.0
Israel	..	2.2	0.2	-1.8	3.1	3.7	4.9	6.3	2.2	0.5	5.7	5.4	3.5	2.8	3.1	3.8	3.6	3.3	3.9	3.6
Italy	1.4	1.5	1.1	0.9	1.1	1.0	2.0	1.2	-1.3	-4.2	1.9	-0.5	-5.7	-2.5	-0.6	0.4	0.9	-1.1	1.0	1.2
Japan	1.0	1.2	-0.5	1.0	1.5	1.0	0.9	1.1	-1.3	-4.0	2.9	0.4	2.6	1.9	-0.1	0.5	1.2	-1.8	2.1	1.0
Korea	5.7	4.3	8.1	1.8	2.0	3.8	5.1	5.0	1.1	-2.7	8.3	3.0	0.7	1.4	3.0	3.5	3.5	1.9	3.7	3.5
Latvia	..	10.4	6.2	11.4	12.6	9.0	18.2	12.1	-8.4	-22.4	-3.0	10.0	2.3	3.2	2.0	2.9	3.6	..	..	..
Luxembourg	4.1	2.4	-0.2	4.4	2.7	3.6	1.6	5.1	1.7	-5.4	6.2	5.6	0.3	0.6	3.9	3.2	2.3	10.6	2.1	2.1
Mexico	3.7	0.2	1.2	1.3	5.7	4.1	6.5	3.1	3.0	-7.0	4.9	4.7	4.8	1.4	2.4	2.7	3.2	3.2	2.9	3.2
Netherlands	3.2	2.4	0.1	0.3	0.3	1.6	3.9	3.5	2.4	-2.5	0.0	0.8	-2.4	-1.9	0.5	1.1	1.6	1.0	0.7	1.8
New Zealand	2.7	1.9	5.8	6.5	7.8	4.8	1.1	5.0	0.6	-4.7	3.8	2.8	3.1	3.9	4.7	4.1	3.1	4.8	4.2	2.7
Norway	3.5	0.7	2.2	1.5	6.8	5.4	6.2	6.1	1.5	-3.2	3.0	2.7	3.5	3.6	1.9	1.2	1.4	-0.1	1.9	2.2
Poland	..	-1.3	0.9	2.5	6.2	2.5	7.2	9.5	5.0	-0.3	4.2	3.8	-0.3	0.2	4.6	4.1	3.9	5.1	3.8	3.9
Portugal	3.7	1.6	-0.2	-1.8	3.0	1.3	0.9	2.2	1.1	-3.6	1.9	-5.7	-7.3	-2.5	2.1	1.0	1.5	1.4	1.5	1.4
Russian Federation	..	8.8	4.4	8.0	10.2	9.2	11.3	13.8	9.8	-14.1	8.8	9.0	5.5	1.2	-1.0	-8.5	1.1	..	..	..
Slovak Republic	..	8.1	4.1	0.0	5.8	8.4	6.5	6.6	6.3	-7.0	4.4	1.0	-4.1	-0.1	2.9	3.0	2.8	2.5	2.9	2.7
Slovenia	3.8	1.3	2.8	4.5	4.9	1.9	4.7	9.0	3.1	-9.5	-0.9	-0.8	-5.7	-2.1	0.8	0.8	0.6	-1.6	2.2	0.4
South Africa	..	2.3	5.1	5.2	7.9	5.7	8.5	5.8	3.6	-1.4	3.7	4.9	3.9	1.4	0.6	1.8	2.2	..	..	..
Spain	2.8	3.9	3.5	3.9	4.8	5.1	5.1	4.1	-0.4	-6.0	-0.5	-2.7	-4.2	-2.7	2.3	3.1	2.9	2.8	3.2	2.8
Sweden	1.1	0.7	1.1	2.3	1.9	2.6	4.4	4.9	-0.1	-4.3	5.7	3.0	-0.2	1.2	3.5	3.0	3.0	3.8	2.6	3.1
Switzerland	0.9	2.0	0.2	0.8	-0.1	4.2	2.3	0.5	2.7	2.5	-0.5	4.0	-1.2	-0.7	1.8	-1.4	1.5	-1.2	1.6	1.8
Turkey	4.3	-12.1	9.3	8.7	11.6	9.2	6.9	5.7	-1.0	-6.7	12.1	8.9	-1.3	6.5	1.3	3.6	4.0	..	..	..
United Kingdom	2.6	3.4	3.2	4.3	3.1	2.5	2.6	2.8	-1.2	-4.8	2.7	0.4	1.5	1.8	3.4	2.8	2.4	2.4	3.2	2.1
United States	3.8	1.2	2.3	3.1	4.3	3.5	2.6	1.1	-1.3	-3.8	2.9	1.6	2.2	1.9	2.5	2.7	3.1	2.9	2.5	3.1
Euro area	2.0	1.5	0.4	1.4	1.7	1.9	3.2	2.7	0.3	-3.8	1.4	0.8	-2.3	-0.7	0.9	1.5	1.8	0.9	1.8	2.0
Total OECD	2.8	1.2	1.9	2.5	3.4	3.0	3.1	2.4	-0.2	-3.9	3.1	1.7	0.8	1.2	1.8	2.2	2.5	1.8	2.3	2.6

Note: The adoption of national accounts systems has been proceeding at an uneven pace among OECD member countries, both with respect to variables and the time period covered. As a consequence, there are breaks in many national series. For further information, see table "National Accounts Reporting Systems, base years and latest data updates" at the beginning of the Statistical Annex.

Source: OECD Economic Outlook 97 database.

StatLink http://dx.doi.org/10.1787/888933222600

Annex Table 9. **Foreign balance contributions to changes in real GDP**

Percentage points

	Average 1991-2000	2001	2002	2003	2004	2005	2006	2007	2008	2009	2010	2011	2012	2013	2014	2015	2016	Fourth quarter[1]		
																		2014	2015	2016
Australia	-0.3	1.6	-2.2	-2.6	-2.4	-1.3	-1.2	-2.2	-1.6	2.6	-2.1	-2.2	0.1	1.6	1.8	1.2	0.7	2.9	0.7	0.5
Austria	0.4	0.3	1.7	-1.2	0.6	0.6	1.0	1.1	0.7	-2.2	1.1	0.2	0.4	0.8	-0.2	-0.3	0.5	1.8	0.4	0.3
Belgium	0.3	1.0	1.8	0.1	0.3	-0.8	0.5	0.1	-1.2	-0.3	0.5	-0.5	0.1	1.0	0.2	0.5	0.5	4.6	0.6	0.3
Brazil	0.2	0.5	2.8	1.7	0.9	0.6	-1.4	-1.3	-2.0	-0.2	-2.6	-0.7	0.0	-0.7	0.0	-0.3	0.3	..	..	..
Canada	0.7	0.6	-0.2	-2.2	-0.8	-1.6	-1.4	-1.5	-1.8	-0.5	-2.1	-0.4	-0.4	0.2	1.1	0.4	0.5	-1.1	0.3	0.6
Chile	0.5	0.8	0.0	-0.7	-0.8	-4.1	-1.6	-1.1	-3.9	4.5	-6.7	-3.0	-1.6	0.6	2.5	0.4	0.7	-4.8	0.7	0.8
China	0.0	-0.4	0.7	-0.2	0.8	3.6	3.8	3.6	2.3	-5.7	3.6	0.3	0.1	0.0	0.0	0.1	0.1	..	..	..
Colombia	-0.7	-1.0	-0.4	-0.4	-0.4	-1.3	-2.3	-1.7	-1.3	1.3	-1.8	-1.9	-0.7	-0.3	-2.1	-0.2	0.3	..	..	..
Czech Republic	-0.9	-1.1	-2.0	0.0	1.4	3.2	2.0	-0.8	0.8	0.5	0.5	1.9	1.3	0.0	-0.1	0.2	0.6	1.6	-0.5	0.5
Denmark	0.1	0.6	-0.8	0.2	-1.5	-0.7	-1.3	-0.9	-0.4	1.2	0.5	0.5	-0.4	-0.3	-0.5	0.1	0.5	-0.1	0.5	0.3
Estonia	-1.1	-4.1	-7.0	-3.3	-0.7	0.7	-8.4	-1.6	5.0	8.1	2.8	0.5	-4.2	-0.7	0.0	-0.3	-0.2	1.3	-0.8	0.8
Finland	1.6	0.1	0.1	-1.7	0.7	-1.0	1.6	1.0	-0.2	-2.1	0.0	-1.5	-0.2	0.4	0.4	0.2	0.1	-0.2	0.1	0.0
France	0.3	0.2	0.0	-0.5	-0.2	-0.7	0.0	-0.9	-0.3	-0.3	-0.1	0.0	0.5	0.0	-0.5	-0.3	0.3	0.9	0.3	0.2
Germany	0.0	1.5	2.1	-1.0	1.3	0.6	1.1	1.6	-0.1	-2.6	1.2	0.7	1.4	-0.5	0.3	-0.3	0.0	-1.1	-0.1	0.3
Greece	-0.6	0.2	-0.6	-1.9	1.4	0.6	-2.9	-2.3	0.0	2.7	2.4	2.6	3.3	1.4	0.2	-0.5	1.1	..	..	..
Hungary	0.3	1.8	-2.0	-2.1	-0.3	2.7	2.2	1.5	0.7	2.6	1.3	2.0	1.4	0.4	-0.4	1.0	0.9	5.7	0.8	1.0
Iceland	-0.7	6.1	2.3	-3.2	-2.2	-8.6	-5.6	8.5	9.4	13.1	-1.0	-1.1	-0.2	3.7	-3.0	-1.5	-1.4	-1.1	-1.5	-1.8
India	-0.5	0.6	1.3	-1.0	0.4	-1.0	-0.7	-0.3	-3.8	1.0	-1.6	-0.7	-1.2	3.2	1.6	0.5	0.2	..	..	..
Indonesia	-0.2	-0.6	0.5	0.8	-1.8	-0.1	0.2	-0.1	-0.1	1.7	0.0	0.2	-1.5	0.6	-0.3	0.5	0.1	..	..	..
Ireland	2.2	2.6	2.8	1.4	0.6	-1.9	-0.7	1.4	1.1	3.3	3.2	5.7	-0.8	0.6	2.2	0.8	1.3	-14.3	3.2	-0.6
Israel	0.8	-2.0	-0.3	3.0	1.9	0.6	0.8	-0.2	1.7	1.1	0.3	-1.2	-0.5	0.6	-0.4	-0.3	0.0	3.8	0.1	0.0
Italy	0.3	0.2	-0.9	-0.7	0.3	0.1	0.1	0.2	0.2	-1.3	-0.2	1.2	2.9	0.8	0.3	0.3	0.7	1.5	0.8	0.3
Japan	0.1	-0.8	0.8	0.7	0.8	0.3	0.8	1.1	0.2	-1.5	1.8	-0.9	-0.9	-0.3	0.0	0.3	0.2	1.1	0.1	0.3
Korea	1.4	0.4	-0.4	1.2	3.0	0.3	0.2	0.5	1.7	3.2	-1.4	0.8	1.5	1.5	0.5	-0.3	0.4	-0.3	0.6	0.2
Latvia	-0.7	-3.7	0.6	-4.1	-5.3	0.0	-9.1	-5.0	7.1	11.5	0.2	-5.6	2.3	1.0	0.4	-0.5	-0.1	..	..	..
Luxembourg	2.1	0.2	3.6	-1.9	2.9	1.7	3.7	3.0	-0.7	-2.0	0.8	-1.1	-0.3	1.6	1.5	0.7	1.5	-1.6	1.1	2.2
Mexico	-0.8	-0.8	-0.1	-0.6	0.0	-0.9	-0.9	-0.6	-1.4	1.7	-0.2	-0.1	0.4	-0.3	0.2	0.6	0.3	-0.5	0.3	0.2
Netherlands	0.3	-0.5	-0.1	0.0	1.3	0.9	0.3	1.0	-0.1	-1.0	1.0	1.0	0.6	1.1	0.4	1.1	0.8	0.1	0.7	0.8
New Zealand	-0.1	0.4	-0.6	-1.8	-3.1	-2.0	1.2	-1.4	-1.3	5.4	-2.0	-1.1	-0.2	-1.5	-1.4	-0.7	-0.1	3.4	-0.4	0.4
Norway	0.2	1.5	-0.4	-0.4	-2.0	-2.0	-2.8	-2.2	-0.9	1.0	-2.1	-1.4	-0.3	-2.4	0.5	0.3	0.3	9.5	-0.1	0.2
Poland	-0.8	1.9	0.5	1.0	-1.3	1.0	-1.0	-2.4	-1.2	2.9	-0.5	0.9	2.1	1.4	-1.3	-0.6	-0.1	-1.5	-0.2	0.0
Portugal	-1.2	0.2	0.9	1.0	-1.4	-0.6	0.6	0.1	-1.1	0.9	-0.1	4.3	3.6	0.9	-1.1	0.6	0.3	3.2	0.3	0.4
Russian Federation	-0.1	-0.3	0.0	0.0	-0.3	-0.3	-0.7	-0.6	-0.7	1.3	-1.1	-0.5	-0.4	0.5	0.3	0.5	0.5	..	..	..
Slovak Republic	0.3	-5.0	0.3	5.4	-0.9	-2.1	1.5	3.8	-0.5	2.2	0.4	1.7	5.8	1.4	-0.2	0.2	0.7	0.1	0.7	1.0
Slovenia	-2.1	1.6	1.1	-1.7	-0.5	2.1	1.0	-2.0	0.2	1.9	2.1	1.4	2.9	1.0	1.9	1.9	1.4	5.8	1.1	2.6
South Africa	0.2	0.6	-1.1	-2.2	-2.6	-0.1	-2.4	-0.2	-0.3	-0.2	-0.6	-1.6	-1.7	0.7	0.9	0.1	0.0	..	..	..
Spain	0.0	-0.1	-0.7	-0.8	-1.7	-1.6	-1.2	-0.6	1.6	2.8	0.5	2.1	2.2	1.4	-0.8	-0.1	0.1	0.7	0.1	0.1
Sweden	1.0	1.0	1.0	0.4	2.1	0.4	0.8	-0.9	-0.6	-1.1	0.3	-0.1	0.3	0.2	-1.0	-0.1	0.1	0.3	0.1	0.1
Switzerland	0.4	-0.5	0.0	-0.7	3.0	-0.8	1.9	3.7	-0.1	-4.3	3.3	-1.8	2.1	2.6	0.5	1.9	0.4	11.6	0.4	0.8
Turkey	-0.3	6.5	-3.0	-3.8	-2.4	-1.3	-0.3	-1.3	1.7	2.8	-4.3	-1.2	4.0	-2.9	1.8	-0.8	-0.2	..	..	..
United Kingdom	-0.3	-0.8	-0.8	-0.1	-0.7	0.3	0.4	-0.3	0.9	0.7	-0.8	1.3	-0.8	0.0	-0.5	-0.4	-0.1	3.2	-0.1	-0.1
United States	-0.5	-0.2	-0.6	-0.4	-0.6	-0.3	-0.1	0.6	1.1	1.3	-0.4	0.0	0.0	0.2	-0.2	-0.8	-0.4	-1.0	-0.5	-0.4
Euro area	0.2	0.6	0.6	-0.7	0.4	-0.1	0.2	0.3	0.1	-0.7	0.6	0.9	1.4	0.4	0.0	0.0	0.3	0.1	0.3	0.3
Total OECD	-0.1	0.1	-0.2	-0.4	-0.1	-0.2	0.0	0.2	0.4	0.5	-0.2	0.2	0.5	0.2	0.0	-0.2	0.0	-0.3	0.0	0.0

Note: The adoption of national accounts systems has been proceeding at an uneven pace among OECD member countries, both with respect to variables and the time period covered. As a consequence, there are breaks in many national series. For further information, see table "National Accounts Reporting Systems, base years and latest data updates" at the beginning of the Statistical Annex.

1. Contributions to per cent change from the previous period, seasonnally adjusted at annual rates.

Source: OECD Economic Outlook 97 database.

StatLink http://dx.doi.org/10.1787/888933222618

Annex Table 10. **Output gaps**

Deviations of actual GDP from potential GDP as a per cent of potential GDP

	1997	1998	1999	2000	2001	2002	2003	2004	2005	2006	2007	2008	2009	2010	2011	2012	2013	2014	2015	2016
Australia	-1.2	0.1	0.4	0.3	0.1	0.9	0.7	1.4	1.4	0.7	1.8	1.0	-0.2	-0.9	-1.1	-0.4	-1.1	-1.0	-1.3	-1.0
Austria	-0.7	0.5	1.6	2.9	1.7	1.1	-0.3	0.3	0.4	2.1	3.8	3.3	-2.0	-1.5	0.3	0.2	-0.8	-1.5	-2.2	-1.9
Belgium	-0.4	-0.8	0.5	1.6	0.1	-0.4	-1.3	0.3	0.4	1.3	2.8	2.2	-1.6	-0.2	0.4	-0.5	-1.1	-1.2	-1.1	-0.7
Canada	-1.4	-0.7	0.8	2.5	1.0	0.9	0.1	0.7	1.4	1.6	1.4	0.5	-3.7	-2.1	-1.1	-1.2	-1.1	-0.5	-0.8	-0.3
Chile	3.5	1.8	-3.1	-2.1	-2.5	-3.6	-3.7	-1.0	0.8	2.0	2.8	1.4	-3.8	-2.3	-0.8	0.3	0.5	-1.4	-2.0	-2.0
Czech Republic	1.8	-1.4	-2.8	-1.2	-1.4	-3.4	-3.4	-2.3	0.3	3.8	6.2	6.1	-0.7	0.1	0.8	-1.1	-3.0	-2.6	-1.6	-1.7
Denmark	1.2	1.1	1.9	3.6	2.5	1.2	0.1	1.4	2.7	5.2	4.7	2.9	-3.0	-1.9	-1.1	-2.1	-3.1	-2.5	-1.3	0.1
Estonia	..	..	..	..	-2.2	-2.1	-0.9	0.1	4.7	10.9	15.2	5.7	-11.1	-9.5	-3.6	-1.4	-2.2	-2.5	-2.9	-2.4
Finland	-1.8	-0.2	0.4	2.0	0.9	-0.6	-1.5	-0.2	0.1	2.1	5.7	5.1	-3.9	-1.1	1.2	-0.5	-2.2	-2.8	-3.2	-3.0
France	-1.6	-0.3	0.7	2.3	1.9	1.0	0.1	1.0	1.1	2.2	3.0	1.7	-2.2	-1.3	-0.2	-1.0	-1.3	-2.3	-2.5	-2.3
Germany	-0.6	-0.5	-0.3	1.2	1.4	0.2	-1.4	-1.6	-1.7	0.8	2.7	1.9	-4.8	-2.2	0.0	-0.6	-1.4	-0.9	-0.4	0.8
Greece	-1.1	-0.4	-1.2	-1.0	-1.2	-1.6	1.4	3.5	2.6	7.0	9.6	8.7	4.6	0.5	-6.8	-11.3	-13.9	-12.6	-12.7	-11.5
Hungary	-1.6	-1.4	-2.2	-2.0	-1.7	-0.5	0.2	2.0	4.0	6.0	4.8	4.4	-2.6	-2.2	-0.8	-3.2	-2.6	-0.5	0.7	0.9
Iceland	-2.0	0.7	1.1	2.1	2.2	-0.5	-0.9	3.5	5.1	4.2	9.4	6.9	-0.8	-5.3	-4.3	-4.3	-2.2	-1.9	-0.2	0.4
Ireland	2.5	4.0	7.2	9.8	8.6	8.7	6.4	5.9	6.9	8.1	9.1	2.7	-5.8	-7.2	-5.4	-6.3	-6.8	-3.6	-1.9	-0.7
Israel	0.9	0.2	-0.6	4.0	0.4	-2.9	-5.4	-3.8	-3.0	-1.2	1.1	1.5	-0.2	1.7	1.8	0.8	0.4	-0.2	0.0	0.3
Italy	0.2	0.3	0.4	2.9	3.1	1.9	0.9	1.2	1.4	2.6	3.3	1.8	-3.9	-2.4	-1.7	-4.4	-5.8	-6.1	-5.6	-4.5
Japan	1.1	-2.2	-3.4	-2.2	-2.7	-3.1	-2.1	-0.4	0.3	1.4	2.9	1.2	-4.8	-0.7	-1.6	-0.3	0.8	0.1	0.3	1.1
Luxembourg	-3.4	-1.6	1.8	5.5	2.8	1.8	-0.9	0.2	0.9	2.7	6.4	4.0	-3.9	-1.1	-0.9	-3.5	-3.9	-3.4	-3.3	-3.2
Mexico	1.6	2.7	2.0	3.7	0.4	-1.9	-2.8	-1.1	-0.3	2.2	3.0	1.7	-4.8	-2.0	-0.4	0.7	-0.2	-0.8	-0.8	-0.4
Netherlands	-0.4	0.7	1.8	3.2	2.2	-0.1	-1.7	-1.9	-1.1	1.1	3.7	4.3	-0.2	0.0	1.0	-1.3	-2.7	-2.7	-1.8	-1.0
New Zealand	0.8	-1.7	-0.6	-0.1	-1.4	0.4	1.6	2.6	2.2	1.7	2.8	-0.4	-1.5	-1.2	-1.8	-1.1	-0.9	-0.5	0.1	0.2
Norway[1]	1.6	2.0	1.0	1.0	-0.2	-1.7	-3.6	-1.8	-0.2	1.6	4.2	2.9	-1.3	-1.7	-1.8	-0.1	-0.1	-0.2	-1.1	-1.2
Poland	0.7	0.2	0.0	-0.3	-3.3	-5.5	-5.3	-3.7	-3.9	-1.8	1.0	0.7	-0.5	-0.2	1.3	0.0	-1.1	-0.7	-0.3	0.1
Portugal	1.4	2.8	3.5	4.3	3.6	2.2	-0.4	0.1	-0.3	0.4	2.1	1.5	-1.9	-0.2	-2.1	-5.8	-7.1	-6.3	-5.0	-3.7
Slovak Republic	2.5	0.5	-4.7	-7.8	-8.8	-8.5	-7.2	-6.0	-3.5	0.6	7.1	8.7	-0.2	1.5	1.1	-0.1	-1.1	-1.6	-1.5	-1.0
Slovenia	..	..	..	-0.7	-1.4	-1.1	-1.7	-0.7	0.2	2.8	6.9	7.7	-2.1	-1.5	-1.1	-4.0	-5.2	-3.7	-2.9	-2.6
Spain	-1.2	-0.4	0.4	2.1	2.6	2.0	1.8	1.7	2.3	3.6	4.7	3.6	-1.4	-2.3	-3.5	-5.9	-7.3	-6.4	-4.1	-2.0
Sweden	-2.9	-1.8	-0.7	1.0	-0.3	-0.9	-1.0	0.4	0.8	3.4	4.7	1.9	-4.7	-0.8	0.0	-1.7	-2.3	-2.1	-1.6	-1.0
Switzerland	-1.5	-0.2	-0.3	1.7	1.2	-0.5	-2.2	-1.4	-0.5	1.2	3.0	3.0	-1.1	-0.1	-0.2	-0.9	-0.9	-1.0	-2.2	-2.6
Turkey	3.5	2.7	-3.9	-1.0	-9.3	-6.1	-3.7	1.6	5.5	7.5	7.2	3.1	-5.7	-1.4	2.2	-0.5	-1.0	-2.4	-3.5	-3.7
United Kingdom	-0.7	-0.2	-0.2	0.4	0.0	-0.4	1.1	1.1	1.7	2.8	3.5	1.7	-3.5	-2.4	-1.7	-2.2	-1.8	-0.8	-0.5	-0.5
United States	-0.1	1.1	2.5	3.4	1.3	0.4	0.7	2.1	3.0	3.2	2.7	0.1	-4.5	-3.8	-3.9	-3.4	-3.0	-2.5	-2.4	-1.6
Euro area	-0.7	-0.1	0.5	2.1	2.0	1.0	-0.1	0.2	0.4	2.2	3.6	2.6	-2.9	-1.7	-0.9	-2.3	-3.3	-3.2	-2.7	-1.7
Total OECD	0.0	0.0	0.5	1.8	0.5	-0.2	-0.3	0.8	1.5	2.5	3.1	1.4	-3.6	-2.2	-1.8	-2.1	-2.2	-2.0	-1.9	-1.2

Note: Potential output follows the methodology described in Johansson et al. (2013), "Long-term growth scenarios", *OECD Economics Department Working Papers,* no. 1000.

1. Mainland Norway.

Source: OECD Economic Outlook 97 database.

StatLink http://dx.doi.org/10.1787/888933222628

Annex Table 11. **Compensation per employee in the total economy**

Percentage change from previous period

	Average 1987-1997	1998	1999	2000	2001	2002	2003	2004	2005	2006	2007	2008	2009	2010	2011	2012	2013	2014	2015	2016
Australia	4.7	2.9	3.4	3.5	4.7	3.7	3.5	5.2	3.6	4.5	6.3	4.0	1.0	5.3	5.7	3.2	0.9	2.0	1.6	2.5
Austria	3.8	2.7	2.0	2.4	1.5	2.1	1.7	2.1	2.1	3.1	3.0	3.3	1.6	1.1	2.0	2.7	2.1	1.8	0.9	1.1
Belgium	4.2	1.4	3.5	2.2	3.5	3.9	2.0	1.8	1.9	3.7	3.5	3.6	1.2	1.3	3.1	3.3	2.5	1.0	0.5	1.0
Canada	3.6	2.9	2.3	5.2	1.9	1.6	2.4	4.1	4.7	4.8	3.4	3.1	1.8	1.4	3.5	3.2	2.3	2.7	2.7	2.9
Czech Republic	..	8.5	6.2	7.5	8.4	7.8	7.7	7.9	3.9	5.9	6.2	4.1	-0.6	3.3	2.8	1.4	-0.6	3.0	2.5	3.9
Denmark	3.7	4.0	4.1	3.2	4.1	3.8	3.6	3.2	3.4	3.6	3.8	3.9	2.8	3.2	1.4	1.6	1.3	1.8	1.9	2.1
Finland	4.9	4.7	3.4	3.9	3.6	1.7	2.2	3.6	3.5	3.4	3.3	4.3	2.0	2.2	3.6	2.8	2.0	1.4	1.3	1.0
France	2.9	1.6	1.8	2.5	2.8	3.5	2.9	3.4	3.0	3.2	2.5	2.6	1.6	2.8	2.3	2.2	1.6	1.4	1.6	2.1
Germany	3.8	0.9	1.1	1.4	1.9	1.3	1.5	0.2	0.2	1.0	0.9	2.1	0.2	2.6	2.9	2.5	1.9	2.5	3.2	3.3
Greece	14.4	6.4	7.7	4.4	5.8	10.9	6.6	3.7	4.1	2.7	4.7	3.3	3.2	-2.6	-2.3	-2.0	-7.1	-1.6	-1.8	-0.7
Hungary	..	14.5	6.5	15.0	15.2	13.6	9.9	10.3	7.1	5.6	6.2	7.4	-1.4	0.7	3.4	1.8	1.5	3.2	3.4	3.9
Iceland	8.5	11.5	7.9	9.0	7.4	8.8	2.1	10.2	8.9	12.6	7.2	5.1	-3.6	5.5	7.9	6.2	3.4	2.6	7.5	5.8
Ireland	4.9	4.3	5.0	7.7	7.9	5.4	6.4	5.2	5.5	4.3	5.9	5.3	-1.0	-3.8	1.2	0.8	2.0	3.8	3.2	3.5
Israel	..	6.6	6.2	6.1	2.5	0.6	-2.0	0.3	1.9	5.6	2.5	2.9	-0.8	3.8	4.3	2.4	2.2	1.3	1.7	2.4
Italy	6.2	-1.3	2.1	2.5	2.9	2.4	3.0	3.2	2.8	2.3	2.1	2.9	0.5	2.3	1.1	-1.1	0.6	0.8	0.7	1.0
Japan	2.1	-0.9	-1.5	-0.2	-0.9	-2.1	-2.0	-1.4	-0.1	-0.9	-1.3	0.3	-3.8	-0.1	0.4	0.4	-0.1	0.8	1.5	2.8
Korea	12.8	3.7	3.3	3.9	7.2	6.3	7.2	4.8	5.8	3.7	4.6	3.9	2.2	3.8	3.7	3.2	2.2	2.3	1.4	2.5
Luxembourg	4.4	0.9	3.9	4.8	3.3	4.2	1.1	4.0	3.5	4.2	4.9	2.3	1.4	2.0	2.1	1.5	3.6	2.4	1.8	2.1
Mexico	..	20.7	20.5	15.9	10.8	5.5	6.7	4.4	5.9	4.6	5.8	5.4	2.8	-1.9	5.8	3.0	3.5	3.2	2.6	2.7
Netherlands	2.2	3.7	3.8	5.5	3.1	4.1	3.2	3.1	1.1	1.6	3.2	3.8	2.4	0.4	1.8	2.4	2.1	1.5	0.4	2.5
Norway	4.2	7.0	5.5	4.9	5.7	4.3	4.1	4.3	4.6	5.5	6.3	6.2	3.4	3.1	4.7	4.6	4.4	3.4	2.9	2.7
Poland	..	14.0	13.7	10.8	10.3	2.4	1.5	1.2	2.2	2.5	4.9	8.6	3.4	5.3	5.5	3.7	2.5	-0.2	3.4	4.5
Portugal	10.8	5.8	5.2	6.0	4.3	3.1	3.3	2.4	4.4	1.7	3.7	2.8	2.5	2.4	-2.5	-3.0	3.7	-1.9	0.0	0.7
Slovak Republic	..	9.9	6.6	13.2	5.6	8.9	7.8	8.1	9.1	7.9	8.7	6.6	2.6	5.5	2.0	2.6	2.6	3.4	2.3	3.5
Slovenia	..	8.6	8.2	10.5	11.6	8.2	7.9	7.6	6.2	5.4	6.1	7.0	2.3	3.6	1.7	-1.2	1.8	-0.2	0.1	0.9
Spain	6.7	1.8	2.0	2.8	3.8	3.5	2.8	2.3	2.9	3.3	4.6	6.7	4.5	0.2	0.8	-1.3	0.8	-0.3	-0.1	0.6
Sweden	6.5	-1.7	3.9	6.8	4.2	3.2	3.7	4.3	3.1	3.1	5.3	3.7	2.7	2.2	3.2	3.0	1.7	2.3	2.6	2.7
Switzerland	3.8	0.0	1.5	2.4	3.8	1.4	0.0	0.1	2.5	1.8	3.1	1.5	1.1	0.6	1.1	0.9	1.3	0.8	0.3	1.3
United Kingdom	5.9	6.9	4.9	5.7	5.6	2.8	4.9	4.5	3.7	5.8	5.4	1.0	1.9	3.4	1.0	2.0	1.9	1.7	2.7	3.3
United States	3.7	4.9	4.1	6.4	3.3	2.7	3.9	4.8	3.4	4.0	4.2	2.8	0.8	2.9	2.6	2.4	1.1	2.2	2.5	3.0
Euro area	4.9	1.7	2.3	2.9	3.0	3.0	2.7	2.3	2.3	2.5	2.7	3.4	1.5	1.9	1.8	1.1	1.4	1.4	1.5	2.0
Total OECD	5.5	4.8	4.5	5.3	3.9	2.7	3.2	3.2	3.1	3.1	3.4	3.1	0.8	1.9	2.6	1.9	1.4	1.8	2.1	2.7

Source: OECD Economic Outlook 97 database.

StatLink http://dx.doi.org/10.1787/888933222636

Annex Table 12. **Labour productivity in the total economy**

Percentage change from previous period

	Average 1987-1997	1998	1999	2000	2001	2002	2003	2004	2005	2006	2007	2008	2009	2010	2011	2012	2013	2014	2015	2016
Australia	1.5	3.3	2.2	0.7	1.3	2.0	0.7	2.2	-0.1	0.2	1.4	-0.3	0.9	0.3	0.9	2.5	1.1	1.8	0.8	1.4
Austria	2.2	2.5	2.0	2.7	0.5	1.7	0.1	2.0	1.0	1.8	1.7	-0.6	-3.2	0.8	1.5	-0.2	-0.6	-0.5	0.2	0.8
Belgium	1.9	0.3	2.3	1.5	-0.5	1.8	1.0	2.4	0.5	1.5	1.3	-0.8	-2.4	1.8	0.2	-0.2	0.6	0.7	0.6	0.8
Canada	1.1	1.6	2.4	2.6	0.5	0.5	-0.5	1.4	1.9	0.9	-0.3	-0.2	-1.1	1.9	1.4	0.6	0.6	1.8	0.6	1.2
Chile	4.7	2.0	0.8	3.4	2.1	0.8	-0.1	4.1	2.3	4.1	2.4	0.3	-0.4	-2.0	0.6	3.5	2.1	0.3	2.2	2.8
Czech Republic	..	1.5	3.5	5.5	3.3	0.9	4.4	5.0	4.5	5.6	3.4	0.4	-2.9	3.2	2.3	-1.1	-1.1	1.6	2.0	1.9
Denmark	2.0	0.8	2.2	3.0	-0.1	0.4	1.3	3.2	1.0	1.6	-1.4	-1.8	-2.2	4.0	1.2	-0.4	-0.5	0.4	0.8	0.9
Estonia	..	8.9	4.3	11.6	5.5	6.2	5.2	6.8	7.1	5.3	7.7	-5.1	-5.1	7.8	1.6	2.9	0.4	1.3	1.5	3.2
Finland	3.1	3.5	1.9	3.4	1.1	0.6	1.9	3.3	1.2	2.2	3.0	-1.5	-6.0	3.7	1.3	-2.3	0.2	0.2	0.3	1.1
France	1.7	1.8	0.9	1.5	0.5	0.7	0.8	2.5	0.9	1.5	0.9	-0.4	-1.8	1.8	1.3	-0.1	0.7	-0.1	0.9	1.1
Germany	2.0	0.5	0.2	0.9	2.1	0.5	0.4	0.4	0.9	3.1	1.6	-0.5	-5.7	3.6	2.3	-0.5	-0.4	0.8	0.9	1.6
Greece	1.7	-0.2	3.0	3.9	3.2	0.7	5.1	2.4	0.2	3.9	2.0	-1.7	-3.8	-2.7	-2.1	1.3	-0.2	0.0	-1.2	-0.5
Hungary	..	2.6	0.4	3.2	4.0	4.6	3.7	5.7	4.7	3.6	0.4	2.8	-4.1	1.1	1.7	-1.9	0.7	0.4	0.5	1.3
Iceland	1.3	2.2	0.5	2.7	2.0	1.9	2.6	8.7	2.6	-0.8	5.0	0.2	1.1	-2.7	2.4	0.3	0.1	0.3	-0.4	1.5
Ireland	3.9	0.0	3.5	4.8	2.1	4.2	1.1	1.2	0.7	0.8	0.5	-2.0	1.6	3.9	4.7	0.3	-2.1	3.0	1.9	1.7
Israel	..	0.6	0.2	5.3	-1.4	-0.6	0.2	2.8	0.6	2.3	1.8	0.3	-0.5	2.6	1.2	-1.0	0.7	0.1	1.3	1.1
Italy	1.8	0.5	0.4	1.9	-0.3	-1.4	-1.2	0.8	0.6	0.1	0.1	-1.3	-3.9	2.3	0.4	-2.5	0.1	-0.4	0.1	0.5
Japan	1.9	-1.4	0.6	2.5	0.9	1.6	1.9	2.2	0.9	1.2	1.6	-0.8	-4.1	5.0	-0.3	2.1	0.9	-0.7	0.5	1.3
Korea	5.6	0.6	9.4	4.5	2.5	4.6	3.1	2.8	2.6	3.8	4.2	2.2	1.0	5.1	1.9	0.5	1.3	1.1	1.2	2.1
Luxembourg	2.0	1.9	3.3	2.7	-3.5	0.4	-0.6	2.5	1.3	1.0	1.9	-4.1	-6.3	3.3	-0.3	-2.5	0.0	0.7	0.5	0.6
Mexico	..	2.0	1.5	2.7	-0.6	-2.1	0.6	0.5	2.6	1.5	1.4	-1.1	-3.4	-2.8	3.4	-0.7	1.1	2.4	2.2	2.5
Netherlands	1.1	1.8	1.6	2.6	-0.2	-0.7	0.9	2.8	1.7	1.7	1.2	0.4	-2.5	1.7	0.9	-1.2	0.6	1.2	1.0	1.0
New Zealand	2.1	-1.8	1.3	4.2	-0.4	2.1	1.8	1.1	-1.4	0.1	2.6	-3.2	1.6	0.7	-0.1	3.1	-0.3	-0.3	0.6	1.5
Norway	2.8	0.0	1.1	2.6	1.7	1.0	2.1	3.3	1.3	-1.0	-1.1	-2.8	-1.2	1.1	-0.5	0.7	-0.5	1.1	0.9	1.0
Poland	..	3.7	8.7	6.2	3.6	4.6	4.8	3.9	1.3	2.9	2.7	0.1	2.3	3.2	4.2	1.6	1.8	1.7	2.2	2.9
Portugal	2.1	1.9	2.3	1.6	0.2	0.4	0.0	2.5	1.2	1.2	2.5	-0.2	-0.3	3.4	0.1	0.1	1.3	-0.5	1.0	1.1
Slovak Republic	..	4.5	2.4	3.2	2.7	4.6	4.3	5.5	4.8	6.1	8.4	2.2	-3.4	6.4	0.9	1.6	2.2	1.0	1.9	2.3
Slovenia	..	3.4	3.7	2.6	2.4	2.3	3.1	4.0	4.5	4.0	3.5	0.7	-6.1	3.5	2.3	-1.8	0.5	2.0	1.5	1.4
Spain	1.3	-0.1	-0.1	0.3	0.6	0.3	-0.1	-0.6	-0.5	0.0	0.5	0.9	2.9	1.8	2.0	1.7	1.4	0.1	0.1	0.0
Sweden	2.3	2.4	2.1	2.4	-0.4	2.0	3.1	4.6	2.5	3.2	1.2	-1.6	-2.8	4.7	0.6	-0.7	0.3	0.8	1.8	1.6
Switzerland	0.7	1.6	0.9	2.9	-0.2	-0.6	0.4	2.6	2.3	1.9	1.5	-0.1	-2.6	2.4	-0.6	-0.4	0.6	0.3	-0.6	0.5
Turkey	2.3	0.4	-4.5	9.0	-5.7	6.5	6.1	7.3	6.1	5.1	3.2	-1.1	-5.1	3.0	2.5	-1.0	1.3	-2.1	0.5	1.7
United Kingdom	1.7	2.5	1.7	2.6	1.8	1.6	3.3	1.3	1.7	2.0	1.7	-1.2	-2.8	1.7	1.1	-0.4	0.5	0.5	0.7	1.2
United States	1.3	2.1	2.6	2.4	1.1	3.0	2.8	2.7	1.7	0.9	0.9	0.4	1.5	3.2	0.6	0.7	0.8	0.5	0.0	1.7
Euro area	1.8	1.0	0.8	1.6	0.9	0.3	0.4	1.3	0.8	1.7	1.2	-0.4	-2.7	2.4	1.4	-0.4	0.3	0.3	0.6	1.0
Total OECD	1.9	1.3	1.9	2.7	0.8	1.7	1.9	2.3	1.7	1.7	1.4	-0.2	-1.4	2.5	1.2	0.3	0.7	0.5	0.7	1.5

Note: Labour productivity measured as GDP per person employed.

Source: OECD Economic Outlook 97 database.

StatLink http://dx.doi.org/10.1787/888933222646

Annex Table 13. **Unemployment rates: commonly used definitions**

Per cent of labour force

	2014 Unemployment thousands	2001	2002	2003	2004	2005	2006	2007	2008	2009	2010	2011	2012	2013	2014	2015	2016	Fourth quarter 2014	Fourth quarter 2015	Fourth quarter 2016
Australia	747	6.7	6.4	5.9	5.4	5.0	4.8	4.4	4.2	5.6	5.2	5.1	5.2	5.7	6.1	6.0	5.8	6.2	6.0	5.7
Austria	247	3.6	4.0	4.3	5.5	5.7	5.3	4.9	4.2	5.4	4.9	4.6	4.9	5.4	5.7	5.8	5.7	5.7	5.9	5.5
Belgium	430	6.7	7.6	8.2	8.3	8.4	8.2	7.5	7.1	7.9	8.2	7.2	7.7	8.4	8.5	8.5	8.1	8.6	8.4	8.0
Canada	1 322	7.2	7.7	7.6	7.2	6.8	6.3	6.0	6.1	8.3	8.0	7.5	7.3	7.1	6.9	6.7	6.5	6.7	6.7	6.5
Chile	534	9.9	9.8	9.5	10.0	9.2	7.8	7.1	7.8	9.7	8.1	7.2	6.4	6.0	6.3	6.2	6.3	6.4	6.3	6.3
Czech Republic	323	8.2	7.3	7.8	8.3	7.9	7.1	5.3	4.4	6.7	7.3	6.7	7.0	6.9	6.1	5.7	5.5	5.8	5.7	5.4
Denmark	190	4.5	4.6	5.4	5.5	4.8	3.9	3.8	3.5	6.0	7.5	7.6	7.5	7.0	6.5	6.2	6.2	6.3	6.4	6.2
Estonia	49	13.0	11.1	10.5	10.1	8.0	5.9	4.6	5.6	13.5	16.6	12.3	10.0	8.6	7.3	6.5	6.1	6.6	6.3	5.9
Finland	233	9.1	9.1	9.0	8.8	8.4	7.7	6.8	6.4	8.3	8.4	7.8	7.7	8.2	8.7	8.8	8.7	9.1	8.7	8.8
France	2 813	7.4	7.5	8.1	8.5	8.5	8.5	7.7	7.1	8.8	8.9	8.8	9.4	9.9	9.8	10.1	10.0	10.0	10.1	10.0
Germany	2 094	7.8	8.6	9.7	10.3	11.0	10.0	8.6	7.4	7.7	7.0	5.9	5.4	5.2	5.0	4.7	4.5	4.9	4.6	4.4
Greece	1 274	10.8	10.4	9.8	10.6	10.0	9.0	8.4	7.8	9.6	12.7	17.9	24.4	27.5	26.5	25.7	24.7	..	..	..
Hungary	343	5.7	5.8	5.9	6.1	7.2	7.5	7.4	7.8	10.0	11.2	11.0	11.0	10.2	7.7	6.9	6.2	7.4	6.6	5.9
Iceland	9	2.2	3.2	3.3	3.1	2.6	2.9	2.3	3.0	7.2	7.6	7.1	6.0	5.4	4.9	3.9	4.1	4.8	3.9	4.1
Ireland	243	3.9	4.4	4.7	4.5	4.3	4.4	4.7	6.4	12.0	13.8	14.6	14.7	13.1	11.3	9.9	9.2	10.4	9.7	8.9
Israel	225	11.6	12.8	13.3	12.9	11.3	10.5	9.1	7.7	9.5	8.3	7.1	6.8	6.3	6.0	5.5	5.4	5.7	5.5	5.4
Italy	3 237	9.0	8.5	8.4	8.0	7.7	6.8	6.1	6.7	7.8	8.4	8.4	10.6	12.2	12.7	12.7	12.1	13.0	12.4	11.9
Japan	2 363	5.0	5.4	5.3	4.7	4.4	4.1	3.8	4.0	5.0	5.0	4.6	4.3	4.0	3.6	3.5	3.3	3.5	3.5	3.3
Korea	936	4.0	3.3	3.6	3.7	3.7	3.5	3.2	3.2	3.7	3.7	3.4	3.2	3.1	3.5	3.6	3.5	3.5	3.6	3.4
Luxembourg	18	2.2	2.5	3.3	3.7	4.1	4.2	4.2	4.2	5.5	5.8	5.7	6.1	6.9	7.1	7.1	7.0	7.1	7.1	7.0
Mexico[1]	2 509	2.5	2.9	3.0	3.7	3.5	3.5	3.6	3.9	5.4	5.3	5.2	4.9	4.9	4.8	4.7	4.6	4.4	4.6	4.5
Netherlands	660	3.0	3.6	4.8	5.7	5.9	5.0	4.2	3.7	4.4	5.0	5.0	5.8	7.3	7.4	6.9	6.5	7.2	6.7	6.3
New Zealand	141	5.5	5.3	4.8	4.0	3.8	3.8	3.7	4.1	6.1	6.6	6.5	6.9	6.2	5.8	5.6	5.3	5.8	5.5	5.1
Norway	95	3.5	3.8	4.0	4.2	4.4	3.4	2.5	2.6	3.1	3.5	3.2	3.1	3.4	3.5	4.1	4.2	3.6	4.2	4.1
Poland	1 567	18.3	20.0	19.7	19.0	17.8	13.9	9.6	7.1	8.2	9.6	9.6	10.1	10.3	9.0	7.8	7.4	8.3	7.7	7.2
Portugal	727	4.0	5.0	6.3	6.6	7.6	7.6	8.0	7.6	9.5	10.8	12.6	15.5	16.2	13.9	13.2	12.6	13.5	13.0	12.3
Slovak Republic	359	19.3	18.7	17.6	18.2	16.2	13.3	11.1	9.5	12.0	14.4	13.6	14.0	14.2	13.2	12.4	11.6	12.6	12.3	11.0
Slovenia	98	6.2	6.3	6.7	6.3	6.5	5.9	4.8	4.4	5.9	7.2	8.2	8.8	10.1	9.7	9.4	9.1	9.6	9.1	8.9
Spain	5 610	10.5	11.5	11.5	11.0	9.1	8.5	8.2	11.3	17.9	19.9	21.4	24.8	26.1	24.4	22.3	20.3	23.7	21.5	19.7
Sweden	411	5.8	6.0	6.6	7.4	7.7	7.1	6.1	6.2	8.3	8.6	7.8	8.0	8.0	7.9	7.7	7.6	7.8	7.7	7.5
Switzerland	215	1.6	2.4	3.7	4.3	4.3	3.9	3.6	3.3	4.3	4.5	4.0	4.1	4.3	4.4	4.5	4.6	4.2	4.7	4.5
Turkey	2 863	7.8	9.8	9.9	9.7	9.5	9.0	9.2	10.0	13.0	11.1	9.1	8.4	9.0	10.0	10.3	10.1	..	..	..
United Kingdom	2 027	5.1	5.2	5.0	4.8	4.8	5.4	5.3	5.7	7.6	7.9	8.1	8.0	7.6	6.2	5.4	5.1	5.7	5.2	5.0
United States	9 596	4.8	5.8	6.0	5.5	5.1	4.6	4.6	5.8	9.3	9.6	8.9	8.1	7.4	6.2	5.5	5.2	5.7	5.4	5.1
Euro area	18 094	8.0	8.4	8.9	9.1	9.0	8.3	7.5	7.5	9.5	10.0	10.1	11.3	11.9	11.5	11.1	10.5	11.4	10.8	10.3
Total OECD	44 509	6.2	6.8	6.9	6.8	6.6	6.0	5.6	5.9	8.1	8.3	7.9	7.9	7.9	7.3	6.9	6.6	7.1	6.8	6.5

Note: Labour market data are subject to differences in definitions across countries and to many breaks in series, though the latter are often of a minor nature.

1. Based on National Employment Survey.

Source: OECD Economic Outlook 97 database.

StatLink http://dx.doi.org/10.1787/888933222654

Annex Table 14. **Harmonised unemployment rates**

Per cent of civilian labour force

	1996	1997	1998	1999	2000	2001	2002	2003	2004	2005	2006	2007	2008	2009	2010	2011	2012	2013	2014
Australia	8.5	8.4	7.7	6.9	6.3	6.7	6.4	5.9	5.4	5.0	4.8	4.4	4.2	5.6	5.2	5.1	5.2	5.7	6.1
Austria	4.7	4.7	4.7	4.2	3.9	4.0	4.4	4.8	5.5	5.6	5.3	4.9	4.1	5.3	4.8	4.6	4.9	5.4	5.6
Belgium	9.5	9.2	9.3	8.5	6.9	6.6	7.5	8.2	8.4	8.4	8.3	7.5	7.0	7.9	8.3	7.2	7.6	8.5	8.5
Canada	9.6	9.1	8.3	7.6	6.8	7.2	7.7	7.6	7.2	6.8	6.3	6.1	6.1	8.4	8.1	7.5	7.3	7.1	6.9
Chile	6.3	6.1	6.4	10.1	9.7	9.9	9.8	9.5	10.0	9.2	7.8	7.1	7.8	9.7	8.2	7.1	6.4	5.9	6.4
Czech Republic	3.9	4.8	6.5	8.7	8.8	8.1	7.3	7.8	8.3	7.9	7.1	5.3	4.4	6.7	7.3	6.7	7.0	7.0	6.1
Denmark	6.3	5.2	4.9	5.2	4.3	4.5	4.6	5.4	5.5	4.8	3.9	3.8	3.5	6.0	7.5	7.6	7.5	7.0	6.5
Estonia	..	9.6	9.2	11.4	14.5	13.0	11.3	10.4	10.1	8.0	5.9	4.6	5.5	13.6	16.7	12.4	10.0	8.6	7.4
Finland	14.6	12.6	11.4	10.2	9.8	9.1	9.1	9.0	8.8	8.4	7.7	6.9	6.4	8.2	8.4	7.8	7.7	8.2	8.7
France	12.4	12.3	12.1	11.3	9.6	8.7	8.6	8.5	8.9	8.9	8.9	8.0	7.5	9.1	9.3	9.2	9.8	10.3	10.3
Germany	8.9	9.7	9.5	8.6	8.0	7.9	8.7	9.8	10.5	11.3	10.3	8.5	7.4	7.6	7.0	5.8	5.4	5.2	5.0
Greece	..	..	..	12.0	11.2	10.7	10.3	9.7	10.6	10.0	9.0	8.4	7.8	9.6	12.8	17.9	24.5	27.5	26.6
Hungary	9.9	9.1	8.7	6.9	6.3	5.6	5.6	5.7	6.1	7.2	7.5	7.4	7.8	10.0	11.2	11.1	11.0	10.1	7.7
Iceland	..	..	..	..	..	..	..	3.4	3.1	2.6	2.9	2.3	3.0	7.2	7.6	7.1	6.0	5.4	5.0
Ireland	11.7	9.9	7.6	5.6	4.2	3.9	4.5	4.6	4.5	4.4	4.5	4.7	6.4	12.0	13.9	14.7	14.7	13.1	11.3
Israel	6.7	7.7	8.5	8.9	8.8	9.3	10.3	10.7	10.4	9.0	8.4	7.3	6.1	7.5	6.6	5.6	6.9	6.2	5.9
Italy	11.2	11.2	11.3	10.9	10.1	9.0	8.5	8.4	8.0	7.7	6.8	6.1	6.7	7.8	8.4	8.4	10.6	12.1	12.7
Japan	3.4	3.4	4.1	4.7	4.7	5.0	5.4	5.3	4.7	4.4	4.1	3.8	4.0	5.1	5.1	4.6	4.4	4.0	3.6
Korea	2.1	2.6	7.0	6.6	4.4	4.0	3.3	3.6	3.7	3.7	3.5	3.3	3.2	3.7	3.7	3.4	3.2	3.1	3.5
Luxembourg	2.9	2.7	2.7	2.4	2.2	1.9	2.6	3.8	5.0	4.7	4.6	4.2	4.9	5.1	4.6	4.8	5.1	5.9	5.9
Mexico	5.5	3.7	3.2	2.5	2.5	2.8	3.0	3.4	3.9	3.6	3.6	3.7	4.0	5.5	5.4	5.2	5.0	4.9	4.8
Netherlands	7.7	6.5	5.1	4.2	3.7	3.1	3.7	4.8	5.7	5.9	5.0	4.2	3.7	4.4	5.0	5.0	5.8	7.2	7.4
New Zealand	6.3	6.8	7.7	7.0	6.2	5.5	5.3	4.8	4.0	3.8	3.9	3.7	4.2	6.1	6.6	6.5	6.9	6.2	5.8
Norway	4.8	3.9	3.1	3.0	3.2	3.4	3.7	4.2	4.3	4.5	3.4	2.5	2.6	3.2	3.6	3.3	3.2	3.5	3.5
Poland	..	10.9	10.2	13.4	16.1	18.3	20.0	19.8	19.1	17.9	14.0	9.6	7.0	8.1	9.7	9.7	10.1	10.3	9.0
Portugal	7.2	6.7	6.1	5.6	5.1	5.1	6.1	7.4	7.8	8.8	8.9	9.1	8.8	10.7	12.0	12.9	15.8	16.5	14.1
Slovak Republic	..	..	12.7	16.5	18.9	19.5	18.8	17.7	18.4	16.4	13.5	11.2	9.6	12.1	14.5	13.7	14.0	14.2	13.2
Slovenia	6.9	6.9	7.4	7.4	6.7	6.2	6.3	6.7	6.3	6.5	6.0	4.9	4.4	5.9	7.3	8.2	8.9	10.1	9.7
Spain	19.9	18.4	16.4	13.6	11.9	10.6	11.4	11.5	11.0	9.2	8.5	8.2	11.3	17.9	19.9	21.4	24.8	26.1	24.5
Sweden	9.6	9.9	8.2	6.7	5.6	5.8	6.0	6.6	7.4	7.6	7.0	6.1	6.2	8.3	8.6	7.8	8.0	8.0	7.9
Switzerland	..	..	..	..	..	..	..	..	..	..	..	..	..	..	4.5	4.0	4.2	4.4	4.5
Turkey	..	..	..	..	..	..	..	..	..	9.2	8.8	8.8	9.7	12.6	10.7	8.8	8.2	8.7	10.0
United Kingdom	7.9	6.8	6.1	5.9	5.4	5.0	5.1	5.0	4.7	4.8	5.4	5.3	5.6	7.6	7.8	8.1	7.9	7.6	6.2
United States	5.4	5.0	4.5	4.2	4.0	4.7	5.8	6.0	5.5	5.1	4.6	4.6	5.8	9.3	9.6	9.0	8.1	7.4	6.2
Euro area	10.8	10.8	10.6	9.8	8.9	8.3	8.6	9.1	9.3	9.1	8.4	7.5	7.6	9.6	10.2	10.2	11.4	12.0	11.6
Total OECD	7.2	6.9	6.8	6.6	6.1	6.3	6.9	7.0	6.9	6.6	6.1	5.6	6.0	8.1	8.3	7.9	7.9	7.9	7.4

Note: In so far as possible, the data have been adjusted to ensure comparability over time and to conform to the guidelines of the International Labour Office. Annual figures are calculated by averaging the monthly and/or quarterly estimates (for both unemployed and the labour force). Further information is available from OECD.stat *(http://stats.oecd.org/index.aspx)*, see the metadata relating to the harmonised unemployment rate.

Source: OECD, Main Economic Indicators.

StatLink http://dx.doi.org/10.1787/888933222667

Annex Table 15. **Labour force, employment and unemployment**

Millions

	2001	2002	2003	2004	2005	2006	2007	2008	2009	2010	2011	2012	2013	2014	2015	2016
Labour force																
Major seven countries	346.4	348.0	350.3	351.8	355.1	358.6	361.6	363.8	363.8	363.7	364.1	366.5	368.1	369.6	372.4	374.3
Total of smaller countries	198.3	201.6	203.3	207.4	210.5	213.7	216.9	220.4	223.3	226.3	229.4	232.7	235.0	238.0	240.5	242.8
Euro area	143.4	144.8	146.2	147.5	149.4	151.1	152.6	154.1	154.5	154.6	155.1	156.3	156.5	156.7	157.4	158.1
Total OECD	544.7	549.5	553.6	559.2	565.5	572.3	578.5	584.1	587.1	590.0	593.4	599.3	603.1	607.6	612.9	617.1
Employment																
Major seven countries	326.3	325.8	327.2	329.6	333.3	338.1	342.1	342.6	334.7	334.2	336.4	339.7	342.1	346.1	350.2	353.0
Total of smaller countries	184.5	186.6	187.9	191.4	195.1	199.7	203.9	206.8	204.8	206.9	210.0	212.1	213.5	217.0	220.2	223.3
Euro area	131.9	132.7	133.2	134.0	136.0	138.5	141.3	142.6	139.9	139.2	139.6	138.7	137.9	138.6	139.9	141.5
Total OECD	510.8	512.4	515.1	521.0	528.4	537.7	546.0	549.4	539.5	541.1	546.4	551.8	555.6	563.1	570.4	576.3
Unemployment																
Major seven countries	20.1	22.2	23.1	22.2	21.8	20.6	19.5	21.1	29.0	29.5	27.7	26.9	26.0	23.5	22.1	21.3
Total of smaller countries	13.8	14.9	15.4	15.9	15.4	14.0	12.9	13.6	18.5	19.4	19.4	20.6	21.5	21.1	20.3	19.6
Euro area	11.5	12.1	13.0	13.4	13.4	12.5	11.4	11.6	14.6	15.4	15.6	17.6	18.7	18.1	17.4	16.6
Total OECD	33.9	37.1	38.5	38.2	37.1	34.6	32.4	34.7	47.6	48.9	47.1	47.5	47.5	44.5	42.5	40.8

Source: OECD Economic Outlook 97 database.

StatLink http://dx.doi.org/10.1787/888933222678

Annex Table 16. **GDP deflators**

Percentage change from previous year

	Average 1990-00	2001	2002	2003	2004	2005	2006	2007	2008	2009	2010	2011	2012	2013	2014	2015	2016	Fourth quarter 2014	2015	2016
Australia	1.7	3.6	3.1	3.1	3.6	4.5	5.1	4.3	6.4	0.1	5.6	4.4	-0.4	1.2	0.4	-0.4	1.9	-0.8	0.4	2.3
Austria	1.8	1.8	1.2	1.3	1.7	2.7	1.8	2.3	1.9	1.9	0.9	1.8	1.8	1.5	1.7	1.1	1.5	1.7	1.0	1.7
Belgium	1.9	2.0	1.9	1.9	2.2	2.3	2.5	2.3	1.9	1.1	2.0	2.2	2.1	1.5	0.6	0.6	1.3	0.4	0.7	1.5
Brazil	..	8.1	9.9	13.9	7.8	7.5	6.7	6.4	8.9	7.4	8.5	8.3	5.9	6.5	6.9	7.1	5.9	..	..	..
Canada	1.8	1.6	1.2	3.3	3.3	3.2	2.7	3.2	3.9	-2.1	2.6	3.4	1.5	1.4	1.8	-0.4	1.9	1.3	0.4	2.1
Chile	7.8	4.2	3.9	5.0	7.6	7.1	12.6	4.8	0.5	3.8	8.8	3.4	0.8	1.8	5.5	4.9	3.3	5.8	3.9	3.7
China	..	2.0	0.6	2.6	6.9	3.9	3.9	7.8	7.8	-0.1	7.0	8.1	2.4	2.2	0.8	-0.1	0.8	..	..	..
Colombia	..	6.5	6.0	6.8	7.3	5.6	5.8	5.0	7.6	3.4	3.9	6.7	3.0	1.9	1.8	2.6	3.2	..	..	..
Czech Republic	..	4.8	2.7	1.1	4.0	0.1	0.7	3.5	2.0	2.6	-1.4	-0.2	1.4	1.7	2.4	1.2	1.6	1.8	1.3	1.7
Denmark	1.8	2.5	2.3	1.5	2.1	2.9	2.2	2.5	4.1	0.5	3.2	0.8	2.5	1.5	0.6	1.3	1.3	1.3	1.0	1.7
Estonia	..	6.3	5.0	4.3	4.8	6.0	8.7	11.3	7.4	0.4	1.5	3.0	2.7	4.5	2.1	1.1	2.0	1.5	1.1	2.2
Finland	1.8	3.3	1.0	0.2	0.6	0.9	0.9	2.8	3.1	1.9	0.4	2.6	3.0	2.5	1.1	0.5	0.6	0.9	0.1	0.9
France	1.3	2.0	2.1	1.9	1.6	1.9	2.2	2.6	2.4	0.1	1.1	0.9	1.2	0.8	0.6	1.0	0.8	0.9	0.9	0.9
Germany	1.8	1.3	1.3	1.2	1.1	0.6	0.3	1.7	0.8	1.8	0.7	1.1	1.5	2.1	1.7	1.8	1.5	1.6	1.9	1.5
Greece	9.3	3.4	3.5	3.2	3.2	2.0	3.4	3.4	4.3	2.6	0.9	0.6	0.0	-2.3	-2.6	-1.1	-0.2	..	..	..
Hungary	..	11.5	8.4	5.3	4.6	2.3	4.0	5.4	4.6	4.1	2.1	2.2	3.6	3.2	3.0	1.7	2.8	3.1	2.2	3.0
Iceland	3.6	8.7	5.6	0.5	2.6	3.5	8.8	4.3	11.4	8.0	5.5	2.6	3.2	2.0	4.0	5.9	3.3	7.2	3.4	2.7
India	..	3.4	3.2	3.7	5.3	4.3	5.9	5.8	9.1	4.4	9.6	8.8	7.6	6.8	4.2	4.4	5.2	..	..	..
Indonesia	..	14.3	5.9	5.5	8.6	14.3	14.1	11.3	18.1	6.0	7.3	7.5	3.8	4.7	5.4	5.2	4.5	..	..	..
Ireland	3.6	6.8	5.4	4.0	2.6	2.9	3.0	2.0	-2.4	-3.9	-1.6	0.9	1.3	1.0	1.2	2.2	1.8	3.1	0.8	2.3
Israel	9.8	1.6	4.3	-0.4	0.1	1.1	1.3	0.8	1.7	4.2	1.4	1.9	4.2	2.3	1.0	2.9	1.1	1.9	1.9	1.3
Italy	3.8	3.0	3.4	3.2	2.5	1.9	1.9	2.4	2.5	2.0	0.3	1.5	1.4	1.4	0.8	0.5	0.9	0.6	0.4	1.2
Japan	0.1	-1.2	-1.6	-1.7	-1.4	-1.3	-1.1	-0.9	-1.3	-0.5	-2.2	-1.9	-0.9	-0.6	1.7	2.2	1.1	2.4	1.8	1.4
Korea	5.1	3.7	3.1	3.4	3.0	1.0	-0.1	2.4	3.0	3.5	3.2	1.6	1.0	0.9	0.6	1.1	1.0	0.7	1.6	0.9
Latvia	..	2.3	5.2	4.9	6.8	11.2	12.5	20.2	11.8	-9.8	-1.0	6.4	3.6	1.1	1.2	1.1	2.4	..	..	..
Luxembourg	2.5	-0.5	2.1	2.9	1.9	3.8	6.7	1.4	3.9	1.6	3.7	5.0	3.4	1.4	1.6	1.7	1.4	1.9	0.8	1.8
Mexico	17.6	5.1	5.6	6.0	8.6	5.1	6.3	4.9	6.3	3.3	4.5	5.3	3.6	1.5	3.6	3.1	3.0	3.5	3.1	3.1
Netherlands	2.4	4.4	3.7	2.2	1.1	1.6	2.1	1.9	2.3	0.5	1.2	0.1	1.3	1.1	1.1	0.3	1.4	1.1	0.8	1.3
New Zealand	1.4	4.4	0.7	1.4	3.4	2.4	2.4	4.3	3.8	0.8	3.0	2.9	-0.4	2.8	2.5	-0.8	1.5	-1.7	0.7	1.6
Norway	3.4	1.6	-1.7	2.9	5.8	8.8	8.8	3.1	10.4	-5.2	6.0	6.8	3.4	2.7	0.4	-0.5	2.5	-2.1	1.6	2.0
Poland	..	3.7	2.2	0.8	4.3	2.6	1.8	3.9	3.6	3.9	1.8	3.2	2.2	1.1	0.3	0.1	1.4	-0.7	1.1	1.5
Portugal	5.6	3.7	4.2	3.4	2.4	3.3	3.2	3.0	1.7	1.1	0.6	-0.3	-0.4	2.2	1.2	0.5	0.4	0.5	0.7	0.6
Russian Federation	..	16.5	15.6	14.0	20.3	19.3	15.2	13.8	18.0	2.0	14.2	15.9	7.4	5.0	7.2	10.8	7.1	..	..	..
Slovak Republic	..	5.1	4.0	5.4	5.8	2.5	2.9	1.1	2.8	-1.2	0.5	1.6	1.3	0.5	-0.2	0.2	1.3	0.0	0.6	1.5
Slovenia	33.8	8.7	7.6	5.7	3.3	1.6	2.2	4.2	4.5	3.4	-1.1	1.2	0.3	1.4	0.4	0.8	-0.5	-0.5	1.3	-0.8
South Africa	..	7.6	12.2	5.8	6.5	5.4	6.3	8.8	8.8	7.5	6.4	6.7	5.5	6.0	5.8	5.1	5.6	..	..	..
Spain	4.1	4.1	4.1	3.9	3.9	4.1	4.0	3.3	2.1	0.3	0.2	0.1	0.2	0.7	-0.5	1.1	0.8	-0.6	1.7	0.5
Sweden	2.3	2.4	1.6	1.7	0.6	0.8	1.8	2.8	3.4	2.4	1.1	1.2	1.0	1.2	1.3	1.5	1.6	1.2	1.5	1.8
Switzerland	1.3	1.0	-0.3	0.9	0.4	0.6	2.0	2.3	1.9	0.4	0.3	0.2	-0.1	-0.2	0.0	-0.6	0.4	0.0	-0.5	0.4
Turkey	71.5	52.9	37.4	23.3	12.4	7.1	9.3	6.2	12.0	5.3	5.7	8.6	6.9	6.2	8.5	7.0	6.4	..	..	..
United Kingdom	2.8	1.1	2.7	2.2	2.9	2.8	2.7	2.9	2.9	2.0	3.2	2.1	1.7	1.8	1.7	0.4	1.2	1.4	0.2	1.5
United States	2.1	2.3	1.5	2.0	2.7	3.2	3.1	2.7	2.0	0.8	1.2	2.1	1.8	1.5	1.5	1.1	1.8	1.3	1.4	1.8
Euro area	2.6	2.5	2.5	2.2	1.9	1.9	1.9	2.4	1.9	1.1	0.7	1.0	1.2	1.3	0.9	1.1	1.1	0.9	1.2	1.2
Total OECD	4.5	3.2	2.5	2.3	2.6	2.4	2.5	2.5	2.4	1.1	1.4	1.8	1.5	1.4	1.6	1.3	1.7	1.5	1.5	1.8

Note: The adoption of national accounts systems has been proceeding at an uneven pace among OECD member countries, both with respect to variables and the time period covered. As a consequence, there are breaks in many national series. For further information, see table "National Accounts Reporting Systems, base years and latest data updates" at the beginning of the Statistical Annex.

Source: OECD Economic Outlook 97 database.

StatLink http://dx.doi.org/10.1787/888933222685

Annex Table 17. **Private consumption deflators**

Percentage change from previous year

	Average 1990-00	2001	2002	2003	2004	2005	2006	2007	2008	2009	2010	2011	2012	2013	2014	2015	2016	Fourth quarter 2014	Fourth quarter 2015	Fourth quarter 2016
Australia	2.1	3.4	2.8	2.3	1.5	2.2	3.6	3.2	3.2	2.6	2.2	2.6	2.5	2.6	2.3	1.5	2.3	1.6	1.9	2.4
Austria	2.0	2.4	1.0	1.5	1.8	2.5	2.1	2.5	2.1	0.5	1.7	3.3	2.4	2.2	1.7	0.9	1.6	1.4	1.0	1.6
Belgium	2.1	2.0	1.2	1.5	2.2	2.7	3.1	3.0	3.2	-0.5	1.7	3.1	2.2	1.2	0.7	0.2	1.3	0.2	0.7	1.4
Brazil	..	8.1	8.2	15.9	6.8	6.7	5.3	5.2	7.1	6.7	6.6	7.5	6.1	7.0	6.8	8.1	6.3	..	..	..
Canada	1.9	2.0	1.9	1.7	1.6	1.7	1.3	1.6	1.6	0.2	1.3	2.1	1.3	1.3	1.9	1.1	1.8	1.8	1.3	1.9
Chile	..	4.5	2.9	2.7	0.7	4.1	3.2	3.9	7.5	1.3	3.1	3.8	2.7	2.5	5.6	4.7	3.5	6.4	3.8	3.4
Colombia	..	8.3	5.8	6.3	5.8	4.4	4.6	4.3	5.8	3.9	2.4	4.7	2.7	2.1	2.9	4.0	3.4	..	..	..
Czech Republic	..	3.5	1.4	0.1	3.1	1.1	1.8	3.0	4.7	0.9	0.5	1.6	2.5	1.0	-0.3	-0.1	1.2	-0.3	0.1	1.5
Denmark	1.9	2.3	1.9	1.2	1.2	1.7	2.2	1.7	2.9	1.3	2.5	2.4	2.6	1.0	0.7	1.0	1.3	0.7	1.1	1.4
Estonia	..	6.3	3.7	2.1	4.1	4.4	6.1	7.7	8.3	-0.2	3.5	5.2	3.4	3.1	0.7	-0.1	1.6	0.0	0.4	1.8
Finland	2.2	2.6	1.6	1.0	0.3	1.0	1.3	1.9	3.4	1.8	1.4	3.2	2.8	2.5	1.5	0.6	0.9	1.3	0.4	1.2
France	1.3	2.0	0.9	1.7	2.1	1.8	2.2	2.1	2.8	-1.4	1.1	1.8	1.4	0.8	0.0	0.0	0.8	-0.1	0.3	1.0
Germany	1.8	1.7	1.3	1.8	1.0	1.6	1.1	1.6	1.7	-0.4	2.0	1.9	1.5	1.2	0.9	0.4	1.5	0.7	0.8	1.7
Greece	9.2	2.9	2.3	3.0	2.9	2.8	3.3	3.5	4.2	1.0	3.6	2.5	0.8	-1.6	-2.2	-0.6	0.1	..	..	..
Hungary	..	9.5	5.8	4.2	5.5	3.6	3.5	6.6	5.5	4.0	3.7	3.7	6.3	2.6	0.8	0.1	2.8	-0.4	1.7	2.9
Iceland	3.0	8.1	4.9	1.0	3.2	2.8	8.0	4.6	13.4	10.6	2.1	3.6	5.6	3.4	2.7	1.4	2.8	2.2	1.6	2.8
India	..	3.0	3.1	3.3	3.0	3.1	5.5	5.3	6.2	5.9	8.3	7.8	9.2	8.7	6.3	4.7	4.4	..	..	..
Indonesia	..	17.2	14.1	7.2	6.4	12.1	13.6	14.2	13.4	6.0	7.9	7.1	6.1	6.5	5.1	3.8	4.4	..	..	..
Ireland	2.6	4.6	5.3	4.0	1.7	1.6	2.5	3.0	1.7	-6.5	-2.1	2.3	1.2	1.4	1.6	0.7	1.7	1.1	1.0	1.8
Israel	..	0.8	4.3	0.3	0.4	1.6	2.7	1.0	5.7	1.6	3.3	3.2	2.1	2.1	0.4	-0.3	1.0	-0.6	0.1	1.1
Italy	4.2	2.6	2.9	2.9	2.4	2.1	2.6	2.3	3.1	-0.4	1.4	2.9	2.7	1.1	0.2	0.0	0.9	0.1	0.3	1.1
Japan	0.5	-1.0	-1.4	-1.0	-0.8	-0.6	-0.3	-0.7	0.2	-2.5	-1.7	-0.8	-0.9	-0.3	2.0	0.2	1.1	2.0	-0.1	1.4
Korea	6.8	4.4	3.1	3.3	3.2	2.2	1.5	2.0	4.5	2.6	2.5	3.7	2.2	1.0	1.1	0.8	1.9	0.8	1.5	1.9
Latvia	..	2.3	5.6	5.1	7.0	9.7	10.1	11.8	13.2	-4.1	-2.7	6.0	3.4	0.4	0.6	0.5	2.4	..	..	..
Luxembourg	2.7	1.9	1.2	1.8	2.1	3.0	2.6	2.2	2.2	0.6	1.0	2.5	1.9	0.3	0.0	0.5	1.4	0.2	0.8	1.5
Mexico	18.9	5.3	4.1	-0.6	6.0	4.8	3.5	5.0	6.3	5.5	4.4	3.5	3.9	2.7	3.6	3.1	2.9	3.8	3.0	3.0
Netherlands	2.4	3.2	3.3	1.9	1.8	1.3	2.5	2.2	2.2	-1.1	1.0	2.1	1.4	1.9	1.3	0.2	1.4	0.7	1.0	1.2
New Zealand	1.5	2.2	2.0	0.5	1.3	1.9	3.0	1.5	3.5	2.5	1.3	2.9	0.7	0.5	0.8	0.2	1.3	0.7	0.4	1.4
Norway	2.3	2.2	1.4	2.8	1.2	1.1	1.8	1.3	3.5	2.5	2.1	1.1	1.1	2.8	2.3	2.3	2.3	2.1	2.3	2.4
Poland	..	3.8	3.3	0.5	3.4	2.3	1.5	2.4	3.8	2.7	2.6	4.8	3.2	0.8	-0.3	-1.1	1.1	-1.5	0.0	1.3
Portugal	5.2	3.8	3.5	3.6	2.3	3.8	3.5	3.4	2.8	-1.9	1.8	1.7	1.8	1.0	0.7	0.1	0.7	0.4	0.1	1.1
Russian Federation	..	19.7	15.6	12.6	14.7	12.5	8.6	8.2	12.7	10.7	6.6	7.8	5.8	6.4	8.3	16.3	7.0	..	..	..
Slovak Republic	..	5.6	2.9	6.6	7.2	2.7	4.9	2.6	4.5	0.1	1.0	3.9	3.4	1.3	-0.1	0.1	1.4	0.5	0.1	1.7
Slovenia	33.8	7.5	7.5	5.2	3.0	2.2	2.4	4.1	5.6	0.9	1.4	1.7	1.4	0.6	0.3	-0.9	-0.1	0.0	-0.9	0.1
South Africa	..	6.4	9.0	5.5	7.1	4.8	3.3	6.8	8.9	7.0	4.6	5.6	6.3	5.5	5.8	4.6	5.7	..	..	..
Spain	4.1	3.5	2.8	3.2	3.6	3.4	3.6	3.3	3.6	-0.9	2.0	2.7	2.4	0.9	-0.1	0.5	0.7	-0.3	0.6	0.8
Sweden	2.9	2.1	1.5	1.6	0.8	1.1	1.2	1.4	3.1	2.2	1.5	1.7	0.5	0.7	0.8	0.7	1.4	0.8	0.8	1.7
Switzerland	1.7	0.6	-0.3	0.8	0.7	1.1	1.3	1.3	1.9	-0.5	0.5	0.0	-0.9	-0.4	-0.1	-0.7	0.2	-0.1	-0.7	0.3
Turkey	72.7	49.7	38.5	23.4	10.8	8.3	9.8	6.6	10.8	4.9	8.5	8.9	8.1	6.2	7.0	7.5	6.5	..	..	..
United Kingdom	3.0	0.5	0.9	1.4	2.2	2.4	2.6	2.8	3.9	1.6	4.4	3.4	2.1	1.9	1.6	0.3	1.3	1.3	0.0	1.6
United States	2.1	1.9	1.3	2.0	2.4	2.9	2.7	2.5	3.1	-0.1	1.7	2.5	1.8	1.2	1.3	0.3	1.6	1.1	0.6	1.7
Euro area	2.7	2.4	1.9	2.2	2.0	2.1	2.2	2.3	2.7	-0.7	1.6	2.3	1.9	1.1	0.5	0.2	1.1	0.3	0.5	1.2
Total OECD	4.9	3.1	2.2	2.0	2.3	2.4	2.4	2.3	3.2	0.3	1.9	2.5	1.9	1.3	1.5	0.7	1.7	1.3	0.9	1.8

Note: The adoption of national accounts systems has been proceeding at an uneven pace among OECD member countries, both with respect to variables and the time period covered. As a consequence, there are breaks in many national series. For further information, see table "National Accounts Reporting Systems, base years and latest data updates" at the beginning of the Statistical Annex.

Source: OECD Economic Outlook 97 database.

StatLink http://dx.doi.org/10.1787/888933222696

Annex Table 18. **Consumer price indices**

Percentage change from previous year

	Average 1990-00	2001	2002	2003	2004	2005	2006	2007	2008	2009	2010	2011	2012	2013	2014	2015	2016	Fourth quarter 2014	2015	2016
Australia		4.4	3.0	2.7	2.3	2.6	3.6	2.3	4.4	1.7	2.9	3.3	1.7	2.4	2.5	1.6	2.4	1.6	2.0	2.5
Austria		2.3	1.7	1.3	2.0	2.1	1.7	2.2	3.2	0.4	1.7	3.6	2.6	2.1	1.5	0.6	1.6	1.2	0.7	1.6
Belgium		2.4	1.6	1.5	1.9	2.5	2.3	1.8	4.5	0.0	2.3	3.4	2.6	1.2	0.5	0.0	1.3	0.0	0.6	1.4
Brazil		6.8	8.5	14.7	6.6	6.9	4.2	3.6	5.7	4.9	5.0	6.6	5.4	6.2	6.3	8.3	5.2	..	..	..
Canada		2.5	2.3	2.7	1.8	2.2	2.0	2.1	2.4	0.3	1.8	2.9	1.5	1.0	1.9	1.0	2.0	1.9	1.4	2.0
Chile		3.6	2.5	2.8	1.1	3.1	3.4	4.4	8.7	0.4	1.4	3.3	3.0	1.8	4.7	3.3	2.6	5.5	2.4	2.5
China		0.3	-0.7	1.1	3.8	1.8	1.6	4.8	5.9	-0.7	3.2	5.5	2.6	2.6	2.1	1.6	2.0	..	..	..
Colombia		8.0	6.4	7.1	5.9	5.1	4.3	5.5	7.0	4.2	2.3	3.4	3.2	2.0	2.9	4.2	3.2	..	..	..
Czech Republic		4.7	1.8	0.1	2.8	1.9	2.6	3.0	6.3	1.0	1.5	1.9	3.3	1.4	0.4	0.2	1.6	0.4	0.3	1.9
Denmark		2.4	2.4	2.1	1.2	1.8	1.9	1.7	3.4	1.3	2.3	2.8	2.4	0.8	0.6	0.5	1.2	0.4	0.7	1.3
Estonia		5.6	3.6	1.4	3.0	4.1	4.4	6.7	10.6	0.2	2.7	5.1	4.2	3.2	0.5	0.1	1.8	0.2	0.6	2.0
Finland		2.7	2.0	1.3	0.1	0.8	1.3	1.6	3.9	1.6	1.7	3.3	3.2	2.2	1.2	0.2	0.7	0.9	0.3	0.4
France		1.8	1.9	2.2	2.3	1.9	1.9	1.6	3.2	0.1	1.7	2.3	2.2	1.0	0.6	0.1	1.1	0.3	0.5	1.1
Germany		1.9	1.4	1.0	1.8	1.9	1.8	2.3	2.8	0.2	1.2	2.5	2.1	1.6	0.8	0.2	1.8	0.4	0.7	2.0
Greece		3.7	3.9	3.4	3.0	3.5	3.3	3.0	4.2	1.3	4.7	3.1	1.0	-0.9	-1.4	-1.4	0.3	..	..	..
Hungary		9.1	5.3	4.7	6.7	3.6	3.9	8.0	6.0	4.2	4.9	3.9	5.7	1.7	-0.2	-0.2	2.7	-0.7	1.0	2.9
Iceland[1]		6.4	5.2	2.1	3.2	4.0	6.7	5.1	12.7	12.0	5.4	4.0	5.2	3.9	2.0	1.6	3.8	1.3	2.5	3.7
India		3.8	5.2	4.3	3.8	3.7	6.1	6.0	8.6	9.7	10.3	9.6	9.7	10.1	7.2	5.6	5.4	..	..	..
Indonesia		11.5	11.9	6.8	6.1	10.5	13.1	6.4	10.2	4.4	5.1	5.4	4.3	6.4	6.4	6.2	5.0	..	..	..
Ireland		4.0	4.7	4.0	2.3	2.2	2.7	2.9	3.1	-1.7	-1.6	1.2	1.9	0.5	0.3	0.1	1.7	0.1	0.8	1.8
Israel		1.1	5.7	0.7	-0.4	1.3	2.1	0.5	4.6	3.3	2.7	3.5	1.7	1.6	0.5	-0.3	1.0	-0.2	0.0	1.1
Italy		2.3	2.6	2.8	2.3	2.2	2.2	2.0	3.5	0.8	1.6	2.9	3.3	1.3	0.2	0.2	1.3	0.1	0.5	1.5
Japan		-0.8	-0.9	-0.3	0.0	-0.6	0.2	0.1	1.4	-1.4	-0.7	-0.3	0.0	0.4	2.7	0.7	1.1	2.5	0.3	1.4
Korea		4.1	2.8	3.5	3.6	2.8	2.2	2.5	4.7	2.8	2.9	4.0	2.2	1.3	1.3	0.8	1.8	1.0	1.3	1.8
Latvia		2.5	2.0	2.9	6.2	6.9	6.6	10.1	15.3	3.3	-1.2	4.2	2.3	0.0	0.7	0.5	2.4	..	..	..
Luxembourg		2.4	2.1	2.5	3.2	3.8	3.0	2.7	4.1	0.0	2.8	3.7	2.9	1.7	0.7	0.1	1.5	-0.1	1.0	1.5
Mexico		6.4	5.0	4.5	4.7	4.0	3.6	4.0	5.1	5.3	4.2	3.4	4.1	3.8	4.0	3.5	3.1	4.2	3.1	3.2
Netherlands		5.1	3.9	2.2	1.4	1.5	1.7	1.6	2.2	1.0	0.9	2.5	2.8	2.6	0.3	0.1	1.4	0.2	0.8	1.2
New Zealand		2.6	2.7	1.8	2.3	3.0	3.4	2.4	4.0	2.1	2.3	4.0	1.1	1.1	1.2	0.4	1.7	0.8	0.8	1.8
Norway		3.0	1.3	2.5	0.5	1.5	2.3	0.7	3.8	2.2	2.4	1.3	0.7	2.1	2.0	2.1	2.2	2.0	2.2	2.0
Poland		5.4	1.9	0.7	3.4	2.2	1.3	2.4	4.2	3.8	2.6	4.2	3.6	1.0	0.1	-0.5	1.3	-0.6	0.2	1.5
Portugal		4.4	3.7	3.3	2.5	2.1	3.0	2.4	2.7	-0.9	1.4	3.6	2.8	0.4	-0.2	0.1	0.7	0.0	0.1	0.9
Russian Federation		21.5	15.8	13.7	10.9	12.7	9.7	9.0	14.1	11.7	6.9	8.4	5.1	6.8	7.8	16.3	7.0	..	..	..
Slovak Republic		7.2	3.5	8.4	7.5	2.8	4.3	1.9	3.9	0.9	0.7	4.1	3.7	1.5	-0.1	-0.2	1.4	-0.1	0.2	1.7
Slovenia		8.6	7.5	5.7	3.7	2.5	2.5	3.8	5.5	0.9	2.1	2.1	2.8	1.9	0.4	-0.4	0.7	0.0	-0.2	0.8
South Africa		5.7	9.2	5.9	1.4	3.4	4.6	7.1	11.0	7.1	4.3	5.0	5.7	5.8	6.1	4.8	5.7	..	..	..
Spain		2.8	3.6	3.1	3.1	3.4	3.6	2.8	4.1	-0.2	2.0	3.1	2.4	1.5	-0.2	-0.6	0.7	-0.6	0.0	0.8
Sweden[2]		2.4	2.2	1.9	0.4	0.5	1.4	2.2	3.4	-0.5	1.2	3.0	0.9	0.0	-0.2	0.2	1.4	-0.2	0.7	1.7
Switzerland		1.0	0.6	0.6	0.8	1.2	1.1	0.7	2.4	-0.5	0.7	0.2	-0.7	-0.2	0.0	-0.8	-0.1	-0.2	-0.8	0.0
Turkey		54.4	45.0	21.6	8.6	8.2	9.6	8.8	10.4	6.3	8.6	6.5	8.9	7.5	8.9	7.5	6.7	..	..	..
United Kingdom		1.2	1.3	1.4	1.3	2.0	2.3	2.3	3.6	2.2	3.3	4.5	2.8	2.6	1.5	0.0	1.7	0.9	0.3	2.0
United States		2.8	1.6	2.3	2.7	3.4	3.2	2.9	3.8	-0.3	1.6	3.1	2.1	1.5	1.6	0.0	1.8	1.2	0.5	1.9
Euro area		2.4	2.3	2.1	2.2	2.2	2.2	2.1	3.3	0.3	1.6	2.7	2.5	1.3	0.4	0.0	1.3	0.1	0.5	1.4

Note: For the euro area countries, the euro area aggregate and the United Kingdom: harmonised index of consumer prices (HICP).

1. Excluding rent, but including imputed rent.
2. The consumer price index includes mortgage interest costs.

Source: OECD Economic Outlook 97 database.

StatLink http://dx.doi.org/10.1787/888933222705

Annex Table 19. **Oil and other primary commodity markets**

	1999	2000	2001	2002	2003	2004	2005	2006	2007	2008	2009	2010	2011	2012	2013	2014	2015 (Estimates and assumptions)	2016 (Estimates and assumptions)
Oil market conditions[1]	Million barrels per day																	
Demand																		
OECD	48.5	48.6	48.6	48.6	49.4	50.2	50.5	50.2	50.1	48.4	46.4	47.0	46.5	46.0	46.1	45.6	45.7	..
of which: North America	24.1	24.3	24.3	24.4	24.9	25.7	25.9	25.7	25.8	24.5	23.7	24.1	24.0	23.6	24.1	24.0	24.2	..
Europe	15.4	15.3	15.5	15.4	15.5	15.6	15.7	15.7	15.6	15.5	14.7	14.7	14.3	13.8	13.7	13.5	13.5	..
Pacific	9.0	8.9	8.8	8.8	9.0	8.9	8.9	8.8	8.7	8.4	8.0	8.2	8.2	8.6	8.3	8.1	8.0	..
Non-OECD	27.9	28.6	29.3	30.0	30.9	33.1	34.1	35.4	36.9	37.9	39.1	41.3	42.4	44.2	45.8	46.9	47.9	..
Total	76.5	77.2	77.9	78.7	80.2	83.3	84.7	85.6	87.0	86.3	85.5	88.3	88.9	90.2	91.9	92.5	93.6	..
Supply																		
OECD	21.5	21.9	21.7	21.8	21.5	21.1	20.2	19.8	19.5	18.8	18.8	18.9	19.0	19.9	20.9	22.6	23.3	..
OPEC total	29.2	30.8	30.3	28.8	30.8	33.3	34.8	35.1	35.0	36.2	34.2	34.7	35.8	37.5	36.7	36.7	..	..
Former USSR	7.5	8.0	8.6	9.5	10.5	11.4	11.8	12.3	12.8	12.8	13.3	13.5	13.6	13.7	13.9	13.9	13.8	..
Other non-OECD	16.6	16.7	16.9	17.3	17.5	17.7	18.0	18.3	18.5	19.0	19.4	20.2	20.3	19.9	19.9	20.2	..	..
Total	74.8	77.3	77.5	77.4	80.3	83.5	84.8	85.5	85.7	86.8	85.7	87.4	88.6	90.9	91.4	93.5	..	..
Trade																		
OECD net imports	26.3	26.8	27.2	26.6	28.2	29.3	30.6	30.7	30.4	29.9	27.6	28.2	27.2	26.3	25.0	23.4	22.4	..
Former USSR net exports	3.8	4.2	4.9	5.8	6.6	7.6	8.0	8.3	8.7	8.6	9.2	9.4	9.2	9.2	9.1	9.0	9.1	..
Other non-OECD net exports	22.6	22.6	22.3	20.8	21.5	21.7	22.6	22.4	21.7	21.3	18.4	18.8	18.1	17.1	15.9	14.3	13.3	..
Prices[2]	fob, $ per bl																	
Brent crude oil price[3]	17.9	28.4	24.5	25.0	28.8	38.3	54.4	65.2	72.5	97.0	61.5	79.5	111.2	111.6	108.7	101.4	85.0	85.0
Prices of other primary commodities[2]	$ indices, 2010 = 100																	
Food and tropical beverages	48	45	42	47	51	57	56	62	78	105	90	100	129	123	109	106	98	98
Agricultural raw materials	59	62	54	52	63	70	71	79	94	90	74	100	111	92	94	94	90	90
Minerals, ores and metals	36	41	37	36	40	54	63	92	102	102	71	100	116	98	94	88	85	85
Total[4]	44	47	42	42	48	58	63	81	94	100	77	100	118	103	98	94	89	89

1. Based on data published in various issues of International Energy Agency, *Oil Market Report.*
2. Indices through 2014 are based on data compiled by the International Energy Agency for oil and by the Hamburg Institute of International Economics (HWWI) for the prices of other primary commodities; OECD estimates and assumptions for 2015 and 2016.
3. North Sea Dated, London close, midpoint.
4. OECD calculations. The total price index for non-energy primary commodities is a weighted average of the individual HWWI non-oil commodity price indices with the weights based on the commodity's

StatLink http://dx.doi.org/10.1787/888933222714

Annex Table 20. **Employment and labour force**

Percentage change from previous period

	Employment									Labour force								
	Average 1990-99	Average 2000-09	2010	2011	2012	2013	2014	2015	2016	Average 1990-99	Average 2000-09	2010	2011	2012	2013	2014	2015	2016
Australia	1.1	2.1	2.0	1.7	1.2	1.0	0.9	1.5	1.5	1.1	2.1	1.6	1.6	1.3	1.4	1.3	1.4	1.3
Austria	0.9	0.5	0.9	0.9	0.8	0.5	0.2	0.4	1.0	0.9	1.0	0.3	0.6	1.1	1.0	0.5	0.6	0.8
Belgium	0.4	1.0	0.7	1.4	0.3	-0.3	0.4	0.6	1.0	0.7	1.0	1.1	0.2	0.8	0.5	0.5	0.6	0.6
Canada	1.1	1.9	1.4	1.5	1.3	1.4	0.6	0.9	1.1	1.0	1.6	1.1	0.9	1.1	1.1	0.4	0.7	0.9
Chile	2.0	1.9	7.9	5.1	1.9	2.1	1.5	0.8	0.9	2.3	2.2	6.0	4.0	1.2	1.6	1.9	0.7	1.0
Czech Republic	..	0.0	-1.0	-0.2	0.3	1.0	0.7	1.1	0.5	..	0.3	-0.4	-0.8	0.6	0.9	-0.2	0.7	0.4
Denmark	0.1	0.5	-2.3	-0.1	-0.5	0.0	1.0	1.4	1.4	-0.1	0.4	-0.8	0.0	-0.6	-0.6	0.5	1.1	1.4
Estonia	..	0.1	-4.4	6.3	1.9	1.0	0.6	0.5	0.1	..	0.0	-0.9	1.2	-0.6	-0.6	-0.8	-0.5	-0.3
Finland	-0.7	1.4	-0.4	1.1	0.4	-1.0	-0.4	0.1	0.2	0.0	0.4	-0.3	0.4	0.3	-0.5	0.1	0.3	0.1
France	0.2	0.9	0.2	0.2	0.0	0.0	0.1	0.2	0.6	0.5	0.8	0.4	0.1	0.7	0.5	0.1	0.5	0.5
Germany	0.0	0.2	0.8	2.5	1.0	0.9	0.9	0.9	0.7	0.3	0.4	0.0	1.3	0.5	0.8	0.6	0.5	0.4
Greece	0.9	1.5	-3.6	-7.6	-8.9	-4.9	0.7	1.2	2.8	1.5	1.0	-0.2	-1.8	-0.9	-1.0	-0.7	0.2	1.3
Hungary	..	0.5	-0.4	0.7	1.8	1.7	5.4	2.3	0.9	..	0.2	0.8	0.5	1.8	0.8	2.6	1.4	0.2
Iceland	1.3	1.5	-0.3	0.0	1.0	3.4	1.6	4.1	1.3	1.2	1.4	0.0	-0.5	-0.1	2.8	1.1	2.9	1.5
Ireland	3.7	3.9	-4.1	-1.8	-0.6	2.3	1.8	1.6	1.6	2.8	2.6	-2.0	-0.9	-0.6	0.4	-0.2	0.1	0.8
Israel	..	2.6	3.5	3.0	3.2	2.7	3.0	2.1	2.4	..	2.5	2.2	1.7	2.9	2.1	2.7	1.6	2.3
Italy	-0.4	0.7	-0.7	0.2	-0.1	-1.5	0.3	0.5	1.0	-0.1	0.3	-0.1	0.3	2.4	0.2	0.9	0.5	0.3
Japan	0.4	-0.2	-0.3	-0.1	-0.3	0.7	0.6	0.3	0.1	0.7	-0.2	-0.3	-0.6	-0.6	0.3	0.2	0.1	0.0
Korea	1.3	1.3	1.4	1.7	1.8	1.6	2.1	1.8	1.5	1.8	1.1	1.4	1.4	1.6	1.5	2.6	1.9	1.4
Luxembourg	1.1	1.8	1.6	2.7	2.4	1.9	2.1	2.2	2.4	1.3	2.0	2.0	2.5	2.9	2.7	2.4	2.2	2.2
Mexico	..	2.0	1.1	2.2	3.3	1.1	0.4	0.8	1.0	..	1.8	1.1	2.1	3.0	1.1	0.3	0.7	0.8
Netherlands	1.9	1.4	-1.0	0.0	0.6	-0.8	-0.6	1.2	1.1	1.6	1.1	-0.3	0.0	1.5	0.8	-0.4	0.6	0.7
New Zealand	1.6	2.2	0.4	1.4	0.3	1.5	3.5	2.9	1.5	1.5	2.0	0.9	1.4	0.7	0.8	3.0	2.7	1.1
Norway	1.2	1.1	0.1	1.4	2.0	0.6	1.0	0.5	0.5	1.0	1.1	0.5	1.1	1.9	0.9	1.0	1.1	0.7
Poland	..	-0.2	0.6	0.6	0.2	-0.1	1.9	1.4	0.8	..	0.0	2.2	0.6	0.7	0.1	0.4	0.1	0.4
Portugal	0.8	0.7	-1.4	-3.2	-4.1	-2.6	1.6	0.5	0.7	0.8	0.5	0.1	-1.2	-0.8	-1.8	-1.1	-0.2	-0.1
Slovak Republic	..	0.6	-2.1	0.0	0.5	0.0	1.4	1.2	1.1	..	0.4	0.6	-1.0	0.9	0.3	0.2	0.4	0.1
Slovenia	..	1.1	-1.5	-3.1	-1.3	-1.9	1.2	0.5	0.4	..	0.8	0.0	-2.1	-0.6	-0.6	0.7	0.2	0.1
Spain	1.4	3.7	-2.0	-1.6	-4.3	-2.8	1.2	2.9	2.8	1.4	3.1	0.4	0.3	0.0	-1.1	-1.0	0.1	0.3
Sweden	-1.1	0.8	0.5	2.3	0.6	1.1	1.4	1.0	1.4	-0.4	0.8	0.8	1.4	0.8	1.1	1.3	0.7	1.3
Switzerland	0.3	0.7	0.4	2.2	1.2	1.1	1.5	1.4	1.2	0.6	1.3	0.6	1.7	1.3	1.3	1.7	1.5	1.3
Turkey	1.9	0.8	6.0	6.1	3.1	2.9	5.1	2.6	2.2	1.9	1.8	3.7	3.8	2.3	3.6	6.1	2.9	2.1
United Kingdom	0.1	1.0	0.2	0.5	1.1	1.2	2.3	1.7	1.1	0.0	0.9	0.5	0.8	0.9	0.8	0.7	0.8	0.8
United States	1.3	1.1	-0.6	0.6	1.8	1.0	1.6	1.9	1.0	1.1	0.9	-0.2	-0.2	0.9	0.3	0.3	1.2	0.7
Euro area	0.4	1.1	-0.5	0.2	-0.6	-0.6	0.6	0.9	1.1	0.6	0.9	0.1	0.3	0.7	0.2	0.1	0.4	0.4
Total OECD	0.1	1.0	0.3	1.0	1.0	0.7	1.3	1.3	1.0	0.1	0.9	0.5	0.6	1.0	0.6	0.7	0.9	0.7

Source: OECD Economic Outlook 97 database.

StatLink http://dx.doi.org/10.1787/888933222720

Annex Table 21. **Potential GDP and productive capital stock**

Percentage change from previous period

	Potential GDP									Productive capital stock[1]								
	Average 1990-99	Average 2000-09	2010	2011	2012	2013	2014	2015	2016	Average 1990-99	Average 2000-09	2010	2011	2012	2013	2014	2015	2016
Australia	3.3	3.2	3.0	2.9	2.9	2.7	2.6	2.6	2.6	2.5	4.0	4.6	5.5	5.2	4.7	3.9	3.4	3.1
Austria	2.4	2.1	1.3	1.3	1.2	1.1	1.2	1.2	1.4	2.8	2.3	1.2	1.5	1.5	1.2	1.2	0.9	1.0
Belgium	2.3	1.9	1.0	1.0	1.0	0.9	1.1	1.2	1.4	2.9	2.3	1.5	1.6	1.4	1.1	1.4	1.4	1.5
Brazil	2.8	3.2	3.9	3.6	2.9	2.1	1.6	1.3	1.5	2.8	2.7	4.9	5.1	4.6	4.7	3.9	3.4	3.2
Canada	2.7	2.6	1.7	1.9	2.0	1.9	1.8	1.8	1.8	2.4	2.8	2.5	2.7	2.8	2.6	2.3	1.9	1.9
China	10.5	10.2	9.9	9.4	8.6	8.1	7.5	7.2	7.0	10.2	10.6	11.7	10.9	10.3	10.6	10.7	10.6	10.3
Colombia	..	5.0	3.9	4.5	4.7	4.6	4.4	4.4	4.4	..	4.7	6.0	7.4	7.1	6.8	7.4	7.0	6.7
Czech Republic	2.8	3.3	1.4	1.3	1.1	1.2	1.6	2.0	2.5	2.3	3.1	2.5	2.5	2.1	1.7	1.9	2.1	2.2
Denmark	2.1	1.5	0.4	0.4	0.4	0.5	0.6	0.7	0.9	2.8	2.1	0.7	0.3	0.4	0.4	0.5	0.6	0.7
Estonia	..	4.5	0.6	1.6	2.3	2.4	2.4	2.5	2.8	6.7	8.4	2.7	4.8	5.3	4.9	4.2	3.7	3.7
Finland	2.4	2.6	0.1	0.2	0.3	0.4	0.5	0.8	1.1	1.4	2.0	1.0	1.1	0.9	0.4	0.1	0.1	0.2
France	2.1	1.8	0.9	1.0	1.0	1.1	1.2	1.3	1.5	2.2	2.1	1.4	1.4	1.3	1.2	1.1	1.0	1.0
Germany	2.0	1.4	1.2	1.3	1.2	1.1	1.1	1.1	1.1	2.0	0.9	0.4	0.6	0.4	0.2	0.3	0.4	0.6
Greece	2.6	2.4	-1.4	-1.8	-1.8	-1.2	-0.7	0.2	0.9	1.4	2.9	1.4	0.3	-0.8	-0.9	-0.3	-0.1	0.1
Hungary	4.0	2.6	0.3	0.4	0.6	1.0	1.5	1.7	2.0	3.6	3.8	2.3	2.3	1.9	2.3	3.0	3.0	2.9
Iceland	2.4	3.8	1.5	1.3	1.4	1.4	1.6	1.9	2.2	2.8	4.8	-0.1	0.4	0.7	0.5	1.1	1.7	2.4
India	6.3	7.1	7.7	7.8	7.4	7.1	7.0	7.0	7.1	6.5	8.3	10.4	10.6	9.2	8.7	8.0	7.9	7.8
Indonesia	4.5	4.1	5.5	5.7	5.9	5.9	5.8	5.8	5.8	4.9	3.8	5.6	5.9	6.2	6.1	5.9	5.8	5.8
Ireland	6.1	5.0	1.3	0.8	0.7	0.8	1.2	1.8	2.1	3.8	6.1	2.6	2.3	2.6	2.0	3.1	3.7	4.2
Israel	4.8	3.6	3.7	4.1	4.0	3.7	3.4	3.2	3.1	7.0	3.8	3.9	4.8	4.4	4.2	3.6	3.3	3.5
Italy	1.5	1.0	0.0	0.1	-0.1	-0.2	-0.1	0.1	0.3	2.0	1.9	0.6	0.5	0.0	-0.3	-0.5	-0.4	-0.2
Japan	1.9	0.7	0.4	0.4	0.5	0.5	0.6	0.6	0.6	3.9	1.1	0.0	0.0	0.0	0.0	0.2	0.1	0.0
Latvia	6.1	5.5	0.0	0.6	1.9	2.3	2.4	2.7	3.0	5.5	9.8	2.9	4.4	5.2	4.2	4.0	3.8	3.8
Luxembourg	4.5	3.7	2.1	2.4	2.6	2.4	2.4	2.6	2.8	4.3	3.5	1.3	2.7	2.7	1.7	1.9	2.4	2.3
Mexico	3.5	2.5	2.1	2.4	2.6	2.6	2.7	2.9	3.1	4.3	4.6	3.8	4.2	4.3	3.8	3.7	3.8	3.9
Netherlands	3.0	2.0	0.8	0.8	0.7	0.7	0.9	1.1	1.4	3.6	2.5	1.6	1.9	1.4	1.1	1.1	1.3	1.5
New Zealand	2.9	3.1	1.7	2.0	2.2	2.3	2.6	2.8	2.9	2.1	3.6	2.4	2.7	2.7	2.8	3.1	3.3	3.4
Norway	2.8	3.1	2.2	2.0	2.1	2.2	2.3	2.3	2.3	2.4	3.5	2.8	2.7	3.0	2.9	2.9	2.8	2.9
Poland	5.0	4.0	3.4	3.2	3.1	2.8	3.0	3.1	3.2	5.6	4.1	3.3	3.9	3.3	3.1	3.7	3.9	4.1
Portugal	3.0	1.6	0.2	0.0	-0.3	-0.2	0.1	0.2	0.4	5.3	4.4	2.9	1.8	0.7	0.4	0.5	0.6	0.8
Russian Federation	..	5.2	2.9	2.7	2.6	2.4	2.3	1.9	1.8	2.2	5.6	6.2	6.5	6.6	5.9	5.2	3.2	3.3
Slovak Republic	5.3	4.1	3.0	3.2	2.8	2.4	2.9	2.8	2.9	5.4	3.7	2.9	3.7	2.6	2.2	2.5	2.7	2.8
Slovenia	..	3.0	0.6	0.2	0.2	0.3	1.0	1.3	1.6	4.0	4.5	1.9	1.6	1.0	1.1	1.3	1.4	1.3
South Africa	..	3.0	3.0	2.8	2.6	2.5	2.5	2.7	2.9	..	2.3	2.5	2.6	2.7	3.0	2.7	2.6	2.7
Spain	2.8	3.1	0.9	0.6	0.4	0.3	0.4	0.5	0.6	4.4	4.6	2.8	2.3	1.6	1.3	1.5	1.7	2.1
Sweden	2.2	2.5	1.5	1.8	1.8	1.9	2.0	2.2	2.4	2.0	2.2	1.6	1.8	1.7	1.5	1.6	1.7	1.8
Switzerland	1.4	2.0	1.8	1.9	1.9	1.9	2.0	2.0	2.1	2.9	2.2	1.6	1.6	1.6	1.5	1.5	1.4	1.3
United Kingdom	2.5	2.4	0.8	0.9	1.1	1.3	1.8	2.1	2.4	3.3	3.4	2.3	2.3	2.3	2.3	2.6	2.7	2.9
United States	3.1	2.6	1.7	1.7	1.8	1.8	1.8	1.9	2.0	2.9	2.4	1.1	1.2	1.3	1.2	1.3	1.4	1.5
Euro area	2.1	1.8	0.8	0.8	0.7	0.7	0.8	0.9	1.1	..	..	..	..	..	..	..	..	..
Total OECD	2.7	2.3	1.5	1.6	1.6	1.6	1.7	1.8	1.9	..	..	..	..	..	..	..	..	..

Note: For methodological details see Sources & Methods of the *OECD Economic Outlook (http://www.oecd.org/eco/sources-and-methods.htm).*

1. Total economy less housing.

Source: OECD Economic Outlook 97 database.

StatLink http://dx.doi.org/10.1787/888933222732

Annex Table 22. **Structural unemployment and unit labour costs**

	Structural unemployment rate[1]									Unit labour costs[2]								
	Average 1990-99	Average 2000-09	2010	2011	2012	2013	2014	2015	2016	Average 1990-99	Average 2000-09	2010	2011	2012	2013	2014	2015	2016
	Per cent									*Percentage change*								
Australia	7.7	5.6	5.3	5.2	5.3	5.5	5.7	5.8	5.9	1.3	3.3	5.0	5.3	1.5	0.2	0.2	1.0	1.3
Austria	3.9	4.3	4.4	4.4	4.4	4.5	4.5	4.5	4.5	1.6	1.7	0.2	0.7	3.2	2.8	2.2	0.7	0.0
Belgium	8.2	8.0	8.0	7.9	7.9	8.0	8.0	8.0	8.1	2.0	2.4	-0.5	2.9	3.4	1.7	0.2	-0.1	0.2
Canada	9.1	7.0	6.7	6.6	6.5	6.5	6.5	6.5	6.5	0.9	2.7	-0.1	2.4	2.7	1.6	1.1	1.9	1.7
Czech Republic	6.0	7.3	6.6	6.5	6.4	6.4	6.3	6.3	6.3	7.2	2.8	-0.8	0.3	2.7	0.7	1.2	0.1	2.0
Denmark	6.4	5.5	6.0	6.1	6.2	6.2	6.3	6.3	6.3	1.4	3.4	-0.8	0.2	1.9	1.8	1.5	0.5	0.3
Estonia	..	10.1	9.5	9.1	8.7	8.3	8.3	8.3	8.3	4.9	7.3	-5.1	-1.0	3.1	6.5	6.5	4.3	2.5
Finland	10.7	8.6	8.0	7.9	7.8	7.6	7.5	7.4	7.4	0.3	2.5	-1.3	2.2	5.1	2.0	0.6	0.6	0.3
France	9.1	8.4	8.7	8.9	9.1	9.2	9.3	9.2	9.1	1.3	2.2	0.8	0.7	2.0	0.6	1.5	0.7	1.0
Germany	7.3	8.1	6.7	6.2	5.9	5.7	5.6	5.5	5.4	1.8	0.6	-1.0	0.6	3.2	2.6	2.1	2.4	1.4
Greece	9.7	11.2	14.1	15.2	16.1	16.4	16.9	17.3	17.5	9.9	4.8	1.4	-0.5	-3.3	-6.9	0.3	1.0	0.0
Hungary	8.1	7.4	10.2	10.4	10.4	10.1	9.8	9.7	9.6	12.2	5.9	0.0	1.8	3.7	1.8	3.0	2.8	2.6
Iceland	3.3	3.8	4.2	4.2	4.2	4.2	4.2	4.2	4.2	5.0	4.5	7.5	5.5	6.0	3.5	3.4	4.5	3.7
Ireland	11.7	8.2	10.0	10.5	10.7	10.8	10.8	10.9	10.9	2.0	3.9	-6.7	-2.7	0.4	3.1	0.7	1.6	2.1
Israel	9.4	10.5	8.4	7.5	6.8	6.4	6.2	6.0	5.9	6.9	0.9	1.1	3.1	2.6	1.6	1.3	0.4	1.4
Italy	9.3	8.4	8.0	8.1	8.4	8.8	9.0	9.1	9.2	2.6	3.5	-0.5	0.8	1.6	0.6	1.3	0.6	-0.1
Japan	2.9	4.1	4.1	4.1	4.1	4.2	4.1	4.1	4.1	0.9	-1.4	-4.4	1.0	-1.4	-0.8	1.6	1.2	1.6
Korea	3.2	3.6	3.5	3.4	3.3	3.3	3.4	3.5	3.5	4.9	3.2	0.5	2.6	2.7	2.1	2.0	0.9	0.7
Luxembourg	..	..	..	..	..	..	..	..	..	2.3	4.2	-1.2	2.4	4.1	3.5	1.7	0.8	1.3
Mexico	3.4	3.7	4.7	4.8	4.8	4.8	4.8	4.7	4.7	19.5	5.9	0.3	3.1	3.9	2.7	2.0	1.3	0.9
Netherlands	6.6	4.9	5.2	5.4	5.6	5.8	6.0	6.0	6.1	1.9	2.2	-1.4	0.7	3.3	1.0	0.1	-1.3	0.7
New Zealand	7.6	5.1	6.0	6.1	6.2	6.1	6.0	5.7	5.4	0.8	3.8	1.5	2.4	1.2	1.7	2.4	1.7	1.5
Norway	4.3	3.4	3.3	3.2	3.3	3.3	3.3	3.3	3.3	2.2	4.7	2.2	5.4	4.0	5.0	2.4	2.2	2.0
Poland	12.2	12.3	9.2	8.9	8.7	8.6	8.5	8.4	8.3	16.3	1.9	1.9	1.3	2.8	1.2	-1.4	1.1	1.7
Portugal	6.0	7.8	10.4	11.1	11.6	11.9	12.0	12.0	12.0	6.1	2.8	-0.4	-2.0	-3.9	2.6	-0.5	-0.7	-0.2
Slovak Republic	12.1	12.4	13.2	13.1	13.1	13.2	12.5	12.0	11.5	6.1	2.4	-1.0	1.8	1.5	0.6	3.2	1.0	0.8
Slovenia	6.7	6.1	6.1	6.7	7.2	7.8	7.8	7.8	7.8	4.8	4.9	-0.4	-1.0	0.3	-0.3	-2.4	-1.0	-0.5
Spain	15.0	13.9	16.8	17.5	18.0	18.3	18.5	18.6	18.7	4.4	3.9	-1.4	-1.2	-3.6	-1.1	0.0	-0.8	-1.2
Sweden	7.0	6.9	7.5	7.4	7.4	7.4	7.5	7.5	7.5	1.0	2.5	-2.4	3.0	4.0	1.5	1.6	1.2	1.0
Switzerland	2.7	3.6	3.9	3.9	4.0	4.0	4.0	4.0	4.0	1.4	1.5	-1.7	1.8	1.5	0.7	-0.1	0.4	0.4
United Kingdom	8.0	5.8	6.4	6.5	6.5	6.6	6.3	6.0	5.6	2.9	2.7	1.2	-0.3	1.9	1.4	0.4	2.3	2.0
United States	5.7	5.7	5.6	5.6	5.5	5.5	5.4	5.4	5.4	2.1	1.6	-0.3	2.2	1.7	0.5	1.8	2.6	1.3
Euro area	8.9	8.9	9.2	9.3	9.5	9.6	9.6	9.6	9.6	2.6	2.4	-0.6	0.4	1.3	1.0	1.2	0.8	0.5
Total OECD	6.4	6.5	6.6	6.6	6.6	6.7	6.6	6.6	6.6	4.1	2.1	-0.5	1.6	1.7	1.0	1.5	1.6	1.2

Note: For more information about sources and definitions, see Sources & Methods of the *OECD Economic Outlook (http://www.oecd.org/eco/sources-and-methods.htm).*

1. Corresponds to "NAIRU".
2. Total economy.

Source: OECD Economic Outlook 97 database.

StatLink http://dx.doi.org/10.1787/888933222748

Annex Table 23. **Household saving rates**

Per cent of disposable household income

	1997	1998	1999	2000	2001	2002	2003	2004	2005	2006	2007	2008	2009	2010	2011	2012	2013	2014	2015	2016
Net saving																				
Australia	4.7	1.7	1.4	1.2	3.7	0.7	0.3	1.2	2.1	1.2	3.4	6.7	10.0	9.7	11.0	10.4	10.4	9.4	8.8	8.1
Austria	10.4	10.4	11.7	10.5	8.8	8.9	9.2	9.2	10.7	11.3	12.1	11.9	11.3	9.4	7.8	9.0	7.3	7.5	7.7	8.7
Belgium	13.1	12.6	12.5	11.7	13.0	12.2	11.7	10.3	9.9	10.6	10.8	11.2	12.8	10.1	8.5	7.5	6.9	6.2	5.6	5.1
Canada	3.3	3.5	3.3	3.4	3.5	2.4	1.8	2.3	1.6	3.5	3.0	4.0	5.3	4.3	4.4	5.2	5.2	4.0	4.4	4.3
Czech Republic	6.9	5.4	4.9	6.0	6.2	6.3	5.7	4.9	6.1	7.8	7.0	6.3	8.5	7.6	6.0	6.2	4.3	4.5	4.8	4.9
Denmark	-4.9	-3.4	-7.2	-6.0	0.0	1.2	1.8	-2.2	-4.6	-1.7	-3.1	-4.2	0.8	2.1	0.9	0.0	-0.4	-6.3	-0.9	0.7
Estonia	-4.9	-6.8	-7.6	-4.1	-5.8	-10.8	-10.7	-11.5	-11.1	-11.4	-6.7	1.6	7.1	3.3	5.2	3.0	3.8	7.2	8.9	8.0
Finland	3.5	2.0	4.6	2.5	1.8	1.9	2.6	3.5	2.0	0.1	-0.1	0.2	4.4	3.6	1.9	1.2	2.7	1.8	1.9	1.7
Germany	10.1	9.9	9.4	8.9	9.6	9.6	10.3	10.0	10.0	10.0	10.2	10.5	10.0	9.9	9.6	9.4	9.1	9.4	9.3	9.0
Hungary	12.8	12.0	8.1	6.1	6.7	5.3	3.0	6.2	7.2	7.9	4.2	3.5	5.5	6.1	6.8	4.8	5.4	7.2	8.7	7.8
Ireland	..	..	..	..	..	0.8	1.2	1.9	2.6	0.1	-0.1	6.9	12.3	9.6	7.6	7.8	7.7	7.7	8.2	9.0
Italy	13.6	9.9	8.7	7.3	8.8	9.5	9.0	9.5	8.9	8.3	7.9	7.6	6.8	4.0	3.5	2.0	3.8	3.4	3.4	3.0
Japan	8.0	9.4	8.1	6.8	3.7	3.1	2.5	2.1	1.4	1.1	0.9	0.4	2.4	2.0	2.7	1.2	-0.2	0.3	1.6	1.3
Korea	15.6	22.9	15.8	9.2	5.5	1.1	4.8	8.2	6.7	5.5	3.5	3.8	4.8	4.7	3.9	3.9	5.6	7.0	7.0	6.9
Luxembourg	..	..	..	..	..	..	..	..	..	..	..	9.5	12.1	13.0	13.6	13.7	17.0	18.3	19.7	19.8
Netherlands	12.7	10.6	8.6	6.9	9.2	9.0	8.3	7.7	6.7	5.0	5.2	5.4	8.7	5.1	6.0	6.5	7.8	8.3	8.5	8.0
New Zealand	0.1	-1.7	3.0	-2.5	-1.4	-7.0	-4.6	-4.0	-6.4	-3.8	-1.5	-1.3	0.9	2.7	1.5	2.3	2.2	3.0	3.0	3.0
Norway	3.0	5.7	4.7	4.3	3.1	8.2	8.8	6.9	9.6	-0.5	0.9	3.8	7.1	5.9	8.0	8.4	8.5	9.3	9.2	9.2
Poland	11.7	12.1	10.5	10.0	11.9	8.3	7.7	5.5	5.9	6.5	4.6	-0.3	6.9	6.1	-0.2	2.6	1.9	0.4	1.0	1.0
Slovak Republic	9.1	7.5	6.0	5.8	3.7	3.2	0.9	0.2	1.0	0.0	1.8	1.0	2.3	4.6	3.3	1.9	3.1	5.6	5.6	5.5
Spain	8.6	7.4	5.9	6.4	6.2	6.0	7.4	5.8	4.1	2.3	0.0	2.6	9.5	4.6	6.0	3.5	4.9	4.7	3.3	4.7
Sweden	2.2	1.7	1.9	4.0	8.0	7.8	6.6	5.8	5.4	6.9	9.4	12.7	12.2	10.9	12.6	15.2	15.6	16.0	16.3	16.6
Switzerland	13.8	13.9	14.6	15.3	15.5	15.3	14.8	13.7	14.0	15.8	17.4	16.7	17.1	17.0	17.8	17.5	18.1	17.8	16.9	16.6
United States	5.7	6.2	4.4	4.2	4.3	5.0	4.8	4.6	2.5	3.3	3.0	4.9	6.1	5.6	6.0	7.2	4.9	4.8	5.1	4.5
Gross saving																				
France	15.6	15.1	14.7	14.5	15.0	16.0	15.3	15.5	14.2	14.3	14.8	14.7	15.9	15.5	15.3	14.9	14.7	15.6	15.5	15.1
Portugal	10.0	10.4	11.4	10.5	11.0	10.9	10.0	10.0	9.2	8.0	7.0	6.8	10.4	9.2	7.5	8.3	9.2	7.4	7.6	8.6
United Kingdom	12.6	11.0	8.4	9.8	10.7	9.9	9.2	7.7	7.0	6.5	7.1	5.6	9.3	11.0	8.6	8.0	6.4	6.0	7.5	7.5

Note: The adoption of new national account systems has been proceeding at an uneven pace among OECD member countries, both with respect to variables and the time period covered. As a consequence, there are breaks in many national series. See table "National Accounts Reporting Systems, base years and latest data updates" at the beginning of the Statistical Annex. Most countries report household saving on a net basis (i.e. gross saving minus consumption of fixed capital by households and unincorporated businesses). In most countries "household" refers to the household sector plus non-profit institutions servicing households (in some cases referred to as personal saving).

Source: OECD Economic Outlook 97 database.

StatLink http://dx.doi.org/10.1787/888933222755

Annex Table 24. **Gross national saving**

Per cent of nominal GDP

	1994	1995	1996	1997	1998	1999	2000	2001	2002	2003	2004	2005	2006	2007	2008	2009	2010	2011	2012	2013
Australia	20.7	21.0	21.9	21.7	20.8	21.5	20.9	21.9	21.1	21.6	21.0	21.9	21.8	22.5	24.6	22.7	24.2	25.3	24.5	..
Austria	23.9	24.0	23.8	24.1	24.4	24.5	24.8	24.4	26.1	25.6	26.0	25.4	26.7	28.1	28.6	24.7	25.5	26.2	26.6	25.0
Belgium	26.4	26.3	25.4	26.8	26.8	27.5	27.8	26.6	26.6	26.5	27.1	26.9	27.5	28.6	26.9	22.4	25.5	24.5	24.1	21.2
Canada	17.1	19.0	19.5	20.2	19.7	21.1	23.9	22.7	21.8	22.0	23.8	24.6	24.7	24.4	24.2	18.4	19.4	21.0	21.1	21.3
Chile	..	..	23.6	23.1	21.9	21.1	20.9	21.1	21.3	20.8	22.9	23.6	25.3	24.8	22.4	22.3	24.0	22.5	21.9	20.6
Czech Republic	29.4	30.5	29.8	27.0	28.7	27.1	27.8	27.6	25.5	24.7	25.4	26.5	26.3	27.4	26.2	22.6	22.0	22.4	24.1	22.8
Denmark	21.0	22.4	22.5	23.6	23.0	23.8	24.6	25.6	25.0	25.0	25.4	26.4	27.6	26.8	26.8	22.2	24.1	25.2	24.6	26.0
Estonia	..	..	..	..	..	..	24.1	23.8	22.7	22.7	22.5	24.6	24.2	23.9	22.3	23.1	23.3	26.2	26.9	27.2
Finland	19.7	23.5	22.9	26.0	27.2	28.7	30.7	31.3	30.2	27.3	28.8	28.0	28.4	29.6	27.8	23.2	23.1	22.0	20.6	19.1
France	20.8	21.1	20.8	22.1	23.2	24.0	23.8	23.6	22.4	21.9	22.3	22.0	22.6	23.0	22.7	19.7	20.2	21.0	20.2	20.0
Germany	22.5	22.6	22.0	22.2	22.5	22.0	22.1	21.9	21.8	21.2	23.6	23.5	25.6	27.7	26.7	24.2	25.4	26.8	26.4	25.9
Greece	12.2	12.6	12.7	12.5	12.6	12.6	12.5	12.8	12.0	13.6	13.4	12.4	12.6	10.7	8.2	5.0	5.5	5.4	9.6	9.5
Hungary	..	20.2	21.8	22.6	22.5	19.7	20.4	20.7	18.9	16.4	17.6	16.9	18.3	17.0	17.8	19.5	20.9	21.2	20.9	24.0
Ireland	18.9	21.4	21.9	23.9	25.3	24.3	24.5	23.2	22.3	24.5	25.4	25.8	26.5	23.4	18.4	14.8	17.1	16.8	18.3	21.0
Israel	20.6	20.1	20.2	21.2	21.6	21.4	20.6	20.2	18.9	19.2	20.7	23.1	24.1	23.6	20.9	21.3	21.2	21.9	21.6	21.9
Italy	20.0	21.7	21.9	21.9	21.1	20.8	20.4	20.8	20.9	20.2	20.6	20.2	20.3	20.8	18.9	17.5	17.1	17.4	17.4	18.2
Japan	29.9	29.1	29.1	29.3	28.6	27.3	27.4	25.6	24.7	24.9	25.6	25.8	26.4	27.5	25.9	22.2	23.3	22.4	22.0	21.8
Korea	38.3	38.7	37.8	38.0	40.9	38.6	36.9	35.1	34.2	35.4	37.2	35.4	34.4	34.2	34.0	33.5	34.8	34.7	34.4	..
Mexico	16.2	21.1	24.7	26.5	22.5	22.7	22.7	19.7	20.4	21.1	23.1	22.3	23.8	23.5	22.8	22.0	22.2	22.5	20.9	..
Netherlands	27.4	28.5	28.2	29.2	27.0	28.7	29.4	26.9	26.0	26.9	28.3	27.1	29.2	29.4	26.8	26.3	27.9	27.6	28.2	26.8
New Zealand	19.2	19.5	18.1	18.9	17.8	18.1	19.7	21.7	20.8	21.3	20.1	17.6	17.0	18.1	15.6	18.5	17.5	17.5	17.7	20.0
Portugal	18.7	20.9	19.8	20.2	20.6	20.2	17.8	17.9	17.2	16.2	15.4	13.4	12.5	13.0	11.0	10.7	10.7	13.0	13.7	15.4
Slovak Republic	..	28.8	26.6	27.0	25.8	25.3	25.0	24.3	23.3	19.5	20.8	21.3	20.8	23.1	22.2	17.9	19.4	21.3	21.3	21.5
Slovenia	..	23.4	23.6	24.8	25.1	24.4	24.6	25.3	25.5	25.1	25.7	26.4	28.5	28.9	27.4	23.0	22.3	22.6	22.0	24.3
Spain	19.5	21.6	21.4	22.2	22.3	22.5	22.5	22.4	23.1	23.9	23.1	22.5	22.3	21.7	20.4	20.3	19.7	18.7	19.8	20.4
Sweden	21.6	24.8	24.3	24.7	25.6	26.2	27.4	27.8	27.1	28.2	28.3	29.1	31.4	33.6	33.1	27.6	29.4	29.7	28.9	29.0
Switzerland	31.4	31.9	31.3	33.2	34.0	34.6	36.7	34.0	31.4	35.5	35.3	38.4	39.4	34.7	28.0	34.4	39.2	35.1	34.9	..
United Kingdom	17.2	17.4	17.2	17.9	18.5	16.8	17.5	17.2	17.0	17.0	16.5	17.0	16.3	16.4	14.3	12.2	13.7	14.7	12.8	12.5
United States	17.8	18.7	19.5	20.7	21.3	20.7	20.6	19.5	18.1	17.3	17.5	17.8	19.1	17.3	15.4	14.4	15.1	15.7	17.5	18.1

Note: Based on SNA93, SNA08, ESA95 or ESA10.

Source: National accounts of OECD countries database.

StatLink http://dx.doi.org/10.1787/888933222761

Annex Table 25. **General government total outlays**

Per cent of nominal GDP

	1997	1998	1999	2000	2001	2002	2003	2004	2005	2006	2007	2008	2009	2010	2011	2012	2013	2014	2015	2016
Australia	34.2	33.9	34.3	34.6	34.9	34.2	33.4	34.0	33.8	33.6	33.7	34.4	37.2	36.7	35.6	36.1	35.6	36.0	36.1	35.7
Austria	51.9	51.9	51.8	50.3	51.0	50.7	51.0	53.5	51.0	50.1	49.1	49.8	54.1	52.9	50.8	50.9	50.9	52.2	52.2	51.2
Belgium	51.1	50.3	49.7	48.7	48.8	49.0	50.2	48.4	50.9	47.7	47.6	49.4	53.2	52.3	53.4	54.8	54.5	54.4	53.4	52.1
Canada	43.5	43.5	41.8	40.5	41.2	40.4	40.2	39.0	38.4	38.6	38.6	39.2	43.7	43.3	41.7	41.1	40.7	39.4	39.5	39.1
Czech Republic	41.5	41.8	41.1	40.3	42.5	44.3	48.5	42.2	41.9	40.8	39.9	40.2	43.6	43.0	42.5	43.8	41.9	42.0	42.0	41.4
Denmark	55.9	55.4	54.5	52.7	52.8	53.2	53.6	53.0	51.2	49.8	49.6	50.5	56.8	57.1	56.8	58.8	57.1	57.2	57.5	56.9
Estonia	37.7	39.7	40.5	36.4	35.1	36.1	35.2	34.3	34.0	33.6	34.3	39.7	46.0	40.5	38.0	39.8	38.8	38.8	39.2	38.3
Finland	56.1	52.4	51.0	48.0	47.3	48.5	49.4	49.3	49.3	48.3	46.8	48.3	54.8	54.8	54.4	56.1	57.8	58.7	59.3	59.1
France	53.9	52.3	52.1	51.1	51.2	52.3	52.8	52.6	52.9	52.5	52.2	53.0	56.8	56.5	56.0	56.8	57.0	57.5	56.9	56.0
Germany	47.9	47.7	47.7	44.7	46.8	47.2	47.7	46.4	46.2	44.6	42.7	43.5	47.5	47.3	44.6	44.2	44.3	43.8	43.7	43.2
Greece	43.3	42.4	42.4	45.6	44.3	44.3	44.1	44.6	43.9	44.9	46.9	50.6	54.0	52.0	54.0	54.3	60.1	49.5	49.4	49.0
Hungary	49.4	50.6	48.6	47.1	47.0	50.7	49.0	48.8	49.8	51.5	49.9	48.8	50.6	49.5	49.7	48.5	49.4	49.8	49.4	48.3
Iceland	39.6	40.3	41.1	40.7	41.4	42.9	44.2	42.4	41.0	40.5	40.3	55.2	48.1	48.8	45.3	45.3	43.9	43.5	41.8	41.3
Ireland	36.6	34.7	34.0	31.1	32.7	33.2	33.2	33.3	33.5	34.1	35.9	42.0	47.6	66.2	46.3	42.3	40.7	39.0	36.9	35.9
Israel	..	51.8	50.4	48.0	50.0	51.3	50.2	46.9	45.9	44.7	42.7	42.2	42.1	41.3	41.0	41.4	41.3	41.2	40.3	39.8
Italy	49.6	48.3	47.4	45.4	47.5	46.8	47.2	46.9	47.1	47.6	46.8	47.8	51.2	49.9	49.1	50.8	51.0	51.1	50.6	49.6
Japan	35.3	41.4	38.2	38.7	38.0	38.2	37.8	36.6	36.4	36.0	35.8	36.9	41.9	40.7	41.8	41.8	42.3	42.3	41.6	40.7
Korea	23.6	26.7	25.8	24.7	26.4	26.1	32.6	29.6	29.5	30.1	29.7	32.0	34.9	31.0	32.3	32.7	31.8	31.5	32.1	32.1
Luxembourg	39.2	39.6	37.7	36.4	37.2	40.6	42.3	42.8	42.5	39.6	38.2	39.4	45.1	44.0	42.3	43.5	43.6	43.8	44.1	43.8
Netherlands	45.6	44.2	43.7	41.7	43.2	44.0	44.8	44.0	42.7	43.5	42.8	43.8	48.2	48.3	47.0	47.5	46.8	46.6	45.7	44.3
New Zealand	40.9	39.8	39.4	37.5	37.2	36.4	37.0	36.6	37.6	39.0	38.8	41.1	42.2	47.8	44.7	43.5	42.4	39.4	39.4	39.0
Norway	46.3	48.5	47.1	42.0	43.8	46.7	47.9	45.0	42.1	40.8	41.4	40.2	46.1	45.0	43.8	42.9	44.0	45.7	47.6	48.0
Poland	..	..	..	..	..	..	..	..	..	..	..	..	..	45.9	43.9	42.9	42.2	41.9	41.7	41.1
Portugal	42.4	42.7	42.6	42.6	44.1	43.7	45.3	46.1	46.7	45.2	44.5	45.3	50.2	51.8	50.0	48.5	50.1	49.0	47.8	47.7
Slovak Republic	48.2	45.4	47.7	51.8	44.3	44.8	39.6	37.5	39.3	38.5	36.1	36.7	43.8	42.0	40.6	40.2	41.0	41.8	41.5	41.0
Slovenia	44.2	45.0	45.8	46.1	47.0	45.8	45.8	45.3	44.9	44.2	42.2	44.0	48.5	49.3	50.0	48.6	59.9	49.8	47.6	46.9
Spain	41.6	41.0	39.9	39.1	38.5	38.6	38.3	38.7	38.3	38.3	38.9	41.1	45.8	45.6	45.4	47.3	44.3	43.6	41.9	40.6
Sweden	59.2	57.2	56.6	53.6	53.0	54.2	54.3	52.9	52.8	51.4	49.6	50.4	53.1	52.1	51.5	52.5	53.2	52.9	52.2	51.8
Switzerland	34.5	34.5	33.8	34.2	33.8	36.3	35.7	34.9	34.0	32.2	31.0	31.2	33.1	32.9	32.9	33.2	33.5	33.4	33.7	33.5
United Kingdom	38.8	38.2	38.1	33.6	39.4	40.3	41.1	41.8	42.5	42.7	42.6	46.2	49.4	48.3	46.5	46.7	45.1	44.0	43.1	41.8
United States[1]	35.5	34.6	34.2	33.9	35.1	36.2	36.8	36.5	36.5	36.4	37.1	39.2	43.1	42.8	41.7	40.2	38.9	38.3	37.7	37.2
Euro area	48.8	47.9	47.5	45.6	46.7	46.9	47.3	46.8	46.7	46.0	45.3	46.6	50.7	50.5	49.1	49.6	49.5	49.2	48.5	47.7
Total OECD	40.1	40.4	39.5	38.5	39.7	40.3	40.0	39.3	39.3	39.0	39.0	40.8	44.4	43.9	42.9	42.6	41.9	41.4	40.9	40.2

Note: Data refer to the general government sector, which is a consolidation of accounts for the central, state and local governments plus social security.

1. These data include outlays net of operating surpluses of public enterprises.

Source: OECD Economic Outlook 97 database.

StatLink http://dx.doi.org/10.1787/888933222775

Annex Table 26. **General government total tax and non-tax receipts**

Per cent of nominal GDP

	1997	1998	1999	2000	2001	2002	2003	2004	2005	2006	2007	2008	2009	2010	2011	2012	2013	2014	2015	2016
Australia	35.1	36.4	36.9	36.1	34.9	35.8	36.1	35.7	35.9	36.1	35.5	33.9	33.1	32.0	32.1	33.4	34.2	33.8	34.2	34.2
Austria	49.6	49.2	49.2	48.2	50.4	49.3	49.3	48.8	48.5	47.6	47.8	48.4	48.8	48.4	48.2	48.7	49.6	49.8	50.0	49.1
Belgium	48.8	49.3	49.1	48.6	48.9	49.1	48.4	48.2	48.3	47.9	47.6	48.4	47.7	48.4	49.3	50.7	51.5	51.1	50.9	50.5
Canada	43.8	43.7	43.6	43.4	41.9	40.4	40.3	40.0	40.1	40.4	40.1	38.9	39.1	38.3	38.0	38.0	38.0	37.7	37.9	38.0
Czech Republic	38.0	37.1	37.7	36.8	37.1	38.0	42.1	39.5	38.7	38.5	39.2	38.1	38.1	38.6	39.8	39.9	40.8	40.1	40.1	40.1
Denmark	54.7	55.0	55.4	54.6	54.0	53.2	53.5	55.1	56.2	54.8	54.6	53.7	54.0	54.3	54.8	55.1	56.0	58.5	55.8	54.3
Estonia	40.2	39.0	37.2	36.3	35.3	36.6	37.0	36.7	35.1	36.5	36.8	37.1	43.8	40.7	39.2	39.6	38.6	39.4	39.6	38.8
Finland	54.9	54.0	52.6	54.9	52.3	52.6	51.8	51.5	51.9	52.3	51.9	52.4	52.2	52.1	53.3	54.0	55.2	55.5	56.1	56.1
France	50.3	49.9	50.5	49.8	49.7	49.2	48.9	49.1	49.8	50.1	49.7	49.8	49.6	49.7	50.9	52.0	52.9	53.5	53.1	52.8
Germany	45.1	45.3	46.2	45.7	43.8	43.3	43.6	42.8	42.9	43.0	43.0	43.5	44.4	43.2	43.8	44.3	44.4	44.5	44.2	44.3
Greece	37.4	38.6	39.3	41.8	39.8	39.4	38.3	37.2	38.4	38.7	40.2	40.7	38.7	41.0	43.8	45.7	47.8	45.9	46.0	46.2
Hungary	43.8	43.1	43.5	44.1	43.0	41.9	41.9	42.4	41.9	42.2	44.9	45.2	46.0	45.0	44.2	46.2	47.0	47.3	47.1	46.0
Iceland	39.6	39.9	42.2	42.3	40.8	40.4	41.4	42.5	45.7	46.7	45.4	42.2	38.7	39.3	40.0	41.6	42.0	43.3	42.0	41.8
Ireland	37.9	36.7	36.5	36.0	33.7	32.9	33.9	34.7	34.8	36.9	36.2	35.0	33.6	33.6	33.5	34.2	34.9	34.9	34.4	34.0
Israel	..	44.9	44.8	44.7	44.5	44.4	43.0	41.9	41.8	42.9	42.1	39.5	36.5	37.3	37.7	36.4	37.2	37.4	37.1	37.3
Italy	46.6	45.3	45.6	44.1	44.1	43.7	43.8	43.3	42.9	44.0	45.2	45.1	45.9	45.6	45.6	47.8	48.0	48.1	48.1	47.6
Japan	31.5	31.1	31.0	31.2	32.0	30.5	30.1	30.6	31.6	34.7	33.7	35.1	33.1	32.4	33.0	33.1	33.9	34.6	34.7	34.9
Korea	26.3	27.3	27.5	29.1	29.4	29.6	30.6	29.9	31.0	32.4	33.9	34.3	33.6	32.0	33.3	33.7	33.1	33.2	33.1	33.1
Luxembourg	42.7	43.0	41.1	42.1	43.1	42.9	42.9	41.7	42.7	41.0	42.4	42.7	44.6	43.5	42.7	43.7	44.4	44.4	44.2	44.2
Netherlands	44.3	43.3	44.0	43.6	42.8	41.9	41.7	42.2	42.4	43.6	42.9	44.0	42.7	43.2	42.7	43.5	44.5	44.3	43.9	43.1
New Zealand	41.8	39.7	39.2	39.2	38.6	39.8	40.5	40.5	42.2	44.2	43.2	41.5	39.3	41.1	41.2	41.9	42.7	40.8	41.3	41.3
Norway	53.8	51.7	53.0	57.1	57.0	55.8	55.1	55.9	56.9	58.8	58.6	58.9	56.4	56.0	57.3	56.8	55.4	54.8	54.0	54.3
Poland	..	..	..	..	..	..	..	..	..	..	..	..	..	38.2	39.0	39.2	38.2	38.7	39.0	38.8
Portugal	38.7	38.3	39.5	39.4	39.3	40.4	40.9	39.9	40.5	40.9	41.5	41.6	40.4	40.6	42.6	42.9	45.2	44.5	44.9	45.0
Slovak Republic	42.1	40.1	40.4	39.7	37.9	36.7	36.9	35.2	36.4	34.9	34.1	34.3	35.9	34.5	36.4	36.0	38.4	38.9	38.8	38.7
Slovenia	41.9	42.7	42.8	42.5	43.1	43.4	43.2	43.1	43.4	42.9	42.1	42.1	42.3	43.7	43.3	44.6	45.0	45.0	44.7	44.4
Spain	37.7	38.1	38.6	38.1	37.9	38.2	37.9	38.6	39.5	40.5	40.9	36.7	34.8	36.2	36.0	37.0	37.5	37.8	37.5	37.6
Sweden	57.6	58.1	57.4	56.8	54.4	52.7	53.0	53.2	54.6	53.5	53.0	52.3	52.4	52.1	51.4	51.6	51.9	51.0	51.0	51.3
Switzerland	31.7	32.6	32.9	33.7	33.0	33.6	33.2	32.7	32.8	32.5	31.9	33.2	33.9	33.3	33.7	33.5	33.6	33.6	33.9	33.7
United Kingdom	36.7	38.0	38.9	39.1	39.7	38.0	37.5	38.3	39.0	39.8	39.6	41.2	38.5	38.6	38.9	38.4	39.6	38.6	39.1	39.3
United States[1]	33.9	34.2	34.2	34.6	33.7	31.4	30.8	31.0	32.3	33.3	33.4	32.0	30.3	30.7	30.9	31.2	33.2	33.3	33.7	33.7
Euro area	45.9	45.5	46.1	45.4	44.7	44.2	44.2	43.9	44.1	44.6	44.7	44.5	44.5	44.4	44.9	46.0	46.6	46.7	46.5	46.2
Total OECD	38.0	38.1	38.3	38.4	37.9	36.6	35.7	35.7	36.5	37.4	37.5	37.2	36.1	36.0	36.4	36.8	37.7	37.8	37.9	37.8

Note: Data refer to the general government sector, which is a consolidation of accounts for central, state and local governments plus social security.

1. Excludes the operating surpluses of public enterprises.

Source: OECD Economic Outlook 97 database.

StatLink http://dx.doi.org/10.1787/888933222784

Annex Table 27. General government financial balances

Surplus (+) or deficit (-) as a per cent of nominal GDP

	1997	1998	1999	2000	2001	2002	2003	2004	2005	2006	2007	2008	2009	2010	2011	2012	2013	2014	2015	2016
Australia	0.9	2.5	2.6	1.5	0.0	1.6	2.7	1.7	2.2	2.5	1.9	-0.4	-4.1	-4.7	-3.4	-2.6	-1.4	-2.2	-1.9	-1.5
Austria	-2.4	-2.7	-2.6	-2.0	-0.6	-1.3	-1.8	-4.8	-2.5	-2.5	-1.3	-1.5	-5.3	-4.5	-2.6	-2.2	-1.3	-2.4	-2.3	-2.1
Belgium	-2.3	-1.0	-0.6	-0.1	0.2	0.1	-1.8	-0.2	-2.6	0.2	0.0	-1.1	-5.5	-4.0	-4.1	-4.1	-2.9	-3.2	-2.5	-1.6
Brazil	..	..	-5.2	-3.3	-3.3	-4.4	-5.2	-2.9	-3.5	-3.6	-2.7	-2.0	-3.2	-2.4	-2.5	-2.3	-3.1	-6.2	-4.9	-4.1
Canada	0.2	0.2	1.8	2.9	0.8	0.0	0.1	1.0	1.7	1.8	1.5	-0.3	-4.5	-4.9	-3.7	-3.1	-2.7	-1.6	-1.6	-1.1
China	-0.9	-1.5	-2.3	-2.8	-2.4	-2.4	-2.0	-1.0	-0.9	-0.1	1.6	1.0	-0.5	0.1	0.5	0.0	-0.2	-0.3	-1.2	-1.5
Czech Republic	-3.5	-4.6	-3.5	-3.5	-5.3	-6.3	-6.4	-2.7	-3.1	-2.3	-0.7	-2.1	-5.5	-4.4	-2.7	-3.9	-1.2	-2.0	-1.9	-1.3
Denmark	-1.2	-0.4	0.9	1.9	1.1	0.0	-0.1	2.1	5.0	5.0	5.0	3.2	-2.8	-2.7	-2.1	-3.7	-1.1	1.2	-1.7	-2.6
Estonia	2.5	-0.7	-3.3	0.0	0.1	0.4	1.8	2.4	1.1	2.9	2.5	-2.7	-2.2	0.2	1.2	-0.2	-0.2	0.6	0.4	0.6
Finland	-1.2	1.6	1.7	6.9	5.0	4.1	2.4	2.2	2.6	3.9	5.1	4.2	-2.5	-2.6	-1.0	-2.1	-2.5	-3.2	-3.2	-3.0
France	-3.6	-2.4	-1.6	-1.3	-1.4	-3.1	-3.9	-3.5	-3.2	-2.3	-2.5	-3.2	-7.2	-6.8	-5.1	-4.8	-4.1	-4.0	-3.8	-3.2
Germany	-2.8	-2.4	-1.5	1.0	-3.1	-3.9	-4.1	-3.7	-3.3	-1.5	0.3	0.0	-3.0	-4.1	-0.9	0.1	0.1	0.6	0.5	1.1
Greece	-5.9	-3.8	-3.1	-3.8	-4.5	-4.9	-5.8	-7.5	-5.5	-6.1	-6.7	-9.9	-15.3	-11.1	-10.2	-8.7	-12.3	-3.6	-3.4	-2.8
Hungary	-5.5	-7.4	-5.1	-3.0	-4.0	-8.8	-7.1	-6.4	-7.9	-9.3	-5.0	-3.6	-4.6	-4.5	-5.5	-2.3	-2.4	-2.5	-2.3	-2.2
Iceland	0.0	-0.4	1.1	1.6	-0.7	-2.5	-2.7	0.0	4.7	6.2	5.1	-12.9	-9.4	-9.5	-5.3	-3.7	-2.0	-0.2	0.2	0.5
India	-6.9	-8.6	-9.7	-8.7	-10.2	-9.2	-9.4	-7.3	-7.1	-5.4	-4.3	-6.9	-10.3	-6.3	-8.4	-7.2	-7.8	-6.2	-5.9	-5.8
Indonesia	0.5	-1.4	-0.2	-1.1	-2.2	-1.2	-1.6	-0.9	-0.5	-0.8	-1.2	-0.1	-1.5	-0.7	-1.1	-1.8	-2.1	-2.2	-2.1	-2.0
Ireland	1.3	2.0	2.4	4.9	1.0	-0.3	0.8	1.4	1.3	2.8	0.3	-7.0	-13.9	-32.6	-12.8	-8.1	-5.8	-4.1	-2.5	-1.9
Israel	..	-6.9	-5.6	-3.3	-5.5	-6.9	-7.1	-5.1	-4.1	-1.7	-0.6	-2.7	-5.6	-4.0	-3.3	-5.0	-4.1	-3.7	-3.2	-2.5
Italy	-3.0	-3.0	-1.8	-1.3	-3.4	-3.1	-3.4	-3.6	-4.2	-3.6	-1.5	-2.7	-5.3	-4.2	-3.5	-3.0	-2.9	-3.0	-2.6	-2.0
Japan	-3.8	-10.3	-7.1	-7.5	-6.0	-7.7	-7.7	-5.9	-4.8	-1.3	-2.1	-1.9	-8.8	-8.3	-8.8	-8.7	-8.5	-7.7	-6.8	-5.8
Korea	2.7	0.6	1.6	4.4	3.0	3.5	-2.0	0.2	1.6	2.3	4.2	2.3	-1.3	1.0	1.0	1.0	1.3	1.6	1.0	1.0
Latvia	1.4	0.0	-3.8	-2.8	-2.0	-2.2	-1.6	-1.0	-0.4	-0.6	-0.6	-4.0	-9.0	-8.1	-3.3	-0.8	-0.7	-1.4	-1.4	-1.2
Luxembourg	3.6	3.4	3.4	5.7	6.0	2.3	0.5	-1.1	0.2	1.4	4.2	3.3	-0.5	-0.5	0.4	0.1	0.9	0.6	0.1	0.4
Netherlands	-1.3	-0.9	0.3	1.9	-0.4	-2.1	-3.1	-1.8	-0.3	0.2	0.2	0.2	-5.5	-5.1	-4.4	-4.0	-2.3	-2.3	-1.8	-1.1
New Zealand	0.9	0.0	-0.2	1.7	1.4	3.4	3.5	3.9	4.6	5.1	4.4	0.4	-2.9	-6.8	-3.5	-1.6	0.3	1.4	1.9	2.3
Norway	7.5	3.3	5.9	15.1	13.2	9.1	7.2	10.9	14.8	18.0	17.1	18.7	10.3	11.0	13.4	13.8	11.3	9.1	6.4	6.3
Poland	..	..	..	..	..	..	..	..	..	..	..	..	..	-7.6	-4.9	-3.7	-4.0	-3.2	-2.7	-2.4
Portugal	-3.7	-4.4	-3.0	-3.2	-4.8	-3.3	-4.4	-6.2	-6.2	-4.3	-3.0	-3.8	-9.8	-11.2	-7.4	-5.6	-4.8	-4.5	-2.9	-2.8
Russian Federation	..	..	..	..	..	-0.7	1.7	6.0	6.0	8.3	5.6	7.3	-4.0	-1.2	3.8	2.0	0.6	0.4	-3.7	-1.2
Slovak Republic	-6.2	-5.2	-7.3	-12.1	-6.4	-8.1	-2.7	-2.3	-2.9	-3.6	-1.9	-2.4	-7.9	-7.5	-4.1	-4.2	-2.6	-2.9	-2.7	-2.3
Slovenia	-2.3	-2.3	-3.0	-3.6	-3.9	-2.4	-2.6	-2.2	-1.5	-1.3	-0.1	-1.8	-6.1	-5.6	-6.6	-4.0	-14.9	-4.9	-2.9	-2.5
South Africa	-7.0	-5.3	-3.7	-4.1	-2.5	-3.3	-4.5	-4.6	-2.4	-1.7	-0.7	-1.7	-3.9	-3.1	-3.0	-3.2	-3.3	-4.1	-4.2	-3.9
Spain	-3.9	-2.9	-1.3	-1.0	-0.5	-0.4	-0.4	0.0	1.2	2.2	2.0	-4.4	-11.0	-9.4	-9.4	-10.3	-6.8	-5.8	-4.4	-3.0
Sweden	-1.6	0.9	0.8	3.2	1.4	-1.5	-1.3	0.3	1.8	2.2	3.3	2.0	-0.7	0.0	-0.1	-0.9	-1.4	-1.9	-1.2	-0.5
Switzerland	-2.9	-1.9	-0.9	-0.4	-0.8	-2.7	-2.4	-2.2	-1.2	0.3	0.9	2.0	0.8	0.3	0.8	0.3	0.1	0.2	0.2	0.3
United Kingdom	-2.1	-0.2	0.8	5.5	0.3	-2.2	-3.6	-3.5	-3.5	-2.9	-3.0	-5.0	-11.0	-9.6	-7.6	-8.3	-5.5	-5.3	-4.0	-2.5
United States	-1.6	-0.4	0.0	0.8	-1.4	-4.8	-5.9	-5.5	-4.2	-3.1	-3.7	-7.2	-12.8	-12.2	-10.7	-9.0	-5.7	-5.0	-4.0	-3.6
Euro area	-3.0	-2.4	-1.4	-0.2	-2.0	-2.7	-3.1	-2.9	-2.5	-1.5	-0.6	-2.1	-6.2	-6.1	-4.1	-3.6	-2.9	-2.4	-2.1	-1.4
Total OECD	-2.2	-2.3	-1.2	-0.1	-1.8	-3.6	-4.3	-3.6	-2.8	-1.6	-1.5	-3.5	-8.4	-7.9	-6.6	-5.8	-4.2	-3.7	-3.1	-2.5
General government financial balances excluding social security																				
United States	-2.7	-1.6	-1.4	-0.7	-2.9	-6.3	-7.3	-6.7	-5.5	-4.5	-5.0	-8.4	-13.7	-12.6	-11.2	-9.3	-5.9	-5.1	-4.2	-3.8
Japan	-5.5	-11.7	-8.2	-8.1	-6.3	-7.6	-7.8	-6.4	-5.0	-1.3	-2.0	-1.3	-7.7	-7.2	-7.9	-7.9	-7.8	-7.0	-6.2	-5.1

Note: Financial balances include one-off factors, such as those resulting from the sale of mobile telephone licenses. As data are on a national accounts basis, the government financial balances may differ from the numbers reported to the European Commission under the Excessive Deficit Procedure for some EU countries. For more details, see Sources & Methods of the *OECD Economic Outlook* (*http://www.oecd.org/eco/sources-and-methods.htm*).

Source: OECD Economic Outlook 97 database.

StatLink http://dx.doi.org/10.1787/888933222794

Annex Table 28. General government cyclically-adjusted balances

Surplus (+) or deficit (-) as a per cent of potential GDP

	1997	1998	1999	2000	2001	2002	2003	2004	2005	2006	2007	2008	2009	2010	2011	2012	2013	2014	2015	2016
Australia	1.3	2.7	2.6	1.4	0.0	1.4	2.4	1.3	1.7	2.2	1.3	-0.9	-4.0	-4.5	-3.1	-2.5	-1.1	-1.8	-1.5	-1.2
Austria	-2.0	-2.7	-3.3	-3.3	-1.7	-2.0	-1.8	-4.6	-2.4	-3.0	-2.6	-3.0	-4.8	-3.6	-2.4	-2.2	-0.9	-1.6	-1.1	-1.0
Belgium	-1.9	-0.4	-0.7	-1.1	-0.2	0.1	-1.1	-0.2	-2.7	-0.3	-1.3	-2.3	-4.7	-3.8	-4.5	-4.0	-2.3	-2.5	-1.8	-1.2
Canada	0.9	0.5	1.5	2.1	0.3	-0.2	0.0	0.8	1.3	1.2	0.9	-0.6	-3.2	-3.9	-3.2	-2.6	-2.3	-1.4	-1.4	-1.0
Czech Republic	..	-4.1	-2.4	-3.0	-4.8	-5.0	-5.0	-1.8	-3.2	-3.6	-2.9	-4.3	-5.3	-4.4	-3.0	-3.5	-0.1	-1.1	-1.4	-0.8
Denmark	-1.8	-1.2	-0.1	0.1	-0.4	-1.0	-0.4	1.6	3.8	2.6	2.4	1.0	-2.1	-1.3	-1.1	-2.4	0.5	2.7	-0.8	-2.4
Estonia	..	..	..	..	..	1.1	2.1	2.4	-0.2	0.0	-1.7	-4.6	1.7	3.3	2.3	0.2	0.5	1.4	1.3	1.3
Finland	-0.3	1.8	1.4	6.1	4.6	4.2	3.0	2.4	2.6	3.2	3.2	2.3	-1.1	-2.1	-1.5	-1.9	-1.5	-1.7	-1.6	-1.4
France	-2.7	-2.0	-1.7	-2.2	-2.5	-3.8	-4.1	-3.8	-3.7	-3.2	-4.0	-4.4	-6.5	-6.0	-4.9	-4.4	-3.3	-2.8	-2.3	-1.8
Germany	-2.2	-1.9	-1.3	0.6	-3.7	-4.0	-3.4	-2.8	-2.2	-1.5	-0.5	-0.8	-1.3	-2.9	-0.8	0.2	0.5	0.9	0.5	0.6
Greece	-5.5	-3.6	-2.6	-3.3	-4.0	-4.2	-6.4	-9.0	-6.6	-9.1	-11.0	-14.2	-17.8	-11.3	-6.8	-2.7	-4.5	2.5	2.7	2.6
Hungary	-4.8	-6.8	-4.2	-2.1	-3.3	-8.5	-7.2	-7.2	-9.5	-12.0	-7.4	-5.7	-3.9	-3.5	-5.0	-1.1	-1.4	-2.3	-2.6	-2.8
Iceland	0.8	-0.4	0.7	1.0	-1.5	-2.5	-2.4	-0.8	3.1	4.5	2.4	-16.5	-9.7	-7.6	-3.4	-1.9	-0.9	0.5	0.4	0.4
Ireland	0.8	0.6	-0.1	1.6	-2.4	-3.6	-1.8	-1.0	-1.4	-0.3	-3.4	-8.8	-11.6	-27.7	-9.9	-5.3	-2.9	-2.4	-1.7	-1.7
Israel	..	-6.9	-5.3	-4.7	-5.8	-5.8	-4.9	-3.5	-2.9	-1.2	-0.9	-3.3	-5.5	-4.5	-4.0	-5.3	-4.3	-3.7	-3.2	-2.6
Italy	-3.0	-3.1	-1.9	-2.4	-4.9	-4.2	-4.0	-4.1	-4.9	-4.9	-3.3	-3.9	-3.8	-2.7	-2.5	-0.8	0.3	0.5	0.8	0.8
Japan	-4.1	-9.6	-6.0	-6.6	-5.1	-6.6	-6.8	-5.7	-4.8	-1.6	-2.9	-2.3	-7.3	-7.8	-8.2	-8.5	-8.7	-7.8	-7.0	-6.3
Korea	2.3	2.1	2.6	4.6	3.2	3.3	-2.0	0.2	1.5	2.1	3.7	1.9	-1.1	0.8	0.7	1.0	1.5	1.9	1.4	1.4
Luxembourg	5.2	4.3	3.1	4.0	4.5	1.3	0.6	-1.0	-0.1	0.5	2.1	1.4	0.5	0.3	0.8	1.4	2.6	2.3	1.8	2.0
Netherlands	-0.9	-1.1	-0.4	0.6	-1.9	-2.8	-2.6	-0.9	0.5	0.2	-0.9	-1.7	-6.3	-5.1	-4.7	-3.8	-1.2	-0.9	-0.8	-0.5
New Zealand	0.6	0.7	0.0	1.7	1.7	3.2	3.0	3.1	3.8	4.5	3.3	0.4	-2.3	-6.2	-2.8	-1.1	0.6	1.5	1.9	2.2
Norway[1]	-0.7	-1.7	-0.4	1.2	0.7	-1.1	-2.3	-0.9	-0.2	1.0	2.3	1.2	-0.6	0.1	0.5	0.4	-0.2	-0.4	-0.9	-1.1
Poland	..	..	..	..	..	..	..	..	..	..	..	..	..	-7.6	-5.3	-3.7	-3.6	-3.0	-2.6	-2.4
Portugal	-4.2	-5.6	-4.6	-5.2	-6.6	-4.4	-4.4	-6.3	-6.1	-4.5	-3.9	-4.5	-9.0	-11.0	-6.3	-3.0	-1.4	-1.5	-0.6	-1.1
Slovenia	..	..	..	..	-3.3	-2.0	-1.9	-1.9	-1.5	-2.4	-2.7	-5.0	-5.3	-4.9	-6.0	-2.2	-12.0	-3.2	-1.6	-1.4
Spain	-3.2	-2.6	-1.5	-1.9	-1.8	-1.5	-1.3	-1.0	-0.2	0.2	-0.6	-6.5	-10.6	-8.1	-7.6	-7.3	-3.1	-2.4	-2.1	-1.8
Sweden	0.3	2.0	1.2	2.8	1.4	-1.2	-0.9	0.2	1.5	0.7	1.2	1.1	1.5	0.5	-0.1	-0.1	-0.2	-0.9	-0.5	0.0
Switzerland	-2.1	-1.7	-1.0	-1.3	-1.7	-2.8	-1.7	-1.6	-0.9	0.1	0.1	1.2	1.0	0.5	0.8	0.5	0.4	0.5	0.9	1.1
United Kingdom	-1.9	-0.1	0.8	5.4	0.2	-2.2	-4.0	-4.0	-4.2	-4.0	-4.5	-6.0	-9.6	-8.3	-6.6	-7.2	-4.6	-4.9	-3.8	-2.4
United States	-1.6	-0.8	-0.8	-0.3	-2.0	-4.9	-6.1	-6.1	-5.2	-4.2	-4.7	-7.3	-11.1	-10.4	-9.0	-7.5	-4.5	-4.0	-3.2	-3.0
Euro area	-2.4	-2.1	-1.5	-1.0	-3.0	-3.3	-3.1	-2.9	-2.7	-2.3	-2.2	-3.5	-5.3	-5.1	-3.6	-2.6	-1.3	-0.8	-0.6	-0.5
Total OECD	-2.0	-2.2	-1.4	-0.8	-2.3	-3.8	-4.5	-4.1	-3.5	-2.7	-2.9	-4.5	-7.5	-7.1	-6.0	-5.1	-3.4	-3.0	-2.5	-2.2

Note: For more details on the methodology used for estimating the cyclical component of government balances, see Sources & Methods of the *OECD Economic Outlook* (*http://www.oecd.org/eco/sources-and-methods.htm*).

1. As a percentage of mainland potential GDP. The financial balances shown are adjusted to exclude net revenues from petroleum activities.

Source: OECD Economic Outlook 97 database.

StatLink http://dx.doi.org/10.1787/888933222803

Annex Table 29. **General government underlying balances**

Surplus (+) or deficit (-) as a per cent of potential GDP

	1997	1998	1999	2000	2001	2002	2003	2004	2005	2006	2007	2008	2009	2010	2011	2012	2013	2014	2015	2016
Australia	1.2	2.5	2.3	1.2	0.0	1.4	2.3	1.4	1.8	2.3	1.6	-0.7	-3.6	-3.9	-3.0	-2.4	-1.4	-2.0	-1.7	-1.4
Austria	-2.1	-2.4	-3.3	-3.6	-1.3	-2.0	-1.9	-1.0	-2.6	-3.2	-2.8	-3.3	-4.4	-3.6	-2.5	-2.0	-1.3	-0.4	-0.7	-0.9
Belgium	-1.8	-0.3	-0.8	-1.0	-0.3	-0.2	-0.8	-0.7	-0.6	-0.6	-1.2	-2.2	-4.1	-3.6	-3.6	-2.9	-2.1	-2.2	-1.5	-0.9
Canada	0.6	0.3	1.5	2.0	0.1	-0.3	0.0	0.9	1.4	1.3	0.9	-0.6	-3.1	-3.9	-3.0	-2.4	-2.1	-1.3	-1.3	-0.9
Czech Republic	..	-3.4	-3.0	-4.7	-4.0	-3.7	-6.9	-2.4	-2.9	-4.1	-3.2	-4.3	-6.0	-4.9	-3.2	-0.1	-0.2	-1.1	-1.2	-0.6
Denmark	-1.9	-1.1	0.0	0.2	-0.8	-1.0	-0.3	1.5	3.7	2.5	2.3	1.4	-2.1	-1.4	-1.1	-1.3	0.1	1.1	-1.3	-2.1
Estonia	..	..	..	..	..	1.1	2.0	2.1	-0.2	-0.6	-1.5	-3.5	-1.1	-0.2	0.1	1.1	0.3	1.9	1.6	1.5
Finland	-0.4	1.7	1.8	6.1	4.6	4.2	2.9	2.3	2.6	3.1	3.2	2.2	-1.0	-2.0	-1.4	-1.9	-1.6	-1.6	-1.3	-1.2
France	-2.7	-2.0	-1.5	-2.3	-2.5	-3.8	-4.2	-4.0	-3.8	-3.2	-4.0	-4.3	-6.3	-6.0	-4.9	-4.4	-3.3	-2.8	-2.3	-1.8
Germany	-2.4	-1.9	-1.3	-1.6	-3.2	-3.5	-3.0	-2.6	-2.1	-1.5	-0.7	-0.7	-1.3	-2.0	-1.0	-0.1	0.2	0.4	0.1	0.1
Greece	-5.3	-3.6	-1.3	-2.2	-3.0	-3.1	-6.6	-8.8	-7.8	-10.7	-12.2	-14.3	-17.2	-11.7	-7.4	-1.2	3.5	1.3	1.5	1.4
Hungary	-4.9	-5.3	-4.9	-2.2	-3.1	-7.0	-7.2	-7.7	-9.7	-11.7	-6.6	-5.0	-3.8	-3.6	-3.9	-1.2	-1.6	-2.8	-3.1	-2.8
Iceland	0.9	-0.6	0.6	0.9	-1.3	-2.6	-2.4	-0.9	2.9	4.2	1.9	-3.6	-9.6	-4.6	-2.8	-1.7	-1.2	-0.5	-0.2	-0.2
Ireland	0.4	0.2	1.1	1.4	-2.3	-3.9	-2.0	-0.9	-1.4	-0.8	-3.8	-8.3	-8.9	-7.4	-6.3	-5.4	-3.8	-2.9	-2.4	-2.4
Israel	..	-7.2	-5.3	-4.8	-5.8	-5.7	-5.1	-3.4	-2.8	-1.1	-0.8	-3.1	-5.2	-4.5	-4.2	-5.3	-4.3	-3.9	-3.4	-2.8
Italy	-3.5	-3.3	-1.9	-3.6	-4.5	-3.9	-4.9	-4.6	-4.8	-3.8	-3.1	-4.0	-4.2	-3.1	-3.3	-0.8	-0.2	0.4	0.8	0.8
Japan	-4.8	-5.1	-6.3	-6.3	-5.6	-6.6	-6.4	-6.5	-4.7	-3.1	-3.0	-3.2	-7.3	-7.9	-7.8	-8.0	-8.1	-7.2	-6.6	-5.7
Korea	2.7	2.8	3.2	5.1	3.8	4.0	3.5	2.1	3.0	3.5	3.8	1.7	-0.4	0.5	0.7	0.6	0.5	0.5	0.0	-0.1
Luxembourg	5.2	4.1	2.9	3.9	2.9	1.5	0.7	-0.7	0.0	0.9	2.0	1.1	0.6	0.4	0.8	1.5	2.8	2.1	1.8	2.0
Netherlands	-0.7	-1.0	-0.5	0.0	-1.4	-2.6	-2.4	-1.0	0.1	-0.3	-1.3	-1.9	-5.8	-4.7	-4.8	-3.8	-1.7	-1.3	-1.2	-1.0
New Zealand	0.7	0.7	0.1	1.8	1.8	3.2	3.0	3.0	3.7	4.5	3.2	0.6	-2.2	-2.1	-1.2	-0.3	1.1	1.5	1.9	2.2
Norway[1]	-0.9	-1.9	-0.4	1.6	0.7	-1.0	-2.3	-1.0	-0.2	1.0	2.3	1.4	-0.5	0.1	0.5	0.4	-0.2	-0.5	-0.9	-1.1
Poland	..	..	..	..	..	..	..	..	..	..	..	..	..	-7.9	-6.2	-4.2	-3.8	-3.3	-3.0	-2.7
Portugal	-4.7	-5.0	-4.4	-5.3	-6.6	-5.2	-4.8	-6.0	-6.1	-4.3	-3.8	-4.8	-8.7	-8.6	-6.3	-4.4	-1.9	-0.9	-0.6	-1.1
Slovenia	..	..	..	..	-3.4	-2.1	-1.6	-1.7	-1.5	-2.6	-2.8	-4.4	-5.1	-5.5	-5.4	-2.9	-2.5	-3.6	-2.7	-1.4
Spain	-3.3	-2.8	-1.8	-1.9	-1.7	-1.4	-1.4	-0.5	0.0	0.4	-0.2	-5.9	-9.9	-7.8	-7.1	-4.2	-3.2	-2.8	-2.7	-2.4
Sweden	0.6	1.2	1.4	2.7	1.4	-1.1	-0.8	0.2	1.6	0.7	1.3	1.1	1.6	0.5	0.1	-0.2	-0.4	-0.7	-0.2	0.2
Switzerland	-2.7	-2.2	-1.6	-0.1	-1.4	-1.4	-2.0	-1.7	-1.2	-0.4	-0.2	1.2	0.7	0.2	0.5	0.0	0.2	0.5	0.8	1.0
United Kingdom[2]	-1.9	-0.2	0.7	0.8	0.2	-2.1	-3.8	-4.1	-3.2	-4.0	-4.6	-5.6	-8.5	-8.2	-6.8	-7.1	-6.2	-5.8	-5.2	-3.6
United States	-1.6	-0.8	-0.8	-0.3	-2.1	-4.9	-6.0	-6.0	-5.0	-4.4	-4.7	-7.0	-10.3	-10.0	-8.8	-7.5	-4.6	-4.2	-3.3	-3.1
Euro area	-2.6	-2.1	-1.5	-2.0	-2.7	-3.0	-3.2	-2.9	-2.6	-2.2	-2.2	-3.4	-5.1	-4.5	-3.7	-2.3	-1.4	-1.0	-0.9	-0.7
Total OECD	-2.2	-1.7	-1.4	-1.3	-2.3	-3.7	-4.2	-4.1	-3.3	-2.8	-2.9	-4.4	-7.1	-6.8	-5.9	-5.0	-3.5	-3.1	-2.7	-2.3

Note: The underlying balances are adjusted for the cycle and for one-offs. For more details, see Sources & Methods of the *OECD Economic Outlook (http://www.oecd.org/eco/sources-and-methods.htm).*

1. As a percentage of mainland potential GDP. The financial balances shown are adjusted to exclude net revenues from petroleum activities.
2. Revenues due to quantitative easing that have accumulated in a special fund for several years, and that will be transferred to the UK Treasury in well-identified instalments over the projection period, are treated as fiscal one-offs and excluded from underlying fiscal measures.

Source: OECD Economic Outlook 97 database.

StatLink http://dx.doi.org/10.1787/888933222818

Annex Table 30. General government underlying primary balances

Surplus (+) or deficit (-) as a per cent of potential GDP

	1997	1998	1999	2000	2001	2002	2003	2004	2005	2006	2007	2008	2009	2010	2011	2012	2013	2014	2015	2016
Australia	2.6	3.5	3.2	1.9	0.4	1.9	2.6	1.7	2.0	2.4	1.6	-0.9	-3.5	-3.5	-2.5	-2.0	-0.8	-1.3	-0.9	-0.5
Austria	1.0	0.6	-0.5	-0.8	1.4	0.7	0.5	1.2	-0.3	-0.8	-0.5	-1.0	-2.2	-1.5	-0.3	0.1	0.7	1.5	1.0	0.6
Belgium	5.4	6.6	5.6	5.3	5.6	5.1	4.0	3.8	3.4	3.2	2.4	1.3	-0.8	-0.4	-0.5	0.3	0.7	0.6	1.0	1.4
Canada	5.3	5.1	5.6	5.1	3.0	2.2	1.7	2.4	2.3	2.0	1.5	-0.6	-2.3	-3.2	-2.7	-1.9	-1.8	-1.0	-0.9	-0.5
Czech Republic	..	-3.0	-2.5	-4.5	-3.7	-3.4	-6.5	-1.8	-2.2	-3.4	-2.5	-3.6	-5.0	-3.8	-2.1	1.1	0.9	0.0	-0.2	0.3
Denmark	1.4	1.9	2.9	2.8	1.3	1.0	1.4	2.8	4.8	3.3	2.9	1.6	-1.7	-0.8	-0.5	-0.8	0.5	1.5	-1.1	-1.9
Estonia	..	..	..	..	..	1.1	1.7	2.0	-0.4	-0.9	-1.9	-3.9	-1.3	-0.3	-0.1	1.0	0.2	1.8	1.5	1.4
Finland	1.3	3.2	3.2	7.0	5.2	4.3	2.8	2.3	2.6	2.9	2.9	1.6	-1.3	-1.9	-1.3	-1.7	-1.5	-1.3	-1.1	-1.0
France	0.2	0.9	1.1	0.3	0.2	-1.1	-1.7	-1.4	-1.4	-0.8	-1.5	-1.6	-4.2	-3.7	-2.4	-2.0	-1.2	-0.8	-0.4	-0.1
Germany	0.4	1.0	1.3	1.1	-0.6	-1.0	-0.5	-0.2	0.3	0.9	1.7	1.7	1.0	0.0	1.0	1.7	1.7	1.8	1.1	1.0
Greece	1.9	3.3	4.6	4.0	2.6	1.8	-2.1	-4.2	-3.4	-6.1	-7.4	-9.3	-12.2	-6.1	-1.0	2.7	6.5	4.5	5.0	4.9
Hungary	2.2	0.8	1.1	2.4	0.7	-3.4	-3.5	-3.6	-5.8	-7.9	-2.6	-1.2	0.1	0.1	-0.2	2.9	2.6	1.1	0.6	0.7
Iceland	3.0	1.7	2.7	2.8	0.2	-1.5	-1.0	0.5	4.1	4.7	2.3	-3.6	-6.4	-1.5	0.5	2.1	2.4	3.1	3.3	3.5
Ireland	3.9	3.4	3.4	3.2	-1.1	-2.7	-0.8	0.1	-0.5	0.0	-3.1	-7.6	-7.5	-5.1	-3.8	-2.3	-0.5	0.5	1.0	0.8
Israel	..	0.1	1.4	2.0	0.6	0.4	1.0	2.7	3.3	3.9	3.8	1.0	-1.3	-0.6	-0.4	-1.4	-0.8	-0.8	-0.7	-0.3
Italy	5.2	4.3	4.2	2.4	1.4	1.5	-0.1	-0.1	-0.4	0.6	1.6	0.8	-0.2	0.9	1.1	4.0	4.2	4.6	4.6	4.5
Japan	-3.7	-3.9	-5.1	-5.1	-4.8	-5.9	-5.8	-6.0	-4.7	-3.2	-3.0	-2.9	-6.9	-7.2	-7.0	-7.2	-7.4	-6.2	-5.6	-4.9
Korea	1.7	1.8	2.4	4.1	2.9	3.3	3.4	2.0	2.4	2.7	2.9	1.6	-1.2	-0.1	0.2	0.4	0.1	0.4	-0.1	-0.3
Luxembourg	4.3	3.1	2.1	2.6	1.5	0.3	-0.2	-1.5	-0.8	0.1	0.9	-0.2	0.1	0.2	0.5	1.3	2.6	1.9	1.5	1.7
Netherlands	3.0	2.5	2.7	2.6	0.8	-0.6	-0.7	0.7	1.7	1.1	0.1	-0.4	-4.5	-3.5	-3.6	-2.7	-0.6	-0.2	-0.2	-0.2
New Zealand	2.8	2.6	1.6	3.2	3.2	4.3	4.0	3.9	4.4	4.9	3.3	1.0	-1.6	-1.6	-0.5	0.6	1.7	2.0	2.3	2.5
Norway[1]	-2.3	-3.2	-2.1	-0.2	-1.4	-3.3	-4.4	-3.1	-2.3	-1.3	-0.8	-1.9	-3.1	-2.2	-1.8	-1.7	-2.3	-3.0	-3.6	-3.9
Poland	..	..	..	..	..	..	..	..	..	..	..	..	..	-5.7	-4.0	-1.9	-1.6	-1.6	-1.5	-1.2
Portugal	-1.3	-2.2	-1.7	-2.7	-4.0	-2.7	-2.5	-3.7	-3.8	-1.8	-1.2	-2.1	-6.1	-5.9	-2.5	-0.4	2.0	3.2	3.4	2.7
Slovenia	..	..	..	..	-1.6	-0.4	-0.2	-0.3	-0.2	-1.4	-1.7	-3.7	-4.2	-4.4	-4.0	-1.6	-0.6	-1.0	0.2	1.3
Spain	0.7	0.9	1.3	1.0	0.9	1.0	0.7	1.3	1.5	1.7	0.9	-4.8	-8.6	-6.2	-5.2	-1.9	-0.6	-0.1	-0.1	0.4
Sweden	3.5	3.7	3.8	4.8	3.1	0.9	0.4	1.1	2.6	1.5	2.0	1.6	1.8	0.7	0.3	-0.2	-0.3	-0.7	-0.2	0.2
Switzerland	-1.8	-1.2	-0.5	0.9	-0.5	-0.4	-1.0	-0.7	-0.2	0.4	0.4	1.7	1.2	0.6	0.9	0.4	0.5	0.7	1.0	1.0
United Kingdom[2]	1.1	2.7	3.1	3.1	2.2	-0.5	-2.2	-2.5	-1.4	-2.2	-2.7	-3.9	-7.0	-5.7	-4.0	-4.6	-3.7	-3.4	-2.8	-1.2
United States	2.2	2.8	2.4	2.5	0.6	-2.3	-3.3	-3.4	-2.3	-1.7	-2.0	-4.5	-7.6	-7.2	-5.8	-4.5	-2.4	-1.5	-1.1	-1.0
Euro area	1.7	1.9	2.1	1.5	0.6	0.0	-0.4	-0.1	0.0	0.4	0.4	-0.8	-2.7	-2.1	-1.1	0.3	1.0	1.3	1.2	1.2
Total OECD	1.2	1.6	1.5	1.4	0.1	-1.4	-2.0	-2.0	-1.3	-0.8	-0.9	-2.5	-5.1	-4.8	-3.7	-2.7	-1.7	-1.1	-0.9	-0.7

Note: Adjusted for the cycle and for one-offs, and excludes net interest payments. For more details, see Sources & Methods of the *OECD Economic Outlook* *(http://www.oecd.org/eco/sources-and-methods.htm).*

1. As a percentage of mainland potential GDP. The financial balances shown are adjusted to exclude net revenues from petroleum activities.
2. Revenues due to quantitative easing that have accumulated in a special fund for several years, and that will be transferred to the UK Treasury in well-identified instalments over the projection period, are treated as fiscal one-offs and excluded from underlying fiscal measures.

Source: OECD Economic Outlook 97 database.

StatLink http://dx.doi.org/10.1787/888933222824

Annex Table 31. **General government net debt interest payments**

Per cent of nominal GDP

	1997	1998	1999	2000	2001	2002	2003	2004	2005	2006	2007	2008	2009	2010	2011	2012	2013	2014	2015	2016
Australia	1.4	1.0	0.9	0.7	0.4	0.4	0.3	0.3	0.2	0.0	0.0	-0.2	0.1	0.4	0.5	0.5	0.6	0.8	0.8	0.9
Austria	3.1	3.0	2.8	2.7	2.7	2.6	2.4	2.3	2.4	2.3	2.2	2.2	2.2	2.2	2.1	2.1	2.0	1.9	1.8	1.6
Belgium	7.2	6.9	6.4	6.2	5.9	5.3	4.9	4.4	4.0	3.7	3.5	3.5	3.4	3.2	3.1	3.2	2.9	2.8	2.6	2.3
Canada	4.7	4.6	4.1	3.0	2.8	2.5	1.8	1.5	1.0	0.6	0.6	0.0	0.9	0.6	0.4	0.5	0.4	0.3	0.4	0.4
Czech Republic	0.4	0.5	0.5	0.1	0.3	0.3	0.4	0.6	0.7	0.7	0.7	0.7	1.0	1.1	1.1	1.2	1.1	1.1	1.0	0.9
Denmark	3.2	3.0	2.9	2.5	2.0	2.0	1.6	1.4	1.1	0.8	0.5	0.2	0.4	0.6	0.6	0.5	0.5	0.4	0.3	0.1
Estonia	0.1	0.4	0.1	0.1	0.0	0.0	-0.3	-0.1	-0.2	-0.2	-0.3	-0.4	-0.3	-0.2	-0.2	-0.1	-0.1	-0.1	-0.1	-0.1
Finland	1.7	1.5	1.4	0.9	0.5	0.0	0.0	0.0	0.0	-0.2	-0.3	-0.5	-0.4	0.1	0.0	0.2	0.1	0.2	0.3	0.2
France	3.0	2.9	2.6	2.6	2.6	2.6	2.5	2.5	2.4	2.4	2.5	2.6	2.2	2.3	2.5	2.4	2.2	2.1	2.0	1.7
Germany	2.9	2.9	2.7	2.7	2.6	2.5	2.6	2.5	2.4	2.4	2.4	2.3	2.3	2.1	2.0	1.8	1.5	1.3	1.1	0.9
Greece	7.4	6.8	6.0	6.2	5.6	5.0	4.5	4.4	4.3	4.3	4.3	4.6	4.8	5.5	6.8	4.4	3.6	3.7	4.1	4.0
Hungary	7.2	6.1	6.1	4.7	4.0	3.6	3.7	4.0	3.8	3.6	3.7	3.6	4.0	3.8	3.7	4.2	4.3	3.9	3.7	3.4
Iceland	2.2	2.3	2.1	1.9	1.5	1.1	1.4	1.3	1.2	0.4	0.3	0.0	3.3	3.3	3.5	4.0	3.7	3.7	3.5	3.7
Ireland	3.4	3.1	2.1	1.6	1.1	1.1	1.1	1.0	0.9	0.7	0.6	0.7	1.4	2.5	2.6	3.2	3.6	3.5	3.4	3.2
Israel	..	7.2	6.7	6.6	6.3	6.2	6.4	6.3	6.2	5.0	4.5	4.0	3.9	3.8	3.7	3.9	3.5	3.1	2.7	2.5
Italy	8.7	7.5	6.1	5.9	5.8	5.2	4.8	4.5	4.3	4.2	4.5	4.7	4.2	4.1	4.5	5.0	4.7	4.5	4.0	3.9
Japan	1.1	1.2	1.3	1.2	0.9	0.7	0.6	0.4	0.1	-0.1	0.0	0.3	0.5	0.7	0.8	0.9	0.7	1.0	0.9	0.8
Korea	-0.9	-1.1	-0.8	-1.0	-0.9	-0.7	-0.1	-0.1	-0.6	-0.8	-0.9	-0.1	-0.8	-0.5	-0.5	-0.2	-0.4	-0.1	-0.1	-0.2
Luxembourg	-0.9	-1.0	-0.8	-1.2	-1.3	-1.1	-0.9	-0.8	-0.7	-0.8	-1.1	-1.3	-0.5	-0.3	-0.2	-0.2	-0.2	-0.3	-0.3	-0.3
Netherlands	3.7	3.5	3.2	2.5	2.2	2.0	1.8	1.7	1.6	1.4	1.4	1.4	1.2	1.1	1.2	1.1	1.1	1.1	1.0	0.9
New Zealand	2.0	2.0	1.6	1.5	1.5	1.1	1.0	0.8	0.7	0.4	0.1	0.3	0.6	0.5	0.8	0.9	0.6	0.5	0.4	0.3
Norway	-1.4	-1.3	-1.6	-1.8	-2.0	-2.3	-2.2	-2.2	-2.1	-2.2	-2.9	-3.2	-2.6	-2.3	-2.3	-2.0	-2.1	-2.5	-2.8	-2.9
Poland	..	..	..	..	..	..	..	..	..	..	..	..	..	2.2	2.2	2.3	2.2	1.7	1.5	1.5
Portugal	3.3	2.7	2.6	2.5	2.5	2.5	2.4	2.3	2.3	2.5	2.6	2.7	2.7	2.7	3.8	4.3	4.2	4.4	4.2	4.0
Slovak Republic	1.8	2.1	2.9	3.1	3.0	2.9	1.6	1.4	1.1	0.9	0.9	0.9	1.1	1.1	1.3	1.6	1.7	1.7	1.6	1.5
Slovenia	2.0	1.8	1.9	1.8	1.8	1.7	1.4	1.4	1.3	1.2	1.0	0.7	0.9	1.1	1.4	1.4	2.0	2.7	2.9	2.8
Spain	4.0	3.7	3.1	2.9	2.5	2.3	2.0	1.8	1.5	1.3	1.1	1.0	1.3	1.5	2.0	2.5	2.8	2.9	2.8	2.8
Sweden	2.9	2.5	2.4	2.0	1.7	2.0	1.3	0.9	0.9	0.8	0.7	0.5	0.2	0.2	0.2	0.0	0.1	0.0	0.0	0.0
Switzerland	0.9	0.9	1.1	1.0	0.9	1.0	1.0	1.0	1.0	0.8	0.6	0.5	0.5	0.5	0.4	0.4	0.3	0.2	0.1	0.0
United Kingdom	3.0	2.9	2.4	2.3	1.9	1.7	1.6	1.6	1.8	1.7	1.8	1.7	1.5	2.6	2.9	2.6	2.6	2.5	2.5	2.4
United States	3.9	3.6	3.2	2.8	2.7	2.6	2.7	2.6	2.6	2.6	2.6	2.6	2.8	2.9	3.1	3.1	2.2	2.8	2.2	2.1
Euro area	4.3	4.0	3.5	3.4	3.2	3.0	2.9	2.7	2.6	2.5	2.5	2.6	2.4	2.4	2.6	2.6	2.4	2.3	2.1	2.0
Total OECD	3.4	3.2	2.8	2.6	2.4	2.3	2.2	2.0	1.9	1.8	1.8	1.8	2.0	2.1	2.2	2.2	1.8	2.0	1.7	1.6

Source: OECD Economic Outlook 97 database.

StatLink http://dx.doi.org/10.1787/888933222838

Annex Table 32. **General government gross financial liabilities**

Per cent of nominal GDP

	1997	1998	1999	2000	2001	2002	2003	2004	2005	2006	2007	2008	2009	2010	2011	2012	2013	2014	2015	2016
Australia	36.9	33.4	28.4	27.2	26.0	24.5	21.8	22.1	21.8	20.7	20.4	21.2	26.7	30.0	34.1	37.3	38.3	42.5	44.6	46.8
Austria	65.6	67.3	70.6	70.4	71.6	75.0	73.7	72.9	80.4	77.8	74.6	80.0	85.4	90.8	92.0	96.7	95.1	96.3	97.6	97.8
Belgium[1]	143.7	138.2	126.7	120.6	119.2	118.3	114.7	110.3	107.9	99.6	93.5	100.7	109.0	107.4	110.2	120.3	117.6	129.8	130.4	128.9
Canada	103.1	101.6	92.2	84.2	85.7	84.8	80.3	76.5	75.8	74.9	70.4	74.7	87.4	89.5	93.1	95.9	92.3	94.8	96.0	95.5
Czech Republic	..	..	..	..	..	30.2	32.7	32.5	32.2	32.0	30.7	34.6	41.4	46.3	48.6	58.2	57.9	57.1	55.1	55.0
Denmark	75.0	72.6	67.1	60.5	58.3	58.1	56.1	52.4	45.1	40.5	34.6	42.0	49.5	53.8	60.6	60.2	57.3	60.4	55.9	55.0
Estonia	11.3	10.0	10.9	6.8	6.7	7.6	8.4	8.6	8.2	8.0	7.3	8.4	12.7	11.9	9.5	13.2	13.5	14.3	12.9	11.4
Finland	62.7	59.3	53.0	50.9	48.2	48.0	49.5	49.6	46.4	43.9	40.1	38.8	49.5	55.9	57.1	63.0	65.1	71.4	73.6	76.2
France	75.3	77.0	73.7	72.0	71.1	74.8	78.7	80.4	81.9	77.0	75.8	81.8	93.4	97.1	101.0	111.8	111.4	120.4	121.9	122.8
Germany	58.8	60.6	60.0	59.7	58.7	61.1	64.6	67.8	70.3	68.3	64.2	68.2	75.6	84.2	83.6	86.3	81.6	82.3	78.7	74.9
Greece	95.7	92.7	95.9	111.1	114.1	113.9	108.9	110.5	112.1	119.1	114.4	118.6	135.2	128.7	111.2	166.2	182.0	184.1	187.9	187.6
Hungary	66.7	64.8	66.8	61.3	59.3	60.0	61.0	64.9	67.8	71.1	71.9	75.8	84.7	86.6	95.5	98.2	96.7	99.8	99.6	98.3
Iceland	..	47.2	43.1	40.4	44.8	40.9	39.8	34.7	26.4	32.0	30.0	70.6	85.8	90.8	97.4	95.2	87.7	85.4	81.9	79.0
Ireland	..	61.3	49.9	38.5	35.4	34.3	33.2	31.6	31.5	27.8	27.5	47.7	67.7	83.7	97.8	120.8	128.9	116.5	114.5	111.4
Israel	..	96.4	90.3	80.1	84.4	91.1	93.9	92.2	88.9	81.0	73.9	72.7	75.0	71.1	69.7	68.3	67.6	67.5	65.4	63.7
Italy	128.5	130.7	123.8	118.8	118.1	117.0	114.2	116.2	118.9	116.2	111.7	114.5	127.3	126.0	119.4	138.1	144.8	158.5	159.6	158.4
Japan[2]	101.7	113.8	127.9	136.1	144.4	153.5	158.3	166.3	169.6	166.8	162.4	171.1	188.7	193.2	209.4	215.4	220.3	226.0	229.2	231.7
Korea[3]	..	..	..	..	..	18.1	18.7	22.0	24.0	26.9	26.9	28.3	31.0	31.8	33.3	34.8	34.8	34.5	34.9	35.5
Luxembourg	9.7	10.7	9.5	8.8	7.9	8.2	7.9	8.6	7.8	11.9	15.5	19.3	19.0	26.4	26.0	29.6	29.7	31.3	33.2	34.7
Netherlands	78.8	76.3	67.6	60.1	56.2	57.0	58.1	58.5	57.6	51.5	48.5	61.3	63.7	67.7	71.6	77.9	77.0	81.8	81.6	81.2
New Zealand	41.0	40.9	38.3	36.2	34.3	32.4	30.4	27.7	26.5	26.2	25.1	28.4	33.6	37.3	40.8	41.8	40.8	39.2	37.2	34.7
Norway	29.2	27.6	28.7	32.2	31.3	38.7	48.0	49.9	46.9	57.8	55.6	54.2	48.1	48.4	33.8	34.5	35.0	32.6	34.5	35.4
Poland	..	..	..	..	..	..	..	..	..	..	..	..	..	61.0	61.6	61.2	62.3	65.8	66.7	66.7
Portugal	66.0	65.3	62.5	62.0	63.5	66.8	70.6	76.7	80.0	79.4	78.1	82.8	96.1	104.1	108.0	137.0	141.8	150.4	148.0	144.5
Slovak Republic	38.1	40.3	52.6	57.9	56.5	49.2	47.3	44.9	37.9	35.7	34.3	33.3	41.9	46.9	49.5	57.9	60.8	60.0	59.9	59.9
Slovenia	..	..	..	..	33.0	34.0	33.5	34.3	33.4	33.3	28.9	28.4	42.4	46.6	50.2	60.4	79.2	97.6	99.7	101.8
Spain	73.0	73.5	67.9	65.2	60.6	59.3	54.4	52.5	50.0	45.7	41.7	47.1	61.9	66.7	77.4	91.0	102.0	115.8	117.1	117.2
Sweden	77.3	76.6	67.2	56.9	58.3	58.1	57.0	56.5	57.5	50.9	45.8	45.9	47.6	44.4	44.8	44.6	44.8	52.1	52.6	51.2
Switzerland	52.6	55.4	52.5	52.7	52.6	60.1	58.5	59.6	57.1	50.7	50.5	48.7	46.5	44.9	45.1	45.8	45.6	45.3	45.1	44.7
United Kingdom	54.8	55.6	50.8	49.5	45.4	47.9	47.1	48.5	50.0	49.6	50.1	62.0	75.7	87.3	101.1	105.1	100.8	111.3	113.3	113.1
United States	61.7	57.7	52.3	48.1	50.7	57.4	58.8	66.7	66.8	63.9	64.3	78.1	92.5	101.8	107.7	110.5	109.2	110.1	111.4	111.1
Euro area	81.4	82.2	78.5	76.3	74.8	76.1	76.9	78.3	79.3	75.8	72.2	77.5	87.9	92.2	93.1	103.9	104.9	111.5	110.9	109.5
Total OECD	71.6	71.9	69.3	67.3	68.6	72.6	73.4	77.5	78.1	75.3	73.5	82.0	93.6	99.8	104.7	110.3	110.3	113.8	114.6	114.2

Note: Gross debt data are not always comparable across countries due to different definitions or treatment of debt components. Maastricht debt for European Union countries is shown in Annex Table 61. Financial liabilities are measured at market value.

For more details, see Sources & Methods of the *OECD Economic Outlook (http://www.oecd.org/eco/sources-and-methods.htm).*

1. Includes the debt of the Belgium National Railways Company (SNCB) from 2005 onwards.
2. Includes the debt of the Japan Railway Settlement Corporation and the National Forest Special Account from 1998 onwards.
3. Data are on a non-consolidated basis (SNA93).

Source: OECD Economic Outlook 97 database.

StatLink http://dx.doi.org/10.1787/888933222848

Annex Table 33. **General government net financial liabilities**

Per cent of nominal GDP

	1997	1998	1999	2000	2001	2002	2003	2004	2005	2006	2007	2008	2009	2010	2011	2012	2013	2014	2015	2016
Australia	-8.0	-17.7	-22.0	-21.5	-19.4	-21.2	-24.8	-26.9	-27.7	-30.1	-31.5	-30.6	-28.1	-23.2	-16.6	-14.5	-16.8	-14.8	-12.6	-10.5
Austria	35.9	36.2	35.7	34.8	33.8	37.5	35.0	36.9	43.4	42.5	39.5	43.9	49.4	50.8	52.2	57.1	57.5	58.7	60.0	60.2
Belgium[1]	124.1	119.7	106.8	101.1	98.6	99.6	96.2	91.0	88.9	80.1	73.9	77.6	82.7	81.4	83.3	92.1	90.5	101.6	102.2	100.7
Canada	72.8	69.9	58.1	49.4	47.8	48.5	43.2	39.0	34.2	29.8	27.0	28.9	34.6	37.4	42.0	43.3	39.7	40.4	41.6	41.1
Czech Republic	..	..	..	..	..	-15.1	-7.0	-10.2	-11.5	-11.7	-14.5	-5.8	-1.4	6.4	6.1	13.6	15.2	17.1	18.3	18.9
Denmark	36.4	37.6	30.6	25.5	22.0	21.1	18.4	14.2	9.5	1.1	-4.6	-6.7	-5.9	-3.3	1.1	5.4	2.7	4.0	5.6	8.0
Estonia	-23.5	-40.4	-39.8	-30.2	-29.1	-28.7	-29.5	-31.9	-32.1	-30.8	-28.5	-25.9	-28.8	-35.9	-34.6	-32.7	-32.2	-30.3	-29.8	-28.9
Finland	-7.3	-14.1	-48.4	-30.1	-30.4	-30.2	-36.8	-44.7	-56.0	-66.5	-69.7	-50.0	-59.6	-61.8	-48.8	-50.2	-53.5	-54.7	-51.0	-47.2
France	37.7	38.9	31.0	32.4	34.6	39.5	41.6	43.1	41.0	35.5	32.2	42.7	50.2	54.6	59.5	68.8	69.9	78.1	79.8	80.7
Germany	30.5	35.2	33.8	33.3	35.5	39.7	42.8	46.7	48.9	47.0	41.7	43.5	47.9	48.4	49.4	49.2	45.3	46.2	44.1	41.4
Greece	70.3	65.9	63.9	82.6	86.9	88.9	82.0	81.6	80.5	87.5	80.3	89.1	99.6	91.1	72.7	101.2	117.5	141.3	146.2	145.9
Hungary	25.8	32.4	34.2	32.9	32.2	36.3	37.3	41.6	44.6	51.3	52.6	50.8	58.6	60.8	62.4	69.6	70.5	72.5	71.5	70.3
Iceland	..	16.6	9.3	8.7	3.5	1.7	3.7	2.1	-9.8	-15.0	-20.4	0.3	13.9	22.1	26.9	28.9	27.4	26.1	23.6	21.7
Ireland	..	41.2	25.7	14.9	11.4	13.1	11.0	7.8	5.6	0.9	-0.6	12.1	24.4	44.0	60.9	78.1	82.7	82.1	80.0	78.0
Italy	101.3	103.6	102.1	96.3	96.9	96.4	93.2	94.4	95.7	92.3	88.8	92.0	102.8	101.3	96.1	112.0	118.2	131.1	132.2	131.1
Japan[2]	34.1	44.7	52.4	58.8	65.5	74.5	77.6	82.4	82.2	81.0	80.5	95.3	106.2	113.1	127.2	129.2	122.9	128.7	131.8	134.4
Korea[3]	..	..	..	..	..	-30.6	-29.4	-29.8	-33.7	-34.6	-37.6	-35.0	-36.0	-35.3	-35.3	-35.9	-36.0	-36.3	-35.8	-35.2
Luxembourg	-39.6	-44.5	-45.5	-48.2	-56.0	-53.8	-56.9	-52.1	-49.4	-49.5	-50.7	-54.1	-58.3	-52.4	-46.1	-48.3	-48.9	-47.4	-45.5	-44.0
Netherlands	41.9	40.2	29.8	28.2	27.6	31.2	31.0	32.5	30.2	27.4	23.7	22.8	27.4	32.0	36.7	39.4	40.4	44.2	45.0	44.6
New Zealand	29.3	27.2	25.0	23.0	20.7	17.2	12.8	8.2	3.7	-1.2	-5.4	-4.9	-0.9	1.7	4.5	6.7	6.3	5.1	3.0	0.5
Norway	-48.7	-52.4	-57.0	-67.2	-84.7	-80.1	-93.5	-101.8	-118.8	-131.9	-137.4	-121.9	-152.3	-161.6	-157.5	-166.8	-204.3	-242.5	-249.8	-256.0
Poland	..	..	..	..	..	..	..	..	..	..	..	..	..	27.0	31.1	32.3	35.5	38.4	39.8	40.2
Portugal	35.9	37.6	36.2	37.8	40.0	44.4	47.2	53.9	55.9	54.7	55.0	59.6	70.3	71.0	66.2	90.2	98.7	107.7	108.4	108.9
Slovak Republic	-11.8	-3.9	1.1	13.4	10.9	1.4	1.8	5.1	9.7	14.1	13.1	14.9	22.0	27.5	32.4	30.9	32.3	35.0	36.7	37.3
Slovenia	..	..	..	..	-15.3	-13.9	-9.3	-9.5	-8.4	-9.8	-18.0	-6.4	-1.1	-0.4	2.1	7.9	19.1	28.3	30.4	32.5
Spain	53.3	52.7	46.7	43.3	40.5	39.1	35.9	33.5	28.5	22.0	17.3	22.1	33.2	38.8	46.8	57.5	68.8	80.7	82.0	82.1
Sweden	24.0	22.0	10.4	2.8	-2.0	4.7	0.9	-1.2	-6.2	-16.5	-20.9	-15.3	-22.7	-25.2	-22.6	-26.9	-29.6	-30.5	-28.0	-26.3
Switzerland	..	..	10.9	7.3	6.9	12.5	11.9	13.8	12.9	9.6	8.5	11.7	7.5	10.3	9.4	7.0	6.8	6.6	6.3	5.9
United Kingdom	33.0	35.0	31.7	28.4	25.5	28.4	27.5	28.8	29.3	29.6	30.1	36.8	46.9	50.0	65.3	67.3	65.6	76.3	78.2	78.1
United States	43.7	39.0	32.7	29.5	31.4	38.4	40.0	48.1	48.3	45.1	44.8	55.8	68.6	76.7	84.8	87.4	85.4	85.8	87.2	86.9
Euro area	51.1	52.6	47.5	46.7	47.2	49.8	49.9	51.1	50.5	46.6	42.2	47.1	54.3	56.2	57.9	65.3	67.0	73.4	73.6	72.7
Total OECD	40.4	40.7	36.5	34.9	36.2	40.7	41.2	44.7	43.9	40.7	38.7	46.3	54.9	59.6	65.6	69.4	68.0	71.0	72.1	71.9

Note: Net debt measures are not always comparable across countries due to different definitions or treatment of debt (and asset) components, see Sources & Methods of the *OECD Economic Outlook* (*http://www.oecd.org/eco/sources-and-methods.htm*). Financial liabilities are measured at market value.

1. Includes the debt of the Belgium National Railways Company (SNCB) from 2005 onwards.
2. Includes the debt of the Japan Railway Settlement Corporation and the National Forest Special Account from 1998 onwards.
3. Data are on a non-consolidated basis (SNA93).

Source: OECD Economic Outlook 97 database.

StatLink http://dx.doi.org/10.1787/888933222859

Annex Table 34. **Short-term interest rates**

Per cent, per annum

	2000	2001	2002	2003	2004	2005	2006	2007	2008	2009	2010	2011	2012	2013	2014	2015	2016	Fourth quarter 2014	Fourth quarter 2015	Fourth quarter 2016
Australia	6.2	4.9	4.7	4.9	5.5	5.6	6.0	6.7	7.0	3.4	4.7	4.8	3.7	2.8	2.7	2.3	2.8	2.7	2.2	3.1
Canada	5.7	4.0	2.6	3.0	2.3	2.8	4.2	4.6	3.2	0.5	0.8	1.2	1.2	1.2	1.2	0.9	1.3	1.2	0.9	1.5
Chile	10.8	7.2	3.9	2.8	1.8	3.5	4.8	5.2	7.4	1.7	1.8	4.9	5.0	4.9	3.7	2.5	2.7	3.1	2.5	2.9
Colombia	12.1	12.4	8.9	7.8	7.8	7.0	6.3	8.0	9.7	6.1	3.7	4.2	5.4	4.2	4.1	4.5	4.5	4.3	4.5	4.5
Czech Republic	5.4	5.2	3.5	2.3	2.4	2.0	2.3	3.1	4.0	2.2	1.3	1.2	1.0	0.5	0.4	0.3	0.3	0.3	0.3	0.3
Denmark	5.0	4.7	3.5	2.4	2.2	2.2	3.2	4.4	5.3	2.5	1.2	1.4	0.6	0.3	0.3	-0.1	-0.1	0.3	-0.1	-0.1
Estonia	5.7	5.3	3.9	2.9	2.5	2.4	3.2	4.9	6.7	5.9	1.6									
Hungary	11.0	10.8	8.9	8.2	11.3	7.0	6.9	7.6	8.9	8.5	5.4	6.0	6.9	4.2	2.2	1.6	1.7	1.6	1.5	2.0
Iceland	11.2	12.0	9.0	5.3	6.3	9.4	12.4	14.3	15.8	11.3	6.8	4.3	5.5	6.2	6.1	6.1	7.0	5.9	7.0	7.0
India	..	8.6	8.0	7.1	6.2	6.1	6.8	7.7	8.0	4.9	5.5	7.6	8.1	7.5	8.0	7.5	7.1	8.0	7.3	7.0
Indonesia	12.5	15.5	15.5	10.6	6.4	8.1	11.4	8.0	8.5	9.3	7.0	6.9	5.9	6.3	8.8	8.9	8.6	9.1	8.9	8.6
Israel	9.0	6.5	7.2	6.6	4.3	3.9	5.5	4.3	3.6	0.6	1.6	2.8	2.3	1.3	0.5	0.2	0.7	0.2	0.4	0.9
Japan	0.3	0.2	0.1	0.1	0.1	0.1	0.3	0.8	0.9	0.5	0.2	0.2	0.2	0.2	0.1	0.1	0.1	0.1	0.1	0.1
Korea	7.1	5.3	4.8	4.3	3.8	3.6	4.5	5.2	5.5	2.6	2.7	3.4	3.3	2.7	2.5	1.9	1.7	2.2	1.7	1.7
Latvia	5.4	6.9	4.4	3.8	4.2	3.1	4.4	8.7	8.0	13.1	2.0	1.0	0.9	0.4	0.2	0.0	0.0	0.1	0.0	0.0
Mexico	16.2	12.2	7.4	6.5	7.1	9.3	7.3	7.4	7.9	5.5	4.6	4.4	4.4	3.8	3.1	3.2	4.1	2.9	3.5	4.5
New Zealand	6.5	5.7	5.7	5.4	6.1	7.1	7.5	8.3	8.0	3.0	3.0	2.8	2.7	2.7	3.4	3.6	3.6	3.7	3.6	3.6
Norway	6.7	7.2	6.9	4.1	2.0	2.2	3.1	5.0	6.2	2.5	2.5	2.9	2.2	1.8	1.7	1.2	1.1	1.6	1.1	1.1
Poland	18.9	15.7	8.8	5.7	6.2	5.2	4.2	4.8	6.3	4.3	3.9	4.6	4.9	3.0	2.5	1.8	1.9	2.0	1.8	2.1
Slovak Republic	8.6	7.8	7.8	6.2	4.7	2.9	4.3	4.3												
Slovenia	..	..	8.0	6.8	4.7	4.0	3.6													
Sweden	4.1	4.1	4.3	3.2	2.3	1.9	2.6	3.9	4.7	0.9	0.9	2.5	2.0	1.2	0.7	-0.1	-0.2	0.3	-0.2	-0.2
Switzerland	3.2	2.9	1.1	0.3	0.5	0.8	1.6	2.6	2.5	0.4	0.2	0.1	0.1	0.0	0.0	-0.8	-0.8	0.0	-0.8	-0.7
Turkey	..	..	48.8	39.7	24.1	16.8	17.5	18.6	18.2	10.1	7.6	8.8	8.9	6.9	10.3	10.7	10.2	10.2	11.4	9.6
United Kingdom	6.1	5.0	4.0	3.7	4.6	4.7	4.8	6.0	5.5	1.2	0.7	0.9	0.8	0.5	0.5	0.5	1.2	0.5	0.6	1.6
United States	6.5	3.7	1.8	1.2	1.6	3.5	5.2	5.3	3.2	0.9	0.5	0.4	0.4	0.3	0.3	0.5	1.6	0.3	0.7	2.1
Euro area	4.4	4.3	3.4	2.4	2.1	2.2	3.1	4.3	4.6	1.2	0.8	1.4	0.6	0.2	0.2	0.0	0.0	0.1	0.0	0.0

Note: Three-month money market rates where available, or rates on similar financial instruments. For further information, see Sources & Methods of the *OECD Economic Outlook* (*http://www.oecd.org/eco/sources-and-methods.htm*). Individual euro area countries are not shown (after 2006 for Slovenia, 2007 for the Slovak Republic and 2010 for Estonia) since their short-term interest rates are equal to the euro area rate.

Source: OECD Economic Outlook 97 database.

StatLink http://dx.doi.org/10.1787/888933222869

Annex Table 35. **Long-term interest rates**

Per cent, per annum

	2000	2001	2002	2003	2004	2005	2006	2007	2008	2009	2010	2011	2012	2013	2014	2015	2016	Fourth quarter 2014	Fourth quarter 2015	Fourth quarter 2016
Australia	6.3	5.6	5.8	5.4	5.6	5.3	5.6	6.0	5.8	5.0	5.4	4.9	3.4	3.7	3.7	2.6	3.3	3.2	2.8	3.7
Austria	5.6	5.1	5.0	4.2	4.2	3.4	3.8	4.3	4.4	3.9	3.2	3.3	2.4	2.0	1.5	0.5	0.5	1.0	0.5	0.5
Belgium	5.6	5.1	4.9	4.1	4.1	3.4	3.8	4.3	4.4	3.8	3.3	4.2	3.0	2.4	1.7	0.7	0.7	1.2	0.7	0.7
Canada	5.9	5.5	5.3	4.8	4.6	4.1	4.2	4.3	3.6	3.2	3.2	2.8	1.9	2.3	2.2	1.7	2.6	2.0	2.0	3.0
Chile	..	..	..	..	6.3	6.0	6.2	6.1	7.0	5.7	6.3	6.0	5.5	5.3	4.7	4.2	4.5	4.5	4.2	4.7
Colombia	..	..	..	15.5	14.6	11.8	9.2	10.0	11.9	9.6	8.5	8.1	6.9	6.4	7.0	7.4	7.6	7.1	7.6	7.6
Czech Republic	6.9	6.3	4.9	4.1	4.8	3.5	3.8	4.3	4.6	4.8	3.9	3.7	2.8	2.1	1.6	0.4	0.4	0.9	0.4	0.5
Denmark	5.7	5.1	5.1	4.3	4.3	3.4	3.8	4.3	4.3	3.6	2.9	2.7	1.4	1.7	1.3	0.6	0.6	1.0	0.6	0.6
Finland	5.5	5.0	5.0	4.1	4.1	3.4	3.8	4.3	4.3	3.7	3.0	3.0	1.9	1.9	1.4	0.5	0.6	0.9	0.6	0.6
France	5.4	4.9	4.9	4.1	4.1	3.4	3.8	4.3	4.2	3.6	3.1	3.3	2.5	2.2	1.7	0.6	0.7	1.1	0.7	0.7
Germany	5.3	4.8	4.8	4.1	4.0	3.4	3.8	4.2	4.0	3.2	2.7	2.6	1.5	1.6	1.2	0.3	0.4	0.7	0.4	0.4
Greece	6.1	5.3	5.1	4.3	4.3	3.6	4.1	4.5	4.8	5.2	9.1	15.7	22.5	10.1	6.9	10.4	8.2	7.9	9.9	7.3
Hungary	8.6	7.9	7.1	6.8	8.3	6.6	7.1	6.7	8.2	9.1	7.3	7.6	7.9	5.9	4.8	3.0	2.9	3.8	2.8	3.1
Iceland	11.2	10.4	8.0	6.7	7.5	8.6	8.8	9.4	11.1	8.3	6.1	6.0	6.2	5.8	6.4	6.7	7.5	6.0	7.5	7.5
India	11.1	9.4	7.2	5.6	5.9	7.0	7.7	8.0	7.9	7.0	7.8	8.4	8.3	8.2	8.6	7.7	7.5	8.1	7.6	7.4
Ireland	5.5	5.0	5.0	4.1	4.1	3.3	3.8	4.3	4.6	5.2	6.0	9.6	6.0	3.8	2.3	0.7	0.7	1.4	0.7	0.7
Israel	5.5	6.4	9.2	8.9	7.6	6.4	6.3	5.6	5.9	5.1	4.7	5.0	4.4	3.8	2.9	2.1	3.2	2.2	2.4	3.6
Italy	5.6	5.2	5.0	4.3	4.3	3.6	4.0	4.5	4.7	4.3	4.0	5.4	5.5	4.3	2.9	1.5	1.6	2.2	1.6	1.6
Japan	1.8	1.3	1.3	1.0	1.5	1.4	1.7	1.7	1.5	1.3	1.2	1.1	0.8	0.7	0.6	0.4	0.4	0.4	0.4	0.4
Korea	8.5	6.9	6.6	5.0	4.7	5.0	5.2	5.4	5.6	5.2	4.8	4.2	3.4	3.3	3.2	2.1	2.0	2.7	1.9	2.1
Latvia	..	7.6	5.4	4.9	4.9	3.9	4.1	5.3	6.4	12.4	10.3	5.9	4.6	3.3	2.5	0.5	0.4	1.9	0.4	0.4
Luxembourg	5.5	4.9	4.7	3.3	2.8	2.4	3.3	4.5	4.6	4.2	3.2	2.9	1.8	1.9	1.3	0.3	0.3	0.8	0.3	0.3
Mexico	..	10.5	10.1	9.0	9.5	9.4	8.4	7.8	8.2	7.8	7.0	6.7	6.0	5.7	5.9	6.0	6.7	6.0	6.4	7.0
Netherlands	5.4	5.0	4.9	4.1	4.1	3.4	3.8	4.3	4.2	3.7	3.0	3.0	1.9	2.0	1.5	0.5	0.6	0.9	0.6	0.6
New Zealand	6.9	6.4	6.5	5.9	6.1	5.9	5.8	6.3	6.1	5.5	5.6	4.9	3.7	4.1	4.3	3.5	4.0	3.9	3.6	4.3
Norway	6.2	6.2	6.4	5.0	4.4	3.7	4.1	4.8	4.5	4.0	3.5	3.1	2.1	2.6	2.5	1.4	1.5	2.0	1.3	1.5
Portugal	5.6	5.2	5.0	4.2	4.1	3.4	3.9	4.4	4.5	4.2	5.4	10.2	10.5	6.3	3.8	2.1	2.1	3.1	2.1	2.1
Slovak Republic	9.8	8.0	6.9	5.0	5.0	3.5	4.4	4.5	4.7	4.7	3.9	4.4	4.6	3.2	2.1	1.0	1.0	1.3	1.0	1.0
Slovenia	..	..	8.6	6.4	4.7	3.8	3.9	4.5	4.6	4.4	3.8	5.0	5.8	5.8	3.3	1.3	1.4	2.4	1.4	1.4
Spain	5.5	5.1	5.0	4.1	4.1	3.4	3.8	4.3	4.4	4.0	4.2	5.4	5.8	4.6	2.7	1.5	1.5	2.0	1.5	1.5
Sweden	5.4	5.1	5.3	4.6	4.4	3.4	3.7	4.2	3.9	3.2	2.9	2.6	1.6	2.1	1.7	0.4	0.5	1.1	0.3	0.8
Switzerland	3.9	3.4	3.2	2.7	2.7	2.1	2.5	2.9	2.9	2.2	1.6	1.5	0.6	0.9	0.7	0.0	0.0	0.5	0.0	0.0
Turkey	..	..	60.4	47.2	25.7	17.2	18.3	19.2	19.6	11.7	8.7	9.3	9.3	7.6	10.6	10.5	10.1	10.2	11.4	9.5
United Kingdom	5.3	4.9	4.9	4.5	4.9	4.4	4.5	5.0	4.6	3.6	3.6	3.1	1.9	2.4	2.6	2.0	2.8	2.1	2.2	3.2
United States	6.0	5.0	4.6	4.0	4.3	4.3	4.8	4.6	3.7	3.3	3.2	2.8	1.8	2.4	2.5	2.3	3.2	2.3	2.7	3.5
Euro area	5.4	5.0	4.9	4.2	4.1	3.4	3.8	4.3	4.3	3.8	3.5	4.2	3.7	2.9	2.0	1.0	1.0	1.4	1.0	0.9

Note: 10-year benchmark government bond yields where available or yield on similar financial instruments (for Korea a 5-year bond is used). The long-term interest rates refer to yields in secondary bond markets and are not representative of average government funding costs. For more details, see *Sources & Methods of the OECD Economic Outlook (http://www.oecd.org/eco/sources-and-methods.htm).*

Source: OECD Economic Outlook 97 database.

StatLink http://dx.doi.org/10.1787/888933222878

Annex Table 36. **Nominal exchange rates (*vis-à-vis* the US dollar)**

Average of daily rates

	Monetary unit	2003	2004	2005	2006	2007	2008	2009	2010	2011	2012	2013	2014	Assumptions[1] 2015	2016
Australia	*Australian Dollar*	1.542	1.359	1.313	1.328	1.195	1.198	1.282	1.090	0.969	0.966	1.036	1.109	1.300	1.310
Brazil	*Brazilian Real*	3.078	2.927	2.435	2.175	1.947	1.835	2.000	1.760	1.674	1.953	2.158	2.354	2.996	3.039
Canada	*Canadian Dollar*	1.400	1.301	1.212	1.134	1.074	1.068	1.141	1.030	0.989	0.999	1.030	1.105	1.260	1.267
Chile	*Chilean Peso*	691.3	609.6	559.7	530.3	522.2	523.5	558.9	510.0	483.4	486.0	495.3	570.6	610.9	605.3
China	*Yuan Renminbi*	8.278	8.278	8.194	7.972	7.607	6.950	6.831	6.769	6.463	6.309	6.148	6.160	6.215	6.208
Colombia	*Colombian Peso*	2 877.3	2 629.2	2 321.3	2 359.1	2 077.7	1 966.1	2 156.8	1 899.8	1 847.9	1 797.7	1 869.7	2 002.6	2 418.5	2 389.5
Czech Republic	*Czech Koruny*	28.21	25.69	23.95	22.59	20.29	17.08	19.05	19.08	17.67	19.54	19.56	20.76	24.50	24.374
Denmark	*Danish Krone*	6.577	5.988	5.996	5.943	5.443	5.099	5.359	5.622	5.357	5.790	5.618	5.619	6.659	6.640
Estonia	*Euro*	13.9	12.6	12.6	12.5	11.4	10.7	11.3	11.8						
Hungary	*Hungarian forint*	224.3	202.6	199.5	210.4	183.6	172.5	202.1	207.8	200.9	224.8	223.6	232.6	273.5	272.8
Iceland	*Iceland krone*	76.69	70.19	62.88	69.90	64.07	88.00	123.66	122.24	116.06	125.12	122.17	116.69	132.47	131.65
India	*Indian Rupee*	46.6	45.3	44.1	45.3	41.3	43.5	48.3	45.7	46.6	53.4	58.6	61.0	63.6	64.2
Indonesia	*Rupiah*	8 573.7	8 931.5	9 701.3	9 164.0	9 139.4	9 663.9	10 376.8	9 078.0	8 760.8	9 355.1	10 450.0	11 866.3	13 076.3	13 203.0
Israel	*New Israeli Sheqel*	4.55	4.48	4.49	4.46	4.11	3.58	3.93	3.73	3.57	3.85	3.61	3.58	3.89	3.86
Japan	*Japanese Yen*	115.9	108.1	110.1	116.4	117.8	103.4	93.6	87.8	79.7	79.8	97.6	105.8	119.8	120.0
Korea	*Korean Won*	1 191.0	1 145.2	1 024.2	954.7	929.5	1 100.9	1 274.9	1 155.4	1 107.3	1 125.9	1 094.9	1 053.1	1 096.2	1 096.2
Latvia	*EURO*	0.6	0.5	0.6	0.6	0.5	0.5	0.5	0.5	0.5	0.5	0.5			
Mexico	*Mexican Peso*	10.79	11.28	10.89	10.90	10.93	11.15	13.50	12.63	12.43	13.15	12.77	13.31	15.25	15.36
New Zealand	*New Zealand Dollar*	1.724	1.509	1.421	1.542	1.361	1.425	1.600	1.388	1.266	1.235	1.220	1.206	1.348	1.359
Norway	*Norwegian Krone*	7.078	6.739	6.441	6.415	5.858	5.648	6.290	6.042	5.605	5.815	5.877	6.302	7.577	7.469
Poland	*Polish Zloty*	3.888	3.651	3.234	3.103	2.765	2.410	3.119	3.015	2.962	3.252	3.160	3.154	3.670	3.645
Russian Federation	*Russian Ruble*	30.69	28.80	28.24	27.18	25.57	24.87	31.77	30.37	29.40	31.05	31.86	38.59	53.58	50.11
Slovak Republic	*Euro*	36.76	32.23	31.04	29.65	24.68									
Slovenia	*Euro*	207.1	192.4	192.8	191.0										
South Africa	*rand*	7.569	6.454	6.364	6.770	7.056	8.263	8.417	7.305	7.249	8.202	9.648	10.846	11.978	12.067
Sweden	*Swedish Krona*	8.078	7.346	7.474	7.373	6.758	6.597	7.653	7.202	6.489	6.769	6.513	6.860	8.313	8.266
Switzerland	*Swiss Franc*	1.345	1.243	1.246	1.253	1.200	1.084	1.086	1.043	0.887	0.937	0.927	0.915	0.935	0.924
Turkey	*Turkish Lira*	1.503	1.426	1.341	1.430	1.300	1.299	1.547	1.499	1.672	1.792	1.905	2.189	2.631	2.691
United Kingdom	*Pound Sterling*	0.612	0.546	0.550	0.543	0.500	0.546	0.641	0.647	0.624	0.631	0.640	0.607	0.647	0.638
United States	*U.S. Dollar*	1.000	1.000	1.000	1.000	1.000	1.000	1.000	1.000	1.000	1.000	1.000	1.000	1.000	1.000
Euro area	*Euro*	0.884	0.804	0.804	0.796	0.730	0.681	0.718	0.754	0.719	0.778	0.753	0.753	0.892	0.889

1. On the technical assumption that exchange rates remain at their levels of 12 May 2015.

Source: OECD Economic Outlook 97 database.

StatLink http://dx.doi.org/10.1787/888933222882

Annex Table 37. **Effective exchange rates**

Indices 2010 = 100, average of daily rates

	2001	2002	2003	2004	2005	2006	2007	2008	2009	2010	2011	2012	2013	2014	Assumptions[1] 2015	2016
Australia	69.8	72.7	81.4	87.9	90.0	88.7	94.5	92.6	88.8	100.0	107.2	109.3	104.4	99.5	93.0	93.3
Austria	93.7	95.1	99.1	100.4	99.5	99.5	100.5	101.5	102.9	100.0	100.0	98.6	100.4	102.0	99.3	99.1
Belgium	89.4	91.8	97.2	99.2	98.5	98.6	100.1	102.3	103.7	100.0	100.6	98.3	100.8	102.5	98.7	98.5
Brazil	78.8	71.9	62.1	62.2	74.3	82.6	88.9	92.8	89.6	100.0	102.3	90.7	83.3	79.9	67.6	66.4
Canada	71.3	70.5	77.5	81.9	87.4	93.0	96.5	95.5	91.7	100.0	101.9	102.5	100.0	94.5	90.3	91.2
Chile	84.0	88.2	83.5	90.8	96.9	101.2	98.4	96.3	93.6	100.0	101.8	104.4	104.7	94.3	95.2	96.0
China	98.2	98.5	92.5	88.2	87.6	89.7	90.7	97.1	103.0	100.0	100.0	105.5	111.7	115.2	124.7	124.5
Colombia	92.8	87.8	72.6	76.7	85.0	82.8	90.6	94.0	90.2	100.0	100.2	106.1	103.1	99.6	88.5	89.5
Czech Republic	70.1	78.7	79.0	79.7	84.5	88.7	90.9	102.0	98.5	100.0	103.3	99.4	97.8	93.7	91.9	91.8
Denmark	90.5	92.6	97.6	99.3	98.4	98.4	99.8	102.0	104.7	100.0	99.8	97.2	99.3	101.5	98.1	97.8
Estonia	88.1	90.8	96.5	98.2	97.7	97.3	98.5	100.3	104.3	100.0	100.0	97.8	100.1	104.5	105.1	104.0
Finland	88.0	90.6	96.6	98.7	97.8	97.6	99.3	101.7	105.3	100.0	100.0	97.1	99.7	103.5	101.7	100.9
France	90.1	92.3	97.6	99.3	98.6	98.7	100.2	102.2	103.5	100.0	100.4	98.1	100.4	101.8	97.9	97.8
Germany	89.5	91.8	97.8	100.0	98.8	98.9	100.5	102.5	104.4	100.0	100.3	97.8	100.5	102.6	98.4	98.2
Greece	89.7	92.1	97.1	99.0	98.1	98.1	99.6	101.7	103.6	100.0	100.7	98.3	100.7	103.8	100.7	100.2
Hungary	99.6	107.3	107.6	109.9	110.5	103.5	109.8	110.9	101.7	100.0	99.2	93.7	93.2	91.5	89.7	89.4
Iceland	166.8	172.0	181.2	183.6	203.7	182.4	184.6	134.4	98.2	100.0	100.4	98.2	100.3	107.6	109.0	109.0
India	120.9	117.4	113.2	110.6	112.3	107.9	112.3	103.6	96.9	100.0	94.2	84.2	77.7	76.3	79.5	78.6
Indonesia	112.7	123.6	126.1	115.7	105.0	109.8	105.3	96.1	91.8	100.0	98.4	93.4	86.3	77.6	75.2	74.4
Ireland	84.3	86.8	93.9	96.3	95.8	95.9	98.3	102.7	104.6	100.0	100.8	97.1	100.0	101.0	95.0	94.9
Israel	108.2	95.3	91.4	87.8	86.8	86.9	89.7	99.9	95.6	100.0	101.3	97.6	104.7	107.9	108.0	108.5
Italy	89.2	91.9	97.5	99.4	98.5	98.6	100.1	102.0	104.0	100.0	100.5	98.2	100.8	103.1	99.4	99.1
Japan	86.3	83.0	85.4	88.8	86.0	79.8	75.4	84.6	97.0	100.0	105.7	107.2	88.0	83.1	77.8	77.5
Korea	108.6	112.5	112.0	112.1	124.6	133.3	131.8	107.5	93.4	100.0	99.8	99.9	105.3	113.1	116.7	116.5
Latvia	110.8	110.4	105.8	103.3	97.4	96.9	97.3	98.4	105.7	100.0	100.9	100.1	102.5	109.5	112.5	110.4
Luxembourg	93.1	94.6	98.3	99.5	98.9	99.0	100.0	101.5	102.6	100.0	100.2	98.6	100.0	100.9	97.9	97.8
Mexico	148.3	144.1	125.3	117.4	120.6	119.7	116.9	113.6	94.9	100.0	100.0	95.4	98.9	96.1	87.0	86.3
Netherlands	89.9	92.0	97.3	99.1	98.3	98.3	99.8	102.0	103.8	100.0	100.4	98.1	100.5	102.4	98.9	98.7
New Zealand	77.0	83.9	96.2	103.3	108.0	99.5	106.6	100.0	92.5	100.0	103.3	107.5	111.7	116.6	112.9	111.8
Norway	88.8	97.0	96.1	93.3	97.0	96.5	98.2	99.1	95.8	100.0	102.7	104.0	101.9	96.4	91.3	92.1
Poland	101.4	98.2	89.4	87.9	98.1	101.0	104.9	114.6	95.2	100.0	97.3	94.0	95.5	98.1	98.4	98.3
Portugal	93.6	95.2	98.6	99.5	98.9	98.9	99.8	101.4	102.3	100.0	100.3	98.9	100.7	101.9	99.0	99.0
Russian Federation	138.0	126.1	115.2	114.7	115.4	118.8	117.5	114.7	95.2	100.0	99.2	98.7	95.9	81.8	65.4	69.1
Slovak Republic	66.6	68.0	72.9	76.4	77.9	80.3	88.8	96.2	103.4	100.0	100.1	99.2	101.0	103.3	101.7	101.3
Slovenia	102.9	100.5	101.1	100.3	99.2	99.2	100.0	101.1	103.3	100.0	100.5	98.9	100.9	103.1	100.6	100.3
South Africa	108.9	87.8	111.4	122.5	122.9	115.5	103.9	86.1	88.6	100.0	97.1	88.8	76.3	69.2	68.2	67.6
Spain	90.9	93.3	97.7	99.1	98.4	98.5	99.8	101.7	103.1	100.0	100.5	98.5	100.8	102.6	98.9	98.9
Sweden	92.2	95.2	101.7	103.9	101.1	101.5	103.1	101.5	93.5	100.0	106.0	107.4	110.7	107.4	101.6	101.5
Switzerland	81.9	86.6	88.5	89.1	88.2	86.9	84.7	89.6	94.9	100.0	113.0	112.2	112.8	116.3	129.1	130.0
Turkey	168.7	126.6	112.9	110.5	116.2	108.2	111.0	106.8	96.6	100.0	86.3	84.4	79.3	70.9	67.7	65.4
United Kingdom	124.9	126.9	122.2	128.0	125.9	126.5	128.6	112.5	100.7	100.0	99.3	103.4	101.4	109.1	116.3	117.3
United States	122.1	123.0	115.8	110.5	107.6	105.9	101.1	97.8	103.9	100.0	95.8	98.6	99.8	103.1	113.3	113.2
Euro area	80.2	84.4	95.0	98.7	97.0	96.9	100.0	104.0	107.9	100.0	100.6	96.3	100.8	104.5	97.7	97.2

Note: For details on the method of calculation, see Sources & Methods of the *OECD Economic Outlook (http://www.oecd.org/eco/sources-and-methods.htm).*

1. On the technical assumption that exchange rates remain at their levels of 12 May 2015.

Source: OECD Economic Outlook 97 database.

StatLink http://dx.doi.org/10.1787/888933222895

Annex Table 38. **Export volumes of goods and services**

National accounts basis, percentage change from previous year

	1997	1998	1999	2000	2001	2002	2003	2004	2005	2006	2007	2008	2009	2010	2011	2012	2013	2014	2015	2016
Australia	12.2	0.3	4.5	11.3	2.7	0.6	-1.7	3.9	3.0	3.2	3.2	3.5	2.5	5.4	-0.2	6.5	6.2	6.7	5.7	6.2
Austria	11.1	8.0	6.3	13.4	5.8	4.0	0.4	8.8	6.4	7.6	7.5	2.1	-14.9	12.7	6.6	1.4	1.3	1.8	3.3	5.9
Belgium	9.5	4.1	5.1	12.5	0.3	3.2	1.6	6.4	4.8	5.2	5.6	1.6	-9.5	10.0	6.6	1.9	2.9	3.8	3.4	5.3
Brazil	12.1	4.8	5.6	13.9	8.3	6.6	11.1	13.9	10.8	4.8	5.7	0.1	-8.8	11.6	5.2	0.1	2.2	-1.0	-6.3	5.9
Canada	8.6	9.5	10.8	9.1	-3.0	1.2	-1.7	5.5	2.2	0.9	1.1	-4.5	-13.1	6.9	4.6	2.6	2.0	5.4	3.4	6.9
Chile	11.2	5.3	6.4	5.1	6.9	2.0	6.7	14.0	2.8	5.1	7.2	-0.7	-4.5	2.3	5.5	0.1	3.4	0.7	3.0	6.1
China	23.2	6.4	12.8	27.7	5.6	26.1	26.4	24.6	23.4	23.8	19.8	8.5	-10.2	27.6	9.0	5.3	8.6	5.7	6.1	5.5
Colombia	3.2	9.6	5.6	7.8	2.8	-2.4	7.4	9.8	5.7	8.6	6.9	4.5	-2.8	1.3	11.8	6.0	5.3	-1.7	3.6	5.0
Czech Republic	7.6	9.7	4.8	15.6	9.4	0.8	8.9	29.2	18.4	14.8	11.0	3.8	-9.5	14.4	9.3	4.3	0.3	8.8	8.0	6.2
Denmark	4.5	4.1	11.3	12.6	3.4	3.6	-0.4	2.6	8.1	9.8	3.6	3.2	-9.5	1.9	7.3	0.1	0.8	2.6	3.0	4.9
Estonia	26.4	13.4	0.4	27.4	6.3	2.8	10.2	17.3	19.9	9.5	12.6	0.9	-20.3	24.0	24.9	6.2	2.4	2.6	1.8	4.5
Finland	14.0	8.9	11.3	16.1	1.3	3.7	-1.2	8.7	6.9	10.1	9.1	6.6	-20.1	6.2	2.0	1.2	-0.7	-0.4	1.2	3.9
France	12.9	8.6	4.8	13.0	3.0	1.8	-1.0	4.5	3.8	6.0	2.7	0.0	-11.0	8.6	7.1	2.6	1.8	2.4	4.9	5.3
Germany	12.4	7.1	5.0	14.5	6.1	4.3	1.8	10.4	7.0	12.8	9.7	1.3	-14.3	14.2	8.2	3.5	1.7	3.7	3.9	5.2
Greece	21.9	4.2	24.7	23.8	-1.5	-7.4	-0.7	18.0	4.7	5.2	9.7	3.5	-18.1	4.3	1.0	1.0	1.5	8.8	2.3	7.8
Hungary	22.9	15.6	11.9	25.0	8.8	5.8	6.3	18.0	12.9	19.5	16.1	6.9	-11.4	11.3	6.6	-1.5	5.9	8.7	6.4	5.7
Iceland	5.6	1.4	3.1	3.9	6.7	3.4	0.9	8.2	7.1	-4.8	23.8	2.8	8.3	1.5	3.4	3.7	6.9	3.1	3.9	3.2
India	-8.0	12.8	17.9	19.3	6.6	17.1	10.1	23.7	27.6	23.1	6.4	17.7	-5.8	14.1	19.4	9.4	4.4	4.1	5.2	7.2
Indonesia	7.8	11.2	-31.8	26.5	0.6	-1.2	5.9	13.5	16.6	9.4	8.5	9.5	-2.0	15.3	14.8	1.6	4.2	1.0	4.6	6.0
Ireland	17.6	23.1	15.5	20.1	9.2	4.9	0.7	7.5	4.6	5.3	8.9	-0.9	-4.0	6.2	5.5	4.7	1.1	12.6	6.5	6.4
Israel	9.3	6.4	14.7	23.5	-11.2	-2.2	8.0	17.4	4.9	5.2	10.5	6.4	-11.3	14.9	6.5	1.0	1.5	1.2	3.7	5.0
Italy	5.2	2.4	-1.3	12.8	2.3	-2.5	-1.5	5.4	4.3	8.5	5.5	-3.3	-17.9	11.3	6.1	2.0	0.7	2.4	3.4	5.1
Japan	11.1	-2.7	1.8	12.6	-7.0	7.9	9.5	14.0	6.2	9.9	8.7	1.4	-24.2	24.8	-0.4	-0.2	1.2	8.4	7.2	5.8
Korea	18.8	14.3	13.1	17.2	-2.3	13.0	13.9	20.6	7.8	12.1	12.7	7.5	-0.3	12.7	15.1	5.1	4.3	2.8	1.7	5.9
Latvia	12.7	4.7	-6.3	14.4	9.0	5.0	4.0	13.7	23.5	7.5	13.8	2.4	-12.9	13.4	12.0	9.8	1.4	2.2	0.9	4.6
Luxembourg	11.4	11.2	14.3	12.6	5.6	2.3	2.8	10.8	5.5	12.5	7.7	7.4	-12.8	8.2	5.0	3.0	5.6	2.5	3.6	4.0
Mexico	8.5	7.5	6.5	11.0	-3.4	2.0	0.9	9.2	5.6	7.7	3.6	-1.2	-11.9	20.6	8.3	5.9	2.1	7.3	8.5	7.6
Netherlands	9.7	6.6	7.2	12.3	1.3	0.5	1.0	7.2	6.1	7.6	7.1	1.3	-8.1	8.7	4.6	3.2	2.2	4.0	3.0	5.2
New Zealand	2.9	2.0	8.3	7.7	3.3	6.9	2.4	5.2	-0.6	1.8	4.9	-1.2	1.9	3.3	2.6	1.7	1.1	2.7	3.0	3.9
Norway	7.8	0.7	2.8	3.2	4.3	-0.3	-0.1	1.0	0.5	-0.8	1.4	0.1	-4.1	0.7	-0.8	1.4	-3.0	2.7	1.8	2.2
Poland	12.5	14.3	-2.6	23.9	2.4	4.7	14.1	4.9	9.7	15.6	10.2	7.0	-6.3	12.9	7.9	4.3	5.0	5.6	6.0	7.7
Portugal	7.4	8.0	3.6	8.4	2.3	3.1	3.3	4.5	0.5	12.4	7.3	-0.3	-10.2	9.5	7.0	3.4	6.4	3.4	6.2	5.4
Russian Federation	-0.5	1.9	11.2	9.5	4.2	10.3	12.6	11.8	6.5	7.3	6.3	0.6	-4.7	7.0	0.3	1.1	4.6	-0.1	0.6	2.1
Slovak Republic	10.0	-2.6	10.1	7.5	10.6	7.0	18.4	20.9	12.9	22.9	14.6	3.0	-17.0	15.7	12.0	9.3	5.2	4.6	2.8	6.1
Slovenia	11.6	7.8	2.0	12.6	7.2	7.8	3.2	13.0	11.4	14.1	13.6	4.2	-16.6	10.1	7.0	0.3	2.6	6.3	5.2	5.5
South Africa	5.3	3.2	1.3	8.3	2.4	1.0	0.1	2.8	8.6	7.5	7.8	1.5	-17.0	7.7	4.3	0.1	4.6	2.6	4.8	5.2
Spain	14.6	8.0	8.0	10.5	3.7	1.4	3.4	4.3	1.8	4.9	8.3	-0.8	-11.0	9.4	7.4	1.2	4.3	4.2	5.4	6.1
Sweden	14.2	8.8	6.8	11.9	0.9	1.3	4.4	9.9	6.6	9.1	4.7	1.6	-14.3	11.4	6.2	1.5	-0.1	3.5	4.6	4.7
Switzerland	14.8	2.6	3.3	12.2	0.0	-2.0	-1.0	9.5	6.5	6.3	11.4	3.9	-10.0	12.8	4.9	0.8	15.3	-7.1	1.9	2.0
Turkey	19.1	12.0	-10.7	16.0	3.9	6.9	6.9	11.2	7.9	6.6	7.3	2.7	-5.0	3.4	7.9	16.3	-0.2	6.8	2.6	5.6
United Kingdom	7.8	2.9	2.9	9.4	2.0	2.7	2.8	4.8	8.4	12.4	-2.1	1.6	-8.2	6.2	5.6	0.7	1.5	0.6	3.8	3.0
United States	11.9	2.3	2.6	8.6	-5.8	-1.7	1.8	9.8	6.2	9.0	9.3	5.7	-8.8	11.9	6.9	3.3	3.0	3.2	1.7	4.9
Total OECD	11.0	5.2	4.8	11.9	0.4	2.0	2.3	8.6	5.8	8.6	6.9	2.0	-11.2	11.3	6.2	2.8	2.7	3.7	3.8	5.3

Note: Regional aggregates are calculated inclusive of intra-regional trade as the sum of volumes expressed in 2010 $.
Source: OECD Economic Outlook 97 database.

StatLink http://dx.doi.org/10.1787/888933222907

Annex Table 39. **Import volumes of goods and services**

National accounts basis, percentage change from previous year

	1997	1998	1999	2000	2001	2002	2003	2004	2005	2006	2007	2008	2009	2010	2011	2012	2013	2014	2015	2016
Australia	10.5	6.8	8.4	7.6	-4.6	11.1	10.9	15.4	8.8	8.5	13.1	10.5	-8.8	15.3	10.7	6.3	-1.9	-1.8	-0.3	2.7
Austria	7.3	5.7	4.2	10.2	5.2	0.3	3.3	8.0	5.6	5.9	5.6	0.8	-11.7	10.9	6.5	0.8	-0.2	2.5	4.2	5.4
Belgium	8.3	5.0	3.3	13.7	-1.1	0.8	1.6	6.5	6.4	4.6	5.7	3.4	-9.1	9.6	7.4	1.8	1.7	3.6	2.9	5.0
Brazil	15.9	0.3	-15.2	11.9	2.6	-13.5	-0.7	9.7	8.9	17.7	18.5	16.4	-7.3	33.9	10.5	0.2	7.2	-1.0	-3.3	2.4
Canada	14.4	5.3	8.1	8.5	-4.9	1.8	4.2	8.5	7.3	5.3	5.8	0.8	-12.4	13.6	5.7	3.7	1.3	1.7	2.0	4.8
Chile	13.2	6.7	-9.9	9.9	4.5	2.0	9.6	18.3	17.3	11.4	14.3	11.2	-16.2	25.5	16.0	4.8	1.7	-7.0	1.9	4.3
China	13.4	-3.1	23.0	22.7	8.3	25.2	30.2	23.4	13.5	15.9	13.7	4.0	4.5	20.6	10.2	6.3	10.7	6.9	7.0	6.2
Colombia	6.6	-3.9	-24.2	6.7	8.7	0.3	8.2	10.3	11.9	20.0	14.0	10.5	-9.1	10.8	21.5	9.1	6.4	9.2	3.4	2.0
Czech Republic	5.8	5.5	4.3	15.4	11.2	4.7	8.6	25.6	13.0	11.9	12.8	2.8	-10.7	14.5	6.7	2.6	0.3	9.6	8.5	6.0
Denmark	9.2	7.6	2.6	13.7	2.4	6.4	-1.0	7.1	11.0	14.2	5.7	4.3	-12.4	0.9	7.1	0.9	1.5	3.8	3.1	4.4
Estonia	28.6	12.5	-5.9	27.1	12.4	13.3	14.0	16.1	16.7	20.7	13.0	-6.2	-30.6	21.2	26.5	11.8	3.3	2.7	2.2	4.9
Finland	11.9	8.5	4.3	14.9	1.4	4.3	4.1	8.1	11.2	6.7	7.4	7.9	-16.9	6.5	6.0	1.6	-1.6	-1.4	0.7	3.7
France	7.9	12.0	6.6	15.9	2.2	2.0	1.0	5.6	6.5	5.9	5.7	1.1	-9.3	8.5	6.5	0.8	1.8	3.9	5.5	4.2
Germany	9.2	8.9	8.6	11.3	1.2	-2.5	5.7	7.1	6.0	11.5	6.5	1.8	-9.6	12.6	7.3	0.4	3.2	3.4	5.4	6.0
Greece	8.5	15.1	16.8	21.3	-1.6	-3.3	5.9	6.5	1.2	13.4	13.7	2.2	-19.2	-5.5	-7.8	-9.4	-2.9	7.4	3.5	4.0
Hungary	24.1	22.6	13.3	23.1	5.8	8.7	9.5	17.3	7.8	15.5	13.9	6.0	-14.7	10.1	4.5	-3.3	5.9	10.0	5.7	5.2
Iceland	8.0	21.9	3.3	7.8	-10.0	-2.8	10.2	13.7	28.8	9.7	-2.3	-20.2	-22.4	4.3	6.9	4.7	0.3	9.9	7.6	6.7
India	8.3	30.6	-1.7	13.7	1.6	5.8	16.8	19.3	32.2	24.9	7.1	32.5	-8.2	17.8	18.3	11.7	-6.7	-2.2	3.0	6.0
Indonesia	14.7	-5.3	-40.7	25.9	4.2	-4.2	1.6	26.7	17.8	8.6	9.1	10.0	-9.3	16.6	15.0	8.0	1.9	2.2	2.5	5.9
Ireland	16.5	27.5	12.6	21.3	7.5	2.3	-1.0	8.4	8.5	7.1	8.0	-2.5	-9.1	3.0	-0.6	6.9	0.6	13.2	7.2	6.6
Israel	4.2	2.1	15.5	11.9	-5.5	-1.1	-0.9	11.8	3.4	3.2	10.9	2.3	-13.8	15.2	10.7	2.5	-0.1	2.4	4.7	5.5
Italy	10.2	8.6	4.1	11.2	1.7	0.9	1.3	4.1	3.8	8.2	4.8	-4.0	-12.7	12.1	1.2	-8.3	-2.2	1.6	2.9	3.3
Japan	1.2	-6.7	3.3	10.7	0.9	0.3	3.9	7.9	4.2	4.5	2.3	0.3	-15.7	11.1	5.9	5.3	3.1	7.4	4.9	4.6
Korea	2.5	-24.0	24.9	21.8	-3.6	15.0	10.6	12.3	7.8	12.4	11.6	3.2	-6.8	17.3	14.3	2.4	1.7	2.1	2.6	5.9
Latvia	4.5	16.8	-5.2	2.7	15.6	2.7	11.9	21.0	16.9	21.4	17.3	-10.7	-31.7	12.4	22.0	5.4	-0.2	1.6	1.7	4.6
Luxembourg	12.6	11.8	14.8	10.6	6.7	-0.1	5.1	10.6	5.3	12.2	7.3	9.4	-14.1	9.6	6.9	3.8	5.8	2.1	4.0	4.0
Mexico	18.2	14.5	14.0	20.6	-0.2	2.4	3.1	8.8	8.4	10.5	5.4	3.7	-16.7	20.2	8.2	4.6	2.9	6.3	6.4	6.8
Netherlands	11.5	8.5	9.1	10.7	2.3	0.7	1.2	5.5	5.3	8.2	6.4	1.7	-7.5	8.1	3.7	2.8	1.0	4.0	1.9	5.0
New Zealand	3.1	-0.1	12.4	-0.9	2.3	9.8	8.6	16.8	6.2	-2.4	9.3	3.3	-14.4	10.9	6.9	2.7	6.3	7.9	5.6	4.2
Norway	12.5	8.8	-1.6	2.0	1.7	1.0	1.2	9.0	7.9	9.1	10.0	3.2	-10.0	8.3	4.0	3.1	4.3	1.9	1.3	1.6
Poland	22.9	18.7	1.2	13.6	-3.8	2.6	9.6	8.1	6.3	18.1	15.8	9.4	-12.4	14.0	5.5	-0.6	1.8	8.7	7.6	8.3
Portugal	10.4	14.7	9.1	5.5	1.1	-0.2	-0.4	7.6	2.2	7.5	5.4	2.5	-9.9	7.8	-5.8	-6.3	3.9	6.4	4.7	4.8
Russian Federation	0.4	-17.4	-17.0	32.4	18.7	14.6	17.3	23.3	16.6	21.3	26.2	14.8	-30.4	25.8	20.3	8.7	3.8	-7.9	-14.1	4.2
Slovak Republic	10.2	-1.1	-3.6	6.6	18.9	5.8	8.0	21.6	15.3	19.5	9.4	3.6	-19.1	14.7	9.7	2.6	3.8	5.0	2.8	5.6
Slovenia	11.7	10.1	8.4	6.6	3.6	5.6	6.5	14.0	7.3	12.4	16.8	3.8	-18.8	6.6	5.0	-3.9	1.4	4.1	3.1	4.4
South Africa	5.4	2.0	-8.4	5.3	0.2	5.3	8.1	15.5	10.9	18.3	9.4	2.8	-17.7	10.8	10.5	6.0	1.8	-0.5	4.3	5.2
Spain	12.9	14.1	13.9	9.5	3.5	3.6	5.9	10.1	7.0	8.2	8.6	-5.6	-18.3	6.9	-0.8	-6.3	-0.5	7.6	6.2	6.5
Sweden	12.8	11.1	4.7	12.0	-1.6	-1.3	4.0	5.7	7.0	8.7	7.9	3.4	-13.9	12.3	7.4	1.1	-0.5	6.5	5.2	4.9
Switzerland	10.3	4.9	3.4	7.9	1.0	-2.3	0.4	3.9	9.8	3.2	5.8	4.9	-3.8	8.1	9.2	-2.8	13.5	-9.4	-1.2	1.8
Turkey	22.4	2.3	-3.7	21.8	-24.8	20.9	23.5	20.8	12.2	6.9	10.7	-4.1	-14.3	20.7	10.7	-0.4	9.0	-0.2	4.9	5.6
United Kingdom	9.3	8.6	7.4	9.6	4.8	5.4	2.9	7.1	6.6	9.9	-0.8	-1.8	-9.8	8.7	1.0	3.1	1.4	2.2	4.8	3.1
United States	13.5	11.7	10.1	13.0	-2.8	3.7	4.5	11.4	6.3	6.3	2.5	-2.6	-13.7	12.7	5.5	2.3	1.1	4.0	6.4	6.7
Total OECD	10.1	7.1	7.8	12.3	0.0	2.4	4.1	8.8	6.6	8.0	5.5	0.5	-12.0	11.4	5.7	1.3	1.9	3.5	4.6	5.3

Note: Regional aggregates are calculated inclusive of intra-regional trade as the sum of volumes expressed in 2010 $.
Source: OECD Economic Outlook 97 database.

StatLink http://dx.doi.org/10.1787/888933222917

Annex Table 40. **Export prices of goods and services**

National accounts basis, percentage change from previous year, national currency terms

	1997	1998	1999	2000	2001	2002	2003	2004	2005	2006	2007	2008	2009	2010	2011	2012	2013	2014	2015	2016
Australia	-0.6	2.1	-4.7	12.4	5.9	-2.2	-5.4	4.1	11.9	12.6	1.0	22.2	-12.2	8.2	11.2	-9.8	-0.5	-4.0	-1.2	1.5
Austria	0.7	-0.1	0.1	1.7	0.5	0.1	0.0	1.1	2.0	2.4	1.9	2.4	-2.6	2.9	4.2	1.3	0.0	0.5	1.7	2.0
Belgium	1.1	-1.3	0.0	5.8	1.4	-0.8	-1.3	2.2	3.9	2.7	2.3	3.9	-5.2	4.6	4.1	1.3	-0.4	-1.0	-2.4	1.2
Brazil	3.1	1.1	39.8	3.1	23.0	22.1	10.8	9.0	-7.8	-0.1	-1.0	16.0	-5.8	3.4	14.4	12.2	7.7	3.6	6.2	2.1
Canada	-0.2	-0.6	1.1	6.3	1.3	-1.8	-1.6	2.1	2.8	0.2	0.8	10.6	-9.6	1.5	7.0	-0.4	1.3	3.6	-3.9	0.9
Chile	-1.1	-3.5	7.9	10.9	6.5	5.8	11.0	13.2	12.0	23.5	5.9	-4.1	-3.6	15.2	3.6	-4.2	-3.0	11.2	2.0	2.8
China	-2.2	-6.2	-5.6	-0.9	1.4	-3.2	5.0	9.0	1.9	-0.3	0.6	-0.7	-7.8	1.5	5.0	-0.2	-3.2	-0.5	-0.3	1.4
Colombia	13.8	7.0	24.7	23.7	1.8	7.1	15.7	4.1	5.0	8.8	-1.5	14.7	-2.5	6.0	19.7	-1.5	-2.1	-1.4	-1.0	1.7
Czech Republic	5.7	4.3	1.0	3.8	0.3	-4.8	0.1	2.7	-2.2	-1.3	0.3	-4.3	0.5	-1.2	0.7	3.3	1.6	4.0	0.6	1.0
Denmark	2.7	-2.1	-0.5	8.2	1.6	-1.2	-1.1	1.9	5.5	3.0	1.4	5.1	-8.6	9.6	1.2	3.6	0.8	-1.9	1.5	0.9
Estonia	13.0	2.9	0.2	8.3	5.8	3.0	0.1	1.9	3.6	5.6	6.2	6.5	-2.2	3.6	4.6	1.8	1.0	-0.2	1.1	1.8
Finland	-1.0	-1.0	-5.0	3.5	-1.3	-2.5	-1.4	-0.4	1.2	2.3	1.0	-0.2	-5.9	3.8	4.5	1.1	-0.8	-1.7	-0.1	1.2
France	-1.2	-1.6	-1.6	2.6	-0.3	-1.5	-1.7	0.5	1.8	2.1	1.9	3.2	-3.8	2.3	2.9	1.4	-0.3	-0.9	0.2	0.9
Germany	0.8	-0.7	-0.7	2.7	0.7	-0.6	-1.3	-0.2	1.1	1.1	0.3	1.0	-2.6	2.3	2.8	1.6	-0.2	-0.3	0.6	0.5
Greece	3.1	5.7	1.6	7.2	2.9	2.1	1.8	1.8	2.5	3.3	2.7	3.8	-1.9	5.9	5.7	2.7	-1.8	-1.6	-2.8	-1.6
Hungary	15.5	13.1	4.8	10.1	3.0	-4.1	0.1	-1.1	-0.5	6.4	-3.9	0.8	2.9	1.8	3.4	3.2	0.3	0.9	-1.9	1.0
Iceland	2.1	5.3	0.4	4.1	21.8	-1.2	-6.4	1.7	-4.3	21.7	-0.7	35.4	14.1	8.5	7.0	1.5	-3.1	-1.2	9.6	3.9
India	-23.7	2.5	-0.1	2.3	1.8	0.3	4.2	8.0	1.9	4.2	6.6	13.2	1.1	10.6	9.1	8.2	7.5	3.9	3.5	5.0
Indonesia	17.9	160.4	13.1	9.9	12.1	-6.2	-2.7	6.2	9.6	0.2	3.4	15.8	-5.8	1.9	7.7	1.1	3.5	8.4	1.4	5.6
Ireland	1.2	3.0	2.4	7.0	4.0	-0.1	-5.1	-0.8	1.3	0.9	-0.5	-0.6	1.5	1.6	0.3	4.3	-0.3	0.3	2.3	2.1
Israel	6.4	7.3	9.7	-1.8	0.9	11.9	-1.9	0.9	4.5	1.9	-3.8	-5.9	3.4	-2.4	0.8	8.5	-5.3	-1.0	7.2	1.4
Italy	1.3	1.1	0.4	4.3	2.4	1.4	-0.1	1.1	1.9	2.2	2.4	2.9	-2.0	2.3	4.0	1.9	0.1	-0.3	0.5	1.7
Japan	1.8	1.1	-8.6	-4.1	2.4	-1.4	-3.7	-1.4	2.0	3.3	2.2	-3.9	-11.1	-1.6	-2.2	-2.0	9.5	2.7	1.0	1.3
Korea	6.3	20.6	-19.2	-2.0	3.7	-7.7	-0.9	4.9	-6.4	-5.4	1.1	25.6	-0.4	1.3	3.2	-0.6	-4.8	-5.0	1.0	2.1
Latvia	0.4	5.2	-0.6	0.5	3.1	3.0	8.0	10.0	10.1	8.3	11.7	8.3	-4.4	5.8	8.8	4.1	1.3	-1.0	0.2	1.2
Luxembourg	1.6	0.6	5.3	9.7	-3.4	-1.4	-0.3	5.6	7.9	8.6	6.0	-0.6	-3.2	8.3	5.2	4.8	2.9	2.5	1.8	1.3
Mexico	9.6	14.3	12.3	8.4	-2.3	2.6	13.2	9.0	4.1	7.5	5.1	9.5	9.5	-0.2	5.8	6.0	-1.8	1.7	0.7	1.6
Netherlands	3.2	-1.3	-1.0	5.8	0.9	-2.0	-0.8	0.9	3.0	2.9	1.5	4.4	-6.1	5.7	4.8	2.3	-0.6	-1.7	-3.1	1.0
New Zealand	-1.7	4.2	0.0	13.3	7.3	-6.9	-7.4	0.8	1.1	7.2	1.0	15.3	-8.0	3.0	5.7	-5.3	2.3	2.4	-4.0	1.1
Norway	2.0	-7.9	10.7	36.7	-2.2	-10.2	2.0	12.9	17.4	15.5	1.5	17.5	-17.0	7.5	12.8	2.9	1.9	-1.3	-4.7	2.3
Poland	13.4	11.7	7.0	0.6	2.7	4.6	6.2	8.4	-2.4	2.3	2.8	-0.7	11.6	0.7	6.8	4.1	0.3	-0.5	0.3	1.5
Portugal	3.3	1.4	0.4	5.5	0.6	0.1	-1.5	1.7	1.6	4.4	1.9	2.7	-5.0	3.3	5.0	1.7	-0.8	-0.3	-0.7	0.1
Russian Federation	11.2	39.1	128.3	41.0	-1.6	4.8	8.4	12.6	21.9	11.2	3.9	28.1	-11.9	16.6	24.8	7.2	-1.4	13.2	7.6	1.9
Slovak Republic	6.5	-5.0	-1.1	17.3	4.9	1.0	1.5	1.8	1.6	2.1	0.5	1.4	-5.1	3.0	4.0	1.2	-1.9	-3.3	-0.8	0.7
Slovenia	5.2	2.8	2.2	10.5	8.0	4.5	2.8	3.0	2.8	2.7	2.5	1.4	-1.1	2.2	4.1	1.3	-0.3	-0.3	3.2	0.4
South Africa	4.8	9.4	6.9	15.1	16.8	24.7	-8.0	2.6	6.2	15.6	13.3	26.4	0.0	4.3	12.2	5.2	7.9	5.6	1.2	3.8
Spain	3.2	0.6	0.1	6.7	1.7	0.4	-0.3	1.8	4.0	4.1	2.4	2.6	-2.7	3.0	4.5	2.1	-0.8	-1.7	1.5	0.7
Sweden	-0.2	-1.2	-1.6	2.3	2.6	-1.5	-2.0	-0.3	2.6	3.1	2.0	4.0	1.3	-0.7	-1.0	-1.0	-2.6	1.8	-0.1	1.0
Switzerland	0.5	-0.9	0.1	3.4	-0.1	-1.9	0.4	0.7	1.8	4.9	3.9	2.6	-0.4	2.3	-0.5	2.2	-5.1	-2.8	-4.4	-0.1
Turkey	87.0	60.1	52.0	42.0	89.4	25.4	10.7	13.3	-0.2	13.7	2.1	17.5	2.9	1.5	23.8	2.9	8.1	13.0	7.5	2.8
United Kingdom	-4.2	-5.0	0.6	1.6	1.1	-1.6	1.8	-0.6	3.1	1.7	-0.6	9.1	3.6	5.1	5.8	-0.4	1.5	-2.2	-1.7	0.5
United States	-1.8	-2.4	1.4	1.8	-0.6	-0.6	2.0	3.5	4.3	3.4	3.2	4.7	-5.5	4.3	6.4	0.9	0.1	0.1	-3.6	0.4
Total OECD	2.9	2.1	0.6	4.4	2.6	-0.4	0.4	2.2	2.4	3.0	1.8	4.9	-2.9	2.9	4.5	1.2	0.1	0.0	-0.5	1.1

Note: Regional aggregates are calculated inclusive of intra-regional trade. They are calculated as the geometric averages of prices weighted by 2010 GDP volumes expressed in $.
Source: OECD Economic Outlook 97 database.

StatLink http://dx.doi.org/10.1787/888933222924

Annex Table 41. **Import prices of goods and services**

National accounts basis, percentage change from previous year, national currency terms

	1997	1998	1999	2000	2001	2002	2003	2004	2005	2006	2007	2008	2009	2010	2011	2012	2013	2014	2015	2016
Australia	-1.6	6.4	-4.3	7.6	5.8	-4.1	-8.5	-5.0	0.6	4.2	-4.0	7.4	-2.4	-7.5	-1.3	0.9	3.6	4.0	8.5	2.3
Austria	1.8	0.3	0.6	2.7	0.3	-0.6	-0.8	1.7	2.8	3.6	2.3	3.8	-4.6	4.7	6.1	1.8	-0.3	-0.5	1.1	1.9
Belgium	1.5	-1.8	0.9	7.6	1.3	-1.8	-1.0	2.9	4.4	3.3	2.0	6.6	-8.3	6.3	5.1	1.5	-0.5	-1.5	-4.2	1.2
Brazil	3.5	2.9	55.3	7.4	25.1	20.3	12.5	5.3	-8.2	-7.1	-2.3	12.6	-5.2	-8.8	5.8	16.9	10.1	7.5	4.5	2.0
Canada	0.7	3.5	-0.3	2.0	2.5	0.5	-6.7	-2.2	-0.7	-0.8	-2.2	6.0	-0.7	-3.3	3.4	0.7	1.3	4.9	2.4	1.1
Chile	-1.0	-0.1	4.2	8.2	9.7	3.9	3.4	-6.1	1.4	-0.5	4.0	15.5	-8.2	-1.9	3.8	0.4	0.0	12.8	2.5	3.0
China	-4.8	2.3	-5.5	7.4	-0.1	-3.5	5.2	9.5	2.2	0.5	1.7	4.9	-15.1	12.2	8.7	-2.9	-4.4	-3.2	-3.2	2.4
Colombia	14.4	22.4	23.6	19.6	10.1	6.2	12.7	-1.9	-2.8	2.8	-5.1	3.2	4.2	-5.2	5.1	-1.2	1.4	3.7	5.3	1.5
Czech Republic	5.2	-1.1	1.8	7.0	-2.5	-8.1	0.0	1.6	0.0	0.7	-0.8	-3.0	-1.5	0.7	2.3	3.9	0.5	2.4	-0.3	1.1
Denmark	2.6	-1.8	-0.2	7.5	1.7	-2.2	-1.9	1.1	3.6	3.5	1.7	3.4	-8.8	7.0	3.4	3.5	-0.6	-2.3	1.0	0.9
Estonia	8.6	2.2	0.8	5.9	1.3	-0.9	-1.6	1.1	1.7	3.1	4.1	6.3	-2.6	5.6	5.3	2.4	-0.4	-1.5	0.9	1.7
Finland	0.5	-2.8	-2.0	7.4	-2.9	-2.7	0.0	1.8	4.7	5.6	1.1	1.7	-7.1	6.0	6.1	2.1	-1.3	-1.8	-1.4	1.7
France	1.2	-2.9	-1.9	5.3	-0.5	-3.1	-1.6	1.4	3.2	3.6	0.7	3.8	-6.2	3.7	5.4	1.7	-1.3	-2.4	-2.2	0.8
Germany	2.6	-2.6	-1.5	7.3	0.6	-2.6	-2.5	-0.4	3.0	2.8	0.1	2.8	-6.9	4.8	5.3	2.1	-1.7	-1.5	-1.9	0.6
Greece	2.2	5.0	1.3	8.3	3.2	0.7	-0.1	2.2	3.0	3.5	2.2	5.6	-1.7	5.4	6.0	4.2	-2.7	-2.8	-2.9	-0.6
Hungary	13.3	12.0	5.4	12.3	2.4	-5.3	0.4	-0.9	1.3	7.8	-4.4	2.0	1.6	1.7	4.9	4.2	-0.5	0.2	-2.9	1.0
Iceland	0.0	0.2	1.1	6.9	21.7	-1.7	-2.4	3.2	-5.3	17.8	2.6	45.3	24.3	3.5	10.2	4.7	-1.2	-4.4	2.1	2.7
India	-25.8	-9.3	15.8	5.8	3.1	7.1	2.7	13.4	1.8	3.7	5.9	8.3	3.5	8.3	9.3	8.1	11.2	5.2	3.5	6.0
Indonesia	9.3	147.0	23.1	11.4	14.8	-0.8	-4.6	7.2	11.5	-5.1	7.5	28.9	-7.7	3.8	5.6	6.7	7.6	7.0	1.6	6.5
Ireland	0.9	2.5	2.4	7.6	3.4	-1.1	-4.2	-0.2	1.8	1.7	1.2	1.8	0.0	3.0	3.2	3.9	-0.2	0.6	0.8	2.8
Israel	3.0	4.3	7.4	0.8	1.8	12.1	0.5	3.7	6.7	3.1	-1.8	-2.6	-4.1	0.1	4.5	5.0	-7.3	-2.0	0.4	1.5
Italy	1.3	-1.5	0.8	10.8	1.2	-0.3	-1.7	2.0	5.3	5.4	1.3	5.1	-7.8	6.6	6.8	3.5	-1.9	-2.5	-1.0	1.1
Japan	5.5	-3.1	-8.1	0.2	2.3	-0.6	-0.9	3.0	10.1	11.2	6.5	6.2	-21.5	4.5	5.8	-0.5	11.7	3.7	-6.9	1.1
Korea	13.0	29.8	-17.1	6.8	6.4	-9.4	0.7	8.0	-2.9	-1.1	1.2	34.7	-4.1	1.1	8.1	-0.4	-6.8	-5.7	-0.9	3.2
Latvia	8.7	0.5	-3.9	6.4	1.7	5.7	5.9	7.3	11.1	9.0	6.7	10.2	-4.6	5.7	5.6	7.1	0.7	-0.3	-0.7	1.1
Luxembourg	5.2	1.6	3.0	12.3	-2.1	-1.4	-1.7	6.8	8.5	6.8	7.3	-2.0	-4.6	8.2	4.2	4.5	3.0	2.0	1.8	1.3
Mexico	7.0	13.8	5.1	0.8	-2.5	3.0	10.4	10.3	0.3	3.9	4.5	6.7	12.8	-1.3	5.9	6.9	-3.2	2.6	1.3	1.5
Netherlands	1.3	-2.5	-1.0	5.4	-0.4	-2.8	-1.1	1.7	3.0	2.9	1.8	4.6	-6.8	6.4	6.4	2.7	-1.0	-2.3	-3.4	0.8
New Zealand	-1.3	7.1	0.3	15.8	2.2	-5.9	-11.4	-4.4	0.7	9.9	-4.9	12.5	-1.4	-4.1	2.6	-1.0	-4.6	-3.3	0.1	1.2
Norway	0.3	1.2	-1.1	7.5	-0.1	-5.0	1.4	4.7	1.5	3.2	3.9	4.2	-0.3	0.8	3.3	0.1	2.5	4.2	2.4	2.5
Poland	14.4	10.8	6.9	9.3	0.2	5.5	6.7	4.6	-3.6	2.4	1.1	0.9	8.0	2.1	8.8	5.5	-1.3	-2.5	-2.0	1.2
Portugal	2.6	-1.5	-0.7	8.4	0.3	-1.6	-1.5	2.1	2.9	3.8	1.4	5.1	-9.3	4.7	7.1	1.1	-1.9	-2.2	-1.5	1.0
Russian Federation	19.8	48.1	135.6	5.1	3.9	6.6	1.6	-2.9	5.6	0.3	0.4	10.8	25.5	-2.2	3.3	4.8	4.4	18.0	19.9	-0.5
Slovak Republic	3.4	-1.9	0.6	13.4	6.1	1.0	1.9	2.1	1.7	3.6	1.6	3.0	-4.1	3.6	5.3	2.5	-1.4	-3.4	-0.8	0.7
Slovenia	4.8	1.8	1.9	14.0	6.2	2.5	2.1	4.2	5.0	3.3	1.5	2.7	-4.4	6.5	5.6	2.3	-1.2	-1.0	2.6	1.2
South Africa	6.4	11.0	11.0	17.9	15.5	21.6	-11.7	0.7	4.4	10.2	10.0	25.1	-5.1	-1.6	7.6	6.6	14.1	7.6	-0.1	3.7
Spain	3.5	-2.1	0.0	10.8	-0.1	-2.4	-1.7	2.2	3.1	3.9	1.7	5.1	-7.4	5.5	8.5	3.7	-2.2	-1.3	-1.3	0.4
Sweden	0.4	-1.0	1.1	4.1	4.0	0.1	-2.1	0.9	4.6	3.4	0.5	4.4	0.4	-0.1	-0.2	-1.1	-3.1	2.0	-1.1	1.0
Switzerland	2.5	-1.9	-0.4	5.4	-0.2	-4.6	-1.1	1.9	3.5	6.2	4.9	3.5	-2.7	2.5	0.0	2.8	-5.1	-2.7	-5.7	-0.4
Turkey	74.1	62.5	47.9	56.7	93.4	22.1	7.1	10.8	0.2	19.0	0.1	21.3	0.8	4.7	30.2	5.6	3.8	11.7	3.8	1.9
United Kingdom	-6.4	-5.5	-0.5	2.6	-0.2	-2.6	0.4	-0.8	3.5	2.4	0.1	12.9	2.0	3.9	7.0	-0.8	1.2	-3.6	-2.2	0.3
United States	-3.5	-5.4	1.6	4.4	-2.5	-1.2	3.4	4.7	6.0	4.1	3.4	10.5	-10.4	5.8	7.7	0.5	-0.9	-0.2	-6.7	-0.1
Total OECD	2.7	1.4	0.5	6.4	2.2	-1.2	0.2	2.6	3.4	4.0	1.8	8.0	-5.6	3.6	6.7	1.8	-0.5	-0.2	-2.4	0.9

Note: Regional aggregates are calculated inclusive of intra-regional trade. They are calculated as the geometric averages of prices weighted by 2010 GDP volumes expressed in $.
Source: OECD Economic Outlook 97 database.

StatLink http://dx.doi.org/10.1787/888933222932

Annex Table 42. **Competitive positions: relative consumer prices**

Indices, 2010 = 100

	1998	1999	2000	2001	2002	2003	2004	2005	2006	2007	2008	2009	2010	2011	2012	2013	2014	2015	2016
Australia	71.6	71.6	68.2	65.8	69.6	78.7	85.1	87.6	87.4	92.9	91.0	88.2	100.0	106.9	108.3	103.7	99.0	92.3	92.9
Austria	102.0	101.2	98.1	98.3	99.0	102.3	103.4	102.5	101.7	102.1	102.3	103.1	100.0	100.4	98.9	100.8	102.6	99.9	99.7
Belgium	96.8	95.8	91.7	92.5	94.1	99.0	100.9	100.7	100.2	100.9	103.5	103.6	100.0	100.8	98.8	100.2	100.5	95.7	95.0
Brazil	95.4	63.9	69.4	58.8	55.8	53.7	55.9	69.2	77.5	83.6	87.9	87.9	100.0	104.8	94.8	89.9	88.7	79.2	80.0
Chile	76.1	75.3	76.1	74.5	73.9	81.7	85.8	90.9	95.9	98.8	96.0	92.1	100.0	101.4	101.1	97.6	92.1	88.2	89.0
Chile	102.6	96.5	95.5	86.7	89.1	83.1	88.7	94.3	98.7	97.1	98.5	94.9	100.0	101.1	103.7	103.1	94.4	96.4	97.7
China	97.2	92.3	92.8	97.8	95.8	89.4	86.7	85.7	87.1	90.1	97.9	102.0	100.0	102.3	108.0	114.7	117.6	126.7	125.5
Colombia	91.9	83.2	76.1	75.2	73.7	63.4	69.1	78.0	77.0	86.2	91.6	90.4	100.0	99.9	106.0	102.4	99.0	90.0	91.6
Czech Republic	66.5	66.6	67.2	71.5	79.6	78.1	78.9	83.3	87.5	89.9	102.9	99.1	100.0	102.0	98.7	96.6	91.5	88.7	88.0
Denmark	95.0	95.5	91.5	92.7	94.9	100.1	101.0	99.7	99.3	99.9	101.5	104.5	100.0	99.4	96.8	97.7	98.9	95.1	94.3
Estonia	79.1	85.6	82.3	83.9	86.1	89.3	90.8	91.0	91.9	95.6	101.7	103.7	100.0	101.1	100.0	102.8	104.8	102.2	100.4
Finland	105.1	106.0	100.8	101.6	103.0	107.8	107.6	104.2	102.6	103.6	105.1	106.7	100.0	99.6	96.9	98.6	101.3	96.7	94.6
France	103.2	101.3	96.0	95.8	97.6	103.0	104.8	103.4	102.7	103.1	103.8	104.1	100.0	99.2	96.3	97.4	97.8	93.1	92.2
Germany	107.7	105.8	99.1	99.1	100.3	105.3	106.7	104.5	103.5	104.8	104.9	105.7	100.0	98.9	95.8	97.8	99.0	94.0	93.4
Greece	89.8	90.8	84.7	85.3	88.0	93.6	95.8	95.9	96.6	98.0	99.8	101.4	100.0	100.6	96.8	95.8	95.3	88.8	86.8
Israel	69.8	73.0	73.3	79.1	87.3	89.5	95.3	96.9	92.1	102.5	105.2	99.2	100.0	99.7	96.9	95.9	92.4	89.4	89.9
Iceland	125.4	128.9	133.1	117.3	125.0	131.8	135.3	153.0	142.8	148.4	116.4	95.0	100.0	101.1	101.5	105.4	113.3	114.5	115.2
India	86.4	86.1	88.0	88.8	88.5	87.0	86.0	88.1	87.2	93.5	88.9	90.2	100.0	99.2	94.7	93.9	96.6	103.4	104.2
Indonesia	48.8	71.8	69.8	66.8	81.1	87.0	83.0	81.7	94.8	94.3	90.4	89.5	100.0	99.8	96.0	91.9	85.7	86.5	87.1
Ireland	86.3	84.6	81.9	84.8	89.6	98.3	100.9	100.5	102.1	107.2	112.1	107.9	100.0	100.1	95.7	97.3	96.9	90.1	90.0
Israel	111.2	107.5	114.6	113.7	102.9	96.8	90.3	87.7	87.2	87.7	97.7	95.5	100.0	101.0	96.1	102.2	103.4	100.8	100.1
Italy	97.7	97.4	93.0	94.0	96.5	102.5	104.3	102.8	102.3	102.8	103.6	104.9	100.0	99.9	97.9	99.5	100.1	94.8	93.4
Japan	106.0	118.5	125.4	112.5	105.1	105.7	107.0	100.6	90.8	83.2	89.8	100.5	100.0	101.2	99.8	80.2	75.9	70.0	68.9
Korea	86.9	99.9	108.4	102.0	107.0	108.2	109.8	122.7	131.1	129.1	105.0	93.1	100.0	100.0	99.7	103.8	109.9	111.9	111.2
Latvia	79.0	93.2	98.0	94.3	91.3	87.0	87.5	85.1	87.4	93.2	102.9	110.5	100.0	100.5	98.6	97.7	101.6	99.9	97.2
Luxembourg	95.0	94.3	92.1	92.9	94.3	98.0	99.4	99.1	99.7	100.6	101.6	102.3	100.0	100.5	99.0	100.5	100.8	97.4	97.2
Mexico	96.6	105.8	115.2	123.2	123.5	109.8	105.1	108.9	108.9	107.6	105.5	92.8	100.0	100.1	97.2	102.7	101.9	94.6	94.8
Netherlands	97.6	97.5	92.9	95.5	98.6	104.1	105.0	103.5	102.1	102.5	103.0	104.8	100.0	99.4	96.9	99.8	101.0	96.7	95.8
New Zealand	88.1	84.0	76.0	75.0	82.3	94.2	101.2	106.7	99.0	106.0	98.9	92.6	100.0	103.8	106.6	109.4	113.0	107.7	105.8
Norway	89.3	90.0	88.4	91.1	98.8	98.2	94.0	97.3	96.8	96.8	97.5	95.5	100.0	100.7	100.3	98.6	93.9	90.0	91.3
Poland	85.7	85.0	92.9	103.9	99.5	88.8	88.0	97.7	99.3	102.5	111.7	94.9	100.0	98.2	95.7	96.0	97.1	94.6	93.6
Portugal	95.0	95.3	92.9	95.3	97.9	102.1	103.2	102.3	102.8	103.5	103.6	102.9	100.0	100.8	99.5	99.6	99.3	96.1	95.5
Russian Federation	74.6	48.4	54.3	64.5	66.2	67.2	72.4	80.3	88.6	92.9	99.3	91.1	100.0	104.1	105.8	107.6	97.1	90.0	99.7
Slovak Republic	54.1	54.7	59.6	60.0	61.2	69.4	76.1	77.7	81.6	90.0	97.5	104.7	100.0	100.8	100.5	101.8	102.7	99.4	98.6
Slovenia	95.8	96.6	94.0	93.8	95.8	99.3	99.5	98.4	98.4	99.9	102.2	103.7	100.0	99.0	97.1	98.8	99.4	94.5	92.4
South Africa	106.3	100.0	97.1	85.5	74.1	97.1	103.8	104.0	98.5	91.6	80.0	87.3	100.0	98.2	92.3	81.8	77.0	77.7	79.7
Spain	88.7	88.8	86.5	88.3	91.0	95.9	98.0	98.5	99.8	101.3	103.4	103.4	100.0	100.5	98.2	99.9	99.8	93.8	92.7
Sweden	114.7	112.9	110.4	101.1	104.1	110.8	111.3	106.4	105.7	106.9	104.5	94.5	100.0	105.7	105.3	106.3	101.2	94.3	93.8
Switzerland	96.3	95.7	92.7	94.8	98.5	99.0	98.1	95.9	93.1	88.9	92.4	96.3	100.0	109.7	105.4	103.7	105.1	113.7	112.5
Turkey	70.2	74.7	82.9	67.4	73.7	78.2	80.9	89.6	88.8	96.1	97.0	91.3	100.0	88.4	91.7	90.3	86.1	85.7	86.3
United Kingdom	129.4	129.6	130.4	127.0	127.4	121.6	126.3	123.9	124.4	126.0	109.7	99.5	100.0	100.6	105.1	103.7	111.3	116.8	117.2
United States	114.2	113.4	117.5	124.1	124.1	116.7	111.7	109.9	109.1	104.2	100.3	104.8	100.0	95.4	97.6	97.9	100.2	107.9	107.1
Euro area	100.6	98.4	88.5	89.8	93.6	104.5	107.9	105.0	104.0	105.8	107.8	109.6	100.0	99.1	94.2	97.3	98.8	90.0	88.4

Note. Competitiveness-weighted relative consumer prices in dollar terms. Competitiveness weights take into account the structure of competition in both export and import markets of the goods sector of 51 countries. An increase in the index indicates a real effective appreciation and a corresponding deterioration of the competitive position. For details on the method of calculation, see Sources & Methods of the *OECD Economic Outlook (http://www.oecd.org/eco/sources-and-methods.htm).*

Source: OECD Economic Outlook 97 database.

StatLink http://dx.doi.org/10.1787/888933222940

Annex Table 43. **Competitive positions: relative unit labour costs**

Indices, 2010 = 100

	1998	1999	2000	2001	2002	2003	2004	2005	2006	2007	2008	2009	2010	2011	2012	2013	2014	2015	2016
Australia	65.4	66.6	62.8	58.9	61.6	70.4	77.7	81.1	82.3	90.7	89.5	84.5	100.0	110.0	111.3	105.2	98.8	91.4	91.7
Austria	106.1	105.4	100.0	98.6	97.5	101.2	101.3	100.1	100.3	100.5	100.9	102.6	100.0	99.1	98.0	100.6	102.7	99.0	97.5
Belgium	96.9	96.5	91.1	93.3	95.3	100.1	100.2	99.3	100.0	101.3	103.5	104.4	100.0	101.5	99.9	102.4	102.7	97.1	96.0
Brazil	117.8	71.8	73.8	61.9	58.1	53.9	56.3	70.0	77.0	82.1	88.3	90.4	100.0	108.9	101.2	95.8	95.2	83.5	85.3
Canada	69.8	68.6	69.6	67.7	67.1	74.8	79.7	85.4	92.3	96.1	94.7	91.8	100.0	101.8	102.7	100.7	94.4	89.5	90.5
Chile	86.8	84.5	82.1	74.5	79.3	74.3	78.3	82.3	85.9	85.6	89.5	91.3	100.0	104.2	107.6	110.9	101.6	104.5	106.5
China	64.7	67.4	71.1	79.4	82.8	79.4	78.5	78.9	80.9	83.8	92.6	98.6	100.0	102.5	110.2	118.8	123.9	135.7	137.4
Colombia	88.3	80.5	72.7	71.8	71.6	60.7	65.8	74.5	74.3	83.0	87.4	87.6	100.0	99.0	107.7	107.0	106.2	97.2	101.4
Czech Republic	66.0	66.8	66.2	70.7	81.7	81.8	84.5	88.7	92.1	94.9	105.7	99.4	100.0	101.6	97.6	94.9	90.3	87.6	87.7
Denmark	89.8	89.9	83.9	86.2	88.8	94.1	94.9	94.8	95.1	98.9	102.1	105.5	100.0	97.8	94.2	96.0	98.0	93.5	92.0
Estonia	70.2	78.8	73.6	73.9	75.4	80.6	82.9	83.5	87.3	96.8	108.2	109.9	100.0	95.5	92.5	97.7	105.9	108.4	107.5
Finland	103.8	106.7	98.5	99.0	99.7	104.1	104.4	103.2	100.9	98.7	100.7	107.4	100.0	98.7	97.2	99.1	101.0	97.5	95.1
France	98.3	97.4	92.1	92.4	95.0	100.5	101.8	101.2	101.2	101.8	102.1	102.6	100.0	99.2	96.4	97.5	99.0	94.4	94.2
Germany	121.2	120.2	111.9	108.4	108.3	113.8	113.9	108.8	103.9	101.6	101.3	105.9	100.0	98.6	96.6	100.0	102.6	99.4	99.2
Israel	78.4	82.7	75.8	76.5	84.6	88.7	91.2	93.7	92.8	95.3	98.1	102.7	100.0	98.1	89.9	83.7	84.9	81.1	78.9
Hungary	71.0	72.1	74.7	82.9	94.7	99.7	105.3	107.6	101.7	112.0	112.8	102.0	100.0	98.8	93.8	93.0	92.3	91.2	91.4
Iceland	137.9	147.5	153.3	134.9	146.0	155.4	157.5	182.3	180.3	183.1	135.5	91.3	100.0	103.5	104.2	107.8	117.4	123.9	125.4
India	131.2	126.9	131.6	125.8	121.2	115.8	111.7	111.7	107.8	109.2	98.2	93.9	100.0	96.8	84.9	76.9	74.0	75.5	73.2
Indonesia	49.8	75.7	75.4	85.3	100.8	105.5	101.1	97.9	112.5	107.3	98.6	92.6	100.0	95.2	88.9	81.4	72.4	69.5	68.1
Ireland	83.5	82.6	78.3	81.6	83.6	94.1	98.9	102.2	104.6	109.1	117.2	112.2	100.0	96.2	90.8	94.9	95.2	89.7	90.3
Israel	120.3	117.5	125.8	128.7	111.5	102.0	94.1	92.0	92.6	93.7	102.5	95.0	100.0	101.7	97.8	104.8	107.6	106.3	106.8
Italy	89.6	89.9	84.2	85.5	89.3	96.5	98.9	99.3	99.9	100.7	102.2	105.1	100.0	99.0	95.5	96.7	98.5	93.9	92.1
Japan	124.8	139.1	144.7	126.4	114.9	111.8	110.0	103.0	92.2	82.6	90.1	102.2	100.0	103.5	100.5	80.6	76.2	71.3	71.0
Korea	92.0	101.8	108.3	100.9	105.8	110.3	112.8	127.5	134.8	132.8	106.2	93.1	100.0	99.2	99.3	105.3	113.4	116.2	114.8
Latvia	77.8	98.3	98.8	91.1	84.6	82.2	82.6	88.4	98.0	119.5	134.4	118.4	100.0	96.1	93.2	98.2	106.1	107.3	104.4
Luxembourg	83.0	82.1	80.3	84.1	86.7	90.1	91.6	91.8	93.6	95.3	98.8	103.8	100.0	101.0	100.6	103.9	105.1	101.5	101.6
Mexico	80.2	90.3	102.2	113.5	118.0	107.1	102.4	107.4	107.8	106.5	107.0	94.4	100.0	100.5	97.4	102.7	99.9	90.0	88.5
Netherlands	96.0	97.3	94.1	95.8	100.5	106.9	107.3	103.5	101.2	101.9	102.9	105.6	100.0	99.0	97.1	98.6	98.8	94.0	92.2
New Zealand	80.6	76.3	68.2	68.4	74.5	86.7	95.1	102.4	96.0	104.7	100.2	91.9	100.0	102.5	105.6	110.4	116.5	113.1	111.9
Norway	69.8	72.0	70.0	72.3	79.9	79.2	76.8	81.4	84.9	90.9	96.1	93.5	100.0	106.2	108.8	110.0	104.8	100.2	101.8
Poland	101.1	99.5	102.5	114.7	104.3	90.8	86.0	96.2	98.6	102.9	116.5	93.7	100.0	96.4	92.8	93.3	92.7	92.3	92.3
Portugal	93.3	94.4	93.7	95.2	97.8	102.3	103.0	104.0	102.9	102.4	102.0	102.4	100.0	97.2	90.9	94.0	93.4	89.2	88.2
Russian Federation	55.3	27.4	35.5	42.9	47.8	49.2	56.9	63.8	75.7	87.3	97.6	88.5	100.0	112.4	119.0	123.3	111.1	94.8	106.6
Slovak Republic	72.3	69.8	74.2	71.3	72.2	77.3	79.7	82.8	85.2	91.3	97.0	104.8	100.0	100.1	97.7	98.1	101.7	99.5	98.4
Slovenia	94.3	94.2	91.8	92.6	92.6	95.6	96.8	95.8	95.4	96.2	98.5	104.1	100.0	97.4	93.3	93.1	91.1	86.8	84.9
South Africa	86.1	82.3	79.8	68.5	58.3	77.7	88.8	91.4	88.9	84.9	74.4	82.1	100.0	100.7	95.2	86.2	81.4	84.0	87.4
Spain	83.7	84.3	82.0	83.4	86.4	91.8	94.9	96.3	98.7	102.3	105.8	104.8	100.0	97.6	89.7	89.0	89.1	83.9	81.8
Sweden	105.2	105.1	106.8	99.8	101.7	107.6	108.0	103.5	101.5	104.1	103.0	96.1	100.0	106.8	109.2	111.8	108.3	101.9	101.4
Switzerland	93.2	93.0	89.2	94.1	99.6	100.1	97.3	94.7	91.3	87.6	90.6	96.8	100.0	112.6	110.6	109.9	111.3	121.9	121.5
Turkey	89.2	115.7	124.2	92.3	92.9	86.6	85.7	96.4	90.7	94.1	98.7	91.0	100.0	86.5	90.8	92.6	81.9	76.5	72.5
Euro area	102.7	102.2	90.4	89.9	94.0	105.8	108.2	104.9	102.4	102.9	105.1	110.0	100.0	97.6	91.6	94.7	97.5	90.0	88.1

Note: Competitiveness-weighted relative unit labour costs for the overall economy in dollar terms. Competitiveness weights take into account the structure of competition in both export and import markets of the goods sector of 51 countries. An increase in the index indicates a real effective appreciation and a corresponding deterioration of the competitive position. For details on the method of calculation, see Sources & Methods of the *OECD Economic Outlook (http://www.oecd.org/eco/sources-and-methods.htm).*

Source: OECD Economic Outlook 97 database.

StatLink http://dx.doi.org/10.1787/888933222957

Annex Table 44. **Export performance for total goods and services**

Percentage change from previous year

	1999	2000	2001	2002	2003	2004	2005	2006	2007	2008	2009	2010	2011	2012	2013	2014	2015	2016
Australia	-1.4	-2.0	1.9	-5.7	-10.5	-8.7	-5.6	-6.0	-4.4	-1.1	12.0	-8.6	-8.2	1.3	1.8	2.3	0.9	0.7
Austria	0.5	1.4	3.7	2.6	-4.7	-0.6	-1.1	-2.7	-0.9	-0.8	-3.9	0.7	-0.2	0.6	-1.8	-0.9	-0.6	0.7
Belgium	-1.7	0.2	-1.5	1.5	-2.4	-1.8	-2.2	-3.9	-1.2	-0.8	1.4	-0.6	0.5	0.2	0.6	0.6	-0.8	0.3
Canada	1.6	-3.4	-1.1	-2.5	-6.3	-5.2	-4.3	-5.8	-2.4	-3.4	-0.4	-5.2	-1.2	-0.1	0.2	1.6	-2.3	0.6
Chile	0.9	-7.2	6.2	-1.9	-1.6	1.4	-5.2	-4.5	-1.4	-4.4	4.4	-11.5	-2.7	-3.4	-1.1	-3.1	-1.2	0.7
Czech Republic	-0.6	3.6	6.5	-0.5	3.5	18.3	10.0	3.3	2.7	0.9	3.0	2.4	2.3	3.1	-2.3	5.4	3.9	0.7
Denmark	5.4	1.0	2.2	2.0	-4.9	-5.6	0.6	0.2	-3.6	0.8	2.4	-8.4	1.1	-1.8	-1.4	-1.1	-1.0	0.0
Estonia	-1.8	13.5	3.6	-0.2	4.3	6.4	9.1	-1.3	1.6	-3.6	-4.4	11.4	14.3	2.9	1.1	1.4	0.8	-0.1
Finland	6.7	3.1	-0.2	0.6	-6.8	-1.5	-1.6	-0.6	-0.2	2.8	-7.8	-6.0	-5.8	-1.8	-3.3	-2.7	-1.2	-1.1
France	-1.0	1.3	1.3	-0.4	-5.8	-4.4	-3.6	-3.3	-4.9	-2.5	0.2	-2.1	1.3	1.2	-0.9	-0.6	1.0	0.3
Germany	-0.2	1.8	4.1	1.2	-2.8	0.7	-0.9	3.2	1.5	-1.5	-3.3	2.6	1.7	1.8	-1.0	0.9	0.3	0.3
Greece	20.6	12.0	-3.0	-10.5	-6.3	7.1	-3.0	-4.0	-0.1	-0.8	-7.5	-5.6	-5.6	-1.4	-1.2	6.3	-1.3	2.4
Hungary	6.5	12.2	5.8	3.7	0.8	7.5	4.8	8.0	6.9	3.7	1.1	-0.3	-0.4	-3.0	3.3	5.7	2.6	0.3
Iceland	-3.3	-6.1	4.5	1.5	-2.4	0.3	0.3	-12.8	16.1	1.0	21.2	-7.3	-1.5	1.6	4.5	0.0	0.8	-1.5
Ireland	7.9	7.2	8.8	2.1	-3.1	-1.2	-2.1	-2.4	4.1	-1.3	8.0	-4.3	0.2	3.0	-1.2	9.4	1.9	1.3
Israel	7.2	9.3	-10.3	-6.1	1.6	5.2	-3.0	-3.3	4.0	4.0	-0.1	1.1	-0.6	-2.0	-1.0	-1.5	-0.8	-0.7
Italy	-6.5	0.6	0.6	-4.8	-6.5	-3.9	-3.5	-0.9	-3.1	-6.5	-7.5	0.7	-0.4	0.0	-2.3	-0.3	-0.3	0.1
Japan	-4.8	-2.4	-6.1	0.5	-0.2	-0.5	-2.6	-0.1	-0.1	-2.2	-17.3	7.8	-7.7	-4.1	-3.3	4.9	2.6	0.0
Korea	8.0	2.5	-3.1	6.0	3.2	5.1	-1.8	1.2	2.8	2.6	8.7	-2.4	6.6	0.3	-0.8	-1.2	-2.8	0.3
Luxembourg	7.8	0.1	4.0	1.0	-0.7	3.1	-1.4	3.3	1.1	5.5	-2.6	-2.0	-0.8	2.2	3.0	-0.3	-0.4	-0.8
Mexico	-2.1	-1.3	-1.1	-1.2	-3.7	-2.0	-1.0	0.8	-0.1	0.0	1.4	6.8	2.1	3.3	0.5	3.4	2.6	1.2
Netherlands	1.0	0.0	-0.1	-1.0	-3.2	-1.2	-0.9	-1.6	0.0	-0.8	3.4	-2.0	-1.4	2.0	-0.2	0.7	-1.2	0.1
New Zealand	2.9	-4.0	3.7	0.2	-5.7	-7.3	-8.8	-7.1	-4.2	-6.6	12.3	-9.2	-5.2	-3.3	-1.2	0.3	-0.3	-0.8
Norway	-3.7	-7.7	2.3	-3.0	-3.6	-6.4	-6.2	-9.3	-3.3	-0.9	7.5	-8.6	-5.3	-0.6	-4.7	-0.7	-2.4	-2.3
Poland	-7.7	10.6	-0.4	2.8	8.6	-4.3	1.9	4.5	1.8	4.4	6.9	1.3	1.0	2.9	2.5	2.4	2.3	2.5
Portugal	-3.9	-2.4	-0.5	0.6	-1.3	-4.1	-6.5	3.3	-0.8	-0.8	2.6	0.5	2.8	3.4	4.4	-0.9	1.5	0.2
Slovak Republic	4.2	-4.7	7.6	4.9	12.2	9.4	4.9	11.0	5.0	0.1	-5.6	3.5	5.3	8.7	3.0	0.2	-1.7	0.6
Slovenia	-2.2	0.9	4.0	5.7	-1.9	3.4	3.7	3.3	4.0	0.5	-4.8	-1.1	0.0	-0.7	0.4	3.4	1.6	0.2
Spain	2.4	-1.2	2.1	-0.3	-0.2	-3.7	-4.7	-3.6	0.8	-3.4	-0.5	-0.9	2.1	0.4	1.7	1.1	1.3	1.3
Sweden	2.5	0.7	-0.6	-1.6	0.3	0.6	-1.6	-0.8	-2.7	-1.5	-3.2	1.4	0.0	-0.8	-2.5	0.8	1.2	0.1
Switzerland	-2.9	-0.2	-1.1	-4.3	-6.0	-0.1	-0.7	-2.9	3.9	1.8	1.1	0.7	-1.2	-1.0	12.5	-10.2	-2.3	-3.0
Turkey	-13.9	4.7	-0.2	3.6	1.3	0.8	-1.2	-3.4	-4.0	-3.0	6.2	-4.8	1.5	12.1	-3.2	3.9	-0.3	0.9
United Kingdom	-3.7	-3.4	0.5	0.5	-1.1	-4.1	0.6	3.5	-9.2	-0.4	2.6	-3.4	0.0	-1.8	-1.0	-3.3	-0.6	-2.2
United States	-3.0	-3.5	-5.5	-4.7	-4.0	-0.9	-2.1	-0.1	0.9	1.4	2.0	-2.1	-0.6	-0.7	-0.4	0.1	-1.9	-0.2
Total OECD	-1.2	-0.6	-0.5	-1.1	-3.2	-1.6	-2.0	-0.7	-0.8	-0.8	-0.5	-0.9	-0.4	0.2	-0.3	0.4	-0.3	0.0
China	7.6	12.8	6.3	21.5	19.2	11.3	14.3	13.9	11.5	4.6	2.2	12.6	1.9	1.7	5.9	2.9	2.3	0.0
Other industrialised Asia[1]	0.5	2.9	-2.9	2.8	1.5	2.3	2.5	1.7	-0.5	1.0	0.9	1.7	0.3	-1.1	0.5	-0.5	0.1	1.0
Russia	5.9	-2.1	2.9	6.5	6.3	1.7	-1.4	-2.2	-2.5	-2.9	6.6	-3.6	-6.1	-1.2	1.7	-3.1	-3.2	-3.0
Brazil	3.1	2.8	7.9	6.7	1.6	-0.1	0.7	-5.2	-4.6	-5.2	1.6	-2.4	-3.7	-3.2	-1.7	-2.8	-9.3	0.7
Other oil producers	-9.9	-7.4	0.8	-7.5	5.3	-2.6	-1.7	-5.9	-4.3	-1.0	5.0	-8.6	-3.7	0.8	-0.7	-3.2	-2.7	-1.3
Rest of the world	-0.1	-3.0	2.5	-0.1	0.0	-1.1	-3.1	-3.7	-2.7	-1.1	5.0	-4.4	-1.2	-0.9	1.3	-0.2	0.3	0.7

Note: Regional aggregates are calculated inclusive of intra-regional trade. Export performance is measured as actual growth in exports relative to the growth of the country's export market. For more details, see Sources & Methods of the *OECD Economic Outlook (http://www.oecd.org/eco/sources-and-methods.htm).*

1. Chinese Taipei; Hong Kong, China; Malaysia; Philippines; Singapore; Vietnam; Thailand; India and Indonesia.

Source: OECD Economic Outlook 97 database.

StatLink http://dx.doi.org/10.1787/888933222966

Annex Table 45. **Shares in world exports and imports**

Percentage, value of goods and services, national accounts basis

	2000	2001	2002	2003	2004	2005	2006	2007	2008	2009	2010	2011	2012	2013	2014	2015	2016
A. Exports																	
Canada	4.2	4.1	3.8	3.6	3.4	3.4	3.2	2.9	2.7	2.5	2.5	2.5	2.5	2.4	2.4	2.3	2.3
France	4.9	5.1	5.1	5.1	4.9	4.5	4.3	4.2	4.1	4.1	3.7	3.6	3.4	3.5	3.5	3.3	3.3
Germany	7.7	8.2	8.5	8.9	8.9	8.4	8.4	8.7	8.3	8.2	7.7	7.6	7.3	7.4	7.5	7.1	7.1
Italy	3.7	3.9	3.9	4.0	3.8	3.6	3.5	3.5	3.3	3.1	2.8	2.8	2.6	2.7	2.7	2.5	2.5
Japan	6.5	5.7	5.6	5.5	5.5	5.1	4.8	4.5	4.4	4.1	4.5	4.1	3.9	3.4	3.5	3.6	3.6
United Kingdom	5.2	5.3	5.3	5.2	5.0	4.9	4.9	4.4	4.0	4.0	3.7	3.6	3.5	3.5	3.6	3.7	3.6
United States	14.0	13.5	12.6	11.2	10.5	10.2	10.0	9.7	9.4	10.1	9.9	9.5	9.8	9.8	10.0	10.5	10.3
Other OECD countries	26.7	27.3	27.6	28.0	28.1	27.5	27.1	27.6	27.6	28.0	26.9	26.8	26.2	26.5	26.6	25.7	25.7
Total OECD	72.9	73.1	72.4	71.5	70.1	67.6	66.2	65.6	63.8	64.1	61.7	60.4	59.2	59.2	59.8	58.7	58.3
China	3.6	3.9	4.6	5.2	5.8	6.5	7.2	7.8	8.1	8.5	9.3	9.4	10.0	10.5	10.9	12.2	12.2
Other industrialised Asia	12.5	11.9	12.0	11.6	11.6	11.7	11.8	11.6	11.4	12.1	13.0	12.9	13.1	13.0	13.1	14.3	14.5
Brazil	0.9	0.9	0.9	0.9	1.0	1.1	1.1	1.1	1.2	1.2	1.3	1.4	1.3	1.2	1.2	1.0	1.0
Russia	1.5	1.5	1.5	1.6	1.8	2.1	2.3	2.3	2.7	2.2	2.4	2.6	2.6	2.6	2.4	2.0	2.1
Other oil producers	4.6	4.3	4.3	4.6	5.1	6.3	6.7	6.7	7.7	6.6	6.9	7.8	8.2	7.9	7.3	6.2	6.1
Rest of the world	4.0	4.2	4.1	4.3	4.3	4.4	4.5	4.6	4.9	5.1	5.1	5.2	5.2	5.1	5.0	5.4	5.6
Total of non-OECD countries	27.1	26.9	27.6	28.5	29.9	32.4	33.8	34.4	36.2	35.9	38.3	39.6	40.8	40.8	40.2	41.3	41.7
B. Imports																	
Canada	3.7	3.5	3.4	3.2	3.0	3.1	3.0	2.8	2.6	2.7	2.7	2.6	2.7	2.6	2.6	2.5	2.4
France	4.7	4.8	4.8	4.9	4.8	4.7	4.5	4.5	4.4	4.5	4.0	4.0	3.8	3.8	3.8	3.5	3.4
Germany	7.6	7.8	7.4	7.9	7.7	7.4	7.5	7.5	7.3	7.3	6.9	6.9	6.5	6.6	6.6	6.1	6.1
Italy	3.6	3.7	3.8	3.9	3.8	3.6	3.7	3.7	3.4	3.3	3.1	3.0	2.6	2.5	2.5	2.2	2.2
Japan	5.7	5.4	5.0	4.8	4.7	4.7	4.5	4.2	4.4	4.0	4.2	4.4	4.5	4.2	4.2	3.8	3.8
United Kingdom	5.6	5.7	5.9	5.7	5.6	5.4	5.4	5.0	4.5	4.4	4.1	3.9	3.9	3.8	3.9	4.0	3.9
United States	18.8	18.3	18.0	16.8	16.2	16.1	15.6	14.2	13.3	12.9	12.9	12.4	12.6	12.3	12.6	13.3	13.2
Other OECD countries	25.8	25.9	26.3	27.0	27.1	26.9	26.8	27.6	27.6	27.0	26.1	26.2	25.3	25.3	25.2	24.0	23.9
Total OECD	75.6	75.2	74.7	74.2	72.9	71.8	70.9	69.4	67.5	66.0	64.0	63.3	61.8	61.1	61.5	59.4	59.0
China	3.2	3.6	4.1	4.9	5.5	5.6	5.9	6.2	6.4	7.2	8.3	8.8	9.2	9.7	9.9	10.8	10.9
Other industrialised Asia	11.7	11.0	11.0	10.7	11.0	11.2	11.2	11.0	11.3	11.6	12.8	12.8	13.2	13.1	12.8	13.7	13.8
Brazil	1.0	1.1	0.9	0.8	0.8	0.8	0.9	1.0	1.2	1.2	1.4	1.5	1.5	1.5	1.5	1.2	1.2
Russia	0.8	1.0	1.1	1.1	1.2	1.3	1.4	1.7	1.9	1.6	1.8	1.9	2.0	2.1	1.9	1.5	1.5
Other oil producers	2.8	3.1	3.3	3.3	3.5	3.8	4.1	4.6	5.1	5.8	5.3	5.1	5.5	5.6	5.8	6.4	6.3
Rest of the world	4.6	4.7	4.6	4.7	4.9	5.1	5.3	5.7	6.2	6.2	6.1	6.3	6.4	6.4	6.2	6.6	6.8
Total of non-OECD countries	24.4	24.8	25.3	25.8	27.1	28.2	29.1	30.6	32.5	34.0	36.0	36.7	38.2	38.9	38.5	40.6	41.0

Note: Regional aggregates are calculated inclusive of intra-regional trade.
Source: OECD Economic Outlook 97 database.

StatLink http://dx.doi.org/10.1787/888933222975

Annex Table 46. **Geographical structure of world trade growth**

Average of export and import volumes

	2000	2001	2002	2003	2004	2005	2006	2007	2008	2009	2010	2011	2012	2013	2014	2015	2016
	Percentage change from previous year																
A. Trade growth																	
OECD America[1]	11.0	-3.6	1.5	2.8	9.9	6.1	6.7	4.9	0.5	-12.0	12.8	6.3	3.1	2.0	3.8	4.4	6.1
OECD Europe	12.4	2.5	1.7	2.5	7.5	6.4	9.0	6.3	1.1	-11.3	9.8	5.6	1.3	2.4	3.2	4.2	4.9
OECD Asia & Pacific[2]	12.7	-2.2	6.2	7.3	11.8	5.8	8.1	7.7	3.0	-12.3	15.3	7.0	3.5	2.5	5.1	4.2	5.3
Total OECD	12.1	0.2	2.2	3.2	8.7	6.2	8.3	6.2	1.2	-11.6	11.4	6.0	2.1	2.3	3.6	4.2	5.3
China	25.2	6.9	25.7	28.3	24.0	18.4	20.0	17.0	6.4	-3.7	24.2	9.6	5.8	9.6	6.2	6.5	5.8
Other industrialised Asia	17.9	-3.8	7.7	9.9	17.0	11.4	10.7	7.6	7.1	-9.6	17.4	8.0	4.2	3.5	2.1	4.1	6.3
Brazil	12.9	5.6	-2.9	6.1	12.3	10.0	9.7	10.9	7.2	-8.1	22.2	8.0	0.2	4.9	-1.0	-4.7	4.0
Russia	14.9	8.1	11.6	14.1	15.4	9.9	12.3	13.9	6.6	-16.5	14.2	8.7	4.6	4.2	-3.8	-6.2	3.0
Other oil producers	5.5	4.4	0.0	11.6	10.9	10.6	6.8	10.5	8.0	-4.9	2.8	4.0	7.2	3.2	2.3	2.3	3.7
Rest of the world	6.7	4.3	2.1	7.3	11.5	7.4	9.1	11.1	7.2	-10.4	8.6	9.2	3.9	3.6	1.3	3.0	5.8
Total Non-OECD	13.2	1.8	6.9	12.5	15.7	11.6	11.5	11.1	7.1	-8.0	14.7	7.9	4.9	5.0	2.6	3.4	5.5
World	12.4	0.6	3.5	5.8	10.8	7.9	9.3	7.8	3.2	-10.3	12.6	6.7	3.1	3.3	3.2	3.9	5.3
	Percentage points																
B. Contribution to world trade growth																	
OECD America[1]	2.2	-0.7	0.3	0.5	1.8	1.1	1.2	0.8	0.1	-2.0	2.1	1.0	0.5	0.3	0.6	0.7	1.0
OECD Europe	5.4	1.1	0.8	1.1	3.2	2.6	3.6	2.6	0.4	-4.4	3.8	2.1	0.5	0.9	1.2	1.5	1.8
OECD Asia & Pacific[2]	1.1	-0.2	0.5	0.6	1.1	0.5	0.7	0.7	0.3	-1.1	1.3	0.6	0.3	0.2	0.4	0.4	0.5
Total OECD	8.8	0.1	1.6	2.3	6.1	4.3	5.6	4.1	0.8	-7.5	7.2	3.8	1.3	1.4	2.2	2.6	3.2
China	0.1	0.1	0.3	0.3	0.3	0.3	0.3	0.3	-0.1	0.3	0.3	0.1	0.2	0.2	0.2	0.1	0.2
Other industrialised Asia	1.8	-0.4	0.8	1.0	1.8	1.3	1.3	0.9	0.8	-1.2	2.2	1.0	0.5	0.5	0.3	0.5	0.8
Brazil	0.0	0.0	0.0	0.0	0.0	0.0	0.0	0.0	0.0	0.0	0.1	0.0	0.0	0.0	0.0	0.0	0.0
Russia	0.0	0.0	0.1	0.1	0.1	0.0	0.1	0.1	0.0	0.0	0.1	0.0	0.0	0.0	0.0	0.0	0.0
Other oil producers	0.3	0.2	0.0	0.6	0.6	0.6	0.4	0.6	0.5	-0.3	0.2	0.2	0.4	0.2	0.1	0.1	0.2
Rest of the world	0.4	0.2	0.1	0.4	0.7	0.4	0.5	0.6	0.4	-0.6	0.5	0.5	0.2	0.2	0.1	0.2	0.3
Total Non-OECD	3.6	0.5	1.9	3.5	4.7	3.7	3.7	3.7	2.4	-2.9	5.4	2.9	1.8	1.9	1.0	1.3	2.1
World	12.4	0.6	3.5	5.8	10.8	7.9	9.3	7.8	3.2	-10.3	12.6	6.7	3.1	3.3	3.2	3.9	5.3

Note: Regional aggregates are calculated inclusive of intra-regional trade as the sum of volumes expressed in 2010 $.

1. Canada, Chile, Mexico and the United States.
2. Australia, Japan, Korea and New Zealand.

Source: OECD Economic Outlook 97 database.

StatLink http://dx.doi.org/10.1787/888933222988

Annex Table 47. **Trade balances for goods and services**

$ billion, national accounts basis

	1997	1998	1999	2000	2001	2002	2003	2004	2005	2006	2007	2008	2009	2010	2011	2012	2013	2014	2015	2016
Australia	1.6	-6.5	-10.1	-4.3	2.1	-4.7	-14.3	-19.2	-14.8	-12.3	-22.7	-14.2	-9.9	6.6	13.1	-22.9	-10.1	-8.9	-17.5	-11.0
Austria	-1.7	-0.2	1.0	2.6	3.4	7.7	7.0	8.8	9.5	11.4	16.2	18.3	11.7	12.6	11.0	10.7	15.1	16.2	13.9	16.4
Belgium	8.9	8.5	10.0	5.8	8.1	14.6	16.9	18.2	14.3	15.2	18.2	3.2	12.4	8.9	2.6	1.9	7.4	10.2	17.5	20.0
Brazil	-23.1	-20.5	-11.1	-14.7	-12.6	2.9	12.5	22.8	30.4	30.0	18.8	-3.7	-7.4	-22.9	-20.2	-32.5	-56.3	-64.5	-54.7	-48.9
Canada	12.5	12.1	24.1	41.6	41.8	32.8	34.1	44.9	45.6	35.2	30.5	28.3	-20.2	-30.6	-21.6	-33.9	-29.3	-16.0	-39.5	-32.2
Chile	-1.7	-2.7	1.7	1.4	1.2	1.6	3.1	9.3	10.5	22.1	22.9	4.6	13.3	14.0	7.9	-0.6	-1.9	3.8	4.3	6.2
China	42.7	43.8	30.6	28.9	28.1	37.4	35.8	51.2	124.6	208.9	308.0	348.8	220.1	223.0	181.9	231.8	235.4	284.0	348.2	331.9
Colombia	-7.5	-7.3	-1.5	-0.9	-3.1	-3.3	-3.2	-2.7	-2.8	-4.7	-6.7	-6.0	-5.1	-5.3	-4.1	-6.6	-9.9	-20.4	-21.7	-21.0
Czech Republic	-2.7	-0.2	-0.3	-1.1	-0.8	-1.1	-1.2	1.0	3.2	4.3	4.7	5.2	8.2	6.4	8.9	10.3	12.0	14.2	13.6	14.7
Denmark	7.6	5.5	10.7	10.9	11.8	11.7	14.9	13.7	14.8	11.1	9.1	11.6	14.0	19.6	19.0	17.3	19.3	18.0	16.5	18.2
Estonia	-0.4	-0.4	-0.2	-0.2	-0.2	-0.5	-0.8	-0.9	-0.7	-1.7	-2.0	-1.0	1.0	1.2	1.3	0.2	0.4	0.6	0.5	0.5
Finland	9.3	10.6	12.1	11.5	11.9	12.5	11.1	12.2	8.0	9.0	12.4	10.4	5.2	3.2	-2.3	-3.7	-2.3	-1.2	0.5	0.2
France	42.3	39.1	33.3	14.7	18.1	25.4	20.2	12.7	-8.9	-18.9	-34.9	-52.2	-38.0	-49.5	-73.5	-58.2	-52.6	-53.6	-33.4	-25.9
Germany	26.3	29.4	14.8	5.9	35.1	92.5	92.8	139.7	143.5	160.0	231.2	224.1	169.2	173.8	178.4	209.0	219.5	249.6	235.1	237.6
Greece	-10.2	-13.7	-13.8	-14.7	-14.4	-15.8	-21.7	-21.3	-20.7	-29.4	-39.5	-46.1	-34.2	-25.9	-20.2	-11.2	-7.2	-5.4	-5.4	-3.8
Hungary	0.4	-0.8	-1.3	-1.7	-0.7	-1.4	-3.4	-4.1	-2.6	-1.2	0.9	0.5	5.4	7.0	8.6	8.7	10.1	10.1	10.6	11.8
Iceland	0.0	-0.4	-0.4	-0.6	-0.1	0.1	-0.3	-0.7	-2.0	-2.9	-1.9	-0.7	1.1	1.4	1.2	0.9	1.3	1.1	1.4	1.3
India	-6.1	-7.5	-6.5	-6.8	-4.6	-2.6	-6.9	-11.1	-20.8	-28.0	-35.4	-70.6	-60.1	-84.1	-102.6	-118.2	-79.2	-52.0	-42.6	-46.4
Indonesia	0.0	10.6	13.5	17.2	12.7	11.5	16.7	10.8	10.3	18.3	15.6	2.5	14.5	14.3	22.3	-3.4	-7.6	-6.7	-2.5	-4.6
Ireland	9.8	9.8	12.8	12.9	16.1	21.3	25.2	27.9	23.9	21.6	24.0	23.9	34.7	38.3	48.3	45.5	48.2	52.8	50.1	52.7
Israel	-5.4	-3.0	-2.8	0.1	-3.0	-3.4	-0.9	0.1	-0.3	0.2	-1.6	-1.4	5.9	4.8	-1.3	0.4	4.0	3.8	9.0	9.1
Italy	46.6	38.5	22.1	9.5	14.4	9.6	7.5	9.8	-1.9	-16.5	-8.5	-18.4	-14.3	-42.5	-35.4	20.6	50.3	67.9	69.4	86.5
Japan	46.3	73.3	70.6	68.6	26.6	53.5	71.7	91.1	64.6	54.7	73.6	8.2	18.8	68.9	-50.8	-114.8	-139.2	-144.3	-47.6	-40.2
Korea	-4.4	39.7	27.7	11.7	8.3	9.0	13.8	29.2	21.9	8.0	12.7	-2.1	41.4	34.7	17.9	34.5	64.9	75.2	80.5	80.2
Latvia	-0.6	-0.9	-0.7	-0.6	-0.9	-1.0	-1.5	-2.3	-2.5	-4.5	-5.9	-4.6	-0.4	-0.3	-1.4	-1.3	-0.9	-0.9	-0.8	-0.8
Luxembourg	4.3	4.3	5.4	5.7	5.1	6.0	7.2	8.8	9.9	13.3	15.9	18.0	16.4	17.5	19.5	19.0	21.1	23.1	20.2	21.4
Mexico	5.7	-1.2	-1.6	-3.8	-9.0	-10.4	-10.1	-13.3	-12.4	-12.0	-16.5	-24.2	-13.0	-12.5	-14.6	-13.4	-11.6	-12.1	-6.0	-2.5
Netherlands	26.2	26.0	21.9	27.0	27.9	31.0	37.2	46.9	54.5	58.8	71.8	77.7	64.1	69.4	76.2	74.9	88.6	94.9	86.9	94.9
New Zealand	0.9	0.7	0.1	1.1	2.2	1.8	1.7	0.6	-1.3	-0.8	-0.2	-1.1	2.8	3.4	3.5	0.8	1.9	2.5	-1.1	-1.4
Norway	13.0	2.8	11.6	28.7	29.0	25.8	29.1	34.9	49.3	58.5	54.2	80.0	44.1	48.3	64.1	65.9	53.2	43.8	26.9	29.2
Poland	-5.9	-8.6	-9.8	-10.9	-6.8	-6.8	-5.8	-6.3	-2.9	-6.6	-14.3	-26.2	-3.2	-8.7	-9.4	-1.0	9.9	8.4	9.6	10.1
Portugal	-9.4	-11.4	-13.2	-13.1	-12.4	-11.1	-11.5	-15.7	-18.0	-17.2	-18.4	-25.6	-16.9	-18.0	-10.5	-1.1	2.0	1.2	2.7	2.6
Russian Federati	9.0	12.0	33.0	52.0	39.0	37.2	48.9	72.4	104.6	125.9	112.5	155.7	92.5	123.2	162.2	145.7	123.0	133.0	121.2	133.5
Slovak Republic	-2.1	-2.4	-0.9	-0.5	-1.7	-1.8	-0.6	-1.2	-2.2	-2.2	-0.9	-2.8	-1.2	-1.3	-0.9	3.4	4.4	4.2	3.6	4.3
Slovenia	-0.2	-0.4	-1.0	-0.8	-0.2	0.2	-0.1	-0.5	-0.2	0.0	-0.6	-1.1	0.9	0.7	1.0	2.0	2.9	4.0	4.5	4.9
South Africa	1.7	1.7	3.5	3.9	4.9	4.4	4.1	-0.4	-0.7	-4.6	-4.0	-4.9	1.3	4.7	3.8	-5.0	-8.3	-6.6	-4.4	-4.6
Spain	1.3	-3.2	-12.2	-17.9	-14.7	-14.5	-20.3	-41.3	-57.7	-74.9	-88.9	-84.9	-17.6	-18.6	-3.8	21.2	47.5	33.4	37.8	40.1
Sweden	18.4	16.8	16.4	15.2	14.9	16.7	21.2	29.0	28.0	31.9	34.1	32.4	24.8	26.8	26.6	26.8	29.3	22.5	20.2	21.2
Switzerland	14.6	13.3	13.8	16.6	15.7	20.6	23.7	35.2	29.7	36.6	54.2	59.2	41.8	62.9	58.8	69.3	83.0	84.9	96.7	101.4
Turkey	-1.1	2.8	0.9	-8.0	7.7	3.8	-3.1	-10.4	-16.9	-26.1	-33.8	-33.7	-7.1	-40.9	-67.7	-40.8	-53.9	-35.2	-29.6	-28.8
United Kingdom	7.8	-11.2	-24.6	-30.5	-35.9	-45.2	-44.5	-64.8	-63.3	-61.5	-81.4	-83.9	-43.8	-57.3	-38.2	-54.6	-52.9	-55.8	-57.9	-59.4
United States	-102.0	-162.7	-256.6	-375.8	-368.7	-426.5	-503.7	-619.2	-721.2	-771.0	-718.5	-723.1	-395.5	-512.7	-580.0	-568.3	-508.2	-538.2	-561.7	-628.3
Euro area	151.1	134.4	92.3	48.4	96.3	177.0	170.2	204.2	153.3	128.5	196.0	143.5	193.4	169.9	191.7	334.2	445.3	497.9	504.0	552.3
Total OECD	157.0	104.3	-37.7	-192.5	-167.2	-145.0	-204.0	-244.7	-416.7	-503.4	-398.1	-537.1	-77.7	-188.1	-362.3	-281.5	-73.0	-24.3	32.5	51.7

Source: OECD Economic Outlook 97 database.

StatLink http://dx.doi.org/10.1787/888933222992

Annex Table 48. **Balance of primary income**

$ billion

	1997	1998	1999	2000	2001	2002	2003	2004	2005	2006	2007	2008	2009	2010	2011	2012	2013	2014	2015	2016
Australia	-13.7	-11.4	-11.9	-11.1	-10.3	-11.6	-15.1	-22.0	-28.0	-32.5	-41.1	-37.8	-38.0	-49.3	-54.6	-41.0	-37.7	-29.6	-20.2	-20.1
Austria	-0.4	-0.9	-1.7	-1.2	-2.0	-0.2	0.4	0.6	0.2	0.8	-0.4	3.6	-0.2	3.3	1.4	0.5	-2.6	-2.5	-2.2	-2.2
Belgium	5.9	6.5	6.2	5.9	4.0	3.9	5.9	4.9	4.0	3.9	5.9	10.3	-2.5	8.8	5.8	8.8	9.8	14.6	10.8	10.7
Brazil	-14.9	-18.2	-18.8	-17.9	-19.7	-18.2	-18.6	-20.5	-26.0	-27.5	-29.3	-40.6	-33.7	-39.5	-47.3	-35.4	-39.8	-40.3	-17.1	-16.8
Canada	-21.6	-21.4	-23.5	-23.4	-26.5	-20.7	-23.5	-21.1	-22.3	-15.6	-17.3	-24.1	-17.8	-22.8	-23.3	-22.8	-23.5	-21.9	-19.1	-19.0
Chile	-2.7	-2.0	-2.3	-3.0	-2.6	-2.9	-4.5	-7.8	-10.4	-18.4	-18.9	-13.6	-11.4	-14.7	-13.9	-11.2	-10.6	-8.7	-5.9	-6.0
China	-11.0	-16.6	-14.5	-14.7	-19.2	-14.9	-10.2	-5.1	-16.1	-5.1	8.0	28.6	-8.5	-25.9	-70.3	-19.9	-78.4	-34.1	-49.5	-49.5
Colombia	-2.2	-1.6	-1.3	-2.2	-2.4	-2.6	-3.2	-4.1	-5.3	-5.7	-7.8	-9.6	-8.4	-11.2	-15.5	-15.0	-14.2	-12.9	-7.7	-7.8
Czech Republic	-0.8	-1.1	-1.4	-1.4	-2.2	-3.5	-4.3	-6.1	-5.4	-7.3	-12.6	-8.8	-11.3	-13.1	-12.8	-12.2	-12.7	-12.6	-11.8	-12.7
Denmark	-3.3	-2.7	-2.5	-3.5	-3.5	-2.6	-2.4	-2.0	2.1	3.4	1.6	4.0	3.2	5.3	7.3	7.4	12.0	9.8	8.8	8.9
Estonia	-0.2	-0.1	-0.1	-0.2	-0.3	-0.3	-0.5	-0.6	-0.5	-0.8	-1.5	-1.3	-0.6	-1.0	-1.2	-0.9	-0.7	-0.7	-0.4	-0.4
Finland	-2.5	-3.2	-2.1	-1.8	-1.1	-0.7	-2.7	0.2	-0.3	0.8	-0.8	-1.9	1.6	1.9	-0.2	-0.4	0.4	-0.7	0.7	0.7
France	13.2	16.0	31.4	24.3	24.9	14.2	23.6	28.4	39.0	48.5	55.0	64.5	61.3	70.8	79.4	51.7	52.1	63.0	51.6	51.7
Germany	-5.3	-13.8	-18.9	-13.2	-15.5	-24.4	-22.1	20.0	24.6	50.6	50.5	37.8	77.8	66.3	97.9	86.5	78.7	90.4	92.7	95.8
Greece	-1.8	-1.7	-0.8	-1.0	-1.9	-2.1	-4.7	-5.7	-7.4	-9.5	-13.3	-16.3	-9.4	-7.7	-9.1	1.0	-0.6	0.2	0.4	0.3
Hungary	-2.7	-3.0	-2.9	-2.6	-2.8	-3.6	-4.1	-5.0	-5.4	-5.7	-9.0	-9.8	-6.0	-6.1	-6.8	-5.4	-3.9	-3.6	-3.2	-3.4
Iceland	-0.2	-0.2	-0.2	-0.3	-0.3	0.0	-0.2	-0.6	-0.7	-1.1	-1.0	-3.6	-2.4	-2.2	-1.9	-1.4	-0.2	-0.3	-0.6	-0.6
India	-3.4	-3.6	-3.7	-4.9	-4.1	-3.9	-4.7	-4.0	-6.5	-6.2	-6.6	-5.4	-7.8	-15.5	-16.1	-20.9	-21.7	-25.9	-28.3	-32.7
Indonesia	-6.3	-8.2	-9.0	-8.4	-6.9	-7.0	-6.2	-10.9	-12.9	-13.8	-15.5	-15.2	-15.1	-20.7	-26.5	-26.6	-27.1	-27.8	-27.1	-27.6
Ireland	-9.7	-10.7	-14.0	-13.9	-16.7	-22.7	-25.2	-28.5	-31.5	-30.9	-39.1	-37.8	-39.6	-35.1	-45.0	-39.0	-34.8	-34.7	-34.8	-37.1
Israel	-4.0	-4.0	-5.1	-8.3	-5.5	-4.6	-4.7	-4.1	-1.4	-0.9	-0.2	-4.0	-5.2	-5.2	-3.6	-6.4	-6.3	-4.8	-5.7	-5.8
Italy	-5.0	-5.9	-1.6	-4.3	-3.0	-5.2	-7.4	-3.0	3.2	8.4	1.8	-20.9	-3.3	-6.4	-8.9	-5.3	-4.8	-5.3	-1.6	-1.6
Japan	56.4	50.1	57.1	71.7	67.1	62.3	75.0	96.1	109.1	123.5	139.1	138.9	135.1	156.3	184.9	175.0	175.8	171.5	167.4	174.1
Korea	-3.1	-5.1	-5.4	-4.0	-3.5	-2.2	-2.5	-1.3	-7.3	-4.0	-3.4	-1.2	-2.4	0.5	6.6	12.1	9.1	10.2	10.5	11.1
Latvia	..	..	..	0.0	0.0	0.0	0.0	-0.3	-0.2	-0.6	-1.2	-0.9	1.6	0.2	0.0	-0.2	-0.1	-0.3	-0.2	-0.2
Luxembourg	0.2	0.0	-0.8	-1.6	-1.9	-3.7	-5.3	-3.7	-4.7	-7.9	-11.1	-13.7	-11.4	-11.5	-12.9	-13.8	-17.2	-19.5	-18.8	-19.6
Mexico	-12.1	-12.8	-12.0	-13.8	-13.0	-12.2	-12.2	-10.0	-16.4	-19.7	-23.1	-20.0	-14.8	-13.0	-20.3	-24.1	-38.9	-34.4	-41.0	-48.8
Netherlands	21.1	-0.6	14.1	1.8	6.0	6.4	12.2	37.3	23.7	56.3	22.4	-22.1	-3.6	7.2	17.2	27.6	21.7	11.9	3.4	0.6
New Zealand	-4.8	-2.6	-3.2	-3.2	-2.8	-3.1	-3.9	-5.4	-6.9	-7.5	-9.4	-10.1	-5.7	-6.8	-8.0	-7.3	-7.5	-8.5	-8.4	-9.1
Norway	-1.7	-1.7	-1.3	-2.3	0.2	0.6	1.4	0.5	3.4	0.4	-1.2	-2.5	2.3	4.6	4.6	4.2	6.9	8.6	8.6	8.6
Poland	-1.0	-1.0	-0.9	-0.5	-0.4	-0.9	-2.2	-8.1	-5.1	-7.2	-13.2	-10.2	-12.7	-17.4	-18.0	-16.2	-17.6	-16.9	-14.6	-15.0
Portugal	-0.3	-0.5	-0.7	-2.0	-2.7	-1.8	-1.6	-1.9	-2.8	-6.1	-7.3	-8.7	-9.3	-7.6	-6.6	-5.6	-2.4	-3.3	-4.5	-4.5
Russian Federation	-8.7	-11.8	-7.7	-6.7	-4.2	-6.6	-13.2	-12.8	-18.5	-28.8	-28.8	-46.5	-39.7	-47.1	-60.4	-67.7	-79.6	-67.2	-55.7	-54.1
Slovak Republic	-0.1	-0.1	-0.3	-0.3	-0.3	-0.4	-1.8	-2.1	-1.9	-2.3	-3.0	-2.3	-0.8	-2.5	-3.3	-1.6	-1.8	-3.0	-2.2	-2.1
Slovenia	0.1	0.1	0.1	0.0	0.1	-0.1	-0.2	-0.4	-0.3	-0.5	-1.1	-1.6	-0.8	-0.5	-0.4	-0.4	-0.3	-0.8	-0.8	-0.9
South Africa	-3.2	-3.2	-3.2	-3.2	-3.8	-2.8	-4.6	-4.3	-4.9	-5.2	-9.8	-9.1	-6.7	-8.0	-10.7	-10.8	-9.6	-9.3	-11.2	-11.3
Spain	-3.3	-4.7	-6.0	-3.9	-8.2	-7.4	-6.9	-9.3	-16.6	-21.4	-36.5	-44.7	-26.7	-20.1	-25.5	-11.6	-10.0	-8.4	-17.9	-19.0
Sweden	-5.0	-3.1	-1.9	-1.1	-1.1	-0.8	4.1	0.1	2.9	7.9	14.9	17.5	7.5	9.8	15.4	16.2	18.8	18.9	19.8	19.9
Switzerland	14.5	15.9	18.4	19.9	12.6	10.1	25.5	26.9	35.7	33.9	4.6	-34.3	11.3	35.9	9.1	18.6	17.1	-1.9	7.0	7.9
Turkey	-3.0	-3.0	-3.5	-4.0	-5.0	-4.6	-5.6	-5.6	-5.8	-6.7	-7.1	-8.4	-8.3	-7.2	-7.9	-7.2	-9.0	-9.1	-7.6	-8.2
United Kingdom	1.5	21.4	-3.1	8.6	13.9	26.1	30.8	39.8	56.0	26.6	28.2	6.3	4.8	26.5	30.1	-8.4	-25.0	-63.9	-53.8	-47.0
United States	12.6	4.3	11.9	19.2	29.7	25.2	42.8	64.1	67.6	43.3	100.6	146.1	123.6	177.7	221.0	203.0	199.7	217.9	219.1	220.0
Euro area	12.0	-19.6	4.7	-11.3	-18.4	-44.6	-36.3	36.2	28.8	89.8	21.5	-55.1	32.6	65.9	88.5	97.6	87.2	101.2	76.4	72.3
Total OECD	17.4	-3.0	11.2	25.7	25.7	6.5	57.9	164.6	190.4	202.2	153.0	69.3	184.4	324.8	396.6	370.5	333.8	321.9	325.9	327.2

Source: OECD Economic Outlook 97 database.

StatLink http://dx.doi.org/10.1787/888933223002

Annex Table 49. **Balance of secondary income**

$ billion

	1997	1998	1999	2000	2001	2002	2003	2004	2005	2006	2007	2008	2009	2010	2011	2012	2013	2014	2015	2016
Australia	0.2	0.0	0.2	-0.1	0.3	0.3	0.2	-0.1	-0.4	-0.5	-0.2	-0.4	-0.9	-1.6	-2.2	-2.4	-2.3	-2.0	-1.7	-1.7
Austria	-4.2	-4.1	-4.4	-3.5	-3.6	-3.2	-3.7	-3.5	-3.7	-3.5	-3.7	-4.5	-3.8	-4.0	-4.2	-4.1	-5.1	-4.7	-3.9	-4.1
Belgium	-10.5	-10.9	-11.2	-9.1	-8.5	-10.5	-13.4	-13.7	-12.3	-12.1	-11.8	-8.2	-7.9	-6.8	-7.9	-8.7	-10.1	-8.4	-8.5	-8.5
Brazil	1.8	1.5	1.7	1.5	1.6	2.4	2.9	3.2	3.6	4.3	4.0	4.2	3.3	2.9	3.0	2.8	3.4	1.9	2.1	2.3
Canada	0.2	0.4	0.2	0.3	0.4	0.3	-0.2	-0.5	-1.5	-1.7	-2.0	-0.6	-2.3	-3.2	-2.9	-3.3	-1.8	-1.3	-0.6	-0.4
Chile	0.5	0.5	0.6	0.6	0.4	0.6	0.6	1.1	1.8	3.4	3.1	2.9	1.6	4.4	2.9	2.1	2.2	1.9	1.6	1.7
China	5.1	4.3	4.9	6.3	8.5	13.0	17.4	22.9	23.9	28.1	37.1	43.2	31.7	40.7	24.5	3.4	-8.7	-30.2	-32.2	-32.2
Colombia	0.7	0.8	1.5	1.7	2.4	2.7	3.3	3.7	4.1	4.7	5.2	5.5	4.6	4.4	4.8	4.6	4.6	4.4	4.7	5.1
Czech Republic	0.4	0.5	0.6	0.4	0.5	0.9	0.5	0.2	0.5	-0.5	-0.4	-0.7	-1.1	-0.6	-1.0	-1.4	-0.5	-0.4	-0.3	-0.3
Denmark	-2.7	-3.2	-3.7	-3.7	-3.3	-3.3	-4.4	-5.6	-5.5	-5.6	-6.2	-6.1	-6.5	-6.5	-6.6	-6.5	-7.1	-6.7	-4.4	-4.6
Estonia	0.1	0.1	0.1	0.1	0.1	0.1	0.1	0.1	0.0	0.0	0.1	0.1	0.1	0.1	0.2	0.1	0.0	0.0	0.1	0.1
Finland	-0.7	-1.0	-0.8	-0.6	-0.8	-0.8	-1.2	-1.2	-1.6	-1.8	-2.0	-2.5	-2.4	-2.3	-2.3	-1.8	-3.2	-3.4	-3.4	-2.8
France	-13.0	-12.4	-13.2	-14.0	-14.8	-14.2	-19.2	-21.8	-27.3	-27.5	-32.1	-35.5	-46.3	-42.2	-49.0	-46.5	-51.7	-59.8	-49.5	-51.2
Germany	-32.7	-32.6	-28.5	-27.5	-26.0	-26.6	-35.7	-36.1	-37.7	-38.3	-47.1	-53.0	-52.1	-54.4	-50.1	-52.6	-50.1	-43.9	-39.9	-42.2
Greece	8.3	8.0	6.6	3.4	3.5	3.5	4.3	4.5	3.9	4.3	2.1	4.2	-1.4	-2.4	-2.1	-1.6	2.4	-0.4	-1.9	-1.9
Hungary	0.2	0.2	0.4	0.4	0.4	0.5	0.7	-0.5	-1.2	-1.2	-1.6	-1.9	-0.4	-0.5	-0.8	-1.0	-0.7	-0.9	-0.9	-1.3
Iceland	0.0	0.0	0.0	0.0	0.0	0.0	0.0	0.0	0.0	0.0	0.0	0.0	-0.1	-0.1	-0.1	-0.1	-0.1	-0.1	-0.3	-0.3
India	13.9	10.4	12.0	13.5	14.8	16.2	22.1	19.8	23.6	28.6	37.1	48.5	49.1	52.2	60.2	65.2	64.8	65.3	62.9	63.1
Indonesia	1.0	1.5	1.9	1.8	1.5	1.7	1.9	1.1	4.8	4.9	5.1	5.4	4.6	4.6	4.2	4.1	4.2	5.2	6.7	6.7
Ireland	-2.2	-1.6	-1.4	-1.0	-0.3	-0.7	-1.0	-1.2	-1.7	-2.2	-3.0	-3.4	-3.9	-3.3	-3.4	-3.1	-3.3	-3.0	-2.9	-3.0
Israel	6.1	6.1	6.2	6.6	6.7	6.9	6.5	6.2	6.1	7.6	7.3	8.3	7.3	8.2	8.8	8.3	9.1	10.0	10.1	10.4
Italy	-4.3	-7.4	-5.5	-4.4	-5.8	-5.3	-8.0	-10.3	-12.5	-16.6	-19.7	-21.7	-17.0	-21.5	-21.9	-19.7	-19.2	-23.7	-19.1	-19.1
Japan	-8.8	-8.8	-10.8	-9.8	-8.1	-5.6	-7.7	-8.0	-7.3	-10.6	-11.6	-13.1	-12.0	-12.8	-15.2	-14.2	-10.4	-19.0	-12.2	-12.2
Korea	0.3	2.8	0.8	-0.2	-1.3	-2.1	-3.2	-3.0	-3.3	-4.4	-4.4	-1.3	-2.2	-5.3	-4.7	-5.5	-4.2	-5.4	-5.2	-5.8
Latvia	..	..	..	0.2	0.1	0.3	0.5	0.7	0.5	0.4	0.3	0.5	0.6	0.6	0.5	0.5	0.4	0.2	0.1	0.1
Luxembourg	-0.6	-0.5	-0.7	-0.5	-0.7	-0.4	0.2	-0.1	0.1	0.1	0.3	0.3	-0.8	0.2	0.2	-0.4	0.1	0.1	0.8	0.8
Mexico	5.2	6.0	6.3	7.0	9.3	10.3	15.6	18.8	22.1	25.9	26.4	25.5	21.6	21.5	23.0	22.6	22.1	23.9	23.1	24.4
Netherlands	-6.1	-7.1	-6.4	-6.3	-6.8	-6.6	-7.2	-10.4	-12.1	-12.8	-16.3	-17.3	-12.0	-14.4	-16.2	-16.2	-18.6	-16.7	-14.3	-14.3
New Zealand	0.3	0.3	0.2	0.2	0.1	0.1	0.2	0.1	0.2	0.4	0.4	0.7	0.3	0.0	-0.2	-0.4	-0.4	-0.5	-0.3	-0.3
Norway	-1.4	-1.5	-1.4	-1.3	-1.6	-2.2	-2.9	-2.6	-2.7	-3.0	-3.5	-3.8	-4.8	-5.9	-7.1	-6.7	-7.8	-8.1	-7.0	-7.4
Poland	2.0	2.9	2.2	1.3	1.5	2.0	2.5	3.7	5.0	6.6	1.1	1.4	-1.4	-0.1	1.1	-0.2	-0.5	-0.6	-0.5	-0.5
Portugal	2.4	2.4	2.5	2.1	2.2	1.4	1.1	1.5	0.7	0.9	1.5	1.5	0.2	0.4	0.8	1.3	1.7	2.1	1.4	1.3
Russian Federatior	-0.4	-0.3	0.6	0.1	-0.8	-0.8	-0.4	-0.8	-1.6	-2.6	-5.7	-6.8	-5.5	-6.3	-5.7	-6.1	-9.3	-7.9	-5.1	-10.0
Slovak Republic	0.3	0.5	0.3	0.2	0.3	0.3	0.4	0.3	0.0	-0.1	-0.6	-1.8	-1.4	-0.7	-1.1	-1.3	-1.8	-1.6	-1.3	-1.3
Slovenia	0.2	0.2	0.2	0.1	0.1	0.1	0.0	-0.1	-0.2	-0.3	-0.4	-0.4	-0.5	-0.2	-0.1	-0.3	-0.3	-0.3	-0.3	-0.6
South Africa	-0.7	-0.7	-0.9	-0.9	-0.7	-0.6	-1.0	-1.7	-2.5	-2.4	-2.3	-2.3	-2.7	-2.3	-2.0	-3.8	-3.2	-3.2	-3.1	-3.1
Spain	-2.5	-2.6	-2.4	-4.2	-4.7	-4.9	-8.6	-9.6	-12.8	-18.0	-18.3	-22.7	-20.6	-17.7	-19.1	-13.5	-17.4	-16.7	-10.8	-11.8
Sweden	-2.3	-2.7	-3.2	-3.1	-3.1	-3.6	-2.0	-4.1	-4.6	-5.2	-5.3	-7.0	-5.6	-6.5	-7.0	-10.2	-9.9	-10.0	-9.6	-9.7
Switzerland	-4.0	-4.2	-4.5	-4.4	-5.7	-6.3	-6.2	-7.6	-12.0	-10.4	-10.8	-14.4	-13.9	-14.5	-16.3	-15.2	-19.1	-26.4	-25.4	-25.7
Turkey	4.5	5.5	4.9	4.8	3.0	2.4	1.0	1.1	1.5	1.9	2.2	2.1	2.4	1.5	1.8	1.4	1.2	1.0	0.6	0.5
United Kingdom	-9.9	-14.9	-13.0	-15.4	-10.0	-14.2	-17.7	-20.3	-23.5	-23.4	-28.1	-26.4	-24.8	-32.0	-35.2	-35.2	-42.5	-41.8	-42.5	-36.8
United States	-45.1	-53.2	-48.8	-57.4	-63.5	-64.3	-70.2	-88.0	-98.8	-88.3	-113.9	-124.1	-120.6	-126.9	-131.7	-126.1	-123.5	-123.8	-152.2	-168.3
Euro area	-65.7	-69.1	-64.9	-65.3	-65.7	-67.9	-91.9	-101.7	-117.1	-127.9	-151.0	-164.8	-169.7	-169.1	-176.1	-168.2	-176.6	-180.5	-153.5	-158.8
Total OECD	-119.9	-132.3	-127.7	-139.3	-139.6	-145.2	-178.7	-210.9	-240.6	-236.9	-298.3	-323.6	-333.2	-349.9	-369.5	-362.3	-372.7	-390.8	-381.3	-397.3

Source: OECD Economic Outlook 97 database.

StatLink http://dx.doi.org/10.1787/888933223015

Annex Table 50. **Current account balances**

$ billion

	1997	1998	1999	2000	2001	2002	2003	2004	2005	2006	2007	2008	2009	2010	2011	2012	2013	2014	2015	2016
Australia	-11.9	-17.8	-21.8	-15.5	-8.0	-16.0	-29.3	-41.3	-43.3	-45.3	-64.0	-52.3	-48.8	-44.3	-43.7	-66.4	-50.0	-40.5	-39.4	-32.8
Austria	-6.4	-4.3	-4.4	-1.8	-2.0	6.9	5.3	7.8	8.0	11.1	14.8	19.5	10.4	11.2	7.0	6.1	4.0	3.3	3.2	5.6
Belgium	7.5	7.2	7.0	5.1	4.3	6.3	7.0	6.8	5.1	4.5	4.2	-4.7	-5.0	8.2	-5.6	-3.7	-1.0	9.5	12.2	13.0
Brazil	-30.5	-33.4	-25.3	-24.2	-23.2	-7.6	4.2	11.7	14.0	13.6	1.6	-28.2	-24.3	-47.3	-52.5	-54.2	-81.1	-90.9	-69.6	-63.4
Canada	-8.9	-8.9	0.8	18.5	15.8	12.5	10.3	23.2	21.8	17.9	11.2	3.6	-40.3	-56.6	-47.8	-60.0	-54.6	-39.2	-59.2	-51.7
Chile	-3.7	-4.0	0.0	-1.0	-1.2	-0.7	-0.8	2.6	1.9	7.1	7.1	-5.8	3.5	3.8	-3.1	-9.6	-10.0	-2.9	-2.1	-0.1
China	36.8	31.5	21.1	20.5	17.4	35.4	43.1	68.9	132.4	231.8	353.2	420.6	243.3	237.8	136.1	215.4	148.2	219.7	266.6	250.1
Colombia	-5.7	-4.8	0.7	0.8	-1.0	-1.3	-0.9	-0.8	-1.9	-2.9	-6.0	-6.5	-4.6	-8.7	-9.7	-11.3	-12.3	-19.8	-20.0	-19.0
Czech Republic	-3.6	-1.3	-1.5	-2.7	-3.3	-4.2	-5.7	-5.0	-1.3	-3.3	-8.2	-4.4	-4.5	-7.4	-5.0	-3.2	-1.1	1.2	1.4	1.6
Denmark	0.7	-1.5	3.4	2.5	4.2	5.1	7.5	5.8	11.3	8.9	4.5	9.5	10.7	18.4	19.6	18.1	24.2	21.6	20.8	22.3
Estonia	-0.6	-0.5	-0.2	-0.3	-0.4	-0.8	-1.3	-1.5	-1.2	-2.6	-3.3	-2.1	0.5	0.4	0.3	-0.6	-0.3	0.0	0.2	0.2
Finland	6.0	6.4	6.6	9.0	9.9	10.9	7.5	11.2	6.2	8.2	9.8	6.4	5.0	3.1	-4.9	-5.0	-4.8	-5.2	-2.1	-1.9
France	41.1	43.0	50.7	16.1	20.9	17.6	16.2	9.2	-0.3	0.7	-8.5	-28.1	-22.3	-22.0	-29.5	-41.5	-40.3	-28.7	-13.2	-6.9
Germany	-11.4	-17.1	-32.1	-35.0	-5.9	42.0	35.2	123.1	130.4	171.3	233.8	208.5	195.1	184.7	226.7	243.1	248.1	300.9	287.1	291.2
Greece	-5.3	-3.8	-5.4	-10.0	-9.6	-9.8	-13.0	-13.6	-18.5	-30.2	-45.4	-51.8	-36.0	-30.0	-28.8	-6.3	1.5	2.2	4.2	5.7
Hungary	-1.9	-3.5	-3.9	-4.0	-3.1	-4.3	-6.8	-8.8	-7.9	-8.0	-9.9	-11.1	-0.9	0.4	1.0	2.3	5.4	5.7	6.6	7.3
Iceland	-0.2	-0.6	-0.6	-0.9	-0.4	0.1	-0.6	-1.4	-2.7	-4.0	-2.9	-4.3	-1.3	-0.9	-0.8	-0.6	0.9	0.6	0.5	0.4
India	-2.9	-6.8	-3.1	-4.6	1.6	7.5	9.7	1.1	-10.0	-9.1	-7.8	-31.5	-25.8	-54.4	-63.1	-92.3	-49.3	-27.8	-24.1	-33.9
Indonesia	-4.9	4.1	5.8	8.0	6.9	7.8	8.1	1.6	0.3	10.9	10.5	0.1	10.6	5.1	1.7	-24.4	-29.1	-26.2	-18.9	-21.4
Ireland	1.9	0.7	0.3	-0.3	-0.7	-1.2	-0.4	-1.2	-7.2	-8.2	-14.5	-16.0	-7.2	1.3	1.9	3.5	10.2	15.2	12.5	12.6
Israel	-3.6	-1.2	-1.5	-2.0	-1.9	-1.1	0.8	2.0	4.3	6.1	5.7	2.7	6.9	8.1	3.4	1.5	7.6	9.1	12.7	12.8
Italy	32.4	20.8	10.0	-3.3	1.4	-7.0	-12.7	-9.6	-17.3	-30.0	-31.6	-67.0	-42.1	-73.8	-70.3	-9.0	20.6	38.9	47.6	64.6
Japan	94.8	115.3	115.0	130.5	87.1	108.6	139.2	182.0	170.1	175.9	213.1	142.1	146.1	220.8	127.7	61.9	39.6	22.9	115.7	129.8
Korea	-10.3	40.1	21.6	10.4	2.7	4.7	11.9	29.7	12.7	3.6	11.8	3.2	33.6	28.9	18.7	50.8	81.1	90.3	98.2	97.9
Latvia	..	..	..	-0.4	-0.6	-0.6	-0.9	-1.8	-2.0	-4.6	-6.4	-4.5	2.1	0.6	-0.8	-0.9	-0.7	-1.0	-0.9	-0.9
Luxembourg	1.7	1.5	1.5	2.5	1.5	2.1	2.0	4.1	4.1	4.2	5.0	4.1	3.7	3.7	3.4	3.2	2.9	3.5	2.3	2.6
Mexico	-7.7	-16.0	-14.0	-18.8	-17.8	-14.8	-8.3	-7.0	-9.0	-7.8	-14.7	-20.1	-8.3	-4.9	-13.3	-15.9	-29.7	-26.5	-23.9	-26.9
Netherlands	25.9	13.3	16.3	8.0	10.6	12.1	31.0	47.8	48.3	64.4	53.4	38.6	47.8	63.1	79.0	90.6	93.4	90.1	75.4	80.5
New Zealand	-3.6	-1.5	-2.9	-1.8	-0.4	-1.3	-2.0	-4.7	-8.0	-7.9	-9.1	-10.4	-2.8	-3.3	-4.7	-6.9	-5.9	-6.5	-9.8	-10.8
Norway	10.0	-0.5	8.9	25.1	27.5	24.1	27.6	32.8	50.1	55.9	49.5	73.4	41.5	46.9	61.7	63.5	52.4	42.7	28.8	30.6
Poland	-5.9	-7.1	-12.8	-10.6	-6.1	-5.7	-5.6	-13.6	-7.8	-13.7	-27.0	-34.9	-17.3	-26.9	-27.0	-17.6	-6.9	-7.6	-5.5	-5.5
Portugal	-7.2	-9.4	-11.3	-12.8	-12.7	-11.4	-11.9	-15.8	-19.5	-22.2	-23.5	-31.9	-25.5	-24.2	-14.9	-4.5	3.2	1.4	1.3	1.2
Russian Federation	-0.1	0.2	24.6	46.8	33.9	29.1	35.4	59.5	84.4	92.3	72.2	103.9	50.4	67.5	97.3	71.3	34.8	59.5	55.2	57.4
Slovak Republic	-2.5	-2.7	-1.3	-0.9	-2.4	-2.7	-2.7	-4.5	-5.6	-6.0	-5.5	-7.8	-3.0	-4.2	-4.9	0.9	1.5	0.1	0.0	0.8
Slovenia	0.0	-0.2	-0.9	-0.7	0.0	0.2	-0.2	-0.9	-0.6	-0.7	-2.0	-3.0	-0.3	0.0	0.1	1.2	2.7	2.9	3.4	3.4
South Africa	-2.2	-2.3	-0.7	-0.2	0.3	1.1	-1.5	-6.4	-8.1	-12.1	-16.2	-16.3	-8.1	-5.6	-8.9	-19.6	-21.1	-19.1	-18.7	-19.0
Spain	-4.3	-10.4	-20.7	-26.2	-27.5	-26.5	-35.3	-59.8	-86.7	-114.0	-143.3	-152.4	-64.0	-56.0	-47.2	-4.0	20.0	10.9	16.4	16.7
Sweden	10.3	9.7	10.6	10.2	11.4	11.8	21.9	24.0	25.1	34.8	43.4	44.5	25.3	29.4	38.9	36.1	42.3	35.6	31.8	32.8
Switzerland	26.8	27.3	31.6	32.7	22.8	26.2	45.0	57.1	54.7	61.0	47.4	12.3	39.6	81.8	47.0	66.2	73.2	49.1	70.0	75.2
Turkey	-2.6	2.0	-0.9	-9.9	3.8	-0.6	-7.6	-14.2	-21.4	-31.8	-37.8	-40.2	-12.0	-45.3	-75.0	-48.5	-64.7	-46.4	-38.2	-38.6
United Kingdom	-0.9	-5.1	-40.7	-37.2	-32.0	-33.2	-31.4	-45.2	-30.6	-58.7	-81.4	-104.5	-63.7	-62.8	-43.2	-98.2	-120.2	-161.5	-143.9	-132.8
United States	-140.7	-215.1	-295.5	-410.8	-395.3	-458.1	-521.3	-633.8	-745.4	-806.7	-718.6	-686.6	-380.8	-443.9	-459.3	-460.8	-400.3	-410.6	-474.8	-556.6
Euro area	78.8	44.4	15.9	-50.6	-12.6	38.7	26.7	103.1	45.2	50.5	43.3	-87.8	57.1	65.3	112.4	274.0	361.8	445.0	450.5	489.0
Total OECD	15.8	-45.3	-188.3	-335.7	-306.9	-308.1	-328.5	-312.6	-480.2	-565.7	-536.7	-771.2	-216.5	-192.7	-292.7	-213.2	-54.8	-17.7	40.5	44.3

Note: Balance-of-payments data in this table are based on the concepts and definition of the International Monetary Fund, Fifth and Sixth Balance of Payments Manual.
Source: OECD Economic Outlook 97 database.

StatLink http://dx.doi.org/10.1787/888933223027

Annex Table 51. **Current account balances as a percentage of GDP**

	1997	1998	1999	2000	2001	2002	2003	2004	2005	2006	2007	2008	2009	2010	2011	2012	2013	2014	2015	2016
Australia	-2.8	-4.7	-5.3	-3.8	-2.1	-3.7	-5.4	-6.3	-5.9	-5.8	-6.7	-4.8	-4.7	-3.6	-2.9	-4.3	-3.3	-2.8	-3.1	-2.5
Austria	-3.0	-2.0	-2.0	-0.9	-1.0	3.2	2.0	2.6	2.6	3.3	3.8	4.5	2.6	2.9	1.6	1.5	0.9	0.8	0.9	1.4
Belgium	2.9	2.8	2.7	2.1	1.8	2.4	2.2	1.8	1.4	1.0	0.9	-1.0	-1.1	1.8	-1.1	-0.7	-0.2	1.8	2.7	2.7
Brazil	-3.4	-3.9	-4.2	-3.7	-4.1	-1.2	0.7	1.8	1.6	1.2	0.1	-1.6	-1.4	-2.1	-2.0	-2.3	-3.4	-3.9	-3.6	-3.1
Canada	-1.4	-1.4	0.1	2.5	2.1	1.7	1.1	2.3	1.9	1.4	0.8	0.1	-2.9	-3.5	-2.7	-3.3	-3.0	-2.2	-3.7	-3.1
Chile	-4.4	-4.9	0.0	-1.3	-1.6	-1.0	-1.1	2.6	1.5	4.6	4.1	-3.4	2.0	1.7	-1.2	-3.6	-3.6	-1.1	-0.8	0.0
China	3.9	3.1	1.9	1.7	1.3	2.4	2.6	3.6	5.8	8.5	10.0	9.2	4.8	3.9	1.8	2.5	1.6	2.1	2.4	2.1
Colombia	-4.7	-4.1	0.7	0.8	-1.1	-1.4	-1.0	-0.7	-1.3	-1.8	-2.9	-2.7	-2.0	-3.0	-2.9	-3.1	-3.2	-5.3	-6.0	-5.3
Czech Republic	-5.8	-1.9	-2.3	-4.4	-4.9	-5.1	-5.7	-4.2	-0.9	-2.1	-4.3	-1.9	-2.3	-3.6	-2.1	-1.6	-0.5	0.6	0.8	0.8
Denmark	0.4	-0.8	1.9	1.6	2.5	2.8	3.4	2.3	4.3	3.2	1.4	2.7	3.3	5.7	5.7	5.6	7.2	6.3	7.0	7.2
Estonia	-11.1	-8.6	-4.3	-5.4	-7.1	-11.2	-12.9	-12.0	-8.7	-15.0	-15.0	-8.7	2.6	1.8	1.4	-2.5	-1.1	-0.1	0.8	0.6
Finland	4.8	4.7	4.9	7.1	7.6	7.8	4.4	5.6	3.0	3.8	3.8	2.2	1.9	1.2	-1.8	-1.9	-1.8	-1.9	-0.9	-0.8
France	2.8	2.8	3.4	1.2	1.5	1.2	0.9	0.4	0.0	0.0	-0.3	-1.0	-0.8	-0.8	-1.0	-1.5	-1.4	-1.0	-0.5	-0.3
Germany	-0.5	-0.8	-1.5	-1.8	-0.3	2.0	1.4	4.4	4.6	5.7	6.8	5.5	5.7	5.4	6.1	6.9	6.6	7.8	8.5	8.3
Greece	-3.7	-2.7	-3.6	-7.6	-7.0	-6.3	-6.4	-5.6	-7.5	-11.0	-14.2	-14.6	-10.9	-9.9	-9.9	-2.5	0.6	0.9	2.1	2.8
Hungary	-4.0	-7.1	-7.9	-8.5	-5.8	-6.3	-8.0	-8.6	-7.0	-7.0	-7.1	-7.1	-0.8	0.3	0.7	1.8	4.0	4.1	5.4	5.6
Iceland	-2.3	-7.2	-7.1	-10.3	-4.3	1.2	-4.9	-9.8	-15.8	-23.2	-13.7	-22.8	-9.9	-6.4	-5.3	-4.4	5.8	3.6	3.1	2.4
India	-0.7	-1.6	-0.7	-1.0	0.3	1.5	1.6	0.2	-1.3	-1.0	-0.7	-2.5	-2.1	-3.4	-3.4	-5.1	-2.5	-1.4	-1.1	-1.4
Indonesia	-1.7	3.8	3.4	4.5	3.9	3.7	3.1	0.6	0.1	2.7	2.2	0.0	1.8	0.7	0.2	-2.7	-3.1	-3.0	-2.1	-2.2
Ireland	2.3	0.8	0.2	-0.4	-0.7	-1.0	-0.2	-0.6	-3.4	-3.6	-5.4	-5.7	-3.0	0.6	0.8	1.6	4.4	6.2	5.7	5.4
Israel	-3.2	-1.0	-1.3	-1.5	-1.5	-0.9	0.6	1.5	3.1	4.0	3.2	1.3	3.3	3.5	1.3	0.6	2.6	3.0	4.3	4.1
Italy	2.6	1.7	0.8	-0.3	0.1	-0.5	-0.8	-0.5	-0.9	-1.5	-1.4	-2.8	-1.9	-3.5	-3.1	-0.4	1.0	1.8	2.6	3.4
Japan	2.2	2.9	2.6	2.8	2.1	2.7	3.2	3.9	3.7	4.0	4.9	3.0	2.9	4.0	2.2	1.0	0.8	0.5	2.8	3.0
Korea	-1.7	10.9	4.4	1.9	0.5	0.8	1.7	3.9	1.4	0.3	1.0	0.6	3.8	2.7	1.6	4.1	6.2	6.4	7.0	6.6
Latvia	..	..	..	-4.8	-7.5	-6.5	-7.8	-12.2	-11.8	-20.9	-20.8	-12.3	8.0	2.3	-2.8	-3.3	-2.3	-3.1	-3.1	-3.0
Luxembourg	8.7	7.4	6.7	11.5	7.1	9.5	6.6	12.0	11.1	10.1	10.1	7.4	7.6	7.0	5.8	5.7	4.9	5.7	4.1	4.4
Mexico	-1.6	-3.2	-2.4	-2.7	-2.5	-2.0	-1.2	-0.9	-1.0	-0.8	-1.4	-1.9	-0.9	-0.5	-1.1	-1.3	-2.4	-2.1	-2.0	-2.1
Netherlands	6.3	3.1	3.7	1.9	2.5	2.6	5.4	7.4	7.2	8.9	6.4	4.0	5.5	7.5	8.8	11.0	11.0	10.3	10.0	10.3
New Zealand	-5.2	-2.7	-4.9	-3.2	-0.8	-2.2	-2.4	-4.6	-7.1	-7.1	-6.8	-7.7	-2.3	-2.3	-2.8	-4.0	-3.2	-3.3	-5.4	-5.7
Norway	6.2	-0.3	5.5	14.7	15.8	12.3	12.1	12.4	16.2	16.1	12.2	15.7	10.6	10.9	12.4	12.4	10.0	8.5	6.9	6.9
Poland	-3.8	-4.1	-7.7	-6.2	-3.2	-2.9	-2.6	-5.4	-2.5	-4.0	-6.3	-6.5	-3.9	-5.6	-5.1	-3.5	-1.3	-1.4	-1.1	-1.1
Portugal	-6.2	-7.5	-8.9	-10.8	-10.4	-8.5	-7.2	-8.3	-9.9	-10.7	-9.7	-12.1	-10.4	-10.1	-6.0	-2.1	1.4	0.6	0.7	0.6
Russian Federation	0.0	2.2	12.8	18.1	11.1	8.5	8.2	10.1	11.0	9.3	5.5	6.2	4.0	4.4	5.1	3.5	1.7	3.3	3.7	3.5
Slovak Republic	-11.5	-12.0	-6.5	-4.7	-11.2	-10.7	-8.0	-10.5	-11.4	-10.6	-7.1	-8.1	-3.5	-4.7	-5.0	0.9	1.5	0.1	0.0	0.9
Slovenia	0.1	-0.9	-4.0	-3.2	0.0	0.9	-0.8	-2.7	-1.8	-1.8	-4.2	-5.4	-0.6	-0.1	0.2	2.7	5.6	5.9	7.8	7.7
South Africa	-1.5	-1.7	-0.5	-0.1	0.3	0.9	-0.8	-2.8	-3.1	-4.5	-5.4	-5.5	-2.7	-1.5	-2.2	-5.0	-5.8	-5.4	-5.5	-5.2
Spain	-0.7	-1.7	-3.3	-4.4	-4.4	-3.7	-3.9	-5.6	-7.5	-9.0	-9.6	-9.3	-4.3	-3.9	-3.2	-0.3	1.4	0.8	1.3	1.3
Sweden	3.9	3.6	3.9	4.0	4.7	4.5	6.6	6.3	6.5	8.3	8.9	8.6	5.9	6.0	6.9	6.6	7.3	6.3	6.5	6.3
Switzerland	9.3	9.3	10.9	12.0	8.2	8.6	12.7	14.5	13.4	14.2	10.0	2.2	7.1	14.0	6.8	9.9	10.7	7.0	10.1	10.5
Turkey	-1.0	0.9	-0.6	-3.8	2.0	-0.4	-2.5	-3.6	-4.4	-6.0	-5.8	-5.4	-1.9	-6.1	-9.6	-6.1	-7.9	-5.8	-5.2	-4.9
United Kingdom	-0.1	-0.3	-2.6	-2.4	-2.1	-2.0	-1.6	-2.0	-1.3	-2.2	-2.7	-3.7	-2.8	-2.6	-1.7	-3.7	-4.5	-5.5	-5.1	-4.4
United States	-1.6	-2.4	-3.1	-4.0	-3.7	-4.2	-4.5	-5.2	-5.7	-5.8	-5.0	-4.7	-2.6	-3.0	-3.0	-2.9	-2.4	-2.4	-2.6	-3.0
Euro area	1.1	0.6	0.2	-0.8	-0.2	0.5	0.3	1.0	0.4	0.4	0.3	-0.6	0.4	0.5	0.8	2.2	2.8	3.4	3.9	4.1
Total OECD	0.1	-0.2	-0.7	-1.2	-1.1	-1.1	-1.0	-0.9	-1.3	-1.5	-1.3	-1.7	-0.5	-0.4	-0.6	-0.4	-0.1	0.0	0.1	0.1

Source: OECD Economic Outlook 97 database.

StatLink http://dx.doi.org/10.1787/888933223034

Annex Table 52. **Structure of current account balances of major world regions**

$ billion

	2000	2001	2002	2003	2004	2005	2006	2007	2008	2009	2010	2011	2012	2013	2014	2015	2016
Goods and services trade balance[1]																	
OECD	-192	-167	-145	-204	-245	-417	-503	-398	-537	-78	-188	-362	-281	-73	-24	32	52
China	29	28	37	36	51	125	209	308	349	220	223	182	232	235	284	348	332
Other industrialised Asia[2]	67	66	83	96	82	87	117	141	57	107	91	84	21	69	132	181	196
Russia	52	39	37	49	72	105	126	113	156	93	123	162	146	123	133	121	133
Brazil	-15	-13	3	13	23	30	30	19	-4	-7	-23	-20	-33	-56	-65	-55	-49
Other oil producers	139	85	80	120	187	326	397	370	523	150	329	636	650	574	405	-28	-28
Rest of the world	-51	-48	-38	-44	-65	-87	-116	-177	-255	-156	-169	-212	-258	-272	-272	-261	-280
World[3]	29	-10	58	65	106	169	260	376	289	329	386	469	477	600	593	338	356
Balance of secondary income																	
OECD	26	26	6	58	165	190	202	153	69	184	325	397	370	334	322	326	327
China	-15	-19	-15	-10	-5	-16	-5	8	29	-9	-26	-70	-20	-78	-34	-49	-50
Other industrialised Asia[2]	-17	-12	-16	-12	-21	-33	-25	-24	-26	-29	-46	-48	-72	-81	-80	-91	-96
Russia	-7	-4	-7	-13	-13	-19	-29	-29	-46	-40	-47	-60	-68	-80	-67	-56	-54
Brazil	-18	-20	-18	-19	-21	-26	-27	-29	-41	-34	-39	-47	-35	-40	-40	-17	-17
Other oil producers	-4	-7	-16	-22	-28	-42	-21	-29	-56	-44	-69	-87	-89	-85	-82	-81	-81
Rest of the world	-34	-34	-33	-42	-50	-55	-60	-75	-83	-75	-102	-124	-126	-126	-127	-123	-123
World[3]	-68	-70	-99	-60	27	-1	35	-26	-153	-46	-4	-41	-39	-156	-109	-92	-93
Balance of secondary income																	
OECD	-139	-140	-145	-179	-211	-241	-237	-298	-324	-333	-350	-370	-362	-373	-391	-381	-397
China	6	8	13	17	23	24	28	37	43	32	41	25	3	-9	-30	-32	-32
Other industrialised Asia[2]	16	17	20	28	25	36	43	55	69	68	71	84	91	92	93	95	95
Russia	0	-1	-1	0	-1	-2	-3	-6	-7	-6	-6	-6	-6	-9	-8	-5	-10
Brazil	2	2	2	3	3	4	4	4	4	3	3	3	3	3	2	2	2
Other oil producers	-19	-20	-20	-19	-19	-20	-11	-20	-28	-38	-42	-49	-56	-68	-75	-76	-78
Rest of the world	45	51	58	68	78	89	103	120	138	129	137	149	156	165	169	169	169
World[3]	-89	-82	-73	-83	-102	-110	-72	-108	-104	-144	-146	-164	-171	-198	-241	-229	-251
Current balance																	
OECD	-336	-307	-308	-329	-313	-480	-566	-537	-771	-216	-193	-293	-213	-55	-18	40	44
China	21	17	35	43	69	132	232	353	421	243	238	136	215	148	220	267	250
Other industrialised Asia[2]	47	60	78	104	77	72	125	159	88	136	103	101	18	65	131	170	190
Russia	47	34	29	35	60	84	92	72	104	50	67	97	71	35	59	55	57
Brazil	-24	-23	-8	4	12	14	14	2	-28	-24	-47	-52	-54	-81	-91	-70	-63
Other oil producers	121	60	44	81	144	295	380	340	442	81	230	493	494	405	273	66	96
Rest of the world	-35	-27	-7	-13	-30	-45	-63	-115	-183	-82	-112	-159	-197	-198	-184	-207	-219
World[3]	-160	-185	-136	-73	19	72	214	273	73	188	287	323	335	319	390	322	354

Note: Historical data for the OECD area are aggregates of reported balance-of-payments data of each individual country. Because of various statistical problems as well as a large number of non-reporters among non-OECD countries, trade and current account balances estimated on the basis of these countries' own balance-of-payments records may differ from corresponding estimates shown in this table.

1. National-accounts basis for OECD countries and balance-of-payments basis for the non-OECD regions.
2. Dynamic Asian Economies (Chinese Taipei; Hong Kong, China; Malaysia; Philippines; Singapore; Vietnam and Thailand), India and Indonesia.
3. Reflects statistical errors and asymmetries. Given the very large gross flows of world balance-of-payments transactions, statistical errors and asymmetries easily give rise to world totals (balances) that are significantly different from zero.

Source: OECD Economic Outlook 97 database.

StatLink http://dx.doi.org/10.1787/888933223048

Annex Table 53. **Export market growth in goods and services**

Percentage change from previous year

	1997	1998	1999	2000	2001	2002	2003	2004	2005	2006	2007	2008	2009	2010	2011	2012	2013	2014	2015	2016
Australia	6.1	-3.1	6.0	13.6	0.7	6.7	9.8	13.8	9.2	9.8	8.0	4.7	-8.5	15.3	8.7	5.1	4.3	4.3	4.8	5.5
Austria	10.1	7.6	5.8	11.9	2.1	1.3	5.4	9.5	7.6	10.6	8.4	3.0	-11.4	11.9	6.8	0.8	3.1	2.8	3.9	5.2
Belgium	10.1	9.0	7.0	12.3	1.8	1.7	4.2	8.4	7.1	9.4	6.9	2.5	-10.8	10.7	6.0	1.7	2.2	3.2	4.2	5.0
Canada	12.4	9.9	9.1	12.8	-1.9	3.8	4.9	11.3	6.8	7.1	3.6	-1.2	-12.7	12.8	5.9	2.7	1.8	3.8	5.8	6.3
Chile	9.2	1.5	5.5	13.3	0.7	4.0	8.5	12.4	8.5	10.1	8.7	3.9	-8.6	15.7	8.5	3.6	4.5	3.9	4.2	5.4
Czech Republic	10.1	7.9	5.5	11.6	2.7	1.3	5.2	9.2	7.6	11.1	8.1	2.9	-12.1	11.7	6.8	1.1	2.6	3.2	3.9	5.4
Denmark	10.7	8.4	5.6	11.4	1.1	1.6	4.7	8.8	7.5	9.6	7.5	2.4	-11.6	11.3	6.1	2.0	2.2	3.7	4.1	4.9
Estonia	10.0	7.3	2.3	12.2	2.6	3.0	5.7	10.2	9.9	11.0	10.9	4.7	-16.6	11.3	9.2	3.1	1.3	1.2	1.0	4.6
Finland	10.3	6.3	4.3	12.7	1.5	3.0	6.0	10.3	8.6	10.7	9.3	3.6	-13.3	13.0	8.3	3.0	2.6	2.4	2.4	5.0
France	10.3	7.1	5.8	11.6	1.6	2.2	5.2	9.4	7.6	9.6	8.1	2.6	-11.1	10.9	5.7	1.4	2.8	3.0	3.8	5.1
Germany	10.3	7.2	5.2	12.4	1.9	3.0	4.8	9.6	7.9	9.3	8.1	2.9	-11.3	11.3	6.4	1.7	2.8	2.8	3.6	4.9
Greece	10.4	7.3	3.4	10.6	1.5	3.5	6.0	10.2	7.9	9.6	9.9	4.4	-11.5	10.5	7.0	2.4	2.8	2.3	3.7	5.2
Hungary	9.6	7.3	5.1	11.4	2.9	1.9	5.5	9.8	7.7	10.7	8.6	3.1	-12.4	11.6	7.0	1.5	2.4	2.9	3.7	5.4
Iceland	10.2	7.8	6.7	10.6	2.1	1.9	3.3	7.8	6.8	9.2	6.7	1.8	-10.7	9.5	5.0	2.0	2.3	3.1	3.2	4.8
Ireland	10.3	8.0	7.1	12.0	0.4	2.8	3.9	8.8	6.8	7.8	4.6	0.4	-11.1	10.9	5.3	1.6	2.4	2.9	4.5	5.1
Israel	11.2	7.2	7.0	13.1	-1.0	4.2	6.4	11.7	8.1	8.8	6.3	2.3	-11.2	13.6	7.2	3.1	2.5	2.7	4.4	5.7
Italy	10.2	7.6	5.6	12.1	1.7	2.5	5.3	9.8	8.0	9.5	8.9	3.5	-11.3	10.6	6.6	2.0	3.2	2.7	3.8	5.0
Japan	9.8	0.2	6.9	15.4	-0.9	7.3	9.7	14.5	9.1	10.1	8.8	3.7	-8.4	15.8	8.0	4.0	4.6	3.4	4.5	5.8
Korea	9.6	1.6	4.7	14.3	0.8	6.7	10.3	14.8	9.7	10.7	9.6	4.8	-8.3	15.4	8.0	4.8	5.1	4.0	4.6	5.6
Luxembourg	9.7	8.3	6.0	12.4	1.5	1.3	3.6	7.5	7.0	8.9	6.5	1.7	-10.4	10.4	5.8	0.8	2.6	2.9	4.1	4.8
Mexico	13.1	10.5	8.8	12.5	-2.3	3.3	4.8	11.4	6.7	6.9	3.7	-1.3	-13.2	12.9	6.1	2.5	1.6	3.7	5.8	6.4
Netherlands	9.7	8.0	6.1	12.3	1.4	1.5	4.4	8.4	7.2	9.3	7.0	2.2	-11.1	10.9	6.1	1.2	2.4	3.3	4.2	5.1
New Zealand	8.8	2.0	5.3	12.2	-0.5	6.7	8.6	13.5	9.0	9.5	9.5	5.8	-9.2	13.7	8.2	5.2	2.4	2.4	3.3	4.8
Norway	10.1	8.2	6.8	11.8	2.0	2.8	3.6	7.9	7.1	9.4	4.9	1.1	-10.8	10.2	4.8	2.1	1.8	3.5	4.3	4.7
Poland	9.6	7.9	5.5	12.1	2.8	1.9	5.0	9.6	7.7	10.6	8.2	2.6	-12.4	11.4	6.8	1.3	2.4	3.1	3.7	5.1
Portugal	10.9	10.0	7.8	11.1	2.8	2.4	4.7	9.0	7.5	8.8	8.2	0.5	-12.4	9.0	4.1	0.0	1.9	4.3	4.7	5.2
Slovak Republic	10.3	9.0	5.6	12.8	2.8	2.0	5.5	10.5	7.6	10.7	9.2	2.9	-12.1	11.8	6.4	0.6	2.1	4.4	4.7	5.5
Slovenia	9.8	7.9	4.3	11.5	3.1	2.0	5.1	9.4	7.4	10.5	9.2	3.6	-12.4	11.3	7.0	1.1	2.2	2.8	3.5	5.3
Spain	10.0	8.9	5.5	11.8	1.6	1.7	3.6	8.2	6.8	8.9	7.4	2.6	-10.6	10.5	5.2	0.8	2.5	3.1	4.0	4.7
Sweden	10.6	7.7	4.2	11.2	1.5	3.0	4.0	9.3	8.4	10.0	7.6	3.2	-11.5	9.9	6.2	2.4	2.4	2.7	3.4	4.6
Switzerland	9.7	6.7	6.4	12.4	1.1	2.4	5.3	9.6	7.3	9.4	7.2	2.1	-10.9	12.1	6.2	1.8	2.5	3.4	4.4	5.2
Turkey	9.7	6.5	3.7	10.8	4.2	3.2	5.5	10.3	9.2	10.4	11.7	5.9	-10.6	8.7	6.2	3.8	3.1	2.8	3.0	4.6
United Kingdom	11.0	9.5	6.8	13.2	1.5	2.2	3.9	9.3	7.8	8.6	7.8	2.0	-10.6	10.0	5.6	2.5	2.5	4.1	4.4	5.3
United States	10.9	3.7	5.8	12.5	-0.4	3.2	6.1	10.8	8.5	9.2	8.3	4.2	-10.6	14.3	7.5	4.0	3.4	3.1	3.6	5.1
Total OECD	10.4	6.3	6.1	12.6	0.8	3.2	5.6	10.4	7.9	9.3	7.7	2.8	-10.8	12.3	6.7	2.6	3.0	3.3	4.1	5.3
China	8.9	2.2	4.8	13.2	-0.7	3.8	6.1	12.0	8.0	8.7	7.5	3.7	-12.1	13.4	7.0	3.5	2.5	2.7	3.7	5.5
Other industrialised Asia[1]	8.7	0.2	4.3	14.1	-0.2	5.8	8.6	13.8	9.0	9.5	8.5	4.4	-9.1	14.6	7.6	4.4	4.1	3.6	4.4	5.6
Russia	10.3	6.0	5.1	11.8	1.3	3.6	6.0	10.0	8.0	9.7	9.0	3.5	-10.6	11.1	6.9	2.3	2.9	3.1	3.9	5.2
Brazil	11.9	4.9	2.5	10.9	0.4	-0.2	9.3	14.0	10.0	10.5	10.8	5.5	-10.2	14.4	9.3	3.4	4.0	1.9	3.3	5.2
Other oil producers	8.6	2.5	5.6	13.0	0.3	5.0	7.6	12.2	9.1	9.8	8.1	4.8	-10.1	13.4	8.0	4.2	2.5	3.2	4.3	5.5
Rest of the world	10.3	5.6	3.3	11.9	2.0	3.6	6.6	11.5	9.1	10.5	10.3	5.2	-11.6	12.4	7.9	3.5	3.2	2.1	2.8	5.1

Note: Regional aggregates are calculated inclusive of intra-regional trade.

1. Chinese Taipei; Hong Kong, China; Malaysia; Philippines; Singapore; Vietnam; Thailand; India and Indonesia.

Source: OECD Economic Outlook 97 database.

StatLink http://dx.doi.org/10.1787/888933223057

Annex Table 54. **Import penetration**

Goods and services import volume as a percentage of total final expenditure, constant prices

	1997	1998	1999	2000	2001	2002	2003	2004	2005	2006	2007	2008	2009	2010	2011	2012	2013	2014	2015	2016
Australia	10.5	10.6	11.0	11.4	10.7	11.3	12.0	13.1	13.6	14.3	15.2	16.2	14.7	16.3	17.4	17.7	17.2	16.6	16.2	16.1
Austria	26.9	27.3	27.4	28.6	29.5	29.3	29.8	30.9	31.5	31.9	32.4	32.2	30.3	32.2	33.0	33.0	33.0	33.5	34.4	35.2
Belgium	37.2	37.8	37.8	40.0	39.5	39.4	39.5	40.2	41.3	41.8	42.4	43.0	41.5	43.2	44.6	45.0	45.4	46.1	46.4	47.2
Brazil	0.1	0.1	0.1	0.1	0.1	0.1	0.1	0.1	0.1	0.1	0.1	0.1	0.1	0.2	0.2	0.2	0.2	0.2	0.2	0.2
Canada	21.4	21.6	22.1	22.6	21.5	21.3	21.7	22.6	23.2	23.7	24.4	24.3	22.5	24.2	24.9	25.2	25.1	24.9	25.0	25.5
Chile	20.7	21.0	19.4	20.1	20.2	20.0	20.8	22.4	24.2	25.2	26.8	28.3	25.1	28.6	30.6	30.5	29.9	27.9	27.2	27.3
China	0.1	0.1	0.2	0.2	0.2	0.2	0.2	0.2	0.2	0.2	0.2	0.2	0.2	0.2	0.2	0.2	0.2	0.2	0.2	0.2
Colombia	0.2	0.2	0.1	0.1	0.1	0.1	0.1	0.1	0.2	0.2	0.2	0.2	0.2	0.2	0.2	0.2	0.2	0.2	0.2	0.2
Czech Republic	23.9	24.8	25.4	27.1	28.5	29.1	30.0	33.8	35.1	36.1	37.6	37.6	36.1	38.8	39.9	40.7	40.9	42.7	43.9	44.7
Denmark	22.4	23.3	23.2	24.8	25.1	26.2	25.9	26.7	28.3	30.2	31.2	32.2	30.5	30.4	31.6	31.9	32.4	32.9	33.2	33.6
Estonia	29.6	30.4	29.3	32.1	33.5	34.9	35.9	37.9	39.5	41.7	42.7	42.3	37.0	40.7	43.5	45.9	46.6	46.1	46.0	46.4
Finland	21.6	21.9	21.8	23.3	23.2	23.7	24.2	24.9	26.4	26.9	27.3	28.6	26.7	27.2	27.9	28.5	28.4	28.2	28.3	28.7
France	16.1	17.2	17.6	19.2	19.3	19.4	19.4	19.9	20.6	21.1	21.7	21.9	20.7	21.8	22.5	22.6	22.8	23.4	24.2	24.7
Germany	18.4	19.5	20.5	21.7	21.6	21.2	22.2	23.3	24.2	25.5	26.1	26.3	25.5	27.0	27.7	27.7	28.3	28.6	29.4	30.2
Greece	18.7	20.3	22.3	25.2	24.2	23.0	22.9	23.1	23.2	24.4	26.1	26.6	23.4	23.4	23.7	23.2	23.3	24.4	25.1	25.4
Hungary	25.9	28.8	30.6	33.9	34.2	35.0	36.2	38.7	39.5	42.0	45.1	46.3	44.0	46.4	47.0	46.5	47.6	49.2	49.9	50.6
Iceland	24.1	26.6	26.5	27.1	24.3	23.7	24.9	25.9	29.7	30.9	28.6	24.1	20.8	21.9	22.6	23.1	22.5	23.7	24.4	25.0
India	0.1	0.1	0.1	0.1	0.1	0.1	0.1	0.1	0.2	0.2	0.2	0.2	0.2	0.2	0.2	0.2	0.2	0.2	0.2	0.2
Indonesia	0.2	0.2	0.1	0.2	0.2	0.1	0.1	0.2	0.2	0.2	0.2	0.2	0.2	0.2	0.2	0.2	0.2	0.2	0.2	0.2
Ireland	38.8	42.8	43.1	45.5	45.6	44.5	43.0	44.1	44.7	45.2	45.9	45.8	44.7	45.5	44.1	46.0	46.1	47.9	48.8	49.4
Israel	24.7	24.3	26.3	26.8	25.7	25.5	25.2	26.4	26.2	25.8	26.6	26.3	23.3	24.8	26.0	25.9	25.2	25.2	25.4	25.8
Italy	16.5	17.5	17.8	18.8	18.9	19.0	19.1	19.5	20.0	20.9	21.4	21.0	19.7	21.3	21.4	20.4	20.3	20.7	21.0	21.3
Japan	9.8	9.3	9.6	10.4	10.4	10.4	10.6	11.1	11.4	11.7	11.7	11.9	10.8	11.3	12.0	12.3	12.5	13.2	13.7	14.1
Korea	24.9	21.0	23.0	25.0	23.5	24.8	26.2	27.6	28.4	29.8	31.1	31.1	29.6	31.6	33.8	33.8	33.5	33.3	33.2	33.7
Latvia	0.3	0.3	0.3	0.3	0.3	0.3	0.3	0.3	0.4	0.4	0.4	0.4	0.3	0.4	0.4	0.4	0.4	0.4	0.4	0.4
Luxembourg	51.9	53.1	54.3	54.8	55.9	55.0	55.9	57.3	57.5	59.1	59.3	61.2	59.0	60.0	61.0	61.9	62.8	62.3	62.6	62.8
Mexico	14.8	16.0	17.3	19.5	19.6	19.8	20.2	20.6	21.4	22.2	22.6	23.0	20.9	23.2	23.8	23.6	24.0	24.6	25.1	25.7
Netherlands	31.9	32.7	33.6	34.8	35.0	35.1	35.3	36.2	36.9	37.8	38.3	38.3	37.2	38.8	39.3	40.3	40.7	41.4	41.3	42.0
New Zealand	19.0	18.8	19.9	19.2	19.2	19.9	20.5	22.3	22.9	22.0	22.9	23.7	20.9	22.3	23.2	23.2	23.9	24.7	25.1	25.3
Norway	17.7	18.4	18.0	17.8	17.7	17.6	17.6	18.3	19.0	20.0	21.0	21.5	20.0	21.1	21.6	21.7	22.3	22.2	22.2	22.2
Poland	21.8	24.0	23.4	24.9	24.0	24.2	25.3	25.8	26.3	28.4	30.0	31.1	27.8	29.7	29.9	29.4	29.4	30.5	31.3	32.2
Portugal	22.9	24.5	25.4	25.7	25.5	25.4	25.5	26.5	26.8	28.0	28.5	29.0	27.5	28.7	27.8	27.3	28.4	29.5	30.2	30.8
Russian Federation	0.1	0.1	0.1	0.1	0.1	0.1	0.1	0.1	0.1	0.2	0.2	0.2	0.1	0.2	0.2	0.2	0.2	0.2	0.2	0.2
Slovak Republic	35.1	34.1	33.4	34.5	37.7	37.9	38.5	41.9	43.9	46.4	46.1	45.5	41.6	43.8	45.4	45.7	46.2	46.8	46.7	47.2
Slovenia	32.3	33.7	34.4	34.9	35.1	35.5	36.3	38.4	39.2	40.8	43.0	43.1	39.9	41.3	42.4	42.0	42.6	42.9	43.0	43.7
South Africa	0.2	0.2	0.2	0.2	0.2	0.2	0.2	0.2	0.2	0.2	0.2	0.2	0.2	0.2	0.2	0.2	0.2	0.2	0.2	0.2
Spain	17.3	18.6	19.9	20.5	20.5	20.6	21.0	22.1	22.6	23.3	24.1	22.8	20.1	21.2	21.1	20.4	20.5	21.5	22.0	22.6
Sweden	23.2	24.4	24.5	25.7	25.1	24.5	24.7	25.1	25.8	26.5	27.3	28.1	26.2	27.4	28.3	28.5	28.1	28.9	29.4	29.8
Switzerland	30.7	31.1	31.5	32.3	32.2	31.7	31.7	32.0	33.4	33.2	33.6	34.1	33.7	34.9	36.5	35.6	38.0	35.1	34.7	34.7
Turkey	16.9	16.8	16.7	18.6	15.4	17.2	19.6	21.2	21.8	21.8	22.8	22.0	20.1	22.0	22.3	21.8	22.6	22.1	22.4	22.6
United Kingdom	19.7	20.5	21.2	22.1	22.4	22.9	22.7	23.5	24.2	25.4	24.8	24.5	23.4	24.6	24.4	24.9	24.8	24.7	25.1	25.2
United States	10.2	10.8	11.3	12.1	11.7	11.9	12.1	12.9	13.2	13.6	13.7	13.4	12.1	13.1	13.6	13.6	13.4	13.6	14.1	14.6
Total OECD	15.9	16.5	17.1	18.2	18.0	18.1	18.4	19.2	19.8	20.6	21.0	21.1	19.6	20.9	21.5	21.5	21.6	21.9	22.4	22.9

Note: The OECD aggregate is calculated inclusive of intra-regional trade as the sum of import volumes expressed in 2010 $ divided by the sum of total final expenditure expressed in 2010 $.
Source: OECD Economic Outlook 97 database.

StatLink http://dx.doi.org/10.1787/888933223065

Annex Table 55. **Quarterly demand and output projections**

Percentage change from previous period, seasonally adjusted at annual rates, volume

	2014	2015	2016	2014	2015				2016				2014	2015	2016
				Q4	Q1	Q2	Q3	Q4	Q1	Q2	Q3	Q4		Q4 / Q4	
Private consumption															
Canada	2.7	2.1	2.3	2.1	0.4	3.1	2.4	2.4	2.3	2.2	2.2	2.2	2.6	2.1	2.2
France	0.7	1.6	1.7	0.6	3.2	1.2	1.3	1.4	1.7	2.1	2.2	2.3	0.6	1.7	2.1
Germany	1.2	2.3	2.0	2.8	2.4	2.1	2.1	2.0	2.0	1.9	1.8	1.8	2.2	2.2	1.9
Italy	0.3	0.4	1.1	0.3	-0.4	0.6	0.9	1.1	1.2	1.2	1.2	1.2	0.5	0.6	1.2
Japan	-1.3	0.3	2.0	1.5	1.4	2.2	2.1	2.0	2.0	2.0	2.0	2.0	-2.4	1.9	2.0
United Kingdom	2.5	2.5	2.3	2.5	1.9	2.5	2.5	2.4	2.2	2.2	2.1	2.0	3.0	2.3	2.1
United States	2.5	3.0	3.0	4.4	1.8	3.0	3.5	3.2	3.1	2.9	2.7	2.6	2.9	2.9	2.8
Euro area	1.0	1.8	1.8	1.7	2.1	1.7	1.7	1.7	1.8	1.8	1.8	1.8	1.5	1.8	1.8
Total OECD	1.7	2.4	2.6	3.1	1.9	2.5	2.7	2.6	2.6	2.5	2.5	2.4	1.9	2.4	2.5
Public consumption															
Canada	0.2	0.1	1.0	1.0	-0.8	0.0	0.5	0.7	1.2	1.2	1.5	1.5	0.4	0.1	1.3
France	1.5	1.2	0.3	1.9	1.7	0.3	0.3	0.3	0.3	0.3	0.3	0.3	1.6	0.6	0.3
Germany	1.2	2.2	1.8	1.3	2.7	2.1	2.0	1.8	1.7	1.7	1.7	1.7	1.7	2.2	1.7
Italy	-0.9	-0.5	-0.9	1.7	0.4	-2.4	-2.4	-2.0	-1.2	0.0	0.8	2.0	-0.3	-1.6	0.4
Japan	0.3	0.9	0.1	1.1	0.4	0.6	0.7	2.9	1.0	-1.7	-2.9	-1.1	0.6	1.1	-1.2
United Kingdom	1.7	1.3	-0.7	-0.9	2.3	0.5	0.5	0.5	-1.5	-1.5	-1.5	-1.5	2.1	1.0	-1.5
United States	0.4	0.5	0.5	-3.3	0.9	1.4	0.1	0.2	0.5	0.5	0.5	0.6	1.1	0.6	0.5
Euro area	0.6	0.7	0.4	0.6	1.6	0.1	0.2	0.2	0.3	0.6	0.7	0.9	0.8	0.5	0.6
Total OECD	1.0	0.9	0.7	-0.3	1.0	0.9	0.6	1.0	0.8	0.5	0.5	0.8	1.2	0.9	0.6
Business investment															
Canada	-0.1	-4.7	3.4	0.1	-16.3	-6.0	2.0	3.0	4.5	5.0	5.0	5.0	0.3	-4.6	4.9
France	2.2	0.7	2.7	-0.6	0.4	0.7	1.6	2.4	2.8	3.2	3.4	3.6	0.7	1.3	3.2
Germany	4.0	3.4	4.9	1.0	8.5	4.0	4.6	5.0	5.0	5.1	5.1	5.1	2.1	5.5	5.1
Japan	3.9	0.8	4.0	0.0	1.4	5.4	5.4	2.3	4.0	4.4	4.5	3.0	0.6	3.6	4.0
United Kingdom	7.5	4.6	6.4	-3.7	7.0	9.0	6.0	6.1	6.2	6.3	6.4	6.4	3.7	7.0	6.3
United States	6.3	3.3	5.1	4.7	-2.8	2.7	5.2	5.3	5.1	5.3	5.5	5.5	6.2	2.5	5.3
Total investment															
Canada	0.3	-1.5	0.9	1.0	-7.1	-3.8	0.5	1.0	1.3	1.5	1.2	1.3	1.5	-2.4	1.3
France	-1.2	-0.6	1.8	-1.5	-0.8	0.1	1.1	1.6	1.9	2.1	2.3	2.5	-2.1	0.5	2.2
Germany	3.3	2.5	4.3	3.4	6.0	3.3	4.1	4.4	4.4	4.5	4.5	4.5	0.9	4.4	4.5
Italy	-3.2	1.6	1.9	0.7	6.1	1.6	1.8	1.9	1.9	1.9	2.0	2.0	-3.0	2.9	2.0
Japan	2.6	-0.6	0.1	-0.2	0.6	3.2	2.1	-1.7	-1.0	-0.4	1.6	1.8	-1.6	1.0	0.5
United Kingdom	7.8	4.7	6.2	-2.4	6.1	8.1	5.6	5.8	6.1	6.2	6.3	6.4	5.1	6.4	6.2
United States	3.9	3.0	5.4	4.5	-2.7	2.9	4.9	5.3	5.5	5.7	6.2	6.2	4.4	2.5	5.9
Euro area	1.2	2.0	3.5	1.8	3.4	1.9	3.0	3.4	3.6	3.8	3.9	4.0	0.6	2.9	3.8
Total OECD	2.7	2.3	3.9	2.0	1.1	2.7	3.8	3.6	3.9	4.2	4.6	4.7	2.2	2.8	4.3

Note: The adoption of national accounts systems has been proceeding at an uneven pace among OECD member countries, both with respect to variables and the time period covered. As a consequence, there are breaks in many national series. For further information, see table "National Accounts Reporting Systems, base years and latest data updates" at the beginning of the Statistical Annex.

Source: OECD Economic Outlook 97 database.

StatLink http://dx.doi.org/10.1787/888933223076

Annex Table 55. **Quarterly demand and output projections *(cont'd)***

Percentage change from previous period, seasonally adjusted at annual rates, volume

	2014	2015	2016	2014	2015				2016				2014	2015	2016
				Q4	Q1	Q2	Q3	Q4	Q1	Q2	Q3	Q4	Q4 / Q4		
Total domestic demand															
Canada	1.4	1.1	1.7	3.5	-0.9	0.4	1.6	1.7	1.9	1.8	1.8	1.8	1.4	0.7	1.8
France	0.7	1.3	1.3	-0.8	4.0	0.1	1.0	1.2	1.4	1.7	1.7	1.8	0.4	1.6	1.7
Germany	1.3	2.0	2.5	4.2	2.0	2.4	2.5	2.5	2.5	2.4	2.4	2.4	1.3	2.4	2.4
Italy	-0.6	0.4	0.9	-1.7	2.7	0.2	0.4	0.6	0.9	1.1	1.3	1.5	-1.1	1.0	1.2
Japan	-0.1	0.5	1.2	0.0	3.0	2.1	1.8	1.4	1.1	0.7	0.9	1.3	-1.8	2.1	1.0
United Kingdom	3.4	2.8	2.4	-0.5	4.4	3.1	2.6	2.6	2.1	2.2	2.1	2.1	2.4	3.2	2.1
United States	2.5	2.7	3.1	3.2	1.2	2.4	3.3	3.2	3.2	3.1	3.1	3.0	2.9	2.5	3.1
Euro area	0.9	1.5	1.8	1.3	2.5	1.1	1.6	1.7	1.9	2.0	2.0	2.1	0.9	1.8	2.0
Total OECD	1.8	2.2	2.5	2.1	2.3	2.0	2.6	2.5	2.6	2.5	2.6	2.6	1.8	2.3	2.6
Exports of goods and services															
Canada	5.4	3.4	6.9	-1.7	-1.1	4.3	5.4	6.5	7.3	7.5	7.8	7.8	6.4	3.7	7.6
France	2.4	4.9	5.3	10.3	3.5	4.0	4.3	5.1	5.5	5.8	5.9	6.0	4.0	4.2	5.8
Germany	3.7	3.9	5.2	4.1	3.3	3.0	4.1	4.8	5.4	5.8	6.1	6.3	3.5	3.8	5.9
Italy	2.4	3.4	5.1	6.4	0.0	4.5	4.5	4.8	5.0	5.5	5.7	5.7	3.8	3.4	5.5
Japan	8.4	7.2	5.8	13.4	9.9	3.5	4.5	5.0	5.6	6.9	7.1	7.0	11.2	5.7	6.7
United Kingdom	0.6	3.8	3.0	19.9	-1.2	2.0	2.4	3.1	3.1	3.3	3.4	3.5	5.6	1.6	3.3
United States	3.2	1.7	4.9	4.5	-7.6	4.0	5.0	5.0	5.0	5.0	5.0	5.0	2.4	1.5	5.0
Total OECD[1]	3.9	3.9	5.4	6.3	1.0	4.0	4.6	5.2	5.6	5.9	6.1	6.2	4.6	3.7	5.9
Imports of goods and services															
Canada	1.7	2.0	4.8	1.6	-1.5	1.1	3.5	5.0	5.2	5.3	5.4	5.4	2.6	2.0	5.3
France	3.9	5.5	4.2	6.3	9.5	0.9	3.2	3.8	4.5	4.8	5.0	5.2	5.0	4.3	4.9
Germany	3.4	5.4	6.0	7.6	6.0	4.6	5.4	5.9	6.2	6.4	6.5	6.5	3.6	5.5	6.4
Italy	1.6	2.9	3.3	1.2	5.7	1.0	2.2	2.5	3.0	4.0	5.0	5.5	2.0	2.8	4.4
Japan	7.4	4.9	4.6	5.8	12.0	4.9	5.0	4.0	4.6	4.7	4.9	5.4	3.6	6.4	4.9
United Kingdom	2.2	4.8	3.1	6.6	9.5	2.0	2.4	3.2	3.1	3.3	3.4	3.5	3.0	4.2	3.3
United States	4.0	6.4	6.7	10.4	5.6	6.0	8.0	7.0	6.5	6.5	6.5	6.5	5.6	6.6	6.5
Total OECD[1]	3.8	4.8	5.4	7.4	4.9	3.5	4.8	5.1	5.6	5.9	6.1	6.2	4.6	4.6	5.9
GDP															
Canada	2.4	1.5	2.3	2.2	-0.6	1.4	2.1	2.1	2.4	2.4	2.5	2.5	2.5	1.2	2.4
France	0.2	1.1	1.7	0.1	2.2	1.0	1.2	1.5	1.7	1.9	2.0	2.1	0.0	1.5	1.9
Germany	1.6	1.6	2.3	2.8	1.1	1.8	2.1	2.2	2.4	2.4	2.5	2.6	1.5	1.8	2.5
Italy	-0.4	0.6	1.5	-0.1	1.1	1.2	1.2	1.4	1.6	1.7	1.7	1.8	-0.5	1.2	1.7
Japan	-0.1	0.7	1.4	1.1	2.4	1.8	1.7	1.5	1.3	1.1	1.3	1.6	-0.8	1.9	1.3
United Kingdom	2.8	2.4	2.3	2.5	1.2	3.1	2.7	2.6	2.1	2.1	2.1	2.1	3.0	2.4	2.1
United States	2.4	2.0	2.8	2.2	-0.7	2.0	2.8	2.8	2.9	2.8	2.8	2.7	2.4	1.7	2.8
Euro area	0.9	1.4	2.1	1.4	1.6	1.7	1.8	2.0	2.1	2.2	2.2	2.3	0.8	1.8	2.2
Total OECD	1.8	1.9	2.5	2.0	1.0	2.1	2.5	2.6	2.6	2.5	2.6	2.6	1.8	2.1	2.6

Note: The adoption of national accounts systems has been proceeding at an uneven pace among OECD member countries, both with respect to variables and the time period covered. As a consequence, there are breaks in many national series. For further information, see table "National Accounts Reporting Systems, base years and latest data updates" at the beginning of the Statistical Annex.

1. Includes intra-regional trade.

Source: OECD Economic Outlook 97 database.

StatLink http://dx.doi.org/10.1787/888933223076

Annex Table 56. **Quarterly price, cost and unemployment projections**

Percentage change from previous period, seasonally adjusted at annual rates

	2014	2015	2016	2014	2015				2016				2014	2015	2016
				Q4	Q1	Q2	Q3	Q4	Q1	Q2	Q3	Q4		Q4 / Q4	
Consumer price index[1]															
Canada	1.9	1.0	2.0	0.0	-0.1	1.9	1.9	1.9	2.0	2.0	2.1	2.1	1.9	1.4	2.0
France	0.6	0.1	1.1	-0.4	-1.4	1.5	0.9	0.9	1.0	1.1	1.2	1.2	0.3	0.5	1.1
Germany	0.8	0.2	1.8	-0.7	-1.7	1.4	1.5	1.8	1.9	1.9	2.0	2.1	0.4	0.7	2.0
Italy	0.2	0.2	1.3	0.6	-0.7	0.6	1.0	1.2	1.4	1.4	1.6	1.6	0.1	0.5	1.5
Japan	2.7	0.7	1.1	-0.6	-0.3	0.2	0.4	0.8	1.1	1.3	1.5	1.7	2.5	0.3	1.4
United Kingdom	1.5	0.0	1.7	-0.6	-1.7	0.2	1.1	1.5	1.9	2.1	2.1	2.1	0.9	0.3	2.0
United States	1.6	0.0	1.8	-0.9	-3.1	2.0	1.6	1.7	1.8	1.9	2.0	2.1	1.2	0.5	1.9
Euro area	0.4	0.0	1.3	-0.6	-1.5	1.2	1.1	1.3	1.3	1.4	1.5	1.5	0.1	0.5	1.4
GDP deflator															
Canada	1.8	-0.4	1.9	-1.6	-2.1	0.2	1.7	1.8	2.0	2.1	2.1	2.1	1.3	0.4	2.1
France	0.6	1.0	0.8	1.5	1.6	0.5	0.6	0.7	0.8	0.9	0.9	1.0	0.9	0.9	0.9
Germany	1.7	1.8	1.5	1.7	3.2	1.5	1.5	1.5	1.4	1.4	1.5	1.7	1.6	1.9	1.5
Italy	0.8	0.5	0.9	1.1	0.3	0.3	0.5	0.6	1.1	1.1	1.3	1.3	0.6	0.4	1.2
Japan	1.7	2.2	1.1	1.6	5.1	0.4	0.7	1.0	1.2	1.3	1.5	1.7	2.4	1.8	1.4
United Kingdom	1.7	0.4	1.2	1.0	-0.9	0.1	0.7	1.0	1.2	1.4	1.6	1.7	1.4	0.2	1.5
United States	1.5	1.1	1.8	0.2	0.0	2.7	1.5	1.5	1.7	1.8	1.9	2.0	1.3	1.4	1.8
Euro area	0.9	1.1	1.1	0.7	1.7	0.9	1.0	1.1	1.1	1.1	1.2	1.3	0.9	1.2	1.2
Total OECD	1.6	1.3	1.7	0.8	1.1	1.8	1.6	1.5	1.6	1.7	1.8	1.9	1.5	1.5	1.8
Unit labour costs (total economy)															
Canada	1.1	1.9	1.7	-0.1	5.0	1.6	1.7	1.8	1.6	1.7	1.8	1.8	0.8	2.5	1.7
France	1.5	0.7	1.0	1.2	-0.7	1.2	1.3	1.2	1.0	0.9	0.8	0.8	1.6	0.7	0.9
Germany	2.1	2.4	1.4	0.7	4.0	2.1	1.5	1.1	1.3	1.5	1.7	1.6	2.2	2.2	1.5
Italy	1.3	0.6	-0.1	0.8	-1.0	-0.6	2.0	2.0	-2.3	-1.7	1.1	1.0	1.7	0.6	-0.5
Japan	1.6	1.2	1.6	-0.5	-1.9	2.3	0.5	1.1	1.8	2.2	1.9	1.5	2.5	0.5	1.8
United Kingdom	0.4	2.3	2.0	2.0	3.4	0.8	1.4	1.6	2.1	2.3	2.5	2.6	1.2	1.8	2.4
United States	1.8	2.6	1.3	2.5	6.6	2.4	1.1	1.2	1.2	1.4	1.3	1.5	2.3	2.8	1.4
Euro area	1.2	0.8	0.5	0.6	0.2	0.5	0.9	0.8	0.2	0.2	0.8	0.8	1.5	0.6	0.5
Total OECD	1.5	1.6	1.2	1.1	2.5	1.6	1.0	1.1	1.1	1.2	1.4	1.4	1.8	1.5	1.3
				Per cent of labour force											
Unemployment															
Canada	6.9	6.7	6.5	6.7	6.7	6.8	6.7	6.7	6.6	6.6	6.5	6.5			
France	9.8	10.1	10.0	10.0	10.1	10.2	10.1	10.1	10.1	10.1	10.0	10.0			
Germany	5.0	4.7	4.5	4.9	4.7	4.7	4.7	4.6	4.5	4.5	4.4	4.4			
Italy	12.7	12.7	12.1	13.0	12.9	12.8	12.6	12.4	12.3	12.1	12.0	11.9			
Japan	3.6	3.5	3.3	3.5	3.5	3.5	3.5	3.5	3.4	3.3	3.3	3.3			
United Kingdom	6.2	5.4	5.1	5.7	5.5	5.4	5.3	5.2	5.2	5.1	5.1	5.0			
United States	6.2	5.5	5.2	5.7	5.6	5.6	5.5	5.4	5.3	5.2	5.1	5.1			
Euro area	11.5	11.1	10.5	11.4	11.3	11.2	11.0	10.8	10.7	10.6	10.4	10.3			
Total OECD	7.3	6.9	6.6	7.1	7.0	7.0	6.9	6.8	6.7	6.7	6.6	6.5			

Note: The adoption of national accounts systems has been proceeding at an uneven pace among OECD member countries, both with respect to variables and the time period covered. As a consequence, there are breaks in many national series. For further information, see table "National Accounts Reporting Systems, base years and latest data updates" at the beginning of the Statistical Annex.

1. For the United Kingdom, the euro area countries and the euro area aggregate, the Harmonised Index of Consumer Prices (HICP) is used.

Source: OECD Economic Outlook 97 database.

StatLink http://dx.doi.org/10.1787/888933223096

Annex Table 57. **Contributions to changes in real GDP in OECD countries**

	2013	2014	2015	2016		2013	2014	2015	2016
Australia					**France**				
Final domestic demand	0.4	1.2	1.4	2.2	Final domestic demand	0.6	0.5	1.1	1.4
Stockbuilding	-0.4	0.0	0.0	0.0	Stockbuilding	0.2	0.2	0.3	0.0
Net exports	1.6	1.8	1.2	0.7	Net exports	0.0	-0.5	-0.3	0.3
GDP	2.0	2.7	2.3	2.9	GDP	0.7	0.2	1.1	1.7
Austria					**Germany**				
Final domestic demand	-0.3	0.4	0.2	1.4	Final domestic demand	0.6	1.5	2.2	2.3
Stockbuilding	-0.7	-0.2	0.5	-0.1	Stockbuilding	0.1	-0.3	-0.3	0.0
Net exports	0.8	-0.2	-0.3	0.5	Net exports	-0.5	0.3	-0.3	0.0
GDP	0.1	0.4	0.6	1.7	GDP	0.2	1.6	1.6	2.3
Belgium					**Greece**				
Final domestic demand	0.0	1.9	1.0	1.4	Final domestic demand	-3.7	1.2	0.3	1.2
Stockbuilding	-0.8	-1.0	0.1	0.0	Stockbuilding	-1.2	-0.6	-0.5	0.0
Net exports	1.0	0.2	0.5	0.5	Net exports	1.4	0.2	-0.5	1.1
GDP	0.3	1.1	1.3	1.8	GDP	-4.0	0.7	0.1	2.3
Canada					**Hungary**				
Final domestic demand	1.5	1.6	0.9	1.8	Final domestic demand	1.6	3.6	2.4	1.4
Stockbuilding	0.4	-0.2	0.2	0.0	Stockbuilding	-0.5	0.4	-0.3	0.0
Net exports	0.2	1.1	0.4	0.5	Net exports	0.4	-0.4	1.0	0.9
GDP	2.0	2.4	1.5	2.3	GDP	1.7	3.6	3.0	2.2
Chile					**Iceland**				
Final domestic demand	4.6	0.5	2.6	3.0	Final domestic demand	0.3	4.5	4.4	4.2
Stockbuilding	-0.9	-1.1	2.0	0.0	Stockbuilding	0.0	0.0	-0.2	0.0
Net exports	0.6	2.5	0.4	0.7	Net exports	3.7	-3.0	-1.5	-1.4
GDP	4.3	1.8	2.9	3.7	GDP	3.6	1.9	3.7	2.9
Czech Republic					**Ireland**				
Final domestic demand	-0.5	2.4	2.6	2.5	Final domestic demand	-0.5	2.4	2.8	2.8
Stockbuilding	-0.2	-0.4	0.2	-0.6	Stockbuilding	0.3	0.7	0.0	0.0
Net exports	0.0	-0.1	0.2	0.6	Net exports	0.6	2.2	0.8	1.3
GDP	-0.7	2.0	3.1	2.5	GDP	0.2	4.8	3.5	3.3
Denmark					**Israel**				
Final domestic demand	0.0	1.3	1.8	1.8	Final domestic demand	3.0	2.7	3.8	3.4
Stockbuilding	-0.2	0.3	0.0	0.0	Stockbuilding	-0.2	0.4	0.0	0.0
Net exports	-0.3	-0.5	0.1	0.5	Net exports	0.6	-0.4	-0.3	0.0
GDP	-0.5	1.1	1.9	2.3	GDP	3.4	2.8	3.4	3.5
Estonia					**Italy**				
Final domestic demand	3.1	2.1	2.2	3.6	Final domestic demand	-2.8	-0.5	0.4	0.8
Stockbuilding	-2.2	2.7	0.7	0.0	Stockbuilding	0.3	-0.1	-0.1	0.0
Net exports	-0.7	0.0	-0.3	-0.2	Net exports	0.8	0.3	0.3	0.7
GDP	1.6	2.1	2.1	3.3	GDP	-1.7	-0.4	0.6	1.5
Finland					**Japan**				
Final domestic demand	-1.3	-1.1	0.3	1.2	Final domestic demand	2.3	-0.1	0.2	1.2
Stockbuilding	0.0	0.3	0.0	0.0	Stockbuilding	-0.4	0.1	0.3	0.0
Net exports	0.4	0.4	0.2	0.1	Net exports	-0.3	0.0	0.3	0.2
GDP	-1.3	-0.1	0.4	1.3	GDP	1.6	-0.1	0.7	1.4

Note: The adoption of national accounts systems has been proceeding at an uneven pace among OECD member countries, both with respect to variables and the time period covered. As a consequence, there are breaks in many national series. For further information, see table "National Accounts Reporting Systems, base years and latest data updates" at the beginning of the Statistical Annex. Totals may not add up due to rounding and/or statistical discrepancy.

Source: OECD Economic Outlook 97 database.

StatLink http://dx.doi.org/10.1787/888933223102

Annex Table 57. **Contributions to changes in real GDP in OECD countries *(cont'd)***

	2013	2014	2015	2016
Korea				
Final domestic demand	2.4	2.3	2.8	3.3
Stockbuilding	-1.0	0.5	0.5	0.0
Net exports	1.5	0.5	-0.3	0.4
GDP	2.9	3.3	3.0	3.6
Luxembourg				
Final domestic demand	0.5	2.3	2.0	1.4
Stockbuilding	-0.1	-0.8	-0.2	0.0
Net exports	1.6	1.5	0.7	1.5
GDP	2.0	3.0	2.7	2.9
Mexico				
Final domestic demand	1.5	2.1	2.9	3.2
Stockbuilding	-0.1	0.3	-0.1	0.0
Net exports	-0.3	0.2	0.6	0.3
GDP	1.7	2.1	2.9	3.5
Netherlands				
Final domestic demand	-1.5	0.6	2.0	1.4
Stockbuilding	-0.2	-0.1	-1.0	0.0
Net exports	1.1	0.4	1.1	0.8
GDP	-0.7	0.9	2.0	2.2
New Zealand				
Final domestic demand	3.9	4.4	4.1	3.1
Stockbuilding	0.1	0.2	0.0	0.0
Net exports	-1.5	-1.4	-0.7	-0.1
GDP	2.5	3.1	3.4	3.0
Norway				
Final domestic demand	2.7	1.5	0.4	1.4
Stockbuilding	0.5	0.2	0.6	-0.1
Net exports	-2.4	0.5	0.3	0.3
GDP	0.7	2.2	1.2	1.5
Poland				
Final domestic demand	1.2	4.1	3.9	3.8
Stockbuilding	-0.9	0.4	0.1	0.0
Net exports	1.4	-1.3	-0.6	-0.1
GDP	1.7	3.4	3.5	3.7
Portugal				
Final domestic demand	-2.5	1.7	1.5	1.5
Stockbuilding	0.0	0.4	-0.5	0.0
Net exports	0.9	-1.1	0.6	0.3
GDP	-1.6	0.9	1.6	1.8
Slovak Republic				
Final domestic demand	-0.6	3.2	3.1	2.7
Stockbuilding	0.5	-0.4	-0.2	0.0
Net exports	1.4	-0.2	0.2	0.7
GDP	1.4	2.4	3.0	3.4
Slovenia				
Final domestic demand	-2.0	1.0	0.6	0.6
Stockbuilding	0.1	-0.2	0.2	-0.1
Net exports	1.0	1.9	1.9	1.4
GDP	-1.0	2.6	2.1	1.9
Spain				
Final domestic demand	-2.7	2.1	3.1	2.8
Stockbuilding	0.0	0.2	-0.1	0.0
Net exports	1.4	-0.8	-0.1	0.1
GDP	-1.2	1.4	2.9	2.8
Sweden				
Final domestic demand	1.1	3.1	2.9	2.9
Stockbuilding	0.1	0.2	-0.1	0.0
Net exports	0.2	-1.0	-0.1	0.1
GDP	1.3	2.3	2.8	3.0
Switzerland				
Final domestic demand	1.7	1.0	1.4	1.3
Stockbuilding	-2.4	0.5	-2.6	0.0
Net exports	2.6	0.5	1.9	0.4
GDP	1.9	2.0	0.8	1.7
Turkey				
Final domestic demand	5.4	1.3	3.0	4.1
Stockbuilding	1.4	0.0	0.6	0.0
Net exports	-2.9	1.8	-0.8	-0.2
GDP	4.2	2.9	3.1	3.9
United Kingdom				
Final domestic demand	1.6	3.3	2.7	2.4
Stockbuilding	0.2	0.2	0.1	0.0
Net exports	0.0	-0.5	-0.4	-0.1
GDP	1.7	2.8	2.4	2.3
United States				
Final domestic demand	1.9	2.5	2.7	3.2
Stockbuilding	0.1	0.1	0.1	0.0
Net exports	0.2	-0.2	-0.8	-0.4
GDP	2.2	2.4	2.0	2.8
Euro area				
Final domestic demand	-0.7	0.9	1.6	1.7
Stockbuilding	0.0	-0.1	-0.1	0.0
Net exports	0.4	0.0	0.0	0.3
GDP	-0.3	0.9	1.4	2.1
Total OECD				
Final domestic demand	1.3	1.8	2.1	2.5
Stockbuilding	0.0	0.0	0.1	0.0
Net exports	0.2	0.0	-0.2	0.0
GDP	1.4	1.8	1.9	2.5

Note: The adoption of national accounts systems has been proceeding at an uneven pace among OECD member countries, both with respect to variables and the time period covered. As a consequence, there are breaks in many national series. For further information, see table "National Accounts Reporting Systems, base years and latest data updates" at the beginning of the Statistical Annex. Totals may not add up due to rounding and/or statistical discrepancy.

Source: OECD Economic Outlook 97 database.

StatLink http://dx.doi.org/10.1787/888933223102

Annex Table 58. **Household wealth and indebtedness**

Per cent of nominal disposable income

	2003	2004	2005	2006	2007	2008	2009	2010	2011	2012	2013	2014
Canada												
Net wealth	591.5	599.3	642.9	668.0	675.5	600.3	636.2	660.2	656.4	678.0	716.3	744.7
Net financial wealth	265.8	269.0	297.3	307.0	304.6	236.1	262.2	280.9	271.4	287.0	314.3	332.6
Non-financial assets	325.7	330.3	345.6	361.0	370.9	364.2	374.0	379.3	385.1	391.0	402.0	412.1
Financial assets	384.5	393.6	429.3	441.9	448.0	384.7	419.7	441.3	433.1	450.1	478.0	498.2
of which: Equities	45.7	50.4	64.1	67.0	79.5	59.8	76.0	87.6	78.4	83.1	88.3	89.0
Liabilities	118.7	124.6	132.0	134.9	143.4	148.6	157.5	160.4	161.8	163.1	163.7	165.6
of which: Mortgages	71.8	75.6	79.7	82.0	88.0	91.5	95.9	99.6	101.8	103.3	104.3	106.0
France												
Net wealth	614.2	671.1	743.1	790.4	797.8	724.1	734.2	772.8	779.7	788.3	794.2	..
Net financial wealth	198.3	202.7	212.6	228.1	226.0	192.7	208.4	216.7	213.2	232.3	245.4	..
Non-financial assets	416.0	468.4	530.6	562.3	571.8	531.4	525.8	556.1	566.6	556.0	548.8	..
Financial assets	278.4	283.6	299.9	320.6	321.5	290.3	311.5	322.9	318.8	334.5	348.1	..
of which: Equities	80.4	84.5	91.4	105.5	104.2	73.8	81.0	84.1	78.4	91.1	98.8	..
Liabilities	80.1	80.9	87.3	92.5	95.6	97.6	103.0	106.2	105.7	102.2	102.8	..
of which: Long-term loans	55.2	58.3	63.4	67.7	71.6	74.8	78.7	81.2	83.9	85.3	86.6	..
Germany												
Net wealth	552.5	564.6	578.9	579.9	606.3	594.2	619.2	622.6	616.6	630.1	644.8	..
Net financial wealth	159.8	168.3	181.6	179.9	194.7	180.2	193.7	200.3	195.2	204.9	212.6	..
Non-financial assets	392.7	396.3	397.3	400.0	411.6	414.0	425.5	422.3	421.4	425.2	432.3	..
Financial assets	271.7	278.9	289.8	285.7	297.5	279.9	294.3	298.6	291.0	299.8	306.5	..
of which: Equities	63.8	64.0	71.4	67.6	70.9	50.5	54.0	55.3	49.7	53.1	56.3	..
Liabilities	112.0	110.6	108.2	105.8	102.8	99.7	100.6	98.4	95.8	94.9	93.9	..
of which: Mortgages	72.8	72.4	71.6	71.5	69.6	67.5	68.4	67.0	65.2	65.1	0.0	..
Italy												
Net wealth	759.4	782.4	817.2	834.4	825.1	830.0	848.2	856.1	826.2	0.0	..	..
Net financial wealth	294.1	302.6	314.0	310.1	283.3	280.2	276.5	276.6	253.1	284.8	292.9	..
Non-financial assets	465.4	479.8	503.2	524.3	541.8	549.7	571.7	579.5	573.1	0.0	..	..
Financial assets	345.0	357.1	373.3	374.3	351.7	349.8	350.7	354.3	330.7	364.4	371.3	..
of which: Equities	131.5	133.2	141.8	141.7	121.3	111.9	105.2	108.4	89.3	110.0	119.8	..
Liabilities	50.9	54.5	59.3	64.2	68.4	69.5	74.2	77.8	77.6	79.6	78.4	..
of which: Medium and long-term loans	36.4	40.6	45.6	50.2	54.2	55.4	59.9	63.2	63.0	64.2	63.1	..
Japan												
Net wealth	787.6	780.2	805.8	812.8	808.7	776.8	779.5	772.3	762.9	778.0	808.6	..
Net financial wealth	379.1	385.5	417.2	419.2	408.7	381.4	396.4	399.4	398.6	419.0	450.4	..
Non-financial assets	408.5	394.7	388.5	393.6	400.0	395.4	383.1	372.9	364.3	359.0	358.2	..
Financial assets	513.0	519.1	551.4	554.1	538.1	510.3	524.9	526.9	523.0	542.2	574.9	..
of which: Equities	41.9	48.9	77.3	77.0	55.6	34.5	34.9	36.0	33.3	39.8	57.9	..
Liabilities	133.9	133.6	134.1	134.9	129.4	128.9	128.5	127.4	124.3	123.2	124.5	..
of which: Mortgages[1]	64.1	64.4	64.8	66.0	65.3	65.7	66.2	66.6	67.4	67.7	68.1	..
United Kingdom												
Net wealth	748.9	790.5	809.3	827.5	838.5	732.2	744.1	761.4	789.3	793.5	799.7	0.0
Net financial wealth	324.9	329.0	350.6	339.8	327.9	284.6	300.2	314.8	344.6	348.2	342.1	395.3
Non-financial assets	424.1	461.5	458.7	487.7	510.6	447.6	443.8	446.6	444.7	445.2	457.6	0.0
Financial assets	474.8	492.7	516.7	517.8	510.5	463.4	469.8	475.4	504.9	504.6	496.5	552.3
of which: Equities	69.0	73.1	77.6	79.1	75.6	48.0	64.6	70.6	61.2	54.5	62.4	70.2
Liabilities	150.0	163.7	166.0	177.9	182.6	178.8	169.6	160.6	160.4	156.4	154.4	157.0
of which: Mortgages	105.2	116.8	119.1	127.9	133.5	132.0	127.3	121.3	120.0	118.0	117.1	117.3
United States												
Net wealth	577.8	621.5	657.8	660.9	635.3	514.0	532.3	555.7	539.5	561.3	630.5	638.5
Net financial wealth	319.3	343.7	354.3	367.0	367.1	288.5	315.7	347.9	341.4	358.8	409.1	414.6
Non-financial assets	258.4	277.8	303.5	293.9	268.2	225.5	216.6	207.8	198.1	202.5	221.4	223.9
Financial assets	435.2	466.0	483.7	501.2	504.1	418.4	444.3	470.6	456.4	469.0	519.4	523.6
of which: Equities	112.0	118.8	122.8	141.5	138.0	82.0	103.8	118.4	111.1	123.5	156.3	163.0
Liabilities	115.9	122.2	129.4	134.1	137.0	129.9	128.5	122.6	115.0	110.2	110.3	109.0
of which: Mortgages	83.3	89.1	96.6	100.6	103.0	98.1	97.1	90.1	83.9	78.3	76.8	73.9

Note: Assets and liabilities are amounts outstanding at the end of the period, in per cent of nominal disposable income. For a more detailed description of the variables, see Sources & Methods of the *OECD Economic Outlook (http://www.oecd.org/eco/sources-and-methods.htm).*

1. Fiscal year data.

Source: Canada: Statistics Canada; France: INSEE; Germany: Deutsche Bundesbank, Federal Statistical Office (Destatis); Italy: Banca d'Italia; Japan: Economic Planning Agency; United Kingdom: Office for National Statistics; United States: Federal Reserve.

StatLink http://dx.doi.org/10.1787/888933223127

Annex Table 59. **House prices**

Percentage change from previous year

	1999	2000	2001	2002	2003	2004	2005	2006	2007	2008	2009	2010	2011	2012	2013	2014
Nominal																
Australia	7.3	8.3	11.2	18.7	18.1	6.5	1.5	7.8	11.3	4.4	3.4	12.1	-2.6	-0.7	6.9	9.4
Austria	..	..	0.8	0.6	0.3	-1.9	5.0	4.1	4.7	1.1	3.9	6.2	4.2	12.4	4.7	3.4
Belgium	7.1	5.4	4.8	6.4	6.9	8.7	12.7	11.8	9.3	4.9	-0.3	5.4	3.1	2.5	1.7	0.6
Canada	2.8	4.3	4.7	8.1	8.3	8.2	8.0	11.7	11.6	5.5	-2.8	8.9	5.0	4.8	2.6	4.9
Czech Republic	..	..	..	..	..	..	..	..	..	..	-3.8	-1.8	0.0	-1.4	0.0	2.6
Denmark	6.7	6.5	5.8	3.6	3.2	8.9	17.6	21.6	4.6	-4.5	-12.0	2.8	-2.8	-3.3	2.7	3.4
Estonia	..	..	..	..	..	..	..	49.5	20.8	-9.6	-37.2	5.7	8.5	7.3	10.7	13.7
Finland	7.1	3.9	-1.4	6.0	6.3	8.2	8.1	6.4	5.5	0.6	-0.3	8.7	2.7	1.6	1.6	-0.6
France	6.9	8.7	7.9	8.6	11.9	15.1	15.4	12.0	6.5	0.9	-7.1	5.1	6.0	-0.5	-2.2	-1.8
Germany	0.1	0.5	-0.1	-0.7	-1.4	-1.4	-0.9	0.1	0.9	0.6	0.6	2.8	5.8	6.2	6.2	5.1
Greece	8.9	10.6	14.4	13.9	5.4	2.3	10.9	13.0	6.2	1.5	-4.3	-4.4	-5.5	-11.8	-10.9	-8.0
Hungary	..	..	..	..	..	..	..	..	..	2.4	-5.2	-2.4	-3.4	-3.7	-2.6	3.4
Iceland	..	..	..	..	..	..	..	16.8	9.4	6.2	-9.7	-3.0	4.6	6.9	5.8	8.4
Ireland	21.5	20.6	12.4	7.0	14.2	11.2	8.1	14.5	8.5	-5.9	-18.3	-13.1	-13.2	-12.8	1.4	12.3
Israel	4.2	-4.8	-3.5	5.3	-5.7	-0.7	0.2	0.5	-1.6	7.6	13.7	17.6	10.5	3.2	9.1	6.4
Italy	5.6	8.3	8.2	9.6	10.3	9.9	7.5	6.4	5.2	1.7	-3.7	-1.0	0.7	-2.8	-5.8	-4.2
Japan	-3.1	-3.8	-4.4	-5.3	-6.2	-6.1	-4.9	-3.0	-1.0	0.7	-5.8	1.4	0.1	-0.9	1.6	1.6
Korea	-1.3	1.8	3.9	16.6	9.0	1.1	0.8	6.2	9.0	4.0	0.2	2.4	5.3	2.9	-0.5	1.5
Luxembourg	..	..	..	..	..	..	..	..	..	3.3	-1.1	5.4	3.7	4.2	5.0	4.5
Netherlands	16.4	18.2	11.1	6.4	3.6	4.3	3.9	4.6	4.2	3.0	-3.4	-2.3	-2.4	-6.5	-6.6	0.9
New Zealand	2.2	-0.4	1.8	10.2	19.6	16.9	14.5	10.5	10.9	-4.4	-1.6	1.9	1.2	4.7	9.1	6.5
Norway	11.2	15.7	7.0	4.9	1.7	10.1	8.2	13.7	12.6	-1.1	1.9	8.3	8.0	6.7	4.1	2.7
Portugal	9.0	7.7	5.4	0.6	1.1	0.6	2.3	2.1	0.5	-6.3	-1.4	0.3	-5.1	-6.1	-3.4	1.2
Slovak Republic	..	..	..	..	..	..	..	16.8	23.9	22.1	-11.1	-3.9	-3.1	-1.1	-0.9	-0.8
Slovenia	..	..	..	..	..	..	..	..	..	7.0	-9.5	0.1	2.7	-6.9	-5.2	-6.6
Spain	7.0	7.5	9.5	17.0	20.0	18.3	14.6	10.0	5.5	0.2	-7.6	-3.6	-6.1	-8.9	-6.4	-2.5
Sweden	9.4	11.2	7.9	6.3	6.6	9.3	9.0	12.2	10.4	3.3	1.6	7.8	0.7	-1.4	3.1	7.3
Switzerland	-0.1	0.9	1.9	4.6	3.0	2.4	1.1	2.5	2.1	2.7	5.0	4.7	4.1	3.7	4.7	1.3
Turkey	..	..	..	..	..	..	..	..	..	..	..	..	10.2	11.7	12.7	14.5
United Kingdom	10.9	14.9	8.1	16.2	15.7	11.9	5.5	6.3	10.9	-0.9	-7.8	7.2	-1.0	1.6	3.5	10.0
United States	6.1	6.7	6.9	7.1	7.7	9.5	10.5	6.0	0.1	-7.9	-5.7	-3.0	-4.1	3.2	7.5	5.5
Euro area	5.5	6.5	5.8	6.6	7.2	7.5	7.4	6.6	4.6	1.1	-3.8	1.1	1.7	-0.6	-1.0	0.3
Total OECD	4.7	5.5	5.0	6.4	6.4	6.6	6.6	5.6	3.4	-2.0	-4.0	0.9	-0.2	1.8	3.7	4.0

Source: OECD, House prices database.

StatLink http://dx.doi.org/10.1787/888933223132

Annex Table 59. **House prices *(cont'd)***

Percentage change from previous year

	1999	2000	2001	2002	2003	2004	2005	2006	2007	2008	2009	2010	2011	2012	2013	2014
Real[1]																
Australia	6.2	4.7	7.5	15.5	15.5	5.0	-0.7	4.0	7.9	1.2	0.8	9.7	-5.1	-3.2	4.1	7.0
Austria	..	..	-1.5	-0.4	-1.2	-3.7	2.4	2.0	2.1	-1.1	3.4	4.4	0.9	9.8	2.4	1.7
Belgium	6.4	2.2	2.8	5.1	5.3	6.3	9.8	8.5	6.1	1.6	0.2	3.6	0.0	0.3	0.5	-0.2
Canada	1.2	2.0	2.7	6.0	6.6	6.5	6.2	10.2	9.8	3.8	-3.0	7.5	2.8	3.4	1.3	3.0
Czech Republic	..	..	..	..	..	..	..	..	..	..	-4.7	-2.3	-1.6	-3.9	-1.0	2.8
Denmark	4.8	3.6	3.4	1.7	1.9	7.7	15.6	19.0	2.8	-7.2	-13.1	0.3	-5.0	-5.7	1.6	2.7
Estonia	..	..	..	..	..	..	..	40.9	12.3	-16.6	-37.1	2.1	3.1	3.7	7.3	12.9
Finland	5.5	0.8	-4.0	4.3	5.3	7.8	7.0	5.0	3.5	-2.7	-2.1	7.1	-0.5	-1.2	-0.9	-2.1
France	7.4	6.3	5.8	7.7	10.0	12.7	13.3	9.7	4.3	-1.8	-5.8	4.0	4.1	-1.9	-3.0	-1.8
Germany	-0.3	-0.3	-1.7	-1.9	-3.2	-2.3	-2.5	-1.0	-0.7	-1.0	1.0	0.7	3.8	4.7	4.9	4.1
Greece	6.2	6.9	11.2	11.3	2.3	-0.6	7.9	9.3	2.7	-2.7	-5.2	-7.7	-7.8	-12.5	-9.5	-6.0
Hungary	..	..	..	..	..	..	..	..	..	-2.9	-8.9	-5.9	-6.8	-9.5	-5.0	2.6
Iceland	..	..	..	..	..	..	..	8.2	4.6	-6.4	-18.2	-5.1	1.0	1.2	2.3	5.6
Ireland	20.7	15.1	7.5	1.6	9.8	9.3	6.4	11.7	5.4	-7.4	-12.7	-11.2	-15.1	-13.8	0.0	10.5
Israel	-1.2	-6.5	-4.2	1.0	-6.0	-1.1	-1.3	-2.2	-2.6	1.7	11.9	13.9	7.1	1.1	6.8	5.9
Italy	3.6	4.7	5.4	6.5	7.2	7.3	5.3	3.7	2.8	-1.4	-3.3	-2.4	-2.1	-5.3	-6.8	-4.3
Japan	-2.4	-3.1	-3.4	-4.0	-5.2	-5.4	-4.3	-2.7	-0.3	0.4	-3.4	3.2	0.9	0.0	1.9	-0.4
Korea	-3.8	-2.5	-0.5	13.1	5.6	-2.0	-1.4	4.5	6.9	-0.5	-2.3	-0.1	1.5	0.6	-1.4	0.4
Luxembourg	..	..	..	..	..	..	..	..	..	1.1	-1.7	4.4	1.1	2.3	4.7	4.7
Netherlands	14.5	14.3	7.6	3.0	1.6	2.4	2.5	2.0	2.0	0.8	-2.4	-3.2	-4.4	-7.7	-8.3	-0.4
New Zealand	1.4	-2.4	-0.4	8.0	19.0	15.4	12.4	7.3	9.3	-7.6	-4.1	0.7	-1.7	4.0	8.5	5.6
Norway	9.0	12.5	4.8	3.5	-1.1	8.8	7.0	11.6	11.2	-4.4	-0.6	6.0	6.8	5.6	1.2	0.4
Portugal	6.3	3.9	1.6	-2.8	-2.4	-1.6	-1.5	-1.4	-2.8	-8.9	0.5	-1.5	-6.7	-7.8	-4.4	0.5
Slovak Republic	..	..	..	..	..	..	..	11.3	20.7	16.9	-11.2	-4.8	-6.7	-4.4	-2.2	-0.7
Slovenia	..	..	..	..	..	..	..	..	..	1.3	-10.2	-1.3	1.0	-8.2	-5.8	-6.9
Spain	4.8	3.3	5.8	13.8	16.3	14.2	10.9	6.2	2.1	-3.2	-6.8	-5.5	-8.6	-11.0	-7.3	-2.4
Sweden	7.8	10.1	5.6	4.8	4.9	8.5	7.8	10.9	8.8	0.2	-0.7	6.3	-0.9	-1.9	2.4	6.4
Switzerland	-0.5	-0.5	1.3	5.0	2.1	1.6	0.0	1.2	0.7	0.7	5.6	4.2	4.1	4.7	5.1	1.4
Turkey	..	..	..	..	..	..	..	..	..	..	..	..	1.2	3.2	6.2	7.0
United Kingdom	9.9	14.0	7.6	15.0	14.1	9.5	3.0	3.6	7.9	-4.6	-9.3	2.7	-4.2	-0.4	1.6	8.3
United States	4.6	4.1	4.9	5.7	5.6	6.9	7.4	3.2	-2.3	-10.7	-5.7	-4.6	-6.4	1.4	6.2	4.1
Euro area	4.5	3.9	3.3	4.5	4.8	5.4	5.2	4.2	2.2	-1.5	-3.1	-0.5	-0.6	-2.4	-2.1	-0.2
Total OECD	3.6	3.4	3.2	5.0	4.6	4.7	4.5	3.3	1.2	-4.7	-4.1	-0.7	-2.5	0.0	2.3	2.5

1. Nominal house prices deflated by the private consumption deflator.

Source: OECD, House prices database.

StatLink http://dx.doi.org/10.1787/888933223132

Annex Table 60. **House price ratios**

Long-term average = 100

	1999	2000	2001	2002	2003	2004	2005	2006	2007	2008	2009	2010	2011	2012	2013	2014
Price-to-rent ratio																
Australia	86.8	91.2	98.4	114.0	132.2	137.4	136.4	142.4	150.3	145.7	141.0	151.6	141.2	134.6	139.2	148.6
Austria	..	102.5	99.7	98.6	97.1	93.0	94.9	96.5	97.1	95.6	95.2	98.3	99.7	108.7	111.1	112.1
Belgium	91.0	94.5	97.2	100.9	105.5	112.5	124.4	135.1	144.8	148.9	145.4	151.5	154.4	155.9	156.5	154.1
Canada	82.6	85.2	87.8	93.1	99.3	106.4	113.9	126.1	138.5	143.6	137.5	147.9	153.6	158.7	160.2	165.7
Denmark	98.0	101.7	104.8	105.8	106.4	112.7	129.3	154.1	157.9	147.1	125.7	125.6	118.5	111.5	112.0	113.6
Finland	101.4	99.5	94.6	100.8	107.8	115.5	121.4	123.7	123.1	118.7	122.7	132.6	130.6	130.7	133.5	131.5
France	74.8	81.5	87.6	92.8	101.0	113.1	126.0	136.4	141.0	139.2	126.7	131.0	137.2	134.4	129.4	125.8
Germany	89.1	88.5	87.5	85.7	83.6	81.9	80.3	79.5	79.4	78.9	78.5	79.8	83.3	87.5	91.7	95.0
Greece	85.4	90.9	100.0	108.5	108.7	105.6	112.3	121.6	123.5	120.7	111.4	104.0	97.5	87.8	83.9	83.6
Ireland	135.6	146.4	135.9	148.8	180.4	195.3	194.3	181.5	149.8	125.5	153.9	130.8	99.4	89.2	91.1	103.1
Israel	107.3	104.4	94.8	88.9	90.5	93.8	94.2	92.7	92.6	98.1	95.5	104.3	108.4	106.5	109.2	109.9
Italy	78.1	82.5	87.3	93.5	100.3	107.3	112.9	117.2	120.5	119.7	111.5	108.2	107.3	102.1	94.9	91.3
Japan	102.4	98.4	93.9	88.9	83.5	78.6	74.8	72.6	72.0	72.4	68.3	69.6	69.8	69.4	70.8	71.9
Korea	80.9	82.5	82.6	91.6	96.4	95.3	95.8	100.8	107.7	109.0	107.3	107.9	109.3	107.8	104.0	103.0
Netherlands	106.5	122.6	132.7	137.3	138.0	139.6	141.5	144.6	147.7	149.6	141.2	134.9	129.5	118.4	106.6	103.0
New Zealand	80.1	79.6	89.5	96.7	112.2	127.2	142.1	153.6	165.6	153.6	148.9	149.6	148.7	152.2	162.5	169.4
Norway	92.8	103.3	106.4	107.0	104.6	113.0	119.8	133.2	147.2	141.4	139.2	146.6	154.8	162.1	163.6	163.7
Portugal	107.8	112.1	113.7	109.4	107.0	104.5	103.7	103.0	100.9	92.1	88.4	86.9	81.6	75.2	71.8	69.9
Spain	87.6	90.7	95.3	106.8	122.9	139.7	153.5	161.9	163.6	157.4	141.1	134.4	124.9	113.2	106.1	104.2
Sweden	74.5	82.5	87.5	91.1	94.6	100.3	106.8	118.8	129.1	130.1	128.0	135.8	133.7	128.5	129.6	136.7
Switzerland	81.1	80.6	79.9	82.7	85.0	85.9	85.7	86.1	85.9	86.1	88.2	91.3	93.8	96.8	100.8	100.9
United Kingdom	79.3	88.2	92.4	104.5	119.1	130.4	132.9	137.0	147.3	141.2	127.8	135.2	130.7	128.5	129.8	139.5
United States	94.5	97.7	100.7	103.9	109.3	116.4	125.4	128.4	124.1	111.4	103.9	101.2	95.7	96.8	101.7	104.4
Euro area	87.5	91.4	94.6	98.5	103.2	108.2	113.3	117.3	119.0	117.3	111.3	110.8	110.9	108.7	106.5	105.9
Total of the above	91.4	94.3	96.5	99.9	104.2	108.7	113.5	116.7	117.3	112.2	106.0	106.1	104.2	104.1	106.0	108.0
Price-to-income ratio																
Australia	91.6	94.2	97.0	112.1	126.4	125.9	121.4	124.6	126.6	124.1	121.9	132.0	121.4	117.4	122.5	131.0
Austria	..	101.9	101.4	100.6	97.9	92.9	92.1	91.9	92.2	90.9	94.5	99.3	101.6	109.9	115.5	117.3
Belgium	91.4	91.8	92.2	97.8	103.5	110.6	121.0	129.2	135.5	135.9	134.6	141.9	144.1	145.9	148.0	148.3
Canada	89.3	88.2	89.4	93.5	98.1	102.0	106.2	111.3	119.2	120.6	116.3	123.6	125.4	127.6	127.1	130.0
Denmark	103.6	107.3	107.5	106.3	106.2	111.8	126.2	147.2	153.3	144.5	122.9	119.4	112.8	107.3	111.1	115.8
Finland	96.0	95.7	90.2	91.5	92.9	96.2	101.9	104.8	105.2	100.7	97.9	102.4	101.4	100.9	100.6	98.4
France	78.0	80.7	83.3	87.5	96.3	107.0	121.3	131.1	133.6	131.8	122.7	126.5	132.1	131.3	128.1	124.3
Germany	94.4	93.6	89.5	88.7	85.2	82.7	80.4	78.7	78.1	76.8	77.9	77.8	79.3	82.8	86.7	89.1
Greece	88.0	94.6	101.7	110.2	107.7	104.2	107.5	112.2	108.0	107.8	103.0	106.3	108.7	106.2	95.6	84.8
Ireland	100.1	110.3	109.0	121.7	132.4	139.9	141.2	155.3	159.3	140.5	123.5	112.9	100.3	87.4	88.1	96.5
Italy	81.9	85.3	88.2	93.3	99.6	105.6	111.8	115.4	118.0	119.0	118.7	118.4	117.0	117.5	110.9	106.4
Japan	99.4	97.2	95.7	91.1	86.5	81.1	77.0	74.4	73.5	74.6	71.0	71.9	71.9	71.2	71.9	72.0
Korea	67.2	65.3	64.4	70.5	72.3	68.4	65.8	67.0	70.0	69.2	67.1	65.1	65.3	65.0	61.9	60.8
Netherlands	106.0	119.8	121.5	125.8	131.2	135.8	140.2	143.3	142.9	145.0	140.1	140.0	133.2	125.9	116.8	116.2
New Zealand	86.7	88.5	85.0	93.1	103.4	114.9	126.8	131.7	138.7	131.3	124.9	121.9	119.8	120.5	129.4	130.8
Norway	91.3	99.6	104.9	101.2	96.1	102.0	101.9	122.5	129.4	120.5	116.5	121.6	125.9	130.4	130.0	123.4
Portugal	109.8	112.2	113.0	109.2	108.7	104.3	102.2	101.0	96.9	87.6	86.8	84.7	83.6	81.1	79.6	79.5
Spain	87.2	86.3	89.3	100.3	114.4	129.8	143.2	151.8	157.2	151.9	136.6	136.3	125.7	118.1	110.2	105.6
Sweden	89.1	93.3	92.8	94.6	98.9	106.0	112.2	120.2	124.9	123.5	120.6	127.2	122.0	116.2	117.4	122.7
Switzerland	78.4	76.2	75.5	80.1	82.9	83.7	82.8	81.6	79.8	80.5	84.4	87.8	90.9	93.8	96.7	96.1
United Kingdom	78.7	84.5	87.4	98.9	110.6	121.1	123.3	127.0	135.2	129.4	115.1	118.0	116.2	114.6	117.4	127.8
United States	93.7	93.9	96.8	100.2	103.8	108.1	115.4	115.7	111.8	99.3	94.8	90.3	83.0	82.3	88.3	90.3
Euro area	89.7	91.8	92.4	96.1	100.2	104.6	109.7	113.1	114.5	112.9	109.3	110.2	110.1	110.1	108.3	107.1
Total OECD	91.4	92.2	93.6	97.0	100.3	103.2	106.9	108.5	108.3	102.8	98.4	97.5	94.2	93.6	96.0	97.2

Source: OECD, House prices database.

StatLink http://dx.doi.org/10.1787/888933223150

Annex Table 61. **Maastricht definition of general government gross public debt**

As a percentage of nominal GDP

	2001	2002	2003	2004	2005	2006	2007	2008	2009	2010	2011	2012	2013	2014	2015	2016
Austria	66.5	66.3	65.5	64.9	68.4	67.0	64.8	68.6	79.8	82.5	82.1	81.4	80.9	84.5	85.7	85.9
Belgium	107.8	104.9	101.2	96.6	94.7	90.7	86.9	92.2	99.2	99.5	102.0	103.9	104.4	106.6	107.2	105.7
Czech Republic	22.8	25.9	28.1	28.5	28.0	27.9	27.8	28.7	34.0	38.2	39.9	44.6	45.0	42.6	40.6	40.4
Denmark	48.5	49.1	46.2	44.2	37.4	31.5	27.3	33.4	40.4	42.9	46.4	45.6	45.0	45.2	40.7	39.8
Estonia	4.8	5.7	5.6	5.1	4.5	4.4	3.7	4.5	7.0	6.5	6.0	9.7	10.1	10.6	9.2	7.7
Finland	41.0	40.2	42.8	42.7	40.0	38.2	34.0	32.7	41.7	47.1	48.5	52.9	55.8	59.3	61.6	64.1
France	58.1	60.0	64.2	65.8	67.3	64.4	64.4	68.1	79.0	81.7	85.2	89.6	92.2	95.5	97.0	97.9
Germany	57.7	59.3	63.1	65.1	67.2	66.5	63.6	65.2	72.7	80.7	78.0	79.2	77.0	74.6	71.0	67.2
Greece	99.8	98.1	94.1	94.8	98.1	102.9	102.8	108.8	126.2	145.3	171.2	156.8	175.1	177.4	180.0	178.1
Hungary	51.5	54.7	57.5	58.7	60.8	64.5	65.4	71.7	77.8	80.6	80.7	78.2	76.8	76.5	76.2	75.0
Ireland	33.4	30.7	30.1	28.3	26.2	23.8	24.0	42.6	62.3	87.5	111.2	121.8	123.2	109.7	107.7	104.6
Italy	104.7	101.9	100.4	100.2	101.9	102.4	99.7	102.4	112.5	115.4	116.4	123.2	128.6	132.0	133.2	132.0
Luxembourg	6.6	6.5	6.4	6.5	6.3	7.0	7.2	14.4	15.5	19.7	18.5	21.4	23.6	25.1	27.0	28.5
Netherlands	48.8	48.3	49.4	50.0	49.4	44.9	42.7	54.8	56.5	59.1	61.3	66.5	68.6	68.8	68.6	68.2
Poland	..	..	..	..	..	..	..	..	..	53.6	54.8	54.4	55.7	50.2	51.2	51.2
Portugal	53.4	56.2	58.7	62.0	67.4	69.2	68.4	71.7	83.6	96.2	111.1	125.8	129.7	130.2	127.7	124.2
Slovak Republic	48.3	42.8	41.5	40.6	33.8	30.7	29.8	28.2	36.0	40.9	43.4	52.1	54.6	53.6	53.5	53.5
Slovenia	26.1	27.3	26.7	26.8	26.3	26.0	22.7	21.6	34.5	38.2	46.5	53.7	70.3	80.9	83.0	85.1
Spain	54.2	51.3	47.6	45.3	42.3	38.9	35.5	39.4	52.7	60.1	69.2	84.4	92.1	97.7	98.9	99.1
Sweden	51.7	49.8	48.9	47.9	48.3	43.1	38.2	36.8	40.3	36.9	36.2	36.5	38.7	43.8	44.3	43.0
United Kingdom	36.2	35.9	37.3	40.2	41.6	42.5	43.6	51.8	65.8	76.4	81.8	85.8	87.3	89.3	91.3	91.1
Euro area	67.0	66.9	68.1	68.6	69.3	67.6	65.2	69.0	78.7	84.3	86.8	91.4	93.5	94.6	94.1	92.7

Note: For the period before 2014, gross debt figures are provided by Eurostat, the Statistical Office of the European Communities, unless more recent data are available, while GDP figures are provided by national authorities.This explains why these ratios can differ significantly from the ones published by Eurostat. For the projection period, debt ratios are in line with the OECD projections for general government gross financial liabilities and GDP.

Source: OECD Economic Outlook 97 database.

StatLink http://dx.doi.org/10.1787/888933223160

ORGANISATION FÜR WIRTSCHAFTLICHE ZUSAMMENARBEIT UND ENTWICKLUNG

Die OECD ist ein einzigartiges Forum, in dem Regierungen gemeinsam an der Bewältigung von wirtschaftlichen, sozialen und umweltbezogenen Herausforderungen der Globalisierung arbeiten. Die OECD steht auch ganz vorne bei den Bemühungen um ein besseres Verständnis neuer Entwicklungen und unterstützt Regierungen, Antworten auf diese Entwicklungen und die Anliegen der Regierungen zu finden, beispielsweise in den Bereichen Corporate Governance, Informationswirtschaft oder Bevölkerungsalterung. Die Organisation bietet den Regierungen einen Rahmen, der es ihnen ermöglicht, ihre Erfahrungen mit Politiken auszutauschen, nach Lösungsansätzen für gemeinsame Probleme zu suchen, gute Praktiken aufzuzeigen und auf eine Koordinierung nationaler und internationaler Politiken hinzuarbeiten.

Die OECD-Mitgliedsländer sind: Australien, Belgien, Chile, Dänemark, Deutschland, Estland, Finnland, Frankreich, Griechenland, Irland, Island, Israel, Italien, Japan, Kanada, Korea, Luxemburg, Mexiko, Neuseeland, die Niederlande, Norwegen, Österreich, Polen, Portugal, Schweden, Schweiz, die Slowakische Republik, Slowenien, Spanien, die Tschechische Republik, Türkei, Ungarn, das Vereinigte Königreich und die Vereinigten Staaten. Die Europäische Union beteiligt sich an der Arbeit der OECD.

OECD Publishing sorgt für eine weite Verbreitung der Ergebnisse der statistischen Datenerfassungen und Untersuchungen der Organisation zu wirtschaftlichen, sozialen und umweltpolitischen Themen sowie der von den Mitgliedstaaten vereinbarten Übereinkommen, Leitlinien und Standards.

OECD PUBLISHING, 2, rue André-Pascal, 75775 PARIS CEDEX 16
(12 2015 01 5 P) ISBN 978-92-64-23554-0 – 2015

www.ingramcontent.com/pod-product-compliance
Lightning Source LLC
LaVergne TN
LVHW080637011026
849160LV00014B/1240